中國史學基本典籍叢刊

廿二史劄記校證

上

〔清〕趙　翼著
王樹民校證

中華書局

圖書在版編目(CIP)數據

廿二史劄記校證/(清)趙翼著;王樹民校證.—2版.
—北京:中華書局,2013.3(2024.7重印)
(中國史學基本典籍叢刊)
ISBN 978-7-101-09154-0

Ⅰ.廿…　Ⅱ.①趙…②王…　Ⅲ.①中國歷史-古代史-紀傳體②《廿二史劄記》-校勘　Ⅳ.K204.1

中國版本圖書館CIP數據核字(2013)第003289號

責任編輯:李　爽
責任印製:管　斌

中國史學基本典籍叢刊
廿二史劄記校證
(全二册)
〔清〕趙　翼　著
王樹民　校證

*

中 華 書 局 出 版 發 行
(北京市豐臺區太平橋西里38號　100073)
http://www.zhbc.com.cn
E-mail:zhbc@zhbc.com.cn
三河市航遠印刷有限公司印刷

*

850×1168毫米 1/32 · 29⅞印張 · 4插頁 · 680千字
1984年1月第1版　2013年3月第2版
2024年7月第14次印刷
印數:36901-37900册　定價:118.00元

ISBN 978-7-101-09154-0

出版説明

王樹民先生廿二史劄記校證一書，初版於一九八四年。二〇〇一年重印前，作者對全書内容作了修訂補充，並撰寫了「簡要説明」，弁於書後附録的訂補之前，其文如左：

廿二史劄記校證自一九八四年刊行後，頗蒙史學界讀者重視。但當時付印倉卒，遺漏者尚多，得暇即作續補。學友亦間有指正其疏誤者，如孫文泱同志之廿二史劄記引書疏誤舉例（河北師院學報一九八八年第二期），高振鐸同志之廿二史劄記校證評略（漢唐史籍與傳統文化）及裴注三國志引書考訂（漢中師院學報一九九三年第三期）等。今彙而録之，可挖改紙型者即在原書挖改；其不便於挖改者，或雖挖改仍須略作説明者，按原書順序，依次作成訂補，並標明頁數、行數，以便尋檢。凡採用或同於各同志所指出者，皆識其名，藉以聊申謝忱。

這次重印，我們把附録的百餘條訂補，依次散入各卷校證之中，體例則一仍其舊，以便讀者使用。

中華書局編輯部

二〇一三年一月

前言

廿二史劄記三十六卷，補遺一卷。唐書與五代史皆兼新、舊二書而言，内容實爲廿四史，爲初讀廿四史者指示途徑之作。

著作者趙翼，字雲崧，號甌北，江蘇陽湖（今常州市）人。生於清雍正五年（一七二七年），卒於嘉慶十九年（一八一四年），享年八十八歲。中乾隆二十六年（一七六一年）辛巳科進士。入翰林院，預修通鑑輯覽。後外放，任廣西鎮安府（治所在今德保縣）、廣東廣州府知府，貴州貴西道兵備道等職。在廣州府任内時，生俘海盗百又八人，依律應盡斬，趙氏以其從者七十人遣戍。乾隆三十七年（一七七二年），朝旨以違律降職調用，遂稱母病回里侍養，是年四十六歲。其後迄未出仕，以詩文著述終其身。主要著作，在史學方面有廿二史劄記、陔餘叢考、皇朝武功紀盛等，文學方面有甌北詩鈔、詩話等，別有簷曝雜記與文集等，合編爲甌北全集。

劄記書前有小引，作於乾隆六十年（一七九五年）三月，乃初稿完成時間，曾刊板行世。其助手李保泰序文作於嘉慶五年（一八〇〇年）五月，錢大昕序文亦在嘉慶五年，是爲全集所收之本，内容有明顯增補，如明史部分，自明祖本紀以下二十二目爲初刻本所無，當爲作於此數年之内。今本劄記目録與正文頗有出入，即因目録仍用舊板未及照改之故。

明末清初之際，發生規模浩大之農民戰争，更因清兵入關而有異乎尋常之改朝换代，在民族矛盾與現實政治雙重刺戟之下，一時學術思想界有實事求是與通經更兼治史之風氣興起。如顧亭林曾大聲疾呼：「有亡國，有亡天下。亡國與亡天下奚辨？曰易姓改號謂之亡國，仁義充塞而至於率獸食人，人將相食，謂之亡天下。……知保天下然後知保其國。保國者，其君其臣肉食者謀之；保天下者，匹夫之賤與有責焉耳矣。」（日知録正始）而清政府自入關以後，爲鞏固其統治地位，深忌人民議論政治，曾大興文字獄以加强鎮壓，同時又以懷柔手段軟化士人，於是考證訓詁之學逐漸成爲學術主流。在史學方面，因經學之影響，成就卓越者多爲先秦史，如馬驌繹史，李清尚史，高士奇左傳紀事本末，顧棟高春秋大事表，崔述考信録等。歷代史書與經學之關係較疏，因而不若先秦史之受重視，爲之者殆以治經之餘力或無力治經者而從事之，前者如錢大昕之二十二史考異，王鳴盛之十七史商榷，後者則以趙翼之廿二史劄記爲最著。翼於經學無所建樹，亦少受其羈絆，故史學方面有其獨到之成就。

錢、王、趙三人之書均以歷代正史爲主，其共同特點爲全面研討歷代史書。然錢氏之書缺少明史與舊五代史，「二十二史」一如其名；王氏之書止於新、舊五代史，所缺者更多；而二書皆着重於訂正個别事件或字句。趙氏之書則不僅論及全部廿四史，且史法與史實並重，成爲其書獨具之特點。但錢、王二氏態度比較嚴謹，書中錯誤較少，尤以錢氏之書爲精密，是受經學餘風之惠。趙氏則粗率疏闊，多具體性謬誤，成爲其書之嚴重缺點。

劄記小引云：「此編多就正史紀傳志表中參互勘校，其有牴牾處，自見輒摘出，以俟博雅君子訂正焉。」是就史法而言。又云：「至古今風會之遞變，政事之屢更，有關於治亂興衰之故者，亦隨所見附著之。」是就史實而言。劄記一書，確如序引所言者，於各朝正史之編撰得失作系統論述，並綜合分析考辨訂正重要史實，其取證以本史爲主，更爲一特點。初讀廿四史者，藉此得窺門徑，實爲其書主要價值所在。故雖瑕疵累累而終不掩瑜，自成書之後即得廣泛流傳於世。

劄記小引又云：「或以比顧亭林日知録，謂其身雖不仕，而其言有可用者，則吾豈敢。」趙氏雖謙言不敢，其治學實以顧氏爲楷模，惟限於史書耳。顧氏嘗以采山之銅喻日知録之取材，趙翼之撰劄記，此處可謂得其神髓，是其能有較佳成就之一重要因素。

廿二史劄記自行世後，頗爲讀史者所重視。如周中孚云：「其持論不蹈襲前人，亦不有心立異，於諸史審訂曲直，不揜其失，而亦樂道其長，視鄭漁仲、胡致堂專以詬罵炫世者，心地且遠過之。其不援雜書以駁史文之訛，亦屬特識，自顏師古以後，未有能見及此者矣。在近儒評史之書，羣推王、錢二家，然雲崧堪與之鼎立爾。」此據錢大昕之意而肯定其優點。又如李慈銘自咸豐六年（一八五六年）至十一年（一八六一年），計六年之間，曾讀之三遍，其題記云：「此書貫串全史，參互考訂，不特闕文誤義多所辨明，而各朝之史，皆綜其要義，銓其異聞，使首尾井然，一覽可悉。即不讀全史者，寢饋於此，凡歷代之制度大略，時政得失，風會盛衰，及作史者之體要各殊，褒貶所在，皆可曉然，誠儉歲之粱稷也。」又爲跋語云：「其中尚有漏略，擬爲補之，卒卒未暇也。」其書之優缺點，李氏已具見之。近代名史學家陳垣亦極推重此書，其史源學雜文即以劄記爲重點，在劄記原書中所作批注以史法與史實分列，並寫有題記，可見陳氏於此書用力之勤。李氏題記與跋語及陳氏題記，今皆收爲本書附録。

甌北全集於嘉慶初年以湛貽堂名義印行，其後廿二史劄記一書翻刻者甚多，以光緒二十六年（一九〇〇年）廣州廣雅書局及二十八年湖南新化西畬山館二種爲最佳。湛貽堂本雖爲原刻本而校刻欠精，廣雅與西畬二本不僅多作文字校正，於内容疏略之處亦間爲校補，尤以西畬本補正者爲多。本書即以三本互校，擇善而從，凡原刻本誤而經二本改正者，皆從之，並在校證中注明；如原刻本不誤而二本誤改者，則從原刻本而不出校。

本書整理工作，除全文施加標點及作文字校勘外，於内容漏略處並作訂誤疏證，故定名爲廿二史劄記校證。全書篇目爲統一編號，卷數則仍如原書，以便讀者，段落基本如舊，必要時略作分合，不另注明。乾隆晚年於遼、金、元三史譯名均加改定，劄記各篇新、舊譯名雜用，並互注舊作某某，或今作某某，徒使閲者目爲之眩。今一律用舊譯名，削去互注之文，另編新舊譯名對照表附於全書之後，以便檢閲。一般文字改正無須説明者，取通用之删補符號（圓括號内小字示删，方括號内大字示補）。校證之文，分條列於每卷之後，在文内加數碼以資識别。採用前人校正成果，如李慈銘、沈家本、陳垣、馮家昇等，校證中均一一注明。共計寫成校證及以符號删補者達一千一百三十餘條。李慈銘校語爲其書中之眉批，今藏北京圖書館。聞陳垣有校訂之稿，未能得見爲憾，今所録者爲北京圖書館收藏陳氏原書中之批注及史源學雜文中所引者，數量雖微，而皆精審無可易也。

廿二史劄記爲趙翼所撰，自成書之後，從無異議。李慈銘原亦十分推重，其後則於越縵堂日記中

（同治九年七月初五日）寫道：「閲趙翼廿二史劄記。常州老生皆言此書及陔餘叢考，趙以千金買之一宿儒之子，非趙自作。以甌北詩集、詩話及簷曝雜記諸書觀之，趙識見淺陋，全不知著書之體。此兩書較爲貫串，自非趙所能爲。叢考又多入小説，又不如劄記之有體要，然於史事多是纂集之功，無所發明，筆舌冗沓，尤時露村學究口吻，以視錢氏廿二史考異固相去天壤，即擬王氏之十七史商榷，亦遠不逮也。」所謂常州老生及某宿儒與其子均不知爲何人，按同治九年去嘉慶五年已七十年，在劄記成書時，此老生如長壽亦不過爲稚童，否則猶或未生，在事經七十年之後，忽出此語，其言是否可信，令人不能無疑。李氏則傾於信從其説，故於趙氏及其著作多加貶詞，有異於咸豐年間所作之題跋。至同治十二年（一八七三年）十月二十七日，又記云：「近代竊人之書效郭象故智者，……趙翼之廿二史劄記出於常州．老諸生，武進、陽湖人多能言其姓字。」此説當即以前一説爲依據。按趙氏劄記小引云：「閒居無事，翻書度日。而資性粗鈍，不能研究經學，惟歷代史書，事顯而義淺，便於流覽，爰取爲日課，有所得則劄記別紙，積久遂多。」自道者皆實情。與治經而兼治史者相比，其書自多粗略，反之則因其不受經學之束縛，在史學方面更有所開創。李氏於大量明確事實皆熟視無睹，而偏聽片言蜚語，姓名猶未能指實，即深信不疑，而妄斷趙氏爲「識見淺陋，全不知著書之體」。此正爲周中孚所指出者，「專以詬罵炫世」，封建時代之文人固積習若是，無足深論。而矜奇獵異者則樂聞其事，如陳登原國史舊聞（第三册）全録李氏同治十二年之日記，不究其實，即視同實録，故不可不略闢之。

校證工作爲作者識力水平所限，誤漏自仍不少，惟望讀者不吝賜教！又本書承中華書局編輯部諸同志審閱，訂正多處，藉此謹致謝忱。

王樹民一九八二年二月於北京

廿二史劄記小引

閒居無事，翻書度日。而資性粗鈍，不能研究經學，惟歷代史書，事顯而義淺，便於流覽，爰取爲日課，有所得輒劄記別紙，積久遂多。惟是家少藏書，不能繁徵博採，以資參訂。閒有稗乘脞説與正史歧互者，又不敢遽詫爲得閒之奇。蓋一代修史時，此等記載無不蒐入史局，其所棄而不取者，必有難以徵信之處，今或反據以駁正史之訛，不免貽譏有識。是以此編多就正史紀、傳、表、志中參互勘校，其有牴牾處，自見輒摘出，以俟博雅君子訂正焉。至古今風會之遞變，政事之屢更，有關於治亂興衰之故者，亦隨所見附著之。自惟中歲歸田，遭時承平，得優游林下，寢饋於文史以送老，書生之幸多矣。或以比顧亭林日知録，謂身雖不仕，而其言有可用者，則吾豈敢。陽湖趙翼謹識。

乾隆六十年三月

廿二史劄記目録

卷二十　新舊唐書

卷二十一　五代史

卷二十八 金史

卷三十一 明史

卷三十二 明史

卷三十六　明史……………………八四八

目録校證

①卷十三答謝蘊山藩伯書，原作「復蘊山書」，據文内標目改。
②卷二十一薛史亦有直筆，「有」字原作「多」，據文内標目改。
③卷二十三宋遼金三史重修，此目之後，原有宋遼二史不相合處、遼金二史不相合處及宋金二史不相合處三目，

爲文内所無，故删。

④卷二十三宋史事最詳，「宋」字下原有「代」字；宋史多國史原本，原無「多國史原本」五字，均據文内標目改正。

⑤卷二十七金史避諱處，「避諱」原作「廻護」，據文内標目改。

⑥卷二十八猛安謀克散處中原，「猛安謀克」原作「明安穆昆」，爲清代改譯之名，今改用原譯名。

⑦卷二十八金末種人被害之慘，原目録無此條，據文内補。

⑧卷二十九元史自相歧互處，「互」字原作「誤」，據文内標目改。

⑨卷三十賈魯治河，原目録下有「無久計」三字，據文内標目删。

⑩卷三十六明祖本紀至明朝米價貴賤，共二十二目，原目録無，據文内補。

⑪附補遺，原目録無，據文内補。以下附録，除錢大昕、李保泰二序載原書卷首外，皆原書所無。

廿二史劄記卷一

1 司馬遷作史年歲

司馬遷報任安書謂：「身遭腐刑，而隱忍苟活者，恐沒世而文采不表於後世也。」論者遂謂遷遭李陵之禍始發憤作史記，而不知非也。其自序謂，父談臨卒，屬遷論著列代之史。父卒三歲，遷爲太史令，即紬石室金匱之書。爲太史令五年，當太初元年，改正朔，正值孔子春秋後五百年之期，於是論次其文。會草創未就，而遭李陵之禍，惜其不成，是以就刑而無怨。是遷爲太史令，即編纂史事，五年爲太初元年，則初爲太史令時乃元封二年也。①元封二年至天漢二年遭李陵之禍，已十年。又報任安書內謂：「安抱不測之罪，將迫季冬，恐卒然不諱，則僕之意終不得達，故略陳之。」安所抱不測之罪，緣戾太子以巫蠱事斬江充，使安發兵助戰，安受其節而不發兵。武帝聞之，以爲懷二心，故詔棄市。此書正安坐罪將死之時，則征和二年間事也。自天漢二年至征和二年，又閱八年。統計遷作史記，前後共十八年。況安死後，遷尚未亡，必更有刪訂改削之功，蓋書之成凡二十餘年也。其自序末謂：「自黃帝以來，至太初而訖。」乃指所述歷代之事止於太初，非謂作史歲月至太初而訖也。李延壽作南、北史凡十七年，歐陽修、宋子京修新唐書亦十七年，司馬溫公作資治通鑑凡十九年，遷作史之歲月更有過之。合班固作史之歲月並觀之，可知編訂史事未可聊爾命筆矣。元末修宋、遼、金三史，不過三年；明初修元史，兩次設局，不過一年，毋怪乎草率荒謬，爲史家最劣也。

2 班固作史年歲

漢書，武帝以前紀、傳、表多用史記文，其所撰述，不過昭、宣、元、成、哀、平、王莽七朝君臣事蹟，且有史遷創例於前，宜其成之易易。乃考其始末，凡經四人手，閲三四十年，始成完書，然後知其審訂之密也。據後漢書班固傳，固父彪接遷書太初以後，繼採遺事，傍貫異聞，作後傳數十篇，是彪已有撰述也。固以父書未詳，欲就其業，會有人告其私改國史，明帝閲其書而善之，使固終成之。固乃起高祖，終於孝平、王莽之誅，十有二世，二百三十年，爲紀、表、志、傳，凡百篇。自永平始受詔，積二十餘年，至建初中乃成，是固成此書已二十餘年。其八表及天文志尚未就而固已卒，①和帝又詔其妹昭就東觀藏書閣踵成之。是固所未成，又有妹爲之卒業也。漢書始出，多未能通，馬融伏於閣下，從昭受讀。後又詔融兄續繼昭成之，是昭之外又有馬續也。百篇之書，得之于史遷者已居其半，其半又經四人之手而成。其後張衡又條上漢書與典籍不合者十餘事，②盧植、馬日磾、楊彪、蔡邕、韓説等校書東觀，又補續漢記，③則是書亦尚有未盡善者，益信著書之難也。

3 各史例目異同

古者左史記言，右史記事，言爲尚書，事爲春秋。其後沿爲編年、記事二種。記事者，以一篇記一事，而不能統貫一代之全。編年者，又不能即一人而各見其本末。司馬遷參酌古今，發凡起例，創爲全史。本紀以序帝王，世家以記侯國，十表以繫時事，八書以詳制度，列傳以誌人物，然後一代君臣政事，賢否得失，總彙於一編之中。自此例一定，歷代作史者遂不能出其範圍，信史家之極則也。魏禧序十國春秋，謂遷僅工於文，班固則密於體，以是爲史、漢優劣。不知無所因而特創者難爲功，有所本而求精者易爲力，此固未可同日語耳。至於篇目之類，固不必泥於一定，或前代所有而後代所無，或前代所無而後代所有，自不妨隨時增損改換。今列二十二史篇目異同于左：

本紀。古有禹本紀、尚書、世紀等書，遷用其體以敍述帝王。①惟項羽作紀頗失當，故漢書改爲列傳。三國志亦但有魏紀，而吳、蜀二主皆不立紀，以魏爲正統故也。後漢書又立皇后紀，蓋仿史、漢呂后紀之例，不知史遷以政由后出，故高紀後即立后紀。至班固則先立孝惠紀，孝惠崩始立后紀，其體例已截然，以少帝既廢，所立者非劉氏子，故不得以僞主紀年而歸之於后也。若東漢則各有帝紀，即女后臨朝，而用人行政已皆編在帝紀內，何必又立后紀？新唐書武后已改唐爲周，故朝政則編入后紀，宫闈瑣屑事仍立后傳，較有斟酌。宋史度宗本紀後附瀛國公及二王，不曰帝而曰瀛國公，曰二王，固以著其不成爲君，而猶附於紀後，則以其正統緒餘，已登極建號，不得而没其實也。至馬令、陸游南唐書作李氏本紀，吴任臣十國春秋爲僭大號者皆作紀，殊太濫矣。其時已有梁、唐、晉、漢、周稱紀，諸國皆偏隅，何得亦稱紀耶？金史於太祖本紀之前，先立世紀，以敍其先世，此又仿尚書、世紀之名，最爲典切。②

世家。史記衛世家贊：「余讀世家言」云云。是古來本有世家一體，遷用之以記王侯諸國，漢書乃盡改爲列傳。按班固傳，改世家爲列傳，係其父彪變例。傳者，傳一人之生平也。王侯開國，子孫世襲，故稱世家，今改作傳，而其子孫嗣爵者又不能不附其後，究非體矣。然自漢書定例後，歷代因之。晉書於僭僞諸國數代相傳者，不曰世家，而曰載記，蓋以劉、石、苻、姚諸君有稱大號者，不得以侯國例之也。歐陽修五代史則於吴、南唐、前蜀、後蜀、南漢、北漢、楚、吴越、閩、南平，皆稱世家。宋史因之，亦作十國世家。遼史於高麗、西夏，則又變其名曰外紀。

表。史記作十表，昉於周之譜牒，與紀、傳相爲出入。凡列侯、將相、三公、九卿，功名表著者，既爲立傳，此外大臣無功無過者，傳之不勝傳，而又不容盡没，則於表載之。作史體裁，莫大於是。故漢書因之，亦作七表。以史記中三代世表、十二諸侯年表、六國表皆無與於漢也，其餘諸侯皆本史記舊表，而增武帝以後沿革以續之。惟外戚恩澤侯表，史記所無。又增百官公卿表，最爲明晰。另有古今人表，既非漢人，何煩臚列？且所分高下亦非定評，殊屬贅設也。後漢、三國、宋、齊、梁、陳、魏、齊、周、隋及南、北史皆無表。新唐書宰相、方鎮、宗室世系三表。薛五代史無表。歐五代史亦無表，但有十國世家年譜。宋史有宰相、宗室二表。遼史立表最多，有世表、皇子表、公主表、皇族表、外戚表、遊幸表、部（屬）〔族〕表、屬國表，表多則傳可省，此作史良法也。金史宗室、交聘二表。元史后妃、宗室世系、諸王、公主、三公、宰相六表。明史諸王、功臣、外戚、宰輔、七卿共五表。後人有因各史無表而補之者。伏无忌、黄景作諸王、王子、功臣、恩澤侯表，邊韶、崔寔、延篤作百官表，皆不傳。袁希之又有漢表，熊方有後漢表，李燾作歷代宰相年表，皆所以補前人之缺。近時萬斯同又取歷代正史之未著表者，一一補之，凡六十篇，益以明史表十三篇，最爲詳贍。③

書志。八書乃史遷所創，以紀朝章國典。漢書因之作十志，律曆志則本於律書、曆書也，禮樂志則本於禮書、樂書也，食貨志則本於平準書也，郊祀志則本於封禪書也，天文志則本於天官書也，溝洫志則本於河渠書也。此外又增刑法、五行、地理、藝文四志。其後律曆、禮樂、天文、地理、刑法，歷代史皆不能無。後漢書改地理爲郡國，又增禮儀、祭祀、百官、輿服四志。三國無志。晉、宋、齊書大概與前書同，惟宋書增符瑞志，齊書亦有祥瑞志。梁、陳書及南史無志。魏書改天文爲天象，地理爲地形，祥瑞爲靈徵，餘皆相同，而增官氏、釋老二志。齊、周及北史皆無志。隋書本亦無志，今志乃合梁、陳、齊、周、隋并撰者，其藝文則改爲經籍。新唐書增儀衛、選舉、兵制三志。④薛五代史志類有減無增。歐五代史另立司天、職方二考，亦即天文、地理而變其名也。宋史諸志與前史名目多同。惟遼史增營衛、捺鉢、部族、兵衛諸志。⑤其國俗然也。金、元二史，志目與宋史同，惟少藝文耳。明史志目與宋史同，其藝文志内專載明人著述，而前代書流傳於世者不載。

列傳。⑥古書凡記事立論及解經者，皆謂之傳，非專記一人事蹟也。說見陔餘叢考。其專記一人爲一傳者，則自遷始。又於傳之中分公卿將相爲列傳，其儒林、循吏、酷吏、刺客、游俠、佞幸、滑稽、日者、龜策、貨殖等又别立名目，以類相從。自後作史者，各就一朝所有人物傳之，固不必盡拘遷史舊名也。如漢書少刺客、滑稽、日者、龜策四傳，而增西域傳，蓋無其人不妨缺，有其事不妨增。至外夷傳則又隨各朝之交兵、通貢者而載之，更不能盡同也。惟貨殖一款本可不立傳，而漢書所載貨殖又多周、秦時人，與漢無涉，殊亦贅設。後漢書於列傳，儒林、循吏、酷吏外，又增宦者、文苑、獨行、方術、逸民、列女等傳。三國志名目有減無增。晉書改循吏爲良吏，方術爲藝術，不過稍易其名，又增孝友、忠義二傳，其逆臣則附於卷末，不另立逆臣名目。宋書但改佞幸爲恩倖，其二凶亦附卷末。齊書改文苑爲文學，良吏爲良政，隱逸爲高逸，孝友、忠義爲孝義，恩倖爲倖臣，亦稍變其名，其降敵國者亦附卷末。梁書改孝義爲孝行，又增止足一款，其逆臣亦附卷末。陳書及南史亦同，惟侯景等另立賊臣名目。後魏書改孝行爲孝感，忠義爲節義，隱逸爲逸士，宦者爲閹宦，亦稍變其名，其劉聰、石勒，晉、宋、齊、梁俱入外國傳。北齊各傳名目無所增改。周書增附庸一款。隋書改忠義爲誠節，孝行又爲孝義，餘皆與前史同，而以李密、楊玄感次列傳後，宇文化及、王世充附于卷末。北史各傳名目大概與前史同，增僭僞一款。舊唐書諸傳名目亦與前史同，其安禄山等亦附卷末，不另立逆臣名目。新唐書增公主、藩鎮、姦臣三款，逆臣中又分叛臣、逆臣爲二，亦附卷末。薛五代史增世襲一款。歐五代史另立家人、義兒、伶官等傳。其歷仕各朝者，謂之雜傳，又分忠義爲死節、死事二款，又立唐六臣傳，蓋五代時事多變局，故傳名亦另創也。宋史增道學一款及周三臣傳，餘與前史同。遼史改良吏爲能吏，餘與前史同，另有國語解。金史無儒學，但改外戚爲世戚，文苑爲文藝，餘與前史同，亦另有國語解。元史增釋老，餘亦與前史同。明史各傳名目亦多與前史同，增閹黨、流賊及土司傳。

4 史記編次

史記列傳次序，蓋成一篇即編入一篇，不待撰成全書後，重爲排比。故李廣傳後忽列匈奴傳，下又列衛青霍去病傳。朝臣與外夷相次，已屬不倫，然此猶曰諸臣事皆與匈奴相涉也。公孫弘傳後忽列南越、東越、朝鮮、西南夷等傳，下又列司馬相如傳，相如之下又列淮南衡山王傳。循吏後忽列汲黯鄭當時傳，儒林、酷吏後又忽入大宛傳，其次第皆無意義，可知其隨得隨編也。

5 褚少孫補史記不止十篇

漢書司馬遷傳謂，史記内十篇有録無書，顔師古注引張晏曰：「遷没後，亡景紀、武紀、禮書、樂書、兵書、漢興以來將相年表、日者列傳、三王世家、龜策列傳、傅靳蒯成列傳，凡十篇。元、成間褚少孫補之，文詞鄙陋，非遷原本也。」是少孫所補祇此十篇。①然細按之，十篇之外尚有少孫增入者。如外戚世家，增尹、邢二夫人相避不相見，及鉤弋夫人生子，武帝將立爲太子，而先賜鉤弋死。又衛青本平陽公主騎奴，後貴爲大將軍，而平陽公主寡居，遂以青爲夫等事。田仁傳後，增仁與任安皆由衛青舍人選入見帝，二人互相舉薦，帝遂拔用之等事。又張蒼、申屠嘉傳後，增記征和以後爲相者，車千秋之外，有韋賢、魏相、丙吉、黄霸，皆宣帝時也；韋玄成、匡衡則元帝時也。此皆少孫别有傳聞，綴於各傳之後，今史記内各有「褚先生曰」以别之。其無「褚先生曰」者，則于正文之下另空一字，以爲識别。此少孫所補顯然可見者也。又有就史遷原文而增改者。楚元王世家後，敍其子孫有至地節二年者，則宣帝年號也。齊悼惠王世家後，敍朱虚侯子孫有至建始三年者，則成帝年號也。此亦皆在遷後，而遷書内見之，則亦少孫所增入也。又史記匈奴傳，太初四年，且鞮侯單于立。其明年，浞野侯亡歸。又明年，漢使李廣利擊右賢王於天山，又使李陵出居延，陵敗，降匈奴，則天漢二年也。又二年，漢使廣利出朔方，與匈奴連戰十餘日，廣利聞家已族滅，遂降匈奴，則應是天漢四年事。然漢書武帝紀，天漢二年，李陵降匈奴，與此傳同。而廣利之降則在征和三年，距天漢四年尚隔七年，殊屬歧互。不知者必以史遷爲及身親見，與班固事後追書者不同，自應以史記爲準。然征和元年巫蠱事起，二年太子斬江充，戰敗自殺，而廣利之降，則以太子既死之明年。廣利出擊匈奴，丞相劉屈氂餞於郊外，廣利以太子既死，屬屈氂勸上立昌邑王爲太子。昌邑王者，廣利妹李夫人所生子，廣利甥也。此語爲人所告發，帝遂誅其家，廣利聞之，乃降匈奴。是廣利之降在衞太子死後，而太子之死實在征和二年。此等大事，漢書本紀編年記載，斷無差誤，則廣利之降必不在天漢四年明矣。再以漢書匈奴傳核對，則李陵降匈奴以前，皆與史記匈奴傳同。陵降後二年，廣利出兵，與單于連戰十餘日，無所得，乃引還，並未降匈奴也。又明年，匈奴且鞮侯單于死，狐鹿姑單于立，是爲漢太始元年。狐鹿姑立六年，遣兵入寇上谷、五原、酒泉，漢乃又遣廣利出塞，戰勝追北，至范夫人城，聞妻子坐巫蠱事被收，乃降匈奴。計其歲年，正是征和三年之事，與武帝紀相合。則知史記匈奴傳末所云天漢四年廣利降匈奴者，非遷原本也。遷是時目擊其事，豈有錯誤年歲至此！蓋遷所作傳，僅至李陵降後二年，廣利出塞，不利引還，便止。遷自敍謂訖於太初，則並在陵降匈奴之前。而褚少孫於數十年後，但知廣利降匈奴之事，不復細考年代，即以係於天漢四年出兵之下，故年代錯誤也。可知史記十篇之外，多有少孫所竄入者。

按史公自敍，十二本紀、〔十表〕、八書、三十世家、七十列傳，共百三十篇，五十二萬六千五百字。是史公已訂成全書，其十篇之缺乃後人所遺失，非史公未及成，而有待於後人補之也。班固作遷傳，但云十篇有録無書，而不言少孫所補。然班書内燕王旦等封策及平陽公主以衞青爲夫等事，皆採少孫語入列傳，則知少孫所補久附史記並傳矣。

又按史公自序作武帝紀，謂：「漢興五世，隆在建元，外攘夷狄，内修法度，舉封禪，改正朔，易服色，故作今上本紀。」是遷所作武紀，凡征匈奴，平兩越，收朝鮮，開西南夷，以及修儒術，改夏正等事，必按年編入，非僅侈陳封禪一事也。今少孫所補，則係全取封禪書下半篇所敍武帝事，遂以作武帝本紀。凡封禪書中所云今上，皆改曰武帝。中尚有一「今上」字未改。其文字稍異者，惟亳人謬忌，武紀改云「薄誘忌」；少翁以書置牛腹中，天子識其手書，武紀改云「天子疑之，有識其手書者」而已。武紀贊亦全用史公封禪書後文，無一字改易。因思少孫所補，大概多鈔録舊文，不必自作。如龜策傳内，宋元王與衞平論龜之文，皆是韻語，此必掌故中本有此文字。其後所云「首仰、首俛，足開、肣開」之類，亦是當時龜卜成法，特少孫鈔入以補缺耳。至扁鵲倉公傳，雖非少孫所補，然淳于意答文帝詔問之語，所治何人，所療何症，自成一篇，亦必當時有此現成文字而鈔入者，使史遷爲之，必不如此瑣屑。竊意扁鵲傳史遷原文也，倉公傳亦少孫鈔入者也。

褚少孫，沛人。嘗受詩於王式，後應博士弟子選，由是魯詩有張、唐、褚氏之學。張長（宏）〔安〕、唐長賓，與少孫同受業王式，漢書儒林傳。

6 史記有後人竄入處

史記田儋傳贊，忽言蒯通辨士，著書八十一篇，項羽欲封之而不受，此事與儋何涉而贊及之？①司馬相如傳贊謂，「相如雖多虛詞濫説，然其要歸，引之節儉。楊雄以爲靡麗之賦，勸百諷一，猶馳騁鄭衛之音，曲終而奏雅，不已虧乎。余采其語可論者著於篇」云云。按雄乃哀、平、王莽時人，史遷何由預引其語？此并非少孫所補，而後人竄入者也。漢書相如傳贊正同，豈本是班固引雄言作贊，而後人反移作史記傳贊耶？外戚世家敍衛子夫得幸之處，不曰今上而曰武帝，此或是少孫所改耳。

7 史記律書即兵書

史記所缺十篇，張晏謂禮書、樂書、兵書，顏師古據史記目録但有律書而無兵書，以駁張晏之誤，不知律書即兵書也。遷自序云：「非兵不强，非德不昌。司馬法所從來尚矣，太公、孫、吴、王子徐廣曰：王子成甫。能紹而明之，故作律書」云云。是遷所作律書，即兵書也。今褚少孫所補序亦云「六律爲萬事根本，其於兵械尤重」。①遂極論秦時黷武，漢定天下，偃兵息戰等事。是亦尚見兵律相關之意，而其傳則又專序律吕上生下生之法，與兵事毫不相涉。此篇最無頭緒，蓋少孫補作時，見遷序目有司馬法、太公、孫、吴字樣，故其序以兵律相關爲言。至其正文，則以律書爲名，遂專取律吕以實之，而與兵事不相涉也。張晏謂兵書者，專指史遷序目而言；顏師古駁之者，專據少孫所補律吕而言。②

度史遷原文，必有兵與律相應之故，惜不可考矣。

8 史記變體

史記曹參世家，敍功處，絶似有司所造册籍。自後樊噲、酈商、夏侯嬰、灌嬰、傅寬、靳歙、周緤等傳，記功俱用此法，①並細敍斬級若干，生擒若干，降若干人，又分書身自擒斬若干，所將卒擒斬若干，又總敍攻得郡若干，縣若干，擒斬大將若干，裨將若干，二千石以下若干，纖悉不遺，另成一格。蓋本分封時所據功册，而遷料簡存之者也。張良傳，以諸將未定封，上急趣丞相、御史定功行封。是必先有功册。然亦可見漢初起兵，即令諸將各立簿牘，以紀勞績，無枉無濫，所以能得人死力，以定大業也。又張蒼、任敖、周昌合爲一傳，竇嬰、灌夫、田蚡亦合爲一傳，似斷不斷，似連不連，此又是一體。漢書皆全用之。漢書韓安國傳，下半篇全載王恢與安國辯論擊匈奴事，一難一答，至十餘番，不下斷語，亦一奇格。

9 漢王父母妻子

高祖稱漢王之二年，定三秦，將五諸侯兵破彭城。尋爲項羽所敗，西奔過沛，使人求家室，家室已亡去。道遇孝惠、魯元公主，載以行，而家屬反遇楚軍，爲羽所得，常置軍中爲質。據史記謂是時羽取漢王父、母、妻、子置軍中；漢書則但謂取太公、吕后，而不言父母妻子。其後羽與漢王約中分天下，以鴻溝爲界，遂歸漢王家屬。據史記謂歸漢王父、母、妻、子；而班書亦但言歸太公、吕后，而不言父母妻子，蓋以高祖之母久已前死，高祖起兵時，母死於小黄。羽所得者，但有太公、吕后，而以史記所云父母妻子者，不過家屬之通稱，非真有母與子在項羽軍中，故改言太公、吕后也。不知高祖母雖已前死，而楚元王爲高祖異母弟，則高祖尚有庶母也。史記謂同母少弟，漢書則謂同父少弟。顔師古註：「言同父則知其異母也。」按吴王濞傳，鼂錯曰：「高帝大封同姓，庶弟元王王楚四十餘城。」則元王乃異母弟無疑。陸機漢高功臣頌：「侯公伏軾，皇媪來歸。」正指侯公説項羽，羽歸漢王家屬之事。曰皇媪來歸，明言漢高之母也。孝惠帝尚有庶兄肥，後封（魯）〔齊〕爲悼惠王。當高祖道遇孝惠時，與孝惠偕行者但有魯元公主，則悼惠未偕行可知也。悼惠既未偕行，又别無投歸高祖之事，則必與太公、吕后同爲羽所得，故高祖有子在項軍也。然則史記所謂父、母、妻、子，乃無一字虚設，而漢書改云太公、吕后，轉疏漏矣。①

10 五世相韓

史記稱張良以五世相韓，故爲韓報仇。然五世指韓王而言，謂韓王五世皆張氏爲相，非張氏五世皆相韓也。良大父開地相韓昭侯及宣惠王、襄哀王，良父相釐王及悼惠王，是爲五世。顔師古註，從昭侯至悼惠王，凡五君也。

11 過秦論三處引用

賈誼過秦論，大指謂秦尚法律，不施仁義，以至一夫作難，天下土崩。史遷用之秦本紀後，最爲切當。①乃褚少孫又引之於陳涉世家後，則以其中有「陳涉甕牖繩樞之子」數語，故牽用之，然已非正旨矣。班固又於陳涉項羽傳後引此及史遷所論項羽者，以作二人傳贊，未免數典而忘其祖也。再，漢書武帝以前紀傳多用史記文，而即以爲己作，未嘗自言「引用史遷」云云。所引過秦論及戰國策、陸賈新語之文，亦即以爲己作，未嘗自言「引用某人」。蓋古人著述往往如此，不以鈔竊爲嫌也。漢書五行志記秦始皇滈池君遺璧之事，卻書明引用史記之文。

12 史記自相歧互處

史記田儋傳，項梁趣齊進兵，共擊章邯，儋欲楚殺田假，然後出兵。①據項羽紀，項梁曰：「假與國之王，窮來歸我，殺之不義。」而田榮傳則以此語爲楚懷王之言。

齊悼惠王（傳）〔世家〕，悼惠子哀王將發兵誅諸呂，乃先誘燕王劉澤入齊，使祝午至燕，發其國兵并將之。②澤不得歸，乃願往長安議立哀王爲帝，哀王遂資其行。而澤（傳）〔世家〕不言被誘入齊事，但云太后崩，澤即曰：「帝少，諸呂用事，劉氏孤弱。」遂與齊合兵，而澤先至長安。漢書亦同。

朱建傳謂，黥布欲反，建諫之不聽，布誅，建得不誅。事在黥布傳中云云。今布傳無此語。佞幸傳序，高祖有籍孺，孝惠有閎孺。而朱建傳又云孝惠有閎籍孺，是并二人爲一人。漢書亦云閎籍孺。

酈食其傳既敍食其見高祖之事，而朱建傳又重敍酈生見高祖之事，與彼傳小異。

周仁傳，仁以不潔清得幸。景帝崩，仁尚爲郎中令。終無所言，景帝以此再自幸其家。按既云「景帝崩」，乃又云「景帝再幸其家」，文義不順，漢書删「景帝崩」三字便明。③

田仁傳，戾太子斬江充，發兵與丞相劉屈氂戰之事，既云「丞相令司直田仁閉守城門，因縱太子，下吏誅死」。下又云「仁發兵，長陵令車千秋上變，仁族死陘城」。④文既繁複，且不可解。

13 史漢不同處

一代修史，必備衆家記載，兼考互訂，而後筆之於書。觀各史藝文志所載各朝文士著述，有關史事者何啻數十百種，當修史時，自必盡取之，彼此校核，然後審定去取。其所不取者，必其記事本不確實，故棄之。而其書或間有流傳，好奇之士往往轉據以駁正史，此妄人之見也。①即如班固作漢書，距司馬遷不過百餘年，其時著述家豈無別有記載？倘遷有錯誤，固自當據以改正。乃今以漢書比對，武帝以前，如高祖紀及諸王侯年表、諸臣列傳，多與史記同，并有全用史記文，一字不改者。然後知正史之未可輕議也。其間有不同者，張泌有漢書刊誤，朱子文有漢書辨正，劉巨容有漢書纂誤，今皆不傳。現存者惟劉攽漢書刊誤，吴仁傑兩漢刊誤補遺，皆不過就本書中穿穴訂正，非於此二書外別有援據，以資辨駁也。劉辰翁有班馬異同，②蓋亦就史記、漢書歧互處分別指出。今少有其本，姑以二書比對，摘其不同者列於後。

韓信擊魏豹，史記在漢三年，漢書在二年。③韓信襲殺龍且，史記在三年，漢書在四年。④諸侯會垓下，史記在四年，漢書在五年。⑤項羽使海春侯曹咎守成皋，爲漢王所虜，史記在劉、項同軍廣武之後，漢書在同軍廣武之前。⑥徙王韓信於楚，史記在漢王即帝位後，漢書在殺羽未即位前。蕭何造未央宮，史記在八年，漢書在七年。黥布封九江王後，史記謂七年朝陳，八年朝洛陽，漢書謂六年朝陳，七年朝洛陽。⑦二書紀事，每差一年。

項羽、陳涉二人，史記稱項王、陳王，漢書改爲列傳，故皆稱名。

史記，項羽立田都爲齊王，田榮怒，乃殺都，自立爲齊王。漢書謂榮攻都，都走降楚。⑧

史記項紀、高紀，皆言項羽徙義帝長沙，都郴，使衡山王、臨江王擊殺義帝。漢書高紀則云，羽使九江王布擊殺義帝于郴。顏師古註謂，衡山、臨江、九江三王，羽皆使殺義帝，而擊殺者乃九江王也。

史記項紀，楚軍敗于定陶，項梁死，楚懷王恐，乃從盱眙徙彭城，并項羽、吕臣軍自將之。漢書謂羽與沛公等聞項梁死，乃徙懷王都于彭城。

項羽分王諸將，史記先敍諸將分王畢，方敍徙楚懷王於長沙。漢書則先敍徙懷王，然後分王諸將。

史記，分王諸將，韓王成都陽翟。漢書無「都陽翟」三字，以成雖有此封，實未至國也。⑨案史記，成無軍功，羽不使之國，與俱至彭城，殺之。

史記，田榮擊殺濟北王田安，并王三齊；漢書，彭越擊殺田安，榮遂王三齊。⑩

史記，項羽美人名虞。漢書謂姓虞氏。

史記，漢騎將追項羽，爲羽所叱，人馬俱驚者爲赤泉侯，而不著姓名。漢書則曰楊喜。然史記羽死後分其四體者有楊喜，又不言即赤泉侯。⑪

史記張耳傳，外黃富人女嫁庸奴，亡其夫，去抵父客，謂所嫁者乃庸奴，故逃之至父客處也。漢書謂庸奴其夫，亡抵父客，則富人女以夫爲庸奴，故去之也。

史記盧綰、陳豨分兩傳，漢書兩人合爲一傳，以綰之反因陳豨事見疑而起也。

荆王劉賈，史記謂不知其何屬，漢書謂高祖從父兄。

燕王劉澤，史記謂諸劉遠屬，漢書謂高祖從祖兄弟。

史記循吏傳載周、秦間人孫叔敖、子産、公儀休、石奢、李離。漢書所載則文翁、王成、（王）〔黄〕霸、朱邑、龔遂、召信臣，皆漢人也。

任敖傳，史記謂高后崩，敖不與大臣共誅諸吕，故免官。漢書謂與大臣共誅諸吕，後坐事免官。

史記，倪寬在儒林尚書條内，董仲舒在儒林春秋條内，漢書皆改入列傳。

史記張湯在酷吏傳。漢書以其子孫多爲名公卿，乃以湯另入列傳。其他酷吏、游俠、佞幸内較史記各有所增，則皆遷以後人也，惟貨殖傳多仍史記之舊，列入白圭、猗頓、烏氏倮、巴寡婦清等，但去子貢耳。⑫試思漢書也，而敍周、秦間人耶？

史記儒林傳以詩爲首，次尚書，次禮，次易，次春秋。漢書儒林傳以易爲首，次尚書，次詩，次禮，次春秋。

史記，高祖爲亭長，以竹皮爲冠，令求盜之薛治之。求盜者，亭長之副也。薛有作冠師，故令其副至薛，使冠師治之。漢書但云令求盜之薛治。删一「之」字便不明。

史記，秦始皇以東南有天子氣，乃東游以厭之。高祖即自疑，隱于芒碭山澤之間，吕后以其所居處常有雲氣，求輒得之。漢書删卻「即自疑」三字。高祖以匹夫而以天子自疑，正見其志氣不凡也，漢書删此三字，便覺無意。

史記，沛公破豐，命雍齒守之，齒以豐降魏。沛公攻之不能下，項梁益沛公五千兵攻豐，而不言攻之勝負。漢書則云，攻豐拔之，雍齒奔魏。

史記，漢王敗入關，又東出，袁生説漢王出武關，令滎陽、成臯間且得休息。漢書作轅生。

陳涉傳，漢書改伍徐曰（伍）〔五〕逢，朱房曰朱防。

史記，項羽燒秦宫室東歸，説者譏其沐猴而冠。漢書，説者乃韓生也。

吴王濞傳，史記高祖封兄仲爲郃陽侯，漢書作合陽侯。

韓信傳，史記漢王之敗彭城，信收兵與漢王會滎陽，漢書謂信發兵與漢王會滎陽。按是時信未有分地，從何發兵？蓋收集潰卒耳，收字得實。

張良傳，史記載其所致四皓姓名：東園公、甪里先生、綺里季夏、黄公。漢書但云四人，不著氏名。

周勃傳，史記沛公拜勃爲虎賁令，漢書作襄賁令。

史記周文，漢書作周仁；張叔，漢書作張歐。

史記梁平王傳，有告變者曰類犴反，漢書作犴反。又史記告變後驗實，削梁八城，梁尚有十城，漢書則云削五縣，尚有十城。⑬

史記田蚡傳，景帝後三年，封蚡爲武安侯，漢書則云武帝初即位，蚡以舅封武安侯。案景帝後三年正是武帝即位之歲，蚡乃武帝所封，特是時尚未改元故耳。

李廣傳，史記廣爲匈奴所得，絡而盛兩馬間，廣佯死，睨其旁一胡兒騎善馬，乃忽騰而上，推墮兒，乘其馬歸。漢書謂抱胡兒，鞭馬南馳。

李陵傳，史記陵降匈奴，漢聞單于以女妻陵，遂族其母妻子。漢書謂漢聞李陵教匈奴爲兵，遂族其母妻子，後乃知教兵者李緒，非李陵也。

14 史漢互有得失

垓下之戰，史記高祖紀敍韓信、孔將軍、費將軍等戰頗詳，漢書高紀但撮敍數語。然殺項羽是漢王一大事，漢書略之，殊失輕重。

高祖紀末，史記但記其諸子。漢書獨總敍高祖之明達好謀，雖日不暇給，而規模弘遠，史記少此議論。又史記高紀既敍高祖八男，而吕后紀内又敍之，殊複。漢書兩紀俱不敍，另立高五王傳。

孝文紀，史記於後六年忽總敍帝之節儉寬厚，下方敍後七年六月帝崩，殊屬非法，總敍自應在帝崩後也。漢書取此語作贊。

吴王濞傳，史記，鼂錯議削諸王地，楚王戊以在薄太后服中有姦，削東海郡，因削吴之豫章、會稽二郡。及前二年削趙王河間郡，膠西王六縣。漢廷臣方議削吴，吴王恐削地無已，因此發謀。按是時廷臣所議削者，即豫章、會稽也，故下文云，及削豫章、會稽書至，吴王遂反。今先云削吴之豫章、會稽，下又云方議削吴，是又於二郡外再議削矣，則下文所謂及削豫章、會稽書至者，又何説耶？漢書先删去削豫章、會稽字，但云削楚及趙、膠西地，廷臣方議削吴，及削豫章、會稽書至，吴王遂反，較爲明晰。

七國反時，史記謂膠西王聽吴王計，約同反，遂發使約齊、（臨）菑〔川〕、膠東、濟南、濟北，皆許諾，漢書獨無濟北。按齊孝王傳，是時孝王狐疑不同反，尋被（臨）菑〔川〕等三國圍急，陰與三國通謀，會路中大夫來告漢兵且至，遂堅守。及漢將欒布等解三國圍後，聞齊亦通謀，將伐之，孝王懼，自殺。而濟北王以城壞未完，郎中令劫守其王，不得發兵，故亦不同反。後聞齊王自殺，濟北王亦欲自殺，梁孝王爲之辨雪，乃得不坐。鄒陽傳。據此則齊與濟北二王亦非必能堅守之人，史記謂膠西來約同反時，齊、濟北皆許諾，從其實也。漢書獨無濟北，則以其未成反也。然以其未成反而遂不列於約反之内，則齊王不惟不反，且有堅守之功，何以轉列於從反之内乎？豈以齊王自殺，遂坐以反謀；濟北免罪，則并其先欲從而不得反之處概爲隱諱耶？

四國攻臨菑時，史記謂膠西爲渠率，與膠東、菑川、濟南共攻臨菑。漢書則云，膠西、膠東爲渠率，與菑川、濟南共攻臨菑。按膠西聽吴王之謀，使人約諸王反，則主兵者膠西也，漢書增膠東爲主謀亦非。

淮南厲王傳，史記，高帝過趙，趙王獻美人，帝幸之，有身。會貫高等謀反，帝令盡捕趙王家屬繫之，美人亦在繫中，告吏曰：「得幸上，有身。」吏以聞，上方怒未理。及美人生厲王，即自殺。吏奉厲王詣上，上令吕后母之。漢書敍事亦同，而改美人告吏曰：「得幸上，有子。」按是時厲王尚未生也，何得先言有子？史記以爲有身較穩。

厲王以罪廢徙蜀，史記謂一路傳送者皆不聽發車封。王謂侍者曰：「吾以驕故，不聞過至此。人生一世間，安能邑邑如此！」乃不食死。至雍，雍令發封，以死聞。按既不發封，則王在車中與誰語？若有人共語，則餓死後豈不聲言，直待雍令發封始知耶？漢書先敍王語，方敍傳送者不敢發封，以致餓死，文義較明。

第一卷校證

1 司馬遷作史年歲

①五年爲太初元年，則初爲太史令時乃元封二年也　按：高振鐸云，「二年」應作「三年」。司馬談卒于元封元年，三年遷爲太史令，五年至太初元年，是以年數計者，如以足年計則可推至元封二年，是趙氏所取者，應以年數計

者爲是，王國維太史公行年考即作元封三年六月二日。

2 班固作史年歲

①其八表及天文志尚未就而固已卒　按：上文言「至建初中乃成」（本於後漢書班固傳），此處又言「尚未就而固已卒」，自相矛盾。史通古今正史篇云：「即出固，徵詣校書，受詔卒業，經二十餘載，至章帝建初中乃成。固後坐竇氏事卒於洛陽獄，書頗散亂，莫能綜理。」可知漢書原已經班固編成，尚未正式流傳，即坐事以致散亂而有闕耳。

②張衡又條上漢書與典籍不合者十餘事　按：後漢書張衡傳（卷八九）稱：「又條上司馬遷、班固所敍與典籍不合者十餘事。」乃就史記與漢書二書而言，非專指漢書。

③盧植、馬日磾、楊彪、蔡邕、韓説等校書東觀，又補續漢記　按：諸人補續漢記之事見後漢書盧植傳（卷九四），乃就東觀漢記而言，非補續漢書。

3 各史例目異同

①古有禹本紀、尚書、世紀等書，遷用其體以敍述帝王　按：禹本紀見史記大宛傳（卷一二三），與山海經並稱，未傳於後世，體例不詳。世紀應作世本，其中有帝系篇，性質近於本紀，史記敍述夏、商之事多取材於世本。尚書爲史記所取材，而非用其體例。

②金史於太祖本紀之前先立世紀，以敍其先世，此又仿尚書、世紀之名，最爲典切　按：魏書已有序紀，歷敍其稱

帝以前二十餘世之事，此體不始於金史。又世紀爲世本之誤，已見上條。

③後人有因各史無表而補之者。伏无忌、黄景作諸王、王子、功臣、恩澤侯表，邊韶、崔寔、延篤作百官表，皆不傳。袁希之又有漢表，熊方有後漢表，李燾作歷代宰相年表，皆所以補前人之缺。近時萬斯同又取歷代正史之未著表者，一一補之，凡六十篇，益以明史表十三篇，最爲詳贍　按：陳垣云，此注除首末二句外，皆朱彝尊所作萬斯同歷代史表序之言。伏无忌、黄景、崔寔、延篤等所作者爲東觀漢記之表，非補作性質，見史通古今正史篇。邊韶應作曹壽，朱序已誤，趙氏承之未改。

④新唐書增儀衛、選舉、兵制三志　按：新唐書作兵志，此處因行文之便增一「制」字。

⑤遼史增營衛、捺鉢、部族、兵衛諸志　按：遼史營衛志内分宫衛、捺鉢、部族三篇，不應以小名與大名同列。

⑥列傳　按：陳垣云，序各史類傳名目之因革，自應按成書先後，不應按朝代先後。劄記未注意此點，故所述多誤。如謂晉書「改循吏爲良吏，方術爲藝術」，「又增孝友、忠義」；齊書「改孝友、忠義爲孝義」；魏書「改孝行爲孝感，忠義爲節義」，皆誤之尤者也。若按成書先後，當謂宋書改循吏爲良吏；周書改方術爲藝術；宋書孝義，魏書分爲孝感、節義，晉書分爲孝友、忠義，庶不致倒果爲因。除陳氏所舉各點外，文中尚多錯誤遺漏之處。如後漢書遺落黨錮，新唐書遺落卓行，新五代史遺落一行等。其謬誤者，如魏書誤閹官爲閹宦，周書有蕭詧傳而無「附庸」之名，誤增附庸一款，舊五代史本爲世襲、僭僞分作二類，而誤增世襲一款，遼史與金史皆無儒學傳，而只言金史無儒學。是皆比較明顯之例。

5 褚少孫補史記不止十篇

① 漢書司馬遷傳謂史記内十篇有録無書，顏師古注引張晏曰：「遷没後，亡景紀、武紀、禮書、樂書、兵書、漢興以來將相年表、日者列傳、三王世家、龜策列傳、傳靳蒯成列傳，凡十篇。元、成間褚少孫補之，文詞鄙陋，非遷原本也。」是少孫所補祇此十篇　按：張晏所舉之篇目是指史記所缺者（其説是否與事實相符爲另一問題，今不具論），原注下文言：「元、成之間，褚先生補缺，作武帝紀、三王世家、龜策、日者傳，文詞鄙陋，非遷原本也。」可證張晏非謂此十篇爲褚氏補作，否則不必更列舉武帝紀等篇名也。今引文略去所補篇名，直以所缺之十篇即爲褚氏所補者，實已誤解原意。

6 史記有後人竄入處

① 史記田儋傳贊，忽言蒯通辨士，著書八十一篇，項羽欲封之而不受，此事與儋何涉而贊及之　按：史記此篇雖題爲田儋列傳，實敍楚、漢之際全部齊國之事，而蒯通之謀正爲亂齊之首，不得謂爲無關，此正爲司馬遷所重視者，既未爲蒯通立傳，惟有附敍於贊語中。

7 史記律書即兵書

① 其於兵械尤重　按：殿本考證云：「械字爲戒字之訛。蓋審幾察微，莫精於律。……兵者，千萬人之死生係焉，故于兵戒爲尤重也。」

② 張晏謂兵書者，專指史遷序目而言；顏師古駁之者，專據少孫所補律吕而言　按：殿本考證云：「律之爲用，兵其大者，張晏或即以律書爲兵書，未可知也。其文固太史公之文，非後人所能補。」此説較趙氏推測之言爲

近理。

8 史記變體

①史記曹參世家，敍功處，絶似有司所造册籍。自後樊噲、酈商、夏侯嬰、傅寬、靳歙、周緤等傳，記功俱用此法　按：周緤傳未作瑣屑記載，其傳與傅、靳二人同卷，因而連類書之，應删去。

9 漢王父母妻子

①然則史記所謂父、母、妻、子，乃無一字虚設，而漢書改云太公、吕后，轉疏漏矣　按：趙氏此文所據者僅爲史記、漢書二書之高帝本紀，在二書他處則各有變例。如史記項羽本紀漢二年書，「太公、吕后遇楚軍」。秦楚之際月表漢四年書，「太公、吕后歸自楚」。漢書項羽傳漢四年則書，「歸漢王父母妻子」。可知二書用詞不同，只爲行文之便，其中原無深義。趙氏考定漢王確有母與子，但是否同在項軍中，惟有推斷而無確切論據，因只提「太公、吕后」便謂爲疏漏，則言之爲過矣。陳垣在史源學雜文中已指出其失，可以參看。

11 過秦論三處引用

①史遷用之秦本紀後，最爲切當　按：孫文泱云，「秦本紀」應作「秦始皇本紀」。

12 史記自相歧互處

①儋欲楚殺田假，然後出兵　按：時田儋已死，此爲田榮之事，「儋」應作「榮」。

②乃先誘燕王劉澤入齊，使祝午至燕，發其國兵并將之　按：劉澤初封爲瑯琊王，文帝即位後始改封燕王，所敘之事在文帝即位之前，故文内二「燕」字都應作「瑯琊」。

③景帝崩，仁尚爲郎中令。終無所言，景帝以此再自幸其家。按既云「景帝崩」，乃又云「景帝再幸其家」，文義不順，漢書删去「景帝崩」三字便明　按：史記周仁傳（卷一〇三）原文作：「景帝初即位，拜仁爲郎中令。……至景帝崩，仁尚爲郎中令。終無所言。」此言周仁爲郎中令時間之長及其陰重不泄。「至景帝崩」不過爲時間狀語，並非敘事之文。下文云：「上時問人，仁曰『上自察之』，然亦無所毁，以此景帝再自幸其家。」所謂「景帝以此」云云乃言另一件事，承「上」字而來，原無不順之處，引文强合二事爲一，更多刊落原文，自將矛盾難解。漢書周仁傳（卷四六）略予改寫，非止删去「景帝崩」三字，此處引用亦不確切。

④仁發兵，長陵令車千秋上變，仁族死陘城　按：史記田仁傳（卷一〇四）云：「仁發兵，長陵令車千秋上變仁，仁族死。陘城，今在中山國。」殿本考證於「仁發兵」至「仁族死」三句引張照云：「此三句中必有訛脱。……況文亦不類。」今按其文在全篇之末，似爲後人附注之語，流傳中混入正文。陘城云云，原爲另一件事，本傳首句言田叔爲趙陘城人，後人因地名有變化，故加附注。中山國見後漢書郡國志，章帝時改陘城爲漢昌，作附注者明爲章帝以後之人。本文所引者則謂仁族死於陘城，其誤更甚。

13 史漢不同處

①各史藝文志所載各朝文士著述，有關史事者何啻數十百種，當修史時，自必盡取之，彼此校核，然後審定去取。

其所不取者，必其記事本不確實，故棄之。而其書或間有流傳，好奇之士往往轉據以駁正史，此妄人之見也

按：趙氏此說雖有一定理由，但易於導致盲目信從官修正史，不可不指出其限度。從另一方面觀之，則可有不同之結論。如劉知幾曾就唐初所修各史書指出：「皇家修五代史，館中墜稿仍存，皆因彼舊事，定爲新史。觀其朱墨所圖，鉛黄所拂，猶有可識者，或以實爲虚，以非爲是。」（史通雜説中）即其一例。趙氏書中亦多次引用野史之文以補正「正史」之缺失，尤以明史部分爲甚，可知其説自有一定限度，惟未明言之耳。

②劉辰翁有班馬異同　按：劉辰翁之「辰」字原刻本誤作「仁」，西畬本已改正。四庫全書總目（卷四五）著録班馬異同，提要云：「舊本或題宋倪思撰，或題劉辰翁撰。」又引楊士奇跋稱，其書原爲倪思所撰，而評論批點出於辰翁。按陳振孫直齋書録解題已著録此書，其時代在劉辰翁之前，故楊説甚有可能。

③韓信擊魏豹，史記在漢三年，漢書在二年　按：史記高祖本紀與曹相國世家皆記在三年，而淮陰侯傳記在二年。史記多取異説不加釐正，故時有自相牴牾之處。

④韓信襲殺龍且，史記在三年，漢書在四年　按：史記高祖本紀與淮陰侯傳、灌嬰傳皆在三年，而項羽本紀在四年，亦史記多取異説之一例。

⑤諸侯會垓下，史記在四年，漢書在五年　按：史記項羽本紀在五年，高紀敍諸侯會兵於四年，而記戰事於五年。

⑥項羽使海春侯曹咎守成皋，爲漢王所虜，史記在劉、項同軍廣武之後，漢書在同軍廣武之前　按：史記高祖本紀亦在同軍廣武之前，與漢書同，惟項羽本紀在同軍廣武之後，項紀之文有誤，殿本考證引歸有光説已辨明之。

⑦黥布封九江王後，史記謂七年朝陳，八年朝洛陽，漢書謂六年朝陳，七年朝洛陽　按：黥布爲九江王乃項羽所封，歸漢以後，受封爲淮南王。朝陳朝洛之事，見二書各本傳，應以漢書所記者爲得實。瀧川氏史記會注考證

謂七年朝陳應從漢書爲六年，而八年朝洛應從史記，因高帝如洛陽在八年。實際上七年亦有如洛陽之事，瀧川之説未確。

⑧史記，項羽立田都爲齊王，田榮怒，乃殺都，自立爲齊王。漢書謂榮攻都，都走降楚　按：史記項羽本紀與田榮傳（卷九四）皆言田榮發兵以距擊田都，田都亡走楚，而無殺田都之記載，與漢書田榮傳（卷三三）同。惟高祖本紀作「田榮怒，因自立爲齊王，殺田都而反楚」。以各篇記載相比較，高紀之文實有誤。

⑨史記，分王諸將，韓王成都陽翟。漢書無「都陽翟」三字，以成雖有此封，實未至國也　按：史記項羽本紀記項羽所封十八王，不包括其本人所稱之西楚霸王，漢書項羽傳與高帝紀則包括西楚。史記多「韓王成因故都都陽翟」一條，而漢書無之，不僅爲無「都陽翟」三字。

⑩史記，田榮擊殺濟北王田安，并王三齊；漢書，彭越擊殺田安，榮遂王三齊　按：史記項羽本紀、田榮傳、漢書田榮傳皆作榮擊殺田安，遂王三齊。而漢書高帝紀與項羽傳又作榮與越將軍印，因令反梁地，越擊殺濟北王安，榮遂并三齊之地。可知殺田安者，令出於田榮而事成於彭城，二説原無矛盾。

⑪史記羽死後分其四體者有楊喜，又不言即赤泉侯　按：項羽本紀明言，項羽死後其尸爲五人所得，於是分封五人，楊喜封爲赤泉侯。

⑫貨殖傳多仍史記之舊，列入白圭、猗頓、烏氏倮、巴寡婦清等，但去子貢耳　按：漢書貨殖傳（卷九一）仍有子貢之傳，内容與史記亦大同小異。

⑬告變後驗實，削梁八城，梁尚有十城，漢書則云削五縣，尚有十城　按：漢書梁王傳（卷四七）作「削梁王五縣，奪王太后湯沐成陽邑，梁餘尚有八城」。錢大昕二十二史考異（卷四）指出「餘八城」之文有誤。

廿二史劄記卷二

15 漢書移置史記文

漢書，武帝以前紀傳多用史記原文，惟移換之法別見翦裁。如鴻門之會，沛公危急，賴項伯、張良、樊噲等得免；彭城之敗，漢王道逢孝惠、魯元，載以俱行；陳平間楚使，去范增；鴻溝解兵，張良、陳平勸漢王追楚；漢王至固陵，彭越、韓信兵不至，用張良策，分地王之，遂皆會兵等事：史記皆詳於項羽本紀中，漢書則項羽傳略敍數語，而此等事皆詳於高祖紀內。蓋史記爲羽立紀，在高紀前，故大事皆先載羽紀，使閱者得其大概，而其下諸紀傳自可了然。漢書則項羽改作列傳，次於帝紀之後，①而高紀則在首卷，故此等事必先於高紀詳之，而羽傳不必再敍也。

呂后殺戚夫人及趙王如意。史記載呂后紀內，而外戚（傳）〔世家〕敍呂后處不複載。漢書呂后紀專載臨朝稱制之事，而殺戚姬等事則入外戚傳中。蓋紀以記朝政，傳以詳細事，固各有所當也。

齊悼惠王來朝，惠帝庶兄也，帝以家人禮使坐上坐。呂后怒，欲酖之。帝起取巵爲壽，呂后恐，急自起泛巵。此事史記在呂后紀内，漢書則入於齊悼惠傳，而呂紀不載。

韓信從至漢中，不見用，亡走。蕭何自追之，薦於漢王，遂拜大將。史記在信傳内，漢書已詳其事於高紀，故信傳不復敍。

蒯通説范陽令降武信君，又説武信君以侯印封范陽令。史記在張耳陳餘傳内，漢書另立通傳詳其事，故耳餘傳僅摘敍數語。

盧綰反，高祖親擊邯鄲，即用趙人爲將。史記詳於綰傳，漢書入高紀，故綰傳不載。②

史記韓信傳贊另提出，信貧時葬母，度其旁可置萬家，以見其志度不凡。漢書則以此敍入信傳。

韓信將擊齊，聞酈食其已説下齊，欲止。蒯通曰：「將軍受詔擊齊，寧有詔止將軍乎？何得無行也。」史記詳信傳内，漢書另入通傳。蒯通説信三分鼎足之計，至數千言。史記在信傳内，漢書亦另入通傳。

吴、楚反，袁盎對景帝以爲不足憂，鼂錯在旁善其語。上問盎計安出，盎請屏人語，惟錯尚在。盎又謂「臣所言人臣不得知」，乃并屏錯，避入東廂。盎遂請斬錯以謝七國，上因斬錯。史記以此事敍在吴王濞傳内，漢書敍入錯傳，而濞傳删之。

淮南王安與伍被謀反，被先諫之，繼又爲畫策，其文甚麗。史記載入淮南王（世家）〔傳〕内，漢書另立伍被傳載此文，而安傳删之。

田叔傳，史記載高祖過趙，嫚罵趙王，王之臣趙午、貫高等不平，謀逆，後事發收捕趙王等。漢書以此事敍入趙王傳，故田叔傳不復詳敍。

16 漢書多載有用之文

晉張輔論史、漢優劣，謂司馬遷敍三千年事惟五十餘萬言，班固敍二百年事乃八十餘萬言，以此分兩人之高下。①然有不可以是爲定評者，蓋遷喜敍事，至於經術之文，幹濟之策，多不收入，故其文簡。固則於文字之有關於學問，有繫於政務者，必一一載之，此其所以卷帙多也。今以漢書各傳與史記比對，多有史記所無而漢書增載者，皆係經世有用之文，則不得以繁冗議之也。摘開于後。

賈誼傳，史記與屈原同傳，以其才高被謫，有似屈原，故列其弔屈賦、鵩鳥賦，而治安策竟不載。按此策皆有關治道，經事綜物，兼切於當日時勢，文帝亦多用其言，何得遺之？漢書全載。

鼂錯傳載其教太子一疏，言兵事一疏，募民徙塞下等疏，賢良策一道，皆有關世事國計。

路温舒傳載尚德緩刑疏。

賈山傳載其至言。

鄒陽傳載其諷諫吳王濞邪謀一書。

枚乘傳載其諫吳王謀逆一書。

韓安國傳載其與王恢論伐匈奴事，恢主用兵，安國主和親，反覆辨論，凡十餘番，皆邊疆大計。

公孫弘傳載其賢良策，并待詔時上書一道，帝答詔一道。

以上皆史記無而漢書特載之者。其武帝以後諸傳，亦多載有用章疏。

韋玄成傳載其宗廟議禮之文，原本經義，可爲後世法，而并及匡衡、王舜、劉歆等所論廟制。按匡衡等皆玄成以後之人，與玄成何涉？以其於禮制互相發明，故并載玄成傳內。

匡衡傳載其所上封事，元帝時論教化之原，成帝時論燕私之累，皆有關君德。

總計漢書所載文字皆有用之文。至如司馬相如傳所載子虚賦、喻蜀文、諫獵疏、宜春宫賦、大人賦，史記亦載。楊雄傳載其反離騷、河東賦、校獵賦、長楊賦、解嘲、解難、法言序目，此雖無關於經術政治，而班固本以作賦見長，心之所好，愛不能捨，固文人習氣，而亦可爲後世詞賦之祖也。

17 漢書增傳

漢書，武帝以前王侯公卿皆用史記舊文，間有史記無傳而增立者，今列於後。

史記無吴芮傳，蒯通則附韓信傳內，伍被則附淮南王傳內，漢書俱另立傳。

史記有齊悼惠王世家，而趙隱王如意、趙共王恢、燕靈王建，皆無傳，趙幽王友附于楚元王世家內。然皆高帝子也，何得闕之？漢書皆立傳。

景帝子爲王者十三人，史記以同母者爲一宗，作五宗世家。漢書則十三王各立傳，而河間獻王傳詳敍其好古愛儒，所積書與漢朝等；魯共王傳敍其好治宫室，壞孔子宅，廣其宫，因得壁中古書。史記皆不載。史記張騫附衛青傳後，寥寥數語，而詳其事于大宛傳，漢書另立騫傳。

史記李陵附李廣傳後，但云陵將步騎五千人出居延，與單于戰，殺傷萬餘人。兵食盡欲歸，匈奴圍陵，陵降匈奴，其兵遂没，得還者四百餘人。蓋遷以陵事得禍，故不敢多爲辨雪也。漢書特爲陵立傳，詳敍其戰功，極有精采，并述司馬遷對上之語，爲之剖白。

史記無蘇武傳，蓋遷在時武尚未歸也。漢書爲立傳，敍次精采，千載下猶有生氣，合之李陵傳，慷慨悲涼，使遷爲之，恐亦不能過也。魏禧謂固密於體，而以工文專屬之遷，不知固之工於文蓋亦不減子長耳。

18　漢書增事蹟

韓信傳，信貧時葬母，營高燥地，度其旁可置萬家。史記以此事作贊，漢書則敍於傳内。又增漢王使信擊魏豹，信問酈生：「魏得無用田叔爲將乎？」曰：「柏直也。」信曰：「豎子耳。」遂進兵。又增信既虜豹，使人請漢王，願益兵三萬，北舉趙，東擊齊，絶楚糧道，與大王會滎陽，漢王即與兵三萬。史記但云漢王遣張耳與信北擊趙、代。

楚元王傳，史記但載其封國生卒，及子孫承襲之事。漢書增元王少時嘗與穆生、〔白生〕、申生受詩於浮邱伯，後隨高祖軍中，出入卧内。及封楚王，又遣子郢〔客〕至長安，與申公仍從浮邱卒業。申公好詩，爲魯詩；元王次之，其詩傳號曰元王詩。并其孫戊襲位，初爲穆生設醴，後竟胥靡申公等事。

蕭何傳，漢書增項羽負約，封沛公於巴蜀爲漢王。漢王怒，欲攻羽，蕭何力言不可，乃之國。

王陵傳，史記吕后欲王諸吕，問陵，陵曰「不可」。問陳平，平曰「可」。漢書增陵責平負先帝約，及平自解之語。

淮南王安好文學及神仙之事，其始固賢王也。史記世家開首即敍其以父厲王死，怨望欲叛，初不述其賢行，并其諫伐南粵一書最可傳者，亦但載入嚴助傳，而安世家内不載。①漢書則增其好學，作内書二十一篇，外書甚多，中書八篇，言神仙黄白之事。武帝好文，每作報書，必令司馬相如等視草。及安入朝，獻賦頌等事。

石慶傳，漢書增武帝責丞相一詔。

李廣傳，漢書增廣斬霸陵尉自劾，武帝不責，反加獎譽一詔。

衛青傳，漢書增青初爲平陽公主騎奴，及後貴爲大將軍，而平陽主以夫曹壽有惡疾，當另嫁，問左右列侯誰賢，左右皆以大將軍對，主笑曰：「是常騎從我，奈何用爲夫。」左右曰：「於今尊貴無比。」遂以青尚主。按此事本在褚少孫外戚世家遺事内，史遷是時目擊其事，而不載入傳，蓋其時青正貴盛，不敢直書以取怨也。漢書蓋即取少孫所補。

公孫弘傳，漢書增弘没後爲相者，李蔡等十餘人盡誅，惟石慶得善終，正以見弘之能得君也。

鄭當時傳末，漢書增翟公罷官，賓客皆散，後復官，舊時賓客又將來，乃署其門，有「一貴一賤，交情乃見」等語。此本史記引之作贊語，已無甚關涉，而漢書增入當時傳中，尤覺無謂。

19 漢書書恒山王

漢書呂后紀，孝惠帝張后無子，取後宫美人子，殺其母，名之，立爲太子。惠帝崩，太子立，太后稱制。立孝惠後宫子强爲淮陽王，不疑爲恒山王，弘爲襄城侯，朝爲軹侯，武爲壺關侯。四年，帝自知非皇后子，而所生母被殺，出怨言，太后乃廢之，以幽死，更立恒山王弘爲帝。太后崩，大臣以弘及三弟皆非孝惠子，共誅之。恩澤表、五行志並云，皆吕氏子。周勃傳亦云，吕后以計詐名他人子，殺其母，令孝惠子之。由前所書，則强等孝惠後宫子也；由後所書，則皆非孝惠子也，此已屬歧互。且先所書恒山王則不疑也，弘則襄成侯也，後忽云立恒山王弘爲帝，更不明晰。①據史記則襄城侯本名山，因常山王即恒山王不疑薨，以山改封常山王，更名義，後立爲帝，又名弘，始覺了了。此雖小節，亦見史記之密。

20 漢書武帝紀贊不言武功

漢書武帝紀贊，謂帝：「罷黜百家，表章六經，興太學，修郊祀，改正朔，定曆數，協音律，作詩樂，舉封禪，紹周後，號令文章，焕焉可述，後嗣得遵洪業，有三代之風。以帝之雄才大略，不改文景之恭儉，雖詩書所稱，何以加焉。」是專贊武帝之文事，而武功則不置一詞。抑思帝之雄才大略，正在武功。因匈奴屢入寇，則使衛青七出塞，擊，收河南地，置朔方郡。公孫敖築受降城，徐自爲築五原塞，千餘里列亭障，至盧朐，徙貧民實之。又使霍去病六出塞，擊匈奴右地，降渾邪王，築令居以西，置酒泉、武威、張掖、敦煌四郡。又使李廣利伐大宛，斬其王毋寡。自燉煌西至鹽澤，起亭障，屯田於輪臺、渠黎。此開境於西與北者也。使伏波將軍路博德，樓船將軍楊僕等取南粵，以其地爲儋耳、珠崖、南海、蒼梧、鬱林、合浦、交趾、九真、日南九郡。此開境於極南者也。又使楊僕及横海將軍韓説等擊東越，東越人殺其王餘善降，遂徙東越之民於江淮而空其地。此開境於東境者也。又使唐蒙、司馬相如諷諭西南諸夷，繼遣中郎郭昌、衞(平)〔廣〕等平南夷爲牂柯郡，邛都爲越嶲郡，莋都爲沈黎郡，冉駹爲文山郡，白馬爲武都郡。夜郎、滇王先後入朝，以滇地爲益州郡。此開境於西南者也。又使楊僕及左將軍荀彘擊朝鮮，以其地爲真番、臨屯、樂浪、玄菟四郡。此開境於東北者也。又使張騫等通西域，而三十六國君長皆慕化入貢。此開境於極西者也。其中有秦所本有，已淪入外國而武帝恢復之者，如朔方、朝鮮、南越、閩越，秦時雖已内屬，然不過羈縻附隸，至武帝始郡縣其地也。并有秦所本無而新闢之者，西北則酒泉、敦煌等郡，南則九真、日南等郡，西南則益州等郡，而西域三十六國，又秦時所未嘗聞也。統計武帝所闢疆土，視高、惠、文、景時幾至一倍，西域之通尚無與中國重輕，其餘所增地，永爲中國四至，千萬年皆食其利。故宣帝時韋玄成等議，以武帝豐功偉烈，奉爲世宗，永爲不毁之廟。乃班固一概抹煞，并謂其不能法文景之恭儉，轉以開疆闢土爲非計者。蓋其窮兵黷武，敝中國以事四夷，當時實爲天下大害。故宣帝時議立廟樂，夏侯勝已有「武帝多殺士卒，竭民財力，天下虚耗」之語。至東漢之初，論者猶以爲戒，故班固之贊如此。其西域傳贊亦謂，光武閉玉門關，謝外國朝貢，雖大禹之敍西戎，文帝之卻走馬，殆無以過。其持論猶此意也。

21 漢帝多自立廟

西漢諸帝多生前自立廟。漢書本記，文帝四年，作顧成廟。註：帝自爲廟，制度狹小，若可顧望而成者。賈誼策有云，使顧成之廟爲天下太宗，即指此也。景帝廟曰德陽，武帝廟曰龍淵，昭帝廟曰徘徊，宣帝廟曰樂游，元帝廟曰長壽，成帝廟曰陽池，俱見漢書註。

22 漢初布衣將相之局

漢初諸臣，惟張良出身最貴，韓相之子也。其次則張蒼，秦御史；叔孫通，秦待詔博士。次則蕭何，沛主吏掾；曹參，獄掾；任敖，獄吏；周苛，泗水卒史；傅寬，魏騎將；申屠嘉，材官。其餘陳平、王陵、陸賈、酈商、酈食其、夏侯嬰等，皆白徒。樊噲則屠狗者，周勃則織薄曲吹簫給喪事者，灌嬰則販繒者，婁敬則輓車者，一時人才皆出其中，致身將相，前此所未有也。蓋秦、漢間爲天地一大變局。自古皆封建諸侯，各君其國，卿大夫亦世其官，成例相沿，視爲固然。其後積弊日甚，暴君荒主，既虐用其民，無有底止，强臣大族又篡弒相仍，禍亂不已。再并而爲七國，益務戰爭，肝腦塗地，其勢不得不變。而數千年世侯、世卿之局，一時亦難遽變，於是先從在下者起。游説則范睢、蔡澤、蘇秦、張儀等，徒步而爲相。征戰則孫臏、白起、樂毅、廉頗、王翦等，白身而爲將。此已開後世布衣將相之例。而兼并之力尚在有國者，天方藉其力以成混一，固不能一旦掃除之，使匹夫而有天下也。於是縱秦皇盡滅六國，以開一統之局。使秦皇當日發政施仁，與民休息，則禍亂不興，下雖無世禄之臣，而上猶是繼體之主也。惟其威虐毒痡，人人思亂，四海鼎沸，草澤競奮，於是漢祖以匹夫起事，角羣雄而定一尊。其君既起自布衣，其臣亦自多亡命無賴之徒，立功以取將相，此氣運爲之也。天之變局，至是始定。然楚、漢之際，六國各立後，尚有楚懷王心，趙王歇，魏王咎，魏王豹，韓王成，韓王信，齊王田儋、田榮、田廣、田安、田市等。即漢所封功臣，亦先裂地以王彭、韓等，繼分國以侯絳、灌等。蓋人情習見前世封建故事，不得而遽易之也。乃不數年而六國諸王皆敗滅，漢所封異姓王八人，其七人亦皆敗滅。則知人情猶狃於故見，而天意已另換新局，故除之易易耳。而是時尚有分封子弟諸國，迨至七國反後，又嚴諸侯王禁制，除吏皆自天朝，諸侯王惟得食租衣税，又多以事失侯，於是三代世侯、世卿之遺法始蕩然浄盡，而成後世徵辟、選舉、科目、雜流之天下矣。豈非天哉！

23 漢初諸侯王自置官屬

漢書齊悼惠王傳贊云，高祖初定天下，大封同姓諸侯，得自置御史大夫以下，漢但爲置丞相而已。此可見當日法制之疏也。今按悼惠初封，得自置二千石。悼惠傳是二千石得自置也。田叔爲人廉直，趙相言於趙王張敖，即以爲郎中。田叔傳是郎中亦自置也。薄昭與淮南厲王書云：「大王逐漢所置相、二千石，而請自置，皇帝屈法許之。」是并得自置相矣。昭書又云：「今諸侯子爲吏者御史主，爲軍吏者中尉主，出入殿門者衛尉大行主，從蠻夷來歸者内史縣令主。」如淳曰：「御史以下，皆王官也。」

是諸侯王有此等官以主諸事矣。至景帝以梁孝王屬官韓安國爲梁内史，孝王則欲以公孫詭爲之，竇太后詔不許，是時已在七國反後，故禁令稍嚴。武帝以衡山王驕恣，乃爲置吏二百石以上，則禁網更密矣。其後又有左官、附益、阿黨之法，諸侯王惟得食租衣税，貧者或乘牛車。悼惠傳贊 蓋法制先疏闊而後漸嚴，亦事勢之必然也。

24 武帝年號係元狩以後追建

古無年號，即有改元，亦不過以某年改作元年。如漢文帝十六年，因新垣平候日再中以爲吉祥，乃以明年爲後元年。景帝即位之七年，改明年爲中元年；又以中元五年，改明年爲後元年是也。至武帝始創爲年號，朝野上下俱便於記載，實爲萬世不易之良法，然武帝非初登極即建年號也。據史記封禪書，武帝六年，竇太后崩。其明年，徵文學之士。明年，至雍，郊見五畤。以後則但云其後其後，而不著某年。下又云，後三年，有司言元宜以天瑞命，不宜以一二數。一元曰建元，二元以長星見曰元光，三元以郊得一角獸曰元狩。是帝至元狩始建年號，從前之建元、元光等號，乃元狩後重制嘉號，追紀其歲年也。不然則武帝六年即應云建元六年，其下所云明年、又明年，皆可書元光幾年、元朔幾年，豈不簡易明白，而乃云明年、後年耶？又按武帝自建元至元封，每六年一改元，太初至征和，每四年一改元，征和四年後，但改爲後元年，而無復年號，蓋帝亦將終矣。①

25 漢儒言災異

上古之時，人之視天甚近。迨人事繁興，情僞日起，遂與天日遠一日，此亦勢之無可如何也。即以六經而論，易最先出，所言皆天道。尚書次之，洪範一篇備言「五福」、「六極」之徵，其他詔誥亦無不以「惠迪」、「從逆」爲吉凶。至詩、禮、樂盛於商、周，則已多詳於人事，而天人相應之理略焉。如「正月繁霜」諸作，不一二見也。惟春秋記人事，兼記天變，蓋猶是三代以來記載之古法，非孔子所創也。戰國紛爭，詐力相尚，至於暴秦，天理幾於滅絶。漢興，董仲舒治公羊春秋，始推陰陽，爲儒者宗。宣、元之後，劉向治穀梁，數其禍福，傅以洪範，五行志序而後天之與人又漸覺親切。觀五行志所載，天象每一變必驗一事，推既往以占將來，雖其中不免附會，然亦非盡空言也。昌邑王爲帝無道，數出微行，夏侯勝諫曰：「久陰不雨，臣下有謀上者。」時霍光方與張安世謀廢立，疑安世漏言，安世實未言，乃召問勝。勝對洪範五行傳云：「皇之不極，厥罰常陰，時則有下人謀上者。」光、安世大驚。勝傳宣帝將祠昭帝廟，旄頭劍落泥中，刃向乘輿，帝令梁邱賀筮之，云有兵謀，不吉，上乃還。果有任宣子章匿廟間，欲俟上至爲逆，事發伏誅。賀傳京房以易六十四卦更直日用事，以風雨寒温爲候，各有占驗。每先上疏言其將然，近者或數月，遠或一歲，無不屢中。房傳翼奉以成帝獨親異姓之臣，爲陰氣太甚，極陰生陽，恐反有火災。未幾，孝武園白鶴館火。奉傳是漢儒之言天者，實有驗於人，故諸上疏者皆言之深切著明，無復忌諱。翼奉謂，人氣内逆則感動天地，變見於星氣。猶人之五藏六體，藏病則氣色發於面，體病則欠伸動于貌也。李尋謂，日失其度，晻昧無光，陰雲邪氣，在日出時者，爲牽於女謁；日出後者，爲近臣亂政；日中者，爲大臣欺誣；日入時者，爲妻妾役使所營也。孔光謂，皇之不極，則咎徵薦臻。其傳曰，有日月亂行諸變異也。而尤言之最切者，莫如董仲舒，謂國家將有失道之敗，天乃先出災害以譴告之，以此見天心之仁，愛人君，欲止其亂也。谷永亦言，災異者，天所以儆人君過失，猶嚴父之明誡，改則禍消，不改則咎罰。是皆援天道以證人事，若有杪忽不爽者。而其時人君亦多遇災而懼，如成帝以災異用翟方進言，遂出寵臣張放於外，賜蕭望之爵，登用周堪爲諫大夫。①又因何武言，擢用辛慶忌。哀帝亦因災異用鮑宣言，召用彭宣、孔光、何武，而罷孫寵、息夫躬等。其視天猶有影響相應之理，故應之以實不以文。降及後世，機智競興，權術是尚，一若天下事皆可以人力致，而天無權。即有志圖治者，亦徒詳其法制禁令。爲人事之防，而無復有求端於天之意。故自漢以後，無復援災異以規時政者。間或日食求言，亦祇奉行故事，而人情意見，但覺天自天，人自人，空虛寥廓，與人無涉。抑思孔子修春秋，日食三十六，地震五，山陵崩二，彗星見三，夜恒星不見星隕如雨一，火災十四，以及五石隕墜，六鷁退飛，多麋，有蜮，鸜鵒來巢，晝暝晦，大雨雹，雨木冰，李梅冬實，七月霜，八月殺菽之類，大書特書不一書，如果與人無涉，則聖人亦何事多費此筆墨哉。

漢書藝文志有劉向五行傳十一卷，是以言五行傳者，皆以爲劉向所作。然漢書五行志先引「經曰」，則洪範本文也。次引「傳曰」，顏師古初未註明何人所作。今觀夏侯勝引洪範五行傳以對張安世，則武帝末已有是書，不自劉向始也。②漢代言陰陽災異者，惟眭孟與勝同時，其餘京房、翼奉、劉向、谷永、李尋、解光等，皆在勝後，見眭弘等傳贊③則勝所引必非諸人所作也。在勝前者，有董仲舒、夏侯始昌。然仲舒之陰陽本之春秋，不出於洪範，今仲舒所著繁露具在，初無推演五行之處。至尚書雖自景帝時伏生所傳，而伏生亦未言洪範災異，其弟子作尚書大傳，亦無五行之説。惟夏侯始昌以尚書教授，明於陰陽，先言柏梁臺災日，至期果驗。自董仲舒、韓嬰死後，武帝甚重始昌。然則勝所引洪範五行傳，蓋即始昌所作也，其後劉向又推演之成十一篇耳。

26 漢重日食

漢文帝詔曰：「人主不德，則天示之災。今日食適見於天，災孰大焉。」宣帝詔曰：「皇天見異，以戒朕躬。」光武詔曰：「吾德薄致災，謫見日月，戰慄恐懼，夫何言哉！今方念愆，庶消厥咎。其令百官各上封事，上書者不得言聖。」明帝詔曰：「朕奉承祖業，無有善政，日月薄蝕，彗孛見天，雖夙夜勤思，而知能不逮。今之動變，倘有可救，其言事者，靡有所諱。」又詔曰：「朕以無德，下貽人怨，上動三光，日食之變，其災尤大，春秋圖讖，所謂至譴。永思厥咎，在予一人。」章帝詔曰：「朕之不德，上累三光，震慄（切切）〔忉忉〕，痛心疾首。前代聖君，博思咨諏，有開匱反風之應。今予小子，徒慘慘而已。」以上諸詔，皆有道之君，太平之世，尚遇災而懼如此。他如西漢成帝建始三年、河平元年、永始二年之詔，哀帝元壽元年之詔，東漢和帝永元（六）〔七〕年之詔，雖庸主亦以災異爲憂。甚至明帝永平十三年日食，三公亦皆免冠自劾。蓋漢時去古未遠，經傳垂戒之語，師友相傳。如孔光論：「日者衆陽之宗，人君之表。君德衰微，則日蝕應之。」谷永以正月朔日蝕爲兵亂將作。劉向并以春秋日食三十六爲弑君三十六之應。鄭興亦疏言：「天反時爲災，地反物爲妖。今孟夏純乾，陰氣未作，其災尤重。」馬嚴亦疏言：「日者衆陽之長，食者陰侵之徵，是陰盛凌陽之象也。」丁鴻亦以爲臣凌君之象。蓋皆聖賢緒論，期於修德弭災，初不以爲次舍躔度之常，不關人事也。

27 漢詔多懼詞

文帝詔曰：「朕以不敏不明，而久臨天下，朕甚自愧。」又詔曰：「間者歲比不登，朕甚憂之。愚而不明，未達其咎。」元帝詔曰：「元元大困，盜賊并興，是皆朕之不明，政有所虧，咎至於此。朕甚自恥，爲民父母，若是之薄，謂百姓何！」又詔曰：「朕晻于王道，靡瞻不眩，靡聽不惑，是以政令多違，民心未得。」東漢明帝詔曰：「朕承大運，繼體守文，不知稼穡之艱難，懼有廢失。若涉淵水而無舟楫，實賴有德左右小子。」又詔曰：「比者水旱不時，邊人食寡，政失于上，人受其咎。」章帝即位，詔曰：①「朕以無德，奉承大業，夙夜戰慄，不敢荒寧，而災異仍見，與政相應。朕既不明，涉道日寡，又選舉乖實，俗吏傷人，官職耗亂，刑章不中，可不憂歟！」岐山得銅器，詔曰：②「今上無明天子，下無賢方伯，民之無良，相怨一方，斯器曷爲來哉！」和帝詔曰：「朕奉承鴻烈，陰陽不和，水旱違度，而未獲忠言至謀所以匡救之策。寤寐永歎，用思孔疚。」又詔曰：「比年不登，百姓虚匱，京師去冬無〔宿〕雪，今春無〔澍〕雨，黎民流離，困於道路。朕痛心疾首，靡知所濟，瞻仰昊天，何辜今人？」安帝詔曰：「朕以不德，不能興和降善，災異蜂起，寇賊縱横，百姓匱乏，疲于徵發。朕以不明，統理失中，亦未獲忠良，以毗闕政。」順帝詔曰：「朕涉道日寡，政失厥中，陰陽氣隔，寇盜肆暴，憂瘁永歎，疢如疾首。」以上諸詔，雖皆出自繼體守文之君，不能有高、武英氣，然皆小心謹畏，故多蒙業而安。兩漢之衰，但有庸主，而無暴君，亦家風使然也。

28 漢時以經義斷事

漢初法制未備，每有大事，朝臣得援經義以折衷是非。如張湯爲廷尉，每決大獄，欲傅古義，乃請博士弟子治尚書、春秋者，補廷尉史，亭疑奏讞。湯傳倪寬爲廷尉掾，以古義決疑獄，奏輒報可。寬傳張敞爲京兆尹，每朝廷大議，敞引古今處便宜，公卿皆服是也。敞傳今見于各傳者：宣帝時，有一男子詣闕，自稱衛太子，舉朝莫敢發言，京兆尹雋不疑至，即令縛之。或以爲是非未可知，不疑曰：「昔蒯聵違命出奔，輒拒而不納，春秋是之。衛太子得罪先帝，已爲罪人矣。」帝及霍光聞之曰：「公卿當用經術明大義者。」不疑傳匈奴大亂，議者遂欲舉兵滅之。蕭望之曰：「春秋，士匄侵齊，聞齊侯卒，引師還，君子善其不伐喪。今宜遣使弔問，則四夷聞之，咸服中國之仁義。」宣帝從之，呼韓邪單于遂内屬。望之傳朱博、趙玄、傅晏等奏，何武、傅喜雖已罷退，仍宜革爵。彭宣劾奏，博、玄、晏等欲禁錮大臣，以專國權。詔下公卿議。龔勝引叔孫僑如欲專國，譖季孫行父於晉，晉人執囚行父，春秋重而書之。今傅晏等職爲亂階，宜治其罪。哀帝乃削晏封户，坐玄罪。朱博傳哀帝寵董賢，以武庫兵送其第，毋將隆奏：「春秋之誼，家不藏甲，所以抑臣威也。孔子曰：『奚取於三家之堂。』臣請收還武庫。」隆傳賈捐之與楊興迎合石顯，上書薦顯，爲顯所惡，下獄定讞，引書「讒說殄行」，王制「順非而澤」，請論如法。捐之遂棄市，興減死一等。捐之傳此皆無成例可援，而引經義以斷事者也。援引古義，固不免於附會，後世有一事即有一例，自亦無庸援古證今，第條例過多，竟成一吏胥之天下，而經義盡爲虛設耳。

29 賢良方正茂材直言多舉現任官

漢時賢良方正等人，大抵從布衣舉者甚少，今見于各列傳者，賢良惟公孫弘由布衣起。鼂錯則已爲太子家令；董仲舒已爲博士；馮唐已爲騎都尉，歸家，羣臣舉爲賢良，唐年九十餘，不能爲官；王吉已爲雲陽令，舉賢良爲昌邑中尉；貢禹已爲涼州刺史，病去官，復舉賢良，爲河南令。此賢良之多已仕者也。杜欽舉方正時已爲武庫令；朱雲舉方正時已爲槐里令；①孔光已爲議郎，舉方正，遷諫大夫；蓋寬饒亦已爲郎，舉方正，對策高第，亦遷諫大夫；陳咸已爲九卿，罷歸，舉方正直言，爲光禄大夫給事中。此方正之多已仕者也。薛宣爲不其丞，舉茂才，遷樂浪都尉；②尹賞爲樓煩長，舉茂材，遷粟邑令。此茂材之多已仕者也。至于孝廉之舉，其名雖合爲一，而廉與孝又分，大約舉孝者少，而察廉者多。如平陵令薛恭，乃本縣孝者，不能繁劇。其他如趙廣漢以察廉爲陽翟令，尹翁歸舉廉爲緱氏尉，又舉廉爲弘農尉，張敞察廉爲〔甘〕泉倉長，蕭望之察廉爲大行治禮丞，王尊察廉爲鹽官長，黃霸察廉爲太守丞是也。

30 漢時諸王國各自紀年

三代諸侯，各自紀年。孔子志在尊王，而修春秋亦以魯公編年，蓋成例相沿，雖聖人不能改也。至漢猶然。史記諸侯王世家，紀年不用帝年，而仍以諸侯王之年紀事。如楚元王（傳）〔世家〕，元王子戊二十一年，景帝之三年也。又梁孝王（傳）〔世家〕，十四年入朝，二十二年孝文帝崩，二十四年入朝，二十五年復朝。最後云，梁共王三年，景帝崩。是轉以侯國歲年記天子之事矣。漢書亦同。蓋當時雖已大一統，而列國紀載猶用古法也。按漢書齊悼惠傳，城陽景王章，孝文二年以朱虚侯與東（平）〔牟〕侯興居俱立，二年薨。子喜嗣，孝文十二年徙王淮南。是又以帝年紀侯國事。

31 三老孝悌力田皆鄉官名

漢文帝詔曰：「孝悌，天下之大順也。力田，爲生之本也。三老，衆民之師也。其以户口率置常員。」章懷後漢書註，「三老、孝悌、力田，皆鄉官之名也。三老，高帝置。孝悌、力田，高后置」云。而其時孝與悌又稍有差别。文帝賜三老及孝者帛人五匹，弟及力田人（一）〔二〕匹。武帝賜縣三老、孝者帛人五匹，鄉三老、弟者、力田帛人三匹。元帝詔賜三老、孝者帛人五匹，弟者、力田人三匹。東漢章帝詔曰：「三老尊年也，孝悌淑行也，力田勤勞也，其賜帛人各一匹。」

32 漢三公官

漢承秦制，設丞相、御史大夫，以理朝政，謂之二府。劉向封事所云「今二府奏佞諂，不當在位」是也。亦稱三公。鼂錯之父謂錯曰：「人口議多怨公者。」以父而呼子爲公，徐孚遠曰：「御史大夫，三公也。」錯父蓋以官稱之。又汲黯謂公孫弘，身爲三公而猶布被，是時弘爲御史大夫，是御史大夫已稱三公也。其掌兵者則曰太尉，武帝改爲大司馬，而冠以將軍之號。如衛青爲大司馬大將軍，霍去病爲大司馬驃騎將軍。成帝以何武言政事煩多，丞相一人事多廢滯，于是改御史大夫爲大司空，與丞相、大司馬備三公官。哀帝又改丞相爲大司徒。至東漢光武又改大司馬爲太尉。于是太尉、大司徒、大司空稱爲三公。建武二十七年，詔大司徒、大司空去「大」字，故劉昭百官志稱太尉公、司徒公、司空公。此三公亦曰三司。安帝以旱蝗詔責三公，曰：「三司之職，内外是監。」順帝詔亦云，「刺史、二千石之選，歸任三司」是也。鄧騭以車騎將軍儀同三司，于是三司之外又有儀同之號，自騭始也。東漢諸帝多幼年嗣位，于是三公之上又以太傅録尚書事。如和帝初，竇太后臨朝，以鄧彪爲太傅録尚書事。殤帝初，鄧太后臨朝，以張禹爲太傅録尚書事是也。于是太尉、太傅、司徒、司空又稱四府，种暠疏「請敕四府，條舉近臣之親爲二千石殘穢者」是也。至大將軍、驃騎、車騎將軍，本由太尉改爲大司馬而冠以此號，後省大司馬仍爲太尉，則將軍之號可不必設，然自霍光以大司馬大將軍受遺輔政，自後外戚輔政者往往爲是官，於是大將軍之權又在太傅、太尉、司徒、司空四府之上。舊制大將軍位在三公下，明帝以弟東平王蒼爲驃騎將軍輔政，故位在三公上，後仍復舊制。和帝初，竇憲以大將軍輔政，權勢既盛，公卿希旨，奏憲位在太傅下三公上。嗣後梁商、梁冀爲大將軍，皆因之，故順帝舉將帥、選武猛等詔，皆以大將軍列三公之首。終漢之世，以外戚秉權者爲大將軍，以老臣録尚書者爲太傅，否則不設，惟三公官常爲宰相之任。至獻帝時，董卓自爲相國，相國又在丞相上，蕭何由丞相進位相國。①而太尉、司徒、司空之官仍舊。迨曹操柄國，慮人分權，乃復漢初舊制，罷三公官，專設丞相、御史大夫，而自爲丞相，于是大權盡歸於操矣。

33 災異策免三公

按周官，三公之職，本以論道經邦，燮理陰陽爲務。漢初猶重此説，陳平謂文帝曰：「宰相者，上佐天子，理陰陽，順四時，遂萬物之宜者也。」丙吉問牛喘，以爲：「三公調和陰陽，今方春少陽用事，未可大熱，恐牛因暑而喘，則時節失氣，有所傷害。」魏相亦奏：「臣備位宰相，陰陽未和，災害未息，咎在臣等。」是漢時三公官，猶知以調和陰陽引爲己職，因而遇有災異，遂有策免三公之制。徐防傳，防爲太尉，與張禹參録尚書事，後以災異寇賊策免，三公以災異策免自防始也。防傳然薛宣爲丞相，成帝册曰：「災異數見，比歲不登，百姓飢饉，盜賊並興。君爲丞相，無以帥示四方，其上丞相印綬罷歸。」是防之先已有此制。如淳漢書注謂：「天文大變，天下大禍，則使侍中以上尊養牛賜丞相，策告殃咎，丞相即日自殺。」則并有不止策免者矣。亦有不待免而自劾者，如元帝永光元年，春霜夏寒，日青無光，丞相于定國自劾，歸侯印，乞骸骨；明帝永平十三年，日蝕，三公免冠自劾是也。蓋西漢三公之官，無所不統，觀安帝詔謂：「三司之職，内外是監。」順帝詔謂：「刺史、二千石之選，歸任三司。」此雖東漢之詔，而職任實自西京。可見選用牧守，舉劾奸邪，皆三公之責。朱浮傳，漢故事，刺史奏二千石不任職者，事先下三公，三公遣掾吏案實，然後黜退。武帝又置丞相司直，助丞相舉不法者。如鮑宣爲（冀）〔豫〕州牧，司直奏宣舉錯煩苛，代二千石置吏。又王商爲丞相，有琅邪太守楊（肜）〔彤〕，其郡有災十四以上，商部屬案實，商遂奏免（肜）〔彤〕官。此可見西漢三公之任也。自光武躬親吏事，三府任輕，機事轉委尚書。陳忠傳其刺史劾二千石亦不復下三公，而權歸刺舉之吏。故朱浮謂，帝以使者爲腹心，使者以從事爲耳目，是謂尚書之平決於百石之吏。浮傳自和、安以後，女后臨朝，外戚輔政，三公之任益輕。如鄧彪年老，竇太后兄憲以其柔和易制，讓彪爲太傅録尚書事，而憲實握事權，有所施爲，外令彪奏，内白太后，事無不從。是録尚書者且聽命于戚臣矣。三公之輕如此，而策免三公則沿爲故事，此實非事理之平，故陳忠以爲非國體，而仲長統謂光武雖置三公，權歸臺閣，謂尚書也。然政有不理，猶加譴責。如韓歆、歐陽歙、戴涉等先後爲司徒，皆坐事死。以後則權移外戚之家，寵被近習之豎，及至災異屢見，反以策讓三公，至於死免。往者任之重而責之輕，今者任之輕而責之重，此兩漢三公輕重不同之大概也。

34 上書無忌諱

賈誼治安策，願文帝「生爲明帝，没爲明神。使顧成之廟，稱爲太宗，上配太祖，與(天)〔漢〕無極」。又曰：「若畜亂宿禍，使萬年之後，傳之老母弱子，將使不寧，不可謂仁。」是直謂帝必早崩於太后之前，太子未成人之時也。又谷永奏成帝曰：「漢興九世百九十餘歲，繼體之主七，皆順承天道。至陛下獨違道縱慾，輕身妄行，積失君道，不合天意，亦已多矣。爲人後嗣，守人功業如此，豈不負哉！」永傳劉向奏成帝亦曰：「陛下爲人子孫，而令國祚移于外家，降爲皁隸，縱不爲身，奈宗廟何？」此等狂悖無忌諱之語，敵以下所難堪，而二帝受之，不加譴怒，且歎賞之，可謂盛德矣。然文帝以誼所言分封王國子弟等事，多見之施行。成帝則徒歎向之忠，而不能收外家之權，卒至日後篡奪之禍，是徒受直言亦無益也。

35 上書召見

漢高祖駐軍，酈食其謁見，帝方洗足，即召入。酈生責以不宜倨見長者，帝又改容謝之。陳平以魏無知入見，即召賜食，遣出。平曰：「臣所言不可過今日。」遂欣然留，使盡言。平傳帝在洛陽，婁敬脱輓輅謂虞將軍曰：「臣願見上。」虞將軍欲爲易衣，敬曰：「臣衣帛帛見，衣褐褐見。」將軍入言上，上即召見賜食。敬傳此高祖創業時，固以收攬人才爲急也。至武帝則繼體已五世，朝廷尊嚴，宜與臣民闊絶矣，乃主父偃上書，朝奏入，暮即召見；同時徐樂、嚴安亦上書，俱召見，曰：「公等皆安在，何相見之晚也。」主父偃傳終軍上書言事，帝奇其文，即拜爲謁者。軍傳甚而東方朔上書，自言：「年十三學書，十五學劍，十六學詩、書，誦二十二萬言，十九學孫、吴，亦誦二十二萬言。今年二十〔三〕〔二二〕，長九尺三寸，目若懸珠，齒若編貝，勇若孟賁，捷若慶忌，廉若鮑叔，信若尾生：若此可爲天子大臣矣。」其狂肆自舉如此，使在後世，豈不以妄誕得罪？乃帝反偉之，而令待詔金馬門，遂以進用。東方朔傳史稱武帝招英俊，程其器能，用之如不及，宜乎興文治，建武功，爲千古英主也。又戾太子死巫蠱之禍，車千秋上書爲太子訟冤，帝大感悟，召見，即拜爲大鴻臚。不數月，遂爲丞相。帝之度外用人如此，而當時禁網疏闊，懷才者皆得自達，亦於此可見矣。

36 漢武用將

武帝長駕遠馭，所用皆跅弛之士，不計流品也。張騫傳，自騫開外國道致尊貴，吏士争上書言外國利害，天子爲其絶遠輒予節，募吏民無問所從來，爲備人衆遣之。或道中被侵盗失物及失指，天子爲其習之，輒案致重罪，以激之令贖，復求使，大者予節，小者爲副，故妄言無行之徒争應募，此其鼓動人材之大略也。至其操縱賞罰，亦實有足以激勸者。如衛青、霍去病等，屢經出塞，爲國宣力，固貴之寵之，封侯增邑不少靳。或奮身死事，如韓千秋戰死南越，帝曰：「千秋功雖不成，然亦軍鋒之冠。」則封其子爲成安侯。或在軍有私罪，而功足録者，如李廣利伐大宛，斬其王毋寡，而私罪惡甚多，則以其萬里征伐，不録其過。甚至失機敗事，而其罪可諒，其才尚可用者，亦終不刑戮，使得再自效。如張騫與李廣俱出右北平擊匈奴，廣失亡多，騫後期，皆當斬，皆許贖爲庶人。廣又全軍覆没，身爲匈奴所得，佯死，奪其馬奔歸，當斬，亦贖爲庶人。他如公孫敖亡七千人，趙食其迷失道，樓船將軍楊僕擊朝鮮，坐兵至列口不待左將軍，以致失亡多，皆當斬，皆許贖爲庶人，後皆重詔起用，使之立功。且任用時不拘以文法。如李廣夜行，爲灞陵醉尉所辱，及爲將，請尉俱行，至即斬以報怨，上疏自言，帝不惟不以爲罪，反獎譽之以成其氣。其有恃功稍驕蹇者，則又挫折而用之。如楊僕已破南越，會東越反，帝欲以爲將，爲其伐前勞，特詔責之，又數其受詔不至蘭池宮等罪，激使立功自贖。其駕馭豪傑如此，真所謂鞭箠在手，操縱自如者也。而於畏懦者，則誅無赦。如大司農張成、山州侯劉齒擊東越，畏賊不敢進，卻就便處，即立誅之。又或冒功行詐，如左將軍荀彘擊朝鮮，與楊僕爭功嫉妒，雖克朝鮮，終坐棄市。以上皆見各本傳賞罰嚴明如此，孰敢挾詐避險而不盡力哉！史稱雄才大略，固不虛也。

37 武帝三大將皆由女寵

漢武帝三大將，皆從嬖寵擢用。衛青父鄭季，給事平陽侯家，與衛媼通，生青，故青冒姓衛氏，爲平陽主騎奴。而衛媼先有女子夫，以主家謳者得幸于帝，立爲后。青以后同母弟見用爲大將軍，征匈奴有功，封長平侯。平陽主寡居，青即尚焉。霍去病父霍仲孺，先與衛子夫之姊少兒通，生去病。去病以皇后姊子見用爲驃騎將軍，征匈奴有功，封冠軍侯。李廣利之進也，其女弟本倡，後得幸于帝，爲李夫人。帝用廣利爲貳師將軍，伐大宛，得其王毋寡頭以歸，封海西侯。三大將皆出自淫賤苟合，或爲奴僕，或爲倡優，徒以嬖寵進，後皆成大功爲名將，此理之不可解者也。且衛媼一失節僕婦，生男爲大將軍。生女，長君孺，嫁公孫賀，官至丞相；次少兒，生去病，又嫁陳掌，亦爲詹事；小女子夫，且爲皇后。而去病異母弟光，又因去病入侍中，後受遺輔政，封博陸侯，爲一代名臣。其始皆由賤婦而起。閒氣所鍾，固有不擇地者哉。

38 與蘇武同出使者

蘇武使匈奴，守節不屈，十九年始得歸，人皆知之。然是時守節絶域，或歸或不得歸，不止武一人也。先是長史任敞使匈奴，欲令單于爲外臣，單于怒，留敞不遣。又郭吉諷單于，單于亦留吉，辱之於北海上。路充國爲單于所留，且鞮侯單于立，始得歸。是諸人皆在武之先。又匈奴傳，匈奴欲和親，先歸蘇武、馬弘等以通善意。馬弘者，前副光禄(任)〔王〕忠使西域，爲匈奴所遮，忠戰死，弘被擒，不肯降，至是得歸。是武之外尚有馬弘也。趙破奴以浚稽將軍與匈奴戰，爲所得，在匈奴中十年，與其子定國逃歸，是破奴亦守節不屈者也。張騫先使月氏，道半爲匈奴所得，留十年，持漢節不失。後乃逃出，由大宛、康居至月氏、大夏。從羌中歸，又爲匈奴所得。歲餘，乘其國内亂，乃脱歸。是騫之崎嶇險阻，更甚於武也。即與武同時出使者，有中郎將張勝及假吏常惠等，後勝爲匈奴所殺，惠仍在匈奴，教漢使言天子在上林射，得雁足書，知武等所在，故武得歸。是惠在匈奴亦十九年也。同時隨武還者九人，見於武傳者，常惠、徐聖、趙終根，然至今但稱武而已。惠後以軍功封長羅侯，尚在人耳目間，聖、終根雖附書於傳，已莫有知之者，其餘尚有六人，并氏名亦不載，則同一使也，而傳不傳亦有命。又況是時二十餘年間，漢留匈奴使，匈奴亦留漢使以相當，前後凡十餘輩，則其中守節不屈者亦必有人，而皆不見於史籍，則有幸有不幸，豈不重可歎哉！

第二卷校證

15 漢書移置史記文

①漢書則項羽改作列傳，次於帝紀之後　按：原刻本「帝紀」下有「世家」二字，漢書本無世家一體，西畬本已删去，今從之。

②盧綰反，高祖親擊邯鄲，即用趙人爲將。史記詳於綰傳，漢書入高紀，故綰傳不載　按：「盧綰反」應作「陳豨反」。「綰傳」應作「盧綰傳附陳豨傳」。

16 漢書多載有用之文

①晉張輔論史、漢優劣，謂司馬遷敍三千年事惟五十餘萬言，班固敍二百年事乃八十餘萬言，以此分兩人之高下　按：見晉書張輔傳（卷六〇）。

18 漢書增事蹟

①史記世家開首即敍其以父厲王死，怨望欲叛，初不述其賢行，并其諫伐南粵一書最可傳者，亦但載入嚴助傳，而

安世家内不載　按：「史記世家」應作「史記本傳」。「安世家」應作「安傳」。淮南王安諫伐南粵書載於漢書嚴助傳，史記無嚴助傳。

19 漢書書恒山王

①先所書恒山王則不疑也，弘則襄城侯也，後忽云立恒山王弘爲帝，更不明晰　按：陳垣云，據荀悦漢紀六，知今本漢書吕后二年下脱去立襄城侯弘爲恒山王一節，此乃傳寫脱漏，非漢書有意删節。

24 武帝年號係元狩以後追建

①征和四年後，但改爲後元年，而無復年號，蓋帝亦將終矣　按：「後元」爲「征和後元」之略稱，與後漢之「建武中元」省稱爲「中元」者同例。參看拙作漢代的兩個年號問題（文史第三五辑）。

25 漢儒言災異

①成帝以災異用翟方進言，遂出寵臣張放於外，賜蕭望之爵，登用周堪爲諫大夫　按：翟方進未有因災異上書之事，因災異上書者爲劉向使其外親爲之。漢元帝賜蕭望之爵爲關内侯，又徵用周堪與劉向，將用爲諫大夫，而爲弄權宦官石顯等所沮。劉向因當時有地震災異，使人上書，指爲石顯等弄權所致，石顯等即予反擊，結果劉向失官，蕭望之自殺，見漢書卷三六楚元王傳附劉向傳，此非成帝時事。出寵臣張放於外者爲班伯，見漢書敘傳（卷一〇〇），雖爲成帝時事，而與翟方進及因災異上書事皆無關。此節敘事甚誤。

②漢書藝文志有劉向五行傳十一卷，是以言五行傳者，皆以爲劉向所作。然漢書五行志先引「經曰」，則洪範本文也。次引「傳曰」，顏師古初未註明何人所作。今觀夏侯勝引洪範五行傳以對張安世，則武帝末已有是書，不自劉向始也　按：漢書五行志在引「經曰」、「傳曰」之下，更引「説曰」，其後始雜引史事及劉向、劉歆、京房、李尋等各家之説。所謂「傳曰」之文，鄭玄爲之作注，自是出於尚書大傳。「説曰」之文，不知出於何人。漢書夏侯勝傳云：「勝少孤，好學，從始昌受尚書及洪範五行傳説災異。」可知五行傳説爲傳自夏侯始昌，但作者已難確定，可能爲有所傳授，亦可能即爲始昌所作。始昌之時代晚於董仲舒、韓嬰，約略應在武帝後期。本節引文及論證多誤，除上文指出者外，如藝文志原作劉向五行傳記十一篇，劉向傳又作洪範五行傳論十一篇，而不是五行傳。又所引夏侯勝對張安世一事，時在昭帝逝世之後，用以證明武帝末已有是書，則爲論據不足。

③見眭弘等傳贊　按：「等」原刻本作「壽」，西畬本已改正。

27　漢詔多懼詞

①章帝即位，詔曰　按：所稱章帝即位之詔，在其即位之次年，即建初元年三月，山陽、東平地震之後，非因即位而下之詔。

②岐山得銅器，詔曰　按：後漢書章帝紀作帝曰云云，乃一時感慨之語，非詔書之文。

29　賢良方正茂才直言多舉現任官

①朱雲舉方正時已爲槐里令　按：漢書朱雲傳（卷六七）：「爲博士，遷杜陵令。坐故縱亡命，會赦，舉方正，爲槐

里令。」是其爲槐里令乃在舉方正之後，應改作「已爲杜陵令」。

②薛宣爲不其丞，舉茂才，遷樂浪都尉　按：漢書薛宣傳（卷八三）：「察廉補不其丞。瑯琊太守趙貢行縣見宣，甚説其能。……察宣廉，遷樂浪都尉丞。幽州刺史舉茂才，爲宛句令。」是薛宣一再受察舉，此文只舉其一次，且多謬誤。

32 漢三公官

①相國又在丞相上，蕭何由丞相進位相國　按：漢高帝十一年，劉邦討陳豨至邯鄲，吕后在長安捕殺韓信，史記蕭相國世家（卷五三）云：「上已聞淮陰侯誅，使使拜丞相何爲相國，益封五千户。」漢書蕭何傳（卷三九）同。此事乃劉邦以權宜之計安撫臣下，相國與丞相之實際地位並無不同。

廿二史劄記卷三

39 漢使立功絶域

自漢武擊匈奴，通西域，徼外諸國無不懾漢威。是時漢之兵力實强，鼂錯謂匈奴之長技三，中國之長技五，陳湯亦謂外夷兵刃朴鈍，胡兵五當漢兵一，今頗得漢巧，猶三當一，此可見兵威之足以讋服諸外夷也。而其時奉使者亦皆有膽決策略，往往以單車使者，斬名王定屬國於萬里之外。如傅介子使大宛還，知匈奴使者在龜兹，即率其從人誅匈奴使者，龜兹遂服。霍光以樓蘭王嘗遮殺漢使，遣介子齎金幣，揚言賞賜外國，樓蘭王不甚親附，介子引去，謂譯者曰：「漢有重賜，而王不來受，我去之西國矣。」王貪漢物，果來見。介子與飲酒酣，引入帳後，二壯士殺之，左右皆亂。介子諭以「王負漢罪，天子遣我誅之。漢兵方至，毋敢動，動則滅國矣」。遂持其首歸。關都尉文忠送罽賓使還其國，國王欲害忠，忠與容屈王子陰末赴合謀攻殺王，立陰末赴而還。小昆彌末振將殺大昆彌雌栗靡，有翖侯殺末振將，漢恨不自誅之，使段會宗往。會宗以三十弩至其國，召其太子番邱至，手刃之，官屬驚亂，會宗諭以來誅之意，乃散去。此皆以單使立奇功者也。又有擅發屬國兵而定亂者。漢公主嫁烏孫，烏孫爲匈奴所攻，上書請救。漢使常惠往護其兵，入右谷蠡王地，獲名王都尉以下四萬級，馬牛羊七十餘萬。① 扜彌太子賴丹爲漢校尉，屯田輪臺，龜兹貴人姑翼嗾其王殺賴丹。常惠自烏孫還，以便宜發諸國兵攻龜兹，龜兹出姑翼，送惠斬之。郅支單于殺漢使谷吉，奪康居地，漢使三輩求谷吉死狀皆被辱。都護甘延壽及副陳湯謀：「夷狄畏大種，今留郅支，必爲西域患。」乃發屯田兵及烏孫諸國兵，攻單于城，破之，郅支被創死，斬其頭，并斬閼氏以下千五百級。莎車殺漢所置莎車王萬年，并殺漢使奚充國，以其屬屬匈奴。適馮奉世送大宛使者至伊修城，以爲不急擊之則莎車日强，必爲西域患，乃以節發諸國兵萬五千人，拔其城，莎車王自殺，傳首長安。此又以一使者用便宜調發諸國兵以靖反側者也。可見漢之威力行於絶域，奉使者亦皆非常之才，故萬里折衝，無不如志。其後楚王侍者馮嫽，隨公主嫁烏孫，常持漢節爲公主行賞城郭，諸國咸敬信之，號曰馮夫人。②都護鄭吉遂使馮夫人説烏就屠來降。則不惟朝臣出使者能立功，即女子在外，亦仗國威以輯夷情矣。東漢班超爲假司馬使西域，至鄯善。鄯善王廣初甚敬超，後忽疏懈，超謂其吏士，此必有虜使來，乃召侍胡詰之，果然，遂與其吏士三十六人夜攻殺虜使，召廣以首示之，廣遂納子爲質。後超又出使西域，先至于闐，其王廣德禮甚疏，信巫言，求超善馬。超令巫來受馬，即斬送廣德，廣德大恐，殺匈奴使者而降。龜兹王建爲匈奴所立，攻破疏勒，立龜兹人兜題爲疏勒王。超遣吏田慮先往降之，戒慮曰：「兜題本非疏勒種，國人不附，若不即降，可即執之。」慮遂劫縛兜題，超即赴之，因立其故王兄子爲疏勒王。後超奉詔還朝，疏勒、于闐皆抱超馬號泣曰：「依漢使如父母，誠不可去。」超遂仍駐疏勒，擊斬其反者。又率疏勒、康居、于闐、拘彌兵萬人，攻姑墨，破之。③後疏勒王忠反，超又討斬之。又發于闐諸國兵擊莎車，殺五千餘級，莎車遂降。以次降月氏、龜茲、姑墨、焉耆諸國，於是西域五十餘國皆内屬。後其子勇復爲西域長史，諭降龜茲王白英，發其兵至車師，擊走匈奴。又發鄯善諸國兵，擊擒車師後部王軍，就立故王子加特奴爲王。又使別校斬東且彌王，亦更立其種人爲王。又發諸國兵，擊匈奴走之。於是車師無復虜跡，城郭皆安。此班氏父子之功，更優於西漢諸人也。

40 武帝時刑罰之濫

杜周傳：「武帝時詔獄益多，二千石繫廷尉者不下百餘人，其他讞案一歲至千餘章，大者連逮證案數百人，小者數十人，遠者數千里，近者數百里。既到，獄吏責如章告，不服，則笞掠定之。於是皆亡匿。獄久者至更數赦，十餘歲猶相告言，大抵詆以不道以上。廷尉及中都詔獄，逮至六七萬人，吏所增加又十有餘萬。」是可見當日刑獄之濫也。民之生於是時，何不幸哉！

41 兩帝捕盜法不同

漢武時，酷吏盛行，民輕犯法，盜賊滋起，大者至數千人，攻城邑，掠庫兵。帝使光禄大夫范昆、〔故〕九卿張德等，衣繡衣，持節發兵，斬首或至萬數，並誅通行飲食者。數年稍得其渠率，而散亡者又聚黨阻山川。無可奈何，乃作沈命法，盜起不發覺，覺而勿捕滿品者，二千石以下至小吏皆死。①其後小吏懼誅，雖有盜不敢發，恐累府，府亦使不言，故盜賊益多。咸宣傳光武帝建武十六年，羣盜並起，所在殺長吏，討之則解散，去又屯結。乃下令聽羣盜自相糾摘，五人〔共〕斬一人者除其罪，牧、守、令、長界内有盜賊及棄城者，皆不以爲罪，但取獲賊多少爲殿最，惟蔽匿者罪之。於是更相追捕，並解散。光武紀同一捕盜也，一則法愈嚴而盜愈多，一則法稍疏而盜易散，此亦前事之師也。

42 呂武不當並稱

母后臨朝，肆其妒害，世莫不以呂、武並稱，然非平情之論也。武后改朔易朝，徧王諸武，殺唐子孫幾盡，甚至自殺其子孫數人，以縱淫慾，其惡爲古今未有。呂后則當高帝臨危時，問蕭相國後孰可代者，是固以安國家爲急也。孝惠既立，政由母氏，其所用曹參、王陵、陳平、周勃等，無一非高帝注意安劉之人，是惟恐孝惠之不能守業，非如武后以嫌忌而殺太子弘、太子賢也。后所生惟孝惠及魯元公主，其他皆諸姬子，使孝惠而在，則方與孝惠圖治計長久。觀於高祖欲廢太子時，后迫留侯畫策，至跪謝周昌之廷諍，則其母子間可知也。迨孝惠既崩，而所取後宫子立爲帝者，又以怨懟而廢，於是己之子孫無在者，則與其使諸姬子據權勢以凌呂氏，不如先張呂氏以久其權。故孝惠時未嘗王諸呂，王諸呂乃在孝惠崩後，此則后之私心短見。蓋嫉妒者，婦人之常情也。然其所最妒亦祇戚夫人母子，以其先寵幸時幾至於奪嫡，故高帝崩後即殺之。此外諸姬子，如文帝封於代，則聽其母薄太后隨之。淮南王長無母，依呂后以成立，則始終無恙。齊悼惠王以孝惠庶兄失后意，后怒欲酖之，已而悼惠獻城陽郡爲魯元湯沐邑，即復待之如初。其子朱虛侯章入侍宴，請以軍法行酒，斬諸呂逃酒者一人，后亦未嘗加罪也。趙王友之幽死，梁王恢之自殺，則皆以與妃呂氏不諧之故。然趙王友妃，呂產女；梁王妃，亦諸呂女；又少帝后及朱虛侯妻，皆呂祿女。呂氏有女，不以他適，而必以配諸劉，正見后之欲使劉、呂常相親，以視武后之改周滅唐，相去萬萬也。即其以辟陽侯爲左丞相，令監宮中，亦以辟陽侯先嘗隨后在項羽軍中，同患難，雖有所私，而至是時其年已老，正如人家老僕，可使令于閫閾間，非必尚與之昵。史記劉澤（傳）〔世家〕，太后尚有所幸張子卿，漢書作張卿。然如淳註謂奄人也，則亦非私褻之嬖，以視武后之寵薛懷義、張易之兄弟，恬不知恥者，更相去萬萬也。武后之禍，惟後魏之文明馮后及胡后約略似之，而世乃以呂、武並稱，豈公論哉。

43 漢初妃后多出微賤

高祖薄姬，先在魏豹宮，漢擊虜豹，姬入織室，高祖納之，歲餘不得幸。先是姬與管夫人、趙子兒相約，先貴者毋相忘。已而二人先幸，相與笑姬初約時，高祖問之，以實對。高祖憐之，乃召幸，遂生男，後爲文帝，尊薄姬爲皇太后。武帝母王太后，先嫁爲金王孫婦，后母臧兒卜此女當大貴，乃從金氏奪歸。景帝時爲太子，后母以后納太子宮，生男。景帝即位，立爲太子，遂立王夫人爲后。太子即位，是爲武帝，尊王后爲皇太后。武帝衛皇后，本平陽主家謳者，名子夫，帝過主家，悦之，遂進入宮。後生男據，乃立子夫爲皇后，據爲皇太子。兩太后一皇后皆出自微賤，且多有夫者。其後成帝時，趙飛燕亦由陽阿主家謳者得幸，立爲皇后，其妹亦進位昭儀。

44 婚娶不論行輩

漢惠帝后張氏，乃帝姊魯元公主之女，則帝之女甥也。吕后欲爲重親，遂以配帝，立爲皇后，是以甥爲妻也。哀帝后傅氏，乃帝祖母傅太后從弟之女。太后初爲元帝昭儀，生定陶共王，王生哀帝，入繼成帝，故爲帝。是哀帝乃傅太后之孫，而傅太后欲重親，以姪女妻之，則以外家諸姑爲妻也。漢時法制疏闊如此。

45 皇子繫母姓

漢時皇子未封者，多以母姓爲稱。武帝子據立爲太子，以母衛氏，遂稱衛太子。太子之子進，以母史良娣故，稱史皇孫。後漢靈帝生子協，靈帝母董太后自養之，因號曰董侯，即獻帝也。亦有不用母姓，而以所養之家爲姓者。獻帝兄辯，養于史道人家，號曰史侯。又按滕公夏侯嬰曾孫頗，尚主，主隨外家姓，號孫公主，故滕公子孫更姓孫氏。是主既隨母姓，子又隨母姓，蓋當時習尚如此。

46 漢公主不諱私夫

武帝姊館陶公主寡居，①寵董偃十餘年。主欲使偃見帝，乃獻長門園地，帝喜，過主家。主親引偃出，偃奏：「館陶公主庖人偃，昧死拜謁。」②帝大歡樂，呼爲主人翁。東方朔傳武帝女鄂邑蓋公主寡居，昭帝初立，年八歲，主以長姊入禁中供養帝。而主素私通丁外人，帝與霍光聞之，不絶主歡，詔外人侍長公主。上官桀謟外人，欲援列侯尚主例，爲外人求封侯。燕王旦亦上書言：「陛下幸使丁外人侍公主，宜有爵號。」是時霍光秉政，不許。霍光傳以帝女私幸之人，天子聞之，不以爲怪，親王大臣且爲上書乞封，其時宮庭淫逸之習，固已毫無忌諱。東方朔傳謂，自董偃後，公主貴人多踰禮制。蓋上行下效，勢所必至也。

47 漢諸王荒亂

燕王劉定〔國〕與父康王姬姦，生一子，又奪弟妻爲姬，并與子女三人姦，事發自殺。衡山王孝與父侍婢姦。趙太子丹與同産姊及王後宮亂，爲江充所告。梁王立，與姑園子姦。江都王建，父易王薨，未葬，即召易王美人淖姬等與姦，又與女弟徵臣姦。建又欲令人與禽獸交而生子，令宮人裸而據地，與羝羊及狗交。齊王終古①使所愛奴與妾八子妾號及諸御婢姦，或使白晝裸伏，與犬馬交接，終古臨視之。廣陵王胥子寶，與胥姬左修姦，事發棄市。皆見漢、史各本傳此漢諸王荒亂之故事也。推原其始，總由於分封太早，無師友輔導之益，以至如此。觀文帝八歲即封代王，出居於代，其他諸王可知。故漢書傳贊引魯哀公之言曰：「寡人生深宮之中，長於婦人之手，未嘗知憂知懼。」②因以明漢諸王率多驕淫失道，蓋沈溺放恣之中，居勢使然也。劉立姦事發，訊治，立對曰：「立少失父母，處深宮中，獨與宦者婦妾居，漸漬小國之俗，加以性質下愚，輔相亦不以仁義相輔，遂至陷於大戮。」此雖畏罪自解之辭，寔亦當時致弊之由也。

48 上尊養牛

漢制，大臣告老，特詔留之者，則賜養老之具以慰之。如平當乞骸骨，詔賜養牛一，上尊酒十石；匡衡乞骸骨，詔賜上尊酒、養牛；張禹告病，亦賜養牛、上尊酒，大官致餐是也。而其時大臣有罪當誅，亦用此法賜死。翟方進被譴，成帝賜册曰：「今賜君上尊酒十石，養牛一，君其自審處焉。」方進即日自殺。上仍祕之，贈丞相印綬、乘輿、祕器，更親臨弔。以上見各本傳 如淳註曰：「漢儀注，有天文大變，天下大禍，皇帝使侍中持節，乘四白馬車，賜上尊酒十斛，牛一頭，策告殃咎。使者去半道，丞相即上病。使者還未白事，尚書以丞相不起聞。」蓋自文帝感賈生槃水加劍之言，優禮大臣，不加顯戮，後世遂制此法，雖賜死而仍若以病終者，於是遂成故事。其有不肯自殺，願就獄對簿者，轉以爲違制拒命。如王嘉爲丞相，有詔詣廷尉，掾吏泣進藥，嘉不肯服。主簿曰：「丞相不對簿已爲故事，宜自引決。」嘉曰：「備位三公，負國者當伏（尸）〔刑〕都市，何爲咀藥死。」帝聞其詣廷尉，遂大怒。嘉歐血死。嘉傳

49 兩漢多鳳凰

兩漢多鳳凰，而最多者，西漢則宣帝之世，東漢則章帝之世。本紀所載：本始元年五月，鳳凰集膠東千乘。四年五月，集北海安邱、淳于。地節二年夏，鳳凰集魯郡，羣鳥從之。元康元年，鳳凰集泰山、〔陳留〕。二年三月，鳳凰又集。三年，神爵數集雍。①又五色鳥萬數飛過屬縣，翱翔而舞，欲集未下。四年，神爵五采萬數集長樂、未央、北宫等處，乃改元神爵。神爵二年，鳳凰集京師，羣鳥從之者萬數。四年，鳳凰又集京師，又集杜陵者十一。五鳳三年，鸞鳳集長樂宫東闕中樹上，飛下地，文章五采，留十餘刻。甘露三年，鳳凰集新蔡，羣鳥四面行列，皆向鳳凰立，以萬數。此宣帝時事也。元和二年，鳳凰集肥城。三年，告岱宗，有黄鵠三十從西南來，經祠壇上，過宫屋。②五年，詔曰：「乃者鳳凰、黄龍、鸞鳥比集七郡，或一郡再見。」③又詔：「鳳凰所見亭部，無出今年租。先見者賜帛十匹，近者三匹。」④此章帝時事也。按宣帝當武帝用兵勞擾之後，昭帝以來與民休息，天下和樂；章帝承明帝之吏治肅清，太平日久，故宜皆有此瑞，然抑何鳳凰之多耶？觀宣帝紀年以神爵、五鳳、黄龍等爲號，章帝亦詔曰：「乃者鸞鳳仍集，麟龍並臻，⑤甘露宵降，嘉穀滋生。」似亦明其得意者，得無二帝本喜符瑞，而臣下遂附會其事耶？按宣帝時，黄霸守潁川，潁川鳳凰尤數見。後霸入爲丞相，會有鶡雀自京兆尹張敞舍飛集丞相府，霸以爲神爵，欲奏聞，後知從敞舍來，乃止。當日所謂鳳凰者，毋乃亦鶡雀之類耶？又東漢桓帝時，濟陰言有五色大鳥見於己氏；靈帝時，河南言鳳凰見新城。以衰亂之朝而鳳凰猶見，可知郡國所奏符瑞，皆未必得實也。

50 漢多黄金

古時不以白金爲幣，專用黄金，而黄金甚多。① 尉繚説秦王，賂諸侯豪臣，不過三十萬金，而諸侯可盡。漢高祖以四萬斤與陳平，使爲楚反間，不問其出入。婁敬説帝都關中，田肯説帝當以親子弟封齊，即各賜五百斤。② 叔孫通定朝儀，亦賜五百斤。吕后崩，遺詔賜諸侯王各千斤。陳平交歡周勃，用五百斤。文帝即位，以大臣誅諸吕功，賜周勃五千斤，陳平、灌嬰各二千斤，劉章、劉揭各千斤。吴王濞反，募能斬漢大將者賜五千斤，列將三千斤，裨將二千斤，二千石一千斤。梁孝王薨，有四十萬斤。武帝賜平陽公主千斤，賜卜式四百斤。③ 衞青擊匈奴，斬首虜萬九千級，軍受賜二十餘萬斤。昌邑王賜故臣君卿千斤。宣帝既立，賜霍光七千斤，廣陵王五千斤，諸王十五人各百斤，賜孔霸二百斤，④ 賜黄霸百斤。元帝賜段會宗、甘延壽、陳湯各百斤。⑤ 成帝賜王根五百斤。王莽聘史氏女爲后，用三萬斤，賜孝單于千斤，順單于五百斤。莽末年，省中黄金，萬斤者爲一匱，尚有六十匱，黄門、鈎盾尚方處，處各有數匱。以上見本紀及各本傳可見古時黄金之多也。後世黄金日少，金價亦日貴。蓋由中土産金之地已發掘浄盡，而自佛教入中國後，塑像塗金，大而通都大邑，小而窮鄉僻壤，無不有佛寺，即無不用金塗。以天下計之，無慮幾千萬萬，此最爲耗金之蠹。加以風俗侈靡，泥金寫經，貼金作榜，積少成多，日消月耗。故老言，黄金作器，雖變壞而金自在，一至泥金、塗金，則不復還本，此所以日少一日也。

51 先生或只稱一字

古時先生二字，或稱先，或稱生。史記鼂錯傳，錯初學於張恢先所。漢書則云，初學於張恢生所。一稱先，一稱生，顏註云，皆先生也。又鼂錯傳，校尉鄧公，諸公皆稱爲鄧先。顏註亦曰，鄧先生也。貢禹傳，禹以老乞骸骨，元帝詔曰：「朕以生有伯夷之廉，史魚之直。」師古註，生謂先生也。梅福上書曰：「叔孫先非不忠也。」師古亦註，先謂先生也。是古時先生或稱先，或稱生，不必二字並稱。

52 漢外戚輔政

漢自呂后王諸呂，使産、禄掌兵，幾致奪國，故諸大臣以薄太后家仁善，遂立文帝，固有鑒於外戚之禍矣。乃武帝又以祖母竇太后弟子竇嬰爲丞相，母王太后之同母弟田蚡亦爲丞相。已而衛后弟青爲大司馬大將軍，后姊子霍去病爲大司馬驃騎將軍，於是外戚又日以寵貴。其後去病之弟光，遂以大司馬大將軍受遺詔輔政，自此大司馬兼將軍一官遂永爲外戚輔政之職。宣帝祖母史良娣死巫蠱之禍，帝乃以良娣弟高爲大司馬車騎將軍領尚書事。又許后爲霍氏毒死，乃以后叔父延壽爲大司馬車騎將軍輔政。然武、宣二帝皆英斷，不假以權，故劉向謂正所以安全之也。元帝又以延壽子嘉爲大司馬車騎將軍輔政。嘉女爲成帝后，成帝又以嘉輔政。後又以母王太后弟鳳爲大司馬大將軍輔政。鳳卒，從弟音爲大司馬車騎將軍輔政。音卒，又以其弟根爲大司馬驃騎將軍輔政。根薦兄子莽自代，會成帝崩，哀帝即位，莽避帝外家，退就國。哀帝以祖母傅太后從弟喜爲大司馬輔政，尋罷，又以母丁太后兄明爲大司馬驃騎將軍輔政，然帝亦不假以權，不如王氏在成帝時也。哀帝崩，成帝母王太后仍詔莽爲大司馬，立平帝，莽輔政，遂以篡漢。

53 兩漢外戚之禍

兩漢以外戚輔政，國家既受其禍，而外戚之受禍亦莫如兩漢者。崔駰疏言，漢興以後，至於哀、平，外家二十餘，保全者四家而已。章懷註謂：「高帝吕后，產、禄謀反誅；惠帝張后，廢；文帝母薄太后，弟昭被殺；文帝竇后，弟子嬰誅；景帝薄后、武帝陳后，俱廢；武帝衛后，自殺；昭帝母趙太后，賜死；昭帝上官后，家族誅；宣帝祖母史良娣，以巫蠱死；宣帝母王夫人，弟子商下獄死；霍后，廢，家亦破；元帝王后，弟子莽篡位，伏誅；成帝許后，賜死；趙后，廢，自殺；哀帝祖母傅太后，家屬徙合浦；平帝母衛姬，家屬誅。其四家者：景帝王后、宣帝許后、王后、哀帝母丁姬，家，皆保全也。」按章懷此註亦有誤，史良娣死時，衛太子未爲帝，史氏並未以外戚干政致禍也。惟哀帝后傅氏，帝崩後爲王莽所廢，自殺，此當在駰所言二十餘家之内耳。東漢后家，惟光武郭后、陰后家皆無禍。郭后雖廢，帝待郭后恩禮無替，明帝即位，待陰、郭二家亦均。明帝馬后戒飭外家，以王氏五侯及田蚡、竇嬰爲戒，故馬廖兄弟雖封侯，而退居私第，迄無禍敗。章帝竇后，其兄憲以謀不軌誅。和帝陰后被廢，其父綱自殺，家屬徙日南。鄧后終身稱制，亦約束外家，兄騭等忠謹無過，然后崩後騭等俱被譖死，一門七人皆死非其罪。安帝閻后，兄顯及弟景、耀、晏，俱以謀立外藩誅，后亦遷離宫。順帝梁后，兄冀以弑逆誅。桓帝梁后以憂死。鄧后被廢，從父萬世，從兄會，皆下獄死。①竇后以父武謀誅宦官，爲宦官所害，后亦遷南宫。靈帝母董后，兄子重爲何進所收，自殺。靈帝宋后，廢，以憂死，父兄皆誅。何后，兄進謀誅宦官，亦爲宦官所害，后又爲董卓所弒。獻帝伏后，爲曹操所弒。曹后，隨帝廢爲山陽公夫人。計東京后族，亦祗陰、郭、馬三家保全，其餘皆無不敗者。推原禍本，總由於柄用輔政，故權重而禍亦隨之。西漢武、宣諸帝，東漢光武、明、章諸帝，皆無外戚之禍，由於不假以權也。成帝柔仁，專任王氏，而國祚遂移。東漢多女主臨朝，不得不用其父兄子弟以寄腹心，於是權勢太盛，不肖者輒縱恣不軌，其賢者亦爲衆忌所歸，遂至覆轍相尋，國家俱敝，此國運使然也。至伏后之死，不關母家輔政，然猶爲曹操所忌，外戚之危如此！

54 兩漢喪服無定制

漢文帝臨崩，詔曰：「令到，吏民三日釋服。」按天子之喪，吏民尚齊衰三月，今易以三日，故後世謂之以日易月。然此專指吏民而言，未嘗概之於臣子也。詔又曰：「殿中當臨者，旦夕各十五舉音。以下則服大紅十五日，小紅十四日，纖七日。」已下者，下棺已葬也。自始崩至葬皆衰，既葬則大功、小功及纖，以次而殺也。劉攽謂漢諸帝自崩至葬，皆有百餘日，未葬則服不除，既葬又有大功、小功及纖，以次而殺。是文帝雖有短喪之詔，其實臣子尚有未葬以前之服，即既葬後，大功、小功、纖亦有三十六日，初非二十七日也。且此專指國喪而言，非令天下臣民，凡父母之喪皆以日易月也。乃自有此制，大臣不行三年喪，遂爲成例。翟方進爲丞相，後母死三十六日，除服起視事，以爲身備漢相，不敢踰國家之制。直至東漢安帝時，鄧太后臨朝，始詔長吏不爲親行服者不得選舉，而議者猶謂牧守不應同此制。劉愷獨以爲刺史一州之表，二千石千里之師，若不以身率先，是濁其源而欲流之清也。愷傳於是牧守皆行服。鄧后崩，安帝又改制，仍不聽行喪。桓帝時，又令刺史二千石行喪，未幾又斷之。統計兩漢臣僚，罕有爲父母服三年者，蓋因習俗相沿，已成故事也。然雖成故事，而朝廷本未有不許行喪之令，故行不行仍聽人自便。西漢河間王良喪太后，服三年，哀帝特詔以爲宗室儀表，益封萬户。良傳東漢濟北王次守喪，梁太后詔曰：「王諒闇以來二十八月，自諸國有憂，未之聞也。」次傳薛宣後母死，弟修去官持服，宣以爲三年喪人罕行之，兄弟自相駮，修遂竟服。兄弟一也，而一服一不服，可見朝廷本無定制也。鄧衍不服父喪，明帝聞之，雖薄其爲人，然本無服喪定例，故亦不能以此罪之。①其臣下丁憂，自願持服者，則上書自陳，有聽者，有不聽者，亦有暫聽而朝廷爲之起復者。如太尉趙憙遭母憂，乞身行喪，明帝不許，遣使者爲釋服。憙傳太僕鄧彪遭母憂，乞身，詔以光禄大夫行服。彪傳桓郁遭母憂，乞身，詔以侍中行服。桓焉以母憂，乞身，詔以大夫行服，踰年，詔賜牛酒釋服。郁、焉傳霍諝爲金城太守，崔寔爲遼東太守，俱以母憂，自上歸行喪服。諝傳寔傳蓋本無必當行喪之制，故欲行喪者皆須自乞，亦無不許行喪之制，故乞身者亦多得請也。惟其無定制，聽人自爲輕重，於是徇名義者，寧過無不及。如江革遭母憂，三年服竟，猶不忍除，郡守遣丞掾爲除服。革傳②東海王臻喪母，服闋，又追念喪父時幼小，哀禮有闕，乃重行喪制。臻傳袁紹母死，去官，三年禮畢，追感幼孤，又行父喪。紹傳甚至有如傳（毅）〔燮〕、荀爽、桓鸞爲舉主服喪三年，李恂、桓典、王允爲郡將服喪三年，崔寔以期喪去官，侯苞、馮胄以師喪持服，③可見兩漢喪服本無定制，故轉以此立名。青州民趙宣，葬親而不閉埏隧，居其中，行服二十餘年，鄉里稱其孝，然五子皆服中生。陳蕃傳又可知徇名者之未必出於真也。

55 長官喪服

兩漢父母之喪無定制，而魏、晉以後，長官之喪轉有定制。蓋自漢制，三公得自置吏，刺史得置從事，二千石得辟功曹，掾吏不由尚書選授，爲所辟置者，即同家臣，故有君臣之誼。其後相沿，凡屬吏之於長官皆如之。晉書向雄傳，雄爲主簿時，爲太守劉毅所笞，又吴奮爲太守，亦繫雄於獄。後雄爲黄門侍郎，而奮、毅俱爲侍中，同在門下，不交一言。武帝聞之，特詔雄復修君臣之好。可見是時長官屬吏有君臣分誼，雖帝王不禁也。既有君臣之禮，遂有持服之制。晉書，丁潭爲琅邪王裒郎中令，裒薨，潭上書求終喪禮，曰：「今制，王侯之喪，官僚服斬，既葬而除。今國無嗣子，喪廷乏主，臣宜終喪。」詔下博議，令既葬除服，心喪三年。潭傳桓温卒，服終，府州文武咸辭去。桓玄傳齊書，皇太子妃薨，宫臣未知應服與否，王儉議，宫僚本屬臣隸，存既盡敬，亡自應服。褚淵由司徒改司空，未拜而卒，司空掾屬疑應服與否，王儉議，依婦在途，聞夫家喪，改服而入之禮，其司徒掾屬，宜居官持服。王儉傳①魏書，公孫邃爲青州刺史，卒，佐吏疑所服，孝文帝詔曰：「專古也理與今違，專今也大乖曩義。主簿云，近代相承服斬，過葬而除，自餘無服，如此則太寥落。可準諸境内，爲齊衰三月。」邃傳是晉以後屬吏爲長官持服，并有定制，非如漢時之自以意爲之也。

56 王莽之敗

漢祚中衰，元后長壽，王莽藉其勢以輔政，援立幼弱，手握大權，詭託周公輔成王，由安漢公而宰衡，而居攝，而即真。權勢所劫，始則頌功德者八千餘人，繼則諸王公侯議加九錫者九百二人，又吏民上書者前後四十八萬七千五百七十二人。雖宗室有安衆侯劉崇、徐鄉侯劉快等，臣僚有東郡太守翟義、期門郎張充等，先後起兵匡復，皆旋即敗滅。其威力所劫，亦已遍天下，靡然從風，使能逆取順守，沛大澤以結人心，則天下雖未忘前朝，而亦且安於新政，未必更有發大難之端起而相抗者。其敗也，一由收天下田名曰王田，禁之不得買賣，一夫田過一井者分與里族，敢有非議者投四裔。又禁積五銖錢，犯者亦投四裔。於是農商皆失業，以賣田、積錢坐罪者，不可勝數。繼又設六筦之令，令州縣酤酒、賣鹽、鑄造鐵器、諸采取名山大澤衆物者稅之。此召怨于中國也。莽自以爲北化匈奴，東致海外，南懷黄支，惟西方未廓，乃遣人誘西羌獻地，置西海郡，而西羌以失地遂叛。又改蠻夷諸王皆爲侯，使人授單于新印，收故漢印，改璽爲章，單于欲得故印，使者椎破之，單于大怒，遂寇邊。句町王亦以改王爲侯而叛。此召怨於外夷也。又以匈奴之叛，遣十二將出討之，偏裨以下百八十人，兵三十萬。又擿鑄錢鄰伍坐罪者，男子檻車，兒女步行，鐵鎖琅當其頸詣軍前，以十萬數，到者易其夫婦。州縣饋運糧餉，自江海至北邊。兵先到者屯駐，候到畢同出。於是將吏在邊者縱恣爲害，五原、代郡尤被其毒。

漢書匈奴傳，北邊自宣帝以來，不見烽火，人民繁盛，牛馬蔽野。及莽撓亂匈奴，與之搆難，邊民亡死相繼。又十二部屯兵久不出，肆行侵暴，于是野多暴骨。其討句町者，士卒死什之五六。此又因用兵而病民，使外夷與中國胥怨者也。於是四海沸騰，寇盜蠭起，更始、赤眉、光武因得以劉宗號召天下。人但知莽之敗由於人心思漢，而不知人心之所以思漢，實莽之激而成之也。當其始也，詭激立名，以濟其闇干之計，似亦姦雄之所爲。及僭逆已成，不知所以撫御，方謂天下盡可欺而肆其毒痛，結怨中外，土崩瓦解。猶不以爲虞，但鋭意於稽古之事，以爲制定則天下自平。乃日夜講求制禮作樂，附會六經之説，不復省政事。制作未畢而身已爲戮矣。此其識真三尺童子之不若。語云：「今之愚也詐而已矣。」若莽者，其詐也愚而已矣。

57 王莽時起兵者皆稱漢後

漢自高、惠以後，賢聖之君六七作，深仁厚澤，被於人者深。即元、成、哀三帝稍劣，亦絶無虐民之政，祇以運祚中衰，國統頻絶，故王莽得乘便竊位。班彪所謂危自上起，傷不及下，故雖時代改易，而民心未去，加以莽政愈虐，則思漢之心益堅。王常曰：「莽政令苛酷，失天下心。民之謳吟思漢，非一日也。」常傳鄭興説更始曰：「天下同苦王氏虐政，而思高祖之舊德。」興傳馮衍説廉丹曰：「海内（淆）〔潰〕亂，人懷漢德，甚於詩人之思召公也。」衍傳馮異説光武曰：「天下同苦王氏，思漢久矣。」異傳歷觀諸説，可見當日之民心也。故羣雄之起兵者，無不以劉氏舉號。劉聖公在平林羣盜中爲安集掾，軍雖衆而無所統一，諸將以聖公本漢裔，遂立爲天子，建元曰更始。更始初都洛陽，將大封功臣，朱鮪以爲高祖約非劉氏不王，是諸將初起事即守漢祖法也。更始傳赤眉樊崇起兵，已屢勝，聞更始立，即往洛陽降。後仍亡歸，因齊巫言城陽景王云：「當爲縣官，何故作賊？」遂奉劉盆子爲帝。劉盆子傳平陵人方望[1]謂弓林等曰：「莽篡奪而孺子嬰尚在，今皆云劉氏當更受命，嬰故漢主也。」乃求得嬰立之。光武傳[2]卜者王郎僞稱成帝子子輿，有趙王子林欲立之，會赤眉將至，林乃宣言，赤眉來當立子輿爲帝，以觀衆心。百姓果信之，遂立郎於邯鄲，於是趙國以北，遼東以西，皆從風而靡。王郎傳盧芳因人心思漢，乃詭自稱武帝曾孫劉文伯，謂曾祖母匈奴谷蠡渾邪王之姊，爲武帝后，生三子，遭江充之亂，小子回卿流出在外，再傳生文伯，以此誑惑人。諸豪傑以其爲劉氏子孫，遂立爲上將軍，使人與匈奴通和，匈奴即立芳爲帝。而是時五原人李興，朔方人田颯，代郡人石鮪等，各自起兵者，聞芳係漢後，即迎入塞奉之。芳傳劉永亦漢後，更始封爲梁王，更始敗，永據睢陽起兵，遣使拜董憲、張步爲王。憲、步本特起，不借劉氏爲號者，以永係漢後，遂受其爵命，爲之盡力。永及張步等傳公孫述雖自帝於蜀，然其先亦借輔漢起事。時宗成、王岑皆以應漢爲將軍，述在成都，迎之。而成等暴掠，述乃謂少年曰：「天下同苦新室思漢，故聞漢將到即迎之，今反肆虐，此寇賊，非義兵也。」乃使人詐稱漢使者自東方來，假述輔漢將軍益州牧印綬，遂擊破成等，自立爲蜀王，尋稱帝。述傳隗囂後雖割據天水諸郡，然初起時亦思奉漢，因王莽尚在長安，隔更始不得通，即立高帝廟，稱臣奉祠。莽死，更始至長安，囂即入謁，見更始政亂，遂逃歸。後又受光武將鄧禹所封官號，并遣子入侍。末年惑於王元之説，始懷貳志。囂傳歷觀諸起事者，非自稱劉氏子孫，即以輔漢爲名，可見是時人心思漢，舉天下不謀而同。是以光武得天下之易，起兵不三年，遂登帝位，古未有如此之速者，因民心之所願，故易爲力也。

58 王莽自殺子孫

王莽妻生四子，宇、獲、安、臨其名也。哀帝時，莽退就國，獲殺奴，莽切責獲，迫令自殺。及平帝立，莽秉政，慮帝母衞姬及舅衞寶、衞玄入朝撓己權，遂建議奉大宗者不顧私親，但封以爵號，而不許入京師。莽子宇心竊非之，乃與師吴章及婦兄吕寬竊議，章以莽不可諫而好鬼神，當爲變怪懼之。宇即使寬夜持血洒莽門，爲門吏所發，莽執宇送獄，飲藥死。宇妻懷子繫獄，俟産後亦殺之。此未居攝以前，託大義滅親之説以立名也。僭位後，以安有疾，立臨爲太子，而莽妻以數哭子失明，莽使臨侍養。妻侍兒原碧者，舊爲莽所幸，至是臨又通焉。懼事泄，謀殺莽，適以事貶出外第。而莽妻病，臨寄書於母，爲莽所見，中有怨望語，莽疑之，收原碧考問，具得謀逆狀。莽欲祕之，乃殺考問者，而賜臨藥。臨不肯飲，自刺死，并其妻亦自殺。是月安亦病死，已而莽孫宗自畫容貌，服天子衣冠，刻三印，其母舅吕寬家徙合浦，宗又私與通書，事發，宗亦自殺。又其兄子光少孤，莽舊嘗敬事寡嫂，撫光以立名。莽僭位後，光私囑執金吾竇況爲之殺人，莽聞之大怒，切責光。光母謂光曰：「汝自視孰與長孫、仲孫？」即宇、獲二人也。遂母子俱自殺。是莽三子一孫一從子皆爲莽所殺，其意但貪帝王之尊，并無骨肉之愛也。

59 王莽引經義以文其奸

王莽僭竊，動引經義以文其奸。居攝時，使羣臣奏曰：「周成王幼小，不能修文、武之烈。周公攝政，則周道成；不攝，則恐失墜天命。故君奭篇曰：『我嗣子孫，大不克共上下，遏失前人光，在家不知命不易。天應棐諶，乃亡隊命。』」①此言周公服天子衮冕，南面朝羣臣，發號施令，常稱王命，召公不知其意，故不悦也。「書逸嘉禾篇曰：『周公奉鬯，立于阼階，延登，贊曰，假王莅政，勤和天下。』」此周公攝政，贊者所稱也。又康誥篇：「王若曰：『孟侯，朕其弟小子封。』」此周公居攝稱王之文也。平帝疾，莽又作策，請於泰畤，戴璧秉珪，願以身代，藏策金縢，置於前殿，敕諸公勿言。又以漢高廟爲文祖廟，取虞書「受終文祖」之意。此皆援尚書以行事也。又引禮記明堂位曰：②「周公朝諸侯於明堂，天子負斧扆南面而立。」此言周公踐天子位，朝諸侯，制禮作樂，而天下大服也。莽又欲定封建之制，引禮記王制千七百餘國，是以孔子孝經曰：「不敢遺小國之臣，而況於公侯伯子男乎。」於是封爵高者爲侯伯，次爲子男。此引禮記、孝經以文其奸也。又引孔子作春秋，至於哀公十四年而一代畢，協之於今，亦哀之十四也。謂哀帝六年，平帝五年，至莽居攝三年，共年十四。此引春秋以文其奸也。其侮聖言以濟其私也如此！

第三卷校證

39 漢使立功絶域

①獲名王都尉以下四萬級，馬牛羊七十餘萬　按：此從漢書西域傳（烏孫傳），常惠傳做三萬九千級，馬牛五萬，羊六十萬。

②楚王侍者馮嫽，隨公主嫁烏孫，常持漢節爲公主行賞城郭，諸國咸敬信之，號曰馮夫人　按：漢書烏孫傳（卷九六下）作「楚主侍者」，楚主即楚公主，作「王」字非。

③率疏勒、康居、于闐、拘彌兵萬人，攻姑墨，破之　按：「率疏」二字原刻本脱，西畬本已補正。

41 兩帝捕盜法不同

①乃作沈命法，盜起不發覺，覺而勿捕滿品者，二千石以下至小吏皆死　按：史記酷吏傳作：「發覺而捕弗滿品者，二千石以下至小吏，主者皆死。」漢書酷吏傳文同，惟「捕弗」作「弗捕」。此處引文省去「主者」二字，稍失原意。

46 漢公主不諱私夫

①武帝姊館陶公主寡居　按：高振鐸云，「姊」應作「姑」，見漢書東方朔傳。

②帝喜，過主家。主親引偃出，偃奏：「館陶公主庖人偃，昧死拜謁」　按：漢書東方朔傳，「偃奏」作「主乃贊」，「庖人偃」作「胞人臣偃」，「拜謁」作「再拜謁」。「庖」與「胞」可通用，而以「偃奏」代「主乃贊」，甚失原意。

47 漢諸王荒亂

①齊王終古　按：「齊王」應作「菑川王」，見漢書高五王傳，其事附在齊王傳後，因以致誤。

②漢書傳贊引魯哀公之言曰：「寡人生深宮之中，長於婦人之手，未嘗知憂知懼」　按：傳贊謂漢書景十三王傳贊（卷五三）。魯哀公之言見荀子哀公篇，又見新序卷四。

49 兩漢多鳳凰

①三年，神爵數集雍　按：漢書宣帝紀記此事於元康三年六月，而詔稱爲前年夏之事，則應在元康元年。

②三年，告岱宗，有黄鵠三十從西南來，經祠壇上，過宫屋　按：後漢書章帝紀，事在元和二年二月辛未，非三年。

③五年，詔曰：「乃者鳳凰、黄龍、鸞鳥比集七郡，或一郡再見」　按：事在元和二年五月戊申，非五年。

④又詔：「鳳凰所見亭部，無出今年租。先見者賜帛十匹，近者三匹」　按：事在元和二年九月，「十匹」應作「二十匹」。

⑤章帝亦詔曰：「乃者鸞鳳仍集，麟龍並臻……」　按：事在章和元年七月，原詔作「鳳凰仍集，麒麟並臻」。

50 漢多黄金

①古時不以白金爲幣，專用黄金，而黄金甚多　按：漢書食貨志（卷二四下）云：「金有三等，黄金爲上，白金爲中，赤金爲下。」注引孟康曰：「白金，銀也。赤金，丹陽銅也。」可知漢代並非專用黄金。又王莽傳（卷九九上）

云：「故事，聘皇后，黄金二萬斤，爲錢二萬萬。」是黄金一斤抵錢一萬，可知所謂賜金若干斤者乃舉其總數，應有白金與銅錢折算者，未必皆實用黄金。

②婁敬説帝都關中，田肯説帝當以親子弟封齊，即各賜五百斤　按：婁敬未有賜金事。太公家令教太公尊奉天子，導致太公受封爲太上皇，家令得賜金五百斤。與田肯事同在高帝六年，見史記高祖本紀，當因此而致誤。

③武帝……賜卜式四百斤　按：漢書食貨志（卷二四下）及卜式傳（卷五八）都作四十斤，史記平準書作六十斤。

④宣帝既立，……賜孔霸二百斤　按：事在元帝時，見漢書孔光傳（卷八一）。

⑤元帝賜段會宗、甘延壽、陳湯各百斤　按：賜段會宗金爲成帝時事，見漢書本傳（卷七〇）。

53 兩漢外戚之禍

①鄧后被廢，從父萬世，從兄會，皆下獄死　按：會爲鄧后侄統之從兄，於鄧后應爲侄。

54 兩漢喪服無定制

①鄧衍不服父喪，明帝聞之，雖薄其爲人，然本無服喪定例，故亦不能以此罪之　按：事見後漢書虞延傳（卷六三）。

②江革遭母憂，三年服竟，猶不忍除，郡守遣丞掾爲除服。（革傳）　按：二「革」字原刻本作「華」，西畬本已改正。

③崔寔以期喪去官，侯苞、馮胄以師喪持服　按：崔寔以母喪求歸葬行喪，非期喪也。以期喪去官者，後漢書儒

林傳有楊仁以兄喪去官，獨行傳有譙玄以弟服去職。「侯苞」應作「侯芭」，見漢書揚雄傳（卷八七）。馮胄事見後漢書李郃傳（卷一一二上）。

55 長官喪服

①褚淵由司徒改司空，未拜而卒，司空掾屬疑應服與否，王儉議，依婦在途，聞夫家喪，改服而入之禮，其司徒掾屬，宜居官持服。（王儉傳）　按：事見南齊書褚淵傳（卷二三），非王儉傳。

57 王莽時起兵者皆稱漢後

①平陵人方望　按：「陵」原刻本作「林」，西畬本已改正。

②光武傳　按：應作「劉玄傳」，西畬本改作「更始傳」，亦通。

59 王莽引經義以文其奸

①故君奭篇曰：『我嗣子孫，大不克共上下，遏失前人光，在家不知命不易。天應棐諶，乃亡隊命。』　按：此爲漢書王莽傳（卷九九上）所載者，與今本尚書相較，稍有異文，不具列。惟莽傳原文「我嗣」之下有「事」字，應補入。

②又引禮記明堂位曰　按：原刻本據王莽傳之文作「明堂記」，廣雅本改作「明堂位」，今從之。

廿二史劄記卷四

60 後漢書編次訂正

光武紀開首即稱光武，至即位後稱帝，此仿班書高祖紀，初稱高祖，繼稱沛公，稱漢王，即位稱帝之例也。惟光武曾封蕭王，此紀乃省郤稱蕭王一節，稍不同耳。列傳例皆稱名，獨光武兄縯則書其字伯升，此亦本班書王莽傳内已稱伯升故也。至其編次卷帙，如循吏、酷吏、宦者、儒林、文苑、獨行、方術、逸民、外戚等傳，既各以類相從矣，其他列傳自應以時代之先後分别編次，乃范書又有不拘時代，而各就其人之生平以類相從者。此亦本之史記，如老子與韓非同傳，屈原與賈誼同傳，魯仲連與鄒陽同傳，但以類相從，不拘時代。漢書，黄霸爲丞相，朱邑爲大司農，而皆入循吏傳，以其長於治郡也。夏侯勝治尚書，京房治易，宜入儒林傳，而另爲列傳，與眭弘等同卷，以其皆精於占驗也。蒯通、伍被、江充、息夫躬，或國初人，或中葉末造人，而列爲一卷，以其皆利口也。後漢書亦仿此例，如卓茂本在雲臺圖像内，乃與魯恭、魏霸、劉寬等同卷，以其皆以治行著也。郭伋、杜詩、孔奮、張堪、廉范，皆國初人；王堂、蘇章，皆安帝時人；羊續、賈琮、陸康，皆桓、靈時人，而同爲一卷，亦以其治行卓著也。張純，國初人；鄭康成，漢末人，而亦同卷，以其深於經學也。張宗、法雄，國初人；度尚、楊璇，漢末人，而亦同卷，以其皆爲郡守能討賊也。王充，國初人；王符、仲長統，漢末人，而亦同卷，以其皆著書恬袁安、張輔、韓陵、周榮、郭躬、陳寵等同卷，以其皆和光取容，人品相似也。鄧彪、張禹、徐防、胡廣等同卷，以其皆明於法律，決獄平允也。①班超、梁慬同卷，以其立功絶域也。楊終、李法、翟酺、應奉同卷，以其文學也。杜根、劉陶、李雲同卷，以其皆仗節能直諫也。樊宏、樊鯈、②樊準、陰識、陰興、陰就同卷，以其皆外戚，而有功績可紀，故不入外戚，而仍列一卷也。蘇竟、楊厚、郎顗、襄楷同卷，以其皆明於天文，能以之規切時政也。周燮、黄憲、徐穉、姜肱、申屠蟠同卷，以其皆高士也。此編次之用意也。至崔寔傳載其政論一篇，桓譚傳載其陳時政一疏，馮衍傳載其説廉丹一書，説鮑（宣）〔永〕一書，王符傳載其潛夫論中五篇，仲長統傳載其樂志論及昌言中（二）〔三〕篇，張衡傳載其客問一篇，上疏陳事一篇，請禁圖讖一篇，蔡邕傳載其釋誨一篇，條陳所宜行者七事，皆以有關於時政也。至如崔駰傳載崔篆慰志賦一篇，駰達旨一篇，班固傳載其兩都賦、明堂辟雍詩及典引篇，杜篤傳載其論都賦，傅毅傳載其迪志詩，崔琦傳載其外戚箴，趙壹傳載其窮鳥賦，劉梁傳載其和同論，邊讓傳載其章華賦，皆以其文學優贍，詞采壯麗也。郎顗傳載占驗七事，郭太傳載其遺事九條，此又略仿史記扁鵲等傳體。儒林傳，五經各先載班書所記之源流，而後以東漢習經者著爲傳，尤見各有師法。卓茂傳叙當時與茂俱不仕莽者孔休、蔡勳、劉宣、龔勝、鮑宣等五人，來歷傳叙同諫廢太子者祋諷、劉瑋、薛皓、閭邱弘、陳光、趙代、施延、朱倀、第五頡、曹成、李尤、張敬、龔調、孔顯、徐崇、樂（闡）〔闓〕、鄭安世等十七人，此等既不能各立一傳，而其事可傳，又不忍没其姓氏，故立一人傳，而同事者用類敘法，盡附見於此一人傳内，亦見其簡而該也。又有詳簡得宜，而無複出叠見之弊者。吴漢傳敘其破公孫述之功，則述傳不復詳載。耿弇傳敘其破降張步之功，則步傳亦不復詳載。宦者孫程以張防誣構虞詡，上殿力争，事見詡傳，則程傳不復載。張儉奏劾中常侍侯覽，籍没其家，事見覽傳，則儉傳不復載。儉避難投孔褒，褒弟融藏之，後事泄，褒兄弟争相死，事見融傳，則儉傳不復載。張讓矯殺何進，事見進傳，則讓傳不復載。劉虞以十萬衆攻公孫瓚，事見虞傳，則瓚傳不復載。袁紹盡誅宦官二千餘人，無少長皆死，事見何進傳，則紹傳不復載。此更可見其悉心核訂，以避繁複也。又其論和熹后終身稱制之非，而后崩後則朝政日亂，以見后之能理國。論隗囂謂其晚節失計，不肯臣漢，而能得人死力，則亦必有過人者。論李通雖爲光武佐命，而其初信讖記之言起兵，致其父及家族皆爲王莽所誅，亦不可謂智。此皆立論持平，褒貶允當，足見蔚宗之有學有識，未可徒以才士目之也。

61 後漢書問有疏漏處

光武本紀，建武十六年，郡國大姓及兵長羣盜，處處並起，攻劫在所，害殺長吏，①討之則解散，去又屯結，青、徐、幽、冀四州尤甚。乃遣使者下郡國，聽羣盜自相糾摘，五人〔共〕斬一人者除其罪。其牧、守、令、長坐界内有盜賊及棄城者，皆不以爲罪，但取獲賊多少爲殿最，惟蔽匿者罪之。於是更相追捕，並解散。按是時天下初定，民方去亂離而就安平，豈肯又生變亂？此必有激成其禍者，而本紀全不著其根由。但上文有河南尹張伋及諸郡守十餘人，坐度田不實，皆下獄死。則是時民變，蓋因度田起釁也。案劉隆傳，天下户口墾田多不以寔，户口年紀互有增減。建武十五年，有詔覈檢，而刺史太守多不平均，優饒豪右，侵刻羸弱，百姓嗟怨。帝見陳留吏牘有云：「潁川、弘農可問，河南、南陽不可問。」帝怒，不得其故。時明帝年十二，在側曰：「河南帝城多近臣，南陽帝鄉多近親。」帝更詰吏，吏對果如明帝所言。于是遣謁者考寔，具知姦狀，守令等十餘人皆死。據此則十六年之民變，必因十五年之檢覈户口田畝不均而起釁也。其解散，亦必非令盜賊自相捕斬遂能淨盡，蓋因守令皆以檢覈不寔坐死，遣謁者爲更正，然後解散耳。而范書略不見起滅之由。

光武紀書帝崩，年六十二。然紀又書帝起兵時年二十八，下有更始元年破王尋、王邑，持節北渡河，鎮慰州郡，二年誅王郎，更始拜帝爲蕭王，明年六月始即位，改元建武，是帝年已三十一矣。建武凡三十二年，又加以中元二年始崩，則應是六十四歲。②本紀所云六十二，殊不符也。按前漢書，漢王四年幸薄姬，生文帝，年八歲，立爲代王，十七年入爲帝，則應是二十五歲。而臣瓚注謂，文帝二十三即位，在位二十三年，壽四十六。是文帝年歲亦不符。③

安帝以延光元年三月崩，閻后立北鄉侯懿即位，是年十月薨。計北鄉侯在帝位已閲八月，應有本紀，乃范書無之，蓋以未逾年未改元故耳。然殤帝在位僅一年，冲帝在位并只半年，皆爲立紀，此不應獨缺也。

班書王莽傳，長安士民攻莽，三日死，獨未央宫燒，其餘仍安堵如故。及赤眉至，遂燒長安宫室至市里。又外戚傳，莽女爲平帝后，帝崩，莽篡位，號后爲黄皇室主，及漢兵誅莽，燔燒未央宫，后投火中死。范書更始傳，王莽敗，惟未央宫被焚，其餘宫殿一無所毁，更始至，居長樂宫。董卓傳亦言，赤眉之亂，宮室營寺焚滅無餘，惟有高廟及京兆府舍。是未央宮當莽死時已被焚，赤眉之亂則長安爲墟，并不特未央宮無存而已。乃獻帝紀，董卓刼帝西遷，車駕至長安，幸未央宮。董卓傳亦云，帝之長安，移於未央宮。尋帝以病愈，大會諸臣於未央宮。此宮已被焚於王莽之敗，何以獻帝西遷又有未央以駐蹕耶？按順帝紀，永和元年，帝西巡，幸未央宮。想王莽時被焚之後，東漢諸帝又曾修葺也。然范書不經見，而先則被焚，後則駐蹕，殊不明晰。

皇后紀，董卓弑弘農王，其妃唐姬歸鄉里。及李傕、郭汜破長安，遣兵鈔略關東，掠得姬，傕欲妻之，固不聽，而終不自名。賈詡知之，以告獻帝，帝乃下詔迎姬，置園中，使侍中持節拜爲弘農王妃。初平元年二月，葬弘農王於故常侍趙忠成壙中。此文殊不明晰。卓以初平元年正月弑弘農王，二月即遷都長安，而葬弘農王亦以是月，蓋將遷時草草瘞之也。傕、汜之亂則在初平三年，其掠得姬，而獻帝迎還册拜，自是在長安時事，而敍于葬弘農王之前，已屬倒置，而又曰置園中，所謂園者安在耶？漢時凡諸王葬處曰園陵，其姬妾守園陵者曰某園貴人。桓帝尊孝崇王夫人曰孝崇園貴人。靈帝尊孝仁皇妃曰慎園貴人。今弘農王妃所居之園，即弘農王葬處耶？則是時妃在長安，而葬處在洛陽，時方擾亂，不能送往也。或即宮内之園以居之耶？

吴漢傳，漢伐公孫述，去成都二十里，阻江北爲營，造浮橋，使副將劉尚屯于江南，相去二十里。帝聞之大（怒）〔驚〕，詔曰：「賊若出兵綴公，以大衆攻尚，尚破，公必敗矣。」以其與尚相隔二十里，不及相救援也。後漢引還廣都，留劉尚拒述。以狀奏上，帝曰：「公還廣都，甚合其宜，述必不敢略尚而擊公也。若先攻尚，公從廣都五十里赴之，適當其危，破述必矣。」按先以相距二十里，謂不足相及，今又云五十里赴救，正可破賊，語似矛盾。蓋漢先營江北，尚營江南，恐述斷浮橋，則彼此不能相救耳，而傳未分別言之。

史傳敍事皆書名，未有以字行文者，范書惟光武兄縯字伯升，凡紀傳皆書其字，蓋帝之親兄，春陵首事，其功最大，且班書王莽傳内已書伯升，故范書仍之也。乃范式、張劭合傳，前半篇敍劭事則稱元伯，敍式事則稱巨卿，皆其字也，殊非史體。蓋本當時人爲張、范作合傳，蔚宗即鈔入史，不復改訂耳。

三國魏志有方技傳，備載華陀、管輅等，而道士于吉尤有異術。據江表傳，謂吉制符水治病，吴人爭事之。孫策在城樓會諸將，吉適過，諸將爭下樓迎拜。策怒，令收之。諸將咸爲之請，策曰：「此子妖妄惑衆。昔張津在交州，常著絳帕頭，燒香讀道書，卒爲南夷所殺。此甚無益，諸君但未悟耳。」遂斬之。搜神記謂，策殺吉後，偶出行，爲許貢客射傷，歸治瘡，嘗獨坐，彷彿見吉在左右，意惡之。後照鏡，忽見吉在鏡中，因大叫，瘡裂而死。是吉乃漢末一技術之士，陳壽吴志不爲立傳，蓋以魏志有方技一門，吴志不立方技，故遺之也。蔚宗作後漢書，既以華陀入方技矣，于吉在順帝時，已有琅邪人宫崇者，以吉所得神書上之，則其人與華陀同時，而年壽在陀之前，蔚宗既傳陀，何以不傳吉耶？按范書襄楷傳，順帝時，宫崇上其師于吉所得神書一百七十卷，皆縹白素朱介青首朱目，號太平清領書，其言以陰陽五行爲宗，而多巫覡雜語。有司奏其書妖妄不經，乃收藏之。蔚宗或以于吉名已見於楷傳，故不復有傳耳。

62 漢帝多自作詔

兩漢詔命皆由尚書出，故比之于北斗，謂天之喉舌也。後漢書周榮傳，榮子興有文學，尚書陳忠疏薦興曰：「尚書出納帝命。臣等既愚闇，而諸郎多俗吏，每作詔文，轉相求請，或以不能，而專己自由則詞多鄙固。請以興爲尚書郎。」又宦官曹節欲害竇武，擁靈帝上殿，召尚書官屬至，脅以白刃，使作詔版。此可見詔命皆尚書郎所撰也。漢詔最可觀，至今猶誦述，蓋皆簡才學士充郎署之選。而如陳忠所云，則亦拙於爲文，及輾轉倩人者，可知代言之職綦重矣。然亦有天子自作者，武帝以淮南王安工文詞，每賜安書，輒令司馬相如等視草，是帝先具草而使詞臣討論潤色也。哀帝策董賢爲大司馬，有「允執其中」之語，蕭咸謂此乃堯禪舜之文，非三公故事，長老莫不心懼，此必非代言者所敢作也。光武詔司徒鄧禹曰：「司徒堯也，亡賊桀也，宜以時進討。」立陰貴人爲后，詔曰：「貴人鄉里良家，歸自微賤，自我不見，于今三年。宜奉宗廟，爲天下母。」又帝疑侯霸薦士有私，賜書曰：「崇山幽都何可偶，黄鉞一下無處所。欲以身試法耶？將殺身成仁耶？」此等文詞，亦必非臣下所代作者。明帝登極詔曰：「今上無天子，下無方伯，本引公羊傳之詞。實賴有德，左右小子。」章帝詔亦有云：「上無明天子，下無賢方伯。」①按二帝方在位，而詔云上無天子，人臣代草，敢爲此語耶？不特此也，明德馬皇后答章帝請封外家詔曰：「吾爲天下母，而身服大練，欲以身率下，以爲外親見之當傷心自飭，但笑言太后素好儉。前過濯龍門，見外家車如流水，馬如游龍，倉頭依緑韝，領袖正白，顧視御者，不及遠矣。」又飭章帝曰：「吾素剛急，有胸中氣，不可不順也。」此等語無論非人所能代，且馬后並未稱制，尚書乃帝之近臣，豈有答帝詔而即令帝之近臣代作者？后本好學能文，此詔亦必自作者也。

63 光武信讖書

讖緯起於西漢之末。張衡著論曰，漢以來並無讖書。劉向父子領校祕書，尚無讖録，則知起於哀、平之際也。漢書路温舒傳，温舒從祖父受曆數天文，以爲漢厄三七之期，乃上封事以預戒。温舒係昭帝時人，則又在哀、平之前。按樊英傳有河、洛七緯，章懷註曰：「易緯稽覽圖、乾鑿度、坤靈圖、通卦驗、是類謀、辨終（篇）〔備〕也，書緯璇璣鈐、考靈耀、刑德放、帝命驗、運期授也，詩緯推度災、汜曆樞、含神霧也，禮緯含文嘉、稽命徵、斗威儀也，樂緯動聲儀、稽耀嘉、（斗）〔叶〕圖徵也，孝經緯援神契、鉤命決也，春秋緯演孔圖、元命包、文耀鉤、運斗樞、感精符、合誠圖、考異郵、保乾圖、漢含孳、佑助期、握誠圖、潛潭（包）〔巴〕、説題辭也。」此等本屬不經，然是時實有徵驗不爽者。楊春卿善圖讖，臨死戒其子統曰：「吾綈袠中有祖傳祕記，爲漢家用。」楊厚傳哀帝建平中，有方士夏賀良上言赤精子之讖，漢家曆運中衰，當再授命，故改號曰太初元將元年，稱陳聖劉太平皇帝。漢書李尋傳，成帝時有甘忠可者，造天官曆、包元太平經十二卷，言漢家當再受命，以其術授夏賀良等。劉向奏其妖妄，甘忠可下獄死，賀良等又私相傳授。其後果篡于王莽，而光武中興。又光武微時，與鄧晨在宛，有蔡少公者學讖，云劉秀當爲天子。或曰：「是國師公劉秀耶？」劉歆以讖文欲應之，故改名秀。光武戲曰：「安知非僕。」晨傳西門君惠曰：「劉氏當復興，國師姓名是也。」王莽傳李通素聞其父説讖云，劉氏復興，李氏爲輔，故通與光武深相結。通傳其後破王郎，降銅馬，羣臣方勸進，適有舊同學彊華者，自長安奉赤伏符來，曰：「劉秀發兵捕不道，四夷雲集龍（在）〔鬭〕野，四七之際火爲主。」羣臣以爲受命之符，乃即位于鄗南。是讖記所説寔於光武有徵，故光武尤篤信其術，甚至用人行政亦以讖書從事。方議選大司空，赤伏符有曰「王梁主衛作玄武」，帝以野王縣本衛地之所徙，玄武水神之名，司空水土官也，王梁本安陽人，名姓地名俱合，遂拜梁爲大司空。梁傳又以讖文有「孫咸征狄」之語，乃以平狄將軍孫咸爲大司馬。景丹傳及東觀漢記此據讖書以用人也。因河圖有「赤九會昌」之文，光武於高祖爲第九世，故其祀太廟至元帝而止，成、哀、平三帝則祭於長安。本紀會議靈臺處所，衆議不定，光武曰：「吾以讖決之。」此據讖書以立政也。且廷臣中有信讖者，則登用之。賈逵欲尊左氏傳，乃奏曰：「五經皆無證圖讖以劉氏爲堯後者，惟左氏有明文。」左傳，陶唐氏既衰，其後有劉累，學擾龍，范氏其後也。范歸晉後，其處者皆爲劉氏。由是左氏傳遂得選高才生習。逵傳其不信讖者，則貶黜隨之。帝以尹敏博學，使校圖讖，令蠲去崔發爲王莽著録者。敏曰：「讖非聖人所作，其中多近鄙別字，恐疑誤後生。」帝不聽。敏乃因其闕文增之曰：「君無口，爲漢輔。」帝詔敏詰之，對曰：「臣見前人增損圖書，故學爲之耳。」帝深非之。敏傳桓譚對帝言「臣不讀讖書」，且極論讖書之非經。帝大怒，以爲非聖無法，欲斬之。譚傳帝又語鄭興，欲以讖斷郊祀。興曰：「臣不學讖。」帝怒曰：「卿非之耶！」興詭詞對曰：「臣于書有所不學，而無所非也。」興數言政事，帝以其不善讖，終不任用。興傳是光武之信讖書，幾等于聖經賢傳，不敢有一字致疑矣。獨是王莽、公孫述亦矯用符命。莽以哀章獻金匱圖有王尋姓名，故使尋將兵討昆陽，迄于敗滅。莽又以劉伯升起兵，乃詭説符命，引易曰「伏戎于莽，升其高陵，三歲不興。」以爲莽者御名也，升者伯升也，高陵者高陵侯翟義也。義先起兵被殺，謂義與伯升伏戎于新皇帝之世，終滅不興也。又案金匱輔臣皆封拜，有王興者，城門令史，王盛者，賣餅兒，莽案符命求得此姓名十餘人，而二人容貌應卜相，遂登用之，以示神焉。公孫述亦引讖記，謂孔子作春秋爲赤制而斷十二公，明漢至平帝十二世而絶，一姓不得再興也。又引籙運法曰：「廢昌帝，立公孫。」括地象曰：「帝軒轅受命，公孫氏握。」光武與述書曰：「圖讖言公孫，即宣帝也。代漢者當塗高，君豈高之身耶？王莽何足效乎。」則光武亦明知讖書之不足信矣。何以明知之，而又深好之？豈以莽、述之讖書多僞，而光武所得者獨真耶。同時有新城蠻賊張滿反，祭天地，自云當王，爲祭遵所擒，乃歎曰：「讖文誤我！」遂斬之。遵傳 又真定王劉揚造作讖記云：「赤九之後，癭揚爲主。」揚病癭，欲以惑衆，爲耿純所誅。純傳 是當時所謂圖讖者，自夏賀良等實有占驗外，其餘類多穿鑿附會，以惑世而長亂。乃人主既信之，而士大夫亦多有留意其術者。朱浮自言：「臣幸得與講圖讖。」浮傳 蘇竟與劉龔書曰：「孔子祕經，爲漢赤制。玄包幽室，文隱事明。火德承堯，雖昧必亮。」竟傳 鄭康成戒子，亦自言「睹祕書緯術之奥」。康成傳 所謂上有好者，下必有甚焉者也。范蔚宗曰：「世主以此論學，悲哉！」①

64 光武多免奴婢

光武時，彭寵反，其蒼頭子密殺寵降，光武已封爲不義侯矣。其他加恩於奴婢者，更史不勝書。

建武二年，[1]詔：「民有嫁妻賣子，欲歸父母者，恣聽之。敢拘執者論如律。」六年，詔：「王莽時吏人没入爲奴婢不應舊法者，皆免爲庶人。」七年，詔：「吏人遭饑〔亂〕，爲青、徐賊所略爲奴婢下妻，欲去留者，恣聽之。敢拘制不還者，以賣人法從事。」十一年，詔曰：「天地之性人爲貴。其殺奴婢，不得減罪。」又詔：「敢炙灼奴婢論如律，免所炙灼者爲民。」[2]又除奴婢射傷人棄市律。十二年，詔：「隴、蜀民被掠爲奴婢自訟者，及獄官未報，一切免爲庶民。」十三年，詔：「益州民自八年以來被掠爲奴婢者，皆免爲庶人。或依託人爲下妻欲去者，恣聽之。敢有拘留者，以掠人法從事。」十四年，詔：「益、涼二州，八年以來奴婢自訟在官，一切免爲民，賣者無還直。」此皆見于本紀者。主藉奴婢以供使令，奴婢亦藉主以資生養，固王法所不禁，而光武獨爲之偏護，豈以當時富家巨室虐使臧獲之風過甚，故屢降詔以懲其弊耶。按班書王莽傳，謂貧富不均，置奴婢之市，與牛馬同闌，制於臣民，專斷其命，姦人因緣爲利，至略賣人妻子，逆天心，誖人倫云云。是莽時奴婢之受害寔甚。其後兵亂時，良民又多被掠爲奴婢。光武初在民間親見之，故曲爲矜護也。

65 東漢功臣多近儒

西漢開國，功臣多出於亡命無賴，至東漢中興，則諸將帥皆有儒者氣象，亦一時風會不同也。光武少時，往長安，受尚書，通大義。及爲帝，每朝罷，數引公卿郎將講論經理。故樊準謂帝雖東征西戰，猶投戈講藝，息馬論道。是帝本好學問，非同漢高之儒冠置溺也。而諸將之應運而興者，亦皆多近於儒。如鄧禹，年十三能誦詩，受業長安，早與光武同游學，相親附，其後佐定天下。有子十三人，使各守一藝，修整閨門，教養子孫，皆可爲後世法。禹傳寇恂性好學，守潁川時，修學校，教生徒，聘能爲左氏春秋者，親受學焉。恂傳馮異好讀書，通左氏春秋、孫子兵法。異傳賈復少好學，習尚書，事舞陰李生。生奇之，曰：「賈君容貌志氣如此，而勤于學，將相之器也。」後佐定天下，知帝欲偃武修文，不欲武臣典兵，乃與鄧禹去甲兵，敦儒學。帝遂罷左右將軍，使以列侯就第。復闔門養威重。復傳耿弇父況，以明經爲郎，學老子于安邱先生。弇亦少好學，習父業。弇傳祭遵少好經書，及爲將，取士必用儒術。對酒設樂，常雅歌投壺。遵傳李忠少爲郎，獨以好禮修整稱。後爲丹陽太守，起學校，習禮容，春秋鄉飲，選用明經，郡中嚮慕之。忠傳朱祐初學長安，光武往候之，祐不時見，先升舍，講畢乃見。後以功臣封鬲侯，帝幸其第，笑曰：「主人得無舍我講乎。」祐傳郭涼雖武將，然通經書，多智略。涼傳①竇融疏言：「臣子年十五，教以經藝，不得觀天文讖記。」融傳他如王霸、耿純、劉隆、景丹，皆少時游學長安，見各本傳。是光武諸功臣，大半多習儒術，與光武意氣相孚合。蓋一時之興，其君與臣本皆一氣所鍾，故性情嗜好之相近，有不期然而然者，所謂有是君即有是臣也。

66 東漢四親廟別祭

建武十九年，追尊孝宣帝爲中宗，始祠昭帝、元帝於太廟，成帝、哀帝、平帝於長安，其春陵節侯以下四世祠章陵。即春陵鄉，改名章陵。註引漢官儀曰：「光武雖自高祖而下爲第十二帝，而世次則與成帝爲兄弟，於哀帝爲諸父，於平帝爲祖父，皆不可爲之後。上數至元帝，始於光武爲諸父，故上繼元帝，而爲九代。」以此計之，宣帝實爲曾祖，①故追尊及祀之。按此議發于張純，純奏光武曰：「陛下事同創革，而名爲中興。元帝以來，宗廟祠高皇帝爲受命祖，孝文帝爲太宗，孝武帝爲世宗。今宜皆如舊制，别立四親廟，推南頓君以上，盡於春陵侯。光武之高曾祖父也。禮爲人後者爲之子，既事大宗，則降其私親。今祫禘高廟，昭穆陳序，而春陵侯四世君臣並列，以卑厠尊，不合禮意。昔高皇帝以自受命，不由太上，宣帝以孫受祖，不敢私親，故爲立廟，獨羣臣侍祠。今宜除四親廟。」詔下公卿議，大司徒戴涉等議，宜以宣、元、成、哀、平五帝四世，代今親廟。宣帝、元帝尊爲祖、父，可親奉祠。成帝以下，有司行事。别爲南頓君立皇考廟，其祭上（自）〔至〕春陵，皆羣臣奉祠。帝從之。是時宗廟未備，故元帝以上祭于洛陽高廟，成帝以下祠于長安高廟，其南頓君以上祭于章陵，此漢儒泥于大宗不顧私親之説，而定此制也。究而論之，光武以宗室崛起，中興受命，少時並未奉詔入爲帝嗣，與哀帝之入繼成帝不同。則有天下後，但立高祖、太宗、世宗、中宗爲不祧之廟，其下即祀春陵四世爲親廟，自協情理之正。乃必奉西京諸帝爲大宗，而輩行又不可爲成、哀、平三帝之後，則又舍此三帝，而尊宣、元爲祖、父，終覺窒礙不可通也。明臣欲世宗舍武宗而繼孝宗，即本此制。惟祫祭合食則春陵四世序入昭穆，不能不以卑厠尊。然有天下者本有追王上祀之典，光武御極，自應追尊南頓君，而祀春陵以下以天子之禮，正合於周家上祀祖紺至后稷之義。祖紺等爲先公，而居文王、武王之上，亦未嘗不以卑臨尊也。

67 東漢諸帝多不永年

國家當氣運隆盛時，人主大抵長壽，其生子亦必早且多。獨東漢則不然，光武帝年六十二，①明帝年四十八，章帝年三十三，和帝年二十七，殤帝二歲，安帝年三十二，順帝年三十，沖帝三歲，質帝九歲，桓帝年三十六，靈帝年三十四，皇子辯即位年十七，是年即爲董卓所弒，惟獻帝禪位後，至魏明帝青龍二年始薨，年五十四，此諸帝之年壽也。人主既不永年，則繼體者必幼主，幼主無子，而母后臨朝，自必援立孩稚，以久其權。殤帝即位時，生僅百餘日，沖帝即位纔二歲，質帝即位纔八歲，桓帝即位年十五，靈帝即位年十二，弘農王即位年十七，獻帝即位纔九歲，此諸帝即位之年歲也。光武帝十子，②明帝九子，章帝八子，至和帝則僅二子，長子勝有痼疾，次子即殤帝也；安帝惟一子，順帝已廢而復立，順帝又僅一子，即沖帝也；質帝、桓帝皆無子，靈帝二子，長辯嗣立，董卓廢爲弘農王弒之，次即獻帝，此諸帝嗣子之多寡有無也。蓋漢之盛在西京，至元、成之間，氣運已漸衰，故成帝無子，而哀帝入繼；哀帝無子，而平帝入繼；平帝無子，而王莽立孺子嬰，班書所謂「國統三絶」也。光武乃長沙定王發之後，本屬旁支，譬如數百年老幹之上特發一枝，雖極暢茂，而生氣已薄，迨枝上生枝，則枝益小而力益弱，更易摧折矣。晉南渡後多幼主嗣位，見東晉多幼主條內。宋南渡後亦多外藩入繼，皆氣運使然，非人力所能爲也。

68 東漢多母后臨朝外藩入繼

范書后妃紀序謂：「東京皇統屢絶，權歸女主，外立者四帝，臨朝者六后。」章懷註：「四帝，安、質、桓、靈也。六后，竇、鄧、閻、梁、竇、何也。」按章帝時，竇后專寵，有梁貴人生和帝，竇后養爲己子，而陷貴人以憂死。章帝崩，和帝即位，竇爲太后稱制。和帝崩，皇后鄧氏爲太后，立殤帝嗣位；殤帝殂，太后又立安帝，終身稱制。安帝崩，皇后閻氏爲太后，立北鄉侯懿嗣位，身自臨朝。未幾懿殂，宦官孫程等迎立順帝，太后乃歸政。順帝崩，皇后梁氏爲太后，立沖帝，身自臨朝。沖帝殂，太后又立質帝，猶秉朝政。質帝爲梁冀所酖，太后又立桓帝，數年歸政。桓帝崩，皇后竇氏爲太后，立靈帝，仍自臨朝。後其父武爲宦官所害，太后亦遷于南宫。靈帝崩，皇后何氏爲太后，立子辯嗣位，身自臨朝，尋爲董卓廢弑。此六后也。其外藩入繼者，安帝由清河王子入繼，質帝由千乘王子入繼，桓帝由蠡吾侯子入繼，靈帝由解瀆亭侯子入繼，此四帝也。然安帝崩，閻太后立北鄉侯懿嗣位，當時稱少帝，是四帝之外尚有一帝，而范書專指安、質、桓、靈四君，蓋以北鄉侯立未逾年即殂，生前既未改元，殂後又無謚號，故獨遺之耳，其實外立者共五帝也。

69 外藩入繼追尊本生

外藩入繼大統，始自漢哀帝。當成帝無子，立弟定陶共王子欣爲皇太子。帝以太子既奉大宗，不得復顧私親，乃立楚王子景爲定陶王，奉共王後。帝崩，太子即位，是爲哀帝。是時成帝母稱太皇太后，成帝趙后稱皇太后，而帝祖母傅太后與母丁后，自以定陶爲稱。有董宏上書，言秦莊襄王母本夏氏，而爲華陽夫人所子，及即位後，俱稱太后，宜立定陶共王后爲皇太后。師丹等劾奏宏大不道，免爲庶人。傅太后大怒，于是追尊定陶共王爲共皇，傅太后爲共皇太后。又有段猶等奏，不宜引定陶藩國之名以冠大號，於是直稱共皇，并徙定陶王景爲信都王，不復爲定陶王立後，欲以己爲定陶王後也。其時師丹議曰，冠以定陶者，母從子，妻從夫之義也。爲人後者爲之子，故爲所後服斬衰三年，而降其父母期，所以重正統也。陛下既繼體先帝，奉大宗，不得奉定陶共皇云云。師丹傳此固禮之正也。然身爲帝王，追尊本生父母，亦情理所必至，自哀帝尊其本生父爲共皇之後，遂爲故事。東漢安帝入繼時，其本生父清河王慶尚在，未加尊稱。及薨，葬以龍旗虎賁之禮，追謚爲孝德皇，妣左氏爲孝德皇后，祖妣宋貴人爲敬隱皇后。祖即章帝，故不必追謚。桓帝入繼時，追尊其祖曰孝穆皇，夫人趙氏曰孝穆皇后，考蠡吾侯曰孝崇皇，夫人馬氏曰孝崇園貴人，生母匽貴人爲孝崇皇后。靈帝入繼時，追尊祖曰孝元皇，夫人夏氏曰孝元皇后，考曰孝仁皇，夫人董氏爲慎園貴人。蓋當時論者以爲三皇無爲，五帝有事，故身有天下者稱帝，身未有天下而追尊者稱皇，說見太上皇條內。哀帝又尊祖母曰帝太太后，母曰帝太后，不曰皇而曰帝，亦以身自爲帝，故后號冠以帝稱，以協母從子之義。所以示區別，而立廟京師，既足伸人子之情，兼不紊昭穆之序，此理之得者也。前明世宗入繼大統，其初亦祇欲不没其本生父母之稱，尚未有意過爲崇奉，使當日議禮諸臣援此例奏請，追稱爲興獻皇，立廟京師，則世宗之意亦塞矣。乃舉朝不聞援引及此，但力争不許其追尊，争之不得，反議尊以帝稱而靳一皇字。卒至激而成稱皇稱帝，并入廟稱宗，立主于武宗之上，此則明臣不讀書之陋也。

70 夫在稱太

皇太后、太皇太后，皆從乎子孫而言也。漢書孝元傅昭儀傳，昭儀初爲倢伃，上寵之，欲殊之於後宫，以倢伃有子爲王，而上尚在，未得稱太后，乃更號曰昭儀，位在倢伃上，是夫在不稱太也。乃光武帝廢郭后，封后子輔爲中山王，而即以后爲中山太后，後輔徙封沛，又稱沛太后。夫在稱太，究屬不經。

71 東漢廢太子皆保全

隋唐以後，太子被廢，未有善終者，惟東漢則皆保全。光武已立子彊爲皇太子，後其母郭后被廢，彊不自安，數因左右陳懇，願就藩國，乃立子莊爲皇太子，封彊爲東海王。帝以彊廢不以過，故優以大封，賜虎賁旄頭，擬於乘輿。彊就國後，數上書讓還東海，又因皇太子固辭，帝不許。太子即位，是爲明帝。彊尋病，明帝遣中常侍太醫等視疾，并詔沛王輔彊同母弟。等往視。及薨，贈以殊禮。章帝立子慶爲皇太子，以竇后妒，誣陷其母宋貴人，遂并廢慶爲清河王，立子肇爲皇太子。慶雖幼而知避嫌畏禍，章帝憐之，令衣服禮秩與太子同。太子亦極友愛，入則共室，出則同輿。太子即位，是爲和帝，待慶尤渥。慶小心恭孝，自被廢後，尤畏懼，每朝謁陵廟，常夜分嚴裝待旦，約飭官屬不得與諸王車騎並馳。及和帝崩，慶號泣殿前，嘔血數升。既就國，飭官屬時加策戒，以免悔咎。後其子祜入繼統，是爲安帝，①慶時尚存。及薨，追謚爲孝德皇。安帝已立子保爲皇太子，後以讒被廢爲濟陰王。帝崩，保以廢黜不得上殿哭臨梓宫，乃悲號不食，内外臣僚莫不哀之。閻后迎立北鄉侯懿即位，保以年幼得全。北鄉侯薨，宦官孫程等仍迎立保即位，是爲順帝。此皆已爲太子，被廢後仍能保全者。固由于明、和諸帝之友愛，而亦彊等之善處廢黜，小心謹畏，故泯嫌猜而免禍害也。又和帝長子平原王勝，本應爲太子，以痼疾不得立。和帝崩，鄧后遂立殤帝；殤帝殂，又立安帝，是時勝尚在，亦未聞以怨懟取禍。蓋自光武及明、章二帝，皆崇儒重道，子弟習于孝友之訓者深，故無骨肉之變也。按西漢昌邑王立爲天子，後廢爲海昏侯，仍以善終，是西漢本無廢殺之事。

第四卷校證

60 後漢書編次訂正

①袁安、張輔、韓陵、周榮、郭躬、陳寵等同卷，以其皆明於法律，決獄平允也　按：前四人同在一卷（卷七五），其共同點爲能立朝持正，後二人同在一卷（卷七六），方爲善於決獄者，二事不應混爲一談。又「輔」應作「酺」，「陵」應作「棱」。

②樊儵　按：「儵」原刻本作「謙」，西畬本已改正。又「儵」，各本後漢書皆誤作「儵」，據劉攽校語改正。

61 後漢書間有疏漏處

①攻劫在所，害殺長吏　按：原刻本作「攻擊所在，殺害長吏」，西畬本已改正。

②建武凡三十二年，又加以中元二年始崩，則應是六十四歲　按：建武三十二年即中元元年（是年四月改元），故應爲六十三歲。陔餘叢考卷五後漢書條即作六十三歲，此處或爲趙氏一時筆誤。

③漢王四年幸薄姬，生文帝，年八歲，立爲代王，十七年入爲帝，則應是二十五歲。而臣瓚注謂，文帝二十三即位，在位二十三年，壽四十六。是文帝年歲亦不符　按：文帝年歲，舊説原不一致，徐廣云四十七，臣瓚云四十六。在位二十三年，則即位時應爲二十四歲或二十三歲。在代十七年，則高帝十一年封代時應爲八歲或七歲；其生年應爲高帝四年或五年。高帝四年幸薄姬，生子在當年或次年均有可能，故二説是非難於判斷。趙氏計算其爲帝時年二十五歲，較徐廣説又多出一年，是誤以八歲後方爲代王之年數，實際上八歲當年即爲代王之元年。趙氏此説，可謂治絲而棼之也。

62 漢帝多自作詔

①章帝詔亦有云：「上無明天子，下無賢方伯。」　按：後漢書章帝紀，建初七年，岐山得銅器，形似酒罇，獻之。又獲白鹿。帝曰：「上無明天子，下無賢方伯，人之無良，相怨一方，斯器亦何爲來哉！」此爲一時感慨之語，而非詔書之文。

63 光武信讖書

①范蔚宗曰：「世主以此論學，悲哉！」　按：見後漢書鄭興、賈逵傳論（卷六六）。

64 光武多免奴婢

①建武二年　按：「二」原刻本作「三」，西畬本已改正。

②敢灸灼奴婢論如律，免所灸灼者爲民　按：原刻本作「敢熏灼奴婢論如律，免所炙灼者爲民」，「熏」、「炙」二字，百衲本、殿本、集解本、點校本後漢書皆作「灸」，趙氏誤以爲「炙」，故又作「熏」，皆誤，今改正。

65 東漢功臣多近儒

①郭涼雖武將，然通經書，多智略。（涼傳）　按：應作杜茂傳附郭涼傳（卷五二）。

66 東漢四親廟別祭

①以此計之，宣帝實爲曾祖　按：劉攽校刊謂宣帝於光武爲祖，原文衍「曾」字。

67 東漢諸帝多不永年

①光武帝年六十二　按：此爲後漢書光武紀之文，本書後漢書間有疏漏處篇已論證其誤，此處則仍取古人之

誤説。

②光武帝十子　按：光武帝之子封王者十人，另一人繼位爲明帝，故應爲十一子。

71 東漢廢太子皆保全

①其子祜入繼統，是爲安帝　按：「安帝」原刻本作「順帝」，西畬本已改正。

廿二史劄記卷五

72 累世經學

古人習一業，則累世相傳，數十百年不墜。蓋良冶之子必學爲裘，良弓之子必學爲箕，所謂世業也。工藝且然，況於學士大夫之術業乎。今案周、秦以來，世以儒術著者，自以孔聖之後爲第一。伯魚、子思後，子上生求，求生箕，箕生穿，穿生順，爲魏相。順生鮒，爲陳涉博士。鮒弟子襄，漢惠帝時爲博士，歷長沙太傅。襄生忠，忠生武及安國，武生延年，安國、延年皆以治尚書武帝時爲博士，安國至臨淮太守。延年生霸，亦治尚書，昭帝時爲博士，宣帝時爲大中大夫，授皇太子經，元帝即位，賜爵關内侯，號褒成君。霸生光，尤明經學，歷成、哀、平三帝，官御史大夫、丞相、太傅、太師、博山侯，猶會門下生講問疑難。孔光傳霸曾孫奮，少從劉歆受春秋左氏，歆稱之曰：「吾已從君魚奮字受道矣。」奮傳安國後世傳古文尚書、毛詩，有名子建者，不仕王莽。元和中，子建曾孫僖，受爵褒成侯。其子長彥好章句學，季彥亦守家學。僖傳霸七世孫昱，少習家學，徵拜議郎。自霸至昱，卿相牧守五十三人，列侯七人。孔昱傳計自孔聖後，歷戰國、秦及兩漢，無代不以經義爲業，見於前、後漢書，此儒學之最久者也。其次則伏氏。自伏勝以尚書教授，其後有名理者，爲當世名儒。其子湛，少傳家學，教授常數百人。湛弟黯，明齊詩，改定章句。湛兄子恭，傳黯學，減省黯章句爲二十萬言。湛子翕，翕子光，光子晨，晨子無忌，亦皆傳家學。順帝時，無忌奉詔與議郎黄景校定中書五經諸子百家。桓帝時，又與崔寔等共撰漢記。又自采集古今删著事要，號曰伏侯註。伏氏自伏生以後，世傳經學，清静無競，東州號爲「伏不鬬」云。此一家歷兩漢四百年，亦儒學之最久者也。伏湛傳 又次則桓榮，以宿學授明帝經，封關内侯。帝即位，親行養老禮，以榮爲五更，備極尊崇。其子郁，當章帝爲太子時，又入授經；及和帝即位，以年少宜習經學，郁又侍講禁中，凡教授二帝。郁又删省成十二萬言，由是有桓君大、小太常章句。郁中子焉，又以明經篤行，授安帝經；順帝爲太子時，又爲少傅授經，亦教授二帝。先是榮受朱普章句四十萬言，榮減爲二十三萬言，焉兄孫彬，亦以文學與蔡邕齊名。各本傳 計桓氏經學著於東漢一朝，視孔、伏二家稍遜其久，然一家三代皆以明經爲帝王師，且至於五帝，則又孔、伏二氏所不及也。

73 四世三公

西漢韋、平再世宰相，已屬僅事。韋賢，宣帝時爲丞相，其子玄成，元帝時亦爲丞相，鄒、魯諺曰：「黄金滿籯，不如教子一經。」①又平當爲丞相，其子晏爲大司徒，時已改丞相爲大司徒，大司徒即相也。平當傳謂漢興，惟韋、平父子至宰相。東漢則有歷世皆爲公者。楊震官太尉，其子秉代劉矩爲太尉，秉子賜代劉郃爲司徒，又代張温爲司空，賜子彪代董卓爲司空，又代黄琬爲司徒，代淳于嘉爲司空，代朱儁爲太尉、録尚書事。自震至彪，凡四世皆爲三公。袁安官司空，又官司徒，其子敞及京皆爲司空，京子湯亦爲司空，歷太尉，封安國亭侯，湯子逢亦官司空，逢弟隗先逢爲三公，官至太傅。故臧洪謂袁氏四世五公，比楊氏更多一公。古來世族之盛，未有如二家者。范蔚宗謂西京韋、平，方之蔑如，真可謂僅事矣。而二家代以名德，爲國世臣，非徒以名位門第相高，則尤難得也。

于定國爲丞相，其子永爲御史大夫。係兩代三公。西漢丞相、大司馬、御史大夫稱三公也。

74 東漢尚名節

自戰國豫讓、聶政、荆軻、侯嬴之徒，以意氣相尚，一意孤行，能爲人所不敢爲，世競慕之。其後貫高、田叔、朱家、郭解輩，徇人刻己，然諾不欺，以立名節。馴至東漢，其風益盛。蓋當時薦舉徵辟，必採名譽，故凡可以得名者，必全力赴之，好爲苟難，遂成風俗。漢書游俠傳序，自信陵、平原、孟嘗、春申之徒競爲游俠，取重於諸侯，顯名天下。漢興，禁網疏闊，布衣游俠，權行州域，①力折公卿，衆庶榮其名，覬而慕之，雖陷于刑辟不悔也。其大概有數端：

是時郡吏之於太守，本有君臣名分，爲掾吏者，往往周旋於死生患難之間。如李固被戮，弟子郭亮負斧鑕上書，請收固尸。杜喬被戮，故掾楊匡守護其尸不去。由是皆顯名。固、喬二傳第五種爲衞相，善門下掾孫斌，種以劾宦官單超兄子匡，②坐徙朔方，朔方太守董援，乃超外孫也，斌知種往必被害，乃追及種於途，格殺送吏，與種俱逃，以脱其禍。種傳太原守劉瓆，以考殺小黄門趙津下獄死，王允爲郡吏，送瓆喪還平原，終三年乃歸。允傳公孫瓚爲郡吏，太守劉君坐事徙日南，瓚身送之，自祭父墓曰：「昔爲人子，今爲人臣，送守日南，恐不得歸，便當長辭。」乃再拜而去。瓚傳此盡力于所事，以著其忠義者也。傅（奕）〔燮〕聞舉將没，即棄官行服。（奕）〔燮〕傳李恂爲太守李鴻功曹，而州辟恂爲從事，會鴻卒，恂不應州命，而送鴻喪歸葬，持喪三年。恂傳樂恢爲郡吏，太守坐法誅，恢獨行喪服。恢傳桓典以國相王吉誅，獨棄官收葬，服喪三年，負土成墳。典傳袁逢舉荀爽有道，爽不應，及逢卒，爽制服三年。爽傳此感知遇之恩，而制服從厚者也。然父母喪不過三年，而郡將舉主之喪與父母無別，亦太過矣。又有以讓爵爲高者。西漢時韋賢卒，子玄成應襲爵，讓於庶兄弘，宣帝高其節許之。玄成傳③至東漢鄧彪亦讓封爵于異母弟，明帝亦許之。彪傳劉愷讓封於弟憲，逃去十餘年，有司請絶其封，帝不許，賈逵奏當成其讓國之美，乃詔憲嗣。愷傳此以讓而得請者也。桓榮卒，子郁請讓爵於兄子汎，明帝不許，乃受封。郁傳丁綝卒，子鴻請讓爵於弟盛，不報，鴻乃逃去，以采藥爲名，④後友人鮑駿遇之於東海，責以兄弟私恩絶其父不滅之基，鴻感悟，乃歸受爵。鴻傳郭躬子賀，當襲，讓與小弟而逃去，詔下州郡追之，不得已乃出就封。躬傳徐防卒，子(賀)〔衡〕當襲，讓於弟崇，數歲不歸，不得已乃就封。防傳此讓而不得請者也。夫以應襲之爵，而讓以鳴高，即使遂其所讓，而已收克讓之名，使受之者蒙濫冒之誚，有以處己，(既)〔即〕無以處人，況讓而不許，則先得高名，仍享厚實，此心尤不可問也。又有輕生報讐者。崔瑗兄爲人所害，手刃報讐，亡去。魏朗兄亦爲人所害，朗白日操刀，殺其人於縣中。蘇謙爲司隸校尉李暠案罪死獄中，謙子不韋與賓客，掘地道至暠寢室，值暠如廁，乃殺其妾與子，又疾馳至暠父墓，掘得其父頭以祭父。見各本傳夫父兄被害，自當訴於官，官不理而後私報可也。今不理之於官，而輒自行讐殺，已屬亂民。然此猶曰出於義憤也，又有代人報讐者。何顒有友虞緯高，父讐未報而病將死，泣訴於顒，顒即爲復讐，以頭祭其父墓。郅惲有友董子張，父爲人所殺，子張病且死，對惲歈歔不能言，惲曰：「子以父讐未報也。」乃將賓客殺其人，以頭示子張，子張見而氣絶。亦見各本傳此則徒徇友朋私情，而轉捐父母遺體，亦繆戾之極矣。蓋其時輕生尚氣已成習俗，故志節之士好爲苟難，務欲絶出流輩，以成卓特之行，而不自知其非也。然舉世以此相尚，故國家緩急之際，尚有可恃，以撑拄傾危。昔人以氣節之盛，爲世運之衰，而不知并氣節而無之，其衰乃更甚也。

75 曹娥叔先雄

范書列女傳，會稽女子曹娥，其父爲巫覡，五月五日泝江濤迎神溺死，娥年十四，泣江干求十七日不獲屍，遂投江死。縣令度尚葬娥於道旁，使魏朗爲碑文，未出，又使邯鄲淳爲之。朗見淳文，遂毁己作，而淳文刻於碑，蔡邕所題「黄絹幼婦，外孫虀臼」者也。①又有蜀中女子叔先雄，父泥和爲縣功曹，奉檄之郡，溺死失屍。雄尋至溺處，投水死。其弟夢雄告以六日後當與父同出，至期，果二屍同浮於江。郡縣表之，并圖其形像焉。二女事正同，又同在列女傳，且曹娥未獲父屍，叔先雄則偕父屍同出，更爲靈異。乃曹娥至今膾炙人口，而叔先雄莫有知其姓名者，豈非一碑文之力耶，則傳不傳豈不有命耶。

76 召用不論資格

漢制，察舉孝廉、茂才等歸尚書，及光禄勳選用者，多循資格，其有德隆望重由朝廷召用者，則布衣便可踐台輔之位。如陳寔官僅太邱長，家居後，朝廷每三公缺，議者多歸之。太尉楊賜，司徒陳耽，每以寔未登大位而身先之，常以自愧。寔傳鄭康成績學著名，公車徵爲大司農，給安車一乘，所過長吏送迎。康成傳荀爽有盛名，董卓秉政，徵之，初拜平原相，途次又拜光禄勳，視事三日，策拜司空，自布衣至三公，凡九十五日。張璠漢紀①

77 擅去官者無禁

賈琮爲冀州刺史，有司有贓過者，望風解印綬去。琮傳朱穆爲冀州刺史，令長解印綬去者四十餘人；及穆到任，劾奏至有自殺者。穆傳李膺爲青州刺史，有威政，屬城聞風，皆自引去。膺傳范滂爲清詔使，案察貪吏，守令自知贓污，皆望風解印綬。滂傳陳寔爲太邱長，以沛相賦斂無法，乃解印綬去。寔傳宗慈爲修武令，太守貪賄，慈遂棄官去。慈傳案令、長、丞、尉，各有官守，何以欲去即去？據左雄疏云：「今之墨綬，拜爵王廷，而齊于匹（庶）〔竪〕，（動輒）〔叛命〕避負，非所以崇憲明理也。請自今守相長吏，非父母喪，不得去官。其不遵法禁者，錮之終身。若被劾奏，逃亡不就法者，家屬徙邊，以懲其後。」雄傳黄巾賊起，詔諸府掾屬不得妄有去就。范冉傳可見平時朝廷無禁人擅去官之令，聽其自來自去而不追問也，法綱亦太疏矣。

78 籍没財産代民租

權臣强藩，積貲無藝，或親行掊克，或廣收苞苴，無一非出自民財。漢桓帝誅梁冀，收其財貨，縣官斥賣三十餘萬萬，以充官府用，減天下税租之半。冀傳唐李錡反，兵敗伏誅，朝廷將輦其所没家財送京，李絳奏言，錡家財皆刻剥六州之人所得，不如賜本道，代貧下户今年租税，憲宗從之。李絳傳以横取於民者仍還之民，此法最善。憲宗英主，其説易從，不謂桓帝先已行之也。後世有似此者，籍没貪吏之財，以償民欠，籍没權要之財，以補官虧，亦裒益之一術也。明臣王宗茂劾嚴嵩，請籍其家，以充邊軍之費。

79 倩代文字

陽球奏罷鴻都文學畫像疏曰：「鴻都文學樂松、江覽等三十二人，皆出於微賤，附託權豪，或獻賦一篇，或鳥篆盈簡，而位升郎中，形圖丹青，亦有筆不點牘，辭不辨心，假手請字，妖僞百品，是以有識掩口。臣聞圖像之設，以昭勸戒，未有豎子小人，詐作文頌，而妄竊天官，垂像圖素者也。」可見曳白之徒，倩買文字，僥倖仕進，漢時已然，毋怪後世士風之愈趨愈下也。

80 黨禁之起

漢末黨禁，雖起于甘陵南北部，及牢脩、朱並之告訐，桓帝初受學于甘陵周福，及即位，擢福爲尚書，時同郡房植有盛名，鄉人爲之謡曰：「天下規矩房伯武，因師獲印周仲進。」二家賓客，互相譏議，遂各樹門徒，由是有甘陵南北部黨，黨論自此起。脩、並事見後。然其所由來已久，非一朝一夕之故也。范書謂桓、靈之間，主荒政繆，國命委於奄寺，士子羞與爲伍，故匹夫抗憤，處士横議，激揚聲名，互相題拂，品覈公卿，裁量(國)〔執〕政，黨錮傳序自公卿以下，皆折節下之。申屠蟠傳蓋東漢風氣，本以名行相尚，迨朝政日非，則清議益峻，號爲正人者，指斥權奸，力持正論，由是其名益高，海内希風附響，惟恐不及，而爲所貶訾者，怨刺骨，日思所以傾之，此黨禍之所以愈烈也。今案漢末黨禁凡兩次。桓帝延熹九年，有善風角者張成，推占當有赦令，教其子殺人，河南尹李膺捕之，果遇赦免，膺怒，竟考殺之。成弟子牢脩，遂誣告膺善太學游士，交結生徒，誹訕朝廷，敗壞風俗。帝怒，下郡國逮捕，并遣使四出，黨(禁)〔錮〕傳序收執膺等二百餘人，誣爲黨人，并下獄。次年，霍諝、竇武上表申理，始赦歸，仍書名王府，終身禁錮。此第一次黨禁也。自是正人放廢，海内共相標榜，以竇武、劉淑、陳蕃爲三君，君者世所宗也。李膺、荀昱、杜密、王暢、劉祐、魏朗、趙典、朱寓爲八俊，俊者人之英也。郭林宗、宗慈、巴肅、夏馥、范滂、尹勳、蔡衍、羊陟爲八顧，顧者能以德引人也。張儉、岑晊、劉表、陳翔、孔昱、范康、檀敷、翟超爲八及，及者能導人追宗也。度尚、張邈、王考、劉儒、胡母班、秦周、蕃嚮、王章爲八厨，厨者能以財救人也。至靈帝建寧中，張儉方劾中常侍侯覽，儉鄉人朱並，承覽風旨，又告儉與同鄉二十四人爲部黨，以儉及檀彬、褚鳳、張肅、薛蘭、馮禧、魏玄、徐乾爲八俊，田(材)〔林〕、張隱、劉表、薛郁、王訪、劉祇、宣靖、公緒恭①爲八顧，朱楷、田槃、(疏)〔疎〕耽、薛敦、宋布、唐龍、嬴咨、宣褒爲八及，而儉爲之魁。帝遂詔刊章捕儉等。宦官曹節又諷有司，并捕前黨李膺、杜密及范滂等百餘人，皆死獄中，妻子徙邊。諸附從者，錮及五族。詔天下大舉鈎黨，於是有行義者，一切指爲黨人。四年，大赦，而黨人不赦。已而宦官又諷司隸校尉段熲，捕太學諸生千餘人，并詔黨人門生、故吏、父兄、子弟在位者，皆免官禁錮。直至黄巾賊起，吕强奏請赦諸黨人，於是赦還諸徙者。此第二次黨禁也。本紀及黨（禁）〔錮〕傳其時黨人之禍愈酷而名愈高，天下皆以名入黨人中爲榮。范滂初出獄歸汝南，南陽士大夫迎之者車千兩。滂傳景毅遣子爲李膺門徒，而録牒不及，毅乃慨然曰：「本謂膺賢，遣子師之，豈可因漏名而倖免哉。」遂自表免歸。李膺傳皇甫規不入黨籍，乃上表言，臣曾薦張奂，是阿黨也。臣昔坐罪，太學生張鳳等上書救臣，是臣爲黨人所附也。臣宜坐之。規傳張儉亡命困迫，望門投止，莫不重其名行，破家相容。儉傳此亦可見當時風氣矣。朝政亂則清流之禍愈烈，黨人之立名，及舉世之慕其名，皆國家之激成之也。然諸人之甘罹黨禍，究亦非中道。當范滂等非毁朝政，太學生方以爲文學將興，處士復用，申屠蟠獨歎曰：「昔戰國處士横議，列國之王至爲擁篲前驅，卒有坑儒焚書之禍。」乃絶迹自晦，後果免于難。蟠傳岑晊逃命，親友多匿之，賈彪獨不納，曰：「傳言相時而動，無累後人。岑君自貽其咎，吾可容隱之乎。」彪傳徐穉囑茅容致意郭林宗曰：「大樹將顛，非一繩所維，何乃栖栖不遑寧處。」穉傳此又士大夫處亂世，用晦保身之法也。

81 東漢宦官

漢承秦制，以奄人爲中常侍，然亦參用士人。武帝數宴後庭，故奏請機事，常以宦者主之。至元帝時，則弘恭、石顯已竊權干政，蕭望之、周堪俱被其害，然猶未大肆也。案班固敘傳，彪之父穉爲中常侍，是成帝時中常侍尚兼用士人。光武中興，悉用奄人，不復參用士流。和帝踐阼幼弱，竇憲兄弟專權，隔限內外，羣臣無由得接，乃獨與宦者鄭衆定謀收憲，宦官有權自此始。然衆小心奉公，未嘗攬權。和帝崩，鄧后臨朝，不得不用奄寺，其權漸重。鄧后崩，安帝親政，宦官李閏、江京、樊豐、劉安、陳達①與帝乳母王聖，聖女伯榮，帝舅耿寶，皇后兄閻顯等，比黨亂政。此猶宦官與朝臣相倚爲奸，未能巇朝臣而獨肆其惡也。及帝崩，閻顯等專朝爭權，乃與江京合謀，誅徙樊豐、王聖等，是顯欲去宦官，已反藉宦官之力。已而北鄉侯入繼，尋薨。顯又欲援立外藩，宦官孫程等不平，迎立順帝，先殺江京、劉安、陳達，并誅顯兄弟，閻后亦被遷於離宮。安帝已立皇太子保，而帝乳母王聖及宦官江京、樊豐等，譖太子乳母王男等殺之，太子數爲歎息。王聖等懼爲後禍，共搆陷太子，遂廢爲濟陰王。帝崩，王不得立，閻后立北鄉侯懿。懿又薨，后兄顯與江京、劉安、陳達又欲援立外藩，宦官孫程等不平，共斬京、安、達等，迎立濟陰王，是爲順帝，并即收顯等兄弟誅之，封程等十九人爲侯。是大臣欲誅宦官，必藉宦官之力；宦官欲誅大臣，則不藉朝臣力矣。順帝既立，以梁商女爲皇后，商以大將軍輔政，尊親莫二，而宦官張逵、蘧政、石光譖商與中常侍曹騰、孟賁，云欲廢帝。帝不信，逵等即矯詔收縛騰、賁。是竟敢違帝旨，而肆威於禁近矣。賴帝聞之大怒，逵等遂伏誅。及帝崩，梁后與兄冀立沖帝；沖帝崩，又立質帝；質帝爲冀所酖，又援立桓帝，并以后妹爲桓帝后。冀身爲大將軍輔政，兩妹一爲皇太后，一爲皇后，其權已震主矣，而帝默與宦官單超、左悺、具瑗、徐璜、唐衡定謀，遂誅冀。梁冀專恣日久，梁后又忌恣，桓帝心不平，而不敢泄，獨呼小黄門唐衡，問左右誰與冀不協者，衡以單超、左悺、徐璜、具瑗對。帝乃召超等定議，下詔收冀及宗親黨與，皆誅之，封超等五人爲侯。是宦官且誅當國之皇親矣。然此猶曰奉帝命以成事也。桓帝梁后崩，以竇武女爲皇后。帝崩，武與后定策，立靈帝，竇后臨朝，武入居禁中輔政。素惡宦官欲誅之，兼有太傅陳蕃與之同心定謀，乃反爲宦官曹節、王甫等所殺。竇武與陳蕃同謀誅宦官曹節、王甫等，奏入，五官史朱瑀竊發其書，怒罵曰：「中官中放縱者當誅，吾曹何罪，而當盡滅。」因大呼曰：「陳蕃、竇武奏皇太后，欲廢帝。」乃夜召素所親史共普、張亮等，歃血盟。曹節聞之，擁帝出御殿，閉諸禁門，使人守武。武不受詔，馳入步兵營，令曰：「中常侍反，盡力者封侯。」而王甫已領虎賁、羽林等兵，出屯朱雀門，大呼武所將兵士曰：「竇武反，汝曹皆禁兵，何故隨之。」禁兵遂俱歸甫，甫乃殺武，并及陳蕃。然此猶曰靈帝非太后親子，故節等得挾帝以行事也。至靈帝崩，何后臨朝，立子辯爲帝，后兄何進以大將軍輔政，已奏誅宦官蹇碩，收其所領八校尉兵。是朝權兵權俱在進手，以此盡誅宦官，亦復何難，乃又爲宦官張讓、段珪等所殺。靈帝崩，何后臨朝，立子辯爲帝，后兄何進輔政。欲誅宦官，先奏何后，后不聽，乃謀召外兵以脅何后，何后乃悉罷諸常侍小黄門等。常侍張讓子婦，乃后娣也，讓對之叩頭曰：「老臣得罪，當與新婦同歸故里，但受恩深，欲一入見太后顔色，歸死無恨。」子婦言於何后母舞陽君，入白，詔諸常侍皆入。而何進方入奏誅宦官事，張讓、段珪等即殺之，于是袁紹、袁術乘亂盡殺宦官。是時軍士大變，袁紹、袁術、閔貢等因乘亂誅宦官二千餘人，無少長皆殺之，於是宦官之局始結，而國亦隨之亡矣。國家不能不用奄寺，而一用之，則其害如此。蓋地居禁密，日在人主耳目之前，本易窺嚬笑而售讒諛，人主不覺，意爲之移。范蔚宗傳論謂宦者：「漸染朝事，頗識典〔物〕，故少主憑謹舊之庸，女君資出納之命。」及其傳達於外，則手握王命，口銜天憲，莫能辨其真僞，故威力常在陰陽奥窔之間。迨勢燄既盛，宮府内外悉受指揮，即親臣重臣竭智力以謀去之，而反爲所噬。當其始，人主視之，不過供使令效趨走而已，而豈知其禍乃至此極哉！

82 宦官之害民

東漢及唐、明三代，宦官之禍最烈，然亦有不同，唐、明閹寺先害國而及於民，東漢則先害民而及於國。今就後漢書各傳摘敍之，可見其大概也。劉瑜疏言，中官邪孽，比肩裂土，皆競立子嗣，繼體傳爵，或乞子疏屬，或買兒市道。又廣娶妻室，增築第舍。民無罪而輒坐之，民有田而强奪之。貧困之民，有賣其首級，父兄相代殘身，妻孥相視分裂。瑜傳 左雄疏言，宦豎皆虛以形勢，威奪良家婦女，閉之白首，而無配偶。雄傳① 黄瓊疏言，宦豎盈朝，重封累爵，明珠南金之寶，充滿其室。瓊傳 單超、左悺、具瑗、徐璜、唐衡五人，以誅梁冀功皆封侯。其後超死，四侯轉盛，民間語曰：「左回天，具獨坐，徐卧虎，唐兩墮。」皆競起第宅，窮極壯麗，金銀罽毦施於犬馬，僕從皆乘牛車，從以列騎。超等傳 侯覽前後奪人宅三百八十一所，田一百一十八頃，起立第宅十六區，皆有高樓池苑，制度宏深，僭類宫省。預作壽冢，石椁雙闕，高廣百尺。破人居室，發掘墳墓，虜奪良人，妻略婦女。爲張儉所奏，覽遮截其章不得上。覽傳 趙忠葬父，僭爲璠璵玉匣偶人。朱穆傳 董卓弑弘農王，獻帝葬之於忠之成壙中。忠已被誅。及獻帝自長安歸洛陽，宫室已盡焚毁，乃駐於忠故宅。獻帝紀 迨後韓馥以冀州刺史讓袁紹，出居於鄴中之忠故宅。馥傳 其壙可以葬帝王，宅可以居帝王，别宅又可以居牧伯，其壯麗可知也。張讓説靈帝修宫室，發太原、河東、狄道諸郡材木文石，每州郡部送至京，輒訶譴不中用，以賤價折之，十不酬一，又不即收，材木遂至腐爛。州郡復增私調，百姓嗟怨。讓傳此猶第宦官之自爲苛虐也，更有倚宦官之勢，而漁肉小民者。蓋其時入仕之途，惟徵辟、察舉二事，宦官既據權要，則徵辟、察舉者，無不望風迎附，非其子弟，即其親知，并有賂宦官以輾轉干請者。審忠疏言，宦官勢盛，州郡牧守承順風旨，辟召選舉，釋賢取愚。曹節傳李固疏云，中常侍在日月之旁，形勢振天下，子弟禄位曾無限極，雖外託謙默，不干州郡，而謟諛之徒，望風進舉。固傳朱穆疏言，宦官子弟親戚，並荷榮任，凶狡無行之徒，媚以求官，恃勢怙寵之輩，漁食百姓，窮破天下，空竭小人。穆傳河南尹田歆謂王諶曰：「今當舉六孝廉，多貴戚書命，不得違。欲自用一名士，以報國家。」乃以种暠應詔。暠傳六孝廉只用一真才，已爲美談，則入仕者皆奄黨可知也。靈帝詔公卿刺舉二千石爲民害者，太尉許馘，司空張濟，凡內官子弟賓客，雖貪污穢濁，不敢（聞）〔問〕，而虛糾邊遠小郡清修有惠政者二十六人。劉陶傳則閹黨入仕者，莫敢黜革，可知也夫。是以天下仕宦無一非宦官之兄弟姻戚，窮暴極毒，莫敢誰何。如單超弟安爲河東太守，弟子匡爲濟陰太守，②徐璜弟盛爲河內太守，左悺弟敏爲陳留太守，具瑗兄恭爲沛相，皆所在蠹害。璜兄子宣爲下邳令，暴虐尤甚，求故汝南太守李暠女不得，則劫取以歸，戲射殺之。超等傳侯覽兄參爲益州刺史，吏民有豐富者，輒誣以大逆，皆誅滅之，而没入其財以億計。覽傳曹節弟破石爲越騎校尉，營中五伯妻美，破石求之，五伯不敢拒，妻不肯行，遂自殺。節傳此又宦官子弟賓客之肆爲民害，可類推也。由是流毒遍天下，黄巾賊張角等，遂因民之怨起兵爲逆矣。

83 漢末諸臣劾治宦官

東漢末，宦官之惡徧天下，然臣僚中尚有能秉正嫉邪，力與之爲難者。楊秉爲太尉時，宦官任人及子弟爲官，布滿天下，競爲貪淫，朝野嗟怨。秉與司空周景劾奏牧守以下，匈奴中郎將燕瑗、青州刺史羊亮、遼東太守孫諠等五十餘人，或死或免，遂連及中常侍侯覽、具瑗等，皆坐黜，天下肅然。（秉及景傳）秉又奏侯覽弟參爲益州刺史，暴虐一州，乃檻車徵參詣廷尉，參懼自殺，秉并劾奏覽。桓帝詔問公府，外職而奏劾近官，有何典故，秉以申屠嘉召詰鄧通事爲對。帝不得已，乃免覽官。（秉傳）李膺爲司隸校尉，中常侍張讓弟朔爲野王令，貪殘無道，懼膺按問，逃還京師，匿讓家，藏於合柱中。膺知狀，率將吏破柱取朔，付洛陽獄，受辭畢，即殺之。（膺傳）韓演爲司隸校尉，奏中常侍左悺罪，並及其兄太僕稱，請託州郡，賓客放縱，侵犯吏民，悺、稱皆自殺。（單超傳）①陽球爲司隸校尉，奏中常侍王甫、淳于登，及子弟爲守令者，姦猾縱恣，罪合滅族，太尉段熲，阿附佞倖，宜并誅。乃悉收甫、熲等，及甫子永樂，少府萌，沛相吉。球自臨考，五毒備至。萌曰：「父子既當併誅，乞少寬楚毒，假借老父。」球曰：「死不塞責，乃欲求假借耶。」萌乃大罵，球使窒萌口，捶朴交下，父子悉死杖下，熲亦自殺。球乃磔甫屍於城門，盡没入其財產，妻子皆徙比景。（球傳）此廷臣之劾治宦官者也。杜密爲太山太守，北海相，凡宦官子弟爲令長有姦惡者，輒案捕之。（密傳）劉祐爲河東太守，屬縣令長率多中官子弟，祐黜其權强，平理冤結。中常侍管霸，用事於內，占天下良田美宅，祐悉没入之。（祐傳）蔡衍爲冀州刺史，中常侍具瑗託其弟恭舉茂才，衍收其齋書人案之。又劾奏河間相曹鼎贓罪，鼎乃中常侍曹騰之弟也。衍傳朱穆爲冀州刺史，宦官趙忠葬父，僭用璠璵玉匣，穆聞之，下郡案驗。吏畏穆，乃發墓剖棺，陳尸出之，而收其家屬。穆傳山陽太守翟超没入中常侍侯覽財産。小黄門趙津及南陽大猾張汜等，恃中官勢犯法，二郡太守劉瓆、成瑨，考案其罪，雖經赦令，竟考殺之。陳蕃傳王宏爲弘農太守，郡中有事宦官買爵位者，雖二千石亦考殺之，凡數十人。王允傳②陳翔爲揚州刺史，劾奏豫章太守王永，吴郡太守徐參，在職貪穢，皆中官親黨也。翔傳范康爲太山太守，時張儉殺侯覽母，按其宗黨賓客，或有逃入太山界者，康皆收捕無遺脱。康傳黄浮爲東海相，有中常侍徐璜兄子宣爲下邳令，肆貪暴，浮乃收宣及家屬，無少長皆考之。掾吏固争，浮曰：「宣國賊，今日殺之，明日坐死不恨。」即殺宣，暴其尸於市。單超傳③荀昱爲沛相，荀曇爲廣陵太守，志除宦官，其支黨有在二郡者，纖罪必誅。荀淑傳④史弼爲平原相，當舉孝廉，侯覽遣諸生齎書請之，弼即箠殺齎書者。弼傳此外僚之劾治宦官也。甚至朱震爲州從事，奏濟陰太守單匡贓罪，并連匡兄中常侍單超，遂收匡下廷尉。陳蕃傳⑤張儉爲東部督郵，奏侯覽及其母罪惡，覽遮截其章不得上。儉遂破覽家，籍没貲財，具奏其罪狀。儉及覽傳此又小臣之劾治宦官者也。蓋其時宦官之爲民害最烈，天下無不欲食其肉，而東漢士大夫以氣節相尚，故各奮死與之搘拄，雖湛宗滅族，有不顧焉。至唐則僅有一劉蕡，對策懇切言之。明則劉瑾時，僅有韓文、蔣欽等數人；魏忠賢時，僅有楊漣、左光斗、魏大中、繆昌期、李應昇、周順昌等數人，其餘乾兒義子，建生祠頌九千歲者，且遍於搢紳，此亦可以觀世變也。

84 宦官亦有賢者

後漢宦官之貪惡肆横，固已十人而九，然其中亦閒有清慎自守者，不可一概抹煞也。鄭衆謹敏有心，和帝初，竇太后秉政，其兄憲爲大將軍，竊威權，朝臣莫不附之，衆獨乃心王室，憲兄弟謀不軌，衆與帝定策誅之。衆傳蔡倫在和帝時，預參帷幄，盡心敦慎，匡弼得失。每休沐，輒閉門謝客。爲尚方令，監作器械，莫不精工。創意用樹膚、麻頭、敝布、魚網以爲紙，天下稱蔡侯紙。又典東觀，校讐經傳。倫傳安帝聽宦官李閏、江京、劉安、陳達①等譖，廢皇太子保爲濟陰王，帝崩，太子不得立。閻后立北鄉侯懿，未幾薨，后與兄顯又欲援立外藩，宦官孫程不平，乃與王康等十九人歃血盟，迎立濟陰王，先斬江京、劉安、陳達，并閻顯及其弟景，遷閻后於别宫，於是濟陰王即位，是爲順帝。後司隷校尉虞詡劾奏宦官，自詣廷尉，宦官張防等臨考，一日中傳考四獄，必欲殺詡。程上殿陳詡之寃，時防在帝後，程叱曰：「賊臣張防，何不下殿！」防走入東廂，程勸帝急收防，毋令求請，防乃徙邊。程傳良賀清儉退厚，詔九卿舉武猛，賀獨無所舉。帝問之，曰：「臣生長深宫，未嘗交士類。昔衛鞅因景監以進，有識鄙之，今得臣所舉，匪榮伊辱，故不敢也。」賀傳曹騰在省闥三十餘年，未嘗有過，所進達皆海内名人。有蜀郡守遣人賂騰，刺史种暠搜得其書幣奏之，并劾騰。帝以書自外來，非騰之過，事遂寢。騰反稱种暠爲能吏。後暠爲司徒，嘗曰：「我爲公，曹常侍力也。」騰傳吕强盡忠奉公，上疏力陳宦官之亂政，及後宫綵女之多，河間解瀆館不宜築，蔡邕對策切直，不宜罪，郡國貢獻，不宜索導行費。又有宦官丁肅、徐衍、郭耽、李巡、趙祐五人，亦皆清忠。

巡請刻五經于石，即蔡邕所書也。祐博學多覽，著作諸儒稱之。又吳伉博達奉公，知不見用，常託病從容養志。此皆漢宦官之賢者，可與北魏之仇洛齊、王琚、②趙黑，北齊之田敬宣，唐之俱文珍、張承業，明之覃吉、王承恩並觀也。

第五卷校證

73 四世三公

①鄒、魯諺曰：「黄金滿籯，不如教子一經」　按：見漢書韋賢傳（卷七三），原文作「遺子黄金滿籯，不如一經」。

74 東漢尚名節

①權行州域　按：「域」原刻本作「城」，廣雅本已改正。

②單超兄子匡　按：此見後漢書第五種傳，而宦官傳云，「單超弟安爲河東太守，弟子匡爲濟陰太守」。「弟子」之「弟」，似因承上文「弟安」之「弟」字而誤，原爲後漢書自身之矛盾，趙氏于宦官之害民篇亦引之，各從其文而未作辨正。

③西漢時韋賢卒，子玄成應襲爵，讓於庶兄弘，宣帝高其節許之。（玄成傳）　按：漢書韋玄成傳（卷七三），玄成讓爵未成，「玄成不得已受爵，宣帝高其節，以玄成爲河南太守，兄弘爲太山都尉，遷東海太守」。本篇引述者已

失原意。

④丁綝卒，子鴻請讓爵於弟盛，不報，鴻乃逃去，以采藥爲名　按：後漢書丁鴻傳（卷六七）載其讓爵之書云：「身被大病，不任茅土，……謹自放棄，逐求良醫。」是所持理由爲求醫，而非采藥。

75　曹娥叔先雄

①蔡邕所題「黄絹幼婦，外孫齏臼」者也　按：「孫」原刻本作「甥」，西畬本已改正。

76　召用不論資格

①荀爽有盛名，董卓秉政，徵之，初拜平原相，途次又拜光禄勳，視事三日，策拜司空，自布衣至三公，凡九十五日。（張璠漢紀）　按：此事見於後漢書荀爽傳（卷九二），即可注爲依據。張璠漢紀爲久已失傳之書，亦未注明自何處轉引而來，此注實爲捨近而求遠。

80　黨禁之起

①公緒恭　按：原刻本脱「恭」字，西畬本已校補。

81　東漢宦官

①陳達　按：原刻本作「陳逵」，西畬本已改正。下同。

82 宦官之害民

①左雄疏言，宦豎皆虚以形勢，威奪良家婦女，閉之白首，而無配偶。（雄傳）　按：此乃周舉之疏，左雄、周舉二傳同卷（卷九一），而左雄之傳在前，因以致誤。

②單超弟安爲河東太守，弟子匡爲濟陰太守　按：「弟子匡」爲後漢書宦官傳之文，而第五種傳作「兄子匡」。參看本卷東漢尚名節篇校證②。

83 漢末諸臣劾治宦官

①韓演爲司隸校尉，……（單超傳）　按：原刻本附注作「演傳」，韓演之事附於單超傳内，西畲本改正，今從之。

②小黄門趙津及南陽大猾張汜等，恃中官勢犯法，二郡太守劉瓆、成瑨，考案其罪，雖經赦令，竟考殺之。（陳蕃傳）　王宏爲弘農太守，郡中有事宦官買爵位者，雖二千石亦考殺之，凡數十人。（王允傳）　按：原刻本「竟考殺之」句下無注，「凡數十人」句下注「陳蕃傳」，不符合實際情況，西畲本改正，今從之。

③黄浮爲東海相，……（單超傳）　按：原刻本附注作「浮傳」，黄浮之事附於單超傳内，西畲本改正，今從之。

④荀昱爲沛相，荀曇爲廣陵太守，……（荀淑傳）　按：原刻本附註作「昱傳」，荀昱、荀曇之事皆附在荀淑傳内，西畲本改正，今從之。

⑤朱震爲州從事，……（陳蕃傳）　按：原刻本附注作「震傳」，朱震之事附於陳蕃傳内，西畲本改正，今從之。

84 宦官亦有賢者

①陳達　按：原刻本作「陳逵」，西畲本已改正。下同。

②王琚　按：原刻本作「王瑀」，西畲本已改正。

廿二史劄記卷六

85 後漢書三國志書法不同處

後漢書與三國志，論時代則後漢在前，而作史則三國志先成，且百餘年也。自三國志魏紀創爲迴護之法，歷代本紀遂皆奉以爲式，延及舊唐書、舊五代史，猶皆遵之。其間雖有習鑿齒欲黜魏正統，蕭穎士欲改書司馬昭弑君，而迄莫能更正。直至歐陽公作五代史及修新唐書，始改從春秋書法，以寓褒貶。而范蔚宗于三國志方行之時，獨不從其例，觀獻帝紀，猶有春秋遺法焉。雖陳壽修書於晉，不能無所諱，蔚宗修書於宋，已隔兩朝，可以據事直書，固其所值之時不同，然史法究應如是也。陳壽魏紀書，天子以公領冀州牧，蔚宗獻帝紀則曰曹操自領冀州牧。魏紀，漢罷三公官，置丞相，以公爲丞相，獻紀則曰曹操自爲丞相。魏紀，天子使郗慮策命公爲魏公，加九錫，獻紀則曰曹操自立爲魏公，加九錫。魏紀，漢皇后伏氏，坐與父完書，云帝以董承被誅怨恨公，后廢黜死，兄弟皆伏法，獻紀則曰曹操殺皇后伏氏，滅其族及其二子。魏紀，天子進公爵爲魏王，獻紀則曰曹操自進號魏王。魏紀，韋晃等反，攻許，燒丞相長史王必營，必與嚴(巨)〔匡〕討斬之，獻紀則曰耿紀、韋晃起兵誅曹操，不克，夷三族。至禪代之際，魏紀書漢帝以衆望在魏，乃召羣公卿士，使張音奉璽綬禪位，獻紀則曰魏王丕稱天子，奉帝爲山陽公。他如董承、孔融等之誅，皆書操殺，此史家正法也。至漢末諸臣，如董卓、袁紹、劉表、呂布、袁術、公孫瓚、陶謙、劉焉等，二書各有傳。今兩相比較，繁簡互有不同，大概同作一傳，則後人視前人所有者必節之，前人所無者必增之，以見其不雷同鈔襲。如袁紹傳，范書增陳琳作討操一檄，劉表勸袁譚勿降操一書，審配勸譚兄弟相睦一書。劉表傳，增表遣韓嵩使許，嵩不肯行一事，劉琦問諸葛亮自安之策一事。董卓傳，增卓先從張温討邊章、韓遂，及不肯就徵等事；增卓請追理陳蕃、竇武一疏；①增遷都長安，驅洛陽數百萬人，及發掘諸陵等事；增卓被誅後，又殺其弟及母妻子於郿塢一事；增獻帝東歸，段煨以服御及公卿資儲來迎，爲楊定所誣，仍不缺于供一事。袁術傳，增術向孫堅妻逼奪傳國璽事，增孫策止其僭號一書，增術歸帝號於袁紹一書。公孫瓚傳，增瓚罪狀袁紹一表，增瓚守易京，男子七歲以上不得入門，令婦人習爲大聲，以傳教令一事。陶謙傳，增笮融奉佛造像浴佛等事。此可以彼此參觀者也。惟荀彧一傳，陳壽以其爲操謀主，已列魏臣傳内，蔚宗以其乃心王室，特編入漢臣，此則其主持公道處。壽志雖列之於魏臣，而傳末云，彧死之明年，曹公遂加九錫，可見彧不死操尚不得僭竊也，則蔚宗之編入漢臣，自是公論也。至二書所紀事蹟，有彼此不同者。袁紹傳，壽志謂何進召董卓，范書謂袁紹勸何進召董卓。呂布傳，壽志謂布畏惡涼州人，以致李傕、郭汜之亂，范書謂王允不赦涼州人，以致激變。呂布傳，壽志謂布投袁術，術拒而不納，乃投袁紹，范書謂布投術後，恣兵鈔掠，術患之，布不安，去從張揚。董卓傳，李傕刼帝幸其營，壽志謂傕使公卿詣汜請和，汜皆執之，范書謂帝使楊彪、張喜②和傕、汜，汜留質公卿。荀彧傳，壽志謂以阻九錫事，留壽春，以憂薨，范書謂彧病留壽春，曹操遣人饋之食，發之乃空器也，遂飲藥而卒。二書不同，蓋皆各有所據，固可兩存其說。又袁紹傳，韓馥以冀州讓紹，壽志載沮授説紹曰：「將軍弱冠登朝，則(名)播〔名〕海内；廢立之際，則忠義奮發；單騎出奔，則董卓懷怖；濟河而北，則渤海稽首。今若舉軍東向，則青州可定；還討黑山，則張燕可滅；回衆北首，則公孫必喪；震脅戎狄，則匈奴必從。」凡用八「則」字，范書則删卻前四「則」字，以歸簡浄，不知史記中本有此疊字法也。史記夏侯嬰傳，嬰初從高祖即爲太僕常奉車，以下歷敍其常奉車者五，又敍其以太僕從者十，正見其親近用事，不以繁複爲嫌也。

86 三國志書法

自左氏、司馬遷以來，作史者皆自成一家言，非如後世官修之書也。陳壽三國志亦係私史。據晉書本傳，壽殁後，尚書郎范頵等表言，壽作三國志，辭多勸戒，雖文豔不若相如，而質直過之。於是詔洛陽令，就其家寫書。可見壽修成後始入於官也。然其體例則已開後世國史記載之法。蓋壽修書在晉時，故於魏、晉革易之處，不得不多所迴護。而魏之承漢，與晉之承魏，一也，既欲爲晉迴護，不得不先爲魏迴護。如魏紀書天子以公領冀州牧，爲丞相，爲魏公，爲魏王之類，一似皆出於漢帝之酬庸讓德，而非曹氏之攘之者。此例一定，則齊王芳之進司馬懿爲丞相，高貴鄉公之加司馬師黄鉞，加司馬昭衮冕赤舄、八命九錫、封晉公，位相國，陳留王之封昭爲晉王，冕十二旒、建天子旌旗，以及禪位於司馬炎等事，自可一例敍述，不煩另改書法，此陳壽創例之本意也。其他體例，亦有顯爲分別者。曹魏則立本紀，蜀、吴二主則但立傳，以魏爲正統，二國皆僭竊也。魏志稱操曰太祖，封武平侯後稱公，封魏王後稱王，曹丕受禪後稱帝，而於蜀、吴二主則直書曰劉備，曰孫權，不以鄰國待之也。蜀、吴二志，凡與曹魏相涉者，必曰曹公，曰魏文帝，曰魏明帝，以見魏非其與國也。魏書於蜀、吴二主之死與襲，皆不書。如黄初二年，不書劉備稱帝。四年，不書備薨，子禪即位。太和三年，不書孫權稱帝也。蜀、吴二志，則彼此互書。如吴志黄武二年，書劉備薨於白帝城。蜀志延熙十五年，吴王孫權薨。其於魏帝之死與襲，雖亦不書，而於本國之君之即位，必記明魏之年號。如蜀後主即位，書是歲魏黄初四年也。吴孫亮之即位，書是歲魏嘉平四年也。此亦何與於魏，而必係以魏年，更欲以見正統之在魏也。正統在魏，則晉之承魏爲正統，自不待言。此陳壽仕於晉，不得不尊晉也。然吴志孫權稱帝後猶書其名，蜀志則不書名，而稱先主、後主。陳壽曾仕蜀，故不忍書故主之名，以别於吴志之書權、亮、休、皓也。此又陳壽不忘舊國之微意也。顧寧人謂，劉玄德帝於蜀，謚昭烈，本可即稱其謚，而陳壽既改漢爲蜀，又不稱謚而稱先主，蓋以晉承魏紀，義無兩帝也。然其稱先主、後主，以别於吴，究是用意處。

87 三國志多迴護

春秋書天王狩於河陽，不言晉侯所召，而以爲天子巡狩，既以開掩護之法，然此特爲尊者諱也，至於弑君弑父之事，則大書以正之，如許止、趙盾之類，皆一字不肯假借，所以垂誡，義至嚴也。自陳壽作魏本紀，多所迴護，凡兩朝革易之際，進爵封國，賜劍履，加九錫，以及禪位，有詔有策，竟成一定書法。以後宋、齊、梁、陳諸書悉奉爲成式，直以爲作史之法固應如是。然壽迴護過甚之處，究有未安者。漢獻帝遜位，魏封爲山陽公，及薨，追謚爲漢孝獻皇帝，魏紀即稱之爲獻帝，不曰山陽公也。魏常道鄉公遜位，晉封爲陳留王，及薨，亦追謚爲元皇帝，則魏紀亦應稱爲元帝，乃僅以陳留王紀事，而絶無元帝之稱，①則已異於山陽書法矣。司馬師之廢齊王芳也，據魏略云，師遣郭芝入宮，太后方與帝對弈，芝奏曰：「大將軍欲廢陛下。」帝乃起去，太后不悦。芝曰：「大將軍意已定，太后但當順旨。」太后曰：「我欲見大將軍。」芝曰：「大將軍何可見耶。」太后乃付以璽綬。是齊王之廢，全出於師，而太后不知也。魏紀反載太后之令，極言齊王無道不孝，以見其當廢，其誣齊王而黨司馬氏亦太甚矣。至高貴鄉公之被弑也，帝以威權日去，心不能甘，發甲於淩雲臺，親討司馬昭。昭令賈充拒之，時相府兵尚不敢動，充即諭成倅、成濟曰：「公畜養汝等，正爲今日！」濟乃抽戈犯帝，刃出於背而崩。此事見漢晉春秋、魏氏春秋及世語、魏末傳，是司馬昭實爲弑君之首。乃魏志但書高貴鄉公卒，年二十，絶不見被弑之迹。反載太后之令，言高貴鄉公之當誅，欲以庶人禮葬之。並載昭奏，稱「公率兵向臣，臣即敕將士不得傷害，騎督成倅弟成濟横入兵陣，傷公，遂至殞命，臣輒收濟付廷尉，結正其罪」等語。轉似不知弑君之事，而反有討賊之功。本紀如此，又無列傳散見其事，此尤曲筆之甚者矣，然此猶曰身仕於晉，不敢不爲晉諱也。至曹魏則隔朝之事，何必亦爲之諱。乃曹操之征陶謙，據世語謂操父嵩在泰山華縣，操令泰山太守應劭資送兖州，謙密遣數十騎，掩殺操弟德於門下，嵩穿後垣欲遁，先出其妾，妾肥不能出，嵩與妾遂皆被害。是嵩之被難，實謙使人殺之也。曹騰傳亦謂嵩子操起兵，嵩不肯從，與少子避難琅邪，爲陶謙所殺。應劭傳亦謂嵩與少子德避難琅邪，應劭遣兵迎之，未到，而陶謙素怨操，使輕騎追殺嵩、德。韋曜吳書則謂謙本遣張闓護送，闓見嵩輜重多，乃殺嵩，取其貲奔淮南。是嵩之被殺，由闓之利其財，而非謙本意也。按謙生平非嗜利忘害者，且嵩未被害之前，操未嘗加兵於徐州，則劭傳所謂謙怨操數擊之者，殊非實事，而吳書所記，必係闓南奔後，自言其事，當屬可信。後漢書謙傳亦謂别將守陰平者，利其貲貨，遂襲殺嵩。而壽作陶謙傳，則專據世語，謂嵩爲謙所害，故操志在復讐。② 此則因操之征謙，所過無不屠戮，凡殺男女數十萬人，雞犬無餘，故坐謙以殺嵩致討之罪，而不暇辨其主名也。魏文帝甄夫人之卒，據漢晉春秋，謂由郭后之寵，以至於死，殯時被髮覆面，以糠塞口，是甄之不得其死可知也。而魏文紀但書夫人甄氏卒，絶不見暴亡之迹。又魏明帝太和二年，蜀諸葛亮攻天水、南安、安定三郡，魏遣曹真、張郃大破之於街亭，魏紀固已大書特書矣。是年冬，亮又圍陳倉，斬魏將王雙，則不書。三年，亮遣陳式攻克武都、陰平二郡，亦不書。以及四年蜀將魏延大破魏雍州刺史郭淮於陽谿，五年亮出軍祁山，司馬懿遣張郃來救，郃被殺，亦皆不書。並郭淮傳亦無與魏延交戰之事。此可見其書法，專以諱敗誇勝爲得體也。乃至蜀後主傳，街亭之敗亦不書，但云亮攻祁山不克而已。豈壽以作史之法必應如是迴護耶？抑壽所據各國之原史本已諱而不書，遂仍其舊，而不復訂正耶？③ 又魏武紀及袁紹傳，官渡之戰，紹遣淳于瓊率萬人迎糧，操自率兵破斬瓊，未還營，而紹將高覽、張郃來降，紹衆遂大潰。是因郃、覽等降而紹軍潰也。張郃傳則謂郃告紹遣將急救瓊，郭圖曰：「不如先攻其本營，操必還救。」紹果遣輕騎救瓊，自以大兵攻操營，不能下，而操已破瓊，紹軍潰。郭圖譖郃曰：「郃快軍之敗，出言不遜。」郃懼，乃歸操。是郃因紹軍潰後，懼郭圖之譖而降操也。紀、傳皆陳壽一手所作，而歧互如是。蓋壽以郃爲魏名將，故於其背袁降曹之事，必先著其不得已之故，爲之解説也。又華歆奉曹操令，入宫收伏后，后藏壁中，歆就牽后出，遂將后下暴室，暴崩，而歆傳絶不載。劉放、孫資在中書，久掌機密，夏侯獻、曹肇等惡之，指殿中雞棲樹曰：「此亦久矣，其復能幾。」此猶出於忌者之口，至蔣濟爲魏名臣，而疏言：「左右之人未必賢於大臣，今外所言，輒云中書雖恭慎不敢外交，而實握事要，日在目前。倘因疲倦之閒，有所割制，衆臣見其能推移於事，即亦因而向之。」是可見放、資二人之竊弄威福矣。其後乘明帝臨危，請以司馬懿輔政，遂至權移祚易，故當時無不病二人之奸邪誤國。晉書荀勖傳，論者以勖傾國害時，爲孫資、劉放之亞。可知二人之名，至晉時猶爲世所詬詈也。而壽作二人合傳，極言其身在近密，每因羣臣諫諍，多扶贊其義，並時陳損益，不專導諛言。是直以放、資爲正人，與當時物議大相反也。蓋二人雖不忠於魏，而有功於晉，晉人德之，故壽爲作佳傳。是不惟於本紀多所諱，並列傳中亦多所諱矣。

88 三國志書事得實處

三國志雖多迴護，而其翦裁斟酌處，亦自有下筆不苟者，參訂他書，而後知其矜慎也。袁宏漢紀，曹操薨，子丕襲位，有漢帝命嗣丞相魏王一詔，壽志無之。獻帝傳，禪代時，有李伏、劉廙、許芝等勸進表十一道，丕下令固辭，亦十餘道，壽志亦盡删之，惟存九錫文一篇，禪位策一通而已，故壽書比宋、齊、梁、陳諸書，較爲簡浄。董卓之亂，曹操尚未輔政，故魏紀内不能詳敍，而其事又不可不記，則於卓傳內詳之，此敍事善於位置也。至甄后之死，本紀雖不言其暴亡，而后傳中尚明言文帝踐阼，郭后、李、陰貴人並愛幸，甄失志，出怨言，帝怒，遂賜死。是雖諱之於紀，猶載之於傳也。郭后之死，漢晉春秋謂文帝寵郭，而賜甄死，即命郭母養其子明帝。明帝知之，即位後，數向郭后問母死狀，后曰：「先帝自殺，何責問我。」帝怒，遂逼殺之，使如甄后故事以斂。魏略則謂，甄臨殁以明帝託李夫人，及郭太后崩，李夫人始說甄被譖慘死，不得大斂之狀。帝哀感流涕，令殯郭太后一如甄法。由前之說，則郭被明帝逼死也，由後之說，則郭死後，明帝始知舊事而以惡殯也。按明帝即位，郭爲皇太后，凡九年始崩，若明帝欲報怨，豈至如許之久，則逼殺之說，當是訛傳。或死後因李夫人之言而斂不以禮，或生前明帝雖恨之，而以先帝所立，猶崇以虛名，徙之許昌，而未嘗逼殺也。魏自文帝已都洛陽，明帝更大營洛陽宮室，何以帝居洛陽，而太后居許，此可見當日情事矣。壽志於明帝紀書皇太后崩，郭后傳亦但云太后崩於許昌，葬首陽陵西，絕不見其被害之迹。蓋甄之賜死係實事，故傳書之，郭之逼殺係訛傳，故傳不書，亦足見記事之慎也；而以「崩於許昌」四字略見其不在宮闈，此又作史之微意也。正元二年，毌邱儉反，世語謂司馬師奉天子征儉，儉既破，天子先歸。裴松之徧考諸書，惟諸葛誕反時，司馬昭挾太后及常道鄉公征之，故詔有云：「今宜太后與朕暫臨戎也。」征毌邱儉時，則常道鄉公並未親行，壽志但云司馬景王征儉，斬其首，而不言帝親征，亦見其考訂之核也。魚豢魏略謂，劉備在小沛生子禪，後因曹公來伐出奔，禪時年數歲，隨人入漢中，有劉括者，養以爲子，已娶妻生子矣。禪記其父字玄德，比鄰又有簡姓者，會備得益州，使簡雍到漢中，禪見簡，簡訊之符驗，以告張魯，魯乃送禪於備。案後主生於荆州，當長坂之敗，方在襁褓，趙雲抱而奔得免。其後即位，時年十七。即位之明年，諸葛亮領益州牧，與主簿杜微書曰，朝廷今年十八，此可證也。若生於小沛，時則已三十餘歲矣。陳壽據諸葛集，書即位時年十七，而並無奔入漢中爲人養子之事。魏略謂諸葛亮先見劉備，備以其年少輕之，亮説以荆州人少，當令客户皆著籍以益衆，備由此知亮。然亮出師表謂「先帝不以臣卑鄙，三顧臣於草廬之中」，是備先見亮，非亮先見備也。壽志亮本傳，徐庶謂先主曰：「諸葛孔明卧龍也，可就見不可屈致。」由是先主遂詣亮，凡三往乃見。如此之類，可見壽作史時，不惑於異説。又孫策出行，爲許貢客所射，中創而死，江表傳、志林、搜神記皆以爲策殺道士于吉之報，壽作策傳，獨以爲妖妄，削而不書，亦見其有識。

89 三國志立傳繁簡不同處

陳壽立三國諸臣傳，較舊史有增有删。如魏略賈逵傳，尚有李孚、楊沛二人同卷，壽志無此二人。魏武故事載，屯田之策，起於棗祗，成於任峻，壽志則有峻而無祗。又吴黄武四年，丞相孫邵卒，以顧雍爲丞相。是邵爲相在雍之前，乃雍有傳而邵無傳。志林謂邵與張惠恕不睦，作史者韋曜，乃惠恕黨也，故不爲立傳，而壽志亦遂遺之。然則壽志立傳，悉本舊史，舊史所無者，概不書也。然如孚、沛、祗等舊史所有者，何又删之，或以其無事蹟可紀耶？至蜀後主禪將出降，其子北地王諶怒曰：「若理窮力屈，便當父子君臣背城一戰，同死社稷！」禪不聽，諶哭於昭烈之廟，先殺妻子，而後自殺，事見漢晉春秋。此豈得無傳，乃壽志僅於後主傳内附見其死節，而王子傳内不立專傳，未免太略也。亦有以附傳見其詳者，如倉慈傳後歷叙吴瓘、任燠、顔斐、令狐邵、孔乂等，以其皆良吏而類叙之。蜀楊戲有季漢輔臣贊，並載于戲傳後，其中有壽所未立傳者，則於各人下注其歷官行事，以省人人立傳之煩。又採益部耆舊傳，内增王嗣、常播、衛繼三人，由是蜀臣略無遺矣。吴志陸凱傳增其諫孫皓二十事一疏，本得之傳聞者，故云予從荆、揚來〔者〕得此疏，問之吴人，多云不聞凱有此，且其文切直，恐非皓所肯受也。或以爲凱藏之篋笥，未敢上，及病篤，皓遣董朝來視疾，因以付之。虚實難明，然以其指摘皓事，足爲後戒，故列於凱傳之後云。是其編纂亦多詳慎也。至方伎傳内，如華陀則叙其治一證即效一證，管輅則叙其占一事即驗一事，獨於朱建平傳，總叙其所相者若干人，而又總叙各人之徵驗於後，此又作傳之變體，亦另開一法門也。

90 三國志誤處

魏武紀，建安一年，汝南黄巾賊何儀、劉辟、黄邵、何曼等，衆各數萬，操進軍討破之，斬辟、邵等。①是辟已就戮矣。而建安五年，操與袁紹相拒於官渡，汝南降賊劉辟等叛應紹，略許下，紹使劉備助辟。是辟初未嘗死，但降於操，至此又叛應紹也。一紀中已歧互若此。而于禁傳，禁從征黄巾，劉辟、黄邵等夜襲操營，禁擊破之，斬辟、邵等。此事叙在從戰官渡之前，即建安二年事也，②則辟實已死也。蜀先主傳，操與紹相拒於官渡，汝南黄巾劉辟等叛曹應紹，紹遣先主與辟等略許下，則又是建安五年事，而辟尚在也。何以紀、傳又適相符耶，豈其時有兩劉辟耶？高堂隆傳，魏明帝大營宮室，隆疏諫曰：「今吳、蜀二賊稱帝，若有人來告權、備並修德政，陛下聞之，豈不惕然。」案蜀先主崩於魏文帝黃初四年，何得於明帝時尚稱權、備，此必有誤字也。吳孫輔傳，③其子松爲射聲校尉、都鄉侯，黃龍三年卒。蜀丞相諸葛亮與兄瑾書曰：「既受東朝厚遇，依依於子弟。」又：「子喬良器，爲之惻愴，〔見〕其所與亮器物，感用流涕。」其悼松如此，由亮養子喬咨述云。此段文字最不可解，子喬乃瑾子出繼亮爲後者，蓋子喬嘗爲亮述松之爲人也。然所謂「依依於子弟」及「與亮器物」果何謂也，豈亮前奉使至吳時，與松相識，其後松又託喬附致器物於亮耶？然文義究不明晰。陸抗傳，抗都督西陵，自關羽至白帝。白帝，夔州城也。關羽或亦地名，蓋羽守荊州，後人遂以其名名其地耳，④此尚非有誤。夏侯惇傳，建安二十一年，從征孫權。二十四年，曹操擊破呂布軍於摩陂，召惇同載，以寵異之。按操擒布在建安三年，距建安二十四年已二十餘載，何得尚有破布之事。考是時關羽圍曹仁，操遣徐晃救之，操自洛陽親往應接，未至而晃破羽，羽已走，操遂軍摩陂。則惇傳所云呂布，必關羽之訛也。又吳志孫壹傳，⑤孫綝遣朱異潛兵襲壹，壹奔魏，魏以爲車騎將軍，封吳侯，以故主齊王芳貴人邢氏妻之，魏黃初三年死。案黃初係魏文帝年號，文帝至齊王芳被廢已二十餘年，何得妻芳妃，後又死於黃初也。魏志，壹之來降在高貴鄉公甘露二年，則其死當在景元、咸熙間，今曰黃初三年死，亦必誤也。

91 荀彧傳

荀彧傳，後漢書與孔融等同卷，則固以爲漢臣也，陳壽魏志則列於夏侯惇、曹仁等之後，與荀攸、賈詡同卷，則以爲魏臣矣。按董昭等以曹操功高，議欲封魏公，加九錫，彧以爲操本起義兵，匡漢室，秉忠貞之節，君子愛人以德，不宜如是，以是拂操意。會征孫權，乃表請彧勞軍，彧病留壽春，操遺人饋食，發之，空器也，遂飲藥而卒。明年，操乃爲魏公。是彧之心乎爲漢可知也。論者或謂末路雖以失操意而死，而當其初去袁紹就操時，值吕布攻兖州，彧爲操堅守鄄城及范、東阿以待操，謂昔漢高先定關中，光武先取河内以爲基，此三城即操之關中、河内也。後又勸操迎天子，謂晉文納襄王而定霸，漢高發義帝喪而得諸侯。是早以帝王創業之事勸操，何得謂之盡忠於漢？不知獻帝遭董卓大亂之後，四海鼎沸，强藩悍鎮，四分五裂，或計諸臣中，非操不能削羣雄以匡漢室，則不得不歸心於操而爲之盡力，爲操即所以爲漢也。其初勸操迎天子，謂操曰：「將軍雖禦難於外，乃心無不在王室，是將軍匡天下之素志也。誠因此時奉主上以從民望，大順也；秉至公以服雄傑，大略也；扶弘義以致英俊，大德也。」是可知彧欲藉操以匡漢之本懷矣。且是時操亦未遽有覬覦神器之心也。及功績日高，權勢已極，董昭等欲加以上公九錫，則非復人臣之事。彧亦明知操之心已懷僭妄，而終不肯附和，姑以名義折之，卒之見忌於操而飲藥以殉，其爲劉之心亦可共白於天下矣。陳壽已入於魏臣内，范蔚宗獨提出列於後漢書，傳論明言取其歸正而已，亦殺身以成仁之義，此實平心之論也。壽於傳末亦云：「彧死之明年，操遂爲魏公。」則亦見彧不死操尚未敢爲此也，則又公道自在人心而不容誣衊者矣。

又案臧洪自是漢末義士，其與張超結交，後與袁紹交兵之處，皆無關於曹操也，則魏紀内本可不必立傳，而壽列之於張邈之次，蓋以其氣節不忍没之耳。蔚宗特傳於後漢書内，不以壽志已有洪傳而遂遺之，亦見其編訂之正。

92 荀彧郭嘉二傳附會處

左傳載卜筮奇中處，如陳敬仲奔齊，繇詞有「五世其昌」，「有嬀之後，將育於姜」等語，其後無一字不驗，似繇詞專爲此一事而設者，固文人好奇，撰造以動人聽也。陳壽三國志亦有似此者。荀彧傳謂彧料袁紹諸臣，田豐剛而犯上，許攸貪而不治，審配專而無謀，逢紀果而自用。此二人留知後事，若攸家犯法，配不縱也，不縱攸必爲變。後審配果以攸家不法録其妻子，攸怒，遂背紹降操。又郭嘉傳，操與紹相持於官渡，或傳孫策將襲許，嘉曰：「策勇而無備，若刺客伏起，一人之敵耳。」策果爲許貢客所殺。此二事彧、嘉之逆料可謂神矣，然豈能知攸之必犯，配之必激變，策之必死於匹夫之手，而操若左券，毋乃亦如左傳之穿鑿附會乎。

93 陳壽論諸葛亮

陳壽傳，壽父爲馬謖參軍，謖爲諸葛亮所誅，壽父亦被髡，故壽爲亮傳，謂將略非所長。此真無識之論也。亮之不可及處，原不必以用兵見長。觀壽校定諸葛集，表言亮科教嚴明，賞罰必信，無惡不懲，無善不顯，至於吏不容奸，人懷自勵。至今梁、益之民，雖甘棠之詠召公，鄭人之歌子産，無以過也。又亮傳後評曰：「亮之爲治也，開誠心，布公道，善無微而不賞，惡無纖而不貶。終於邦域之內，咸畏而愛之，刑政雖峻而無怨者，以其用心平而勸戒明也。」其頌孔明可謂獨見其大矣。又於楊洪傳謂，西土咸服亮之能盡時人之器能也。廖立傳謂，亮廢立爲民，及亮卒，立泣曰：「吾終爲左衽矣！」李平傳亦謂，平爲亮所廢，及亮卒，平遂發病死。平常冀亮在，當自補復，策後人不能故也。壽又引孟子之言，以爲佚道使民，雖勞不怨，生道殺民，雖死不怨殺者，此真能述王佐心事。至於用兵不能克捷，亦明言所與對敵，或值人傑，加以衆寡不侔，攻守異體，又時無名將，故使功業陵遲，且天命有歸，不可以智力爭也。壽於司馬氏最多迴護，故亮遺懿巾幗，及「死諸葛走生仲達」等事，傳中皆不敢書，而持論獨如此，固知其折服於諸葛深矣。而謂其以父被髡之故以此寓貶，真不識輕重者。

94 裴松之三國志註

宋文帝命裴松之采三國異同，以註陳壽三國志。松之鳩集傳紀，增廣異聞，書成奏進，帝覽而善之，曰：「此可謂不朽矣。」其表云：「壽書銓敍可觀，然失在於略，時有所脱漏。臣奉旨尋詳，務在周悉，其壽所不載而事宜存録者，罔不畢取。或同説一事而辭有乖雜，或出事本異疑不能判者，並皆鈔內，以備異聞。」此松之作注大旨，①在於搜輯之博，以補壽之闕也。其有訛謬乖違者，則出己意辨正，以附於註內。今按松之所引書，凡五十餘種：②謝承後漢書，司馬彪續漢書，九州春秋，戰略，序傳，張璠漢紀，袁暐獻帝春秋，③孫思光獻帝春秋，④袁弘漢紀，習鑿齒漢晉春秋，孔衍漢魏春秋，華嶠漢書，靈帝紀，獻帝紀，獻帝起居注，山陽公載記，三輔決録，獻帝傳，漢書地理志，續漢書郡國志，蔡邕明堂論，漢末名士録，先賢行狀，汝南先賢傳，陳留耆舊傳，零陵先賢傳，楚國先賢傳，荀綽冀州記，襄陽記，英雄記，王沈魏書，夏侯湛魏書，⑤陰澹魏紀，魏文帝典論，孫盛魏世籍，⑥孫盛魏氏春秋，魏略，魏世譜，魏武故事，魏名臣奏，魏末傳，吴人曹瞞傳，魚氏典略，⑦王隱蜀記，益（都）〔部〕耆舊傳，益部耆舊雜記，華陽國志，蜀本紀，汪隱蜀記，郭冲記諸葛五事，⑧郭頒魏晉世語，孫盛蜀世譜，韋曜吴書，胡沖吴曆，張勃吴録，虞溥江表傳，吴志，環氏吴紀，虞預會稽典録，王隱交廣記，王隱晉書，虞預晉書，干寶晉紀，晉陽秋，傅暢晉諸公贊，陸機晉惠帝起居注，晉泰始起居注，晉百官表，晉百官名，太康三年地（理）記，帝王世紀，河圖括地象，皇甫謐逸士傳，列女傳，張隱文士傳，虞喜志林，陸氏異林，荀勖文章叙録，文章志，異物志，博物記，列異傳，高士傳，文士傳，孫盛雜語，孫盛雜記，孫盛（同）異〔同〕評，徐衆三國評，袁子，傅子，干寶搜神記，葛洪抱朴子，葛洪神仙傳，衛恒書勢序，張儼默記，殷基通語，顧禮通語，⑨摯虞決疑，曹公集，孔融集，傅咸集，嵇康集，⑩高貴鄉公集，諸葛亮集，王朗集，庾闡揚都賦，孔氏譜，庾氏譜，孫氏譜，嵇氏譜，劉氏譜，王氏譜，⑪郭氏譜，陳氏譜，諸葛氏譜，崔氏譜，華嶠譜敘，袁氏世紀，鄭玄別傳，荀彧別傳，禰衡傳，荀氏家傳，邴原別傳，程曉別傳，王弼傳，孫資別傳，曹志別傳，陳思王傳，王朗家傳，何氏家傳，裴氏家記，劉廙別傳，任昭別傳，⑫鍾會母傳，虞翻別傳，趙雲別傳，費禕別傳，華佗別傳，管輅別傳，諸葛恪別傳，何（邵）〔劭〕作王弼傳，繆襲撰仲長統昌言表，傅玄撰馬先生序，會稽邵氏家傳，陸機作顧譚傳，陸氏世頌，陸氏祠堂像贊，陸機所作陸遜銘，機雲別傳，蔣濟萬機論，陸機辨亡論。凡此所引書，皆註出書名，可見其採輯之博矣。⑬范蔚宗作後漢書時，想松之所引各書尚俱在世，故有補壽志所不載者。今各書閒有流傳，已不及十之一，壽及松之、蔚宗等當時已皆閱過，其不取者，必自有説，今轉欲據此偶然流傳之一二本以駁壽等之書，多見其不知量也。

第六卷校證

85 後漢書三國志書法不同處

①增卓請追理陳蕃、竇武一疏　按：後漢書董卓傳：「卓乃與司徒黄琬，司空楊彪，俱帶鐵鑕詣闕上書，追理陳蕃、竇武及諸黨人，以從人望。」僅記其事而未載其疏。

②張喜　按：原刻本作「張嘉」，西畬本已改正。

87 三國志多迴護

①魏常道鄉公遜位，晉封爲陳留王，及薨，亦追謚爲元皇帝，則魏紀亦應稱爲元帝，乃僅以陳留王紀事，而絶無元帝之稱　按：陳垣云，陳留王之薨，在太安元年，年五十八，見魏紀四注引魏世譜，時西曆三〇二也。晉書陳壽傳，壽元康七年卒，年六十五，時西曆二九七。是壽先卒於陳留王者五年，魏紀何由書爲元帝耶？

②壽作陶謙傳，則專據世語，謂嵩爲謙所害，故操志在復讐　按：孫文泱云，陶謙傳未載此事，乃武帝紀語。

③豈壽以作史之法必應如是迴護耶？抑壽所據各國之原史本已諱而不書，遂仍其書，而不復訂正耶？　按：晉書王沈傳稱，「沈與荀顗、阮籍共撰魏書，多爲時諱，未若陳壽之實録也。」是迴護在當時已成風氣，相比之下，陳壽猶爲其較輕者。

90 三國志誤處

①魏武紀，建安二年，汝南黄巾賊何儀、劉辟、黄邵、何曼等，衆各數萬，操進軍討破之，斬辟、邵等　按：事在建安元年二月。

②即建安二年事也　按：應作「建安元年二月」。

③吴孫輔傳　按：應作「孫翊傳」，二人之傳同在吴志卷六而輔傳在前，因以致誤。

④陸抗傳，抗都督西陵，自關羽至白帝。白帝，夔州城也。關羽或亦地名，蓋羽守荆州，後人遂以其名名其地耳　按：吴志甘寧傳：「隨魯肅鎮益陽，拒關羽。羽號有三萬人，自擇選鋭士五千人，投縣上十餘里淺瀨，云欲夜涉渡。肅與諸將議，寧時有三百兵，乃曰：『可復以五百人益吾，吾往對之，保羽聞吾咳唾，不敢涉水，涉水即是吾擒。』肅便選千兵益寧，寧乃夜往。羽聞之，住不渡而結柴營，至今名此處爲關羽瀨。」又水經資水注：「又東北過益陽縣北。縣有關羽瀨，所謂吴侯瀨也，南對甘寧故壘。」是關羽實爲地名，在益陽資水北岸，而非荆州治地。

⑤吴志孫壹傳　按：應作「孫奂傳附孫壹傳」。

94 裴松之三國志註

①此松之作注大旨　按：原刻本「松」下脱「之」字，廣雅本、西畲本已校補。

②今按松之所引書，凡五十餘種　按：所列書名已達一百五十一種，「凡」字應爲「百」字之誤，或其下脱去「百」字。沈家本三國志注所引書目序云：「裴松之三國志注纂於宋元嘉中，古書目之可考者，此爲最古矣。張氏書目答問言，其目載在趙翼廿二史劄記中。乃檢劄記所列僅五十餘種（按，此用未經校正之數字），遺漏實多，而舛錯亦不少。如所列有孫思光獻帝春秋，考吴志陸瑁傳有廣陵袁迪，裴注云：『迪孫曄字思光，作獻帝春秋。』裴氏他卷又稱袁曄，無所謂孫思光者，此必因『爲迪之孫字思光』以致舛錯。且劄記已列袁曄獻帝春秋，其意殆分爲二書，然孫思光則無是人也。又列夏侯湛魏書，徧檢裴注，無此書名。考晉書陳壽傳云，撰魏蜀吴三國志，夏侯湛時著魏書，見壽所作便壞己書而罷。是湛書實未成，趙氏何以虚張此目也。又列顧禮通語，考吴志顧邵傳有雲陽殷禮，官零陵太守，裴注：『禮子基，作通語。』所引通語即紀其父禮之事。隋志通語作殷興撰，舊唐志作文禮撰，殷興續，雖皆與裴注所言乖異，而别無顧禮其人，此殆以殷禮附見顧邵傳而致誤歟。此並誤之尤者也。他如獻帝傳當即獻帝紀；魏世籍當即魏世譜；孫盛雜記當即孫盛異同雜語，亦稱異同評；荀綽冀州紀爲綽所撰九州記之一，裴氏又引荀綽兖州記，亦其一也，此應列總名者；漢書地理志，續漢書郡國志，已列總名，不當複出；又列吴志一目，吴志即承祚書，不當别出。此又其誤之顯然者也。」按除沈氏列舉之明顯錯誤外，同類性質之錯誤尚多。如陳思王傳見於魏志王粲傳注，即指魏志之傳，非别有其書。汪隱蜀記即王隱蜀記重出，並誤「王」字爲「汪」。文士傳已標明爲張隱所撰（裴注「隱」又作「騭」），不應重出文士傳。王弼傳已標明爲何劭所撰，不應更出王弼傳。嵇康集爲荀綽冀州記中言及者，非裴注引文。書名與人名亦多誤記者，如華嶠漢書，又作後漢書，皆爲漢後書之誤；三輔決録應作三輔決録及注；摯虞決疑應作決疑要注；衛恒書勢序應作四體書勢序；博物記應作博物志。高振鐸云，司馬彪序傳乃續漢書中之一篇，不應單列，續漢書郡國

志亦同此例。

③袁暐獻帝春秋　按：高振鐸云，暐爲「韙」字之誤，而韙更應作「曄」。

④孫思光獻帝春秋　按：此條出於誤列，參看本篇校證②。

⑤夏侯湛魏書　按：此條出於誤列，參看本篇校證②。

⑥孫盛魏世籍　按：高振鐸云，裴注中無此書，趙氏誤舉。

⑦魏略……魚氏典略　按：杭世駿諸史然疑云：「唐書志藝文，稱魚豢有魏略五十卷，並不言有典略，隋志則並魏略亦無，此注引魏略，又引典略，即一書也，太平御覽直稱魏典略焉。」杭説甚是，然隋志無魏略而有典略八十九卷，又新書藝文志作魚豢魏略五十卷，舊書經籍志則作魚豢典略五十卷，更可爲確證。高振鐸云，魏略有遊説、儒宗、純固、清介、勇俠、苛吏等列傳，説明是紀傳體，而典略却無，説明兩書體例不同。又兩書在裴注中出現頻率頗高，魏略一百六十七次，典略四十四次，當兩存而不應爲一書。

⑧郭冲記諸葛五事　按：「冲」原刻本作「仲」，西畬本已改正。

⑨顧禮通語　按：此條出於誤列，參看本篇校證②。

⑩嵇康集　按：此書非裴注所引，而爲引文中涉及者。

⑪王氏譜　按：高振鐸云，王氏譜有二種，一爲瑯琊臨沂人（王祥），一爲太原晉陽人（王昶），應加區别。

⑫任昭别傳　按：任嘏字昭先，魏志王昶傳注引其别傳，不應書爲任昭别傳，高振鐸云，應作任嘏别傳。

⑬凡此所引書，皆註出書名，可見其採輯之博矣　按：上文所舉之一百五十一種，除去誤舉者十五種外，實爲一百三十六種。高振鐸據標點本三國志詳作統計，共得二百三十六種，經復案之，其中有誤舉者三種，漏記者五

種，實得二百三十八種。與甌北所舉者相較，尚有一百〇二種，今補列之於次：張超集，曹操祀橋玄文，三蒼，公羊傳，尚書，左氏傳，詩經，鄭玄詩注，國語，韋昭國語注，王粲五言詩，三輔決録注，王昶家誡，管子，應璩百一詩，陸機大墓賦，應劭漢書注，吕氏春秋，魏郊祀奏，顧愷之啓蒙注，禮記，鄭玄禮記注，周禮，毌丘儉志記，東方朔神異經，春秋，應劭風俗通，荀勗别傳，杜恕家誡，左思魏都賦，莊子，何晏論語集解，晉武帝中經部，蔣濟立郊議，曹操家傳，曹植武帝誄，魏禪晉文，頭責子羽，山濤啓事，金谷集，杜氏新書，阮氏譜，魯連子，皇覽，説苑，曹植琴瑟調歌，嵇康别傳，康集目録，山濤行狀，吴質别傳，潘尼别傳，潘岳别傳，新序，戰國策，王彪之與殷浩書，郭林宗傳，傅咸集，衛權左思吴都賦叙及注，盧諶别傳，孟子，應璩書林，潘岳集，胡氏譜，王氏譜（昶），孫子兵法，毌丘儉文欽等表，文欽與郭淮書，文欽降吴表，周易，咸熙元年百官名，史記，曹植辯道論，相書，鄭玄尚書注，鄭玄傳，七略，論語，左思蜀都賦，帝王世紀，世帝紀，方言，郭璞方言注，諸葛亮公文上尚書，諸葛亮與李平子豐教，蘇林漢書音義，字林，傅暢裴氏家記，淮南子，越絶書，桓譚新論，王褒聖主得賢臣頌，舊德傳，應劭漢官儀，瑞應圖，馬融尚書注，孫皓詔，孫惠别傳，三朝録，張皓論舊君諱，姚信集，胡衝答問，禮論。

廿二史劄記卷七

95 漢復古九州

後漢書，建安十八年，復禹貢九州。魏志亦稱，是年詔書並十四州爲九州。獻帝春秋謂省幽、并州入於冀州，省司隸校尉及涼州入於雍州，於是有兗、豫、青、徐、荆、揚、冀、益、雍九州。按荀彧傳，建安九年，或説曹操宜復古九州，則冀州所制者廣。彧曰：「若是則冀州當得河東、馮翊、扶風、西河、幽、并之地，所奪者衆，關右諸將必謂以次見奪，將人人自保，恐天下未易圖也。」操乃寢九州議。至是乃重復之，蓋是時幽、并及關中諸郡國皆已削平，操自爲張本，欲盡以爲將來王畿之地故也。觀於是年之前，已割蕩陰、朝歌、林慮、衛國、頓邱、東武陽、發干、廮陶、曲周、南和、任城、襄國、邯鄲、易陽以益魏郡，是年又以冀州之河東、河内、魏郡、趙國、中山、常山、鉅鹿、安平、甘陵、平原十郡封操爲魏公，可見復九州正爲禪代地也。

96 關張之勇

漢以後稱勇者，必推關、張。其見於二公本傳者：袁紹遣顔良攻劉延於白馬，曹操使張遼、關羽救延，羽望見良麾蓋，即策馬刺良於萬人之中，斬其首還，紹將莫能當者。當陽之役，先主棄妻子走，使張飛以二十騎拒後，飛據水斷橋，瞋目横矛曰：「身是張益德也，可來共決死！」敵皆無敢近者。二公之勇，見於傳記者止此，而當其時無有不震其威名者。魏程昱曰：「劉備有英名，關羽、張飛皆萬人之敵。」魏志昱傳劉曄勸曹操乘取漢中之勢進取蜀，曰：「若小緩之，諸葛亮明於治國而爲相，關羽、張飛勇冠三軍而爲將，則不可犯矣。」魏志曄傳此魏人之服其勇也。周瑜密疏孫權曰：「劉備以梟雄之姿，而有關羽、張飛熊虎之將，必非久屈爲人用者。」吴志瑜傳此吴人之服其勇也。不特此也，晉劉遐每擊賊，陷堅摧鋒，冀方比之關羽、張飛。晉書遐傳苻秦遣閻負、〔梁〕殊使於張玄靚，誇其本國將帥，有王飛、鄧羌者，關、張之流，萬人之敵。秃髮傉檀求人才於宋敞，①敞曰：「梁崧、趙昌，武同飛、羽。」李庠膂力過人，趙廞器之曰：「李玄序一時之關、張也。」皆晉書載記宋薛彤、高進之並有勇力，時人以比關羽、張飛。宋書檀道濟傳②魯爽反，沈慶之使薛安都攻之，安都望見爽，即躍馬大呼直刺之，應手而倒，時人謂關羽之斬顔良不是過也。南史安都傳齊垣歷生，拳勇獨出，時人以比關羽、張飛。南史文惠太子傳③魏楊大眼驍果，世以爲關、張弗之過也。魏書大眼傳崔延伯討莫折念生，④既勝，蕭寶寅曰：「崔公，古之關、張也。」魏書延伯傳陳吴明徹北伐高齊，尉破胡等十萬衆來拒，有西域人，矢無虚發。明徹謂蕭摩訶曰：「若殪此胡，則彼軍奪氣。君有關、張之名，可斬顔良矣！」摩訶即出陣，擲銑殺之。陳書摩訶傳以上皆見於各史者。可見二公之名，不惟同時之人望而畏之，身後數百年，亦無人不震而驚之。威聲所垂，至今不朽，天生神勇，固不虚也。

97 借荆州之非

借荆州之説，出自吴人事後之論，而非當日情事也。江表傳謂，破曹操後，周瑜爲南郡太守，分南岸地以給劉備，而劉表舊吏士自北軍脱歸者皆投備，備以所給地不足供，從孫權借荆州數郡焉。魯肅傳亦謂，備詣京見權，求都督荆州，肅勸權借之共拒操。操聞權以地資備，方作書，落筆於地。後肅邀關羽索荆州，謂羽曰：「我國以土地借卿家者，卿家軍敗遠來，無以爲資故也。」權亦論肅有二長，惟勸吾借玄德地是其一短。此借荆州之説之所由來，而皆出吴人語也。夫借者本我所有之物而假與人也，荆州本劉表地，非孫氏故物。當操南下時，孫氏江東六郡方恐不能自保，諸將咸勸權迎操，權獨不願，會備遣諸葛亮來結好，權遂欲藉備共拒操，其時但求敵操，未敢冀得荆州也。亮之説權也，權即曰：「非劉豫州莫可敵操者。」乃遣周瑜、程普等隨亮詣備，並力拒操。亮傳是且欲以備爲拒操之主，而己爲從矣。亮又曰：「將軍能與豫州同心破操，則荆、吴之勢强，而鼎足之形成矣。」是此時早有三分之説，而非乞權取荆州而借之也。赤壁之戰，瑜與備共破操。吴志華容之役，備獨追操。山陽公載記其後圍曹仁於南郡，備亦身在行間，蜀志未嘗獨出吴之力，而備坐享其成也。破曹後，備詣京見權，權以妹妻之。瑜密疏請留備於京，權不納，以爲正當延擥英雄，是權方恐備之不在荆州以爲屏蔽也。操走出華容之險，喜謂諸將曰：「劉備吾儔也，但得計少晚耳。」山陽公載記是操所指數者惟備，未嘗及權也。程昱在魏，聞備入吴，論者多以爲權必殺備，昱曰：「曹公無敵於天下，權不能當也，備有英名，權必資之以禦我。」昱傳是魏之人亦只指數備，而未嘗及權也。即以兵力而論，亮初見權曰：「今戰士還者及關羽精甲共萬人，劉琦戰士亦不下萬人。」而權所遣周瑜等水軍亦不過三萬人，亮傳①則亦非十倍於備也。且是時劉表之長子琦尚在江夏，破曹後，備即表琦爲荆州刺史，權未嘗有異詞，以荆州本琦地也。時又南征四郡，武陵、長沙、桂陽、零陵皆降。琦死，羣下推備爲荆州牧。蜀先主傳備即遣亮督零陵、桂陽、長沙三郡，收其租賦，以供軍實。亮傳又以關羽爲襄陽太守、盪寇將軍，駐江北。羽傳張飛爲宜都太守、征虜將軍，在南郡。飛傳趙雲爲偏將軍，領桂陽太守。雲傳遣將分駐，惟備所指揮，初不關白孫氏，以本非權地，故備不必白權，權亦不來阻備也。迨其後三分之勢已定，吴人追思赤壁之役，實藉吴兵力，遂謂荆州應爲吴有，而備據之，始有借荆州之説。抑思合力拒操時，備固有資於權，權不亦有資於備乎。權是時但自救危亡，豈早有取荆州之志乎。羽之對魯肅曰：「烏林之役，左將軍寢不脱介，戮力破曹，豈得徒勞無一塊土。」肅傳此不易之論也。其後吴、蜀争三郡，旋即議和，以湘水爲界，分長沙、江夏、桂陽屬吴，南郡、零陵、武陵屬蜀，最爲平允。而吴君臣伺羽之北伐，襲荆州而有之，反捏一借荆州之説，以見其取所應得。此則吴君臣之狡詞詭説，而借荆州之名遂流傳至今，並爲一談，牢不可破，轉似其曲在蜀者，此耳食之論也。

98 三國之主用人各不同

人才莫盛於三國，亦惟三國之主各能用人，故得衆力相扶，以成鼎足之勢。而其用人亦各有不同者，大概曹操以權術相馭，劉備以性情相契，孫氏兄弟以意氣相投，後世尚可推見其心迹也。荀彧、程昱爲操畫策，人所不知，操一一表明之，絶不攘爲己有，此固已足令人心死。劉備爲吕布所襲，奔於操，程昱以備有雄才，勸操圖之。操曰：「今收攬英雄時，殺一人而失天下之心，不可也。」然此猶非與操有怨者。臧霸先從陶謙，後助吕布，布爲操所擒，霸藏匿，操募得之，即以霸爲琅邪相，青、徐二州悉委之。先是操在兖州，以徐翕、毛暉爲將，兖州亂，翕、暉皆叛，後操定兖州，翕、暉投霸。至是，操使霸出二人，霸曰：「霸所以能自立者，以不爲此也。」操嘆其賢，並以翕、暉爲郡守。霸傳操以畢諶爲兖州別駕，張邈之叛，劫諶母妻去，操遣諶往，諶頓首無二，既出，又亡歸從吕布。布破，操生得諶，衆爲之懼，操曰：「人能孝於親者，豈不忠於君乎，吾所求也。」以爲魯相。操初舉魏种爲孝廉，兖州之叛，操謂种必不棄我，及聞种走，怒曰：「种不南走越，北走胡，不汝置也。」及种被擒，操曰：「惟其才也。」釋而用之。本紀此等先臣後叛之人，既已生擒，誰肯復貸其命，乃一一棄嫌録用。蓋操當初起時，方欲藉衆力以成事，故以此奔走天下，楊阜所謂曹公能用度外之人也。及其削平羣雄，勢位已定，則孔融、許攸、婁圭等，皆以嫌忌殺之，荀彧素爲操謀主，亦以其阻九錫而脅之死。甚至楊修素爲操所賞拔者，以厚於陳思王而殺之，崔琰素爲操所倚信者，亦以疑似之言殺之。然後知其雄猜之性，久而自露，而從前之度外用人，特出於矯僞，以濟一時之用，所謂以權術相馭也。至劉備，一起事即爲人心所嚮。少時結交豪傑，已多附之。中山大商張世平、蘇雙等，早資以財，爲糾合徒衆之用。領平原相，劉平遣刺客刺之，客反以情告。救陶謙，謙即表爲豫州刺史。謙病篤，命以徐州與備，備不敢當，陳登、孔融俱敦勸受之。後爲吕布所攻，投奔於操，操亦表爲左將軍，禮之甚重。嗣以徐州之敗奔袁譚，譚將步騎迎之。袁紹聞備至，出鄴二百里來迓。及紹敗，備奔劉表，表又郊迎，待以上賓之禮，荆州豪傑多歸之。曹兵來討，備奔江陵，荆州人士隨之者十餘萬。是時身無尺寸之柄，而所至使人顛倒如此。程昱謂備甚得人心，諸葛亮對孫權亦謂，劉豫州爲衆士所慕仰，若水之歸海，此當時實事也。乃其所以得人心之故，史策不見。第觀其三顧諸葛，咨以大計，獨有傅巖爰立之風。關、張、趙雲，自少結契，終身奉以周旋，即羈旅奔逃，寄人籬下，無寸土可以立業，而數人者，患難相隨，别無貳志。此固數人者之忠義，而備亦必有深結其隱微而不可解者矣。其征吴也，黄權請先以身嘗寇，備不許，使駐江北以防魏師。及猇亭敗退，道路隔絶，權無路可歸，乃降魏。有司請收權妻子，備曰：「我負權，權不負我也。」權在魏，或言蜀已收其孥，權亦不信。君臣之相與如此。至託孤於亮曰：「嗣子可輔輔之，不可輔則君自取之。」千載下猶見其肝膈本懷，豈非真性情之流露。設使操得亮，肯如此委心相任乎，亮亦豈肯爲操用乎！惜是時人才已爲魏、吴二國收盡，故得人較少，然亮第一流人，二國俱不能得，備獨能得之，亦可見以誠待人之效矣。至孫氏兄弟之用人，亦自有不可及者。孫策生擒太史慈，即解其縛曰：「子義青州名士，但所託非人耳。孤是卿知己，勿憂不如意也。」以張昭爲長史，北方士大夫書來，多歸美於昭。策聞之曰：「管仲相齊，一則仲父，二則仲父，而桓公爲霸者宗。今子布賢，我能用之，其功名不在我乎。」此策之得士也。周瑜薦魯肅，權即用肅繼瑜。權怒甘寧粗暴，吕蒙謂鬬將難得，權即厚待寧。劉備之伐吴也，或謂諸葛瑾已遣人往蜀，權曰：「孤與子瑜有生死不易之操，子瑜之不負孤，猶孤之不負子瑜也。」吴、蜀通和，陸遜鎮西陵，權刻印置遜所，每與劉禪、諸葛亮書，常過示遜，有不安者，便令改定，以印封行之。委任如此，臣下有不感知遇而竭心力者乎。權又不自護其非，權欲遣張彌、許晏浮海至遼東封公孫淵，張昭力諫不聽，彌、晏果爲淵所殺。權慚謝昭，昭不起。權因出，過其門呼昭，昭猶辭疾。權燒其門以恐之，昭更閉户，權乃滅火，駐門良久，載昭還宫，深自刻責。倘如袁紹，不用沮授之言以至於敗，則恐爲所笑而殺之矣。權用吕壹，事敗，又引咎自責，使人告謝諸大將曰：「與諸君從事，自少至長，髮有二色，以謂表裏足以明露。盡言直諫，所望於諸君，諸君豈得從容而已哉。凡百事要，所當損益，幸匡所不逮。」陸遜晚年爲楊竺等所譖，憤鬱而死，權後見其子抗，泣曰：「吾前聽讒言，與汝父大義不篤，以此負汝。」以人主而自悔其過，開誠告語如此，其誰不感泣。使操當此，早挾一「寧我負人，無人負我」之見，而老羞成怒矣。此孫氏兄弟之用人，所謂以意氣相感也。

99 禪代

古來只有禪讓、征誅二局，其權臣奪國則名篡弑，常相戒而不敢犯。王莽不得已，託於周公輔成王，以攝政踐阼，然周公未嘗有天下也。至曹魏則既欲移漢之天下，又不肯居篡弑之名，於是假禪讓爲攘奪。自此例一開，而晉、宋、齊、梁、北齊、後周以及陳、隋皆傚之。此外尚有司馬倫、桓玄之徒，亦援以爲例。甚至唐高祖本以征誅起，而亦假代王之禪，朱温更以盜賊起，而亦假哀帝之禪。至曹魏創此一局，而奉爲成式者，且十數代，歷七八百年，真所謂奸人之雄，能建非常之原者也。然其間亦有不同者。曹操立功漢朝，已加九錫，封二十郡，爵魏王，建天子旌旗，出警入蹕，然及身猶不敢稱帝，至子丕始行禪代。操嘗云：「若天命在吾，吾其爲周文王乎。」此可見其本志，非飾説也。又魏書，魏國既建，諸將皆爲魏臣，獨夏侯惇尚爲漢臣，惇上疏不敢當不臣之禮，操曰：「區區之魏，而敢屈君爲臣乎。」是操爲魏王時，猶與漢臣爲同列也。司馬氏三世相魏，懿已拜丞相，加九錫，不敢受；師更加黄鉞，劍履上殿，亦不敢受；昭進位相國，加九錫，封十郡，爵晉公，亦辭至十餘次，晚始受晉王之命，建天子旌旗，如操故事，然及身亦未稱帝，至其子炎始行禪代。及劉裕則身爲晉輔而即移晉祚。自後齊、梁以下諸君，莫不皆然，此又一變局也。丕代漢，封獻帝爲山陽公，未嘗加害，直至明帝青龍二年始薨。炎代魏，封帝奂爲陳留王，亦未嘗加害，直至惠帝太安元年始薨。不特此也，司馬師廢齊王芳爲邵陵公，亦至晉泰始中始薨。司馬倫廢惠帝，猶號爲太上皇，居之於金墉城；桓玄廢安帝爲平固王，遷之於尋陽，又劫至江陵，亦皆未嘗加害，故不久皆得反正。自劉裕篡大位而即戕故君，以後齊、梁、陳、隋、北齊、後周亦無不皆然，此又一變局也。去古日遠，名義不足以相維，當曹魏假稱禪讓以移國統，猶倣唐、虞盛事，以文其奸。及此例一開，後人即以此例爲例，而並忘此例之所由倣，但謂此乃權臣易代之法，益變本而加厲焉。此固世運人心之愈趨愈險者也。按劉裕後亦尚有循魏、晉故事者。高歡在東魏，封渤海王，都督中外諸軍事，進位相國，録尚書事，猶力辭不受。因玉壁之敗，並表解都督，其九錫殊禮乃死後追贈者。宇文泰在西魏，累加至左丞相、都督中外諸軍事、太師、大冢宰，封安定王不受，以安定公終其身。是尚能守臣節者。又曹操奉獻帝都許，而身常在鄴。高歡亦奉孝静帝都鄴，而身常在晉陽，與曹操相似。司馬懿父子常隨魏帝在洛。宇文泰亦隨西魏諸帝在長安，與司馬氏相似。今撮敍各朝禪代故事於後。

按裴松之三國志註引魏略，①曹丕受禪時，漢帝下禪詔及册書凡三，丕皆拜表讓還璽綬。李伏等勸進者一，許芝等勸進者一，司馬懿等勸進者一，桓（楷）〔階〕等勸進者一，尚書令等合詞勸進者一，劉廙等勸進者一，劉若等勸進者一，輔國將軍等百二十人勸進者一，②博士蘇林等勸進者一，劉廙等又勸進者一，丕皆下令辭之。最後華歆及公卿奏擇日設壇，始即位。此雖一切出於假僞，然猶見其顧名思義，不敢遽受，有揖讓之遺風。至司馬炎既受禪，陳留王遷居於鄴，以事上表，炎猶下詔曰：「陳留王志尚謙冲，每事上表，非所以優崇之也。」自後非大事皆使王官表上之。及元帝南渡，營繕宮室，尚書符下陳留王出夫，荀奕奏曰：「陳留王位在三公之上，坐在太子之右，答表曰書，賜物曰與，豈可令出夫役。」以前朝殘裔，而臣下猶敢爲之執奏，可見是時尚有虞賓之意。按山陽公居河内，至晉時始罷督軍，除其禁制，又除漢宗室禁錮，是遜位後魏仍有人監之也。案後漢書，東海王彊、沛王輔，東平王蒼之後，至魏受禪，猶皆封爲崇德侯。陳留王遜位後，晉令山濤護送至鄴，琅邪王伷嘗監守鄴城，是晉於陳留王亦有監制之法，然皆未嘗加害也。劉裕急於禪代，以讖文有「昌明之後，又有二王」之語，遂酖安帝而立恭帝，未幾即令遜位。有司以詔草呈帝，帝曰：「桓玄之時，天命已改，重爲劉公所延，將二十載。今日之事，固所甘心。」乃出居於秣陵宮，裕封帝爲零陵王。帝常懼禍，與褚妃自煮食於牀前。裕使妃兄褚淡之往視妃，妃出與相見，兵士即踰垣入，進藥於帝。帝不肯飲，曰：「佛教，自殺者不得復爲人身。」乃以被掩殺之。

蕭道成以宋廢帝無道，使王敬則結楊玉夫等弑之，迎順帝即位。甫三年，即禪代，封順帝爲汝陰王，居丹徒宮，③使人衛之。順帝聞外有馳馬聲，甚懼。監者殺之，而以疾告，齊人賞之以邑。

蕭衍以齊東昏無道，舉兵入討，奉和帝以號令。既圍京師，東昏爲黄泰平等所弑。衍入京，迎和帝至姑熟，使人假帝命以禪詔來，遂即位，封和帝爲巴陵王。初欲以南海郡爲巴陵國，使帝居之，因沈約言不可慕虚名而受實禍，乃遣鄭伯禽進以生金。和帝曰：「我死不須金，醇酒足矣。」乃引飲一升，伯禽就而摺殺之。

陳霸先既禪代，使沈恪勒兵入宮害梁敬帝。恪辭曰：「身經事蕭家來，今日不忍見如許事。」霸先乃令劉師知入，詐帝令出宮。帝覺之，繞牀走，曰：「師知賣我。陳霸先反，我本不須作天子，何意見殺。」師知執帝衣，行事者加刃焉。既而報霸先曰：「事已了。」

高洋將禪代，使襄城王昶等奏魏孝静帝曰：④「五行之運，迭有盛衰，請陛下法堯禪舜。」帝曰：「此事推挹已久，謹當遜位。」又曰：「若爾須作詔書。」崔劼等曰：「詔已作訖。」即進帝書之。帝乃下御座，入後宮，泣别，皇后以下皆哭。帝曰：「今日不減漢獻帝、常道鄉公。」遂遷於司馬子如宅。洋行幸，常以帝自隨，竟遇酖而崩。

宇文泰在西魏，以孝武帝宮闈無禮，使人酖之，而立文帝。文帝崩，立廢帝。帝因泰殺元烈有怨言，泰遂廢之，出居雍州廨舍，亦以酖崩。北史不載，事見通鑑。泰復立恭帝，即位三年，泰死，其從子護當國，使帝禪位於泰子覺。覺封帝爲宋公，出居大司馬府，尋崩。諸書皆不載其死狀，然正月封而二月即殂，蓋亦非善終也。

楊堅因周宣帝崩，鄭譯等矯詔使堅受遺輔政，立静帝，年八歲，堅即誅戮宇文氏。未幾，亦假静帝禪詔奪其位。封帝爲介國公，邑萬户，上書不稱表，答表不稱詔，北史謂有其文，事竟不行。是年二月遜位，五月即殂，周書云隋志也，則亦不得其死也。

唐高祖兵入長安，立恭帝。次年，亦以恭帝詔禪位，封恭帝爲酅國公。至明年五月始殂，隋書、北史、通鑑俱不言其死狀。

朱温逼唐昭宗遷洛陽，使蔣玄暉弑之，而立哀帝。帝封温爵魏王，以二十一軍爲魏國，備九錫。温怒不受，使人告蔣玄暉與何太后通，遂殺玄暉，弑太后。哀帝使宰相張文蔚等押傳國璽、玉册、金寶、儀仗、法物，至汴勸進，温遂即位，封哀帝爲濟陰王，次年正月弑之。

100 魏晉禪代不同

曹之代漢，司馬氏之代魏，其迹雖同，而勢力尚有不同者。曹操自克袁尚後，即居於鄴，天子所都之許昌，僅留長史國淵、王必等，先後掌丞相府事。其時獻帝已三四十歲，非如沖主之可無顧慮也，然一切用人行政，興師討伐，皆自鄴出令，莫敢有異志。司馬氏輔魏，則身常在相府，與魏帝共在洛陽。無論懿專政未久，即師、昭兄弟大權已在手，且齊王芳、高貴鄉公髦、常道鄉公奂皆幼年繼位，似可不必戒心，然師討毌邱儉，留昭鎮洛陽，及病篤，昭始赴軍。師既卒，魏帝命昭統兵鎮許昌，昭仍率兵歸洛，不敢遠在許下也。諸葛誕兵起，昭欲遣將則恐其不可信，而親行又恐都下有變，遂奉皇太后及高貴鄉公同往督軍，是可見其一日不敢離城社也。嘗推其故，操當漢室大壞之後，起義兵，誅暴亂，漢之臣如袁紹、吕布、劉表、陶謙等能與操爲敵者，多手自削平，或死或誅，其在朝者，不過如楊彪、孔融等數文臣，亦廢且殺，其餘列侯將帥皆操所擢用，雖前有董承、王子服、吴子蘭、种輯、吴碩，後有韋晃、耿紀、金禕，欲匡漢害操，而皆無兵權，動輒撲滅，故安坐鄴城，而朝政悉自己出。司馬氏則當文帝、明帝國勢方隆之日，猝遇幼主嗣位，得竊威權，其時中外臣工尚皆魏帝所用之人，内有張緝、蘇鑠、樂敦、劉賢等伺隙相圖，外有王淩、毌丘儉、諸葛誕等相繼起兵聲討，司馬氏惟恃挾天子以肆其奸，一離京輦，則禍不可測，故父子三人執國柄，終不敢出國門一步，亦時勢使然也。然操起兵於漢祚垂絶之後，力征經營，延漢祚者二十餘年，然後代之。司馬氏當魏室未衰，乘機竊權，廢一帝，弑一帝，而奪其位，比之於操，其功罪不可同日語矣。

101 九錫文

每朝禪代之前，必先有九錫文，總敘其人之功績，進爵封國，賜以殊禮，亦自曹操始，按，王莽篡位已先受九錫，然其文不過五百餘字，非如潘勖爲曹操撰文格式也。勖所撰乃仿張竦頌莽功德之奏，逐件鋪張至三五千字，勖文體裁正相同。其後晉、宋、齊、梁、北齊、陳、隋皆用之。其文皆鋪張典麗，爲一時大著作，故各朝正史及南、北史俱全載之。今作者姓名尚有可考者。操之九錫文，據裴松之三國志註，乃後漢尚書左丞潘勖之詞也。

以後各朝九錫文，皆倣其文爲式。曹丕受禪時，以父已受九錫，故不復用，其一切詔誥，皆衛覬作。覬傳晉司馬昭九錫文，未知何人所作，其讓九錫表，則阮籍之詞也。見籍傳① 劉裕九錫文，亦不詳何人所作，據傅亮傳，謂裕征廣固以後，至於受命，表册文誥皆亮所作，則九錫文必是亮筆也。蕭道成九錫文，據王儉傳，齊高爲太尉，以至受禪，詔册皆儉所作，則九錫文是儉筆也。蕭衍九錫文，據任昉傳，梁臺建，禪讓文誥多昉所作；又沈約傳，武帝與約謀禪代，命約草其事，約即出懷中詔書，帝初無所改；又邱遲傳，梁初勸進及殊禮皆遲文，則九錫文總不外此三人也。陳霸先九錫文，據徐陵傳，陳受禪詔策皆陵所爲，而九錫文尤美，是陵作九錫文更無疑也。高洋九錫文，據魏收傳，則收所作也。他如司馬倫亦有九錫文，倫既敗，齊王冏疑出傅祗，將罪之，後檢文草，非祗所爲，乃免。祗傳 又以陸機在中書，疑九錫文、禪位詔皆機所作，遂收機，成都王穎救之得免。機傳 而鄒湛傳謂趙王倫篡逆，湛子捷與機共作禪文，則九錫文必是機筆也。桓温病，求九錫文，朝廷命袁宏爲文，以示王彪之，彪之歎其美，而戒勿示人，謝安又屢使改之，遂延引時日，及温死乃止。彪之傳 桓玄篡位，卞範之及殷仲文預撰詔策，其禪位詔範之之詞也，九錫文則仲文之詞也。見範之、仲文傳 此皆見於各史列傳者。至於曹丕授孫權九錫，孫權加公孫淵九錫，劉曜授石勒九錫，石弘授石虎九錫，石世授石遵九錫，苻登授乞伏乾歸九錫，姚興授(焦)〔譙〕縱九錫，其文與作者俱不可考。然亦可見當時篡亂相仍，動用殊禮，僭越冒濫，莫此爲甚矣。

漢書武帝紀，諸侯貢士得人者，謂之有功，乃加九錫。張晏註曰：「九錫，經無明文，周禮以爲九命，春秋説有之。」臣瓚曰：「九錫備物，霸者之盛禮。」然皆不言九錫出處。據後漢書章懷註，謂九錫本出於緯書禮含文嘉：一曰車馬，二曰衣服，三曰樂器，四曰朱户，五曰納陛，六曰虎賁，七曰斧鉞，八曰弓矢，九曰秬鬯。按周制本有錫命之禮，如詩、左傳所載「釐爾圭瓚，秬鬯一卣，彤弓矢千」是也，緯書仿之而演爲九耳。

102 一人二史各傳

一人而傳於兩史，如後漢之董卓、公孫瓚、陶謙、袁紹、劉表、袁術、吕布等，當陳壽撰三國志時，以諸人皆與曹操並立，且事多與操相涉，故必立傳於魏志，而敍事始明。劉焉乃劉璋之父，其地則昭烈所因也，欲紀昭烈，必先傳璋，欲傳璋必先傳焉，故亦立其傳於蜀志之首。及范蔚宗修後漢書，則董卓等皆漢末之臣，荀彧雖爲操畫策，而心猶爲漢，皆不得因三國志有傳，遂從删削，所以一人而兩史各有傳也。此事惟晉、宋二書界限最清，緣沈約修宋書，以劉毅、何無忌、諸葛長民、魏詠之、檀憑之等，雖與劉裕同起義，而志在匡晉，初非宋臣，故不入宋書，及唐初修晉書，遂爲毅等立傳，自無複出之病也。陶潛隱居完節，卒于宋代，故宋書以爲隱逸之首，然潛以家世晉臣，不復仕宋，始終爲晉完人，自應入晉書内，故修晉書者特傳於晉隱逸之末，二史遂並有傳。此宋書之借，而非晉書之奪也。至李延壽作南、北史，係一手編纂，則南人歸北，北人歸南者，自可各就其立功最多之處傳之，而其先仕於某國則附見傳内，不必再立一傳於某國也。乃毛修之自宋流轉入魏，後卒於魏，則但立傳北史可矣，而南史又傳之。朱脩之自宋入魏，後又逃歸，以功封南昌縣侯，則但立傳南史可矣，而北史又傳之。以及薛安都、裴叔業等，莫不皆然，①何其漫無裁制也。又裴矩在隋朝事蹟甚多，且隋書矩傳内已敍其入唐仕宦之處，則唐書不必再傳矣，而又傳之，亦贅。

103 晉書

唐初修晉書，以臧榮緒本爲主，而兼考諸家成之。今據晉、宋等書列傳所載諸家之爲晉書者，無慮數十種。①其作於晉時者，武帝時議立晉書限斷，荀勖謂宜以魏正始起年，王瓚欲引嘉平以下朝臣盡入於晉，賈謐請以泰始爲斷。事下尚書議，張華等謂宜用(正)〔泰〕始，從之。賈謐傳武帝詔，自泰始以來大事皆撰録，秘書寫副，後有事即依類綴緝。武帝紀此晉書之權輿也。②自後華嶠草魏、晉紀傳，③與張載同在史官。永嘉之亂，晉書存者五十餘卷。嶠傳④干寶著晉紀，自宣帝迄愍帝，凡二十卷，稱良史。寶傳謝沈著晉書三十餘卷。沈傳傅暢作晉諸公(敍)讚〔敍〕二十二卷，又爲公卿故事九卷。暢傳荀綽作晉後書十五篇。綽傳⑤束皙作晉書帝紀、十志。孫盛作晉陽秋，詞直理正，桓温見之，謂其子曰：「枋頭誠爲失利，何至如尊公所説。若此史遂行，自是關君門户事。」其子懼禍，乃私改之。而盛所著已有二本，以其一寄慕容儁，後孝武博求異聞，又得之，與中國本多不同。盛傳王銓私録晉事，其子隱遂諳悉西晉舊事，後與郭璞同爲著作郎，撰晉史。時虞預亦私撰晉書，而生長東南，不知中朝故事，借隱書竊寫之。庾亮資隱紙筆，乃成書。隱文鄙拙，其文之可觀者乃其父所撰，不可解者隱之詞也。王隱傳習鑿齒作漢晉春秋，起漢光武，終晉愍帝，於三國之時則以蜀爲正統。魏武雖承漢禪，而其時孫、劉鼎立，未能一統天下也，尚爲篡逆，至司馬昭平蜀，乃爲漢亡，而晉始興焉。鑿齒傳其晉以後所作者，宋徐廣撰晉紀四十六卷。⑥廣傳沈約以晉一代無全書，宋泰始中，蔡興宗奏約撰述，凡二十年，成一百十卷。約傳謝靈運亦奉敕撰晉書，粗立條流，書竟不就。靈運傳王韶之私撰晉安帝春秋，既成，人謂宜居史職，即除著作郎，使續成後事，訖義熙九年。其序王珣貨殖，王廞作亂事，後珣子弘貴，⑦韶之嘗懼爲所害。韶之傳荀伯子亦助撰晉史。伯子傳張緬著晉鈔三十卷。緬傳臧榮緒括東、西晉爲一書，紀、録、志、傳，共一百十卷。榮緒傳劉彤集衆家晉書註干寶晉紀，爲四十卷。劉昭傳蕭子雲著晉書一百十卷。子雲傳此皆見於各傳者。又唐書藝文志所載晉朝史事，尚有陸機晉帝紀，劉協注晉紀，劉謙晉紀，曹嘉晉紀，鄧粲晉紀，及晉陽秋，檀道鸞晉春秋，蕭景暢晉史草，郭季産晉續紀，晉録之類，⑧當唐初修史時尚俱在，必皆兼綜互訂，不專據榮緒一書也。

104 晉書二

論晉書者，謂當時修史諸人皆文詠之士，好採詭謬碎事，以廣異聞，又史論競爲豔體，此其所短也。然當時史官，如令狐德棻等，皆老於文學，其紀傳敍事，皆爽潔老勁，迥非魏、宋二書可比，而諸僭僞載記，尤簡而不漏，詳而不蕪，視十六國春秋不可同日語也。其列傳編訂亦有斟酌。如陶潛已在宋書隱逸之首，而潛本晉完節之臣，應入晉史，故仍列其傳於晉隱逸之内。愍懷太子妃，王衍之女，抱冤以死，而太子妃不便附入后妃傳内，則入之於列女傳，此皆位置得當者。各傳所載表、疏、賦、頌之類，亦皆有關係。如劉寔傳載崇讓論，見當時營競之風也。裴頠傳載崇有論，見當時談虚之習也。劉毅傳載論九品之制有八損，李重傳亦載論九品之害，見當時選舉之弊也。陸機傳載辨亡論，見孫皓之所以失國也。豪士傳，見齊王冏之專恣也。①五等論，見當時封建之未善也。傅玄傳載興學校、務農功等疏，固切於時政也。段灼傳載申理鄧艾一疏，閻纘傳載申理愍懷太子一疏，以二人皆冤死也。江統傳載徙戎論，固預知劉、石之亂，尤有先見也。皇甫謐傳載釋勸論，見其安於恬退也。篤終論，見厚葬之禍也。摯虞傳載思游賦，見其安命也。今尺長於古尺論，見古今尺度之不同也。束晳傳載玄居釋，見其淡於榮進也。潘尼傳載安身論，見其靜退也。釋奠頌，有關儲宫之毓德。乘輿箴，有關帝王之保治也。潘岳傳載閒居賦，見其跡恬静而心躁競也。郭璞傳不載江賦、南郊賦，而獨載刑獄一疏，見當時刑罰之濫也。左貴嬪傳載愁思文、楊皇后誄、納繼室楊后頌，以左芬本以才著也。張載傳載七命一篇，②亦以其文人而著其才也。衛恒傳載書勢一篇，以恒本工書，且備書法之源流也。惟劉頌傳載其所上封事至七八千字，殊覺太冗。張華傳載鷦鷯賦，殊覺無謂，華有相業，不必以此見長也。元帝紀後，敍其父恭王之妃夏侯氏通小吏牛金生帝，③而夏侯太妃傳内不載，諱其醜於傳，而轉著其惡於紀，亦屬兩失。苻堅載記後附王猛、苻融二人，以其爲堅功臣也。苻朗不過一達士，亦附一傳；苻登載記後又附一索泮，據泮傳，又未嘗仕於堅與登也，此二傳殊贅。姚興載記忽敍西胡梁國兒作壽冢，每將妻妾入冢讌飲，升靈牀而歌，此於興有何關係而拉雜及之。毛德祖爲宋功臣，宋書已立傳，唐修晉書，自不必以宋臣附晉臣之内，乃毛寶之傳後又敍德祖事甚詳，蓋本毛氏家傳鈔入之，而未及删節也。隱逸中夏統一傳，非正史記事體，蓋當時人另作夏統别傳，如五柳先生傳之類，晉書遂全録之，不復增損，閲史者静觀自别之也。

105 王導陶侃二傳褒貶失當

晉書惟王導、陶侃二傳褒貶頗爲失中。導爲元帝佐命功臣，歷事三朝，以宏厚鎮物，固稱賢相。當元帝初政時，其從弟敦，憚帝賢明，欲更議所立，導固争乃止。其後敦以討刁協、劉隗、戴若思爲名，稱兵向闕，導率羣從待罪闕下，帝亦諒導之心，曰：「導大義滅親，可以吾安東時節假之。」導傳是其心固信於君也。孔愉在帝前，極言導忠賢，有佐命之勳。愉傳周顗亦極言導忠誠，申救甚力。顗傳是其心又信於友也。然當敦入石頭，王師戰敗，敦問導曰：「周顗、戴若思當登三司也。」導不答。又曰：「若不三司，使應令僕耶？」導亦不答。敦曰：「若不爾，正應誅耳！」導亦無言。敦遂誅周、戴。顗傳又王彬數敦曰：「兄抗旌犯順，將禍及門户。」敦大怒，欲殺之。導在坐，勸彬謝，彬竟不拜。是導之與敦，情好甚密，既不阻其稱兵，反欲借敦以誅除異己。蓋渡江之初，王氏兄弟布列中外，其勢甚大，當時有「王與馬，共天下」之謡。帝心忌之，特用劉隗、刁協、戴若思等爲腹心，排抑豪强，疏忌王氏。刁、劉等勸帝出親信以鎮方隅，乃用譙王丞爲湘州，隗及若思爲都督，隗、協並請盡誅王氏。隗等傳是以不惟敦惡之，即導亦惡之。而是時敦亦未敢遽有篡奪之舉，觀其申雪導枉一疏，全以刁、劉等爲詞。甘卓自襄陽將襲敦，敦聞之曰：「甘侯慮吾危朝廷耶，吾但除姦凶耳。」卓傳①此敦初次起兵，專欲除刁、劉、戴數人，正與導意相合。其後敦再起兵時，病已危篤，與兄含偕行。導與含書曰：「兄此舉謂可如往年大將軍乎？往年姦人亂朝，人懷不寧，如導之徒，心思外濟。」敦傳此直自吐衷懷，謂敦之誅刁、劉，與己意同也。又敦初次起兵時，兵至石頭，周札守石頭，即開門納之，以是敦兵勢盛，而王師敗。敦後又忌札宗强而殺之。敦死後，札家請雪，卞壼等以札開門延賊，不宜雪，導獨曰：「札在石頭，知隗、協亂政，信敦匡救，開門延之，正以忠於社稷。」札傳是更以敦之稱兵爲匡救朝廷之失。可見是時導雖不欲敦移國祚，而欲敦誅刁、劉等，則其肝膈本懷。夫帝即偏信刁、劉，疏外王氏，豈遂可肆其威脅乎。顗之論曰：「人主非堯舜，豈能無失，人臣遂可舉兵正其失耶。」此論最爲嚴正。則導之幸敦舉兵以除異己，安得尚稱純臣也。且導之可議者，更不止於此。導輔政，委任羣小趙胤、賈（宣）〔寧〕等，陶侃嘗欲起兵廢之，庾亮亦欲舉兵黜之。亮傳桓景諂導，導昵之，陶回謂景非正人，不宜親狎。回傳成帝每幸導第，猶拜導妻曹氏，孔坦甚非之。坦傳蘇峻賊黨匡術嘗欲殺孔羣，或救之得免。後術既降，與羣同在導坐，導令術勸羣酒，以釋前憾。羣答曰：「羣非孔子，厄同匡人，雖陽和布氣，鷹化爲鳩，而識者猶憎其目。」導有愧色。羣傳此亦皆導之弛縱處。而晉書導傳論，至比之管仲、孔明，謂：「管仲能相小國，孔明善撫新邦，撫事論情，抑斯之類也。提挈三世，始終一心。稱爲仲父，蓋其宜矣。」又於劉隗刁協傳論，謂其專行刻薄，「使賢宰見疏，以致物情解體」。是轉以激變之罪坐劉、刁，而導無譏焉，殊未爲平允也。至陶侃生平，惟蘇峻、祖約之反，侃以不與顧命，不肯勤王，經温嶠等再三邀説，始率兵東下，此是其見小不達大義之處。②其他則盡心於國，老而彌篤。朝廷加以殊禮，侃固辭，又因病上表去位，曰「臣少長孤寒，始願有限」云云。未没前一年，已遜位歸國，佐吏苦留之，不果。及疾篤將歸，以後事付右司馬王愆期。出府門就船，顧謂愆期曰：「老子婆娑，正坐諸君輩。」（侃傳）是亦可見其超然於權勢矣。本傳亦云，侃季年常懷止足之分，不與朝權。而傳末乃云，侃嘗夢生八翼，上天門，至第九重，折翼而墜。後督八州，據上流，握强兵，有覬覦之志，每思折翼之祥，自抑而止。傳論亦謂其「潛有包藏之志，顧思折翼之祥，悖矣」。是直謂其素有不臣之心，因一夢而不敢也。於導則略其疵累而比之管、葛，於侃則因其一夢而懸坐以無將之罪，豈非褒貶失當乎。

第七卷校證

96 關張之勇

①秃髮傉檀求人才於宋敞　按：晉書秃髮傉檀載記（卷一二六）作「宗敞」，「宋」字誤。又魏書卷五二有索敞傳，北史卷三四同，似即此人，然則「宗」應爲「索」字之訛。

②宋薛彤、高進之並有勇力，時人以比關羽、張飛。（宋書檀道濟傳）　按：原刻本作「宋檀道濟有勇力，時以比關羽、張飛。（宋書道濟傳）」，今從西畬本改正。

③南史文惠太子傳　按：「南史」原刻本作「齊書」，今從西畬本改正。

④崔延伯討莫折念生　按：應作「討莫折念生之兄莫折天生」。

97 借荆州之非

①亮初見權曰：「今戰士還者及關羽精甲共萬人，劉琦戰士亦不下萬人。」而權所遣周瑜等水軍亦不過三萬人，（亮傳）　按：此處所舉二事，亮説權事見亮傳，遣周瑜事則見瑜傳，不應統注爲亮傳。

99 禪代

①按裴松之三國志註引魏略　按：「魏略」應作「獻帝傳」。

②劉若等勸進者一，輔國將軍等百二十人勸進者一　按：輔國將軍即劉若，劉若等百二十人共勸進二次，此處誤分爲二人之事。

③封順帝爲汝陰王，居丹徒宫　按：丹徒宫見南史宋本紀，宋書及南齊書皆作丹陽宫，通鑑從宋、齊二書。本書卷九宋書書宋齊革易之際篇亦作「丹陽宫」。

④高洋將禪代，使襄城王昶等奏魏孝静帝曰　按：此據北史魏本紀（卷五），魏書静帝本紀（卷一二）「昶」字作「旭」。

101 九錫文

①其讓九錫表，則阮籍之詞也。（見籍傳）　按：晉書阮籍傳（卷四九）云：「帝讓九錫，公卿將勸進，使籍爲其

詞。」則阮籍所作者，乃以公卿名義所上之勸進表，而非讓九錫之表文。

102 一人二史各傳

①毛脩之自宋流轉入魏，後卒於魏，則但立傳北史可矣，而南史又傳之。朱脩之自宋入魏，後又逃歸，以功封南昌縣侯，則但立傳南史可矣，而北史又傳之。以及薛安都、裴叔業等，莫不皆然 按：裴叔業見於北史（卷四五），而未見於南史，又南齊書（卷五一）及魏書（卷七一）各有裴叔業傳，但此與南史和北史之事無關。

103 晉書

①今據晉、宋等書列傳所載諸家之爲晉書者，無慮數十種 按：陳垣云，卅一種。

②武帝時議立晉書限斷，荀勖謂宜以魏正始起年，王瓚欲引嘉平以下朝臣盡入於晉，賈謐請以泰始爲斷。事下尚書議，張華等謂宜用（正）〔泰〕始，從之。（賈謐傳）武帝詔，自泰始以來大事皆撰録，秘書寫副，後有事即依類綴辑。（武帝紀）此晉書之權輿也 按：晉書武帝紀：「泰始六年，秋七月己巳，詔曰：『自泰始以來，大事皆撰録，秘書寫副，後有其事，輒宜綴集以爲常。』」賈謐傳云：「起爲秘書監，掌國史。先是朝廷欲立晉書限斷，中書監荀勖謂宜以魏正始起年，著作郎王瓚欲引嘉平以下朝臣盡入晉史，於是依違未有所決。惠帝立，更使議之。謐上議，請從泰始爲斷，於是事下三府，司徒王戎，司空張華，領軍將軍王衍，侍中樂廣，黄門侍郎嵇紹，國子博士謝衡，皆從謐議。騎都尉洛北侯荀畯，侍中荀藩，黄門侍郎華混，以爲宜用正始開元。博士荀熙、刁協，謂宜嘉平起年。謐重奏戎、華之議，事遂施行。」可見關於晉書限斷之争議，自武帝泰始六年至惠帝初年，遷延

多時，劄記綜述之，似爲武帝一時之事；武帝之詔，原爲一時權宜之計，劄記所述，似爲順從衆人之議，皆遠失事實真相。

③華嶠草魏、晉紀傳　按：草魏、晉紀傳者爲華嶠之子暢，見晉書華嶠傳（卷四四）。

④永嘉之亂，晉書存者五十餘卷。（嶠傳）　按：應作「嶠書存者三十餘卷」，嶠書謂華嶠所著漢後書，見晉書本傳，非指晉書。

⑤荀綽作晉後書十五篇。（綽傳）　按：附注「綽傳」應作「晉書荀勗傳」（卷三九）。

⑥宋徐廣撰晉紀四十六卷　按：原刻本脱「四」字，西畬本已校補。

⑦後珣子弘貴　按：「弘」原刻本作「和」，西畬本已改正。

⑧唐書藝文志所載晉朝史事，尚有陸機晉帝紀，劉協注晉紀，劉謙晉紀，曹嘉晉紀，鄧粲晉紀，及晉陽秋，檀道鸞晉春秋，蕭景暢晉史草，郭季産晉續記，晉録之類　按：陳垣云，所引新唐志晉史凡十種，幾無一種無問題。晉帝紀應依隋志作晉紀。劉協應依梁書（卷四九）及南史（卷七二）劉昭傳作劉彤。（樹民按，劉彤注晉紀，已見上文）劉謙、曹嘉應作劉謙之、曹嘉之，見隋志。晉陽秋爲孫盛所撰，隋志列在鄧粲晉紀之下，舊唐志誤以爲鄧粲所撰，新唐志承之而誤。檀道鸞之書名續晉陽秋，見隋志及南史（卷七二）檀超傳。蕭景暢即蕭子顯，子顯字景陽，唐人避中宗李顯之諱而稱其字，新唐志又誤作景暢。晉續記應作續晉紀，見隋志。晉録不見於隋志，亦無撰人，是否實有其書，頗爲疑問。

①豪士傳，見齊王冏之專恣也　按：晉書（卷五四）陸機傳，「豪士傳」作「豪士賦序」，應據改。

②張載傳載七命一篇　按：七命爲張載之弟張協所作，見晉書（卷五五）張載傳。

③元帝紀後，敍其父恭王之妃夏侯氏通小吏牛金生帝　按：晉書元帝紀，夏侯氏所通之小吏牛氏無名，牛金爲被晉宣帝毒死者。魏書司馬叡傳云：「僭晉司馬叡，字景文，晉將牛金子也。初晉宣帝生大將軍琅邪武王伷，伷生冗從僕射琅邪恭王覲。覲妃譙國夏侯氏，字銅環，與金奸通，遂生叡，因冒姓司馬，仍爲覲子。」在晉書祇言爲牛氏，在魏書更以牛金之名實之，實皆爲傳說，經發展由虚而實。李園之於楚，吕不韋之於秦，正與此爲同類。

105 王導陶侃二傳褒貶失當

①甘卓自襄陽將襲敦，敦聞之曰：「甘侯慮吾危朝廷耶，吾但除姦凶耳。」（卓傳）　按：孫文泱云，晉書甘卓傳云：「王敦稱兵，遣使告卓，卓乃僞許而心不同之。及敦升舟，而卓不赴，使參軍孫雙詣武昌諫止敦。敦聞雙言大驚，曰：『甘侯前與吾云何，而更有異，正當慮吾危朝廷耶，吾今下唯除姦凶耳。』」通鑑晉元帝永昌元年文略同。劄記稱「將襲敦」云云，與史實不合。

②陶侃生平，惟蘇峻、祖約之反，侃以不與顧命，不肯勤王，經温嶠等再三邀説，始率兵東下，此是其見小不達大義之處　按：陶侃爲東晉時之名臣，但出身寒微，頗爲當權之豪門貴族庾亮等所排陷，所謂不與顧命，遲遲不肯興兵云云，即誣詞之一。清代學者多爲之辨正者，以王懋竑之説爲最詳盡，見白田草堂存稿卷四論陶長沙侃，可參看。魏書司馬叡傳云：「庾亮至盆口，（温）嶠分兵配給。又招（司馬）衍荆州刺史陶侃，欲共討（蘇）峻。侃不從，曰：『吾疆場外將，本非顧命大臣，今日之事所不敢當。』」蘇峻之反，原爲顧命大臣庾亮

等處理失當而激變，陶侃之言，意有所指，而晉史記事曲解爲不與顧命爲恨，以掩庾亮等之失，應以魏書所記者正之。

廿二史劄記卷八

106 八王之亂

惠帝時八王之亂，晉書彙敘在一卷，通鑑紀事本末亦另爲一條，然頭緒繁多，覽者不易了，今撮敘於此。武帝臨崩，欲以汝南王亮司馬懿之子，武帝叔父。與皇后父楊駿同輔政，駿匿其詔，矯令亮出鎮許昌。惠帝既立，賈后擅權，殺楊駿，廢楊太后，徵亮入，與衛瓘同輔政。亮與楚王瑋武帝第五子，惠帝之弟。不協，瑋諂於賈后，誣亮、瓘有廢立之謀，后乃使帝詔瑋殺亮、瓘，又坐瑋以矯殺亮、瓘之罪，即日殺瑋。后益肆淫恣，廢太子遹，惠帝長子，非賈后生。弒楊太后。時趙王倫在京師，懿第九子，惠帝之叔祖。素諂賈后，其嬖人孫秀，説以太子之廢人言公實與謀，宜廢后以雪此聲，倫從之。秀又恐太子聰明，終有疑於倫，不如待后殺太子，而廢后爲太子報讐，可以立功。乃使后黨諷后，后果殺太子，倫遂矯詔與齊王冏齊王攸之子，惠帝從弟。率兵入宫，廢后，幽於金墉城，尋害之。倫自爲相國、侍中，都督中外諸軍事。孫秀等恃勢肆横，冏内懷不平，秀覺之，出冏鎮許昌。倫僭位，以惠帝爲太上皇，遷於金墉。於是冏及河間王顒、司馬孚之孫，惠帝從叔，時鎮長安。成都王穎武帝第十六子，惠帝之弟，時鎮鄴中。共起兵討倫，倫兵敗，其將王輿廢倫斬秀，迎惠帝復位。倫尋伏誅，穎遂還鄴，冏入京。帝拜冏大司馬，如宣、景輔魏故事。冏大權在握，沈湎酒色，不入朝，坐召百官，恣行非法。有校尉李含奔於長安，詐稱有詔使河間王顒討冏。顒遂上表，請廢冏，以成都王輔政，並檄長沙王乂爲内主。武帝第六子，惠帝之弟。冏遣兵襲乂，乂徑入宮，奉帝討斬冏。顒本以乂弱冏强，冀乂爲冏所殺，而以殺乂之罪討之，因廢帝立穎，己爲宰相，可以專政。①及乂先殺冏，其計不遂，穎亦以乂在内，己不得遥執朝權，於是顒遣將張方率兵，與穎同向京師。帝又詔乂爲大都督拒方等，連戰，先勝後敗。東海王越在京，司馬泰之子，惠帝從叔祖。慮事不濟，與殿中將收乂送金墉，②乂爲張方所殺。穎入京，尋還於鄴。顒表穎爲皇太弟，位相國，乘輿服御及宿衛兵皆遷於鄴，朝政悉穎主之。左衛將軍陳眕不平，奉帝討穎，穎遣將石超敗帝於蕩陰，超遂以帝入於鄴。平北將軍王浚起兵討穎，穎戰敗，仍擁帝還洛陽。時顒遣張方救穎，方遂挾帝及穎歸於長安。顒廢穎，立豫章王熾武帝第二十五子，惠帝之弟，是爲懷帝。爲皇太弟。東海王越自徐州起兵迎大駕，顒又命穎統兵拒之。河橋戰敗，越兵入關，奉惠帝還洛陽。穎竄於武關、新野間，有詔捕之，爲劉輿所害。顒亦單騎逃太白山，其故將迎入長安。有詔徵顒爲司徒，顒入京，途次爲南陽王模所殺。惠帝崩，懷帝即位。越出討石勒而卒。此八王始末也。

趙王倫將篡時，淮南王允武帝子，惠帝弟。在京師，舉兵欲誅倫，爲倫所殺。又吴王晏亦武帝子。亦助淮南王允攻倫，兵敗被廢。後長沙王乂及成都王穎相攻時，晏又爲前鋒都督。此二王俱不在八王之内。

107 晉書所記怪異

採異聞入史傳，惟晉書及南、北史最多，而晉書中僭僞諸國爲尤甚。劉聰時有星忽隕於平陽，視之則肉也，長三十步，廣二十七步，臭聞數里，肉旁有哭聲。聰后劉氏適産一蛇一虎，各害人而走，尋之，乃在隕肉之旁，哭聲乃止。又豕與犬交於相國府門。豕著進賢冠，犬冠武冠帶綬，豕犬並升御座，俄而鬭死。聰子約死，一指猶暖，遂不殯。及甦，言見劉淵於不周山，諸王將相皆在，號曰蒙珠離國。淵謂曰：「東北有遮須夷國，無主，待汝父爲之，三年當來，汝且歸。」既出，道過一國，曰猗尼渠餘國，引約入宫，與一皮囊，曰：「爲我寄漢皇帝。」約歸，置皮囊於几，俄而甦，几上果有皮囊，中置白玉一方，題曰：「猗尼渠餘國天王敬寄遮須夷國天王，歲攝提當相見。」聰聞之曰：「如此，吾不懼死也。」至期，聰果死。劉曜時，西明門風吹折大樹，一宿而變爲人形，髮長一尺，鬚眉長〔二〕〔三〕寸，有斂手之狀，亦有兩脚，惟無目鼻，每夜有聲，十日而柯條遂成大樹。石虎時，太武殿所畫古賢像忽變爲胡，旬餘，頭皆縮入肩中。此數事猶可駭異，而皆出於劉、石之亂，其實事耶？抑傳聞耶？劉、石之凶暴本非常，故有非常之變異以應之，理或然也。他如干寶父死，其母妒，以父所寵婢推入墓中。後十餘年，寶母亡，開墓合葬，而婢伏棺如生。經日而甦，言其父常取飲食與之，在地中亦不惡。既而嫁之，生子。此事殊不可信，然寶因此作搜神記，自敍其事如此。①若果非真，豈肯自訐其父之隱及母之妒耶？則天地之大，何所不有也。至晉書所載怪異尚多，固不必一一爲之辨矣。

108 東晉多幼主

晉南渡後，惟元帝年四十二即位，簡文帝年五十一即位，其餘則踐阼時多幼弱。明帝二十四歲，成帝五歲，康帝二十一歲，穆帝二歲，哀帝二十三歲，①廢帝二十一歲，②孝武帝十二歲，安帝二十二歲，③至恭帝即位年三十二，而國已歸劉宋矣。蓋運會方隆，則享國久長，生子亦早，故繼體多壯年，所謂國有長君，社稷之福也。及其衰也，人主既短祚，嗣子自多幼沖，固非人力所能爲矣。然東晉猶能享國八九十年，則猶賴大臣輔相之力。明帝、成帝時，有王導、庾亮、郗鑒等；康帝、穆帝，有褚裒、庾冰、蔡謨、王彪之等；孝武時，有謝安、謝玄、桓沖等。主雖孱弱，臣尚公忠，是以國脈得以屢延。一桓温出而宗社幾移，迨會稽王道子昏庸當國，元顯以狂愚亂政，而淪胥及溺矣。國家所貴，有樹人之計也。

109 晉帝多兄終弟及

晉司馬師、司馬昭相繼專魏政，是開國時已兄弟相繼。後惠帝以太子太孫俱薨，立弟豫章王熾爲皇太弟，即位，是爲懷帝。成帝崩，母弟岳立，是爲康帝。皆庾后出。哀帝崩，母弟奕立，是爲廢帝海西公。皆章太妃出。安帝崩，母弟德文立，是爲恭帝。皆陳太后出。以後惟北齊文宣、孝昭、武成，亦兄弟遞襲帝位，然孝昭廢濟南王而自立，武成廢樂陵王而自立，非晉之依次而立也。

110 愍元二帝即位

晉懷帝，永嘉五年爲劉曜所擄。次年，賈疋等已奉秦王鄴爲皇太子，都於長安，然猶未即尊位，直至永嘉七年，懷帝崩問至，始稱帝，是爲愍帝。愍帝，建興四年降於劉曜。次年，元帝稱晉王於建康，亦未即尊位，又明年，愍帝崩問至，始稱帝。流離傾覆中，尚有不忍其君之意，可謂合乎禮之變者也。

111 僭僞諸君有文學

晉載記諸僭僞之君，雖非中國人，亦多有文學。劉淵少好學，習毛詩、京氏易、馬氏尚書，尤好左氏春秋，孫、吴兵法。史、漢、諸子，無不綜覽。嘗鄙隋、陸無武，絳、灌無文。一物不知，以爲君子所恥。其子劉和亦好學，習毛詩、左氏春秋、鄭氏易。和弟宣，師事孫炎，沈精積思，不舍晝夜。嘗讀漢書，至蕭何、鄧禹傳，未嘗不反覆詠之。劉聰幼而聰悟，博士朱紀大奇之，年十四，究通經史，兼綜百家之言。工草隸，善屬文，著述懷詩百餘篇，賦頌五十餘篇。劉曜讀書，志於廣覽，不精思章句，亦善屬文，工草隸。小時避難，從崔岳質通疑滯。既即位，立太學於長樂宫，立小學於未央宫，簡民間俊秀千五百人，選朝廷宿儒教之。慕容皝尚經學，善天文。即位後，立東庠於舊宫，賜大臣子弟爲官學生，親自臨考。自造太上章以代急就，又著典誡十五篇，以教胄子。慕容儁亦博觀圖書。後慕容寶亦善屬文，崇儒學。苻堅八歲，向其祖洪請師就學，洪曰：「汝氏人，乃求學耶。」及長，博學多才藝。既即位，一月三臨太學，謂躬自獎勵，庶周、孔之微言不墜，諸非正道者悉屏之。自永嘉之亂，庠序無聞，至是學校漸興。苻登長而折節，博覽書傳。姚興爲太子時，與范勗等講經籍，不以兵難廢業。時姜龕、淳于岐等，皆耆儒碩德，門徒各數百人，興聽政之暇，輒引龕等講論。姚泓博學善談論，尤好詩詠。王尚、段章以儒術，胡義周、夏侯稚以文學，皆嘗游集。淳于岐疾，（興）〔泓〕親往問疾，拜於床下。李流少好學。李庠才兼文武，曾舉秀異科。沮渠蒙遜博涉羣史，曉天文。赫連勃勃聞劉裕遣使來，預命皇甫徽爲答書，默誦之，召裕使至前，口授舍人爲書，裕見其文曰：「吾不如也。」此皆生於戎羌，以用武爲急，而仍兼文學如此，人亦何可輕量哉。

112 九品中正

魏文帝初定九品中正之法，郡邑設小中正，州設大中正，由小中正品第人才，以上大中正，大中正核實，以上司徒，司徒再核，然後付尚書選用。此陳羣所建白也。然魏武時，何夔疏言：「今草創之際，用人未詳其本，是以各引其類。宜先核之鄉閭，使長幼順序，無相踰越，則賢不肖先分。」夔傳杜恕亦疏言：「宜使州郡考士，必由四科，皆有事效，然後察舉，試辟公府。」恕傳此又在陳羣之前。蓋漢以來本以察舉孝廉爲士人入仕之路，迨日久弊生，夤緣勢利，猥濫益甚。故夔等欲先清其源，專歸重於鄉評，以核其素行；羣又密其法而差等之，固論定官才之法也。然行之未久，夏侯玄已謂中正干銓衡之權。玄傳而晉衛瓘亦言：「魏因喪亂之後，人士流移，考詳無地，故立此法，粗具一時選用。其始鄉邑清議，不拘爵位，褎貶所加，足爲勸勵，猶有鄉論餘風。其後遂計資定品，惟以居位爲重。」是可見法立弊生，而九品之升降尤易淆亂也。今以各史參考，鄉邑清議亦時有主持公道者。如陳壽遭父喪，有疾，令婢丸藥，客見之，鄉黨以爲貶議，由是沈滯累年，張華申理之，始舉孝廉。壽傳 閻乂亦西州名士，被清議，與壽皆廢棄。何攀傳 卞粹因弟裒有門内之私，粹遂以不訓見譏被廢。卞壼傳 並有已服官而仍以清議升黜者。長史韓預强聘楊欣女爲妻，時欣有姊喪未經旬，張輔爲中正，遂貶預以清風俗。輔傳 陳壽因張華奏，已官治書侍御史，以葬母洛陽，不歸喪於蜀，又被貶議，由此遂廢。壽傳 劉頌嫁女於陳（嶠）〔矯〕，（嶠）〔矯〕本劉氏子，出養於姑，遂姓陳氏，中正劉友譏之。頌傳 李含爲秦王郎中令，王薨，含俟葬訖除喪，本州大中正以名義貶含，傅咸申理之，詔不許，遂割爲五品。含傳 淮南小中正王式父没，其繼母終喪，歸於前夫之子，後遂合葬於前夫。卞壼劾之，以爲犯禮害義，並劾司徒及揚州大中正、淮南大中正，含容徇隱。①詔以式付鄉邑清議，廢終身。壼傳 温嶠已爲丹陽尹，平蘇峻有大功，司徒長史孔愉以嶠母亡，②遭亂不葬，乃下其品。③愉傳 是已入仕者，尚須時加品定，其法非不密也。且石虎詔云：「魏立九品之制，三年一清定之，亦人倫之明鏡也。先帝黄紙再定，以爲選舉，今又閲三年，主者更銓論之。」是魏以來尚有三年更定之例，初非一經品定，即終身不改易，其法更未嘗不詳慎也。且中正内亦多有矜慎者，如劉毅告老，司徒舉爲青州大中正，尚書謂毅既致仕，不宜煩以碎務，石鑒等力争，乃以毅爲之。銓正人流，清濁區别，其所彈貶，自親貴者始。毅傳 司徒王渾奏周馥理識清正，主定九品，檢括精詳，褎貶允當。馥傳 燕國中正劉沈舉霍原爲二品，司徒不過，沈上書謂原隱居求志，行成名立，張華等又特奏之，乃爲上品。李重傳，霍原傳張華素重張軌，安定中正蔽其善，華爲延譽，得居二品。軌傳王濟爲太原大中正，訪問者論邑人品狀，至孫楚，則曰：「此人非卿所能目，吾自爲之。」乃狀曰：「天才英博，亮拔不羣。」楚傳華恒爲州中正，鄉人任讓，輕薄無行，爲恒所黜。恒傳韓康伯爲中正，以周勰居喪廢禮，脱落名教，不通其議。康伯傳④陳慶之子暄，以落魄嗜酒，不爲中正所品，久不得調。慶之傳⑤此皆中正之秉公不撓者也。然進退人才之權，寄之於下，豈能日久無弊？晉武爲公子時，以相國子當品，鄉里莫敢與爲輩，十二郡中正共舉鄭默以輩之。默傳劉卞初入太學，試經當爲四品，臺史訪問助中正採訪之人。欲令寫黄紙一鹿車，卞不肯，訪問怒，言於中正，乃退爲尚書令史。卞傳孫秀初爲郡吏，求品於鄉議，王衍將不許，衍從兄戎勸品之。及秀得志，朝士有宿怨者皆誅，而戎、衍獲濟。戎傳何劭初亡，袁粲晉臣，非宋袁粲。來弔，其子岐辭以疾，粲獨哭而出，曰：「今年決下婢子品。」王詮曰：「岐前多罪時，爾何不下，其父新亡，便下岐品，人謂畏强易弱也。」何劭傳可見是時中正所品高下，全以意爲輕重。故段灼疏言，九品訪人，惟問中正，據上品者，非公侯之子孫，即當途之昆弟。灼傳劉毅亦疏言，高下任意，榮辱在手，用心百態，求者萬端。毅傳此九品之流弊見於章疏者，真所謂「上品無寒門，下品無世族」。⑥高門華閥有世及之榮，庶姓寒人無寸進之路，選舉之弊，至此而極。然魏、晉及南北朝三四百年，莫有能改之者，蓋當時執權者即中正高品之人，各自顧其門户，固不肯變法，且習俗已久，自帝王以及士庶皆視爲固然，而無可如何也。

113 六朝清談之習

清談起於魏正始中，何晏、王弼祖述老、莊，謂天地萬物皆以無爲本，無也者，開物成務，無往而不存者也。王衍傳 是時阮籍亦素有高名，口談浮虛，不遵禮法。裴頠傳 籍嘗作大人先生傳，謂世之禮法君子，如蝨之處褌。阮籍傳 其後王衍、樂廣慕之，俱宅心事外，名重於時，天下言風流者，以王、樂爲稱首。樂廣傳 後進莫不競爲浮誕，遂成風俗。王衍傳 學者以老、莊爲宗，而黜六經；談者以虛蕩爲辨，而賤名檢；行身者以放濁爲通，而狹節信；仕進者以苟得爲貴，而鄙居正；當官者以望空爲高，而笑勤恪。愍帝紀論 其時未嘗無斥其非者，如劉頌屢言治道，傅咸每糾邪正，世反謂之俗吏。裴頠又著崇有論以正之。頠傳 江惇亦著通道崇檢論以矯之。惇傳 卞壼斥王澄、謝鯤，謂悖禮傷教，中朝傾覆，實由於此。壼傳 范甯亦謂王弼、何晏二人之罪深於桀、紂。甯傳 應詹謂元康以來，賤經尚道，永嘉之弊由此。詹傳 熊遠、陳頵各有疏論，莫不大聲疾呼，欲挽回頹俗，而習尚已成，江河日下，卒莫能變也。今散見於各傳者。裴遐善言玄理，音詞清暢，泠然若琴瑟。嘗與郭象談論，一座盡服。遐傳① 衛玠善玄言，每出一語，聞者無不咨嘆，以爲入微。王澄有高名，每聞玠言，輒嘆息絶倒。後過江，與謝鯤相見，欣然言論終日。王敦謂鯤曰：「昔王輔嗣吐金聲於中朝，此子復玉振於江表，不意永嘉之末，復聞正始之音。」玠傳 王衍爲當時談宗，自以論易略盡，然亦有未了，每曰不知此生當見有能通之者否，及遇阮修談易，乃嘆服焉。修傳 王戎問阮瞻曰：「聖人貴名教，老、莊明自然，其指同異？」瞻曰：「將毋同。」戎即辟之，時人謂之

「三語掾」。瞻傳郭象善老、莊，時人以爲王弼之亞。庾敳傳桓温嘗問劉惔：「會稽王更進耶？」惔曰：「極進，然是第三流耳。」②温曰：「第一流是誰？」惔曰：「故是我輩。」惔傳張憑初詣劉惔，處之下座，適王濛來，清言有所不通，憑即判之，惔驚服。憑傳此可見當時風尚大概也。其中未嘗無好學者，然所學亦正以供談資。向秀好老、莊之學，嘗註解之，讀者超然心悟。郭象又從而廣之，儒、墨之迹見鄙，道家之風遂盛。秀傳潘京與樂廣談，廣深嘆之，謂曰：「君天才過人，若加以學，必爲一代談宗。」京遂勤學不倦。京傳王僧虔戒子書曰：「汝未知輔嗣何所道，平叔何所説，而便盛於麈尾，自稱談士，此最險事。」僧虔傳③是當時父兄師友之所講求，專推究老、莊，以爲口舌之助，五經中惟崇易理，其他盡閣束也。至梁武帝始崇尚經學，儒術由之稍振，然談義之習已成，所謂經學者，亦皆以爲談辯之資。④武帝召岑之敬升講座，敕朱异執孝經，唱士孝章，帝親與論難，之敬剖釋縱横，應對如響。之敬傳簡文爲太子時，出士林館，發孝經題，張譏議論往復，甚見嗟賞。其後周弘正在國子監，發周易題，譏與之論辯，弘正謂人曰：「吾每登座，見張譏在席，使人凜然。」譏傳簡文使戚衮説朝聘儀，徐摛與往復，衮精采自若。衮傳簡文嘗自升座説經，張正見預講筵，請決疑義。正見傳伏曼容宅在瓦官寺東，每升座講經，生徒常數十百人。曼容傳袁憲與岑文豪同候周弘正，弘正將登講座，適憲至，即令憲樹義。時謝岐、何妥並在座，遞起義端，憲辯論有餘。到溉曰：「袁君正有後矣。」憲傳嚴植之通經學，館在潮溝，講説有區段次第，每登講，五館生畢至，聽者千餘。植之傳鮑皦在太學，有疾，請紀少瑜代講，少瑜善談吐，辯捷如流。少瑜傳崔靈恩自魏歸梁，爲博士，性拙樸無文采，及解析經義，甚有精致，舊儒咸重之。靈恩傳沈峻精周官，開講時，羣儒劉嵒、沈熊之徒，並執經下座，北面受業。峻傳是當時雖從事於經義，亦皆口耳之學，開堂升座，以才辯相争勝，與晉人清談無異，特所談者不同耳。況梁時所談，亦不專講五經。武帝嘗於重雲殿自講老子，徐勉舉顧越論義，越音響若鐘，咸嘆美之。越傳簡文在東宫，置宴玄儒之士。戚衮傳邵陵王綸講大品經，使馬樞講維摩、老子，同日發題，道俗聽者二千人。王謂衆曰：「馬學士論義，必使屈伏，不得空具主客。」於是各起辯端，樞轉變無窮，論者咸服。樞傳則梁時五經之外，仍不廢老、莊，且又增佛義，晉人虚僞之習依然未改，且又甚焉。風氣所趨，積重難返，直至隋平陳之後，始掃除之。蓋關陝樸厚，本無此風，魏、周以來，初未漸染，陳人之遷於長安者，又已衰苶不振，故不禁而自消滅也。

按漢時本有講經之例，宣帝甘露三年，詔諸生講五經異同，蕭望之等平奏其議，上親臨決。又施讐論五經於石渠閣。章帝建初四年，亦詔博士議郎郎官及諸生諸儒，會白虎觀，講議五經異同，使五官中將魏應承制問，侍中淳于恭奏，帝親稱制臨決，作白虎奏議，今白虎通是也。然此特因經義紛繁，各家師説互有異同，故聚羣言以折衷之，非以此角勝也。至梁時之升座説經，則但以炫博鬬辯而已。

114 清談用麈尾

六朝人清談，必用麈尾。晉書，王衍善玄言，每捉白玉柄麈尾，與手同色。衍傳孫盛與殷浩談，奮麈尾，盡落飯中。盛傳宋書，王僧虔戒子，謂其好捉麈尾，自稱談士。僧虔傳①齊書，戴容著三宗論，智林道人曰：「貧道捉麈尾三十年，此一塗無人能解，今始遇之。」容傳②梁書，盧廣發講時，謝舉屢折之，廣愧服，以所執麈尾贈之，以況重席。舉傳張孝秀談義，嘗手執栟櫚皮麈尾。孝秀傳陳書，後主宴宮僚，所造玉柄麈尾新成，曰：「當今堪捉此者，惟張譏耳。」即以賜譏。又幸鍾山開善寺，使譏竪義，時麈尾未至，命取松枝代之。譏傳此皆清談麈尾故事也。亦有不必談而亦用之者。王浚以麈尾遺石勒，勒僞爲不敢執，懸於壁而拜之。勒載記何充詣王導，導以麈尾指其牀，曰：「此是君坐也。」充傳王濛病篤，燈下視麈尾而嘆，既没，劉惔以犀麈尾納之棺中。濛傳蓋初以談玄用之，相習成俗，遂爲名流雅器，雖不談亦常執持耳。

115 騶虞幡

晉制最重騶虞幡，每至危險時，或用以傳旨，或用以止兵，見之者輒慴伏而不敢動，亦一朝之令甲也。晉書，楚王瑋率兵誅汝南王亮及宰相楊駿，徹夜喧鬭。天明，張華奏惠帝，使殿中將軍持騶虞幡麾衆曰：「楚王瑋矯詔。」衆皆釋仗而走，瑋遂被擒。瑋傳①淮南王允擁兵誅趙王倫，自辰至申，②鬭不解。陳（准）〔淮〕遣騶虞幡解鬭，允兵散被殺。允傳倫既篡，王輿率兵殺其黨孫秀，使倫爲手詔迎惠帝復位。傳詔者以騶虞幡敕將士解兵，文武官皆散走。倫傳長沙王乂發兵攻齊王冏，冏遣董艾率兵拒之，潛令人盜騶虞幡，呼云長沙王矯詔，乂又稱齊王謀反，冏戰敗被擒。冏傳南渡後，桓玄之變，會稽王道子遣司馬柔之以騶虞幡宣告荆、江二州。柔之傳③王敦犯闕，甘卓在襄陽，起兵將襲其後。敦懼，求臺以騶虞幡止之。卓傳桓温兵東下，殷浩欲以騶虞幡止其軍。温傳此皆騶虞幡之故事也。他朝未見有用之者。

116 建業有三城

六朝時，建業之地有三城。中爲臺城，則帝居也，宫殿臺省皆在焉。其西則石頭城，嘗宿兵以衛京師。王敦内犯，周札守石頭城，開門納敦，敦遂據之，以敗王師。後蘇峻之反，劫遷成帝於石頭，峻敗，帝始出。盧循舟師將至，朝臣欲分守諸津，劉裕謂兵分則勢弱，不如聚兵石頭，則衆力不分，乃自鎮石頭，果敗賊。宋末，袁粲據石頭，欲誅蕭道成，爲道成所殺。當時諺曰：「可憐石頭城，寧爲袁粲死，不作褚淵生。」梁末，王僧辯鎮石頭，陳霸先使侯安都往襲之。石頭不甚高，軍士捧安都投入女垣内，衆隨入，遂執僧辯。後徐嗣徽引北齊兵入石頭，來逼臺城，安都自臺城以甲士突出東西掖門敗之，賊還石頭，遂不敢逼臺城是也。臺城之東則有東府，凡宰相録尚書事兼揚州刺史者居之，實甲嘗數千人。晉時會稽王道子居之，劉裕秉政亦居此。裕出征則曰留府，嘗使劉穆之監府事。裕討劉毅回，公卿咸候於新亭，而裕已潛還東府矣。宋末後廢帝之弑，蕭道成移鎮東府。順帝紀，蕭道成出鎮東府。輔政後進爵齊王，卞彬戲謂曰：「殿下今以青溪爲鴻溝，溪東爲齊，溪西爲宋。」因詠詩曰：「誰謂宋遠，跂予望之。」陳安成王頊輔政，入居尚書省，劉師知等忌之，矯詔令其還東府是也。可見是時三城皆爲要地。宋後廢帝狂暴，阮佃夫欲俟其出游，閉臺城，分人守東府、石頭以拒之，會帝不出乃止。齊豫章王嶷守東府，竟陵王子良鎮石頭，而皆造私第於京師中，遊讌忘返，因范雲謂重地不宜虚曠，嶷乃還東府，子良乃還石頭。緣此二城拱衛京師，最居要害故也。其時尚有治城，當徐嗣徽等引北齊兵據石頭，而市廛在南路，去臺城稍遠，恐爲賊所乘，乃使徐度鎮治城寺，築壘以斷之。此又在臺城之南。

117 南朝多以寒人掌機要

魏正始、晉永熙以來，皆大臣當國。晉元帝忌王氏之盛，欲政自己出，用刁協、劉隗等爲私人，即召王敦之禍。自後非幼君即孱主，悉聽命於柄臣，八九十年，已成故事。晉韋華謂姚興曰，晉主雖有南面之尊，無綂馭之實，宰輔執政，權在臣下，遂成習俗。至宋、齊、梁、陳諸君，則無論賢否，皆威福自己，不肯假權於大臣。而其時高門大族，門户已成，令、僕、三司，可安流平進，不屑竭智盡心，以邀恩寵；且風流相尚，罕以物務關懷，人主遂不能藉以集事，於是不得不用寒人。人寒則希榮切而宣力勤，便於驅策，不覺倚之爲心膂。南史謂宋孝武不任大臣，而腹心耳目不能無所寄，①於是戴法興、巢尚之等皆委任隆密。齊武帝亦曰：「學士輩但讀書耳，不堪經國，經國一劉係宗足矣。」此當時朝局相沿，位尊望重者其任轉輕，而機要多任用此輩也。然地當清切，手持天憲，口銜詔命，則人雖寒而權自重，權重則勢利盡歸之。如法興威行内外，江夏王義恭雖録尚書事，而積相畏服，猶不能與之抗。阮佃夫、王道隆等，權侔人主，其捉車人官虎賁中郎將，傍馬者官員外郎。茹法亮當權，太尉王儉嘗曰：「我雖有大位，權寄豈及茹公。」朱异權震内外，歸飲私第，慮日晚臺門閉，令鹵簿自家列至城門，門者遂不敢閉。此可見威勢之薰灼也。法亮在中書，嘗語人曰：「何須覓外禄，此户内歲可辦百萬。」佃夫宅舍園池勝於諸王邸第，女妓數十，藝貌冠絶當時。出行遇勝流，便邀與同歸，一時珍羞莫不畢具，凡諸火劑，並皆始熟，至數十種，雖晉之王、石不能過。此可見賄賂之盈溢也。蓋出身寒賤，則小器易盈，不知大體，雖一時得其力用，而招權納賄，不復顧惜名檢。其中亦有如法興，遇廢帝無道，頗能禁制，然持正者少，乘勢作姦者多。唐寓之反，説者謂始於虞玩之，而成於吕文度，此已見蠹國害民之大概。甚至佃夫弑主，而推戴明帝。周石珍當侯景圍臺城，輒與景相結，遂爲景佐命。至陳末，施文慶、沈客卿用事，自取身榮，不存國計，隋軍臨江，猶曰此常事，邊臣足以當之，不復警備，以致亡國。小人而乘君子之器，其害可勝道哉。大臣不能體國，致人主委任下僚，人主不信大臣，而轉以羣小爲心膂，此皆江左之流弊也。

按公孫瓚常言，衣冠之人皆自謂職當富貴，不謝人惠，故所寵皆商販庸兒，亦同此見。

118 相墓

古人但有望氣之法，如秦始皇時，望氣者謂東南有天子氣，乃南巡以厭之。又謂金陵有王氣，乃鑿淮水以泄之。光武未貴時，望氣者蘇伯阿過南陽，望舂陵郭，唶曰：「氣佳哉，鬱鬱葱葱然。」孫皓時，臨平湖開，皓以問陳訓，訓曰：「臣止能望氣，不知湖之開塞。」陳敏反，或曰：「陳家無王氣，不久當滅。」①此古來專以望氣占吉凶，未嘗有相墓之術也。相墓術相傳始於郭璞。然後漢書袁安傳，安覓地葬父，有三書生指一處云，葬此當世爲上公，從之，故累世隆盛。晉書羊祜傳，有相墓者言祜祖墓有帝王氣，祜乃鑿之。相者曰，猶當出折臂三公，後祜墮馬折臂，果位三公。則又在璞之前。即璞本傳載其卜筮靈驗之處甚多，謂先有郭公者，精於卜筮，璞從受業，公授以青囊書九卷，遂洞五行、天文、卜筮之術，亦未嘗及相墓也。又璞所著書，載其靈驗事迹者曰洞林，抄京、費諸家最要者曰新林，又卜韻一篇，注爾雅、三蒼、方言、穆天子傳、山海經、楚詞、子虚、上林賦，及所作詩、賦、誄、頌，共數十萬言，亦未有所謂葬經也。惟傳内稱璞葬母暨陽，去水百步，或以近水言之，璞曰：「當即爲陸矣。」其後果沙漲數十里。又璞爲人葬墓，晉明帝微服觀之，問主人何以葬龍角，主人曰：「郭璞云，此葬龍耳，當致天子。」帝曰：「當出天子耶？」主人曰：「非出天子，能致天子至耳。」此璞以相墓擅名，而後世皆以爲葬術之始也，而葬術之行，實即由是時而盛。陶侃將葬父，家中忽失牛，有老父謂曰：「前岡見有一牛，眠山汙中，若葬之，位極人臣。」又指一山曰：「此亦其次，當出二千石。」侃尋得牛，因葬其處，以所指別山與周訪葬其父，後侃果爲三公，訪爲刺史。晉書周光傳宋武帝父墓在丹徒（侯）〔候〕山，有孔恭者，善占墓，謂此非常地，後果爲天子。齊高帝舊塋在武進彭山，岡阜相屬，百里不絶，其上常有五色雲。宋明帝惡之，遣占墓者高靈文往相之。靈文先給事齊高，乃詭曰：「不過方伯耳。」私謂齊高曰：「貴不可言。」後果登極。南史宋、齊二紀齊高之母劉氏，與夫合葬時，墓工始下鍤，有白兔跳起，及墳成，又止其上。劉后傳②荀伯玉家墓，有相之者，謂當出暴貴而不久，伯玉官果至散騎常侍，坐事誅。伯玉傳柳世隆曉術數，於倪塘創墓，與賓客往遊，十往五往常坐一處，及卒，正葬其地。世隆傳富陽人唐寓之，祖、父皆以圖墓爲業。沈文季傳③梁武丁貴嬪薨，昭明太子求得善墓地，被俞三副以己地奏帝，買葬之。有道士謂此地不利長子，教以用蠟鵝諸物厭之。後事發，昭明以此慚懼而薨。昭明太子傳杜嶷葬祖父，梁元帝忌之，命墓工惡爲之，逾年而嶷卒。嶷傳④吴明徹葬父，有伊氏者善占墓，謂其兄曰：「葬日必有乘白馬逐鹿者過此，此是最小子大貴之徵。」明徹後果大貴。明徹傳此皆見於各列傳者，可見六朝時此術已盛行。如昭明傳曰不利長子，明徹傳曰最小子大貴，則術家所云長房、小房之説，亦即起於是時矣。

119 唐人避諱之法

唐人修諸史時，避祖諱之法有三：如「虎」字、「淵」字，或前人名有同之者，有字則稱其字，如晉書公孫淵稱公孫文懿，劉淵稱劉元海，褚淵稱褚彦回，石虎稱石季龍是也。否則竟删去其所犯之字，如梁書蕭淵明、蕭淵藻，但稱蕭明、蕭藻，陳書韓擒虎但稱韓擒是也。否則以文義改易其字，凡遇「虎」字皆稱猛獸，李叔虎稱李叔彪，殷淵源稱殷深源，陶淵明稱陶泉明，魏廣陽王淵稱廣陽王深是也。其後諱「世」爲「代」，諱「民」爲「人」，諱「治」爲「理」之類，皆從立義改换之法。

第八卷校證

106 八王之亂

①顒本以乂弱冏强，冀乂爲冏所殺，而以殺乂之罪討之，因廢帝立穎，己爲宰相，可以專政　按：此爲李含之謀，見含傳。

②東海王越在京，慮事不濟，與殿中將收乂送金墉　按：此爲乂傳之文。似越爲主動收乂者。越傳稱：「乂固守洛陽，殿中諸將及三部司馬疲於戰守，密與左衛將朱默夜守乂别省，逼越爲主，啓惠帝免乂官。事定，越稱疾遜位。」是越乃被迫而動者。

107 晉書所記怪異

①寶因此作搜神記，自敍其事如此　按：晉書干寶傳（卷八二）記其父婢閉於墓中十餘年開墓後復生之事，而後云：「寶以此遂撰集古今神祇靈異人物變化，名曰搜神記。」此乃作晉書者之言，而非干寶之自敍。

108 東晉多幼主

①哀帝二十三歲　按：哀帝壽二十五歲，在位四年，則即位時應爲二十一歲。

②廢帝二十一歲　按：廢帝生於咸康八年（三四二年），即位於興寧三年（三六五年），則應爲二十四歲。

③安帝二十二歲　按：安帝壽三十七歲，在位二十二年，則即位時應爲十五歲。

112 九品中正

①含容徇隱　按：「容」原刻本作「宏」，西畬本已改正。

②司徒長史孔愉以嶠母亡　按：「孔愉」二字原刻本脱，西畬本已校補。

③乃下其品　按：晉書孔愉傳原文作「乃不過其品」。

④康伯傳　按：韓伯字康伯，史書一般皆稱名而不稱字，此處應作「韓伯傳」。

⑤陳慶之字暄，以落魄嗜酒，不爲中正所品，久不得調。（慶之傳）　按：本篇所引各傳以晉書爲主，惟陳慶之爲梁時人，其事見南史卷六一陳慶之傳。

⑥真所謂「上品無寒門，下品無世族」　按：此二句出於劉毅奏疏，見晉書本傳（卷四五），原文「世」作「勢」，「世」字義雖可通，而應取原字爲正。

113 六朝清談之習

①裴遐善言玄理，音詞清暢，泠然若琴瑟。嘗與郭象談論，一座盡服。（遐傳）　按：裴遐爲裴秀從弟綽之子，晉書無傳，其事附見於裴秀傳（卷三五）。

②然是第三流耳　按：世説新語品藻篇作「第二」，於義爲長。

③王僧虔戒子書曰……（僧虔傳）　按：此書見於南齊書卷三三王僧虔傳。

④至梁武帝始崇尚經學，儒術由之稍振，然談義之習已成，所謂經學者，亦皆以爲談辯之資　按：下文列舉諸人之事，僅注作某某傳，實非出於一書。伏曼容、嚴植之、崔靈恩、沈峻之事，見於梁書與南史儒林傳。張譏、戚衮之事，見於陳書與南史儒林傳。岑之敬、張正見之事，見於陳書與南史文學傳。袁憲之事，見於陳書與南史列傳。馬樞之事，見於陳書列傳與南史隱逸傳。顧越之事，見於南史儒林傳。紀少瑜之事，見於南史文學傳。

114 清談用麈尾

①宋書，王僧虔戒子，謂其好捉麈尾，自稱談士。（僧虔傳）　按：王僧虔傳在南齊書，但其戒子之事在宋世。

②齊書，戴容著三宗論，智林道人曰：「貧道捉麈尾三十年，此一塗無人能解，今始遇之。」（容傳）　按：「戴容」應作「周顒」，周顒傳在南齊書卷四一或南史卷三四。因避清嘉慶帝顒琰之名諱改「顒」爲「容」，又因戴顒之名而誤作「戴容」。又「三十年」原書作「四十年」，應據改。

115 騶虞幡

①楚王瑋率兵誅汝南王亮及宰相楊駿，徹夜喧鬬。天明，張華奏惠帝，使殿中將軍持騶虞幡麾衆曰：「楚王瑋矯詔。」衆皆釋仗而走，瑋遂被擒。（瑋傳）　按：楊駿先爲賈后所殺，其後賈后又利用瑋與亮及衛瓘間之矛盾，使瑋殺二人。楊駿與亮非同時被殺，瑋之被擒在亮與瓘被殺之後，亦無「徹夜喧鬬」之事。此處引述之事多誤。

②自辰至申　按：晉書淮南王允傳，「申」作「未」，應據改。

③桓玄之變，會稽王道子遣司馬柔之以騶虞幡宣告荆、江二州。（柔之傳）　按：晉書無司馬柔之傳，其事附見於齊王冏傳（卷五九）。又見於安帝紀。

117 南朝多以寒人掌機要

①南史謂宋孝武不任大臣，而腹心耳目不能無所寄　按：下文所記各事皆見於南史恩倖傳。

118 相墓

①陳敏反，或曰：「陳家無王氣，不久當滅。」　按：事見晉書陳訓傳，「或曰」即訓之言也。

②齊高之母劉氏，與夫合葬時，墓工始下鍤，有白兔跳起，及墳成，又止其上。（劉后傳）　按：劉氏爲齊高帝蕭道成之妻，非道成之母。卒時道成猶未稱帝，故單獨埋葬，曾有白兔之異，非與夫合葬時之事。

③富陽人唐寓之，祖、父皆以圖墓爲業。（沈文季傳）　按：沈文季傳在南齊書卷四四，南史虞玩之傳（卷四七）亦載其事。

④杜嶷葬祖父，梁元帝忌之，命墓工惡爲之，逾年而嶷卒。（嶷傳）　按：杜嶷無傳，其事附見於南史杜崱傳。「祖父」作「父祖」。

廿二史劄記卷九

120 宋書多徐爰舊本

沈約於齊永明五年奉敕撰宋書，次年二月即告成，共紀、志、列傳一百卷，①古來修史之速未有若此者。今案其自序而細推之，知約書多取徐爰舊本而增删之者也。宋著作郎何承天已撰宋書，紀、傳止於武帝功臣，其諸志惟天文、律曆，此外悉委山謙之。謙之亡，詔蘇寶生續撰，遂及元嘉諸臣。寶生被誅，又以命徐爰。爰因蘇、何二本，勒爲一史，起自義熙之初，迄於大明之末，其臧質、魯爽、王僧達三傳，皆孝武所造，惟永光以後至亡國十餘年，記載並缺。今宋書内永光以後紀傳，蓋約等所補也。案王智深傳，約多載宋明帝鄙瀆事，武帝謂曰：「我昔經事明帝，卿可思諱惡之義。」於是多所删除。可見宋明帝以後紀傳皆約所撰。其於爰書稍有去取者，爰本有晉末諸臣，及桓玄等諸叛賊，並劉毅等與宋武同起義者，皆列於宋書。約以爲桓玄、（焦）〔譙〕縱、盧循，身爲晉賊，無關後代；吳隱、郗僧施、謝混，義止前朝，不宜入宋；劉毅、何無忌、諸葛長民、魏詠之、檀憑之，志在匡晉，亦不得謂之宋臣，故概從删除。是約所删者，止於此數傳，其餘則皆爰書之舊，是以成書若此之易也。徐爰傳，爰雖因前作，而專爲一家之書，起元義熙爲王業之始，載序宣力爲功臣之斷，於是内外博議，或謂宜以義熙元年爲斷，或謂宜以元興三年爲斷。詔曰：「項籍、聖公，編録二漢，前史已有成例。桓玄傳宜在宋典，餘如爰議。」是可見爰舊本體例也。余向疑約修宋書，凡宋、齊革易之際宜爲齊諱，晉、宋革易之際不必爲宋諱，乃爲宋諱者反甚於爲齊諱，然後知爲宋諱者徐爰舊本也，爲齊諱者約所補輯也。人但知宋書爲沈約作，而不知大半乃徐爰作也，觀宋書者當於此而推之。何尚之，何偃之父也，乃偃傳在五十九卷，尚之傳反在六十六卷。可見宋書時日促迫，倉猝編排，前後亦不暇審訂。

121 宋書書晉宋革易之際

宋書作於齊，其於晉、宋革易之際，固可無所避諱，乃宋武紀歷敍其勳高績茂，以致晉恭帝自願禪位，宋武尚奉表陳讓，晉帝已遜於琅琊王第，表不獲通，乃即位，封晉帝爲零陵王，令食一郡，載天子旌旗，一用晉典，斯固儼然唐虞揖讓光景，絶不見有逼奪之迹。紀內惟將禪時，有司以禪草呈晉帝，晉帝欣然曰：「桓玄之時，天命已改，重爲劉公所延，將二十載，今日之事，固所甘心。」此數語略見禪位之非出於晉帝本心。① 至零陵王之殂，則王被廢後方慮禍，自與褚妃煮食於牀前。宋武使其妃兄褚淡之往視妃，妃出與相見，兵士即踰垣入，進藥於王，王不肯飲，乃以被掩殺之。南史 此其悖逆凶毒爲自古所未有，則書法自應明著其罪。乃永初二年書零陵王薨，車駕三朝率百官舉哀於朝堂，一依魏明帝服山陽公故事，一若零陵之壽考令終，宋武之恩禮兼備者。又文帝爲太子劭所弒，尤屬千古之奇變，而本紀亦只書上崩於合殿，年四十七，絶無一字及於被弒。② 其他如前廢帝以藥酒酖死沈慶之，而本紀書新除太尉沈慶之薨。明帝賜劉道隆死，而書新除中護軍劉道隆卒。建安王休仁以酖死，而書建安王休仁有罪自殺。帝又賜巴陵王休若死，而書巴陵王休若薨。凡遇朝廷過舉，無一不深爲之諱，此皆徐爰舊書也。約作宋書於齊朝，可無所諱，爰作宋書於宋朝，自不得不諱。諱之於本紀，而散見其事於列傳，當日國史體例本如是，沈約急於成書，遂全抄舊文，而不暇訂正耳。南史於零陵王殂，則書曰宋志也；於文帝之崩，則書元凶劭搆逆，帝崩於合殿；以及沈慶之、建安王、巴陵王之死，亦直書曰賜死、酖死，較爲得實矣。

122 宋書書宋齊革易之際

沈約在蕭齊修宋書，永光以後皆其筆也，故於宋、齊革易之際，不得不多所忌諱。如後廢帝紀，但歷敍帝無道之處，以見其必當廢殺。順帝紀，亦但敍蕭道成之功勳，進位相國，封十郡爲齊公，備九錫，進爵齊王，增封十郡，冕十有二旒，建天子旌旗。下云，天禄永終，遜位於齊，帝遷居於丹陽宮。齊王踐祚，封帝爲汝陰王。建元元年，殂於丹陽宮，年十三，謚曰順帝。絶不見篡奪之迹。南史書帝遜位於東邸時，王敬則以兵陳殿廷，帝在内聞之，逃於佛蓋下。太后懼，自帥奄竪索之，黄門或促帝，帝怒，抽刀殺之。帝既出居於丹陽宮，齊兵衛之。齊建元元年五月，帝聞外馳馬者，懼亂作，監者殺王而以病訃。齊人德之，賞之以邑。其於諸臣之效忠於宋，謀討蕭道成者，概曰反，曰有罪。如昇明元年，書沈攸之舉兵反，南史書舉兵不從執政。又書司徒袁粲據石頭反，南史書粲據石頭，謀誅蕭道成，不果，旋見覆滅。吴郡太守劉遐反，南史書據郡不從執政。王宜興有罪伏誅。南史書貳於執政見殺。兖州刺史黄回有罪賜死，南史書貳於執政見殺。臨澧侯劉晃謀反伏誅，南史書誅臨澧侯劉晃。是也。其黨於道成而爲之助力者，轉謂之起義。如張敬兒等起義兵是也。作劉宋本紀，而以爲劉氏者曰反，爲蕭氏者曰義，此豈可筆之於書，顧有所不得已也，然亦有可見其微露實事之處。如後廢帝紀謂，廢帝昱無道，齊王順天人之心，潛圖廢立，與王敬則謀之。敬則結昱左右楊玉夫等二十五人，乘夜弑昱，玉夫以昱首付敬則，敬則馳至領軍府以呈齊王。王乃戎服入宫，以太后令迎安成王即位。是道成爲弑君主謀，已不待辨也。沈攸之傳雖不敢載其「寧爲王凌死，不作賈充生」之語，見南史。然猶存攸之上武陵王贊一書，以見其忠於宋室之志。書曰：「下官位重分陜，富兼金穴，豈不知俯眉苟安，可保餘齒，何爲不計百口，甘冒患難？誠感歷朝知遇，欲報宋室耳。若天必喪道，忠節不立，政復闔門碎滅，百死無恨。」黄回傳亦載其與袁粲約，欲從御道直向臺門，攻齊王於朝堂，會粲敗，乃不果。劉秉傳謂，齊王輔政，四海屬心，秉密懷異圖，與袁粲及黄回等謀作亂，爲齊王所誅。此亦各見其盡節於宋。至袁粲傳雖不敢載當時諺語「可憐石頭城，寧爲袁粲死，不作褚淵生」之句，然傳内謂齊王功高德重，天命有歸，粲自以身受顧託，不欲事二姓，乃與黄回、卜伯興等謀矯太后令，使伯興等據宿衛兵，攻齊王於朝堂。事洩，爲齊王攻破石頭，被殺。則明著其送往事居，不濟則以死繼之，其志節爲不可及也。又如明帝諸子傳，隨陽王翽、新興王嵩，皆先書元徽四年年六歲，下書齊受禪，以謀反賜死。元徽四年至昇明三年齊受禪，僅三閲歲，則翽等僅九歲耳，九歲之人豈能謀反？而曰以謀反賜死，則齊之戕及亡國之童稚，不言可知也。然則約之書宋、齊間事，尚不至大失實也。蓋是非之公，天下共之，固不能以一手掩萬目。約撰宋書，擬立袁粲傳，以審於帝，帝曰：「粲自是宋室忠臣。」王智深傳劉祥在永明中同修宋書，譏斥禪代事，王儉密奏之，上銜而不問。南史劉祥傳又有詔：「袁粲、劉秉同奬宋室，沈攸之於景和之世特有乃心，歲月彌往，宜特優奬，可皆爲改葬，其諸子喪柩在西者，亦符送還舊墓。」則帝亦不能掩天下之公論耳。

按沈約不諱齊高帝廢弒之事，非彰齊之惡，乃正以見蒼梧之當廢也。廢昏立明，本有故事，晉、宋間去漢未遠，霍光廢昌邑之例，在人耳目間。故少帝義符以失德爲徐羨之等所弒，時論亦但以廢殺爲過，未嘗以廢立爲非也。前廢帝子業無道，明帝結阮佃夫等弒之，時論亦未嘗以明帝爲非也。當蒼梧無道時，阮佃夫、申伯宗、朱幼等已有廢立之謀，事洩而死。（廢帝紀）齊高亦先與袁粲、褚淵謀廢立，袁、褚不敢承而止。（齊高帝紀）是當時朝野內外，本無一不以蒼梧爲當廢，齊高之舉固協於天下之公。其答沈攸之書亦云：「黜昏樹明，實惟前則。寧宗靜國，何愧前修。」固已明目張胆，自認爲理所宜然。故約明書齊王順天人之心，與王敬則謀廢立而不諱也。其後齊鬱林無道，齊明帝廢而弒之，論者亦止惡其假廢立爲篡奪，而未嘗以廢鬱林爲非也。至東昏無道，內而始安王蕭遙光起兵欲廢之，張欣泰、胡松等又結黨欲廢之，許準又勸宰相徐孝嗣廢之，外而陳顯達起兵欲廢之，崔慧景又起兵欲廢之，最後梁武起兵，卒令殞命，夫固皆以廢立爲勢所不得已也。當東昏賜徐孝嗣、沈昭略死時，昭略罵孝嗣曰：「廢昏立明，古今令典，宰相無才，致有今日。下官與龍逢、比干欣然相對，霍光若問明府今日之事，何辭答之？」又梁武圍城日久，張稷召王亮等曰：「桀有昏德，鼎遷於商。商紂暴虐，鼎遷於周。今獨夫自絕於天，斯微子去殷之時也。」乃遣范雲等詣梁武。可見當時人意中各有伊、霍故事，以爲理之當然。約之書此，正見齊高之應天順人也。

123 宋書本紀書法

史記，漢高祖初起事稱劉季，封沛公稱公，封漢王稱王，及即位稱帝，此本虞書舊法也。宋書本紀，於劉裕起事即稱高祖，及封豫章公乃稱公，封宋王後稱王，登極後稱上，此又仿陳壽魏志例。魏志，曹操初起事即稱太祖，後乃稱公，稱王，然操之封公在建安十八年，而本紀建安元年方敍天子封太祖爲武平侯，下忽改稱公，殊覺兩無所著。宋書於封公後稱公，封王後稱王，尚爲得寔矣。南史則於起事時即稱帝，以後封公、封王及登極皆稱帝，亦是一法。宋書於蕭道成書法尤有窒礙者，沈約在齊朝作宋書，自不敢直書道成之名，故於宋明帝紀已稱齊王，順帝紀又稱録公齊王、太尉齊王、太傅齊王，其時寔未嘗進爵爲王也。至昇（平）〔明〕三年始進爵爲齊公，若蒙上文而下，應書進齊王爵爲齊公，而文不可通，乃書進太傅位相國，封十郡爲齊公，下始云進齊公爵爲齊王。是稱齊王在前，封齊王在後，終覺文義不順。南史直書蕭道成，蓋易世之後，無所避諱，故易於下筆也。

124 宋齊書帶敍法

宋書有帶敍法，其人不必立傳，而其事有附見於某人傳内者，即於某人傳内敍其履歷以畢之，而下文仍敍某人之事。如劉道規傳，攻徐道覆時，使劉遵爲將，攻破道覆，即帶敍遵淮西人，①官至淮南太守，義熙十年卒，下文又重敍道規事，以完本傳，是劉遵帶敍在劉道規傳内也。廬陵王義真傳，義真從關中逃回，藏匿草中，值段宏來尋，始得就路，因帶敍宏鮮卑人，本慕容超尚書，元嘉中爲青、冀二州刺史，下文又重敍義真事，以完本傳，是段宏帶敍於義真傳内也。他如何承天傳帶敍謝元也，何尚之傳帶敍孟顗也，謝靈運傳帶敍荀雍、羊璿之、何長瑜三人也，皆是此法。蓋人各一傳則不勝傳，而不爲立傳則其人又有事可傳，有此帶敍法，則既省多立傳，又不没其人，此誠作史良法。但他史於附傳者，多在本傳後方綴附傳者之履歷，此則正在敍事中，而忽以附傳者履歷入之，此例乃宋書所獨創耳。至如劉義慶傳，因敍義慶好延文士鮑照等，而即敍鮑照字明遠，文詞贍逸；又因照文詞贍逸，而即載其河清頌一篇二千餘字，並敍照懼孝武忌其才，故爲鄙言累句以免禍；而其下又重敍義慶之事，以完本傳。遂覺一傳中義慶事轉少，鮑照事轉多，此未免喧客奪主矣。照本才士，何不入文苑傳，②而載其賦頌於本傳中？今乃不立照傳，而以照頌附入義慶傳，成何史體也。齊書亦多帶敍法。如文惠太子傳，因文惠誘執梁州刺史范柏年，而帶敍柏年先在梁州平氐賊之績。又帶敍襄陽有盜發冢，得竹簡書，王僧虔以爲科斗書考工記闕文也。因文惠使徐文景作乘輿服御之屬，而帶敍文景父陶仁惡文景所作，曰終當滅門，乃移家避之。後文景果賜死，陶仁遂不哭。③又如張敬兒傳，因敬兒斬沈攸之使，而姚道和不斬攸之使，遂帶敍道和本姚興之孫，自稱祖天子，父天子，身經作皇太子云云。

125 宋書紀魏事多誤

宋書有索虜傳，敍魏太武後文成帝即位之事，謂太武有六子：長名晃，爲太子。次晉王，被太武賜死。次秦王烏奕肝，與晃對掌國事，爲晃所譖，遣鎮枹罕。次燕王，次吴王，次楚王。太武南征，所虜獲甚多，晃私遣人擇取，太武聞之，大加搜檢，晃懼，謀行弒。燾詐死，遣近侍召晃迎喪，至則執之，罩以鐵籠，殺之，立秦王爲太子。會太武死，時，使嬖人宗愛立吴王博真後，宗愛、博真恐爲烏奕肝所害，殺之而自立。燕王曰：「博真非正嫡，當立晃子濬耳。」乃殺博真及宗愛而立濬，即文成帝也。按魏書，太子晃極有令德，正平元年薨，謚景穆。次秦王翰，改封東平王，即宋書所謂烏奕肝也。次燕王譚，改封臨淮王。次楚王建，改封廣陽王。次吴王余，改封南安王。正平二年，太武爲中常侍宗愛所弑，宗愛又矯皇太后令，賜秦王翰死，迎南安王余立之。已而余爲宗愛所害，大臣長孫渴侯、陸麗等迎立皇孫濬，是爲文成帝。據此則太子晃以疾薨，非太武賜死也。吴王爲宗愛所擅立，非太武遺命也；繼又爲宗愛所害，非燕王殺之也。宋書所云，蓋南北分裂，徒以傳聞爲記載，故有此誤耳。又如宋書柳元景傳，元景有從弟光世，留仕於魏。司徒崔浩，其姊夫也，拓跋燾南寇時，浩密有異志，光世邀河北義士爲浩應。浩謀泄被誅，河東大姓連坐者甚衆，光世南奔得免。按魏書，崔浩之誅，以修國史刊石於路衢，爲衆所嫉，事上聞，故至族誅，并連及柳氏、盧氏等族。是浩之死以國史，初非別有異圖也。宋書所云，蓋光世南奔時詭託之詞，後遂筆之於記載耳，自當以魏書爲正。北史敍太子晃、秦王翰及南安王余事，俱據魏書。南史柳元景傳亦但云，從弟光世留鄉里，仕魏爲河北太守，與崔浩親，浩被誅，光世南奔，而不言浩有異圖被禍，固以宋書所記不足憑也。

126 宋書南史俱無沈田子沈林子傳

宋武開國，武將功臣以檀道濟、檀韶、檀祇、王鎮惡、朱齡石、朱超石、沈田子、沈林子爲最。田子從武帝克京口，平京邑，滅慕容超。盧循内逼，田子與孫季高從海道襲廣州，傾其巢穴，循無所歸，遂被誅戮。武帝北伐，田子先入武關，據青泥，姚泓率大衆來禦，田子大破之，遂平長安。武帝宴諸將於文昌殿，舉酒屬田子曰：「咸陽之平，卿之功也。」後旋師，留田子及王鎮惡、傅弘之、王修等輔桂陽公義真鎮長安。會赫連勃勃來寇，田子與鎮惡出師禦之。或言鎮惡本北人，欲盡殺南人，自據關中，田子乃矯武帝令誅之，而自歸於義真，爲長史王修所殺。是其身雖死，而勇烈固在諸將之右也。林子從武帝滅慕容超，而盧循奄至京邑，林子與徐赤特斷拒查浦，赤特輕戰而敗，林子收敗卒，再戰破之。徐道覆又至，林子復斷塘而鬭，會朱齡石至，與林子并力，賊乃散去。武帝每征討，林子皆摧鋒居前，至夜輒召還宿衛。武帝北伐，林子爲先鋒，殺董神虎於襄邑，襲薛帛於解縣。與道濟等攻蒲坂，林子以蒲坂城池堅深，非可猝下，潼關天險，而王鎮惡孤軍無援，若使姚紹先據之則難圖，乃亟赴潼關。而姚紹已舉關中之衆來，設長圍，諸將疑沮，議欲渡河避其鋒。林子力争不可，率麾下犯其西北，紹衆稍卻，林子乘其亂而薄之，紹乃大潰。遂進屠定城，殺姚鸞，屯河上，走姚瓚。①紹又遣姚伯子等憑河固險，以絶糧援，武帝使林子累戰大破之，於是糧運無阻，遂平長安，擒姚泓。是克關中之功，林子又其最也。沈約撰宋書，所以不入列傳者，以此二人功績詳載於自序中，以顯其家世勳伐，故功臣傳缺之。李延壽作南史，既非如沈約另有自序載其功績，則自應將此二人作傳，與道濟、齡石等同入列傳中，乃竟遺之，而仍附於沈約傳内。可見延壽作史，但就正史所有者删節之，離合之，不復另加訂正也。

127 齊書舊本

齊書亦有所本。建元二年，即詔檀超與江淹掌史職。超等表上條例，開元紀號，不取宋年；封爵各詳本傳，無假年表；立十志，律曆、禮樂、天文、五行、郊祀、刑法、藝文依班固，朝會、輿服依蔡邕、司馬彪，州郡依徐爰，百官依范蔚宗〔合州郡〕，日蝕舊載五行，應改入天文志，帝女應立傳，以備甥舅之重，又立處士、列女傳。詔内外詳議。王儉議以爲食貨乃國家本務，至朝會前史不書，乃伯喈一家之意，宜立食貨，省朝會；日月應仍隸五行；帝女若有高德絶行，當載列女傳，若止於常美不立傳。詔日月災隸天文，餘如儉議。見檀超傳 此齊時修國史體例也。又有豫章熊（囊）〔襄〕著齊典，沈約亦著齊紀二十卷，江淹撰齊史十志，吴均撰齊春秋，俱見各本傳。今案蕭子顯齊書，但有禮、樂、天文、州郡、百官、輿服、祥瑞、五行（七）〔八〕志，而食貨、刑法、藝文仍缺，列傳内亦無帝女及列女，其節義可傳者總入於孝義傳，改處士爲高逸，又另立倖臣傳。其體例與超、淹及儉所議皆小有不同，蓋本超、淹之舊而小變之。超傳内謂超史功未就而卒，淹撰成之，猶未備也。此正見子顯之修齊書不全襲前人也。

128 齊書缺一卷

梁書蕭子顯傳謂所著齊書六十卷。今齊書只有五十九卷，蓋子顯欲仿沈約作自序一卷附於後，未及成，或成而未列入耶？按南史子顯傳載其自序二百餘字，豈即其附齊書後之作，而延壽撮其畧入於本傳者耶？

129 齊書書法用意處

蕭子顯本齊高帝之孫，豫章王嶷之子，故高帝本紀於帝使王敬則結楊玉夫等弒宋蒼梧王之事不書，但云玉夫弒帝，以首與敬則，呈送高帝，此爲尊者諱也。其於受禪於宋順帝之處，亦仿宋書例，載九錫文，禪位詔，絶不見篡奪之迹。然於順帝遜位時，出東掖門，問今日何不奏鼓吹，左右莫有答者，則亦微露禪受事皆高帝爲之，而宋帝不知也。鬱林王無道，爲蕭鸞即明帝廢殺，固無所隱諱。於海陵王紀則書宣城王即鸞輔政，帝起居皆咨而後行，思食蒸魚菜，太官〔令〕答以無録公命，竟不與，見明帝之目無幼主，久視爲机上肉也。七月廢帝，十一月即稱海陵王有疾，數遣御醫占視，乃殞之。本紀直書其事，尤深著明帝悖逆之罪也。明帝殺高、武子孫幾盡，子顯本高帝孫，幸而不死，於明帝有隱痛焉，故不復爲之諱也。子顯修書在梁武時，其敍鬱林失德之處不過六七百字，敍東昏無道之處則二千餘字，甚東昏之惡，正以見梁武之兵以義舉，此又作史之微意也。褚淵傳，先敍其在宋時，宋明帝在藩，與淵素善，及即位，深相委寄，臨崩馳召淵，付以後事，而下即敍其見蕭道成，識爲非常人，蒼梧無道，道成與淵及袁粲謀廢立，粲不肯，淵獨贊成之。順帝時，沈攸之事起，袁粲有異圖，淵謂道成曰：「西讐易弭，公當先備其内耳。」道成遂殺粲。傳末又敍其子賁，恨淵失節於宋，遂終身不仕於齊，以封爵讓其弟蓁。通篇於淵之失節處不置一議，而其負恩喪節自見。又如王晏傳，先敍其在宋時，傾心於齊高，常參密議。至齊武帝，更位任親重，朝夕進見，言論朝事，自豫章王以下皆降意接之。武帝臨崩，遺詔以尚書事付晏，令久於其職。及鬱林無道，明帝輔政，謀廢立，晏即響應，推奉明帝即位，晏自以爲有佐命功。又如蕭諶傳，先敍其在武帝時，帝倚以心膂，密事皆使參掌，臨崩猶敕諶在左右宿直。鬱林即位，更深委信，諶每出宿，帝通夕不寐，諶入乃安。明帝輔政，或不得進説，則託諶入内言之。其親信如此，而諶已潛附明帝。廢立之際，鬱林猶手書呼諶，而不知諶已爲明帝領兵作先驅也。又蕭坦之傳，先敍其在鬱林時，親信不離左右，得入内見皇后，其見信如此，乃改附明帝。謀廢立，蕭諶尚遲疑未敢舉事，坦之曰：「廢天子何等大事，今曹道剛等已有猜疑，明日若不就事，弟有百歲老母，豈能坐受禍敗，正應作别計耳。」諶遑遽，明日遂廢帝，坦之力也。此數傳皆同一用意，不著一議，而其人品自見，亦良史也。古未有子孫爲祖父作正史者，獨子顯爲祖作本紀，爲父豫章王作傳，故於豫章傳鋪張至九千餘字，①雖過於繁冗，然亦不失爲顯揚之孝思也。惟豫章乃高帝第二子，則應入高帝諸子傳内，與臨川王映等同卷，乃以臨川等爲高祖十二王，編在三十五卷，而豫章則另爲一卷，編在二十二卷，與文惠太子相次，以見豫章之不同諸子。此則苟欲尊其父，而於義無當也。又宗室傳，衡陽王道度、始安王道生，皆高帝兄也，自應編在高、武諸子之前，乃高帝子在三十五卷，武帝子在四十卷，而道度等反在四十五卷，此亦編次之失檢也。至蕭寶寅避梁武之難逃入魏，封齊王，此豈得没其實？且和帝紀既稱寶寅入魏矣，而寶寅傳則云中興二年謀反誅。南史云，謀反奔魏。豈子顯修史時，寶寅在魏尚無音耗，而以誅字了此局耶？汲古閣本如是，或係傳刻之誤，當别求他本校對。②至魏虜傳謂魏太子晃以謀殺太武，遂見殺，此蓋仍宋書之誤。又謂魏文明太后馮氏，本江都人，太武南侵掠得之，濬以爲妾。案馮后係長樂信都人，父西域郡公朗，爲秦、雍二州刺史，坐事誅，后没入宫，以選爲后，初非江都人也。又云其先匈奴女名拓跋，妻李陵，北俗以母名爲姓，故拓跋實李陵之後，然甚諱之，有言其是李陵之後者輒見殺。案魏、齊、周諸書皆無此説，則亦皆傳聞之謁也。

130 齊書類敍法最善

齊書比宋書較爲簡浄，豫章王嶷及竟陵王子良二傳過爲鋪張，此另有他意。他如劉善明傳所陳十一事，皆檃括其語載之；張欣泰傳所陳二十事，只載其一條，若宋書則必全載矣。孝義傳用類敍法，尤爲得法。蓋人各一傳則不勝傳，而不立傳則竟遺之，故每一傳輒類敍數人。如褚澄傳敍其精於醫，而因敍徐嗣醫術更精於澄。韓靈敏傳敍其〔兄之〕妻卓氏守節，而因及吴康之妻趙氏，蔣雋之妻黄氏，倪翼之母丁氏，傳不多而人自備載。惟張敬兒傳，忽載沈攸之與蕭道成絶交書，及蕭道成荅書，共三千餘字，與敬兒關涉者，不過攸之反間敬兒，敬兒不從數語耳，而覼縷至此，未免喧客奪主。又柳世隆傳，討沈攸之時有尚書符檄一篇，按宋書沈攸之傳亦有尚書符檄一篇，其文又不相同，此不可解也。①

按類敍之法本起於班固漢書，如鮑宣傳後，歷敍當時清名之士紀逡、王思、薛方、郇越、唐林、唐尊、蔣詡、栗融、禽慶、蘇章、曹竟等。②貨殖傳後類敍樊嘉、如氏、苴氏、王君房、豉樊（小）〔少〕翁等。

其後范蔚宗後漢書，董卓傳敍李傕、郭汜、張繡等，公孫瓚傳敍閻柔、鮮于輔等。陳壽三國志，王粲傳後敍一時文人徐幹、陳琳、阮瑀、應瑒、劉楨及阮籍、嵇康等，衛覬傳後敍潘勗、王象等，劉劭傳後敍繆襲、仲長統、蘇林、韋誕、夏侯惠、孫該、杜摯等。此本古法也。齊書之後，梁書亦有此類敍法。如滕曇恭傳，因曇恭之孝而並及於徐普濟被火伏棺之事；又因普濟之孝而並及宛陵女子搏虎救母之事。又如敍何遜工詩，而因及會稽虞騫、孔翁歸、江避等俱能詩，皆此法也。以後惟明史用之最多。

131 梁書悉據國史立傳

梁書本姚察所撰，而其子思廉續成之。說見前。今細閱全書，知察又本之梁之國史也。各列傳必先敍其歷官，而後載其事實，末又載飾終之詔，此國史體例也。有美必書，有惡必爲之諱。如昭明太子以其母丁貴嬪薨，武帝葬貴嬪地不利於長子，昭明聽墓工言，埋蠟鵝等物以厭之，後事發，昭明以憂懼而死，事見南史及通鑑。而本傳不載。臨川王宏統軍北伐，畏魏兵不敢進，軍政不和，遂大潰，棄甲投戈，填滿山谷，喪失十之八九。此爲梁朝第一敗衂之事，見南史及通鑑。而本傳但云征役久，有詔班師，遂退還，絶無一字及潰敗之迹。他如郗皇后之妬，徐妃之失德，永興公主之淫逆，一切不載。可見國史本諱而不書，察遂仍其舊也。其尤顯然可據者，簡文諸子，大器、大心、大臨、大連、大春、大雅、大莊、大鈞、大威、大球、大昕、大摯外，尚有大欵、大成、大封、大訓、大圜，而俱無傳；元帝諸子，方矩、方等、方諸外，尚有方畧，亦無傳。梁書謂，其餘諸子，本書不載，故缺之。所謂本書者，即梁朝國史也。昭明有五子：豫章王歡，河東王譽，岳陽王詧，武昌王詧，義陽王鑒。武帝以昭明薨，不立其子繼統，故各封大郡，以慰其心。今梁書歡等皆無傳，惟譽有傳，而與武陵王紀同卷。此必元帝時國史，紀與譽皆稱兵抗元帝者，故同入於叛逆内也。豫章王歡有子棟，爲侯景所立，建號改元，未幾禪位於景。景敗，元帝使人殺之。此亦當時一大事，而梁書無傳。貞陽侯明陷於齊，齊人立之，入主梁祀，爲陳霸先所廢。齊人徵還，死於途，追謚曰閔皇帝。又方等有子莊，敬帝時爲質於齊，陳霸先將篡，王琳請於齊，以莊爲帝，即位於郢州，後兵敗仍入齊，封梁王。此亦皆梁末餘裔之當傳者，而梁書亦無傳。王琳當梁、陳革命之後，猶盡心蕭氏，崎嶇百戰，卒以死殉，此尤梁室第一忠臣，所必當傳者，而梁書亦無之。蓋當敬帝時，王室多故，不暇立史館，入陳以後，又莫有記之者，故無國史可據，而梁書亦遂不爲立傳。尤可見梁書悉本國史，國史所有則傳之，所無則缺之也。南史增十數傳，其有功於梁書多矣。又蘭欽有子京，在東魏刺殺高澄，應附其事於欽傳後，梁書欽傳絶無一字，南史欽傳亦不附見，何也？

132　梁書編傳失檢處

古未有創業之君其母編入皇后傳者，自沈約宋書始，梁書亦因之。武帝即位，追尊其父順之爲文皇帝，母張氏爲獻皇后，於是皇后傳内首列張后。然順之官職事蹟已敘入武帝紀，未嘗另作紀傳，則張后生武帝有菖蒲花之祥，亦即敘於武帝紀可矣，乃特立一傳於諸后之首。是妻有傳而夫無傳，殊非史法。又武帝兄弟九人，應立爲宗室傳，如宋書之長沙王道憐、臨川王道規是也。梁書乃變其例，編爲太祖五王，及嗣王四人。案太祖本武帝追崇其父之稱，非及身爲帝者，而以其子係之，已屬位置失宜。既係之於太祖矣，則長沙王懿，太祖長子也，自應敍在太祖諸子之首，其餘衡陽王暢、永陽王敷、桂陽王融，亦應以次敍入，總爲太祖九王。乃以其没於齊朝，遂不爲立傳，而轉附見於其子嗣王傳内。其意以臨川王宏、安成王秀、南平王偉、鄱陽王恢、始興王憺，皆武帝登極後身受王封，故列爲太祖五王；懿、暢、敷、融則身後追封者，故但傳其嗣子，以别於生封之五王耳。然此九王皆太祖子也，皆武帝所封也，五人則係之於父，四人則係之於子，强爲區别，究屬無謂。既不立宗室傳矣，而吴平侯景，武帝從弟也，不便附於太祖諸子内，又别無可位置，只得另立一蕭景傳，一似同姓不宗者。此蓋皆國史舊編之次第，國史本武帝時所修，以諸王皆武帝親兄弟，若列作宗室傳，轉似推而遠之，故修史者創爲此例，而不知轉多窒礙也。姚察修梁書，則已時代革易，自應改正，乃亦仍原書體例，何也？南史盡入之宗室傳較得矣。

梁書以蕭穎胄附於其弟穎達傳内，此却位置得宜。蓋穎胄與梁武同起兵，未及平建鄴先卒，既非梁臣，不便入功臣傳内，而遠族又不便入宗室傳，齊書蕭赤斧傳後雖附見之，然梁書終不可缺也，附穎達傳極當。南史則亦附於赤斧傳内，作齊宗室。

133 梁書多載飾終之詔

梁書諸王及功臣列傳，必載其没後加恩飾終之詔，蓋本國史體例如是，至修入正史，自應删除，以省繁複。乃王茂傳，詔曰：「旌德紀（功）〔勳〕，哲王令軌。念終追遠，前典明誥。」呂僧珍傳，詔曰：「思舊篤終，前王令典。追榮加等，列代通規。」南平王偉傳，詔曰：「旌德紀功，前王令典。慎終追遠，列代通規。」孔休源傳，詔曰：「慎終追遠，列代通規。褒德酬庸，先王令典。」篇篇如此，殊可嘔噦。其後作史者亦自知其蕪冗，至蔡道恭、范雲、馮道根、昌義之、周捨等傳，則去此冒語，但存詔中述其生平功績之處，①斯較爲得之矣。

134 梁書有止足傳無方伎傳

梁書有不必立傳而立者，又有應立傳而不立者。處士之外，另立知足一門，其序謂魚豢魏略有知足傳，謝靈運晉書有知足傳，宋書亦有知足傳，今沈約書無此門，蓋徐爰舊本也。故梁書亦存此門。然所謂知足者，不過宦成身退，稍異乎鐘鳴漏盡，夜行不休者耳。傳中如顧憲之政績，自可入良吏傳，其餘陶季直、蕭眎素輩，傳之不勝傳也。至如方伎一門，累代所不廢。梁時沙門釋寶誌，精於佛學，能知未來，其讖記往往流傳後世。即其散見於各傳者，如南史梁武紀，天監中，寶誌有詩曰：「昔年三十八，今年八十三，四中復有四，城北火酣酣。」帝命周捨紀之。帝年三十八克建鄴，八十三同泰寺災，四月十四日，火起之日也，其言皆驗。王僧辯傳，天監中，寶誌有讖云：「太歲龍，將無理，蕭經霜，草應死，餘人散，十八子。」時人謂蕭氏當滅，李氏當興，遂有李洪雅起兵湘州，後爲僧辯所敗。徐陵傳，陵數歲，家人攜以見寶誌，寶誌摩其頂曰：「此天上石麒麟也。」此見南史者也。即以梁書而論，何敬容傳，寶誌謂敬容曰：「君後必貴，終是何敗何耳。」及敬容爲相，恐何姓者當爲其禍，遂抑没宗族，無仕進者，後爲河東王譽發其請囑私書，遂及於敗，此「何敗何」之驗也。劉歊傳，寶誌遇歊於興皇寺，驚曰：「隱居學道，清浄登佛。」①如此三説。此又見於梁書者也。則其生平必尚多可紀述。且王筠傳，筠奉敕製開善寺寶誌大師碑文，詞甚麗逸。是不惟爲時人所敬信，並人主亦崇奉之，此豈得無傳？乃梁書無方伎一門，遂少此傳。南史附傳於陶弘景之後，可補梁書之缺矣。

135 古文自姚察始

梁書雖全據國史，而行文則自出鑪錘，直欲遠追班、馬。蓋六朝爭尚駢儷，即序事之文，亦多四字爲句，罕有用散文單行者，梁書則多以古文行之。如韋叡傳敍合肥等處之功，昌義之傳敍鍾離之戰，康絢傳敍淮堰之作，皆勁氣鋭筆，曲折明暢，一洗六朝蕪冗之習，南史雖稱簡浄，然不能增損一字也。至諸傳論，亦皆以散文行之。魏鄭公梁書總論猶用駢偶，此獨卓然傑出於駢四儷六之上，則姚察父子爲不可及也。世但知六朝之後古文自唐韓昌黎始，而豈知姚察父子已振於陳末唐初也哉。

136 陳書多避諱

陳書於武帝之進公爵，封十郡，加九錫，進王爵，封二十郡，建天子旌旗，以及梁帝禪位遜於別宮，陳武奉梁主爲江陰王，行梁正朔，次年江陰王薨，喪葬如禮，一一特書，絕不見有逼奪之迹。此固仿照前史格式，當時國史本是如此，姚察父子固不能特變其體也。第本紀所諱者，恃有列傳散見其事。乃衡陽王昌，本武帝子，陷於周未回，武帝崩，從子文帝即位，而昌始歸，文帝使侯安都往迎，而溺之於江。見南史本紀既但書衡陽王昌薨，而昌傳亦但書濟江，中流船壞，以溺薨，即侯安都傳亦但云昌濟漢而薨，南史昌傳則謂，濟江於中流隕之，使以溺告。初不見有被害之迹也。始興王伯茂乃廢帝伯宗之弟，與伯宗同居宮中，伯宗爲宣帝所廢，伯茂出就第，宣帝遣盜殞之於途。陳書伯茂傳但謂路遇盜，殞於車中，亦隱約其詞，不見被害之跡也。不特此也，劉師知爲陳武害梁敬帝，入宮誘帝出，帝覺之，遶牀而走，曰：「師知賣我。」師知執帝衣，行事者加刃焉。見南史此則師知弒逆之罪上通於天，何得曲爲之諱。乃陳書師知傳絕無一字及之，但敍其議大行靈前俠御不宜吉服一疏，並載沈文阿、徐陵、謝岐、蔡景歷、劉德藻等各議，共三千餘字，①敷演成篇，以見師知議禮之獨精，此豈非曲爲迴護邪？又如虞寄本梁臣，侯景之亂，遁回鄉里，流寓晉安，陳寶應厚待之，梁元帝除寄中書侍郎，寶應留不遣。後陳武代梁，寶應有異志，寄懼禍及，不受其官，嘗居東山，著居士服。此不過知幾能遠害耳，其於陳武未嘗有君臣之分也。若以報韓爲心，正應佐寶應拒陳武，乃反爲書勸寶應臣於陳武，書中並稱陳武曰主上，曰今上，以自託於班彪王命論。試思彪本漢臣，故宜歸心於漢，寄非陳臣，何必預附於陳？當其不仕寶應，尚不失爲潔身遠害，及其推戴陳武，適形其望風迎合而已。而陳書專以此爲寄立傳，且詳載其書千餘字，欲以見其卓識高品。亦思寄之於陳武有何分誼，而汲汲推奉耶？蓋姚察父子本與劉師知及寄兄荔同官於陳，入隋又與荔之子世基、世南同仕，遂多所瞻徇，而爲之立佳傳也。南史於師知傳明書其事，洵爲直筆；而寄傳亦全載其勸寶應之書，又無識甚矣。

137 蕭子顯姚思廉皆爲父作傳入正史

司馬遷、班固、沈約作史，皆以其父入自序中，未嘗另立父傳，列於正史也。惟蕭子顯作齊書，爲其父豫章王嶷立傳，姚思廉修陳書，爲其父吏部尚書察立傳，凡生平行事，及朝廷之優禮，名流之褒獎，無一不纖屑敍入，故嶷傳至七千餘字，察傳亦至三千餘字，爲人子者得藉國史以表彰其父，此亦人之至幸也。或疑嶷傳祇載其子子廉、子恪、子操、子行、子光，而子顯不載，當是子顯親爲父作傳，故隱己之名。至察傳並載思廉在陳爲法曹參軍，入隋爲司法，似非思廉所自作者。然傳末云，察所撰梁、陳二史未畢功，虞世基奏思廉踵成之，自爾以來，稍有撰續云云，而不言思廉卒於何時，可見察傳寔思廉自作。況察之父僧坦，以醫術著於梁代，官太醫丞，所得賞賜，皆給察遊學，事見南史。而陳書察傳但云，察父上開府僧坦，知名梁代，二宮禮遇優厚，每得賞賜，皆給察兄弟爲游學之資，而不言以醫術得幸，並不言官太醫丞。蓋思廉恥以方伎輕其家世，故諱之也。則察傳係思廉自作無疑也。

138 八朝史至宋始行

南北八朝史，宋書成於齊，齊書成於梁，魏書成於北齊，其餘各史皆唐初修成。然雖成於唐初，而天下實未嘗行也。觀蘇洵等進陳書云，①陳書與宋、（書）魏、齊、梁等書，傳之者少，祕書所藏，亦多脱誤。嘉祐六年，始詔校讐。因臣等言，恐館閣所藏不足以定，請詔京師及天下藏書家，使悉上之。至七年冬，始稍稍集，因得藉以參校。又劉攽等校北齊書云，②文襄紀其首與北史同，而末多取魏孝静帝紀，其與侯景書則載梁書侯景傳内，此外序列尤無倫次。蓋原書已散佚，後人雜取北史及高氏小（識）〔史〕等書以補之者。是宋時並已失其原本，雖購之天下，亦終無由訂正也。可見各正史，在有唐一代並未行世。蓋卷帙繁多，唐時尚未有鏤板之法，必須抄録，自非有大力者不能備之。惟南、北史卷帙稍簡，抄寫易成，故天下多有其書，世人所見八朝事跡惟恃此耳。若無鏤板之法，各正史蓋已一部不存矣。

第九卷校證

120 宋書多徐爰舊本

①沈約於齊永明五年奉敕撰宋書，次年二月即告成，共紀、志、列傳一百卷　按：當時所修成者惟有本紀十卷，列

傳六十卷，共爲七十卷，志三十卷爲日後所補者，此處「一百卷」應作「七十卷」，並删去「志」字。

121 宋書書晉宋革易之際

①紀内惟將禪時，有司以禪草呈晉帝，晉帝欣然曰：「桓玄之時，天命已改，重爲劉公所延，將二十載，今日之事，固所甘心。」此數語略見禪位之非出於晉帝本心　按：宋書武帝紀（卷二）作「天子即便操筆，謂左右曰云云（如上文所引）」，無「欣然」一詞。晉書恭帝紀（卷一〇）作：「帝欣然謂左右曰：『晉氏久已失之，今復何恨。』」此條乃結合二書本紀之文而書者。

②文帝爲太子劭所弑，尤屬千古之奇變，而本紀亦只書上崩於合殿，年四十七，絶無一字及於被弑　按：宋書本紀作「上崩於含章殿」，作「合殿」者爲南史本紀之文，似脱「章」字並誤作「合」。

124 宋齊書帶敍法

①如劉道規傳，攻徐道覆時，使劉遵爲將，攻破道覆，即帶敍遵淮西人　按：宋書劉道規傳（卷五一）作：「遵，臨淮海西人。」臨淮爲郡，海西爲縣，不能簡稱爲「淮西」。

②照本才士，何不入文苑傳　按：宋書無文苑傳，但可與顔延之、謝靈運等共爲專傳。

③齊書亦多帶敍法。如文惠太子傳，……因文惠使徐文景作乘輿服御之屬，而帶敍文景父陶仁惡文景所作，曰終當滅門，乃移家避之。後文景果賜死，陶仁遂不哭　按：齊書未載此事，而見於南史文惠太子傳（卷四四）。

126 宋書南史俱無沈田子沈林子傳

①走姚瓚　按：宋書敍傳及南史沈約傳皆作「姚讚」。

129 齊書書法用意處

①於豫章傳鋪張至九千餘字　按：本卷蕭子顯姚思廉皆爲父作傳入正史篇言「七千餘字」，卷十南史增齊書處又言「八九千字」，各條互有出入，實計其文得七千八百餘字，爲父作傳篇所言者略近之。

②汲古閣本如是，或係傳刻之誤，當別求他本校對　按：百衲本影印宋蜀大字本亦作「中興二年謀反誅」，與汲古閣本同。

130 齊書類敍法最善

①柳世隆傳，討沈攸之時有尚書符檄一篇，按宋書沈攸之傳亦有尚書符檄一篇，其文又不相同，此不可解也　按：宋書沈攸之傳所載者實爲二篇，其第一篇云，「時齊王輔政，遣衆軍西討，尚書符徵西府曰」云云，全録原文之後，續云，「齊王出頓新亭，馳檄數攸之罪惡」，列舉九大罪狀。南齊書柳世隆傳則稱「尚書符曰」云云，將宋書中之「尚書符」與「齊王檄」揉合成爲一篇，觀宋書之文，其疑自解。

②鮑宣傳後，歷敍當時清名之士紀逡、王思、薛方、郇越、唐林、唐尊、蔣詡、栗融、禽慶、蘇章、曹竟等　按：王思爲紀逡之字，不應與本名同列。蔣詡之上應補入「郭欽」之名。

133 梁書多載飾終之詔

①至蔡道恭、范雲、馮道根、昌義之、周捨等傳，則去此冒語，但存詔中述其生平功績之處　按：范雲傳飾終之詔，首云：「追遠興悼，常情所寫，況問望斯在，事深朝寄者乎。」仍是冒語。

134 梁書有止足傳無方伎傳

①隱居學道，清浄登佛　按：「清」原刻本作「精」，西崙本已改正。

136 陳書多避諱

①陳書師知傳……叙其議大行靈前俠御不宜吉服一疏，并載沈文阿、徐陵、謝岐、蔡景歷、劉德藻等各議，共三千餘字　按：陳垣云，陳書劉師知傳凡一六七一字，大行靈座服制議全案凡一三八六字，劄記謂三千餘字，非也。劉師知建議凡二次，是議非疏，是二非一，劄記「一疏」二字亦有語病。蔡景歷二次建議末有「猶依前議，同劉舍人」句，劉舍人即師知；下文「德藻又議」云云，則江德藻也。劄記以劉舍人與德藻連讀，遂誤爲劉德藻，其時原無劉德藻其人。

138 八朝史至宋始行

①觀蘇洵等進陳書云　按：陳垣云，今本陳書卷首有臣恂等校上序。「恂」字各本皆從「心」，劄記指爲蘇洵，不知

何據。四庫本續通鑑長編，嘉祐六年十月有孟恂任編校書籍，所謂「臣恂」當即此人，與蘇洵無涉也。

②劉攽等校北齊書云　按：陳垣云，今本北齊書卷三末有校記，無校者主名，劄記實以劉攽，蓋因校上魏書由劉攽領銜耳，非別有所據也。

廿二史劄記卷十

139 南史仿陳壽三國志體例

宋書武帝本紀所載晉帝進爵、禪位詔策，無慮十餘篇，南史只存九錫一策，登極告天一策，其餘皆删，此蓋仿陳壽魏志舊式也。漢獻帝建安十八年，賜曹操魏公爵，封十郡，加九錫，既有策文，二十年進操爵爲王，裴注中有獻帝詔二道，及禪位曹丕時，袁宏漢紀有詔一道，裴注中又有手詔三道，而壽志一概不載，僅存九錫策一道，禪位策一道。南史删節宋書，亦只存九錫、禪位二策，固知仿壽志例也。

140 南北史子孫附傳之例

傳一人而其子孫皆附傳内，此史記世家例也。至列傳則各因其人之可傳而傳之，自不必及其後裔，間有父子祖孫各可傳者，則牽連書之。如前漢書之於楚元王，裔孫向、歆。周勃，子亞夫。李廣，孫陵。張湯，子安世，孫延壽。金日磾，子安上。疏廣，兄子受。蕭望之，子育、咸、由。翟方進，子宣、義。韋賢。子玄成。後漢書之於來歙，曾孫歷。鄧禹，子訓，孫騭。寇恂，曾孫榮。耿弇，弟國，子秉、夔。竇融，弟固，曾孫憲，玄孫章。馬援，子廖、防。伏湛，子隆。梁統，子竦，曾孫商，玄孫冀。桓榮，子郁，孫焉，曾孫鸞，玄孫典、彬。班彪，子固。班超，子勇。楊震，子秉，孫賜，曾孫彪，玄孫修。荀淑，子爽，孫悦。陳寔。子紀。三國志之於袁紹，子譚、尚。公孫度，子康，孫淵。

曹真，子爽。荀彧，子惲，孫顗。鍾繇，子毓。王朗，子肅。杜畿，子恕、預。胡質，子威。諸葛亮，子喬、瞻。張昭，子承、休。步騭，子闡。呂範，子據。朱桓，子異。陸遜，子抗。陸凱。弟胤。代不過十餘人。然後漢書，班彪與固爲一傳，班超與勇又爲一傳，一家父子尚各爲傳。三國志，諸葛瑾與諸葛恪，父子也，而亦各爲傳。其以子孫附祖父傳之例，沈約宋書已開其端，然如蕭思話、蕭惠開，徐羨之、徐湛之，謝弘微、謝莊，王弘、王僧達，范泰、范曄，王曇首、王僧綽，顔延之、顔（峻）〔竣〕，皆父子也，①檀道濟、檀韶、檀祗，謝晦、謝瞻，皆兄弟也，猶皆各自爲傳，則以其事當各見，故不牽混，使閱者一覽瞭如也。若一人立傳，而其子孫、兄弟、宗族，不論有官無官，有事無事，一概附入，竟似代人作家譜，則自魏收始。收謂中原喪亂，譜牒遺逸，是以具書支派，然當時楊愔、陸操等已謂其過於繁碎，乃南、北史仿之，而更有甚者。魏書一傳數十人，尚只是元魏一朝之人，南、北史則並其子孫之仕於列朝者，俱附此一人之後。遂使一傳之中，南朝則有仕於宋者，又有仕於齊、梁及陳者，北朝則有仕於魏者，又有仕於齊、周、隋者。每閱一傳，即當檢閱數朝之事，轉覺眉目不清。且史雖分南北，而南北又分各朝，今既以子孫附祖父，則魏史内又有齊、周、隋之人，成何魏史乎？宋史内又有齊、梁、陳之人，成何宋史乎？又如褚淵、王儉爲蕭齊開國文臣之首，而淵附於宋代褚裕之傳内，儉附於宋代王曇首傳内，遂覺蕭齊少此二人，劉宋又多此二人。此究是作史者之弄巧成拙，其後宋子京修唐書，反奉以爲成例而踵行之，其意以爲簡括，而不知究非史法也。

按南、北史仿魏書子孫附傳之例，亦稍有不同。魏書凡是某人之子孫盡附於其傳後，如朱瑞子孟胤，及弟珍，珍弟騰，騰弟慶賓，慶賓子清，皆但有官位，毫無事蹟。北史則删之，較爲簡浄。新唐書倣之，又更有别擇，必其子孫有事可傳者附之，否則削而不書，尚不至如魏書、北史之代人作家譜也。

141 南史删宋書最多

南、北史大概就各朝正史量爲删減，魏書、宋書所删較多，然魏書尚不過删十之二三，宋書則删十之五六。蓋宋書本過於繁冗，凡詔誥、符檄、章表，悉載全文，一字不遺，故不覺卷帙之多也。今就紀傳所載，略摘於左。本紀，劉裕誅桓玄後，晉帝還都，進裕都督，一詔、一策，裕論起義諸人一疏，討司馬休之一表。①桓玄餘黨盡平，晉帝褒策一道。裕討劉毅，符下荆州一檄，又請以僑人歸土斷一疏。討司馬休之，休之自訴一表，裕招韓延之一書，延之答裕一書。平洛陽後，進裕位相國，封十郡，加九錫一詔、一策。裕西伐，過張良墓，祭文一道；②克長安後，晉帝進裕爵爲王，加封十郡，一詔。裕受宋公九錫之命，下令國中赦文一道。晉帝禪位，一詔、一策、一璽書。羣臣勸裕，不許，太史令駱達陳符瑞一表。③即位告天一策，御太極殿一詔，特存王導、謝安等祀一詔，追論戰亡將士一詔，遣使巡方一詔，增百官俸一詔，改舊制從寬一詔，優復彭、沛三郡一詔，赦罪人一詔，置晉帝守陵户一詔，禁淫祠一詔，興學校一詔。悉載全文，不減一字。南史惟載韓延之答裕一書，以見休之被伐之枉，及九錫文一，禪位策一，登極後告天策一，以見革易之典故，而其他概從删削。太史令所奏祥瑞，宋書但括之云數十條，南史以宋書不載，反備載之，此亦好異之過。至宋書列傳，如王弘傳載其辭爵一表，因旱求遜位一表，成粲與弘論彭城王不宜在外一書，弘自請彭城王入輔一疏，答詔一道，弘又請以相府事力全歸彭城王一疏，答詔一道。其同伍犯法不罪士人，應罪奴僕一事，載弘創議一疏，江奥一議，孔默之一議，王淮之一議，④謝元一議，何尚之一議，又弘折衷一議。案弘爲宋名相，其請彭城王入輔一事，足見其遜讓。至議同伍坐罪之事，豈足爲相業，而連篇累牘若此耶。徐羨之傳載其歸政三表，文帝誅羨之等一詔。傅亮傳載其演慎一篇。謝晦傳載其起兵訴冤一疏，尚書符其罪狀一道，晦檄京邑一道，再訴冤一表，被擒在道作悲人道一篇。王(徽)〔微〕傳載其與江(斆)〔湛〕辭官一書二千餘字，與王僧綽一書二千餘字，答何偃一書二千餘字，弔弟僧謙文一篇二千餘字。鄭鮮之傳載其議滕恬父喪不返仕宦如故一書三千餘字，彈劉毅一疏一千餘字，⑤諫北伐一表一千餘字。何承天傳載其諫北伐一表五千餘字。何尚之傳載其鑄錢一議，及沈演之一議，又袁淑止其致仕後再出一書。謝靈運傳載其撰征賦一篇一萬餘字，山居賦一篇數萬字，勸伐河北一疏二千字。顔延之傳載其庭誥一篇四千餘字。袁豹傳載其討蜀一檄。沈攸之傳載蕭道成罪狀攸之一檄。王僧達傳載其求守徐州一疏一千餘字，請解職一疏二千餘字。孔靈符傳徙民一事，⑥載江夏王一議，湘東王一議，沈懷文一議，王玄謨一議，王昇之一議。顔竣傳鑄錢一事，先載徐爰一議，沈慶之一議，江夏王一議，方載竣二議，又庾徽之劾竣一表。顧覬之傳載其定命論三千餘字。周朗傳載其答羊希書二千餘字，上言時政書三千餘字。吳喜傳載明帝數喜罪一書三千餘字。建平王宏傳載劉璡爲宏〔子景素〕訴冤一書二千餘字。且不特此也，鄧琬傳雖無書疏，⑦而專敍濃湖赭圻之戰至一二萬字，竟似演義小説，又如記功册籍，宜乎卷帙之多也。南史於此等處一概删削，有關係者則檃括數語存之，可謂簡浄，得史裁之正矣，宜乎宋子京謂其刊落釀詞，過於舊書遠甚也。

142 南史過求簡浄之失

南史有過求簡浄而失之者。王鎮惡傳，武帝謀討劉毅，鎮惡以百舸前驅，揚聲劉兗州上，毅以爲信然，不知見襲云云。所謂劉兗州者，何人耶？是時毅有疾，求遣其從弟兗州刺史劉藩爲副，故武帝僞許之，而鎮惡假其號以襲之也。宋書所載甚明，南史不先敍明，遂覺兗州句突無來歷。此猶不過文字之小疵也。謝晦傳，宋書載其被討時自訴表云：「若臣等頗欲執權，不專爲國，初廢營陽，陛下在遠，武皇之子，尚有童稚，擁以號令，誰敢非之？而泝流三千，虚館三月，奉迎鑾駕，血心若斯，易爲可鑒。祇以王弘、王曇首等在陛下左右，不除臣等，罔得專權，所以交結讒慝，成此亂階。」此最爲當日實情，南史雖摘敍數語，而未能明其本志之無他，此則但求簡浄，而未免太略而没其真也。當徐羡之、傅亮、謝晦受武帝顧命，立少帝義符，而義符失德，羡之等謀欲廢立，而廬陵王義真以次當立，又輕動多過，不任四海，乃先奏廢義真，然後廢帝，而迎文帝入嗣，其於謀國，非不忠也。文帝即位之次年，羡之等即上表歸政，則亦非真欲久於其權，而别有異圖者。其曰徐、傅執權於内，檀、謝分鎮於外，可以日久不敗，此亦王華、王曇首等之誣詞，而未必晦等之始念也。祇以華、曇首等係文帝從龍之臣，急於柄用，而徐、傅、謝等受遺先帝，久任事權，不除去之，無由代其處，是以百方媒蘖，勸帝以次翦除，然後已可得志。觀於王華傳謂華見羨之等秉權，日夜搆之於帝，此可知三人之死，不死於文帝，而死於華及曇首等明矣。宋書於亮傳載其演慎一篇，見其小心畏禍；晦傳載其自訴二表，見其本志爲國，此正作史者用意所在，而南史盡删之，未免徒求文字之浄，而没其情事之實矣。惟羨之等廢少帝而又弑之，並殺義真，此則威權太恣，殺人兩兄而北面事之，豈有不敗者，毋怪華、曇首等之得逞其搆陷也。霍光不學無術，僅廢昌邑王使之歸國，羨之等不學無術，乃更甚於霍光。當時范泰已預燭其必敗，曰：「吾觀古今多矣，未有受遺顧託，而嗣君見殺，賢王嬰戮者也。」則雖無華等之傾陷，亦豈有自全之理乎？

143 南史誤處

南史宋後廢帝紀謂，孝武二十八子，明帝殺其十六，餘皆帝殺之。今案宋書前廢帝、明帝、後廢帝三本紀及孝武諸子傳，孝武子新安王子鸞、南海王子師，則前廢帝子業所殺也；明帝所殺者，前廢帝子業、豫章王子尚、晉安王子勛、安陸王子綏、臨海王子頊、邵陵王子元、永嘉王子仁、始安王子真、淮安王子孟、南平王子産、①廬陵王子輿、松滋侯子房、東平王子嗣，又子趨、子期、子悦，皆未封而爲明帝所殺；其餘晉陵王子雲、淮陽王子霄及未封之子深、子鳳、子玄、子衡、子況、子文、子雍，皆早夭。是孝武諸子，爲前廢帝殺者二，明帝所殺者十六，殤者九。南史孝武子傳内又有齊敬王子羽，亦二歲而亡。是孝武諸子，除前廢帝及明帝所殺共十八人外，餘十人皆夭死，並無爲後廢帝所殺者。後廢帝紀内但有桂陽王休範、建平王景素舉兵被殺之事，而非孝武子也。然則南史所云明帝殺十六，餘皆後廢帝所殺者，實繆悠之詞。即以南史各紀傳核對，亦無後廢帝殺孝武子之事，此李延壽之誤也。又檀詔傳謂詔卒，子臻嗣位員外郎。案宋書詔傳，詔卒，子緒嗣。臻則檀祗之子也，在祗傳内。今以臻爲詔子，亦誤。

144 南史增齊書處

南史於宋書大概删十之三四，以宋書所載章表符檄，本多蕪詞也。於齊不惟不删，且大增補。今以兩書相校，惟豫章王嶷及竟陵王子良二傳多所删削，其他則各有所增，姑摘録於左。

王儉傳，增齊高帝爲相，儉請間於帝曰：「功高不賞。以公今日地位，欲北面居人臣可乎？」帝正色裁之，而神采内和。儉又言公若小復推遷，恐人情易變，七尺不能保。帝笑曰：「卿言不無理。」儉即曰：「當令褚公知之。」帝曰：「我當自往。」乃造淵，款言移晷，曰：「我夢應得官。」淵曰：「今授始爾，恐一二年間，未容便移。」帝還告儉。儉曰：「褚是未達事理。」乃即令虞整作詔。及高帝爲太尉，以至受禪，詔策皆出於儉。①此正見儉傾心於齊高，爲佐命功臣之處。更定衣服之制，引漢書及魏都賦，爲藩國侍臣服貂之證。又引晉典勸進表，定百僚致敬齊公之禮。引春秋曹世子來朝，定齊國世子之禮。及受禪改元應特舉郊祭之禮，立春在上辛後仍應南郊之禮，皆援據有典。此正見儉深於禮學，爲開國文臣之首。

褚淵傳，增幼時父湛之有所愛牛墮井，湛之躬率左右救之，淵勿顧也。湛之歿，有兩（府）〔厨〕寶物在淵生母郭氏處，嫡母吴氏求之，郭不與，淵再三請，乃從之。山陰公主見淵貌美，請於廢帝，召以自侍，備見逼迫，淵終不移志。時淮北已屬魏，江南無鰒魚，一枚直數千錢，或有餉三十枚者，門生請賣之，可得十萬錢，淵悉以與親游噉之，少日而盡。後廢帝時，袁粲知淵私於齊高，謂淵曰：「國家所倚，惟公與劉丹陽及粲耳。願各自勉，無爲竹帛所笑。」淵曰：「願以鄙心寄公腹内。」然竟不能貞固。齊高功業日重，王儉議加九錫，齊高恐淵不同，任遐曰：「淵保妻子，愛性命，非有奇才，遐力能制之。」果無違異。②

張敬兒傳，增敬兒貧時，嘗爲襄陽城東吴泰家擔水，通其婢，事發，逃空棺中，以蓋加上，乃免。及建鵲尾軍功，收籍吴氏家財數千萬，並取所通婢爲妾。

王敬則傳，增生時母爲女巫，謂應得鳴鼓角，人笑之曰：「汝子得爲人鳴鼓角幸矣。」及長，與既陽縣吏鬭，謂曰：「我若得既陽縣，當鞭汝背。」吏唾其面曰：「汝得既陽縣，我應作司徒公矣。」又嘗至高麗，與其國女子私通，後將被收，乃逃歸。③後果得既陽令，昔日吏逃亡，勒令出，遇之甚厚，曰：「我已得既陽，汝何時作司徒公耶？」禪位時，宋順帝逃入宫内，敬則將輿入宫，啟譬令出。順帝謂敬則曰：「欲見殺乎？」答曰：「出居别宫耳。官昔取司馬家亦如此。」順帝泣曰：「惟願生生世世不復與帝王作因緣。」宫内盡哭。敬則與王儉同拜開府儀同三司，徐孝嗣戲儉曰：「今日可謂合璧。」儉曰：「不意老子與韓非同傳。」或以告敬則，敬則欣然曰：「我南沙縣小吏，遂與王衛軍同日拜三公，復何恨。」

柳世隆傳，增世隆初起兵應明帝，爲孔道存所敗，逃匿，其母妻並繫在獄。時購世隆甚急，或斬一貌似者送道存，道存示其母妻，母哭不甚哀，而妻號慟方甚，竊謂姑曰：「今不悲，恐爲人所覺。」故大慟以滅其迹也。世隆性清廉，張緒曰：「君當以清名遺子孫耶？」答曰：「一身之外，亦復何須。子孫不才，將爲争府，如其才也，不如一經。」韋祖征鄉里舊德，世隆雖貴，每爲之拜。或勸祖征止之，答曰：「司馬公爲後生楷法，吾何必止之。」

張瓌傳，增安陸王緬行部雍州，見丐者，問何不事産而行乞，答曰：「昔張瓌使君在州，百姓家得相保。後人苛虐，故至行乞。」後拜太常卿，自以閑職，輒歸家。武帝曰：「卿輩未富貴，謂人不與。既富貴，那復欲委去。」

周奉叔傳，增奉叔就王敬則求米二百斛，敬則以百斛與之，不受。敬則大懼，乃更餉二百斛。敬則有一妓，帝令奉叔求之，奉叔徑率左右，刀皆半拔，直入其家。敬則懼，跣足入内，既而自計不免，乃出呼奉叔曰：「弟那忽見顧。」奉叔宣旨求妓，意乃釋。

王廣之傳，增廣之求劉勔所乘馬，皇甫肅曰：「廣之敢奪節下馬，當斬。」後廣之破敵還，甚敬肅。勔亡後，肅轉依廣之，廣之啟爲東海太守。其不念舊惡如此。

豫章王嶷傳，南史所删最多，以此傳本太冗，至八九千字也，然又有增者。是時武帝奢侈，後宮萬餘人，宮内不容，暴室皆滿。嶷後房亦千餘人，荀丕獻書諫嶷，嶷咨嗟良久，爲之稍減。又增嶷死後忽見形於沈文季曰：「我未便應死，皇太子加膏中十一藥，使我癰不差，湯中又加一藥，使我利不斷。吾已訴先帝矣。」俄而太子薨。又嘗見形於後園，呼直兵，直兵無手板，左右以玉板與之，出園後，直兵倒地，仍失玉板。齊書皆無之，蓋不欲見其父之中毒，且爲文惠太子諱也。疑乃蕭子顯之父。

武陵王曄傳，增幼時生母死，曄思慕不異成人，高帝令與武帝同居。帝時甚貧，諸子學書無紙筆，曄嘗以指畫空中，及畫掌學字，遂工篆法。無棊局，乃破荻爲片，縱橫爲之，指點行勢，遂至名品。後侍武帝宴，醉伏地，貂抄肉柈，帝曰：「污貂。」對曰：「陛下愛其羽毛，而疎其骨肉。」又嘗在帝前與竟陵王子良圍棋，子良大北，豫章王嶷私勸其讓。曄曰：「生平未嘗一口妄語，執心疏婞，偏不知悔。」

江夏王鋒傳，增其母張氏爲宋蒼梧王逼取，又欲害鋒，高帝乃匿鋒於張氏村舍。五歲學鳳尾諾，一學即工。武帝禁藩邸諸王不得讀異書，五經之外，惟許看孝子圖，鋒乃密使人買書。鋒善琴，帝欲試以臨人，（鋒）〔鄱陽王鏘〕曰：「昔鄒忌鼓琴，齊威王委以國政。」遂出爲南徐州刺史。善與人交。幕僚王〔文〕和赴益州任，來告，流涕曰：「下官少來未嘗作詩，今日違戀，不覺文生於情。」鋒工書，南郡王昭業謂武帝曰：「臣書勝江夏。」帝曰：「闍梨第一，法身第二。」法身昭業小名，闍梨鋒小名也。明帝輔政時，鋒危懼，深自晦迹。江祏曰：「江夏王有才行，而善能匿迹。」鋒聞嘆曰：「江祏遂爲混沌畫眉，益反敝耳。寡人聲酒自耽，狗馬是好，豈復一毫於平生哉。」嘗著修柏賦以寓意。見明帝言次及遥光才力可任，鋒曰：「遥光之於殿下，猶殿下之於高皇，衛宗廟，安社稷，寔有攸寄。」明帝失色。後被殺，江斆聞之流涕曰：「芳蘭當門，不得不鋤，其修柏之賦乎。」

宜都王鏗傳，增三歲喪母，及有識，聞知母死，悲禱。一夕，果夢一女人云是其母。因向左右説夢中所見，形貌衣服皆如平生，聞者以爲孝感。　善射，常插甘蔗於百步外，射之，十發十中。　明帝誅高、武諸子，鏗詠陸機弔魏武云：「昔以四海爲己任，死則以愛子託人。」左右皆泣下。後果遣吕文顯齎藥至，正逢八關齋，鏗從容謂曰：「高帝昔寵任君，何事有今日之行？」答曰：「出不得已。」乃仰藥死。　又死後見夢於其師陶弘景云，當託生某家，弘景參訪果符，乃著夢記。

河東王鉉傳，增幼時高帝嘗晝臥纏髮，鉉上高帝腹弄繩，帝因以繩賜之。及崩後，鉉以錦函盛繩，歲時開示，輒流涕嗚咽。　被殺時，欣然曰：「死生命也，終不效建安王乞爲奴。」乃仰藥死。

竟陵王子良傳所删亦最多，如諫遣臺使督租一疏，請墾荒田一疏，諫租布折錢一疏，諫射雉二疏，共三四千字，然亦有增者。幼時（高）〔武〕帝爲贛縣令，其母裴后嘗爲（高）〔武〕帝所怒，遣還家，已登路，子良不悦，帝曰：「何不讀書？」子良曰：「娘今何在，何用讀書！」帝乃召還裴后。　子良亡後，袁彖謂陸慧曉曰：「齊氏微弱，已數年矣。爪牙柱石之臣都盡，所餘惟風流名士耳，若不立長君，無以鎮四海。王融欲立子良，實安社稷，恨其不能斷事，以至被殺。今蒼生方塗炭，正當瀝耳聽之。」

魚復侯子響傳，增子響以董巒爲僚屬，武帝聞之曰：「人以巒名，何得蕴藉。」乃改名爲仲舒。謂：「今日仲舒何如昔日仲舒？」對曰：「昔董仲舒出自私庭，今仲舒降自天帝，故當勝之。」

晉安王子懋傳，增幼時母阮淑媛嘗病危，請僧祈禱，有獻蓮花供佛者，子懋禮佛曰：「若使阿姨病愈，願佛令此花不萎。」七日齋畢，花更鮮好，當世稱其孝感。　子懋被害，參軍周英，防閤陸超之、董僧慧皆抗節不屈。王玄邈執僧慧，僧慧曰：「晉安舉事，僕寔與謀，今得爲主人死，不恨矣。願至主人大斂畢，退就死。」玄邈許之，還具白明帝，以配東冶。子懋子昭基，年九歲，以方寸絹爲書，探問消息，僧慧得書，曰：「此郎君書也。」悲慟而卒。陸超之見子懋死，或勸其逃亡，答曰：「人皆有死，何足懼。吾若逃，非惟孤晉安之眷，亦恐田橫客笑人。」有門生姓周者，謂殺超之可得賞，乃伺超之坐，自後斬之。及殯斂，周又助舉棺，墮壓其頭折而死，聞者以爲天道焉。

建安王子真傳，增明帝使裴叔業就典籤柯令孫殺之，子真走入牀下，叩頭乞爲奴，不許，遂見害。

南海王子罕傳，增母樂容華寢疾，④子罕晝夜祈禱，以竹爲燈纘照夜。此纘一夕枝葉茂大，母疾亦愈。

巴陵王子倫傳，增明帝遣茹法亮殺子倫，子倫鎮琅琊，有守兵，恐其見拒，以問典籤華伯茂。⑤伯茂曰：「若遣兵取之，恐不可即辦。若委伯茂，一小吏力耳。」法亮乃令伯茂以酖逼之。子倫謂法亮曰：「君是身家舊人，今銜此命，當由事不獲已，此酒非勸酬之爵。」因仰之而死。其下因歷敍典籤之權重，謂明帝殺諸王，悉典籤所殺，無一人抗者。孔珪聞之曰：「若不立籤帥，故當不至此。」事見典籤條內。

145 南史與齊書互異處

齊書張敬兒傳謂，敬兒既得方伯，意知滿足，初得鼓吹，羞便奏之。是敬兒本無大志。南史則敍其征荆州時，每見諸將，輒自言未貴時夢村中社樹忽高數十丈，在雍州又夢此樹高至天，以此誘部曲。

又爲謡言，使村兒歌之，曰：「天子在何處，宅在赤谷口。天子是阿誰，非猪即是狗。」敬兒本名苟兒，家在赤谷。敬兒少習武事，既從容都下，益不得志云。是明言敬兒有反志，與齊書本傳不同。蓋李延壽好取新奇語入史，既採社樹及童謡，則傳不能又謂其意存知足也。齊書周奉叔傳謂，鬱林欲誅宰輔，時明帝鸞方輔政。乃出奉叔爲都督青、冀二州軍事，以爲外援。南史則謂明帝輔政，令蕭諶説帝，出奉叔爲外援，又説奉叔以方岳之重，奉叔乃許。是奉叔之出，乃明帝意，非鬱林意也。案奉叔勇力絶人，鬱林欲誅宰輔，方倚以爲助，豈肯出之於外？當是明帝謀廢立，懼其在帝左右爲難，故説帝出之，此則南史爲得其寔也。齊書竟陵王子良傳，子良在宋時爲邵陵王友，王名友，尋廢此官，遷子良爲安南長史。南史則云，宋道衰謝，諸王微弱，故不廢此官。兩傳迥異。①齊書蕭昭胄傳，東昏無道，昭胄與蕭(宣)〔寅〕、胡松等謀，因東昏出行，閉城拒之。會東昏新起芳樂苑，月餘不出，故事泄而敗。南史則謂，朱光尚託鬼道，爲東昏所信，光尚知昭胄等謀，託言蔣王云，巴陵王在外欲反，故東昏不敢出，四十餘日，事敗乃伏誅。齊書魚復侯子響傳，子響殺臺使尹略等，武帝遣蕭順之帥兵至，子響部下逃散，子響乃(自)〔白〕服降，賜死。南史則云，順之將發舟時，文惠太子素忌子響，囑順之早爲之所，勿令生還，順之乃縊殺之。是子響之死出文惠之意，自是寔事，齊書蓋爲文惠諱，且順之即梁武之父，兼爲順之之諱也。

146 南史增删梁書處

南史增梁書事蹟最多。李延壽專以博采見長，正史所有文詞必删汰之，事蹟必隱括之，以歸簡净。而於正史所無者，凡瑣言碎事，新奇可喜之蹟，無不補綴入卷。而梁書本據國史舊文，有關係則書，無關係則不書，即有關係而其中不無忌諱，亦即隱而不書，故行墨最簡，遂覺南史所增益多也。今略舉其增删處，兩相比較，可以見二書之大概也。

147 南史删梁書處

梁武本紀，齊東昏無道，帝在雍州，使張弘策陳計於長兄行郢事懿，謀共起兵靖亂。梁書載其語甚詳，南史但云，使弘策陳計於懿，語在懿傳。蓋梁書不立懿傳，故以此敍於本紀，南史另立懿傳，則以此詳於懿傳中，而本紀從略也。帝平京邑，有肆赦一令，革除昏政一令，恤戰亡將士一令，節省浮費一令；齊帝進帝爵梁公，九錫文一篇，百僚勸進文二篇；齊帝進帝爵爲梁王一詔，齊帝禪位一詔，璽書一道，南史皆删之，但存九錫文一篇，勸進文一篇而已。此仿陳壽之例，説已見梁書内。簡文紀，梁書有即位一詔，大赦一詔，大寶元年改元一詔，南史皆删之。大寶二年，梁書書湘東王繹遣王僧辯討侯景，擒其將任約、宋子仙等，南史亦删之，以此事敍入元帝紀，故簡文紀不敍也。梁書簡文紀、元帝紀并敍，未免繁複。元帝紀，梁書大寶二年簡文崩後，有王僧辯等勸進一表，答書一道，又勸進一表；大寶三年，帝討侯景一檄，僧辯平侯景又勸進一表，徐陵在魏遣使勸進一表，帝即位一詔，南史皆删，只存僧辯等勸進一表而已。又僧辯傳，齊文宣送梁貞陽侯蕭淵明入爲梁主，梁書載文宣與僧辯一書，僧辯一啟，貞陽答僧辯一書，又一啟，貞陽又答一書，南史亦盡删之。梁書元帝使鮑泉圍河東王譽，久不剋，乃使王僧辯代之。僧辯至，泉愕然曰：「得王竟陵來助我，賊不足平矣。」僧辯既入，背泉而坐，曰：「鮑郎有罪，(令)〔令〕旨使我鎖卿，卿勿以故意相期。」此事既載於泉傳，又載於僧辯傳，殊屬繁複，南史則詳其事於泉傳，而僧辯傳則略之。又沈約傳，梁書載其郊居賦一篇三千餘字，將以見其恬適耶，則約本躁競也；將以見其工於文耶，則約之工文又不止此賦也，南史亦删之。此皆南史删節之得當者也。亦有不當删而删者。本紀，武帝起兵時有檄文一道，正見伐罪除暴之不容已，南史不載，但云移檄建業。及帝出沔，命王茂等圍郢城，久不拔，西臺遣席闡文來議，欲與魏連和，帝答以非策，此段文字最長，見帝之英斷，南史亦不載。蕭昱傳，梁書載其乞試用邊州一表，武帝斥責一詔，南史盡删之。許懋傳，梁書載諫封禪國山一表，正見其徵引之博，議論之正，南史亦盡删之，但云帝見其議稱善而已，此外亦無事蹟可紀，則何必立此傳耶？梁書賀琛傳載其論大功之末不可冠子嫁女一議甚詳，南史亦全載其文，以其有關於禮制也，懋封禪一表所繫更大，乃獨删之，何耶？梁書王僧辯傳，附其弟僧智逃入齊，並附徐嗣徽小傳，此皆因僧辯之難，間關被害者，自應附見，而南史一概删之，①此又不當删而删者也。至如江淹傳載其上建平王景素一書，蓋仿漢書鄒陽獄中上書例也。陳伯之傳，伯之奔魏，臨川王宏北伐，使邱遲作書與伯之，伯之遂擁衆八千以歸，南史亦載其全文，以其文之工也。任昉傳，昉没後諸子流離，劉孝標憫之，乃廣朱公叔絶交論，南史亦載其全文，亦以一死一生，乃見交情，爲千古所同嘅也。此又見延壽之意存斟酌，不盡以删節爲能者。

148 南史增梁書有關係處

武帝紀，增皇考之薨不得志。武帝父順之，在齊武帝時，討魚復侯子響，縊殺之。齊武心惡之，順之憂懼而卒。見齊書子響傳。至是鬱林失德，齊明帝輔政，帝欲助明帝以傾武帝之嗣，乃與明帝謀廢立等事。又增齊明性猜忌，帝避時嫌，常乘折角小牛車以自晦。

元帝紀，增帝性情矯飾，多猜忌，於名無所假借，人有勝己，必加毁害。王銓兄弟有盛名，帝妬之，乃改寵姬王氏之父名琳，以同其父之名。①忌劉之遴才，使人鴆之。雖骨肉亦罹其禍。始居母憂，依丁蘭刻木爲像，及武帝崩，秘喪，逾年乃發凶問，方刻檀爲像，朝夕事之，其虚憍如此。武陵之平，議者欲因其舟楫遷都建業，宗懔、黄羅漢皆楚人，不願移，帝亦不欲動乃止。西魏來攻，城將破，乃聚書十萬卷燒之，在幽辱中猶作四絶句。晚年爲侯景所制，臨崩口苦，索蜜不得，再曰荷荷而崩。

徐妃傳，增妃不見禮於元帝，二三年始一入房。妃以帝眇一目，知帝將至，先爲半面粧待之，帝大怒。妃性妬，見無寵之妾，便交杯接坐，纔覺有娠，即手加刀刃。先與瑶光寺智遠道人私通，又與帝左右暨季江者淫通。季江每歎曰：「柏直狗雖老猶能獵，蕭溧陽馬雖老猶駿，徐娘雖老猶尚多情。」又有賀徽者色美，妃要之於普賢尼寺，書白角（扇）〔枕〕爲詩贈之。後爲帝逼死，帝嘗著金樓子述其穢行。

昭明太子傳，增丁貴嬪薨，太子求得善墓地。有賣地者，欲以己地出售，乃賂奄人俞三副，言於帝，謂太子所得地不如己地，於帝最吉，帝便命市之。既葬，有道士善圖墓，謂此地不利長子，教以用蠟鵝諸物厭之。有宫監密聞於帝，帝遣檢果然，將窮其事，徐勉固諫而止。由是太子終以此慙懼，以及於薨，其後嗣亦不得立。

南康王會理傳，增會理在建業，伺侯景出征，欲與柳（仲）〔敬〕禮等起事拒景，建安侯賁以謀告王偉，遂被誅。

武陵王紀傳，增紀在蜀十七年，積貲無數，廄馬至八千匹。統兵東下，黄金一斤爲餅，百餅爲簉，至有百簉，銀五倍之，每戰則懸以示賞，而終不給。

臨賀王正德傳，增正德奔魏，又逃歸，復西豐侯本封，益肆横。與弟樂山侯正則，及潮溝董當門之子暹，南岸夏侯夔之子爲四凶，嘗殺人於道。其車服牛馬，號西豐駱馬，樂山烏牛，董暹金帖，織成戰襖。②武帝詔責之，謂其專爲逋逃主，刼掠行路，致京邑士女，早閉晏開。徐敖失妻，横屍道路。王伯敖列卿之女，乃奪爲妾。又正德妹長樂公主，適謝禧，正德與姦，乃燒主第，縛一婢，加金釧於其手，③聲云主燒死，而藏於家，呼爲柳夫人，生（一）〔二〕子。其事稍露，後因奪張準雉媒，準於衆中駡曰：「雉媒非長樂主，何可掠奪。」皇太子恐帝聞之，亟爲和解，乃送還雉媒。

蕭懿傳，增懿在齊功高枉死，武帝即位之日，即追封長沙郡王，第三日追封兄敷及弟暢、融，逾月始追尊皇考妣。先卑後尊，爲識者所譏。

蕭藻傳，增藻出刺益州。先是鄧元起在蜀，自以有剋劉季連功，恃宿將，輕藻年少，藻怒乃殺之。元起在蜀時，聚積如山，金玉爲一室曰內藏，綺縠爲一室曰外府，藻以外府賜將士，內藏送京，已無私焉。

臨川王宏傳，增宏統軍北伐時，軍容甚盛。既克梁城，諸將欲乘勝深入，宏聞魏援兵至，遂不敢進，呂僧珍亦贊之。裴邃曰：「是行也，固敵是求，何難之避。」馬仙琕曰：「但有前死一尺，何得退生一寸。」昌義之曰：「呂僧珍可斬也！豈有百萬之師輕言可退。」朱僧勇、④胡辛生拔劍起曰：「欲退自退，下官當向前取死。」議罷，宏終不敢出。魏人遺以巾幗，歌曰：「不畏蕭娘與呂姥，但畏合肥有韋武」韋叡也。宏仍不進。於是軍政不和，遂大潰而歸，棄甲投戈，填滿山谷，士卒喪失十之八九。又增宏敗後，常懷愧憤。有人伏於朱雀航，伺帝竊發，被獲，稱爲宏所使。⑤宏自辨無此事，帝乃宥之。宏恣意聚斂，有庫百間。帝疑其藏軍仗，具饌至其家宴，半醉，曰：「我欲履行汝後房。」見其積錢百萬標一黃榜，千萬懸一紫標，凡三十餘間。帝疑始釋，大悅曰：「阿六，汝生活大可。」豫章王綜嘗爲錢愚論以譏之，帝特以激宏，敕綜曰：「天下文章何限，那忽作此。」而宏不知愧也。⑥宏又與帝女永興公主私通，遂謀弑逆。會齋期，公主使二僮伺帝，丁貴嬪疑之，令宮帥擒獲，稱宏所使。帝殺二僮，祕其事，以漆車載主出。主恚死。

南平王偉傳，增其世子恪刺郢州，侯景之亂，邵陵王綸至，恪以州讓之，綸不受。

鄱陽王恢傳，增其子修鎮漢中，拒魏師，力屈乃降。宇文泰禮之，令還金陵。元帝方疑忌，修請輸仗馬而後入。及江陵，患發背卒。又增其子諮當簡文爲侯景所制，外人莫得見，惟諮以文弱得出入卧内。景惡之，遣人刺殺之。

沈約傳，增約之先世田子、林子，爲宋初開國功臣。案此二人功績最著，本應入宋功臣傳，約欲自誇其先世，故不入列傳，而載於自序内，此私見也。梁書約傳删此二人，自屬得體。延壽惟恐遺二人功績，乃亦仍自序之舊而載之。延壽既作南史，則宋史亦其所作，何不補此二人於宋史内，而仍序於約傳耶？

范雲傳，增雲在齊朝時，豫章王嶷常在私第，不居東府；竟陵王子良亦好遊，不常居石頭，雲言其非，乃各鎮一城。又增梁武將加九錫，雲適中病，醫者徐文伯謂須一月愈，若欲速愈，恐二年不可復救。雲急於痊愈，以備佐命。文伯乃下火而牀焉，重衾覆之，汗果出，遂愈，二年卒。

任昉傳，梁書謂昉卒後，諸子皆幼，人罕贍卹之，故劉孝標爲作廣絶交論。南史增諸子並無術業，墜其家聲，兄弟流離，不能自振，生平舊交莫有收卹之者。

徐勉傳，增勉掌選時，奏立九品爲十八班，自是貪冒者以財貨取通，守道者以貧寒見没矣。

朱异傳，增异貪冒財賄，欺罔視聽，四方饋餉，曾無推拒。起宅極美麗，退直則酣飲其中，慮日晚臺門閉，先令鹵簿自家列至城門，城門不敢閉。聲勢所驅，薰灼内外。

以上皆增梁書，而多有關於人之善惡，事之成敗者。又如蕭藻傳增其弟猷，猷弟朗，朗弟明，及猷之子韶，韶弟駿也。臨川王宏傳增其子正仁、正義、正德、正則、正立、正表、正信，及正德子見理，正立子賁也。南平王偉傳增其子恪也。鄱陽王恢傳增其子範，範弟諮，諮弟修，修弟泰也。始興王憺傳增其子亮、暎、曄也。任昉傳增其子東里、西華、南容、北叟也。此皆有補於梁書者也。

第十卷校證

140　南北史子孫附傳之例

①徐羨之、徐湛之，……王弘、王僧達，……皆父子也　按：徐湛之爲徐羨之之侄徐達之之子，二人實爲祖孫關係。王弘、王僧達二人亦爲祖孫關係。

141　南史删宋書最多

①劉裕誅桓玄後，……討司馬休之一表　按：劉裕誅桓玄後，未有討司馬休之之事，未詳其致誤之由。

②裕西伐，過張良墓，祭文一道　按：宋書武帝紀（卷二）作：「經張良廟，令曰……」本文誤「廟」爲「墓」，又誤「令」爲「祭文」。

③太史令駱達陳符瑞一表　按：宋書武帝紀（卷二）作：「太史令駱達陳天文符瑞數十條。」未載表文，南史本紀始載之。本篇下文注云：「太史所奏祥瑞，宋書但括之云數十條，南史以宋書不載，反備載之，此亦好異之過。」此注正與上文相反。

④王淮之一議　按：「淮」，各史或做「準」，傳刻紛歧，無從校定。

⑤鄭鮮之傳載其議滕恬父喪不返仕宦如故一書三千餘字，彈劉毅一疏一千餘字　按：鄭鮮之所議者爲「滕恬子羡」。彈劉毅者原文僅九十二字。

⑥孔靈符傳徙民一事　按：宋書孔靈符傳附於其兄孔季恭傳後（卷五四）。

⑦鄧琬傳雖無書疏　按：鄧琬傳中有傳檄京師與尚書下符二長篇，皆爲南史所删。

143　南史誤處

①南平王子産　按：「産」原刻本作「彦」，西畲本已改正。

144　南史增齊書處

①及高帝爲太尉，以至受禪，詔策皆出於儉　按：南史王儉傳（卷二二）原文爲，「及高帝爲太尉，引儉爲右長史，尋轉左，專見任用。大典將行，禮儀詔策，皆出於儉。」是王儉所爲詔策惟在將行禪讓之時，此處所引者略失原意。

②王儉議加九錫，齊高恐淵不同，任遐曰：「淵保妻子，愛性命，非有奇才，遐力能制之。」果無違異　按：南史褚彦回傳作「王儉議加黄鉞」，其事在宋順帝昇明二年九月，加九錫在三年三月，非一時之事。

③（王敬則）嘗至高麗，與其國女子私通，後將被收，乃逃歸　按：南史王敬則傳作：「使於高麗，與其國女子私通，因不肯還，被收録然後返。」

④南海王子罕傳，增母樂容華寢疾　按：「華」字原刻本脱，西畬本已校補。

⑤典籤華伯茂　按：「華」原刻本作「裴」，西畬本已改正。裴伯茂爲北魏人，見魏書文苑傳（卷八五）。

145　南史與齊書互異處

①齊書竟陵王子良傳，子良在宋時爲邵陵王友，王名友，尋廢此官，遷子良爲安南長史。南史則云，宋道衰謝，諸王微弱，故不廢此官。兩傳迥異　按：齊書「尋廢此官」應從南史作「不廢此官」，百衲本影印宋蜀大字本南齊書即作「不」，「尋」字當出於後人誤改。

147　南史删梁書處

①梁書王僧辯傳，附其弟僧智逃入齊，並附徐嗣徽小傳，此皆因僧辯之難，間關被害者，自應附見，而南史一概删之　按：所稱王僧辯傳附載之事，皆不見於梁書，而爲南史所補者，此文所叙正與實際情況相反。又出奔於北齊者乃僧辯之弟僧愔，僧智則依附於任約，任約失敗後被害。

148　南史增梁書有關係處

①王銓兄弟有盛名，帝妬之，乃改寵妃王氏之父名琳，以同其父之名　按：南史元帝紀（卷八），被改名者爲寵妃王氏之兄王珩。

②其車服牛馬，號西豐駱馬，樂山烏牛，董暹金帖，織成戰襖　按：南史蕭正德傳作：「車服牛馬，號西豐駱馬，樂

山烏牛，董暹金帖織成戰襖，直七百萬。」甌北以四字爲句，實已錯失原義，且割裂原文，更爲失當。

③加金釧於其手　按：南史正德傳（卷五一）作「加玉釧於手，以金寶附身。」

④朱僧勇　按：「勇」字原刻本脱，西畲本已校補。

⑤有人伏於朱雀航，伺帝竊發，被獲，稱爲宏所使　按：南史宏傳（卷五一）云：「帝將幸光宅寺，有士伏於驃騎航，待帝夜出。帝將行，心動，乃於朱雀航過。事發，稱爲宏所使。」

⑥宏恣意聚斂，……豫章王綜嘗爲錢愚論以譏之，帝特以激宏，敕綜曰：「天下文章何限，那忽作此。」而宏不知愧也　按：南史宏傳云：「豫章王綜以宏貪吝，遂爲錢愚論，其文甚切。帝知以激宏，宣旨與綜，『天下文章何限，那忽作此』。……宏深病之，聚斂稍改。」此處引用此事已略失原意。

廿二史劄記卷十一

149 南史增梁書瑣言碎事

武帝紀，增帝兵圍郢州，城將破，有毛人數百，泣投黃鵠磯，蓋城之精也。帝東下，所乘船常有兩龍導引，左右皆見之。軍至建業，圍六門，東昏將桓和紿東昏出戰，因來降。時民間謂密相欺者爲「和欺」，梅蟲兒等曰：「今日敗於桓和，可謂『和欺』矣。」①又增帝少時符瑞，及在位，信奉佛教，重雲殿游仙化生皆動，又海中浮鵠山女子獻紅席等事。

簡文紀，增昭明太子夢以已班劍授簡文，已而昭明薨，簡文果爲皇太子。

元帝紀，增生時符瑞，武帝夢眇目僧執香鑪，託生宫中。適采女阮姓侍側，始褰帷，有風回裾，武帝竟感幸之，遂生帝。又增帝工書善畫，自圖宣尼像，爲之贊，人稱三絶。自承聖三年，主衣庫有黑蛇丈許，數十小蛇隨之。帝惡之，左右曰：「錢龍也。」乃取數千萬錢鎮其地以厭之。又有蛇落帝帽上，所御肩輿中有小蛇蜿蜒其中。又有龍騰空去，六七小龍隨之。羣魚騰躍，墜死於地。未幾江陵陷，爲西魏所滅。

郗皇后傳，增后酷妬。及終，化爲龍，入宫，通夢於帝，或見形。帝體將不安，龍輒激水騰湧於露井上。常置銀轆轤金瓶，灌百味以祀之。故帝終身不復娶后。

丁貴嬪傳，增郗后遇之無道，常使日舂米五斛，每中程，若有神助者。

昭明太子傳，增武帝在襄陽起兵時，尚未有子，在途聞太子生，又徐元瑜降，而蕭穎胄死，人以爲同時三慶。又太子十二歲時，見獄官持案牘，問左右我得判否，即取來，皆署杖五十。有司不敢行，具以聞帝，帝笑而從之。

南康王會理傳，增會理在湘州，行事劉納嘗禁其所爲，會理乃誣以贓賄，收送建業。納曰：「我一見至尊，當使汝等知。」會理遂使人殺之於路，百口俱盡。

盧陵王續傳，②增元帝母阮得幸由丁貴嬪之力，故元帝與簡文帝相得，與續亦少相狎，長而相謗。元帝自荆州還京，攜所寵李桃兒俱歸。時宫禁門户甚嚴，續奏之，元帝懼，遂先送桃兒還荆，所謂西歸内人也。後續死，元帝在江州聞之，③喜躍，屧爲之破。又續好聚斂，臨終，啓上金銀器千餘件，帝乃知其多財。謝宣融曰：「王之過如日月之蝕，欲令陛下知之，故終不隱。」帝意乃解。

武陵王紀傳，增紀初授揚州時，帝於詔書内增數語曰：「貞白儉素，是其清也。臨財能讓，是其廉也。知法不犯，是其慎也。庶事無留，是其勤也。」後使都督益州，紀辭以遠。帝曰：「天下若亂，惟益州可免，故以處汝。汝念我老，我猶當再見汝還益州也。」

臨賀王正德傳，增正德奔魏時，爲詩納火籠中，即咏火籠曰：「楨幹屈曲盡，蘭麝氛氲消，欲知懷炭日，正是履冰朝。」至魏，稱被廢太子。蕭寶夤在魏，請殺之，不果。

蕭昂傳，增有女子，年二十許，散髮黄衣，在武窟山石室中，不甚食，或飲少酒，鵝卵一二，故人呼爲聖姑，求子多驗，造之者滿山谷。昂呼問，無所對。以爲妖，鞭之二十，創即差，失所在。

蕭業傳，增其父懿被害時，業與二弟藻、象俱逃匿王嚴秀家。東昏收嚴秀付獄，攷掠備至，以鉗拔手爪，至死不言，乃免禍。又增業以私米購甓，助修城工，武帝嘉之，出刺湘州。有二虎無故斃於道，有人謂刺史德政所致，言訖不見。

蕭藻傳，增其從孫韶爲童時，④庾信愛之，有斷袖之歡，衣食皆資於信。後入梁，韶鎮郢州，信過之，韶接信甚薄，坐青油幕，引信入宴，坐信別榻，有自矜色。信不能堪，乃徑上韶床，踐踏肴饌，直視曰：「官今日形容大異。」韶甚慚。

永陽王敷傳，增敷仕齊爲隨郡内史，有美政。齊明帝謂徐孝嗣曰：「學士不解治官，聞蕭隨州置酒清談，⑤而路不拾遺。」

南平王偉傳，增其世子恪爲雍州刺史，任用其客江仲舉、蔡薳、王臺卿、庾仲雍，百姓每有訴，必數處輸錢，民間歌曰：「江十萬，蔡五百，王新車，庾大宅。」⑥武帝聞之，爲接其句曰：「主人憒憒不如客。」

范雲傳，增雲在齊時，爲明帝述太宰文宣王夢中之事，⑦明帝哀感，待其子昭胄等稍弛。江祏嘗求雲女結婚，以翦刀爲聘，及祏貴，雲曰：「荆布之室，理隔華盛。」乃還其翦，祏別結姻焉。梁武少與雲相得，雲乃築室相依。帝每至其家，雲妻輒聞蹕聲。又嘗與雲宿顧暠之舍，暠之妻方産，⑧有鬼在外曰：「此中有王有相。」雲謂帝曰：「王當仰屬，相以見歸。」後果驗。

江淹傳，增晚年才思微退，夢張景陽向其索錦，淹探懷中數尺與之。景陽曰：「那便割裂都盡。」顧見邱遲曰：「餘此數尺，聊以遺君。」又夢郭璞向其索筆，淹即以五色筆與之。爾後爲詩，終無新句。任昉傳，增昉在齊東昏時，紆意於梅蟲兒，得中旨，用爲中書令。往謝尚書令王亮，亮曰：「卿宜謝梅，那忽謝我。」又增時人稱任筆沈詩，昉以爲病。晚節更好作詩，欲以傾沈，而用事過多，屬詞不得流便。都下士子慕之，轉爲穿鑿，於是有才盡之歎矣。

王僧孺傳，增僧孺論素問中用砭石事，謂古人以石爲針，許慎説文所謂以石刺病也。又載晉、宋以來譜學散亂一事。又附同時文人虞羲、邱國賓、蕭文琰、邱令楷、江洪、劉孝孫、徐夤等，因敍文琰等擊鉢立韻，響滅而詩成等事。

胡僧祐傳，增僧祐嘗以所加鼓吹置齋中自娱，或言此是公羽儀，公名位已重，不宜若此。答曰：「我性愛之，恒須見耳。」出游亦以自隨。

陰子春傳，增青州有神廟，刺史王神念毁之，棟上一大蛇，長丈餘，遂入海。子春夜夢一人乞地安置，乃辦牲醴，請召安置一處。夜夢前人來謝曰：「當以一州相報。」後果因破魏兵，授南青州刺史。杜岸傳，增岸爲蕭詧所擒，詧母數岸罪，岸斥之爲老婢。詧命拔其舌，臠其肉而烹之，盡滅諸杜，發其冢墓。及建業平，杜崱兄弟亦發安寧陵以報。

以上所增皆瑣言碎事，無甚關係者。李延壽修史，專以博採異聞，資人談助爲能事，故凡稍涉新奇者，必羅列不遺，即記載相同者，亦必稍異其詞，以駭觀聽。如羊侃傳謂武帝新造兩刃矟，長丈四尺，令侃試之，南史則謂長二丈四尺。梁書謂侃挽弓至十餘石，南史則云二十石。皆欲以奇動人也。然有時採掇過多，轉覺行文蕪雜者。如豫章王綜傳，正敍綜奔魏後，梁兵大潰而歸，爲魏兵抄掠，而因及任焕乘騅馬走，爲抄傷足，歇橋下，抄者又至，焕足傷不能上馬，馬跪其前蹄，焕遂得騎而逸。又如王僧辯傳，正敍其攻郢州入羅城，忽又敍有大星如車輪墜賊營，去地十餘丈，又有龍五色光耀，入鸚鵡洲水中等事。平郢州後，正敍其進兵潯陽，忽又敍軍中多夢周、何二廟神云，吾已助天子討賊，乘朱航而返，日已殺景矣，同夢者數十百人等事。及師至鵲頭，風浪大作，僧辯仰天告誓，風遂止息，忽又敍羣魚躍水飛空，官軍上有五色雲，雙龍夾檻等事。既復京師，又奉命征陸納。方敍納據長沙拒守，忽又敍天日清明，俄而大雨，時人謂爲泣軍，咸知納必敗也。又有兩龍自城西江中騰躍升天，遥映江水，父老咸悲曰：「地龍已去，國其亡乎。」諸如此類，必一一裝入，毋怪行文轉多澁滯，不如梁書之爽勁也。

150 梁南二史歧互處

長沙嗣王業傳，梁書敍其父懿，當東昏無道，崔慧景奉江夏王寶元圍臺城，東昏徵懿赴援。懿在歷陽，即投箸而起，進兵擊敗慧景，乃加懿侍中尚書令。而倖臣茹法珍等忌懿功高位重，尋搆東昏賜死。南史懿傳則謂懿率兵入援時，武帝遣虞安福勸懿，誅賊後即勒兵入宫，行伊、霍故事，若放兵受其厚爵，必生後悔。懿不從，遂及於難云。案懿在歷陽，聞詔即赴，一二日已達京師敗慧景，時武帝方在襄陽，距京二千里，豈能逆知其事，而遣使在未平慧景之先，此必誤也。梁書本傳無武帝勸懿廢立之事，南史慧景未反前，武帝遣趙祖悦勸懿興晉陽之甲，①當即此一事而係之於兩處耳。

邵陵王綸傳，梁書載其少年爲丹陽尹時，侵漁細民，爲少府丞何智通所奏，②綸使戴子高刺殺智通。智通子訴於闕下，帝令圍綸第捕子高，綸匿之，竟不出，坐是罷官，後復爵。其載綸之不善如此而已。南史則增綸因帝敕責，乃取一老公類帝者，加以衮冕，朝以爲君，自陳無罪，旋即剥褫，而撻之於庭。又因昭明太子薨，帝立簡文爲太子，綸以爲非，乃伏兵於莽，常伺車駕，有張僧胤③知之，謀頗泄。又獻曲阿酒百器，帝以賜寺人，飲之而薨。帝由此始不自安，每加衛士，以警宮禁云。案綸當侯景之變，率兵赴援，鍾山之戰最力，後兵敗而逃。聞湘東王繹以兵圍河東王譽，作書勸湘東，息家門之憤，赴君父之難。湘東不聽，反以兵逼綸，綸遂遁入齊昌，尚思匡復，爲西魏兵所攻，被殺。是綸非肆逆者。且帝既先防其爲亂，加衛士防之矣，侯景反時，豈肯又加以征討大都督之權，令其統諸軍討賊乎？此亦必南史好採異聞，而不究事之真僞也。至武陵王紀傳，梁書謂侯景之亂，紀不赴援。南史則謂紀先遣世子圓照領兵三萬，受湘東王繹節度，繹令且駐白帝，未許東下。及武帝凶問至，紀總戎將發，繹又使胡智監至蜀止之。是紀未嘗不發兵也。而梁書所謂不發兵者，蓋本元帝時國史。元帝既殺紀，欲著其逆跡而有是言，所謂欲加之罪，其無辭乎。此事當以南史爲正。

王僧孺傳，梁書載其爲南康王長史時，被典籤中傷去職，④奉辭王府一箋，凡千餘字。按箋内有云「去矣何生，高樹芳烈」之語，既辭王府，何以獨稱何生，殊不可解。南史雖删此文，而謂僧孺將去，有友人何炯猶在王府，僧孺與炯書以見意，然後何生句始明，蓋别何炯書，非辭王府箋也。⑤此又可見南史詳細處。至任昉傳，梁書、南史俱謂昉出爲新安太守，卒於官。而劉孝標廣絶交論有云：「瞑目東粵，藐爾諸孤，流離大海之南，寄命瘴癘之地。」是則昉没於粵，非没於新安也，二書俱誤。

151 南史於陳書無甚增删

南史於他書多所增删，獨至陳書則甚少。今以兩書比對，如杜僧明、周文育、侯安都、侯瑱、歐陽頠、吴明徹、黄法𣰰、淳于量、章昭達、程靈洗等傳，大概相同，但稍節其字句耳。其陳書所有而南史删之者，周鐵虎傳删馬明戰死之事，任忠傳删後主倖臣沈客卿、施文慶弄權誤國之事，華皎傳删戴僧朔、曹慶、錢明、①〔潘智虔〕、魯閑、席慧略等附見之事，傅縡傳删其明道論一篇，沈炯傳删其請終養一疏，荅詔一道，江總傳删其修心賦一篇而已。其陳書所無而增之及陳書所略而詳之者，如蕭摩訶傳，隋將賀若弼兵至建業，魯廣達力戰，賀若弼與七總管兵八千人，各勒陣以待之。弼躬當廣達，麾下死者二百七十餘人，弼縱烟以自隱，窘而復振。陳人得人頭，輒走獻後主取賞。弼更趨孔範軍，範敗走，陳軍遂潰。隋將擒蕭摩訶送弼，弼以刀臨頸，辭色不撓，乃釋而禮之。又陳慧紀傳，慧紀聞隋師攻建業，先遣吕肅據巫峽，以鐵鎖横江，四十餘戰，隋軍死者五千餘人，陳軍盡取其鼻以邀賞。既而隋軍獲陳卒，則縱遣之。别帥廖世寵詐降於隋，欲燒隋艦，風浪大起，火反燒陳船，陳軍大敗，慧紀尚率兵東下，隋晉王廣遣使以慧紀子來諭降，又使降將樊毅等諭上流城戍悉解，慧紀不得已乃降。此陳書所略而詳之者也。任忠傳，忠降隋數年而死，隋文帝謂羣臣曰：「平陳之初，我悔不殺任蠻奴。受人榮禄，兼當重寄，不能横屍，而云無所用力，與弘演納肝，何其異也。」傅縡傳，縡以直諫死，死後有蛇屈尾來上靈座，去而復來，百餘日，時時有彈指聲。吴明徹傳，明徹爲周所擒，封懷德郡公。義陽王叔達傳，陳書止載其入隋爲絳郡通守，南史並載其入唐爲禮部尚書。此皆陳書所無，而南史增之者也。其餘但删減行墨，而絶無添列事蹟。蓋李延壽修南、北二史閲十七年，至修陳書則已精力漸竭，故不能多爲搜輯耳。

152 南史與陳書歧互處

南史於陳書雖無甚增删，然如衡陽王傳，直書其爲文帝所害，始興王伯茂傳，直書其爲宣帝所害，劉師知傳，直書其害梁敬帝之事，使奸惡不能藏匿，此最有功於陳書。事俱見陳書避諱條内。其他有與陳書歧互者，長沙王叔堅傳，陳書謂後主待堅漸薄，堅不自安，乃爲左道祈福，刻木作偶人，衣以道士服，晝夜醮之。有人上書告其事，後主令宣敕責之，堅曰：「非有他故，但欲求親媚耳。」是左道厭魅，叔堅實有其事也。南史則云，後主陰令人造其厭魅之具，又令人告之，案驗令實。是叔堅本無此事，而後主誣陷之耳。又江總自序，太建之末，權移羣小，屢被摧黜。生平惟奉佛教，深悟苦空。陳書本傳謂此序時人謂之實録，南史則謂此敍識者譏其言跡之乖。惟此兩傳，二書歧互。觀於江總諂事後主，與自序不同，則亦當以南史爲定也。

153 宋齊多荒主

古來荒亂之君，何代蔑有，然未有如江左宋、齊兩朝之多者。宋武以雄傑得天下，僅三年而即有義符。文帝元嘉三十年，號稱治平，而末有元凶劭之悖逆。孝武僅八年而有子業。明帝亦八年而有昱。齊高、武父子僅十五年而有昭業。明帝五年而有寶卷。統計八九十年中，童昏狂暴，接踵繼出，蓋刼運之中，天方長亂，創業者不永年，繼體者必敗德，是以一朝甫興，不轉盼而輙覆滅，此固氣運使然也。今摘於左。

宋少帝義符，武帝之長子也。善騎射，解音律。即位後，所爲多乖戾。於華林園爲列肆，親自酤賣。又開瀆聚土，以象破岡埭，與左右引船唱呼，以爲歡樂。徐羨之等廢立之夕，帝方遊天泉池，即龍舟而寢，詰朝未興。兵士進殺二侍者，並傷帝指，扶出東閤，收璽綬，羣臣拜辭，以皇太后令廢爲營陽王，遂徙於吴郡。未幾，羨之等使中書舍人邢安泰弑帝於金昌亭。帝有勇力，不受制，突走出昌門，追以門關踣之而殞。

前廢帝子業，孝武帝之長子也。幼而狷急，在東宫，每爲孝武所責。孝武西巡，帝參承起居，書迹不謹，孝武責之曰：「書不長進，此是一條耳。」初即位，受璽紱，傲然無哀容。始猶難諸大臣及戴法興等，既殺法興，於是又誅羣公。太后疾篤呼帝，帝曰：「病人間有鬼，那可往。」太后怒，謂侍者曰：「將刀來破我腹，那得生此寧馨兒！」山陰公主帝姊也，①淫恣過度，帝爲置面首左右三十人。每出，使公主與朝臣共陪輦。自以在東宮時不爲孝武所愛，將掘其景寧陵，太史言不利於帝而止，乃縱糞於陵，罵孝武爲齇奴。又掘殷貴妃墓，忿其在孝武時專寵也。文帝第十女新蔡公主，帝之姑也，納之宮中，立爲貴嬪，改姓謝氏，殺一婢，假稱公主薨逝，以鸞輅龍旂送還其家。又忌諸父建安王休仁、湘東王彧、即明帝。山陽王休祐，聚之殿内，毆捶陵曳，無所不至。三王並肥壯，帝以籠盛之，彧尤肥，號爲猪王，號休仁爲殺王，休祐爲賊王。嘗以木槽盛飯，納諸雜食攪和之，裸彧入地坑中，令以口就槽食之，以爲歡笑。令左右淫休仁生母楊太妃，備諸醜狀。又令淫南平王敬猷母，不從，即殺敬猷及其弟敬先、敬淵。時廷尉劉蒙妾有孕，帝迎入宮，冀生男，立爲太子。會彧嘗忤旨，帝裸之，縛其手脚，以杖貫之，使擔付太官，即日屠豬。休仁笑曰：「未應死。」帝問其故，休仁曰：「待皇子生，殺豬作湯餅。」帝意解，乃一宿出之。將南巡荆、湘，期旦殺彧、休仁等，然後發引。是夜，彧與帝倖臣阮佃夫、王道隆、李道兒密結帝左右壽寂之、姜産之等十一人，共謀殺帝。先是帝遊竹林堂，使婦人裸身相逐，一婦人不從，命斬之。夜夢一女子罵其悖虐無道，帝怒，於宮中求得貌類所夢者戮之。是夕又夢所戮女罵曰：「汝枉殺我，我訴上帝矣！」至是巫言此堂有鬼，帝與山陰公主及六宮綵女數百人捕鬼，帝親射之。事畢，將奏樂，壽寂之懷刀入，姜産之爲副，諸姬皆走，帝亦走，追及之，大呼寂寂者三，手不能舉，乃被弑。②

後廢帝昱，明帝之長子也。五六歲即能緣漆竿，去地丈餘，食頃方下。漸長，喜怒乖節，左右失旨者，手加撲打。及即位，内畏太后，外憚大臣，未得肆志。三年後，好出入，單將左右，或十里，或二十里，或入市中，遇慢罵則悦而受焉。四年後，無日不出，與解僧智、張五兒恒夜出承明門，夕去晨返，晨去暮歸，從者並執鋋矛，道上男婦及犬馬牛驢值無免者。人間白晝不開門，道無行人。嘗著小褌褶，不衣冠。有白棓數十，鉗鑿刀鋸不離左右，爲擊腦、槌陰、剖心之誅，日有數十，至屍卧流血然後快。左右人見之，有顰眉者，帝即令正立，以矛刺之。曜靈殿養驢數十頭，所自乘馬養於御床側。與右衛營女子私通，每從之遊，持數千錢爲酒肉費。出逢婚姻葬送，輒與挽車小兒羣飲以爲歡。既殺阮佃夫，佃夫有腹心人張羊逃匿，後捕得，自以車轢殺之。殺杜延載、杜幼文，皆手自臠割。察孫超有蒜氣，剖腹視之。執盾馳馬，自往刺杜叔文於玄武湖北。聞沈勃多寶貨，往刼之，揮刀獨前。勃知不免，手搏帝耳，罵之曰：「汝罪踰桀紂！」遂見害。帝嘗〔製〕露車一乘以出入，從數十人，羽儀追之恒不及，又各慮禍，亦不敢追，但整部伍，別在一處，瞻望而已。凡諸鄙事，過目即能。③鍛銀裁衣作帽，無不精絶。未嘗吹篪，執管便韻。天性好殺，一日無事，即慘慘不樂。内外憂惶，夕不及旦。蕭道成與直閤將軍王敬則謀之。七月七日，帝微行出北湖，張五兒馬墜湖，帝自馳騎刺馬屠割之。與左右作羌胡伎爲樂，又於蠻岡賭跳，後往青園尼寺、新安寺偷狗，就曇度道人煮之，飲酒。楊玉夫嘗有寵，忽然見憎，見輒切齒曰，明日當殺小子。是夜，令玉夫伺織女渡河來報，因與内人穿針訖，大醉，卧於仁壽殿東阿氈幄中。王敬則先結玉夫及陳奉伯、楊萬年等二十五人，是夕，玉夫候帝眠熟，與萬年同入氈幄，取千牛刀殺之。

齊廢帝鬱林王，武帝之孫，文惠太子之子也。文惠早薨，武帝立爲皇太孫。性辨慧，陰懷鄙慝。

與左右無賴二十餘人共衣食卧起，妃何氏，擇其中美者，皆與交歡。密就富人求錢，無敢不與。凡諸小人，皆預加爵位，許以南面之日，即便施行。師史仁祖，侍書胡天翼，懼禍皆自殺。文惠太子每節其用度，帝謂豫章王妃曰：「阿婆，佛法言有福生帝王家，今反是大罪，不如市邊屠沽。」文惠疾及薨，帝侍疾居喪，哀容號毁，見者皆嗚咽，纔還内室，即歡笑飲食，備極甘滋。葬畢，立爲皇太孫。武帝往東宫，帝迎拜，號慟欲絶。武帝自下輿抱持之，以爲必能負荷也。帝令女巫楊氏禱祠，速求天位。文惠之薨，謂由楊氏之力，又令禱祈武帝晏駕。武帝疾甚，帝與妃何氏書紙，中央作大喜字，而作三十六小喜字繞之。武帝臨崩，謂曰：「五年中一委宰相，五年以後勿復委人。」執帝手曰：「阿奴若憶翁，當好作！」如此者再。大斂始畢，即呼武帝諸伎奏樂。又好狗馬，即位未旬日，即毁武帝招婉殿作馬埒。馳騎而墜，面額並傷，稱疾不出者數日。多聚名鷹快犬，飼以粱肉。武帝梓宫下渚，帝於端門内奉辭，便稱疾還内，奏胡伎，鞞鐸之聲，響震内外。王敬則問蕭坦之曰：「不太忽忽邪？」坦之曰：「此是内人哭響徹耳。」山陵之後，微服遊市里，多往文帝陵隧中，與羣小作諸鄙褻，擲塗賭跳，放鷹走狗。極意賞賜，動至數十萬。每見錢曰：「我昔思汝一个不得，今日得用汝未。」武帝聚錢，上庫五億萬，齋庫三億萬，金銀布帛不可勝計，未期年，用已過半。以諸寶器相擊剖碎，以爲笑樂。好鬬雞，買雞價至數千。徐龍駒爲後宫舍人，日夜在宫内。帝與文帝幸姬霍氏私通，改姓徐氏，龍駒勸長留宫中，聲云度霍氏爲尼，以餘人代之。皇后亦淫亂，齋閣通夜洞開，内外無别。西昌侯鸞即明帝。使蕭諶等誅倖臣曹道剛、朱隆之等，率兵自尚書省入，王晏、徐孝嗣等繼進。帝在壽昌殿，方裸身與霍氏相對。諶兵入宫，帝走向徐姬房内，拔劍自刺不入，以帛纏頭頸，輿接出西弄，遇弑。

齊廢帝東昏侯寶卷，明帝第二子也。以母后故，立爲皇太子。在東宫好弄，不喜書學。嘗夜捕鼠，達旦以爲樂。明帝臨崩，囑以後事曰：「作事不可在人後。」故委任羣小，誅殺大臣。性訥澁少言，不與朝士接。惡明帝靈在太極殿，欲速葬，徐孝嗣力争，得踰月。每當哭，輒云喉痛。羊闡入臨，無髮，號慟俯仰，幘遂落地，帝大笑曰：「此秃秋啼來乎。」自江祏等誅後，無所忌憚，日夜戲馬，擊鼓吹角，左右數百人叫，雜以羌胡横吹諸伎。嘗以五鼓就卧，至晡乃起。王侯朝見，至晡乃得前，或際暗遣出。臺閣奏案不知所在，閹豎以紙包裹魚肉還家，並是五省黄案也。元旦朝會，食後方出，禮纔畢，便還西序寢，百僚陪位者，自巳至申，皆僵仆。拜潘妃爲貴妃，乘卧輿，帝騎馬從後，著織成袴褶，金薄帽，七寶矟，金銀校具等，各有名字。戎服急裝，不避寒暑，陵冒雨雪，馳騁阬穽，渴輒下馬，取腰邊蠡器，酌水飲之。乘具懼爲雨溼，織雜采珠爲覆。好爲擔幢，初學時幢每傾倒，其後白虎幢七丈五尺，齒上擔之，折齒不倦。黄門五六十人爲騎客，又選無賴善走者爲逐馬。置射雉場二百九十六處，④翳中帷幛皆紅緑錦爲之，金銀鏤弩牙，瑇瑁帖箭。每出，與鷹犬隊主徐令孫媒翳隊主俞靈韻⑤齊馬而走，又不欲人見之，驅逐百姓，惟置空宅。一月率二十餘出，既往無定處，尉司常慮得罪，東行驅西，南行驅北，應旦出夜便驅逐，打鼓蹋圍，鼓聲所聞，便應走避，避不及者，應手格殺。從萬春門東至郊外數十里，皆懸幔爲高幛，處處禁斷。疾病者悉扛移，無人扛者扶匐道側，吏司又捶打，絶命者相繼。有棄病人於青溪邊者，吏懼帝見，推置水中，須臾便死。魏興太守王敬賓新死未斂，家被驅不得留視，及還，兩眼已爲鼠食盡。有一婦人當産不能去，帝即剖其腹看男女。長秋卿王儇病篤，不得留家，乃死於路邊。丹陽尹王志被驅，狼狽步走，藏酒鑪邊，至夜半方得歸。蔣山定林寺一僧，病不能去，立殺之。左右韓暉光曰：「老道人可念。」帝曰：「汝見麞鹿亦不射耶。」璿儀等殿及華林、秘閣三千餘間，盡被火燒，有左右趙鬼者，能誦西京賦，云「柏梁既災，建章是營」，於是大起芳樂、芳德等殿。又爲潘妃起神仙、永壽、玉壽三殿，皆飾以金璧。莊嚴寺有玉九子鈴，外國寺佛面有光相，禪靈寺塔有諸寶珥，皆剔取以爲殿飾。又鑿金爲蓮花，使潘妃行其上，曰步步生蓮花也。潘氏服御極選，庫物不周，貴市人間金寶，價皆數倍，琥珀釧一隻直百七十萬。又訂出雄雉頭鶴氅、白鷺縗，百品千條，無復窮已。親倖小人因緣爲奸，科一輸十，百姓困窮，號泣滿路。凡諸市買，遇便掠奪，商旅無訴。又以閱武堂爲芳樂苑，當暑種樹，朝種夕死。徵求人家，望樹便取，毁牆撤屋出之，合抱者亦皆移植，取玩俄頃，烈日中至便焦枯，死而又種，無復已極。諸樓壁上，畫男女私褻之狀。明帝時所聚金寶，悉泥而用之，猶不足，令富户買金，限以賤價，又不還直。潘妃威行遠近，父寶慶挾勢逞毒，富人悉誣以罪而没入之。潘妃生女，百日而亡，帝爲制衰絰，羣小來弔，帝蔬膳積旬，不聽音伎，閹人王寶孫等共治肴羞，爲天子解菜。又於苑中立店肆，帝與宫人等共爲稗販，以潘妃爲市令，自爲市吏録事。帝小有失，妃亦予杖，乃敕虎賁不得進大荆。雖畏潘氏，而私與諸姊妹淫通。又開渠立埭，躬自引船，埭上設店，坐而屠肉。於時百姓歌云：「閱武堂，種楊柳，至尊屠肉，潘妃沽酒。」朱光尚託鬼道謂帝曰：「向見先帝瞋怒。」帝乃縛菰爲明帝形，北向斬之，懸首苑門。會魏師來伐，令揚、南徐二州人，三丁取兩，遠郡悉令上米，一人准五十斛，輸米既畢，就役如故。蕭衍師至，帝袴褶登南掖門，又虚設馬仗，千人張弓拔白，出東掖門，稱蔣王出盪。外圍既立，屢戰不勝，帝猶惜金錢，不肯賞賜。茹法珍叩頭請之，帝曰：「賊來獨取我耶？何爲就我求物。」將軍王珍國、張稷等懼禍，乃結後閤舍人錢强，遊盪主崔叔智，夜開雲龍門。稷、珍國勒兵入殿，帝方吹笙歌作(兒)女〔兒〕子，卧未熟，聞兵入，急趨出。閹人黄泰平刀傷其膝，直後張齊斬首，送蕭衍。宣德太后令廢爲東昏侯。

陳後主叔寶，宣帝嫡長子也。即位後，荒於酒色，不邺政事。左右嬖佞珥貂者五十人，婦人美麗從者千餘人。常使張貴妃、孔貴人等八人夾坐，江總、孔範等十人預宴，號曰狎客。先令八婦人擘采箋，製五言詩，十客一時繼和，遲罰酒，君臣酣飲，從夕達旦，以此爲常。盛修宫室，無時休止。税江税市，征取百端，刑罰酷濫，牢獄常滿。隋兵至，入井避之。軍人呼之不應，欲下石，乃聞呼聲，以繩引之，驚其太重，及出，乃與張、孔二嬪同乘而上。高熲入宫，見其臣下所啓軍事猶在牀下，尚未啓封也。入隋，以善終。以上皆本紀魏徵史論：後主於光熙殿前，起臨春、結綺、望仙三閣，閣高數丈，並數十間。其窗牖壁帶，懸楣欄檻之類，並以沈檀香木爲之，又飾以金玉，間以珠翠，外施珠簾，内有寶牀寶帳。其服玩之屬，瑰奇珍麗，近古所未有。每微風暫至，香聞數里，朝日初照，光映後庭。其下積石爲山，引水爲池，植以奇(植)〔樹〕，雜以花藥。後主自居(迎)〔臨〕春閣，張貴妃居結綺閣，龔、孔二貴嬪居望仙閣，并複道交相往來。又有王、李二美人，張、薛二淑媛，袁昭儀、何婕妤、江脩容等七人，並有寵，遞代以遊其上。以宫人有文學者袁大捨等爲女學士。後主每引賓客對貴妃等遊宴，則使諸貴人及女學士與狎客共賦新詩，互相贈答。採其尤豔麗者，以爲曲詞，被以新聲，選宮女有容色者，以千百數，令習而歌之。分部迭進，持以相樂。其曲有玉樹後庭花、臨春樂等，大指所歸，皆美張貴妃、孔貴嬪之容色也。其略曰：「壁月夜夜滿，瓊樹朝朝新。」而張貴妃髮長七尺，鬒黑如漆，其光可鑑，特聰慧有神采，進止閑雅，容色端嚴，每瞻視盼睞，光采溢目，照映左右。常於閣上靚妝，臨於軒檻，宮中遥望，飄若神仙。才辯强記，善候人主顏色。是時後主怠於政事，百司啓奏，並因宦者蔡脱兒、李善度進請，後主置張貴妃於膝上共決之。李、蔡所不能記者，貴妃並爲條疏，無所遺脱。由是益加寵異，冠絶後庭。而後宮之家，不遵法度，有掛於理者，但求哀於貴妃，貴妃則令李、蔡先啓其事，而後從容爲言之，大臣有不從者，亦因而譖之，所言無不聽。於是張、孔之勢，薰灼四方，大臣執政，亦從風而靡，閹宦便佞之徒，内外交結，轉相引進，賄賂公行，賞罰無常，綱紀瞀亂矣。

按宋、齊、陳書及南史所記如此。其無道最甚者，其受禍亦最烈。若僅荒於酒色，不邺政事，則雖亡國而身尚得全。又可見刼運煩促中，仍有報施不爽者，可以觀天咫矣。

154 宋世閨門無禮

宋武起自鄉豪，以詐力得天下，其於家庭之教，固未暇及也，是以宮闈之亂，無復倫理。趙倩尚文帝女海鹽公主，始興王濬出入宮掖，與主私通，倩知之，與主肆詈搏擊，至引絶帳帶。事上聞，文帝詔離婚，殺主所生母蔣美人。宋書趙倫之傳如此。南史則謂倩與公主素相愛，偶因戲言，以手擊主，事上聞，文帝怒，遂離婚。

孝武閨庭無禮，有所御幸，嘗留止其母路太后房内，故人間咸有醜聲。宮掖事秘，莫能辨也。路太后傳 帝又與南郡王義宣諸女淫亂，義宣因此發怒，遂舉兵反。義宣傳 義宣敗後，帝又密取其女入宮，假姓殷氏，拜爲淑儀，左右宣泄者多死。殷卒，帝命謝莊作哀册文。殷淑儀傳 前廢帝子業以文帝女新蔡公主爲貴嬪，改姓謝氏，殺一宮婢代之，詭言主薨，以武賁鈒戟鸞輅龍旂送還其家。廢帝紀，並見何邁傳① 帝姊山陰公主淫恣過度，謂帝曰：「妾與陛下，雖男女有殊，俱託體先帝。陛下後宮數百，而妾惟駙馬一人，事不均平，一何至此。」帝爲置面首左右三十人。公主又以吏部郎褚淵貌美，就帝請以自侍，備見逼迫，十餘日，淵誓死不回，乃得免。廢帝紀 帝又使左右淫建安王休仁母楊太妃，劉道隆欲得帝歡，盡諸醜狀。休仁妃殷氏有疾，召祖翻診視，祖翻貌美，殷悦之，遂與姦，事泄，遣還家賜死。皆休仁傳 明帝内宴，裸婦人而觀之，以爲歡笑。王皇后獨以扇障面，帝怒曰：「外舍寒乞，今共爲樂，何爲不視？」后曰：「爲樂之方甚多，豈有姑姊妹相聚，而裸婦人形體，以此爲樂，實外舍所無。」帝大怒。王皇后傳 帝又以妃陳氏賜李道兒，尋又迎還，生後廢帝。故人間皆呼廢帝爲李氏子，廢帝亦自稱李將軍，或自謂李統。陳太妃傳 帝又素肥，晚年廢疾，不能内御，諸弟姬人有孕者，輒取入宮，生子則殺其母，而與六宮所愛者養之。順帝本桂陽王休範子也，以陳昭華爲母。陳昭華傳 此見於紀傳者。宮庭内習尚如此，宜乎士大夫以聯姻帝室爲畏途。且凡爲公主者皆淫妬，人主亦自知之，故江斅當尚主，明帝使人代斅作辭婚表，徧示諸公主，以愧厲之，文穆皇后傳 亦一代得失之林也。

齊鬱林尊其母王太后，稱宣德宮，置男左右三十人，前代所未有也。南史王皇后傳梁武與殷叡素舊，乃以女永興公主妻其子鈞。鈞形貌短小，爲主所憎，每被召入，先滿壁書殷叡字，鈞輒流涕而出，主又命束而反之。鈞不勝怒，而言於帝，帝以犀如意擊主，碎其背。②是梁時公主亦然。

155 宋子孫屠戮之慘

宋武帝七子，長義符，即位，以失德爲徐羨之等所廢，殺於金昌亭。次廬陵王義真，亦被廢，殺於新安郡。次文帝義隆，爲其子劭所弑。次彭城王義康，爲文帝賜死。其子允，文爲劭所殺。①次江夏王義恭，爲前廢帝所殺。先有十二子，盡爲劭所殺。後又有四子，爲前廢帝所殺。次南郡王義宣，以謀反爲朱脩之所殺。其長子恢自殺，愷逃在民間，亦捕殺，餘子在江陵者，皆爲脩之所殺。次衡陽王義季，以飲酒致殞，傳國至孫，齊受禪國除。是武帝七子，惟義季善終有後，其餘皆死於非命，且無後也。文帝十九子，長元凶劭，次始興王濬，皆以弑逆被誅。劭四子，濬三子，皆梟首。次孝武帝。次南平王鑠，爲孝武酖死。其子敬猷、敬淵、敬先，皆爲前廢帝所殺。次廬陵王紹，出繼義真，以善終。紹又無子，以敬先嗣，即前廢帝所殺者。次竟陵王誕，爲孝武所忌，使沈慶之攻殺之。無子。次建平王宏，善終。其子景素，後廢帝時被殺，並殺其子延齡及二少子。次廬江王禕，明帝逼令自殺。有子克明，善終，無子。次晉熙王昶，前廢帝欲討之，乃奔魏。有二妾，還都各生一子，尋皆殤。明帝以子燮繼之，齊受禪，賜死。惟昶奔魏，後爲駙馬都尉，有子承緒，孫文遠等。次武昌王渾，孝武帝逼令自殺。無子。次明帝。次始安王休仁，爲明帝所忌，賜死。其子伯融、伯猷，後廢帝時爲楊運長等所殺。

次晉平王休祐，明帝使人觸之，墜馬死。有十三子。順帝時蕭道成以朝命並賜死。次海陵王休茂，以反被殺。次鄱陽王休業，臨慶王休倩，新野王夷父，皆早卒。次桂陽王休範，舉兵討蕭道成，爲張敬兒所殺。子德宣、德嗣、青牛、智藏，皆被殺。次巴陵王休若，爲明帝賜死。子沖，尋卒。是文帝十九子，惟孝武及明帝嗣位，紹及宏善終，昶奔魏，休業、休倩、夷父早卒，其餘皆不得死，且亦無後也。孝武帝二十八子，夭殤者十，爲前廢帝所殺者二，爲明帝所殺者十六。見南史誤處條內。當明帝時，以孝武子孫誅殺已盡，轉以己子武陵王贊爲孝武後，則孝武子孫已無一在者可知也。案劉休傳，②明帝素肥瘘，不能御內，諸王妾有孕者，密取入宮，生子則閉其母於後房。順帝本桂陽王休範子也，蒼梧亦非帝子，陳太妃先爲李道兒妾，故蒼梧自稱李統云。然則明帝雖有十二子，皆非親子也，而何以自護其假子，而盡殺祖宗之子孫？卒之十二子中，後廢帝及順帝，皆爲蕭道成所弒，隨陽王翽、新興王嵩、始建王禧，亦爲道成所殺，智井、燮、躋皆出繼，而燮亦爲道成所殺。智井、燮生卒不可攷，③惟法良及邵陵王友暨第四子之未名者，以早夭免誅。然則明帝十二子，其真僞本不可知，而即其自號爲親子者，夭卒不過數人，其餘亦皆不得其死，且皆年幼無子也。南史順帝紀謂帝遜位被害後，宋之王侯無少長皆盡矣。然則宋武九子，四十餘孫，六七十曾孫，死於非命者十之七八，且無一有後於世者。當其勃焉興也，子孫繁衍，爲帝爲王，榮貴富盛，極一世之福；及其敗也，如風之捲籜，一掃而空之，橫屍喋血，斬艾無噍類，欲求爲匹夫之傳家保世而不可得。斯固南北分裂時刼運使然，抑亦宋武以猜忍起家，肆虐晉室，戾氣所結，流禍於後嗣。孝武、明帝又繼以凶忍慘毒，誅夷骨肉，惟恐不盡。兄弟子姓悉草薙而禽獮之，皆諸帝之自爲屠戮，非假手於他族也。卒至宗支盡，而己之子孫轉爲他族所屠，豈非天道好還之明驗哉。前廢帝嘗夢其母王太后謂之：「汝不孝不仁，本無人君之相。子尚愚悖，亦非運祚所及。孝武險虐滅道，怨結神人，兒子雖多，並無天命。」是冥冥中固有鑒觀不爽者。孝武既以多殺文帝子而絶嗣，明帝又以多殺孝武子，而其子亡國殞身，無復孑遺，真所謂自作之孽也。

第十一卷校證

149 南史增梁書瑣言碎事

①東昏將桓和紿東昏出戰，因來降。時民間謂密相欺者爲「和欺」，梅蟲兒等曰：「今日敗於桓和，可謂『和欺』矣。」 按：二「桓」字原刻本作「檀」，西畲本已改正。

②廬陵王續傳 按：「廬」原刻本作「廣」，西畲本已改正。

③元帝在江州聞之 按：「江州」原刻本作「荆」，西畲本已改正。

④蕭藻傳，增其從孫韶爲童時 按：蕭韶爲蕭藻弟猷之子。是其侄而非從孫。

⑤蕭隨州置酒清談 按：永陽王蕭敷傳作「蕭隨郡」。

⑥世子恪爲雍州刺史，任用其客江仲舉、蔡薳、王臺卿、庾仲雍，百姓每有訴，必數處輸錢，民間歌曰：「江十萬，蔡

五百，王新車，庾大宅。」　按：趙氏所據者爲汲古閣本，他本「庾仲雍」或作「庾仲容」，「江十萬」或作「江千萬」。

⑦范雲傳，增雲在齊時，爲明帝述太宰文宣王夢中之事　按：「爲明帝……之事」原刻本作「與明帝説夢見太宰文宣王之事」，南史本爲范雲述文宣王言其夢中之事，原刻本則誤爲范雲夢見文宣王，西畬本已校正，今從之。

⑧嘗與雲宿顧暠之舍，暠之妻方産　按：原刻本脱二「之」字，又「顧」字下衍「僧」字，西畬本均已改正。

150　梁南二史歧互處

①武帝遣趙祖悦勸懿興晉陽之甲　按：南史蕭懿傳作「趙景悦」。

②邵陵王綸傳，梁書載其少年爲丹陽尹時，侵漁細民，爲少府丞何智通所奏　按：孫文泱云，蕭綸於中大通元年爲丹陽尹，四年爲侍中、宣惠將軍、揚州刺史，以侵漁細民，何智通啓聞。「丹陽尹」應作「揚州刺史」。

③張僧胤　按：「胤」原刻本作「倖」，西畬本已改正。

④王僧孺傳，梁書載其爲南康王長史時，被典籤中傷去職　按：梁書僧孺傳稱，爲南康王長史時，王典籤湯道愍暱於王，用事府内。僧孺每裁抑之，道愍遂謗訟僧孺，逮詣南司，奉牋辭府云云。僧孺坐免官。未言以何事相謗訟。南史則删其牋辭，而增以僧孺曾以不蓄妾對武帝問，後受友人贈妾，且致懷孕，遂爲典籤所糾。二傳可以互補，甌北未及指出，孫文泱已論及之。

⑤奉辭王府一牋，凡千餘字。按牋内有云「去矣何生，高樹芳烈」之語，既辭王府，何以獨稱何生，殊不可解。南史雖删此文，而謂僧孺將去，有友人何炯猶在王府，僧孺與炯書以見意，然後何生句始明，蓋别何炯書，非辭王

府箋也　按：孫文泱云，甌北此處張冠李戴。梁書僧孺傳於「奉箋辭府」下録其文二百餘字。其後又云：「僧孺坐免官，久之不調，友人廬陵何烱猶爲王府記室，乃致書於烱，以見其意。」以下録其文千餘字。甌北乃誤以致何烱書爲王府箋，致生誤解。

151 南史於陳書無甚增删

①錢明　按：原刻本「明」下有「本」字，爲衍文，其下又脱去「潘智虔」三字，西畲本删去衍文而未補脱文。

153 宋齊多荒主

①山陰公主帝姊也　按：「姊」原刻本作「妹」，西畲本已改正。

②時廷尉劉蒙妾有孕，帝迎入宫，冀生男，立爲太子　按：此據南史劉休仁傳（卷一四），而南史前廢帝紀（卷二）與宋書劉休仁傳（卷七二）皆作「劉矇」，宋書前廢帝紀（卷七）又作「劉勝」，通鑑考異引宋略亦作「劉矇」，並云：「今從其多者。」（通鑑宋紀一二）

③凡諸鄙事，過目即能　按：「過」原刻本作「遇」，西畲本已改正。

④置射雉場二百九十六處　按：原刻本作「二百六十處」，西畲本已改正。

⑤媒翳隊主俞靈韻　按：原刻本脱「媒」字，西畲本已補正。

154 宋世閨門無禮

①前廢帝子業以文帝女新蔡公主爲貴嬪，改姓謝氏，……（廢帝紀，並見何邁傳）　按：何邁尚新蔡公主，宋書與南

史皆無傳，其事附見於二書之前廢帝何皇后傳。

②帝以犀如意擊主，碎其背　按：孫文泱云，南史殷鈞傳作「碎於背」，應據改。

155 宋子孫屠戮之慘

①彭城王義康，爲文帝賜死。（其子允，文爲劭所殺）　按：「文」字爲衍文，西畬本改作「又」，亦通。

②案劉休傳　按：劉休傳在南齊書卷三四，所記者爲宋明帝事。

③智井、燮生卒不可考　按：劉燮出繼晉熙王劉昶，宋書卷七二與南史卷一四劉昶傳均稱之爲第六皇子，並記其在元徽元年（四七三年）爲四歲，則當生於泰始六年（四七〇年）齊受禪後賜死（四七九年），共得十歲。又宋書卷八與南史卷三明帝紀均記智井卒於泰始六年七月丙戌，而臨慶王劉休倩傳（二書均與劉昶同卷）稱智井爲第五皇子。智井之卒年即燮之生年，二人相差應不過數歲，可知二人皆爲不足成年之幼兒也。又宋書休倩傳作「智丹」，「丹」「井」二字形近，應有一誤。

廿二史劄記卷十二

156 人君即位冠白紗帽

宋前廢帝子業將殺湘東王彧，彧結左右壽寂之等弒帝於後堂，建安王休仁便稱臣，引彧升西堂，登御座。事出倉猝，猶著烏紗帽，休仁呼主衣以白紗帽代之，乃即位，是爲明帝。明帝紀後廢帝昱無道，蕭道成使王敬則結帝左右陳奉伯等弒之。明旦，召大臣會議，敬則遽呼虎賁鈒戟羽儀，手自取白紗帽加道成首，令道成即位，曰：「事須及熱。」道成呵之乃止。齊高帝紀又齊書柳世隆傳，沈攸之起兵謂諸將曰：「我被太后令，建義下都，大事若剋，白紗帽當共著耳。」是古來人君即位，例著白紗帽。蓋本太子由喪次即位之制，故事相沿，遂以白紗帽爲登極之服也。

157 齊梁之君多才學

創業之君，兼擅才學，曹魏父子，固已曠絶百代，其次則齊、梁二朝，亦不可及也。齊高帝雖不以才學名，然少爲諸生，劉瓛傳論從雷次宗受業，治禮及左氏春秋。本紀爲領軍時，與謝超宗共屬文，愛超宗才翰。超宗傳即位後，見武陵王曄效謝康樂體詩，訓之曰：「康樂放蕩，作體不辨首尾。安仁、士衡，深可宗尚，顔延之抑其次也。」是帝之深於詩文也。曄傳又嘗與王僧虔賭書，畢，謂僧虔曰：「誰爲第一？」僧虔曰：「臣書第一，陛下亦第一。」帝笑曰：「卿可謂善自爲謀。」僧虔傳是帝之精於書法也。其子孫亦多以才著。臨川王映能左右書。映傳鄱陽王鏘好文章，桂陽王鑠好名理，人稱爲鄱桂。鏘傳①江夏王鋒五歲學鳳尾諾，一學即工，十歲能屬文，武帝謂其書爲第一。明帝輔政，翦除高、武子孫，鋒作修柏賦以寓意。鋒傳此其子之多才學也。文惠太子臨國學，與王儉講禮記「毋不敬」、周易乾震之義。文惠傳竟陵王子良招致學士，鈔五經百家，爲四部要略千卷。子良傳晉安王子懋撰春秋例苑三十卷。子懋傳隨郡王子隆能文，武帝曰：「此我家東阿也。」子隆傳此其孫之多才學也，而諸孫中尤以豫章王嶷之諸子爲最。子範入梁爲南平王從事，製千字文，令蔡薳注之，府中文筆皆子範屬草。簡文遭侯景之逼，葬其后，使子範作哀册文，詞極工惋，帝曰：「此段莊陵，萬事零落，惟哀册尚有典型。」子顯著鴻序賦，沈約見之，極爲傾倒。又採衆家後漢書，考正同異，作後漢書一百卷，又撰齊書六十卷，普通北伐記五卷，貴儉傳三卷，文集二十卷。其子愷亦工詩，於宣猷堂與諸名人餞謝嘏出守，賦詩用十五劇韻，獨先就，又極工。子顯傳子顯弟子雲有文藻，弱冠撰晉書，年二十六，書成百餘卷。又工書，百濟國使人求其書，值子雲將出都，使者望船一步一拜，子雲遣問之，曰：「侍中尺牘之美，名聞海外，今日所求，惟在名迹。」乃停舟書三十紙與之。其子特亦工書，梁武謂之曰：「子敬之迹，不及右軍。蕭特之筆，遂過於父。」②子雲傳此亦蕭齊後人負一代文學之望者也。至蕭梁父子間，尤爲獨擅千古。武帝少而篤學，洞達儒玄，雖萬機多務，猶卷不輟手。造制旨孝經義，周易講疏，及六十四卦、二繫、文言、序卦等義，樂社義，毛詩答問，春秋答問，尚書大義，中庸講疏，孔子正言，老子講疏，共二百餘卷。又令明山賓等述制旨，並撰吉、凶、軍、賓、嘉五禮一千餘卷。又造通史，親制讚序，凡六百卷。天性睿敏，下筆成章，千賦百詩，直疏便就，諸文集又一百〔二十〕卷。並撰金策三十卷。③兼長釋義，製涅槃、大品、浄名、三慧諸經義，又復數百卷。歷觀古帝王，藝能博學，罕或有焉。武本紀昭明太子三歲受孝經、論語，五歲遍讀五經。及長，讀書數行並下，過目皆憶。每遊宴祖餞，賦詩輒十數韻，或作劇韻，皆屬思便成，無所點易。著文集二十卷，古今典誥文言爲正序十卷，五言詩之善者爲文章英華二十卷，文選三十卷。本傳簡文帝六歲便能屬文，既長，九流百氏，經目必記，篇章詞賦，操筆立成，博綜儒書，善言玄理。自序其詩云：「余七歲有詩癖，長弗倦也。」史論謂其傷於輕豔，當時號曰宫體。所著昭明太子傳五卷，諸王傳三十卷，禮大義二十卷，老子義二十卷，莊子義二十卷，長春義記一百卷，法寶連璧三百卷。本紀元帝好學，博極羣書，才辨敏速，冠絶一時。著孝德傳三十卷，忠臣傳三十卷，丹陽尹傳十卷，注漢書一百一十五卷，周易講疏十卷，內典博要一百卷，連山三十卷，洞林三卷，玉韜十卷，④老子講疏四卷，全德志，懷舊志，荆南志，江州記，貢職圖，又古人同姓名録一卷，⑤筮經十二卷，式贊三卷，文集五十卷。本紀南康王績，七歲有人洗改官文書者，即能察出。本傳邵陵王綸，預餞衡州刺史元慶和，於坐賦詩十二韻，末云：「方同廣川國，寂寞久無聲。」武帝大賞之，曰：「汝人才如此，何慮無聲。」其後湘東王繹與河東王譽交兵，綸作書勸其息家庭之争，赴君父之急，詞極愷切動人。本傳武陵王紀少勤學，有文才，屬詞不好輕華，甚有骨氣。本傳此梁武父子間才學也。帝弟南平王偉，精玄學，著二旨義，别爲新通，又製性情、幾神等論，周捨、殷鈞俱不能屈。本傳⑥鄱陽王恢獵史籍。本傳安成王秀精意學術，搜集傳記，招劉孝標爲類苑，未畢而已行於世。本傳此又帝諸弟之才學也。昭明諸子，史不著其能文。簡文子大心，幼聰朗，善屬文。大臨以明經射策甲科。大連少俊爽，工文，兼善丹青，武帝賜以馬，即爲謝啟，其詞甚美。大鈞七歲學詩，武帝賜以王羲之書一卷。元帝子方等，嘗著論以魚鳥自況，因不得於父也。曾注范蔚宗後漢書未就，所撰三十國春秋及靜住子，行於世。第三子方諸，博學，明老、易，善談玄，詞辯風生。南康王績子會理，少聰慧，好文史。其弟通理，博學有文才，嘗祭孔文舉墓，爲之立碑，其文甚美。⑦邵陵王綸子堅，善草隸。其弟確尤工楷法，公家碑誌，皆令書之。除秘書丞，武帝謂曰：「以汝能文，故有此授。」武陵王紀子圓正，爲元帝因於荆州，曾有連句詩曰：「水長二江急，雲生三峽昏。願貫淮南罪，思報阜陵恩。」元帝覽詩而泣。此皆見於各本傳者，此武帝諸孫之才學也。⑧帝兄懿之子淵藻，善屬文，尤好古體，非公宴不妄作，雖小文，成輒棄本。懿之孫孝儼，從帝遊華林園，於坐獻相風烏、華光殿、景陽山等頌。南平王偉之孫靜，宗室後進，有文才，篤志好學，散書滿席，手自校讎。鄱陽王恢之子範，雖無學術，而率意題章，皆有奇致。嘗得舊琵琶，齊竟陵王子良舊物也，即攬筆爲咏，以示湘東王，王作琵琶賦和之。始興王憺之子（映）〔暎〕，因野穀生爲嘉穀頌。其弟曄，當簡文入居監撫，爲儲德頌以獻。安成王秀之子機，博覽彊記，有詩賦數千言，元帝序而傳之。機弟推亦善屬文，爲簡文所賞。此亦皆見於本傳者，又帝從子從孫之才學也。

158 齊明帝殺高武子孫

宋子孫多不得其死，猶是文帝、孝武、廢帝、明帝數君之所爲，至齊高、武子孫，則皆明帝一人所殺，其慘毒自古所未有也。明帝本高帝兄子，早孤，高帝撫之，恩過諸子。歷高、武二朝，爵通侯，官僕射，至鬱林王時輔政，因鬱林無道，弒之而立海陵，不數月，又廢弒之而奪其位。自以得不以正，親子皆幼小，而高、武子孫日漸長大，遂盡滅之無遺種。子岳傳今按高帝十九子，長武帝，次豫章王嶷、臨川王映、長沙王晃、武陵王曄、安成王暠、始興王鑑，皆卒於明帝前，故未被害；又早殤者四人；其餘鄱陽王鏘、桂陽王鑠、江夏王鋒、南平王鋭、宜都王鏗、晉熙王銶、河東王鉉、衡陽王鈞，皆明帝所殺也。武帝二十三子，長文惠太子，早薨；次竟陵王子良，善終；魚復侯子響，武帝時以擅殺長史，拒臺兵，見殺；又早殤者四人；其餘廬陵王子卿、安陸王子敬、晉(陵)〔安〕王子懋、隨郡王子隆、建安王子真、西陽王子明、南海王子罕、巴陵王子倫、邵陵王子貞、臨賀王子岳、西陽王子文、衡陽王子峻、南康王子琳、湘東王子建、衡陽王子珉、南郡王子夏，皆明帝所殺也。文惠太子子鬱林王昭業、海陵王昭文，既爲明帝所弒，巴陵王昭秀、桂陽王昭粲，亦明帝殺之，甚至竟陵王子良之子昭冑、昭顥，亦明帝所殺。統計高帝後，惟豫章王嶷有子子廉、子恪、子操、子範、子顯、子雲等有後於梁，其餘諸子，及武帝、文惠諸子孫，大半皆被明帝之禍，且俱無後。按齊高嘗戒武帝曰：「宋氏若不骨肉相殘，他族豈得乘其衰敝。」①故終武帝世，諸兄弟尚得保全。然齊高但知宋之自相屠戮，而不知己之殺劉氏子孫之慘。當巴陵王子倫被害時，謂茹法亮曰：「先朝殺滅劉氏，今日之事，理數固然。」是天理即人心，殺人子孫者，人亦殺其子孫。金翅下殿，搏食小龍無數。子夏傳。明帝名鸞，即金翅鳥也。斯固齊高之自取也，然齊明之忍心害理，亦已至矣。〔延興〕、建武中凡三誅諸王。每一行事，帝輒先燒香火，嗚咽流涕，人以此知其夜當有殺戮。子岳傳每殺諸王皆以夜，遣兵圍宅，或斧砍關，排牆而入。鏘傳當時高、武子孫，朝不保夕，每朝見，鞠躬俯僂，不敢正行直視。鉉傳桂陽王鑠見帝後，出謂人曰：「吾前日見上流涕嗚咽，而鄱陽、隨郡誅。今日又流涕而有愧色，其在吾耶？」是夕果見殺。鑠傳宜都王鏗咏陸機弔魏武云，「昔以四海爲己任，死則以愛子託人」，左右皆泣，未幾賜死。鏗傳王敬則起兵向闕，以奉南康王子恪爲名，子恪逃走，不知所在。明帝欲盡殺高、武子孫，乃悉召入尚書省，敕人各兩左右自隨，孩抱者乳母隨入。其夜太醫煮藥，都水辦棺材數十具，須三更悉殺之。會子恪自吳奔歸，二更刺啟入。時刻已至而帝眠未醒，沈徽孚、單景儁少留其事。及帝覺，乃白子恪已至，帝驚曰：「未盡諸王命耶？」景儁具以事答，明日悉遣諸王侯還第。昭胄傳蓋天良難昧，帝亦動於心之所不安也，然其後又卒皆誅死。然則齊明之殘忍慘毒，無復人理，真禽獸之不若矣。卒之高、武子孫既盡，而己之子東昏侯寶卷、和帝寶融，皆被廢殺之禍。江夏王寶玄先爲東昏所殺，鄱陽王寶寅逃入魏，後亦謀反誅，邵陵王寶攸、晉熙王寶嵩、桂陽王寶貞，皆中興元二年賜死，惟廣陵王寶源以先卒未被禍，巴陵王寶義以廢疾得善終，餘皆早夭。是明帝之子亦無一得免禍者。始安王遙光，明帝親兄子，明帝謀害諸王，皆遙光贊成之，後遙光亦以反誅。真所謂天理昭彰，報施不爽，凡殺人以利己者，可以觀於此矣。

159 齊制典籤之權太重

齊制，諸王出鎮，其年小者，則置行事及典籤以佐之，一州政事以及諸王之起居飲食，皆聽命焉，而典籤尤爲切近。齊書孝武諸子傳論謂，帝子臨州，年皆幼小，故輔以上佐，簡自帝心。州國府第，先事後行，飲食起居，動應聞啟。行事執其權，典籤掣其肘，處地雖重，行己莫由。斯宋氏之餘風，在齊而彌甚也。今見於列傳者，武陵王曄爲丹陽尹，始不置行事，得自親政。曄傳隨郡王子隆督益州，始親府州事。子隆傳可見其始皆有行事，不得自專也。蔡約爲宜都王長史，行府州事，時諸王行事多相裁割，約在任，主佐之間穆如也。約傳可見行事如約者少也。劉暄爲江夏王寶玄郢州行事，執事過刻。有人獻馬，寶玄欲看之，暄曰：「馬何須看。」妃索煮肫，暄曰：「已煮鵝，不復煩此。」寶玄曰：「舅殊無渭陽之情。」江祏傳可見行事之威制也，此行事之弊也。其籤帥之權，如武陵王曄在江州，忤典籤趙渥之，趙渥之啟其得失，①即召還京。曄傳宜都王鏗舉動每爲籤帥所制，②立意多不得行。鏗傳南海王子罕欲暫遊東堂，典籤姜秀不許，還泣謂母曰：「兒欲移五步不得，與囚何異。」邵陵王子貞求熊白，厨人答以無典籤命，不敢與。西陽王子明欲送書侍讀鮑僎，典籤吴修之不許，乃止。俱見子倫傳其有不甘受制而擅殺典籤者，則必治以專輒之罪。如長沙王晃爲典籤所裁，晃殺之，高帝大怒，手詔賜杖。晃傳魚復侯子響爲行事劉寅、典籤吴修之等所奏，武帝遣臺使檢校，子響憤殺寅、修之等，後以抗拒臺兵被誅。子響傳是以威行州郡，權重藩君，勢積重而難反。當子響之殺寅等也，武帝聞之曰：「子響遂反。」戴僧靜大言曰：「諸王都應反。」帝問故，對曰：「諸王無罪，而一時被囚，取一挺藕，一杯漿，籤帥不在，則竟日忍渴。諸州但聞有籤帥，不聞有刺史。」見子倫傳。而僧靜傳，武帝使僧靜往討，僧靜曰：「王年少，長史捉之太急，忿不思難故耳。天子兒過悮殺人，有何大罪，而忽遣軍西上耶？僧靜不敢奉詔。」竟陵王子良嘗問范雲曰：「士大夫何故詣籤帥？」雲曰：「詣長史以下皆無益，詣籤帥便有十倍之利，不詣何爲！」子倫傳故明帝殺諸王，無一不就典籤殺之。其初輔政時，防制諸王，先致密旨於上佐。孔琇之傳又令蕭諶召諸王典籤，約不許諸王外接人物。諶傳其害巴陵王子倫也，懼其有兵能拒命，以問典籤華伯茂，③伯茂曰：「若遣兵恐不可即得，委伯茂則一小吏力耳。」果以酖逼之死。子倫傳又遣裴叔業害南平王鋭，防閤周伯玉欲斬叔業，舉兵匡社稷，典籤叱左右斬之，鋭遂見害。鋭傳積威之漸，一至於此。

按南史吕文顯傳，故事，府州部内論事皆用籤，前敘所論之事，後書某官某籤，故府州置典籤掌之，本五品吏耳。宋季多以幼小王子出爲方鎮，人主皆以親近左右爲典籤，一歲中還都者數四，人主輒問以刺史之賢否，往往出於其口，於是威行州郡，權重藩君。齊明帝知之，始制諸州論事不得遣典籤，其任稍輕，其後仍復積重。梁書，江革爲廬陵王長史，時少王行事，多傾意於籤帥，革以正直自處，不與籤帥同坐。蓋以典籤本微賤者也，然官小而權重，革之爲此，豈至梁時籤帥已輕，不復如齊時之威福在手耶？

160 南朝以射雉爲獵

南朝都金陵，無蒐狩之地，故嘗以射雉爲獵。宋明帝射雉，至日中無所得，甚慚，曰：「吾旦來如臯，遂空行，可笑。」褚炫對曰：「今節候雖適，而雲霧尚凝，故斯翬之禽驕心未警。」帝意解，乃於雉場置酒。宋書褚炫傳帝至巖山射雉，有一雉不肯入場，日暮將返，留晉平王休祐待之，令勿得雉勿返，休祐便馳去。上令壽寂之等追之，蹴令墜馬死。休祐傳齊武帝永明六年，邯鄲超諫射雉，上爲之止，久之超竟誅。後又將射雉，竟陵王子良又諫止。子良傳東昏置雉場二百九十六處，翳中帷幛皆紅緑錦爲之，有鷹犬隊主、媒翳隊主等官。①齊紀

161 江左世族無功臣

六朝最重世族，已見叢考前編。其時有所謂舊門、次門、後門、勳門、役門之類，以士庶之别爲貴賤之分，積習相沿，遂成定制。陶侃微時，郎中令楊晫與之同乘，温雅謂晫曰：「奈何與小人同載。」郗鑒陷陳午賊中，有同邑人張寔先附賊，來見，竟卿鑒，鑒曰：「相與邦壤，義不及通，何可怙亂至此。」寔慚而退。楊方在都，縉紳咸厚之，方自以地寒，不願留京，求補遠郡，乃出爲高梁太守。王僧虔爲吴興郡守，聽民何係先等一百十家爲舊門，遂爲阮佃夫所劾。張敬兒斬桂陽王休範，以功高當乞鎮襄陽，齊高輔政，以敬兒人位本輕，不欲便處以襄陽重鎮。侯景請婚王、謝，梁武曰：「王、謝門高，可於朱、張以下求之。」一時風尚如此。即有出自寒微，奮立功業，官高位重，而其自視猶不敢與世族較。陳顯達既貴，自以人微位重，每遷官，常有愧懼之色。誡諸子曰：「我本志不及此，汝等勿以富貴驕人。」又謂諸子曰：「麈尾是王、謝家物，汝不須捉此。」王敬則與王儉同拜開府，褚淵戲儉以爲連璧，儉曰：「老子遂與韓非同傳。」或以告敬則，敬則欣然曰：「我本南沙小吏，今得與王衛軍同拜三公，復何

恨。」敬則傳王琳爲梁元帝所忌，出爲廣州刺史，琳私謂李膺曰：「官正疑琳耳，琳分望有限，豈與官争爲帝乎。何不使琳鎮雍州，琳自放兵作田，爲國捍禦外侮也。」琳傳且不特此也，齊高在宋，以平桂陽之功，加中領軍，猶固讓，與袁粲、褚淵書，自稱下官常人，志不及遠。褚淵傳及即位後，臨崩遺詔亦曰：「吾本布衣素族，念不到此。」本紀可見當時門第之見習爲固然，雖帝王不能改易也。然江左諸帝，乃皆出自素族。宋武本丹徒京口里人，少時伐荻新洲，又嘗負刁逵社錢被執，其寒賤可知也。齊高既稱素族，則非高門可知也。梁武與齊高同族，亦非高門也。陳武初館於義興許氏，始仕爲里司，再仕爲油庫吏，其寒微亦可知也。其他立功立事，爲國宣力者，亦皆出於寒人。如顧榮、卞壼①、毛寶、朱伺、朱序、劉牢之、劉毅等之於晉，檀道濟、朱齡石、沈田子、毛脩之、朱脩之、劉康祖、到彦之、沈慶之等之於宋，王敬則、張敬兒、陳顯達、崔慧景等之於齊，陳伯之、陳慶之、蘭欽、曹景宗、張惠紹、昌義之、王琳、杜龕等之於梁，周文育、侯安都、黄法𣰰、吴明徹等之於陳，皆禦武戡亂，爲國家所倚賴。而所謂高門大族者，不過雍容令僕，裙屐相高，求如王導、謝安，柱石國家者，不一二數也。次則如王弘、王曇首、褚淵、王儉等，與時推遷，爲興朝佐命，以自保其家世，雖朝市革易，而我之門第如故，以是爲世家大族，迥異於庶姓而已。此江左風會習尚之極敝也。

162 梁武存齊室子孫

宋之於晉，齊之於宋，每當革易，輒取前代子孫盡殄之。梁武父順之在齊時，以縊殺魚復侯子響事，爲孝武所惡，不得志而死。故梁武贊齊明帝除孝武子孫，以復私讎，然亦本明帝意，非梁武能主之也。後其兄懿又爲明帝子東昏侯所殺，故革易時，亦盡誅明帝子以復之，所謂自雪門恥也。至於齊高子孫猶有存者，高、武子孫已爲明帝殺盡，惟豫章王一支尚留。則皆保全而録用之。如蕭子恪仕至吴郡太守，子範秘書監，子顯侍中、吏部尚書，子雲國子祭酒，子暉中騎長史。梁武嘗謂子恪等曰：「我初平建康，人皆勸我云，時代革易，宜有處分，我依此而行，有何不可。正以江左以來，代謝必行誅戮，有傷和氣，所以運祚不長。昔曹志是魏武帝孫陳思王之子，事晉武帝，能爲忠臣。此即卿事例，卿等無復自外之意，日久當知我心耳。」姚察論曰：①魏、晉革易，皆抑前代宗支，以絶民望，然劉曄、曹志猶顯於新朝。及宋遂令司馬氏爲廢姓，齊之代宋，戚屬皆殲，其祚不長，抑亦由此。梁受命而子恪兄弟及羣從並隨才受任，通貴滿朝，君子以是知高祖之量度越前代矣。

163 陳武帝多用敵將

陳武帝起自寒微，數年有天下，其將帥自侯安都、黄法𣰋、胡頴、徐度、杜稜、吴明徹諸人外，其餘功臣，皆出於仇敵中者。杜僧明、周文育則起兵圍廣州，爲帝所擒者也；歐陽頠亦事蕭勃，爲周文育擒送於帝者也；侯瑱、周鐵虎、程靈洗則王僧辯故將也；魯悉達、孫瑒、周炅、樊毅、樊猛，則王琳故將也。或臨陣擒獲，或力屈來降，帝皆釋而用之，委以心膂，卒得其力，以成偏安之業。其度量恢廓，知人善任，固自有過人者。如侯瑱據豫章，自以本事僧辯，不肯入朝，及部衆叛散，或勸其投北齊，瑱以帝有大量，必能容人，乃詣闕歸罪。魯悉達據晉熙，王琳授以鎮北將軍，帝亦授以征西將軍，悉達兩受之而皆不就，帝使沈泰潛師襲之亦不克，後爲北齊師所破，乃來歸。武帝謂曰：「來何遲也？」對曰：「陛下授臣以官，恩至厚矣，使沈泰來襲，威亦深矣，臣所以自歸者，以陛下豁達大度，同符漢祖故也。」帝曰：「卿言得之矣。」可見帝之度量，當時早有以見信於人，故能驅策羣雄，藉以集事。魏鄭公史論謂帝：「志度宏遠，懷抱豁如。或取士於仇讎，或擢才於亡命，掩其受金之過，宥其吠堯之罪，委以心腹爪牙，咸得其死力，方諸鼎峙之雄，足以無慚權、備矣。」然則雖偏安江左，固亦有帝王之量哉。

164 齊梁臺使之害

齊書竟陵王子良傳，宋元嘉中，簿書賦税皆責成郡縣，孝武帝急速，乃遣臺使，自此公私勞擾。齊初子良疏曰：「此輩使人，既非詳慎，或貪險崎嶇，營求此役。朝辭禁門，形態即異，暮宿村縣，威福便行，脅遏津吏，恐喝郵傳。既望城郭，便飛下嚴符，但稱行臺，未知所督，先訶官吏，卻攝羣曹，絳標寸紙，一日數至，四鄉所召，莫辨枉直。萬姓駭迫，爭致餽遺，今日酒諧肉飫，即許附申，明日禮輕貨薄，復責科算。及其犹蒜轉積，鵝栗漸盈，遠則分鬻他境，近則託質吏民，反請郡邑，助民祈緩。」此齊室臺使之害也。梁書賀琛傳亦有疏曰：「今東境户口空虛，皆由使命繁數。大邦大縣，舟船銜命者，非惟十數，即窮幽之鄉，極遠之邑，亦皆必至。駑困邑宰則拱手聽其漁獵，桀黠長吏又因之而爲貪殘，故細民棄業流冗者多。」此梁室臺使之弊也。以田租丁賦動遣臺使分催，本非政體，此輩假公營私，騷及雞犬，固事之所必有也。然如子良所云䐁蒜鵝栗之類，則徵索尚屬微細。後世固不至以簿書賦役動遣使徵求，然有時以重案特命大官出勘，名曰欽差，其中未嘗無公正之人，能廉潔持身，平反定獄，然不可多得也。不肖者則因以爲利，藉權索賄，動至數萬金，小民之受累猶少，官府之被禍已深。前明劉瑾竊柄時，科道出使歸，例以千金爲餽，猶覺其細已甚也，何況齊、梁臺使僅索雞豚果栗之類，固不足數矣。夫外吏不可信而遣朝官，小官不可信而遣大僚，宜其勵官方而達民隱，乃滋累更甚，則不如不遣之爲愈也。

後漢桓帝數遣黄門常侍及中使伯榮往來甘陵。伯榮尤驕蹇，所經郡國，莫不迎送禮謁。陳忠上言：「使者所過，威權翕赫，震動郡縣。王侯二千石爲伯榮獨拜車下，儀體上僭，侔於人主。長吏懼責，發人修道，繕理亭傳，徵役無度，老幼相隨，動以萬計。賂遺僕從，人數百匹。頓踣呼嗟，莫不叩心。」後代欽差之弊往往類此。

165 六朝多以反語作讖

自反切之學興，遂有以反語作讖者。三國志，諸葛恪未被害時，民間謡曰：「諸葛恪，蘆葦單衣篾鉤落，於何相逢成子閣。」「成子閣」反語「石子岡」也，後恪爲孫峻所殺，投尸於石子岡。晉書孝武紀，帝爲清暑殿，識者謂「清暑」反語爲「楚聲」，哀楚之徵也。齊書，益州向無諸王作鎮，宋時有邵碩曰：「後有王勝甍來作此州。」及齊武帝以始興王鑑爲益州刺史，「勝甍」反語爲「始興」也，碩言果驗。又文惠太子啟武帝，乞東田作小苑，「東田」反語爲「顛童」，後其子鬱林王即位，果以童昏見廢。①梁書，武帝創同泰寺，後又創大通門，以對寺之南，取反語以協「同泰」也，②遂改年號爲大通，以符寺及門名。昭明太子時有謡曰：「鹿子開城門，城門開鹿子。」「鹿子開」者，反語謂「來子哭」，時太子之長子歡爲南徐州刺史，太子薨，乃遣人追歡來臨喪，故曰「來子哭」也。

166 哀策文

周制，飾終之典以謚誄爲重。漢景帝始增哀策。漢書本紀，中二年，令諸侯王薨，大鴻臚奏謚誄策。列侯薨，大行奏謚誄策。應劭注謂賜謚及誄文哀策也。沿及晉、宋，猶以謚誄爲重。魏志郭后傳裴松之注，后崩，有哀策文。晉書文明王皇后傳，武帝時后爲皇太后，既崩，帝手疏后德行，命史官爲哀策文。及帝楊后崩，亦命史官作哀策。其文俱載本傳。愍懷太子爲賈后所害，後追復皇太子，特爲哀策文，又江統、陸機並作誄頌焉。李胤卒，皇太子命王贊誄之，其文甚美。王珣傳，孝武帝崩，哀策、謚議皆珣所草。宋文帝袁皇后薨，詔顔延之爲哀策文，甚麗，帝自增「撫存悼亡，感今懷昔」八字。孝武殷貴嬪薨，命謝莊爲誄文，都下傳寫，紙爲之貴。至齊則專重哀策文，齊武裴后薨，羣臣議立石誌，王儉曰：「石誌不出禮經，今既有哀策，不煩石誌。」乃止。可見齊以後專以哀策爲重也。今見於齊、梁書各列傳者，梁武丁貴嬪薨，張纘爲哀策文；昭明太子薨，王筠爲哀策文；簡文爲侯景所制，其后薨，蕭子範爲哀策文，簡文讀之曰，「今葬禮雖缺，此文猶不減於舊」是也。唐代宗獨孤后薨，命宰相常衮爲哀策，猶沿此制。

167 南朝陳地最小

晉南渡後，南北分裂，南朝之地，惟晉末宋初最大，至陳則極小矣。劉裕相晉，滅慕容超而復青、齊，降姚泓而復洛陽，滅姚泓而復關中。其後關中雖爲赫連勃勃所奪，而泝河西上時，遣王仲德在北岸陸行，魏將尉建棄滑臺，仲德入據之。自後魏屢攻，得而復失。魏明元帝欲南伐，崔浩謂當略地以淮爲限，則滑臺、虎牢反在我軍之北，是滑臺、虎牢尚爲宋地。宋將到彦之、王仲德攻河南，明元帝遣長孫道生等追擊，至歷城而還，①是歷城亦宋地也。宋元嘉十九年，詔闕里往經寇亂，應下魯郡修復學舍，是魯郡亦宋地也。直至魏太武帝遣安頡攻拔洛陽，剋虎牢，剋滑臺，帝臨江起行宫於瓜步，宋餽百牢，乃班師，於是河南之地多入魏。魏孝文帝時，宋薛安都以彭城，畢衆敬以兖州，常珍奇以懸瓠，俱屬於魏。張永、沈攸之與魏戰又大敗，於是宋遂失淮北四州及豫州淮南地。其後齊將裴叔業又以壽春降魏，於是淮北之地亦盡入於魏。故蕭齊北境已小於宋。迨梁武帝使張(紹)惠〔紹〕取宿豫，蕭宏取梁城，②韋叡取合肥，以及義陽、邵陽之戰，浮山堰之築，兩國交兵，争沿淮之地者十餘年，互有勝負。魏孝明帝時，元法僧以徐州降梁，梁武遣蕭綜守之，綜仍以徐州降魏。魏末爾朱榮之亂，北海王顥奔梁，梁立爲魏主，使陳慶之送之歸國，深入千里，孝莊帝北走，顥遂入洛，梁之勢幾振。其後顥戰敗被擒，魏仍復所失地，而梁之地尚無恙也。及侯景之亂，西魏寇安陸，執司州刺史柳仲禮，盡没漢東之地。其淮陽、山陽、淮陰等地俱降東魏，鄱陽王範又以合州降東魏，東魏遂盡有淮南之地。景又攻陷廣陵，使郭元建守之，景敗，元建以廣陵降北齊，時東魏孝静帝已遜位於齊文宣。於是江北亦爲北齊所有。是時蕭繹在江陵，乞師於西魏，令蕭循③以南鄭與西魏，西魏遂取漢中。繹稱帝於江陵，武陵王紀自成都起兵伐之，西魏使尉遲迥攻成都以救繹，及紀爲繹所殺，而迥亦取成都，於是蜀地盡入於西魏矣。是時梁之境，自巴陵至建康，惟以長江爲限，荆州界北盡武寧，西拒峽口。而岳陽王蕭詧以繹殺其兄譽，遂據襄陽降西魏。西魏遣于謹等伐江陵，克之，殺元帝，即繹乃以江陵易襄陽，使詧爲梁主，而襄陽亦入於西魏矣。元帝殁後，王僧辯、陳霸先立其子方智於建業，北齊文宣納蕭淵明入爲梁主，陳霸先廢殺之，仍奉方智。其時徐嗣徽、任約降北齊，據石頭城，文宣又遣蕭軌、柳達摩、東方老等來鎮石頭，爲霸先所擒殺，金陵之地得以不陷。計是時江以北盡入於北齊，西境則蜀中及襄陽俱入西魏，江陵又爲蕭詧所有，梁地更小於元帝時矣。陳霸先篡位，是爲陳武帝。因之以立國，其地之入於周者，西魏恭帝遜位於周。惟湘州在江之南，周將賀若敦、獨孤盛不能守，全師北歸，地歸於陳。其後周、陳通好，陳又賂周以黔中地及魯山郡。迨北齊後主荒縱，陳宣帝乘其國亂，使吴明徹取江北，大敗齊師於吕梁，又攻殺王琳於壽陽，於是淮泗之地俱復。而是時周已滅齊，宣帝欲乘亂争徐、兖，又使明徹北伐，至彭城，反爲周師所敗，明徹被擒，於是周韋孝寬復取壽陽，梁士彦復拔廣陵，陳仍畫江爲界，江北之地盡入於周。故隋承周之地，晉王廣由江都至六合，韓擒虎自廬州直渡采石，賀若弼自揚州直造京口，遂以亡陳也。

按三國時孫吴之地，初只江東六郡，漸及閩、粤，後取荆州，始有江陵、長沙、武陵、桂陽等地，而夔府以西尚屬蜀也，其江北之地亦只有濡須塢，今無爲州。其餘則皆屬魏。陳地略與之相似，而荆州舊統内江陵又爲後梁所占，是其地又小於孫吴時。

第十二卷校證

157 齊梁之君多才學

①鄱陽王鏘好文章，桂陽王鑠好名理，人稱爲鄱桂。（鏘傳） 按：「鏘傳」應作「鑠傳」，其傳在南齊書卷三五，南史卷四三。

②梁武謂之曰：「子敬之迹，不及右軍。蕭特之筆，遂過於父。」 按：南史蕭子雲傳作：「子敬之跡，不及逸少。蕭特之筆，遂逼於卿。」梁書蕭子雲傳作：「近見特跡，遂逼於卿。」用「過」字稍失原意。

③金策三十卷 按：「金策」見梁書武帝本紀（卷三），册府元龜卷一九二同，南史武帝紀（卷七）作「金海」。

④玉韜十卷 按：梁書元帝紀（卷五）在「玉韜十卷」下有「補闕子十卷」五字，南史元帝紀（卷八）作「玉韜、金樓子、補闕子各十卷。」本篇於梁朝各帝之著作皆以梁書爲依據，南史所載者略有異同，不一一具列。

⑤古人同姓名録一卷 按：梁書與南史元帝紀，「古人」皆作「古今」，應據改。

⑥南平王偉，精玄學，著二旨義，别爲新通，又製性情、幾神等論，周捨、殷鈞俱不能屈。（本傳） 按：梁書蕭偉傳

（卷二二）云：「晚年崇信佛理，尤精玄學，著二旨義，别爲新通，又製性情、幾神等論其義，僧寵及周捨、殷鈞、陸倕並名精解，而不能屈。」二旨乃就佛理與玄學而言，此文略去其一，遂使文義難通。又「幾」原刻本作「機」，「鈞」原刻本作「芸」，西畬本均已改正。

⑦其弟通理，博學有文才，嘗祭孔文舉墓，爲之立碑，其文甚美　按：梁書與南史南康王蕭績傳，此爲通理之弟乂理之事。

⑧此皆見於各本傳者，此武帝諸孫之才學也　按：「各本傳」或爲梁書，或爲南史，非專指一書。下文「此亦皆見於本傳者，又帝從子從孫之才學也」，亦同此例。

158 齊明帝殺高武子孫

①齊高嘗戒武帝曰，宋氏若不骨肉相殘，他族豈得乘其衰敝　按：此文見於南齊書與南史長沙王晃傳。

159 齊制典籤之權太重

①武陵王曄在江州，忤典籤趙渥之，趙渥之啓其得失　按：原刻本脱二「之」字，西畬本已補正。

②宜都王鏗舉動每爲籤帥所制　按：「制」原刻本作「判」，西畬本已改正。

③以問典籤華伯茂　按：「華」原刻本作「裴」，西畬本已改正。

160 南朝以射雉爲獵

①媒翳隊主等官　按：原刻本脱「媒」字，西畬本已校補。

161 江左世族無功臣

①立功立事，爲國宣力者，亦皆出於寒人，如顧榮、卞壼　按：朱張顧陸爲江南著姓，晉元帝初到江南，王導爲之樹立威望，親訪顧榮、賀循爲之稱譽。卞壼之父，兄弟六人並登宰府，世稱「卞氏六龍」。以二人列於寒門，顯爲失當。

162 梁武帝存齊室子孫

①姚察論曰　按：此下所論者見梁書蕭子恪傳論（卷三五），撮取大意而非原文。

165 六朝多以反語作讖

①齊書，益州向無諸王坐鎮，宋時有邵碩曰：「後有王勝熹來作此州。」及齊武帝以始興王鑑爲益州刺史，「勝熹」反語爲「始興」也，碩言果驗。又文惠太子啓武帝，乞東田作小苑，「東田」反語爲「顛童」，後其子鬱林王即位，果以童昏見廢　按：二事皆見於南史，非齊書。益州事見於始興王鑑傳，東田事見於齊本紀下。

②梁書，武帝創同泰寺，後又創大通門，以對寺之南，取反語以協「同泰」也　按：此事見於南史梁本紀，非梁書。

167 南朝陳地最小

①宋將到彥之、工仲德攻河南，明元帝遣長孫道生等追擊，至歷城而還　按：此事在宋元嘉七年，即魏神䴥三年，

見魏書太武帝紀(卷四),「明元帝」應作「太武帝」。

②蕭宏取梁城　按:「宏」原刻本作「容」,西畲本已改正。

③蕭循　按:此名見梁書與南史元帝紀、敬帝紀,周書文帝紀、達奚武傳、劉璠傳等,而南史鄱陽王傳,北史周文帝紀、達奚武傳皆作「蕭脩」。

廿二史劄記卷十三

168 魏書多曲筆

魏收仕於北齊，修史正在齊文宣時，高洋故凡涉齊神武高歡在魏朝時事，必曲爲迴護。如孝莊紀，建義元年書齊獻武王高歡先謚與上黨王天穆大破羊侃於瑕邱。北史不書。二年書齊獻武王與于暉等大破刑杲於濟南，杲降，送京，斬於都市。北史不書。前廢帝紀，普泰元年書齊獻武王以爾朱榮逆亂，興義於信都。①北史不書。又爾朱榮傳內書，河陰之役，榮欲篡立，齊獻武王及司馬子如勸止之，乃仍奉莊帝。北史謂劉靈助勸止之，而不及高歡等。此皆深著齊神武之功也。孝武西遷爲西魏，神武立孝靜帝爲東魏，則於西魏之君臣率多貶詞。孝武之殂，則書宇文黑獺即宇文泰既害出帝，即孝武帝乃以南陽王寶炬僭尊號。即文帝斛斯椿隨入關，北史載其死後家無餘貲，而魏收書則謂其狡猾多事，好亂樂禍，朝野莫不疾之。賀拔勝自魏奔梁，又自梁歸西魏，感梁武之德，見鳥之南飛者亦不忍射。玉壁之戰，追逐齊神武，幾獲之。北史謂其垂翅江左，憂魏室之危亡，奮翼關西，感梁朝之顧遇。是固君子人也。魏收書則謂其好行小數，志大膽薄，周章南北，終無所成，致没於賊中。此皆以其仕於西魏，故肆爲詆訾。當時已謂其黨齊毁魏，褒貶肆情，則其曲筆可知也。至孝靜帝紀歷敍高澄無禮於帝，及帝遜位於齊文宣時，與宮嬪泣別，乘一犢車而去，後文宣行幸，常以帝自隨，竟遇酖而崩等語。按魏收修書正在文宣時，方諂齊之不暇，豈敢直書其事？此必非收原本，乃後人取北史之文以足之。惟后妃傳内，孝静帝后高氏，本神武之女，文宣妹也，而書帝崩後下嫁楊遵彦，亦似略無忌諱，故叢考前編謂非收原本，②今細按之，正見收之諂附遵彦，欲以見其聯姻帝室之榮，則此傳實係收書，非鈔北史之文也。遵彦楊愔字也，史家書名不書字，今獨書其字，尤見其諂愔而不敢書名也。然則收之書趨附避諱，是非不公，真所謂穢史也。

孝武帝與高歡不協而西遷，既入關，因閨門無禮，爲宇文泰所酖。魏收在齊修魏書，宜乎詳著其醜，乃出帝紀即孝武帝並不敍及，但云帝爲宇文黑獺所害，是猶存諱惡之義。或收修書時，孝武閨門之事尚未聞於齊故耶？

169 魏書紀傳互異處

魏書道武宣穆皇后傳，明元帝之母劉貴人。魏故事，後宮産子，將爲儲貳，其母皆賜死，故后以舊法薨。然考紀傳，道武以前，未有此事。明元本紀載道武將立明元爲太子，召而告之曰：「昔漢武將立其子而殺其母，不令婦人與國政也。汝當繼統，故吾遠同漢武。」於是劉貴人死，明元悲不自勝。據此則立子先殺其母之例，實自道武始也。遍檢魏書，道武以前實無此例，而傳何以云魏故事耶？北史亦同此誤。

170 爾朱榮傳

北史魏諸臣傳，多與魏收書相同，惟爾朱榮傳，當時謂榮子文暢遺收金，請爲其父作佳傳，收論內遂有「若修德義之風，則韋、彭、伊、霍夫何足數」等語，故北史此傳多有改訂。今按收書，大概著其功而減其惡，先敍其討破萬子乞真、句番和婆崘嶮、句乞、步落堅胡劉阿如、句敕勒北列步若、句勒勤斛律洛陽、句費也頭牧子等，①詳悉不遺。至葛榮作亂，則載其請討一疏。明帝之殂，則載其請誅徐紇、鄭儼一疏。立莊帝後，載帝加以柱國大將軍一詔。擒葛榮後，載帝加以大丞相一詔，又進位太師一詔。平元顥後，載帝加以天柱大將軍一詔。及榮死後，又載廢帝追贈三詔。而於榮肆橫無君，逞凶濫殺，及莊帝畏逼憂禍，潛謀殺榮之事，則不甚詳。使閲者但覺功多罪少，此收之舞文也。北史則於討破萬(子)〔于〕乞真等小賊不過隱括數語，其疏與詔一切刪除，此本北史體例如是，非專畧於榮傳。而河陰之殺朝臣，魏書謂千三百人，北史謂二千餘人。及莊帝殺榮之事，詳敍之歷歷如繪，自是功罪各不相掩。然收書河陰之役，榮殺帝兄弟，並幽帝於別帳，將弑之，已使趙元則作禪文，因鑄己象不成，乃還奉莊帝之處，亦終不能稍諱，則亦未大失實也。惟榮女先爲明帝嬪，榮欲以爲莊帝后，帝從祖瑩言立之。此事榮傳中竟絕無一字，則以此后後爲齊神武所納，故諱之。然則收非曲徇爾朱，乃曲徇高氏耳。

171 西魏書①

魏自胡太后臨朝，孝明帝崩後，爾朱榮起兵，沈太后少帝於河，立長樂王子攸，是爲孝莊帝。帝以榮肆横手殺之，爾朱兆等稱兵害帝，立長廣王曄；又以曄詔禪位於廣陵王恭，是爲節閔帝。魏書謂前廢帝。高歡起兵討爾朱氏，廢節閔而立平陽王修，是爲孝武帝。未幾，帝與歡不協，乃西遷關中，依宇文泰。歡別立清河王亶子善見爲帝，是爲東魏，而孝武爲西魏。按歡廢節閔時，會朝臣議，僉謂孝文不可無後，故立孝武，天下共以爲主，已三年，始西遷，是魏統自應屬孝武。孝武崩，文帝立，文帝崩，廢帝、恭帝繼之，皆魏之正統也。魏收在北齊修魏書，欲以齊繼魏爲正統，故自孝武後即以東魏孝静帝繼之，而孝武後諸帝不復作紀，此收之私見也。魏澹作魏書，以西魏爲正統，自是正論。惜其書不傳，故西魏文帝等紀年紀事，轉見於周文帝即宇文泰紀内。幸北史增文帝諸紀，名分始正，而魏書究不得爲完書。近日謝蕴山藩伯另撰西魏書，以次于魏書之後，誠得史裁之正也。其採掇亦甚詳，可稱良史，惟列傳尚有遺漏，如八柱國内少李弼、獨孤信、趙貴、侯莫陳崇，十二大將軍内少侯莫陳順、宇文導、達奚武、李遠、豆盧寧、宇文貴、楊忠、王雄。按柱國本爾朱榮官號，榮敗後，此官遂廢，魏文帝以宇文泰功大，始命爲之，其後功參佐命、望實俱重者，亦居此職。自大統十六年以前，任者凡八人，泰統百揆，元欣皇族，其餘六人各督二大將軍，分掌禁旅，出則征伐。是諸臣乃大統十六年以前功臣，雖皆宇文泰擢用，然是時魏祚未移，泰亦尚爲魏臣，諸人方與泰比肩事魏，則皆西魏臣也，豈得無傳。又蘇綽在魏，仿周禮定官制，與盧辯同事，今綽有傳而辯無傳，亦屬掛漏，曾屬蘊山補之，未知增入否。

附謝蘊山答書

前過常州，快聆麈論，得慰積懷。昨惠手書，過蒙期許，拙詩復寵以序文，感何如之。承示西魏書掛漏處，極費清心。所有宗室内少元育、元贇，八柱國内少李弼、獨孤信等，十二大將軍内少侯莫陳順等，誠屬疏略。然斷代爲書，列傳當有限制，嘗怪漢之臧洪、陶謙、荀彧、公孫瓚、董卓、二袁諸人皆未臣魏，陳壽載之魏志，殊失史裁，范蔚宗收入後漢書是也。然黄初諸臣曾仕建安者甚多，使俱入漢書，則無此義例矣。弟爲此書之初，搜羅周、隋兩朝之曾仕西魏者，凡三百餘人，周書列傳非西魏臣者，十無一二，勢難廢周書而改爲西魏，故拙撰列傳，以宇文受禪爲斷，其下仕周、隋者，即不立傳，雖尉遲迥、獨孤信輩，勳業爛然，亦從删削。然封爵表載其爵秩大事，異域表載其勳略，柱國大將軍之制載於百官考，似可與列傳互爲補苴，不致缺漏矣。此區區作書之旨，不識高明以爲然否？大抵吾輩著書，得失參半，一人見識既單，精力有限，不得良友正之，則疑無從改訂。尚祈不吝教言，尤荷高誼。吾兄近日著述如已脱稿，亦望寄示，或可效一得之愚也。諸惟鑒原是幸。

172 答謝蘊山藩伯書

承示西魏書斷自宇文受禪，而以僕所指八柱國、十二大將軍有不能盡入西魏者，具見斟酌苦心，僕深愧考核未精，妄參末議矣。漢以後數朝皆以禪代爲革命，其臣多歷仕前後兩朝，故作史者必先立限斷。晉武時議立晉書限斷，荀勖欲以魏正始爲斷，王瓚欲以嘉平爲斷，賈謐欲以泰始爲斷，後因張華謂宜用(正)〔泰〕始，其議遂定。徐爰宋書舊本，列晉末諸臣及叛賊，並劉毅等與宋武同起義者，沈約修宋書，以桓玄、(焦)〔譙〕縱、盧循，身爲晉賊，無關後代；吴隱、郗僧施，義止前朝，不宜入宋；劉毅、何無忌、諸葛長民、魏詠之、檀憑之，志在匡晉，亦非宋臣，遂一概删卻。此皆古人先立限斷之法。足下西魏書以宇文受禪爲斷，可謂扼要矣，然亦有未可盡拘者。陳壽魏志列入漢末諸臣董卓、陶謙、吕布、二袁、劉表等，誠有如足下所云，殊失史裁。然壽作三國志時，後漢尚未有正史，而諸臣事多與曹操相涉，不立傳則記載不明，故仿漢書項羽、陳涉之例，①遂列漢臣于魏志。及范蔚宗出，悉收入後漢書，而後漢、魏兩朝人物，燦若列眉。足下西魏書列斛斯椿、賈顯度、賀拔勝等傳，正用范書例也。而范書中有荀彧一傳，或出仕即參曹操軍事，始終爲其謀主，佐成大業，則聽其傳于魏志可矣，而蔚宗以其心存漢朝，阻魏九錫，特入於漢臣内，此又作史者于限斷之中寓變通之例。今西魏八柱國、十二大將軍，雖多宇文泰擢用，其後又多仕於周者，然其先則與泰同官魏朝，且泰于魏文帝時尚不失臣節，其出師嘗奉魏帝以行，所仿周禮六官亦必奏而後著爲令，非如操之目無漢獻也，則與泰同立功于西魏者尚皆魏臣。況李弼、侯莫陳順，當周閔帝受禪之年即卒；趙貴、獨孤信，並以謀殺宇文護而被害，似不得盡指爲周臣，而西魏書不列傳也。如以仕周者不終于魏，則有新唐書傳趙光胤、王處直之例在。二人皆唐臣，後歷仕朱梁、後唐，而新唐書仍爲立傳。光胤則敍其歷官知制誥而止，②處直則敍其天復初封太原郡王而止，以此官猶是唐所授，以後則不復敍也。否則有隋、唐二書各傳裴矩之例在。矩入唐爲民部尚書，唐人修隋書，以其在隋朝事蹟最多，特爲立傳。後宋祁以其説曹旦舉山東之地歸唐，又爲立傳于唐書。是一人兩傳，古亦有此例。西魏達奚武入周，有迎齊將司馬消難、拒斛律敦等功，而其先戰沙苑，戰河橋，斬齊將高敖曹，敗梁將蕭循，皆魏朝事也。豆盧寧入周，有討稽胡劉桑德等功，然其先從擒竇泰，復弘農，破沙苑，平梁㕣定，討傍乞鐵忽，③皆魏朝事也。楊忠入周，有破齊師于晉陽等功，而其先從平潼關，破回洛城，斬齊將辛纂，擒梁將柳仲禮，皆魏朝事也。宇文貴入周，但有討吐谷渾之功，而其先從爾朱榮擒葛榮，平邢杲，拒元顥，則尚在孝武以前，及從孝武入關，援賀若統，敗堯雄，走任祥，降是云寶，亦皆魏朝事。魏文帝以金卮置侯上，射中者賜之，貴一發而中，帝即賜貴，且獎諭之，則更爲魏帝所寵任者。竊意此諸人仍應補傳于西魏，但敍其在魏立功之處，而入周後事蹟，周書本有傳，固不妨並存，似與隋、唐二書傳裴矩、趙光胤、王處直之例相合，不必以其曾仕周，遂不入魏書也。前、後五代之人，多歷仕數朝，最難位置。如後五代時，張全義附梁最密，而薛居正以其再仕後唐，則入于唐臣傳；馮道歷仕數朝，居正以其歿於周，亦入于周臣傳，終覺未妥，故歐陽修另立雜傳以處之。今以仕周者遂不入魏書，意雖嚴而事未備也。且前代各史，凡手創帝業，身未爲帝，至其子始禪代者，皆聽其入新朝紀内，而前朝不復立傳。如後漢書不立曹操傳，魏志不立司馬懿父子傳，後魏書不立高歡傳是也。今西魏書以宇文泰爲西魏功臣之首，特爲立傳，此與後周書立楊忠傳同一卓識。泰既立傳於西魏，而與泰同仕魏朝，同受魏封之人，反以其仕周遺之，轉不免留全書之缺矣。承諭著書必資友朋訂正，此誠大人先生虛懷集益之雅量，故僕敢再進瞽説，以就正有道焉。④

173 北史魏書多以魏收書爲本

李延壽修北史時，魏收、魏澹二書並存。史稱澹書義例極嚴，則延壽魏史自應以澹書爲本，乃今與魏收書一一核對，惟道武、太武、獻文之殂及以西魏爲正統，昭成帝爲其子實君所弒，魏書但云，二十九年十二月，帝至雲中，旬有二日，帝崩。北史則云，皇子實君作亂，帝暴崩。道武爲清河王紹所弒，魏書但云，冬十月戊辰，帝崩于天安殿，年三十九。北史則云，清河王紹作亂，帝崩。太武爲中常侍宗愛所弒，魏書但云，正平二年三月甲寅，帝崩于永安宮，年四十五。北史則云，中常侍宗愛搆逆，帝崩。獻文爲文明太后所害，魏書但云承明元年，年二十三，帝崩于永安殿。北史則書文明太后有憾于帝，帝崩。魏書出帝之後即接以東魏孝静帝，而出帝後諸帝不書。北史則孝武帝後（即出帝）有文帝、廢帝、恭帝三本紀，恭帝遜位，西魏亡，始列東魏孝静帝本紀。此蓋用魏澹之例，澹書以西魏爲正統，東魏爲僞。又以道武諸帝並遭非命，前史立紀，不異善終，殺主害君，莫知名姓，則亂臣賊子將何所懼？今分明直書，不敢迴避云。其他紀傳則多本魏收書，但删繁就簡耳。推原其故，蓋魏收修史在北齊時，凡魏朝記載，如鄧淵、崔浩、高允所作編年書，李彪、崔光所作紀傳表志，邢巒、崔鴻、王遵業所作高祖起居注，温子昇所作莊帝紀，元暉業所作辨宗室録，卷帙具在，足資採輯，故其書較爲詳備。及書成，則盡焚崔、李等舊書，於是收書獨存。而魏澹續修，亦僅能改其義例之不當者，而年月件繫事實則固不能舍收書而別有所取也。是知澹書已悉本收書，延壽又在澹後，自不得不以收書爲本，故敘事大略相同也。

按孝明帝之崩，本胡太后倖臣鄭儼、徐紇所爲，魏收書及北史本紀皆不見其迹，但云武泰元年二月癸巳，帝崩於顯陽殿而已，是北史例亦不畫一。又晉書苻堅載記，堅遣俱難、鄧羌等討涉翼犍，即魏書什翼犍涉翼犍戰敗，遁于陰山，其子翼珪縛父以降。堅以涉翼犍荒俗未知禮義，令入太學習禮，以翼珪執父不孝，遷於蜀。此事魏收書本紀既不載，北史亦不書。

174 北史改編各傳

北史編次各傳，多有與正史異者。魏、齊、隋俱有外戚傳，北史以魏之劉羅辰、李峻、于勁、李延實，齊之婁叡、爾朱文暢、鄭仲禮、李祖昇、元蠻，隋之獨孤羅、蕭巋，各附其家傳，惟魏之賀訥、姚黄眉、杜超、賀迷、閭毗、馮熙、李惠、高肇、胡國珍，齊之趙猛、胡長仁入外戚傳。①周書無外戚傳魏書文苑傳有袁躍、裴敬憲、盧觀、封肅、邢臧、裴伯茂、邢昕、温子昇，北史惟取子昇，其餘各附其家傳。齊書文苑傳有祖鴻勳、李廣、樊遜、劉逖、荀士遜、顏之推，北史惟取祖、李、樊、荀，其餘亦各附其家傳。周書無文苑傳，北史取王褒、庾信、顏之推及弟之儀。之推本在北齊文苑内，後又仕周，故北史編入周代。隋書文學傳有劉臻、崔儦、王頍、諸葛穎、②王貞、孫萬壽、虞綽、王胄、庾自直、潘徽，北史則取劉臻、諸葛穎、王貞、虞綽、王胄、庾自直、潘徽，又增虞世基、許善心、柳䛒、明克讓爲文苑傳，③而崔儦、王頍、孫萬壽各從其家傳。魏書有孝感傳，趙（談）〔琰〕、長孫慮、乞伏保、孫益德、董洛生、楊引、閻（允）〔元〕明、吴悉達、王續生、李顯達、倉跋、張昇、王崇、郭文恭也；周書有孝義傳，李棠、柳檜、杜叔毗、荆可、秦族、皇甫遐、張元也；隋書有孝義傳，陸彦師、田德懋、薛濬、王頒、田翼、楊慶、郭世俊、紐因、④劉仕儁、郎方貴、翟普林、李德饒、華秋、徐孝肅也；北史則以趙（談）〔琰〕、李棠、柳檜、杜叔毗、陸彦師、李德饒入別傳及家傳，其餘作孝行傳。⑤魏書藝術傳，⑥晁崇、張勝、⑦殷紹、王早、耿元、劉靈助、江式、周澹、李修、徐謇、王顯、崔彧、蔣少游也；齊書方技傳，由吾道榮、王春、信都芳、宋景業、許遵、吴遵世、趙輔和、皇甫玉、解法選、魏寧、綦母懷文、張子信、馬嗣明也；周書藝術傳，冀儁、蔣昇、姚僧垣、⑧黎景熙、趙文深、褚該、强練也；隋書藝術傳，庾季才、盧太翼、耿詢、韋鼎、來和、蕭吉、張胄玄、⑨許智藏、萬寶常也；北史則以江式、崔彧、冀儁、黎景熙、趙文深各編列傳，又增沙門靈遠、李順興、檀特師、顔惡頭，並以陸法和、徐之才、何稠共爲藝術傳，其餘入别傳及家傳。魏書酷吏傳，于洛侯、胡泥、李洪之、高遵、張赦提、羊祉、崔暹、酈道元、谷楷也；齊書酷吏傳，邸珍、宋游道、盧斐、畢義雲也；周書酷吏傳，王文同也；⑩北史則以高遵、羊祉、酈道元、谷楷、宋游道、盧斐、畢義雲各從其家傳，其餘入酷吏傳。

175 北史全用隋書

北史於魏、齊、周正史，間有改訂之處，惟於隋則全用隋書，略爲删節，並無改正，且多有迴護之處。如隋文帝之篡，隋書本紀既循照歷代國史舊式敍九錫文、禪位詔，並帝三讓乃受，絶不見攘奪之迹矣。北史亦一一照本抄謄，略無一語差異，祇删去九錫文以省繁冗而已。文帝殺宇文諸王，周書謂諸王皆以謀執政被害，而北史則第書誅陳王純，誅代王達，誅滕王逌，一似有罪而伏法者。帝即位後，封静帝爲介國公，年方九歲，開皇元年殂，周書謂隋志也，而北史但書介國公薨，上舉哀於朝堂，謚曰周静帝，一似善終而加以恩禮者。其於文帝之崩，書帝疾甚，與百僚辭訣，握手歔欷，崩於大寶殿，又載遺詔一篇，有「惡子孫已爲百姓除去，今嗣位者乃好子孫」等語，一似憑几末命，壽考令終，並非遭害者。煬帝紀亦但書高祖崩，上即位於仁壽宮，而煬帝使張衡侍疾致斃，及矯詔即位之事，絶不見形迹。即張衡傳亦不著其弑逆，但載其賜死時，自言我爲人作何事，而望久活，監刑者塞耳促殺之而已。惟於宣華夫人傳，文帝以太子廣無禮於夫人，速召故太子勇，楊素急以白太子廣，廣遂令張衡入寢殿，令夫人及後宫侍疾者皆出，俄而帝崩。此則略露端倪於隱約之間，然亦未嘗直書也。隋書書法承歷代相沿舊例，尚不足怪，李延壽自作私史，正當據事直書，垂於後世，何必有所瞻徇，乃忌諱如此，豈於隋獨有所黨附耶？抑隋書本延壽奉詔所修，其書法已如此，故不便歧互耶？然正史隱諱者，賴有私史，若依樣胡盧，略無别白，則亦何貴於自成一家言也。

176 南北史兩國交兵不詳載

南、北史以簡浄爲主，大概就各朝正史删十之三四。如每代革易之際，以禪讓爲篡奪者，必有九錫文，三讓表，禪位詔册，陳陳相因，遂成一定格式，南、北史則删之，而僅存一二詔策。其他列傳内文詞無關輕重者，亦多裁汰。如許善心神雀賦，隋書全載原文，北史但記其事，而不載其賦。如此類者，不一而足，宋子京所謂「刊落醲詞，過舊書遠甚」者也。其於南北交兵事，尤多删削。今即以北史與魏史校對，如魏書明元帝泰常七年，魏攻滑臺，宋將王景度棄城走。八年，克虎牢，獲宋將毛德祖等。此事在宋少帝景平元年，宋書書魏軍克虎牢，執司州刺史毛德祖以去，南史卻不書。太武帝神䴥元年，宋將王仲德寇濟陽，王玄謨、竺靈秀寇滎陽，魏兵擊破之。四年，安頡平滑臺，擒宋將朱修之、李元德等，追檀道濟至歷城而還。此事在宋元嘉八年，宋書書滑臺復爲索虜所陷，檀道濟引兵還。太平真君四年，皮豹子等破宋兵於濁水。七年，永昌王仁擒宋將王章於高平。十一年，仁斬宋將劉坦之於汝東。宋將蕭斌之寇濟州，王買德棄城走，斌之入城，遣王玄謨寇滑臺。帝南伐，遣長孫真率騎五千赴之，玄謨、斌之皆遁。乃命諸將並進，宋將臧質拒守，①燕王譚破其援兵胡崇之，永昌王又攻拔懸瓠。車駕至淮，斬宋將(唐德)〔劉康〕祖，遂至瓜步。宋人大懼，獻百牢，請進女皇孫以求和。②帝以師婚非禮，許和而不許婚。北史俱不書，但云帝南征，命諸將分道並進，所至城邑皆下，起行宮於瓜步(山)，宋文帝遣使進百牢，並請進女，帝許和而不許婚。又如孝文帝太和四年，齊將崔文仲陷(壽春)〔茬眉戍〕，崔慧景寇武興，魏詔元嘉等南討，破齊將盧紹之於朐山。又詔馮熙等出義陽，③賀羅出鍾離，諸將擊破齊將桓康於淮陽，俘三萬餘人。北史亦不詳載，但云元嘉破齊軍，俘三萬口。十二年，④齊將陳顯達陷醴陽，左僕射穆亮討之。十(五)〔二〕年，齊兵寇淮陽，太守王僧儁擊走之。二十一年，帝留諸將攻赭陽，自至宛城，尅其郛；至新野，築長圍困之。大破齊將於沔北。二十二年，齊將蔡道福、成公期、胡松等各棄地遁走。又攻宛城拔之，其將房伯玉出降。齊將裴叔業寇渦陽，詔鄭思明救之。二十三年，齊將陳顯達寇(潁)〔荆〕州，詔元英討之。顯達陷馬圈，車駕南伐，顯達遁走。北史皆不書。⑤宣武帝正始元年，梁將姜慶真陷壽春外郭，州兵擊走之。統軍劉思祖大破梁兵於邵陽，擒其將趙景悦等。元英又破梁將王僧炳於樊城，又破梁將馬仙琕於義陽，拔之。北史皆不書，但書破馬仙琕一事而已。二年，邢巒擒梁將范始男等，王足斬梁將王明達等，薛真度又破梁將王超宗等。北史俱不書，但云頻大破之。是年，又詔中山王英南討襄沔。三年，梁將王茂先寇荆州，詔楊大眼討之，斬其將王花等。茂先遁，追至漢水，拔其（王）〔五〕城。梁將張惠紹陷宿豫，韋叡陷合肥，詔尚書元遥南討，奚康生破張惠紹，斬其將宋黑。中山王英破其將王伯敖。邢巒破其將桓和於孤山，諸將別克固城、蒙山，兖州平。邢巒敗梁兵於宿豫，張惠紹棄宿豫，蕭昞棄淮陽南走，徐州平。中山王英大破梁軍於淮南，梁臨川王宏等棄〔梁城，沿〕淮東走，遂攻鍾離。四年，鍾離大水，英敗績而回。北史皆不書，但書命中山王英南討，破梁將王伯敖，及圍鍾離，因大水敗回而已。⑥淮陽之役，臨川王宏大兵逃回，實兩國大事，乃亦不書。蓋延壽叙事專以簡括爲主，固不能一一詳書，且南北交兵，各自誇勝諱敗，國史固各記其所記，延壽則合南北皆出其一手，惟恐照本鈔謄，一經核對，則事迹多不相符故也。即如齊神武紀，神武圍王思政於玉壁，欲以致敵，西師不敢出，乃班師。而周文紀謂周文聞齊神武至玉壁，乃出軍蒲坂，神武即退，是西師未嘗不敢出也。芒山之戰，齊紀謂神武大敗周文，俘斬六萬，會有軍士奔西軍，告以神武所在，西軍盡鋭來攻，神武幾爲賀拔勝所獲，僅而免，是東軍先勝而後敗也。周紀則云，齊神武陣芒山，數日不進，周文率軍夜登山，未明而擊之，神武爲賀拔勝所逐，僅免，而趙貴等五軍居右，戰不利，齊神武合軍再戰，周文又不利，是西魏軍亦先勝後敗。兩紀相校，則周紀少叙先爲東軍所敗一節，齊紀又少敍再戰而敗西軍一節，致不相合。且齊神武奔脱後，合兵再戰，周文不利之處，應敍於齊紀以誇勝，乃反敍於周紀，而齊紀不書。此戰之後，齊紀謂神武遣劉豐徇地，至弘農而還。周紀謂齊神武自至陜，達奚武禦之乃退，亦不相符。可見作史之難，兩國交涉處，一經校對，輒多罅隙，宜乎延壽之不敢詳書也。按北史太略，亦有不明處。如魏宣武帝景明元年，齊將陳伯之寇淮南，是伯之方爲齊攻魏也，忽於正始三年書陳伯之自梁城南奔。一伯之也，何以忽南忽北。魏書則景明三年書伯之來降，正始元年伯之破梁將趙祖悦及昌義之，三月伯之自梁城南奔，⑦則其先降北，而又奔南，較爲明析。北史不書其降魏一節，殊無來歷。若以伯之降魏事小故不書，然正始元年梁將夏侯道遷據漢中來降，何以又書也？

177 北史與魏齊周隋書歧互處

北史與魏、齊、周、隋各史比對，大略相同，間有小異處，今爲摘出。魏書神元帝遣子文帝沙漠汗如魏，是歲魏景元二年也，北史則謂遣文帝如晉，是歲晉景元二年也。①按景元尚是魏陳留王年號，魏書以屬魏，從其名也，是時權已在晉，北史以屬晉，從其實也。魏書凡宗室皆係以元姓，如元觚、元儀、元題之類是也。按拓跋之改姓元，乃孝文帝時事，道武以來固未嘗有此，乃以後來所改之姓追敍於未改之前，殊屬倒裝。北史則書秦王觚、東平公儀、襄城公題，較爲得實。爾朱榮河陰之殺朝士，魏書謂責百官以明帝被害之故，北史謂榮妄言高陽王雍欲反，故殺之。周書楊忠傳，忠從獨孤信破穰城，居半年，以東魏之逼，與信俱奔梁，後從梁歸關中，周文召居帳下，是奔梁後方歸西魏也。北史云，東魏之逼，忠與信俱歸關中，周文召居帳下，則删卻奔梁一節，未免過求簡浄之失。其他與正史稍有歧互者，魏孝文南伐，魏書步騎百餘萬，北史作三十餘萬。齊文宣逼魏孝静帝禪位，魏書有襄城王旭入奏，請静帝法堯禪舜，北史作襄城王昶。西魏克南鄭，周書謂梁蕭循降，北史作蕭修。周書文帝紀有沃野賊衛可孤，北史作衛可瓌。弘農之戰，周書謂斬東魏將李徽伯，北史謂擒李徽伯。此皆稍有差異之處。延壽自序謂正史外又勘究雜史千餘卷，故有此改訂也。

178 北史書法與周隋書不同處

周書文帝紀内，魏大統十二年，齊神武圍玉壁不克，以疾班師，十三年春遂殂。十五年，侯景弑梁武帝。十六年，齊文宣廢魏孝静而自立。北史周紀皆不書，①以是時周文帝尚爲魏臣，諸事皆書於魏史故也。隋書文帝紀專敘文帝事，而其父忠立功於周室之處不敘，以周書已立忠傳也。北史則於周代不立忠傳，而以忠事敘於隋文紀内。周書文帝、孝閔帝、明帝三本紀各爲一論，北史則三帝合爲一論，而論詞仍隱括周書三論用之。周書武帝、宣帝、静帝紀各爲一論，北史亦隱括其語爲一論。至如隋文帝、煬帝、恭帝紀論則全用隋書，一字不易，惟文帝論開首「龍德在田，奇表見異」八字，换以「樹基立本，積德累仁」耳，然隋文以詭詐攘位，有何積德累仁耶！

179 北史紀傳互異處

隋書文帝本紀，周五王謀隋文帝，帝以酒肴造趙王招，觀其指趣，王伏甲於卧内，賴元胄以免。是文帝知招欲謀害，故以酒肴赴之以觀其意也。元胄傳則云，招欲害帝，帝不之知，乃將酒肴詣其宅，①則已與紀異矣。周書趙王招傳云，招邀隋文帝至第，飲於寢室，則又非隋文之以酒肴赴之也。周、隋書各記所記，故不同如此。北史則延壽一手所成，乃此等處全鈔舊文，初不檢點，遂亦歧互。

180 大業十四年

隋煬帝江都之難在大業十四年，而隋書及北史只書十三年者，緣十三年唐高祖起兵入長安，奉代王侑爲帝，改元義寧，而煬帝大業之號已從削除，修史者皆唐臣，自應遵本朝之制，以義寧紀年，而煬帝之被弑轉書於義寧二年之内。其實天下共主一日尚存，終當稱其年號，則大業十四年不可没也。

181 太上皇帝

太上皇本漢高祖有天下後奉其父太公之稱，非太公有天下，傳於子而有是稱也。漢書高帝詔曰：「父有天下，傳歸於子，子有天下，尊歸於父，此人道之極也。今公卿大夫已尊朕爲皇帝，而太公未有尊號，今上太公曰太上皇。」蔡邕曰：「太上皇不言帝，非天子也。」顔師古曰：「天子之父，故號曰皇。不預政治，故不曰帝也。」又三國志王肅議曰：「漢總帝王之號號曰皇帝。有別稱帝，無別稱皇者，高祖時其父見在，而使稱皇，則皇是稍輕者也。」裴松之注：「漢祖尊其父爲皇，其實貴而無位，高而無民，比之於帝，實稍輕也。」其以天下傳子而稱太上皇帝者，各史所載，共十四君，今記於左。按左傳晉景公有疾，立太子州蒲爲君，會諸侯伐鄭。史記趙武靈王傳國於子惠文王，自稱主父。此實内禪之始，然未有太上之稱，故不列。他如晉司馬倫遷惠帝於金墉城，號曰太上皇，唐高祖立隋代王侑，尊煬帝爲太上皇。此皆僭亂革易時事，名同而實異，更不可列入内禪之内也。

吕光即天王位，年號龍飛。在位十年，以老病，立子紹爲天王，自稱太上皇帝。晉書載記

後魏獻文帝即位後，雅薄時務，常有遺世之心。在位七年，年十七，即内禪，使太保陸馥、太尉源

賀奉皇帝璽綬册命皇太子升帝位。是爲孝文皇帝，時年僅五歲。羣臣奏曰：「昔三皇之世，淡泊無爲，故漢高祖尊其父曰太上皇，不統天下。今皇帝幼冲，萬幾大政，猶宜陛下總之。謹上尊號曰太上皇帝。」帝乃從之，遂徙居崇光宮，采椽不斲，土階而已。國之大事，仍以奏聞。孝文帝每月一朝崇光宮。後改稱寧光宮。其後討蠕蠕、拾寅等事，獻文帝仍躬御戎車。承明元年崩，①年二十三。魏書

北齊武成帝即位五年，年二十八歲。以天文有變，太史奏當有變易。祖珽乃上表言，陛下雖貴爲天子，未是極貴。按春秋元命苞，乙酉之歲，除革舊政。今太歲在乙酉，宜傳位東宮，應天道。乃上魏獻文帝禪子故事。帝從之，祖珽傳乃傳位於皇太子緯，是爲齊後主。時年十歲。大赦改元，百官上尊號爲太上皇帝，軍國大事，仍以奏聞。北齊書本紀然是時武成帝仍往來晉陽、鄴都，凡除拜生殺仍自主之。後主天統四年崩，凡爲太上皇帝四年。北齊書

後主緯隆化二年，時年二十一。自晉陽戰敗回鄴。以周師日逼，乃傳位太子恒，時方八歲。改隆化二年爲承光元年，尊後主爲太上皇帝。後主先走青州，幼主亦東走，又禪位於任城王湝，以太上皇爲無上皇，幼主爲守國天王。不數日，父子俱爲周所執。北齊書

後周宣帝以大象元年時年二十一。傳位於皇太子衍，時年七歲。詔曰：「朕以寡薄，祇承鴻緒。上賴先朝得一之迹，下藉羣后不二之心，（興）〔思〕隆國本，用弘天厤。皇太子衍，地居上嗣，正統所歸，遠憑積德之休，允叶無疆之慶。朕今傳位於衍，乃睠四海，深合謳歌之望，俾予一人，②高蹈風塵之表。萬方兆庶，諒朕意焉。」於是自稱天元皇帝，所居稱天臺，皇帝衍稱正陽宮。朝廷政事，仍宣帝處分。

大象二年崩，年二十二。周書

唐高祖武德九年六月，秦王世民殺皇太子建成、齊王元吉，乃立世民爲皇太子，聽政。是歲八月，皇太子即皇帝位於東宮顯德殿。貞觀三年，太上皇徙居大安宮。新唐書本紀書法如此，但言皇太子即位，而不言高祖傳位，以見其迫於勢之不得已也。以下皆唐書。

唐睿宗在武后時已立爲帝，後中宗歸爲帝，睿宗仍爲相王。中宗爲韋后及安樂公主所弒，韋后臨朝，臨淄王隆基睿宗子率兵討亂，誅韋氏及安樂公主，於是睿宗即皇帝位，立臨淄王爲皇太子。先天元年，立爲皇帝，聽小事；自稱太上皇，聽大事。明年，詔歸政於皇帝，是爲玄宗。

唐玄宗享國既久，嘗欲傳位於太子，楊國忠等甚懼，使楊貴妃銜土祈哀，乃不果。天寶十五載，安禄山反，帝避亂至馬嵬，太子從行，父老請留太子討賊，帝許之，遣壽王瑁及高力士諭太子，太子乃治兵於朔方。因裴冕、杜鴻漸等請，遂即位於靈武，是爲肅宗，尊玄宗爲上皇天帝，遣使奏聞。玄宗遣韋見素、房琯、崔渙奉皇帝册至靈武。肅宗復兩京，至德二載，迎玄宗歸。至咸陽，備法駕於望賢驛，玄宗御樓，肅宗紫袍望樓拜舞，玄宗降樓撫肅宗。肅宗泣辭黄袍，玄宗自爲衣之。肅宗伏地固辭，玄宗曰：「天下人心皆歸於汝，使朕得保殘齡，即汝之孝也。」肅宗乃受。玄宗居興慶宫。乾元元年，玄宗入御宣政殿，授肅宗傳國受命寶及符册，號曰光天文武大聖孝感皇帝，肅宗又上玄宗尊號曰聖皇天帝。③上元元年，肅宗病，李輔國矯詔遷玄宗於西内。寶應元年，玄宗崩。

唐順宗即位，病喑，乃立廣陵王純爲皇太子，命權勾當軍國事。明年，立爲皇帝，是爲憲宗，而順宗稱太上皇。元和元年，憲宗上尊號曰應乾聖壽太上皇。

宋徽宗宣和七年，以金兵之逼，先命皇太子爲開封牧，尋詔皇太子嗣位，自稱道君皇帝。太子即位，是爲欽宗，尊徽宗爲教主道君太上皇帝，居龍德宮。靖康元年，徽宗避金兵至鎮江府，金兵退，還京師，明年，金人以二帝北行。以下皆宋史

宋高宗自元懿太子薨，訪太祖子孫伯字行内者，育於宮中，紹興二年，得伯玖，賜名瑗，後封晉安郡王。三十年，立爲皇子，更名瑋。三十一年，金海陵入寇，瑋從高宗至金陵。已而海陵被弒，金兵退，高宗自金陵歸。三十二年，立爲皇太子，改名眘。高宗久有傳位之意，至是乃降御札，皇太子可即位，朕稱太上皇帝，退處德壽宮。遣中使召太子入禁中，太子趨避殿側，高宗勉諭再三。於是高宗出御紫宸殿，宰臣奏事畢，高宗還宮。百官移班殿門外，拜詔畢，復班殿廷，内侍掖太子至御榻前，即位，是爲孝宗。孝宗是時猶側立不敢坐，内侍扶掖至八九，乃略坐。宰相率百官稱賀，孝宗遽興。宰相升殿固請，孝宗愀然曰：「此大位，恐不克當。」高宗即駕往德壽宮。孝宗步送出祥曦門，冒雨掖輦，至宮門不止。高宗麾謝再三，令左右扶還，顧曰：「吾付託得人，無憾矣。」自是每五日一朝德壽宮，百官月兩朝，高宗誥每月四朝。孝宗上高宗尊號曰光堯壽聖太上皇帝。孝宗終身備極孝養，兩宮無纖毫間隔。至淳熙十四年，高宗崩，年八十一，凡爲太上皇帝者二十四年，孝宗行三年之喪。

宋孝宗淳熙十五年，詔自今御内殿，令皇太子侍立。十六年二月，詔傳位皇太子，以德壽宮爲重華宮。是日孝宗吉服御紫宸殿，行内禪禮。百官稱賀畢，内侍請太子坐，太子固辭，内侍扶掖，乃即

位，是爲光宗。光宗是時微坐復興，丞相率百官賀。禮畢，樞密院奏事，光宗仍立聽。班退，孝宗反喪服御後殿，光宗侍立。尋登輦，同詣重華宮。光宗還内，上尊號曰至尊壽皇聖帝。

宋光宗紹熙四年七月以後，因疾不能朝重華宮。明年，孝宗疾甚，光宗仍不能朝。孝宗崩後，亦不能過宮行喪，乃立子嘉王爲皇太子。趙汝愚密請太皇太后，於禫祭日命皇太子即位，尊光宗爲太上皇。至日，衆官扶太子入素幄，披黄袍，太子卻立未坐，汝愚率同列再拜。須臾催仗訖，百官班定，内侍扶掖，乃即位，是爲寧宗。寧宗詔建泰安宮以奉太上皇，自是五日一朝。尋詔以秋暑太上皇未須移御，即以寢殿爲泰安宮，上尊號曰聖安壽仁太上皇帝。慶元六年，崩。

明英宗土木之變陷於乜先，皇太后諭立皇長子見深爲皇太子，命郕王英宗弟。輔之，代總朝政。後議者謂時方多難，宜立長君，皇太后亦遣太監金英傳旨，郕王宜早正大位，於是郕王即帝位，是爲景帝。景帝遥尊英宗爲太上皇。後乜先送英宗歸，景帝奉迎之禮甚簡，將至京，始備法駕於安定門外。英宗自東安門入，景帝迎拜，英宗答拜，各述己意，遜讓良久，乃送英宗於南宮，羣臣就見而退。後羣臣請朝英宗萬壽聖節及元旦，景帝皆不許。已又廢太子見深爲沂王，而立己子見濟爲皇太子，又殺侍英宗之太監阮浪等。皇太子見濟尋卒，御史鍾同等請復儲，皆被杖，並伐南城中高樹，英宗危甚。及景帝不豫，石亨、徐有貞等迎英宗復位。明史

以上皆歷代太上皇故事。北朝諸君固無足道，唐、宋則名分典禮各著稱史册。然洪容齋謂，唐四君，順宗以病不能臨政，高祖以秦王殺兄弟，明皇幸蜀，太子擅立，惟睿宗傳位，發於誠心。然至

先天二年太平公主被誅之明日，始盡行歸政，則猶有不得已者。惟宋高、孝兩朝爲千古所未有云。此固確論也，然南宋國僅偏安，嗣君又非親子，究不得爲大全。惟我高宗純皇帝，當大一統之運，臨御六十年，親傳寶位，猶時勤訓政，享年至八十有九。今上自受禪後，極尊養之誠，無一日不親承色笑。視宋孝宗之一月四朝，曾不足比數焉。然則兩宮授受，慈孝兼隆，福德大備，真開闢以來所未見，豈不盛哉。

第十三卷校證

168 魏書多曲筆

①前廢帝紀，普泰元年書齊獻武王以爾朱榮逆亂，興義於信都　按：高歡起兵時，爾朱榮已死，與之作對者爲其弟侄等，魏書原無「榮」字，應據删。

②惟后妃傳内，孝静帝后高氏，本神武之女，文宣妹也，而書帝崩後下嫁楊遵彦，亦似略無忌諱，故叢考前編謂非收原本　按：又見陔餘叢考卷七。陳垣云，非無忌諱，乃不以再嫁爲嫌也。

170 爾朱榮傳

①先敍其討破萬子乞真、（句）番和婆崘嶮、（句）乞、步落堅胡劉阿如、（句）敕勒北列步若、（句）勒勤斛律洛陽、

（句）費也頭牧子等　按：「番」爲「素」之誤，「乞」字上魏書原文有「内附叛胡」四字，此爲可據魏書直接改正者。又「萬子乞真」應作「萬于乞真」，「北列布若」應作「叱列步若」，此爲魏書之文有誤應予改正者。又「勒勤」爲「敕勒」之誤，「乞」爲「内附叛胡」之名，「劉阿如」爲「步落堅胡」之名。「叱列步若」與「斛律洛陽」皆爲敕勒部首領之名。故此文原作之句讀有誤，應改正如下：「先敍其討破萬于乞真、素和婆崘嶮、内附叛胡乞、步落堅胡劉阿如、敕勒叱列步若、敕勒斛律洛陽、費也頭牧子等。」此條可參看標點本魏書爾朱榮傳校勘記一。

171 西魏書

①西魏書　按：此爲趙氏評論謝啓昆西魏書所寫之書後，西魏書收爲附録，文字與本書略有異同，當爲本書收入時已作修訂。謝氏見此文時曾致書于趙氏，即本篇後面所附者，因而趙氏有答謝藴山藩伯書之作，本書亦收爲一篇。其後謝又作答書，本書未載而西魏書附録中載之。謝氏二文又皆收入樹經堂文集（卷三）中，注明「丁巳」，即嘉慶二年也。

172 答謝藴山藩伯書

①仿漢書項羽、陳涉之例　按：「漢書」原刻本作「史記」，西畲本已改正。

②趙光胤……唐臣，後歷仕朱梁、後唐，而新唐書仍爲立傳。光胤則敍其歷官知制誥而止　按：新唐書無趙光胤傳，卷一八二趙隱傳後附記其子光逢、光裔及光胤之名，並記光逢爲翰林學士，光裔知制誥，未記光胤之事，此處引述有誤。

③討傍乞鐵忽　按：原刻本作「討乙鐵忽」，從西畬本校正。

④謝啓昆再答趙雲松觀察，全文如下：　拙著屢承指正，足徵知愛良深，惟鄙見有與尊意不盡合者，敢布陳之。來書云，陳壽作三國志時，後漢未有正史，故列漢臣於魏志，及范蔚宗出，悉收入後漢書。按陳壽晉人也，漢劉珍之東觀記，吴謝承之後漢書，皆在晉前勒成漢史，且後漢著述，晉代尚有六家，唐、宋俱存，非創始范氏也。來書云，荀彧參曹操軍，始終爲其謀主，佐成大業，則聽其傳於魏志可矣，而范蔚宗入於漢臣内，此於限斷之中，寓變通之法。按文若始則見漢室崩亂，申其匡救之義，繼則阻魏公九錫，勉以忠貞之節，遂至見忌阿瞞，壽春仰藥，彧卒而操始稱公，乃知彧之爲操謀者，皆爲漢謀也，始終漢臣，捐軀明志，漢書立傳，義固當然，蓋人心天理之公，非遷就節取之謂也。來書云，李弼、侯莫陳順當周閔帝受禪之年即卒，趙貴、獨孤信并以謀殺宇文護被害，不得盡指爲周臣，不爲立傳。按弼、順以垂死之歲，貪佐命之勳，使因其早没恕彼二臣，則錢謙益、龔鼎孳輩卒於順治之初，將登諸故明之史矣。至貴、信謀殺權凶，義匡周室，此宇文之忠臣，於魏何與乎。來書云，唐臣趙光胤、王處直二人歷仕朱梁、後唐，而新唐書仍爲立傳。按光胤父隱，處直兄處存，唐書本有專傳，光胤、處直不過憑藉餘光，附見父兄傳末，目並無名，非爲彼立傳也。且以彼二人官知制誥，爵晉郡王，代受唐恩，而屈膝篡賊，恥孰甚焉。薛史所載，於義爲允矣。來書云，隋裴矩入唐爲民部尚書，修隋書特爲立傳，後宋祁又爲立傳於唐書。按唐初五史並修，陳、隋舊族布在朝廷，撰録諸臣遂多枉曲。姚察，隋祕書丞也，以其子思廉之故，復入陳書。裴矩，唐民部尚書也，以其子宣機之故，仍列隋傳。夫舊國新朝，義無兩可，察、矩諸人，生則托名堂阜之囚，死則高抗首陽之節，既保富貴於一身，更盗清忠於汗史，使貞觀當日窮其欺罔之私，治以舞文之罪，恐思廉、魏、孔，難邀寬典矣。宋氏載裴矩於唐書，所以糾正之也。來書云，五代時張全義附梁最密，而薛居正以其再仕

後唐，入於唐臣傳；馮道歷仕數朝，居正以其没於周，入於周臣傳，終覺未妥，故歐陽另立雜傳以處之。按張、馮頑鈍寡廉，行同狗彘，居正安置二人最合史法，猶之文姬失節，晚嫁董夫，范書列女，只標董祀之妻，不聞更稱衛婦也。歐陽雜傳之立，則謂其不能定爲何代之臣，亦若北里平康，不能定爲誰妻誰妾矣，深惡痛絶，於斯爲甚。至於史册義法，書人記事，各有攸宜，有詳略之方，有互見之例，當合紀、表、志、傳而統論之，不可沾沾僅求之列傳也。來書所云趙貴諸臣功績，拙著已載入大事、異域兩表，並散見各傳，似亦不爲挂漏，又豈在專傳之有無乎。凡此皆僕平日尚論之私，輒敢質之左右。恃在同心，略無隱飾，伏維垂督，不宣，啓昆頓首。

174 北史改編各傳

①惟魏之賀訥、姚黄眉、杜超、賀迷、閭毗、馮熙、李惠、高肇、胡國珍，齊之趙猛、胡長仁入外戚傳　按：隋書有文帝外家吕氏，爲北史外戚傳所承用。又西魏文帝之舅楊騰及后兄乙弗繪，爲北史所增入。

②諸葛潁　按：隋唐與北史，「潁」皆作「穎」。

③北史則取劉臻……又增虞世基、許善心、柳䛒、明克讓爲文苑傳　按：北史文苑傳增於隋書文學傳者尚有李文博。

④郭世俊、紐因　按：「郭世俊」，隋書孝義傳作「郭儁」，北史節義傳作「郭世儁」，唐人爲李世民避諱，故「世」字或省去。「紐因」爲北史所用之名，隋書「因」字作「回」，二字形近易誤，未知孰是。

⑤北史則以趙（談）〔琰〕、李棠、柳繪、杜叔毘、陸彦師、李德饒入别傳及家傳，其餘作孝行傳　按：入别傳及家傳者應增入田德懋，薛濬、郭世儁、郎方貴四人。

⑥魏書藝術傳　按：魏書作「術藝傳」。

⑦張勝　按：「張勝」應作「張淵」，北史藝術傳作「張深」，唐人爲李淵避諱而改。

⑧姚僧垣　按：「垣」字原刻本作「坦」，從陳書卷二七與南史卷六九姚察傳，而周書卷四七與北史卷九〇藝術傳則作「垣」，可能爲「垣」字脱落一横筆而成「坦」字，故西畬本即改作「垣」，今從之。

⑨蕭吉、張胄玄　按：蕭吉與張胄玄之間脱去「楊伯醜、臨孝恭、劉祐」三人。

⑩周書酷吏傳，王文同也　按：周書無酷吏傳，王文同見於隋書。北史與隋書酷吏傳相同者，有田式、燕榮、元弘嗣、王文同等四人，本文遺落其三而又妄舉周書之名，甚誤。

176　南北史兩國交兵不詳載

①宋將臧質拒守　按：「質」原刻本作「盾」，西畬本已改正。

②宋人大懼，獻百牢，請進女皇孫以求和　按：魏書世祖紀與北史魏本紀，「女」下皆有「于」字，應據補。

③又詔馮熙等出義陽　按：「義陽」原刻本作「正陽」，西畬本已改正。

④十二年　按：「二」原刻本作「三」，西畬本已改正。

⑤齊將陳顯達陷醴陽，……齊兵寇淮陽，……帝留諸將攻赭陽，自至宛城，剋其郛；至新野，築長圍困之。大破齊將於沔北。……顯達陷馬圈，車駕南伐，顯達遁走。北史皆不書　按：以上各事，北史孝文帝紀（卷三）並有記載，此文言「皆不書」，與事實不符。

⑥中山王英破其將王伯敖。邢巒破其將桓和於孤山，……鍾離大水，英敗績而回。北史皆不書，但書命中山王英

南討，破梁將王伯敖，及圍鍾離，因大水敗回而已　按：邢巒破桓和事與鍾離之敗同見於北史宣武帝紀（卷四），此言「皆不書」，亦欠妥。

⑦正始元年伯之破梁將趙祖悦及昌義之，三月伯之自梁城南奔　按：魏書世宗紀，伯之破趙祖悦在正始元年正月，破昌義之在正始三年二月，其南奔爲正始三年三月。甌北以破趙、昌二事合在一時，其南奔時間遂不明。

177　北史與魏齊周隋書歧互處

①魏書神元帝遣子文帝沙漠汗如魏，是歲魏景元二年也，北史則謂遣文帝如晉，是歲晉景元二年也　按：百衲本影印元大德刊本北史「晉」字皆作「魏」，標點本北史從之，趙氏所據之版本有誤。

178　北史書法與周隋書不同處

①周書文帝紀内，魏大統……十五年，侯景弑梁武帝。……北史周紀皆不書　按：大統十五年侯景叛梁武帝，尚未弑之，梁武帝至西魏廢帝元年方死，北史周紀於大統十五年書「侯景圍建鄴」，正爲糾正周書之誤。

179　北史紀傳互異處

①隋書……元胄傳則云，招欲害帝，帝不之知，乃將酒肴詣其宅　按：此爲北史元胄傳（卷七三）之文，隋書元胄傳（卷四〇）作：「趙王招知高祖將遷周鼎，乃要高祖就第。」與周書趙王招傳（卷一三）之文大體相同。

181 太上皇帝

①承明元年崩　按：「元」原刻本作「二」，西畬本已改正。

②俾予一人　按：「俾予」原刻本作「傳子」，西畬本已改正。

③肅宗又上玄宗尊號曰聖皇天帝　按：「皇」原刻本作「王」，廣雅本據兩唐書本紀改正。

廿二史劄記卷十四

182 皇太孫

禮記：「有適子，無適孫。」注謂：「冢子，身之副也。家無二主，亦無二副。」故古未有稱皇太孫者。漢宣帝時，元帝爲太子，生成帝，爲世嫡皇孫，宣帝愛之，名之曰驁，字曰太孫。此以之爲字，非立爲太孫也。惟晉惠帝，帝立子遹爲皇太子，後爲賈后所殺。趙王倫廢后，復遹位號，乃立遹子臨淮王臧爲皇太孫。未幾倫又害臧，乃立臧弟襄王尚爲皇太孫，尋薨。齊武帝，帝以皇太子長懋先卒，乃立長懋子昭業爲皇太孫，其東宮官屬悉改爲太孫官屬。太孫即位，以無道廢爲鬱林王。魏太武帝，帝先立子晃爲皇太子，尋卒，乃封晃子濬爲高陽王，後以皇孫世嫡不宜在藩，乃停封號，號世嫡皇孫。後即位，爲文成帝。唐高宗，帝屢廢太子，立英王哲爲皇太子。太子生重照，帝喜，立爲皇太孫，武后時杖死。遼道宗，皇太子濬爲乙辛譖廢被害，詔封濬子延禧爲燕國王、天下兵馬大元帥。帝崩，遺詔燕國王即位，是爲天（祐）〔祚〕帝。金世宗，帝先立嫡子允恭爲皇太子，尋薨，乃立允恭子璟爲原王，後立爲皇太孫，諭之曰：「明德皇后嫡孫，惟汝一人，故建立在朕，保守在汝。」後即位，是爲章宗。元世祖，帝先立嫡子真金爲皇太子，真金卒，命皇孫鐵穆爾鎮北邊，授以皇太子寶。帝崩，皇孫入即位，是爲成宗。明太祖，帝先立嫡子標爲皇太子，先薨，乃立標子允炆爲皇太孫。後即位，是爲建文帝。明成祖，帝先立高熾爲皇太子，是爲仁宗，在東宮時，子瞻基性英睿，成祖乃立爲皇太孫，是爲宣宗。皆有建立。然晉惠帝、齊武帝、金世宗、明太祖皆以皇太子先卒，故立皇太孫以繫正統，此事之不得已者也。魏太武、遼道宗、元世祖則雖東宮先卒，大位已屬嫡孫，然尚不設皇太孫之稱。如魏太武則號其孫曰世嫡皇孫，遼道宗則封其孫曰燕國王、天下兵馬大元帥，元世祖則付其孫以皇太子寶，俱未嘗有皇太孫之號。乃唐高宗則當中宗在東宮時，即立重照爲皇太孫。明成祖亦當仁宗在東宮時，即立宣宗爲皇太孫，皆非禮也。梁武帝當簡文太子在東宮時，亦立簡文嫡子大器爲宣城郡王，而無皇太孫之稱。高宗立重照時，嘗以問裴敬彝、王方慶，皆對曰：「禮有嫡子，無嫡孫。晉立愍懷即遹子爲皇太孫，齊立文惠即長懋子爲皇太孫，皆居東宮。今有太子，又立太孫，古所未有。」帝曰：「自我作古，若何？」遂立之。是唐時猶有能據禮以爭者。乃明永樂中竟未聞有以此爲過舉，而舉朝寂然無聲，可見明臣不讀書，不知故事之陋也。

183 皇太弟

皇太孫之稱已非古法，晉以後更有所謂皇太弟者。晉惠帝皇太孫臧及尚俱死，因河間王顒奏，乃詔立成都王穎爲皇太弟。惠帝弟後穎兵敗，又廢之，而立豫章王熾爲皇太弟。亦惠帝弟既即位，是爲懷帝。劉淵死，其太子和爲劉聰所害，聰讓位於弟北海王乂，乂固請聰即位，乃立乂爲皇太弟，後乂爲聰子粲所害。慕容暐爲苻堅所擒，官於長安，後暐弟沖起兵，高蓋等立沖爲皇太弟，檄書與堅，自稱皇太弟致書，請奉送家兄皇帝出城。苻丕敗死，其子懿奔於苻登，時登已稱帝，乃立懿爲皇太弟。此古來所創見也。唐文宗崩，中尉仇士良等立穎王瀍爲皇太弟，即位，是爲武宗。僖宗崩，軍容使楊復恭立壽王爲皇太弟，即位，是爲昭宗。此皆倉猝擁立，非預建爲儲副者。又南唐元宗李璟立弟齊王景遂爲皇太弟，然未嘗傳位。然兄終弟及，名號尚非不經。唐武宗崩，宦官馬元贄立光王爲皇太叔，即位，是爲宣宗，此又古所未有。安樂公主請中宗以己爲皇太女，則更不經之甚矣。元成宗崩，無子，其兄子海山鎮漠北，海山弟愛育黎拔力八達在懷州，入京監國，迎海山即位，是爲武宗，武宗即立愛育黎拔力八達爲皇太子。又泰定帝崩，武宗二子在外，長曰和世（竦）〔球〕，鎮漠北，其弟圖帖睦爾在江陵，亦先入京。稱號，迎和世（竦）〔球〕即位，是爲明宗，明宗亦立圖帖睦爾爲皇太子。明宗尋被害，皇太子仍即位，是爲文宗。按武、明二帝皆以其弟爲儲副，則皇太弟之號實屬相宜，乃反立爲皇太子，是直以弟爲子矣。蓋元人不知有皇太弟故事，但知皇太子爲繼體之號，而不知其爲對君父之稱也。

184 帝王行三年之喪

三代後帝王行三年之喪者，咸稱晉武帝、宋孝宗，然尚有晉康帝、姚興、魏孝文帝、後周武帝、北漢劉承鈞，世未之知也，今摘於後。

晉文帝司馬昭之喪，臣民皆從權制，三日除服。既葬，武帝亦除，然猶練冠蔬食，及謁崇陽陵，仍以衰絰從行，裴秀奏，既除不宜復服，乃止。羊祜曰：「三年之喪，漢文除之，毀禮傷義。今主上至孝，若因此復先王之法，不亦善乎。」羣臣異議乃止。羣臣又請易服復膳，詔曰：「可試省孔子答宰我之言，無倈紛紜也。」遂蔬素終三年。後王太后殂，帝居喪，一遵古禮。既葬，有司請除服，詔曰：「前代典禮，質文不同，何必援近制，使達喪闕然乎。」竟素服以終三年。武帝楊后崩，既葬即吉。尚書奏皇太子亦宜釋服，杜預奏皇太子宜復古典，以諒闇終制，從之。見杜預傳。

康帝紀，有司奏成帝崩已一周，請改素服，進膳如舊。詔曰：「權制之作，出自近代，雖曰適事，實歟薄之始。先王崇之，後世猶怠，而況因循，又從輕降，義不可矣。」是康帝亦行三年喪也。

姚興母虵氏死，興哀毁過禮。羣臣請依漢、魏故事，既葬即吉。李嵩疏曰：「孝治天下，先王之令典也。宜遵聖性，以光孝道，既葬之後，仍素服臨朝，率先天下。」尹緯駁之曰：「帝王喪制，漢、魏爲準。嵩矯常越禮，請付有司論罪。」興曰：「嵩忠臣孝子，有何咎乎。其一依嵩議。」晉書載記

魏孝文帝遭文明太后之喪，欲行三年之喪，羣臣固請依遺詔過葬即吉，帝不許，乃以衰服過期，終四節之慕。明年正月，始聽政於皇信堂。又明年，遇文明太后再周忌日，哭於陵左，絶膳三日，哭不輟聲。魏書

後周武帝皇太后叱奴氏崩，帝詔曰：「三年之喪，達乎天子，古今不易之道。朕宜遵前典，以申罔極，百寮以下，仍遵遺令。」公卿固請過葬即吉，帝不許。於是遂申三年之制，五服之内亦令依禮。後周書

北漢劉承鈞，於乾祐七年遭其父世祖之喪，承鈞謂以日易月，非禮也。始行三年喪，至乾祐九年冬，始除服。十國春秋

宋孝宗遭高宗之喪，詔朕當衰服三年，羣臣自遵易月之令。自是每七日及朔望，皆詣德壽宮。至大祥，帝以白布巾袍御延和殿，若詣德壽宮仍絰杖如初。葬後，帝親行奉迎虞主之禮。自是七虞、八

虞、九虞、卒哭奉辭皆如之。又下詔曰：「朕欲衰絰三年，羣臣屢請御殿，故以布素視事。雖詔俟過祔廟，勉從所請，然稽諸典禮，心實未安，行之終制，乃爲近古。宜體至意，勿復有請。」於是遂終喪三年。將内禪時，密諭兩府，欲禪位退休，以畢高宗三年之喪。屆期，吉服御紫宸殿，行内禪禮，畢，仍返喪服，駕詣重華宫，至服闋始除。宋史孝宗崩，光宗病不能執喪。寧宗即位，已服期，欲大祥畢更服兩月。御史胡紘言，孫爲祖服已期矣，今欲加兩月，不知用何典禮？若謂嫡孫承重，則太上皇即光宗。聖躬久已康復，在宫中自行三年之喪，而陛下又行之，是二孤也云云。是光宗亦行三年之喪。朱子語類

185 女后之賢

洪容齋標三女后之賢，①謂王莽女爲漢平帝后，自劉氏之廢，稱疾不朝會。莽敬而哀之，欲嫁之，不肯。及莽敗，后曰：「何面目以見漢家！」自投火中死。楊堅女爲周宣帝后，知其父有異圖，意頗不平，及禪位，憤惋愈甚。堅内愧之，欲奪其志，后誓不許，乃止。李昪女爲吴太子璉妃，昪既篡，封爲永興公主，妃聞人呼公主，則流涕而辭之。三后之事略同，可畏而仰也。然此三后猶人所知，容齋所記尚有遺漏。漢靈帝崩，子辯即位，是爲少帝，董卓廢爲弘農王，尋進酖弒之。臨服酖時，與妻唐姬泣別。姬還潁川，父會稽太守瑁欲嫁之，誓不肯。後李傕遣兵鈔關東，掠得之，傕欲妻之，不聽，而終不自名。獻帝聞之，詔迎姬拜爲弘農王妃。晉愍懷太子遹妃王氏，名惠風，王衍女也。太子既廢，衍請離婚。及劉曜陷洛陽，以惠風賜其將喬屬，惠風拔劍拒屬曰：「我太尉公女，皇太子妃，豈爲汝逆胡所

辱！」屬遂殺之。苻堅奔五將山，爲姚萇所擒，其張夫人自殺。苻登妻毛氏，壯勇善騎射，爲姚萇所襲，營壘既陷，猶彎弓跨馬，率壯士數百十人，與萇交戰，力屈被執。萇欲納之，毛氏罵曰：「吾天子后，豈爲賊羌所辱，何不速殺我！」萇怒殺之。呂紹爲呂纂所弑，妻張氏色美，呂隆欲污之，張氏自投樓下，二脛俱折，誦佛經而死。以上皆晉書列女傳呂纂既篡，爲呂超所誅，其妻楊氏色美，超將娶之，使其父語之，楊氏曰：「大人賣女與氐，以求富貴，一之已甚，其可使女辱於二氐乎！」乃自殺。北史西魏廢帝后，宇文泰之女也，帝爲泰所廢，后以忠於魏被禍，北史此皆亡國后妃之賢者，摘出以補容齋所未及。

186 南北朝通好以使命爲重

南北通好，嘗藉使命增國之光，必妙選行人，擇其容止可觀，文學優贍者，以充聘使。如魏游明根嘗三使於宋，李彪嘗六使於齊，齊武帝以裴昭明有將命之才，特命使魏，皆以其能稱使職也。其後益以使命爲重，李諧傳謂南北交聘，務以俊乂相矜，銜命接客，必盡一時之選，無才地者不得與焉。梁使每入，鄴下爲之傾動，貴游子弟，盛飾聚觀，館門成市，魏使至梁亦如之，一時風尚如此。凡充使及伴使，皆不輕授。邢邵在魏，爲一時文人之冠，特以不持威儀，遂不令出使。邢邵傳北齊李緯與崔暹不協，嘗曰：「雖失貴人意，聘梁使不能舍我。」後果使梁。李緯傳①崔贍曾經熱病，面多瘢痕，然雍容可觀，詞韻温雅，遂出使於陳。崔贍傳②此出使之精於選擇也。其出使而增重鄰國者，魏游明根使宋，宋孝武稱其長者，迎送禮加常使。游明根傳高推使宋，宋稱其才辨。高允傳李彪使齊，將還，齊主親至琅琊山，命羣臣賦詩送別。李彪傳北齊崔悛將使梁，悛曰：「文采與識，悛不推李諧，口頰顧顧，諧乃大勝。」乃以李諧、盧元明、李業興出使。梁武謂左右曰：「卿輩嘗言北方無人，此等從何處來。」李諧傳李渾聘梁，梁武曰：「伯陽之後，久而彌盛，趙李人物，今實良多。」李渾傳魏收與王昕聘梁，昕風流文辨，收詞藻富逸，梁君臣咸敬禮。魏收傳周使崔彥穆聘陳，彥穆風韻閑曠，器度方雅，爲江表所稱。崔彥穆傳，以上皆魏書。③此皆出使之有光者也。其鄰國之接待聘使，亦必選有才行者充之。魏使至齊，齊以宗夬與任昉同接魏使，皆時選也。宗夬傳王融有才辨，乃命兼主客接魏使，房景高、宋弁以融年少，問主客年幾，融曰「五十之年，已踰其半。」景高曰：「在北聞君曲水詩序，實願一見。」融乃示之。弁曰：「昔觀相如封禪，知漢武之德。今覽王生詩序，用見齊主之盛。」王融傳劉繪以才辯奉敕接魏使，事畢當撰記，繪曰：「無論潤色未易，但得我語亦難矣。」劉繪傳，以上皆齊書。齊永明中，魏使至，詔選朝士有詞辯者接使於界，乃以范岫往迎。范岫傳魏使劉善明聘梁，梁使朱异接之，預讌者皆歸化北人，善明欲見王錫、張纘，乃使錫、纘入宴。善明遍論經史，錫、纘隨而酬對，善明深嘆服之。張纘傳，以上皆梁書。齊使劉纘至魏，文成命李安世接之。安世善舉止，纘嘆曰：「不有君子，豈能國乎！」李安世傳李諧、盧元明聘梁，梁武以蕭撝詞令可觀，令受幣於賓館。蕭撝傳梁使至魏，陸卬每接讌，即席賦詩，卬必先成，遂以敏速見美。陸卬傳劉孝儀聘魏，魏詔邢昕迎於境上。邢昕傳徐君房、庾信聘魏，名譽甚高，選接待者皆一時之秀，盧元景之徒皆降階攝職，更遞司賓。祖珽傳④梁使至北齊，齊每令裴讓之⑤攝主客郎接待之。裴讓之傳陳使傅縡聘北齊，齊令薛道衡接對，縡贈詩五百韻，道衡和之，⑥南北稱美。薛道衡傳陳使賀徹、周濆相繼聘隋，隋每令盧昌衡接待之。盧昌衡傳 隋陸爽博學有口辨，每陳使至，文帝嘗使爽迎勞。陸爽傳 此又可見伴使者亦必慎選也。今按劉纘聘魏，指方山問接伴李安世曰：「此山去燕然遠近？」安世曰：「亦石頭之於番禺耳。」李安世傳 魏李繪使梁，與梁人泛言氏族，袁狎自謂出自黃帝，姓在十四之限，繪曰：「兄所出雖遠，當共車千秋分一字耳。」李繪傳 李業興使梁，梁朱异問：「洛中委粟山是南郊耶？」業興曰：「是圓邱，非南郊。」异曰：「北間郊邱異地，是用鄭義，此中用王義。」業興曰：「江左用王義，除禫應是二十五月，何以王儉喪禮仍用鄭義二十七月？」李業興傳 梁徐陵使東魏，宴日甚暑，魏收曰「今日之熱，當由徐常侍帶來。」陵曰：「昔王肅至魏，爲魏制禮儀。今我來聘，使卿復知寒暑。」陳書徐陵傳 此等猶不過以言語文學見長，無大關係，若事涉朝政邊事，而能以片言全國體，折敵謀，則尤有足尚者。如魏太武南伐，宋太尉江夏王義恭、安北將軍武陵王駿守彭城，太武使李孝伯至城下勞問曰：「主上有詔，詔太尉、安北可暫出相見。」宋張暢出對曰：「有詔之言，何得稱之於此？」孝伯曰：「隣國之君，何爲不稱詔於隣國之臣，何至杜門絶橋。」暢曰：「二王以魏帝營壘未立，此間精甲十萬，恐相陵踐故耳。」孝伯曰：「主將令行禁止，何待絶橋杜門，又何必以十萬誇大。我亦有良馬百萬，可以此相矜乎。」孝伯應答如流，風容閑雅，暢甚相嗟賞。魏書李孝伯傳 宋人亦稱孝伯足辭辯，北土之美。暢隨宜應答，音韻詳雅，北人美之。宋書張暢傳 劉纘使魏，市肆交易，金玉甚賤。纘曰：「當是山川所出。」李安世曰：「我朝不貴金玉，故同於瓦礫耳。」纘初將大市，聞安世言，慙而罷。李安世傳 齊高帝篡位，使車僧朗於魏。魏主問齊王何故奪宋天下，僧朗辨對甚明。齊書車僧朗傳⑦ 魏文明太后崩，齊使裴昭明來弔，欲朝服行事，不肯喪服。魏成淹折之曰：「玄冠不弔，童稚共聞。昔季孫將行，請遭喪之禮。何得以朝服行弔。」昭明言：「我高帝崩，魏遣李彪來弔，不喪服。」淹曰：「彪本請喪服以行，及至齊，齊已即吉，君臣皆鳴玉行庭，使臣何容衰服？今我皇方親行喪服，豈得以此方比也。」昭明遂以喪服入。成淹傳及魏使李彪報謝，則入宴辭樂，曰：「我皇孝性自天，除縗後尚以素服從事，使臣不敢聞樂。」齊不能屈。李彪傳齊明帝廢海陵王自立，魏孝文來伐壽春，城中遣崔慶遠⑧出與孝文語，遂退兵。齊書蕭遥昌傳陳文帝弟安成王頊在梁，魏克江陵，隨例遷長安。宇文泰欲歸之，遣杜杲使陳道意，陳文帝大喜，即賂以黔中及魯山郡。後杲送頊歸，陳帝曰：「家弟得歸，實貴朝大惠，然不還魯山，恐未能如此。」杲曰：「安成在我朝，咸陽一布衣耳，然是陳之介弟，其貴豈止一城。我朝親睦九族，推己及人，所以送歸。今謂以土地易骨肉，何以聞之四方？」陳帝大慚，曰：「前言戲之耳。」後杲又使陳，宣帝謂曰：「若欲合從圖齊，當以樊、鄧見與。」杲曰：「合從圖齊，豈惟敝邑之利，必須城鎮，宜待得之於齊。今先索漢南，使臣不敢聞命。」宣帝甚敬之。杜杲傳⑨此等使臣實能爲國家折衝樽俎之間，使鄰國不敢輕視，真所謂使於四方，不辱君命者，又不徒以言語文學見長而已，宜是時南北皆以選使爲重也。

187 後魏追謚之濫

有天下追尊其先世，禮也。然不過兩三代，獨後魏則無限制。道武帝建國稱帝，既追尊其始祖力微爲神元皇帝，自神元以下，沙漠汗曰文帝，悉鹿曰章帝，綽曰平帝，弗曰思帝，禄官曰昭帝，猗㐌曰桓帝，猗盧曰穆帝，鬱律曰太祖平文帝，賀傉曰惠帝，紇郍曰煬帝，翳槐曰烈帝，什翼犍曰昭成帝，凡十三帝。又從神元而上，追尊極遠之祖，毛曰成帝，貸曰節帝，觀曰莊帝，樓曰明帝，越曰安帝，推寅曰宣帝，利曰景帝，俟曰元帝，肆曰和帝，機曰定帝，蓋曰僖帝，儈曰威帝，隣曰獻帝，詰汾曰聖武帝，又共十四帝，則不惟謚號遥加，并名諱亦出於追製，苟欲崇其祖先，而至於濫褻已甚，此不經之甚者也。按魏澹謂平文以前本部落之君長，道武遠追二十八帝，實越典禮。今魏書及北史所載止二十七帝，殊不合魏澹所云。考平文時，長孫斤反，拔刀向御前，太子實格之，傷脇而薨，後追謚爲獻明帝。所云二十八帝者，獻明當在内也。魏書、北史以獻明未登位，無事可紀，故缺之耳。

按漢制，開國之君稱祖，以下則俱稱宗。自曹魏始三代稱祖，武帝稱太祖，文帝稱高祖，明帝稱烈祖。明帝廟號乃生前所定，尤屬不經，故孫盛譏之。晉亦三代稱祖，司馬懿追稱高祖，昭追稱太祖，武帝稱世祖。慕容氏亦三代稱祖，廆追稱高祖，皝追稱太祖，儁僭號稱烈祖。姚秦亦三代稱祖，弋仲追稱始祖，萇稱太祖，興稱高祖。至元魏則更有兩太祖，道武既追尊平文帝爲太祖，及道武崩，其廟號又稱太祖，此列朝所未見也。其後太武帝稱世祖，獻文帝稱顯祖，孝文帝稱高祖。北齊則高歡追稱高祖，文宣帝稱顯祖，武成帝稱世祖，亦三代稱祖。周宇文泰追稱太祖，武帝稱高祖。南朝則宋武帝稱高祖，文帝稱太祖，孝武帝稱世祖，亦三代稱祖。齊高帝稱太祖，武帝稱世祖。梁武帝稱高祖，元帝稱世祖。陳武帝稱高祖，文帝稱世祖。祖以功，宗以德，原非必一祖之外不得再稱祖，然亦須揆其功而祖之。創業中興，有大功於世，祖之可也。如魏明帝、宋文帝、孝武帝、後魏獻文帝、北齊武成帝諸君，不過蒙業繼體，在位僅數年，無功可紀，乃亦以祖爲廟號，僭僞之朝，苟爲崇奉，固不可爲法也。

188 保太后

禮記曾子問篇，子游問曰：「喪慈母如母，禮歟？」孔子曰：「非禮也。古者男子外有傅，內有慈母，君命所使教子也，何服之有。」魯昭公少喪母，有慈母良，及死，公欲喪之，有司以爲非禮，公乃以練冠喪慈母。喪慈母自魯昭公始也。然但練冠以居，而孔子已以爲非禮。按慈母亦有不同，或子幼母死，父命妾長育之者，父卒而遭此妾之喪，尚有三年之服，以重父命也。若但父使之保抱，則不過保母而已。晉書顧和傳，成帝以保母周氏有保育之勞，欲假以名號，和奏謂古無此例，惟漢靈帝以乳母趙嬈爲平氏君，此末世之私恩，非先王之令典，乃止。是古未有崇奉保母之制也。乃後魏自道武創例，立太子則先殺其母，以防母后預政，自是遂著爲令，而帝即位皆無太后，於是轉奉保母爲太后。太武帝保母竇氏，本以夫家坐事没入宮，明元帝命爲太武保母，太武既立，尊爲保太后，後又尊爲皇太后。太后登嶂山，謂左右曰：「吾母養帝躬，死必不爲賤鬼，然於先朝無位次，不可違禮從葬園陵，此山之上可以終託。」①故殁後遂葬嶂山，從其志也。文成帝乳母常氏，亦有劬勞之功，文成即位，尊爲保太后，再進爲皇太后。是時文成妃李氏生獻文，後將立獻文爲太子，常太后依故事令李氏條記在南兄弟，付託其宗兄洪之，痛哭而死。以保母而能主宮闈之政，賜死太子之母，則當日之尊竟同皇太后可知也。文成帝又極尊奉，封太后之兄英爲遼西王，弟喜帶方公，三妹皆縣君，妹夫皆公侯，又追贈太后祖爲公，父爲王，母爲王太妃，可謂濫矣。親母則必賜死，保母轉極尊崇，魏法之矯枉過正，莫不善於此。

189 異姓封王之濫自後魏始

太武帝即位，封長孫嵩北平王，奚斤宜城王，長孫翰平陽王，叔孫建丹陽王，司馬楚之琅琊王，杜超陽平王，穆壽宜都王，長孫道生上黨王，樓伏連廣陵王。自是功臣無有不王者。文成帝封周忸樂陵王，杜遺、閭若文、劉尼、杜元寶、源賀、閭武皮、①常英、閭毗、閭紇、尉眷、乙渾、李峻，俱進爵爲王。又封陸麗爲平原王，麗乞以讓父，帝曰：「吾豈不能以二王封卿父子也。」乃封其父俟東平王。後麗之子叡事獻文帝，又封東郡王，②一門之内遂有三王。獻文帝又封慕容白曜濟南王，韓頹襄城王。孝文帝亦封陳建魏郡王，苟頹河東王，王叡中山王，張祐新平王。太和十六年，始詔諸遠族非太祖子孫及異姓封王者，皆降爲公，公爲侯，侯爲伯，其子男仍舊，皆除將軍之號，惟長孫道生以大功特不降，自是名器稍重。至北齊武成帝時，又極猥褻。奄人鄧長顒、韓寶業、盧勒叉、齊紹、秦子徵、陳德信俱封王。後主緯時，庶姓封王者尤多，穆提婆城陽郡王，高阿那肱淮陽郡王，③韓長鸞昌黎郡王，皆倖臣也。張景仁以侍書封王，傳謂倉頡以來，八體進爵，一人而已。又有倉頭陳山提、蓋豐樂、劉郁斤、趙道德、劉桃枝、梅勝郎、辛洛周、高舍洛，④至武平時，皆封王，其不及武平者，亦追贈王爵。齊書謂諸倉頭始自家人，情寄深密，及後主時，已是先朝勳舊，故致此叨竊。又有樂人曹僧奴及其子妙達，以能彈琵琶亦封王。此外官階更不可數計，開府千餘，儀同無數。諸貴寵追贈祖父，歲一進官，位極而止。馬及鷹犬皆有郡君、儀同之號，如赤彪儀同、逍遥郡君、淩霄郡君之類，甚至鬬雞亦號開府，官爵之濫，至此極矣。故當時受之者，不以爲榮，且反有以爲辱者。陽休之爲中書監，封燕郡王，謂人曰：「我非奴，何忽有此授。」可見人之賤之，至不齒於人列也。荒亂之朝，何所不至，固不可以常理論矣。

190 後魏以鑄像卜休咎

北史魏后妃傳序云，魏故事，將立皇后，必令手鑄金人，以成者爲吉，否則不得立也。道武帝妃慕容氏有寵，帝令后鑄金人，成，乃立爲后。後薨，又寵劉氏，以鑄金不成，不登后位。明元帝妃姚氏，鑄金人不成，未升尊位，然帝禮之如后，薨，遂贈爲后，加謚焉。然非特立后用此法也，爾朱榮以明帝崩，將有所立，乃以銅鑄孝文及咸陽王禧等五王之子孫像，成者當立爲主，惟莊帝獨就，乃迎立之。及河陰之役，榮欲僭位，鑄金爲己像，數四不成，乃止。齊高洋欲僭位，羣臣皆意以爲不可，鑄像卜之，一寫而成，遂決意僭號。蓋當時國俗然也。魏書、北齊書及北史

按晉書載記，冉閔遣常煒使於慕容儁，儁使封裕問之曰：「聞閔鑄金爲己像，壞而不成，何得言有天命。」煒言此事非實。此又在元魏之前，則不始於魏矣。蓋本北俗故事，至拓跋而益尚之也。

191 後魏百官無禄

後魏未有官禄之制，其廉者貧苦異常。如高允草屋數間，布被緼袍，府中惟鹽菜，常令諸子採樵自給是也。允傳否則必取給於富豪，如崔寬鎮陝，與豪宗盗魁相交結，莫不感其意氣。時官無禄力，惟取給於人，①寬以善於結納，大有受取，而與之者無恨。寬傳文成帝詔，諸刺史每因調發，逼人假貸，大商富賈，要時射利，上下通同，分以潤屋。自今一切禁絶，犯者十疋以上皆死。明元帝又詔，使者巡行諸州，校閲守宰貲財，非自家所齎，悉簿爲贓。是懲貪之法未嘗不嚴，然朝廷不制禄以養廉，而徒責以不許受贓，是不清其源而徒遏其流，安可得也。至孝文帝太和八年，始詔曰：「置官班禄，行之尚矣。自中原喪亂，兹制久絶，先朝因循，未遑釐改。今宜班禄，罷諸商人，以簡人事。户增調絹二疋，②穀二斛九升，以爲官司之禄，均預調爲二疋之賦，即兼商用。禄行之後，贓滿一疋者死。」俸以十月爲首，每季一請。後以軍興用不足，又詔百官禄四分減一，以充軍用。至明帝時，于忠當國，欲結人心，乃悉復所減之數。此魏制官俸之大概也。按文成詔中所謂商賈邀利，刺史分潤，孝文詔中所謂罷諸商人，以簡人事，蓋是時官未有禄，惟藉商賈取利而抽分之，至見於詔書，則陋例已習爲常矣。崔寬并交結盗魁，爲受納之地，既取利於商賈，自并及於盗賊，亦事之所必至也。上下交征如此，何以立國哉。

192 後魏刑殺太過

後魏起北方，專以刑殺爲政令。自猗盧爲代王，即嚴刑峻法，諸部人多以違命得罪，凡後期者，舉部戮之。或有宗室相攜悉赴死所，或問何往，曰當就誅戮，其威嚴如此。道武帝以秦王觚使於燕，爲所害，及克中山，收害觚者傳高霸、程同等，皆夷五族，以大刃挫殺之。其討劉衛辰，收其子弟宗黨，無少長五千餘人，盡戮死。末年每朝臣至前，追其舊惡輒殺之。其餘或以顔色動變，或以喘息不調，或以行步乖節，或以言詞失措，皆以爲懷惡在心，變見於外，乃手自毆擊，死者皆陳天安殿前。道武時，嘗有神巫謂帝當有暴禍，惟滅「清河」、殺「萬人」乃可免。帝乃滅清河一郡，嘗手自殺人，欲其數滿萬，或乘輦手劍擊檐輦者腦，一人死，一人代，每一行死者數十。有愛妾名萬人，與帝子清河王紹私通，懼事發，乃弑帝。臨死，始悟「清河」、「萬人」之讖，在此二人也。①太武帝雖詔有司按律令務求厥中，皆本紀然如崔浩之誅，清河崔氏無遠近，及范陽盧氏、太原郭氏、河東柳氏，皆浩之親黨，盡夷其族，甚至僮吏亦夷五族，同修史者亦族誅。浩傳史臣謂太武果於刑戮，後多悔之，則亦仍其祖父舊法也。至孝文帝，始詔一人爲惡，殃及合門，朕所不忍，自今非謀反大逆及外奔者，罪止其身。尋又詔五族者降止同祖，三族者止一門，門誅者止其身，於是刑戮稍減。然自先世以來，冤死者已不可數計矣。按猗盧爲其子六修所弑，道武爲其子紹所弑，及身之報，已屬顯然。其後亡國時，北齊文宣帝問元韶：「光武何故中興？」韶曰：「爲王莽誅諸劉不盡。」文宣乃誅諸元世哲、景武等二十五家，男子無少長皆斬，所殺三千人，餘十九家並禁之，韶亦入地牢，絶食，啗衣袖而死。尋又大誅元氏，壯者斬東市，嬰兒投於空中，以槊承之，悉投屍漳水，剖魚者多得爪甲，都下爲之久不食魚。文宣嘗令諸囚自金鳳臺各乘紙鳶以飛，最遠者免死，元黄頭獨能至紫陌，宜得免矣，仍付御史獄餓死。②凡昭成以下，竝無遺焉。然則元魏之後，竟無遺種，實好殺之報也。高允曰：「臯陶至德也，其後英、蓼先亡。劉、項之際，英布黥而王，經世雖久，猶有刑之餘釁，況凡人乎。」後周宇文氏之後，爲隋所誅殺殆盡，史臣亦謂渚宫制勝，闔城孥戮，茹茹歸命，盡種誅夷，周祚不永，或由於此。③是則天道之報施，固有昭然不爽者也。

按族誅之法，本起於秦，漢高祖入關，所謂父老苦秦苛法，誹謗者族是也。後漢書楊終疏亦言，秦政酷烈，一人有罪，延及三族。如淳曰，父族、母族、妻族也。張晏曰，父母、妻子、兄弟也。是族誅本秦酷政，漢高約法三章則已除之。然韓、彭之誅皆夷三族，購季布敢匿者罪三族，捕貫高等敢有隨者罪三族，是仍未嘗除也。故崔寔政論謂高祖使蕭何定律，有夷三族之令，至文帝始除之。楊終疏所謂文帝至仁，除去收孥是也。然文帝雖除，而其後如李陵、王温舒等，仍坐罪族誅，則此刑故在。至魏、晉之際，益慘酷無人理。司馬懿誅曹爽，支黨皆夷三族，男女無少長，姑姊妹女子之適人者，皆殺之。爽傳 王淩之妹爲郭淮妻，淩被誅，淮五子向淮叩頭流血，淮不能忍，乃致書懿免之。淮傳 毌丘儉之誅，其子甸妻荀氏應坐死，其兄顗乞其命，乃詔離婚。而荀氏所生女，已嫁劉子元，亦當坐死，以懷妊在獄，荀氏乞爲婢，以贖女命。按荀氏之女則儉孫女也，而亦不免，是誅及四族矣，司馬氏之酷如此。程威乃上議曰：「已出之女，父母有罪，既須追刑，夫黨見誅，又須從戮，是一人之身，内外受辟。男不得罪於他族，女獨嬰禍於二門，事屬不均。請在室者從父母之誅，出嫁者從夫家之罰。」乃改此制。晉書刑法志 其後解結被戮，其女適裴氏者，明日當嫁而禍起，裴氏欲認活之，女曰：「家既若此，我何活爲。」亦坐死。夫以將嫁而夫家來認之即可不死，則已稍輕於毌丘儉之案矣。然一人有罪，害及無辜，秦、漢以來，以此法枉殺者不知凡幾，又況後魏之誅及五族耶。爾雅，内宗曰族，母妻則曰黨。是古所謂族者，專指宗姓而言。故孔安國稱，尚書九族謂自高祖至玄孫，即喪服小記所云以三爲五以五爲九也。後世乃誤以父、母、妻爲三族，以致濫殺益多。顧寧人謂始於杜預，以外祖父母、從母子及妻父母、姑之子、姊妹之子、女之子當之。然漢書張晏三族注謂父母、兄弟、妻子也，如淳注則曰父族、母族、妻族也，則此誤不自杜預始矣。今按司馬氏之誅曹爽、王淩、毌邱儉，雖極慘毒，然尚止及於姑姊妹及女子之適人者，至魏太武之誅崔浩，并及於盧氏、郭氏、柳氏，皆夷其族，則於本族之外，延及於母黨、妻黨、出嫁之女黨，安知非如淳、杜預之注之遺害耶？故落筆不可不慎也。

193 魏以奄人爲外史

後魏多以奄人爲外史。楊範傳謂，靈太后臨朝，中官貴者，皆許以方岳，故宦寺多爲外史。今考魏書，不自靈太后始也。蓋魏時籍没之制甚嚴，凡官吏有罪者，一經籍没，則婦女入掖廷，男子小者即爲奄寺，故其中往往有士人子孫，知義理有才具者。如仇洛齊，其父本殿中侍御史，①洛齊在太武時爲奄人，因綾羅户不屬守宰，多隱漏，乃奏請悉歸郡縣。後出爲冀州刺史，有能名。王（瑀）〔琚〕先世晉豫州刺史，（瑀）〔琚〕被刑入宫，歷事數朝，志在公正。出爲冀州刺史，年老致事。孝文時隨遷洛，以家貧特蒙賜帛。趙黑先世本晉平遠將軍，黑没爲奄人，官選部尚書，能自謹厲，當官任舉，頗能得人。獻文欲傳位京兆王子推，黑願以死奉太子，孝文以是得立。後出爲定州刺史，克己清儉，憂濟公私，有欲行賂者，黑曰：「高官厚禄，足以自給，敢賣公營私耶！」孝文聞之，特賜絹穀。孫小父本姚秦護軍，守城殉節，小没入宫刑。後出爲并州刺史，州内四郡百餘人詣闕頌其政化。後遷冀州刺史，清約自守，當時牧伯無能及。他如抱嶷以忠謹被擢，後因老疾乞外禄，乃出爲涇州刺史，自以故老前宦，爲政多守法。王質解書學，出爲瀛州刺史，在州十年，風化粗行，察奸糾慝，究其情狀，民庶畏服之。此皆在靈太后之前，而閹寺爲吏亦有能勤於其官者。自靈太后後，楊範爲白水太守，王温爲鉅鹿太守、瀛州刺史，②然皆無可稱。蓋亦視朝政之盛衰爲賢否，朝政肅則刑餘爲吏亦能砥節奉公，朝政弛則士大夫亦多貪縱，況此輩乎。俱見魏書奄官傳

194 魏孝文遷洛

魏孝文帝以國俗沿上世之陋，欲遷洛以變舊風。恐大臣不欲，乃發京師步騎百餘萬南伐，至洛陽，帝戎服執鞭而出，羣臣稽顙於馬前，請停南伐，帝曰：「今者之舉，興發不小，動而無成，何以示後？若不南伐，便當都洛。」①乃議遷移之計。次年，②至平城宫，部分遷留。又臨太極殿，喻在代諸臣遷移之略。本紀時舊臣多不欲行，帝先與（彭）〔任〕城王澄議之，謂平城乃用武之地，非可興文，須光宅中原，澄力贊之，乃决。澄傳帝又謂元贊等曰：「朕爲天子，何假中原，欲令卿等子弟博見多智耳。若永居恒北，卿等子弟不免面牆也。」廣陵王羽傳又嘗問于烈遷留孰便，烈對曰：「聖略深遠，非愚管所及。若隱心而言，樂遷之與戀舊中半耳。」帝曰：「卿不鳴異同，朕深感不言之益。」烈傳時穆泰、陸叡以畏遷謀反，泰欲推陽平王（賾）〔頤〕爲主，事敗賜死。泰傳遷洛後，太子恂守金墉，畏河南暑熱，召牧馬，欲輕騎奔代，元徽勒門阻之乃止。③帝遂廢恂爲庶人，尋亦賜死。恂傳帝引見朝臣，詔斷北語，一從

正音，年三十以上，習性已久，或不可革，三十以下，見在朝之人，語音不許仍舊，違者免所居官。又詔革衣服之制。嘗出行，見婦女仍夾領小袖，乃責咸陽王禧等。禧傳又詔遷洛人，死者葬河南，不得還北。於是代人南遷者，皆爲洛陽人。又詔改國姓爲元氏。本紀蓋帝優於文學，惡本俗之陋，欲以華風變之，故不憚爲此舉也。然國勢之衰實始於此，一傳而宣武，再傳而孝明，而鼎祚移矣。蓋徒欲興文治以比於古帝王，不知武事已漸弛也。其先道武帝遣賀狄干至秦，爲姚興所留，因在長安讀書，通尚書、論語，舉止似儒者。後歸，道武見其類中國人，遂殺之。賀狄干傳明元帝時，或言國家當遷都鄴，崔浩曰：「非計也。今居北方，若山東有事，則輕騎南出，誰知多少，百姓望而遠服，此國家威制四夷之長策。若南徙，則種人不滿諸州之地，參居榛林之下，不服水土，疾疫死傷，情見事露，四方聞之，有輕侮之意，則聲實俱損矣。」崔浩傳此又開國君臣之深識遠慮也。

顧寧人言，④中國風俗多有不如外蕃者。遼史言，契丹生計，仰給畜牧，績毛飲湩，以爲衣食。狃習勞事，不見紛華，故家給人足，戎備完整。金史，世宗曰：「女直舊俗，雖不知書，然其祭天地，敬親戚，尊耆老，接賓客，皆出自然。」乃禁女直人不得改稱漢姓，學南人衣裝，犯者抵罪。又曰：「遼不忘舊俗，朕以爲是。海陵習學漢人，是忘本也。若依國家舊風，乃長久之計也。」金史食貨志亦謂，金中葉以後，鄙遼儉樸，襲宋繁縟之文，又懲宋寬柔，用遼操切之政，是棄二國之所長，而專用其所短。迄金之末，國用易竭，民心易離，實由於此。作法不慎，⑤變法以救其弊，祇益甚焉，此又操化權者所當加意也。

195 魏孝文帝文學

古今帝王以才學著者，曹魏父子、蕭梁父子爲最，然皆生自中土，績學少年。惟魏孝文帝，生本北俗，五歲即登帝位，此豈有師儒之訓，執經請業，如經生家所爲，乃其聰睿夙成，有不可以常理論者。史稱其雅好讀書，手不釋卷，五經之義，覽之便講，史傳百家，無不該涉。善談莊、老，尤精釋義，才藻富贍，好爲文章詩賦銘頌，任興而作。有大文筆，馬上口授，及其成也，不改一字。自太和十年以後詔册，皆帝文也，餘文章尚百餘篇。史論亦謂帝欽明稽古，焕乎其有文章，謚之以經天緯地，信不虚也。今就各列傳所散見者，撮敘之。帝宴宗室於皇信堂，命任城王澄爲七言連韻詩，帝往復極歡，乃罷。澄傳帝征懸瓠，賜宴，與從臣聯句。帝歌曰：「白日光天兮無不曜，江左一隅獨未照。」彭城王勰曰：「願從聖明兮登衡、會，萬國馳誠混日外。」①鄭懿曰：「雲雷大振兮天門闢，率土來賓一正歷。」邢巒曰：「舜舞干戚兮天下歸，文德遠被莫不思。」鄭道昭曰：「皇風一鼓兮九地匝，戴日依天清六合。」帝又歌曰：「遵彼汝墳兮昔化貞，未若今日道風明。」帝乃命邢巒總集敘記。鄭道昭傳馮熙造寺於北邙山，賈元（素）〔壽〕作碑，文帝遊寺見之，稱爲佳作。熙卒，帝親爲作誌銘。馮熙傳帝以馮誕爲司徒，親爲製三讓表并啟，將拜，又代爲謝章。誕卒，又親爲碑文及挽歌，皆窮美盡哀。馮誕傳又常遊幸，憩大松下，謂彭城王勰曰：「汝可作詩，比至吾間令就也。」勰去帝十步，且行且作曰：「問松林，松林經幾冬，山川何如昔，風雲與古同。」未至帝所已成。帝又嘗御清徽堂，與羣臣講喪服。李彪曰：「古未有人君親講喪禮，臣得親承音問，千載一時。」勰傳劉昶出鎮彭城，帝賜以御集，曰：「雖則不文，然欲罷不能，故以相示，聊爲一笑。」勰昶二傳②崔挺至行在，帝謂曰：「别卿以來，倏焉二載。吾所綴文，已成一集，今當給卿副本。」挺傳可見帝深於文學，才藻天成，有不能自諱者，雖亦才人習氣，然聰睿固不可及已。其急於遷洛，欲變國俗，而習華風，蓋發於性靈而不自止也。

第十四卷校證

185 女后之賢

①洪容齋標三女后之賢　按：見容齋隨筆卷三。

186 南北朝通好以使命爲重

①李緯傳　按：應作北史李靈傳附李緯傳。

②崔瞻傳　按：此從北齊書，北史作「崔贍」。

③以上皆魏書　按：「魏書」應作「北史」。

④祖珽傳　按：應作祖珽傳附弟孝隱傳，見北齊書卷三九及北史卷四七。

⑤裴讓之　按：「之」字原刻本脱，西畲本已校補。

⑥綈贈詩五百韻，道衡和之　按：隋書與北史薛道衡傳皆作「五十韻」，應據改。

⑦齊高帝篡位，使車僧朗於魏。……（齊書車僧朗傳）　按：南齊書無車僧朗傳，其事見於魏虜傳（卷五七）。

⑧崔慶遠　按：「崔」原刻本作「王」，西畲本已改正。

⑨杜杲傳　按：「杜」原刻本作「邢」，西畲本已改正。

188 保太后

①此山之土可以終託　按：魏書與北史后妃傳「土」皆作「上」。

189 異姓封王之濫自後魏始

①閭武皮　按：魏書文成帝紀（卷五）作「閭虎皮」，此據北史文成帝紀（卷二），因唐人爲李虎避諱而改。

②後麗之子叡事獻文帝，又封東郡王　按：封東郡王者爲叡之子定國，此誤記。

③高阿那肱淮陽郡王　按：此從北史恩倖傳，北齊書恩倖傳作「淮陰郡王」。當時已有和士開受封爲淮陽王，則北史之「淮陽」應爲「淮陰」之誤。

④高舍洛　按：「洛」原刻本作「盛」，西畲本已改正。

191 後魏百官無禄

①惟取給於人　按：「給」原刻本作「結」，西畲本已改正。

②户增調絹二疋　按：魏書高祖紀與北史魏本紀「二」皆作「三」。

192 後魏刑殺太過

①道武時，嘗有神巫謂帝當有暴禍，惟滅「清河」、殺「萬人」乃可免。……臨死，始悟「清河」、「萬人」之讖，在此二人也　按：事見宋書索虜傳（卷九五）。

②文宣嘗令諸囚自金鳳臺各乘紙鳶以飛，最遠者免死，元黄頭獨能至紫陌，宜得免矣，仍付御史獄餓死　按：事見北史彭城王勰傳附元韶傳（卷一九）。原文「紙鳶」作「紙鴟」，鳶、鴟義同。「紫階」作「紫陌」，應據以改正。

③史臣亦謂渚宫制勝，闔城孥戮，茹茹歸命，盡種誅夷，周祚不永，或由於此　按：見周書文帝紀論（卷二）。

193 魏以奄人爲外史

①如仇洛齊，其父本殿中侍御史　按：魏書仇洛齊傳（卷九四）稱，其養父爲慕容垂之殿中侍御史，本篇稱「其祖」，又未言爲何朝之官，西畲本改「祖」字爲「父」，文義亦不完備。

②自靈太后後，楊範爲白水太守，王温爲鉅鹿太守，皆世宗崩後高陽王雍總政時事，靈太后臨朝，皆徵還朝，惟除瀛州刺史　按：孫文泱云，楊範爲白水太守，王温爲鉅鹿太守、瀛州刺史在靈太后時。原文統叙之於靈太后後，籠統失實。

194 魏孝文遷洛

①帝曰：「今者之舉，興發不小，動而無成，何以示後？若不南伐，便當都洛。」　按：此文見魏書李冲傳。

②次年　按：上文未言年數，此無所承，應爲太和十八年。

③太子恂守金墉，畏河南暑熱，召牧馬，欲輕騎奔代，元徽勒門阻之乃止　按：此據北史元恂傳（卷一九），魏書元恂傳（卷二二）「元徽」作「元儼」。

④顧寧人言　按：見日知録卷二九外國風俗條。

⑤作法不慎　按：據日知録原文，「不慎」下應補入「厥初」二字。

195 魏孝文帝文學

①彭城王勰曰：「願從聖明兮登衡、會，萬國馳誠混日外。」　按：此據北史鄭道昭傳（卷三五）。魏書道昭傳（卷五六）作「混江外」，「江」字義長。

②勰昶二傳　按：「勰」字「二」字均爲衍文。

廿二史劄記卷十五

196 北朝經學

六朝人雖以詞藻相尚，然北朝治經者尚多專門名家。蓋自漢末鄭康成以經學教授，門下著録者萬人，流風所被，士皆以通經績學爲業，而上之舉孝廉，舉秀才，亦多於其中取之，故雖經劉、石諸朝之亂，而士習相承，未盡變壞。大概元魏時經學以徐遵明爲大宗，周、隋間以劉炫、劉焯爲大宗。按北史儒林傳，遵明講鄭康成所著易，以傳盧景裕、崔瑾，是遵明深於易也。尚書之業，遵明所通者鄭注之今文，後以授李周仁等，是遵明深於尚書也。三禮並出遵明之門，傳李鉉、祖雋、熊安生，是遵明深於禮也。館陶趙世業家有服氏春秋，乃晋永嘉舊本，遵明讀之，手撰春秋義章三十卷，河北諸儒能通服氏春秋者，並出徐生之門，遵明傳是遵明又深於春秋也。至隋，劉焯於賈、王、馬、鄭章句，多所是非，著有五經述議行世，與劉炫齊名，時稱二劉。炫尤博學多識，韋世康問其所能，炫曰：「周禮、禮記、毛詩、尚書、公羊、左傳、孝經、論語孔、鄭、王、何、服、杜等註，凡十三家，並堪講授；周易、儀禮、穀梁，用功差少。」在朝知名之士七十餘，①皆謂炫所陳不謬，是炫之深於諸經也。其時治經者，各有師承。如李鉉從李周仁受毛詩，劉子猛受禮記，房虯受周官、儀禮，鮮于靈馥受左氏春秋，又受業徐遵明者五年。楊汪受禮於沈重，受漢書於劉臻。劉焯亦受詩於劉軌思，受左氏傳於郭懋，問禮於熊安生，又以劉智海家多墳籍，就之讀十年。此可見諸儒師資有自，非同後世稗耳販目之學也。其業既成，則各有所著，以開後學。如劉芳撰鄭玄所註周官、儀禮音，干寶所註周官音，王肅所註尚書音，何休所註公羊音，范甯所註穀梁音，韋昭國語音，各一卷。衛冀隆精服氏左傳，難杜預春秋六十三事，賈思同又駁冀隆乖錯者十餘條。姚文安難服虔左傳解七十七條，名曰駁妄，李崇祖申明服氏，名曰釋謬。劉獻之撰三禮大義四卷，三傳略例三卷，毛詩序義一卷。李鉉撰孝經、論語、毛詩、三禮義疏，及三傳異同，周易義例，合三十餘卷。沈重著周禮義三十一卷，儀禮義三十五卷，禮記義三十卷，毛詩義二十八卷，喪服經義五卷，周禮音、儀禮音各一卷，禮記音、毛詩音各二卷。樊深撰孝經、喪服問疑各一卷，[2]七經異同三卷。熊安生撰周禮、禮記義疏各三十卷。[3]樂遜著孝經、論語、毛詩、左氏春秋序論十餘篇，又著春秋序義，通賈、服說，發杜氏違。劉炫著春秋攻昧十卷，五經正名十二卷，[4]孝經述議五卷，春秋述議二十卷，[5]毛詩述議四十卷。魯世達撰毛詩章句義疏四十二卷。[6]張冲撰春秋義略，異於杜氏者七十餘事，及喪服義三卷，孝經義三卷，論語義十卷。[7]此又可見當時治經者，各有心得，筆之于書，非如後世記問掇拾之學也。其所以多務實學者，固由於士習之古，亦上之人有以作興之。梁越通經，道武帝命授諸皇子經，官上大夫。盧醜當太武帝監國時，入授經，後以師傅恩賜爵濟陰公。張偉當太武時，以通經官中書侍郎。孫靈暉通經，[8]南陽王綽奏以爲王師，官三品。孝文帝尤重儒學，尊三老五更，又開皇子之學，劉芳、李彪諸人，皆以經書進用。董徵通經，[9]宣武帝徵入璇華宮，爲諸王師。此元魏之崇尚經學也。李鉉、邢峙皆以通經，齊文宣帝詔授太子經。馬敬德博學，[10]武成帝爲後主擇師，命爲侍講。其子元熙，又以孝經授緯太子。此高齊雖荒亂，亦尚知以經術訓子也。周武帝以沈重經學，授驃騎大將軍，開府儀同三司。熊安生在齊，精三禮，周武帝滅齊，安生遽令掃門，家人怪之，安生曰：「周帝崇儒重道，必來見我。」已而果至。樂遜通經，節閔帝命爲小師氏，自譙王儉以下，並束修行弟子禮。此宇文周之崇尚經學也。以上俱見各本傳下至僭僞諸國，亦有重儒術者。姚興時，耆儒姜龕、淳于岐等，經明行修，教授長安，諸生皆自遠而至，興每引龕等講論道藝。胡辯講授洛陽，關中諸生赴之者，興敕關尉勿稽其出入。於是學者咸勸，儒風振焉。劉延明深於經學，涼武昭王以爲儒林祭酒。及沮渠蒙遜平酒泉，亦躬往致禮。至牧犍，又尊爲國師，親自致拜焉。蒙遜平酒泉時，又以宋繇博通經籍，特擢之，曰：「不喜克李氏，喜得宋繇耳。」蒙遜又以闞駰通經，甚重之，常令在左右，訪以政事，牧犍待之愈重。又程駿有文學，牧犍擢爲東宮侍講。皆見晉書載記⑪可見北朝偏安竊據之國，亦知以經術爲重。在上者既以此取士，士亦争務於此以應上之求，故北朝經學較南朝稍盛，實上之人有以作興之也。

197　南朝經學

南朝經學本不如北，兼以上之人不以此爲重，故習業益少，統計數朝，惟蕭齊之初，及梁武四十餘年間，儒學稍盛。齊書劉瓛傳謂，晉尚玄言，宋尚文章，故經學不純。①齊高帝少爲諸生，即位後，王儉爲輔，又長於經禮，是以儒學大振。建武以後，則日漸衰廢。梁書姚察論曰，崔、伏、何、嚴等，遭梁之崇儒重道，皆至高官，稽古之力，諸儒親遇之。陳書儒林傳序亦謂，梁武開五館，建國學，置博士，以五經教授，帝每臨幸，親自試冑，故極一時之盛。陳初未遑勸課，間有以經學名者，亦皆梁之遺儒云。益可見經學之盛衰，總由於上之輕重也。今並敍南朝經學諸儒所著述於此。伏曼容著周易、毛詩、喪服集解，論語義。何佟之著禮義百餘篇。嚴植之撰凶禮儀注四百七十九卷。賀瑒著賓禮儀注一百四十五卷，其子革亦通三禮，又兼治孝經、論語、毛詩、左傳。崔靈恩集註毛詩二十二卷，集註周禮四十卷，三禮義宗四十七卷，左氏經傳義二十二卷，左氏條例十卷，公羊、穀梁文句義十卷。孔子袪著尚書義二十卷，集註尚書三十卷，續朱异集註周易一百卷，續何承天集禮論一百五十卷。皇侃撰論語義十卷。②何胤注周易十卷，③毛詩總集六卷，毛詩隱義十卷，禮記隱義二十卷，禮答問五十五卷。王元規著春秋發題辭及義記十一卷，續經典大義十四卷，孝經義一卷，④左傳音三卷，禮記音二卷。⑤張譏撰周易義三十卷，尚書義十五卷，毛詩義二十卷，孝經義八卷，論語義二十卷。顧越著喪服、毛詩、孝經〔論語〕等義疏四十卷。沈不害著五禮儀一百卷。而宋懷方、戚衮并自魏入梁，以名其家。⑥懷方自魏攜儀禮、禮記疏，祕惜不傳，臨死謂家人曰：「戚衮若來，以此付之，否則殉葬。」戚衮在梁，亦著三禮義記，遭亂亡失，惟禮記義四十卷行於世。其時自北來者，崔靈恩、⑦宋懷方、戚衮外，尚有孫（祥）〔詳〕、蔣顯等，並講學，而音辭鄙拙，惟盧廣言論清雅，不類北人。是可見梁武之世，不特江左諸儒崇習經學，而北人之深於經者亦聞風而來，此南朝經學之極盛也。

198 後魏多家庭之變

穆帝爲其子六修所弒，昭成帝爲其子實君所弒，道武帝爲其子清河王紹所弒，太武帝爲中常侍宗愛所弒，獻文帝爲其母文明太后所害，孝明帝亦爲其母胡太后所害。統計後魏諸帝，不得令終者凡六人，而禍皆出於家庭之間，蓋剛戾性成，其俗固然也。

199 魏齊諸帝皆早生子

魏道武帝十五歲生明元帝，①景穆太子十三歲生文成帝，文成十五歲生獻文帝，獻文十三歲生孝文帝。北齊後主緯十四歲生子恒，緯弟儼被誅時年十四，已有遺腹子四人。

按高澄年十二尚魏孝静帝妹馮翊長公主，蓋魏、齊之間，皇子皆早娶，故生子亦早。

200 魏諸帝多幼年即位

魏道武帝年六歲即位，太武帝十六歲即位，文成帝十三歲即位，獻文帝十一歲即位，孝文帝五歲即位，宣武帝十七歲即位，孝明帝六歲即位。

201 元魏時人多以神將爲名

北朝時人多有以神將爲名者。魏北地王世子名鍾葵，①元叉本名夜叉，其弟羅本名羅刹，孝文時又有奄人高菩薩，爾朱榮子一名叉羅，一名文殊。梁蕭淵藻小名迦葉。隋時漢王諒反，其將有喬鍾葵。隋末有賊帥宋金剛。唐武后時，嶺南討擊使上二閹兒，一曰金剛，一曰力士，即高力士也。

202 財婚

魏、齊之時，婚嫁多以財幣相尚，蓋其始高門與卑族爲婚，利其所有財賄紛遺，其後遂成風俗，凡婚嫁無不以財幣爲事，争多競少，恬不爲怪也。魏文成帝嘗詔曰：「貴族之門，多不奉法，或貪利財賄，無所選擇，令貴賤不分，虧損人倫，何以示後。」此可見財婚由來久矣。封述傳，述爲子娶李士元女，大輸財聘，及將成禮，猶競懸違。述忽取所供像對士元打碎爲誓，士元笑曰：「封翁何處常得此應急像，須誓便用。」述又爲次子娶盧莊女，①述訴府云，送騍乃嫌脚跛，評田則云鹹薄，銅器又嫌古廢。皆爲財聘以致紛紜，可以見是時習尚也。

203 高門士女

北齊書，郭瓊以罪死，其子婦范陽盧道虞女也，没官，齊神武以賜陳元康爲妻。元康地寒，時人以爲殊賞。元康傳 孫搴爲神武所寵，賜妻韋氏，既士人女，兼有色貌，時人榮之。搴傳 魏太常劉芳孫女，①中書郎崔肇師女，其大家皆坐事，齊文宣並以賜魏收爲妻，人比之賈充置左右夫人。收傳

204 魏齊斗秤

漢書匈奴傳，嚴尤諫王莽伐匈奴曰：「調兵出塞，計一人三百日，食用糒十八斛。」晉書傅玄傳，魏初課田功，白田收十餘斛，水田收至數十斛。宋書劉勔傳，每二萬人歲食米四十八萬斛。此非古人所食之多，田之所收者廣也，乃古之斗斛小耳。又晉摯虞傳，陳勰掘地得古尺，尚書奏今尺長於古尺，宜以古尺爲準。是古時尺度亦短。其大斗長尺及重秤，則起於魏、齊、周、隋之間。孔穎達正義，魏、齊斗秤，於古二而爲一。周、隋斗秤，於古三而爲一。①顧寧人所謂古今斗尺權量之一大變局也。②然即以魏而論，其制亦先後不同。魏初斗秤亦大，自孝文帝遷洛後，詔改長尺大斗，依周禮制度，班之天下。本紀是斗秤全以古制爲準，並無所謂以二爲一也。孝文之後，又日漸加增。按張普惠傳，孝明帝時，尚書欲復綿麻之征，普惠疏曰：「高祖廢大斗，去長尺，改重秤，本以愛民，而軍國需綿麻之用，故絹上加税綿八兩，布上加税麻十五斤，其時百姓免長尺大斗重秤之苦，故樂於供輸。其後尺漸長闊，而綿麻又徵，以致百姓嗟怨。自後大臣不知去其幅廣度長及秤重斗大，而特免綿麻之征，以苟悦天下之心，所謂悦之不以其道也。」然則魏斗秤自孝文改從周制後，仍未久而變，穎達所謂二而爲一者，蓋宣武、孝明時已變之制也。餘見陔餘叢考。③

205 假官

後魏孝静帝時，吏部令史張永和、崔闊等僞假人官，事覺，糾檢首者六萬餘人。本紀此在荒亂之朝，吏弊官邪，固無足怪。至隋文帝，以綜核爲政，宜無敢有作僞者矣，乃有向道力者，僞作高平郡守，將之官，薛冑遇諸途，疑之，使主簿按問。有徐俱羅者，先爲海陵郡守，已爲道力所代，秩滿而公私未悟。俱羅亦曰：「道力已代我一任，使君豈容疑之。」冑不聽，遽收道力，道力果引服。薛冑傳郡守非卑秩，任滿非暫時，乃作僞而莫之悟，亦可見法網之疏矣。然亦有不可信者，彼既爲僞守，則真守何在，豈肯聽人之假冒數年，而不出理者，恐作史者之謏聞也。

206 周隋唐皆出自武川

兩間王氣，流轉不常，有時厚集其力於一處，則帝王出焉。如南北朝分裂，其氣亦各有所聚。晉之亡，則劉裕生於京口，蕭道成、蕭衍生於武進之南蘭陵，陳霸先生於吴興，其地皆在數百里内。魏之亡，則周、隋、唐三代之祖皆出於武川。宇文泰四世祖陵，由鮮卑遷武川，陵生系，系生韜，韜生肱，肱生泰，是爲周文帝。楊堅五世祖元壽，家於武川，元壽生惠嘏，①惠嘏生烈，烈生禎，禎生忠，忠生堅，是爲隋文帝。李淵(三)〔四〕世祖熙，家於武川，熙生天(賜)〔錫〕，天(賜)〔錫〕生虎，虎生昞，昞生淵，是爲唐高祖。區區一彈丸之地，出三代帝王，周幅員尚小，隋、唐則大一統者，共三百餘年，豈非王氣所聚，碩大繁滋也哉。

207 北齊以廝役爲縣令

後魏光宅中原，頗以吏治爲意。如明元帝神瑞元年，詔使者巡行諸州，閱守令資財，非自家所齎，悉簿爲贓。二年，又詔刺史守令惰逋今年租調者，罰出家財以充，不得征發於民。太武帝行幸中山，免守宰貪污者數十人。①神䴥元年，以天下守宰多非法，精選忠良悉代之。太延三年，又詔天下吏民得告守令之不法者。是皆能整飭官吏，不至猥濫。及其末造，國亂政淆，權移於下，遂至宰縣者多廝役，士流皆恥爲之。入北齊，其風更甚。僕射元文遥深見其弊，奏縣令乃治民之官，請革其選。於是密令搜揚貴游子弟，發敕用之，猶恐其披訴，乃召集神武門外，令趙郡王叡宣旨唱名，厚加慰諭遣之，士人爲縣自此始。元文遥傳自是李仲舉、盧昌衡等八人，以門資並見徵用。仲舉爲修武令，人號曰寬明；昌衡爲平恩令，人號曰恩明，時稱盧李之政。李仲舉傳②以親民之官而寄之廝役，衰亂之朝何事蔑有，此亦可以觀世變也。

按晉書，趙王倫篡位時，奴卒廝役亦加爵位，每朝會貂蟬滿座，時人語曰：「貂不足，狗尾續。」又會稽王道子傳，孝武不親萬機，與道子酣飲，姏姆尼僧尤爲親昵，竊弄其權。許榮上疏曰，今臺府局吏，直衛武官，凡僕隸婢兒取母之姓者，本臧獲之徒，無鄉邑品第，皆得用爲郡守縣令云云。嬖人趙牙出自倡優，道子以爲魏郡太守，茹千秋本捕賊吏，爲諮議參軍。是又在北齊以前故事也。

208 齊文宣帝能預知

齊文宣帝沈湎於酒，昏醉如癡，沈酣既久，遂虧本性，然時或發言屢中，故時人謂之神靈。嘗問泰山道士曰：「吾得爲幾年天子。」答曰：「得三十年。」帝謂李后曰：「十年十月十日，得非三十乎，吾甚畏之。」果以天保十年十月十日崩。先是帝令邢邵爲太子制名，名殷，字正道，文宣尤之曰：「殷家兄終弟及，正字一止，吾身後兒不得也。」邵懼，請改名，帝不許，曰：「天也。」因謂昭帝即帝弟演曰：「奪時但奪，慎勿殺也。」後殷即位未一年爲孝昭所廢，尋又害之。俱齊紀定州城西門，久閉不開，文宣過之，或請開門，文宣不許，曰：「當有聖人啟之。」後隋文帝從周武平齊，除定州總管，至定州，開此門入，人莫不驚異，後果登大位。隋書本紀

209 北齊宮闈之醜

古來宮闈之亂，未有如北齊者。神武以草竊起事，本不知有倫理，魏莊帝后爾朱氏，榮之女也，建明帝后小爾朱氏，兆之女也，以及魏廣平王妃鄭氏名大車，任城王妃馮氏，城陽王妃李氏，皆魏宗室之妃，魏亡後，神武一一納之。是開國之初，已肆情蕩檢。長子文襄高澄踵其淫風，以薛寘〔書〕妻元氏有色，迎入欲通之，元氏正詞哭拒，文襄使崔季舒送付廷尉罪之，陸操曰：「廷尉守法，須知罪狀。」文襄怒，以刀環築操。又高慎妻美，文襄挑之不從，衣盡破裂，奔以告慎，慎遂降西魏。慎妻不及從，入逆

口中，①文襄盛服見之，乃從焉。又納孫騰妓元玉儀，封琅琊公主。玉儀姊靜儀，黄門郎崔括妻也，文襄奪之，亦封公主，括由是見擢。文襄又與神武妃鄭氏即大車私通，爲婢所告，賴司馬子如掩覆而事寢。文襄又烝於神武之妻蠕蠕公主，生一女。此文襄之所爲也。文宣高洋篡位後，文襄后元氏居靜德宫，文宣曰：「兄昔姦我婦，我今須報。」乃淫於后。崔修妻王氏，文宣幸之，納爲嬪。倡女薛氏，舊爲清河王岳所好，尋入宫爲嬪，又納其姊，後帝知其曾與岳通，姊妹俱被殺。永安王浚，上黨王渙，帝親弟也，使蒼頭劉郁捷殺浚，即以浚妃妻之；馮文洛殺渙，即以渙妃妻之。凡高氏婦女，無親疎，皆令左右亂交之。帝又自呈露，以示羣下。此文宣之所爲也。武成帝高湛踐祚，以文宣后李氏有容德，逼與淫亂，曰：「若不許我，當殺爾兒紹德。」后懼從之。後有娠，紹德至閤，不得見，紹德愠曰：「姊姊腹大，故不見我。」齊宫中呼母爲姊姊后慚，由是生女不舉。武成怒曰：「爾殺我女，我何爲不殺爾兒。」遂對后築殺紹德，并裸后而撻之，送妙勝寺爲尼。武成又納魏靜帝嬪李氏，文宣嬪王氏，及文宣所幸彭樂女、任祥女，皆爲夫人。此武成之所爲也。一門之中，父子兄弟俱荒於色如此，何以垂法，宜乎宫闈相習成風。如神武在時，鄭妃已通於文襄，及殁後，蠕蠕公主亦爲文襄所烝，而文襄后又爲文宣所污，文宣后又爲武成所污，甚至武成后胡氏，當武成時已與閹人褻狎，又與和士開握槊，遂通士開。武成崩後，后數詣佛寺，與沙門曇獻通，僧徒至戲曇獻爲太上，後主聞太后不謹而未之信，見太后有二尼侍，召之，則男子也，於是尼及曇獻俱正法。齊亡後，胡后入周，恣行奸穢。孝昭帝高演在位時，尚無穢行。其后王氏，齊亡後亦入周宫中，②隋文帝作相，始放還山東。後主緯於宗族中尚無帷薄之醜，史謂其稍優於武成。然國亡後，其后斛律氏先廢爲尼者，改嫁元仁爲妻。繼后胡氏亦改嫁。所寵宫婢馮小憐，曾立爲后，後主向周武帝乞之，武帝仍以賜後主。後主遇害，以小憐賜代王達，譖達妃幾死。隋文帝以賜達妃兄李詢，令著布裙配舂，詢母逼令自殺。此妃后之辱也。又後主庶兄南陽王綽妃鄭氏，入周宫，爲武帝所幸。後主母弟儼妃李氏，曾進封楚帝后，至是亦改嫁焉。他如浚、渙之妃，爲蒼頭所辱。神武又有子華山王凝，最孱弱，其妃王氏亦與蒼頭姦，凝知而不能禁，後事發，王氏賜死。可見北齊中冓之醜，本習爲故常，恬不知怪，而天道之報施，所謂淫人妻女，妻女淫人者，亦昭然可見也。觀後周諸帝后，當隋革命後，俱無失節者。孝閔帝后元氏，出居里第。武帝后阿史那氏，至開皇中殂。又后李氏，出家爲尼，改名常悲。宣帝楊后，隋文帝女也，帝欲奪其志，不許。又有四后，朱氏、陳氏、元氏、尉遲氏，皆出家爲尼，朱名法浄，陳名華光，尉遲氏名華首，皆完節待死，絶無醜聲。良由宇文泰開國時，早能尊用周禮，家庭之内，不越檢閑，故雖亡國而無遺玷。然則整飭人物之主，可不納身於軌物哉。

210 北齊百官無妾

元孝友傳，疏言：「將相多尚公主，王侯率娶后族，故無妾媵，習以爲常，舉朝略是無妾，天下殆皆一妻。父母嫁女，必教之以妒，姑姊逢迎，必相勸以忌。以劫制爲婦德，能妒爲女工，自云受人欺，畏人笑我。」①可見是時風俗如此。

按，西漢時王吉上疏言，漢家故事，列侯尚公主，諸侯則國人承翁主，使男事女，夫拙於婦，逆陰陽之位，故多女亂，是漢時已有此陋習。

211 北齊有賢閹

北齊有宦者田敬宣，①年十四五，好讀書。既爲閹寺，得暇便至文林館，問書之外無他語。見古人節義事，未嘗不感激沈吟。後主緯懼周師之逼，奔於青州，使之偵伺，爲周軍所獲，問後主所在，紿曰已去。捶之，每折一肢，辭色逾厲，竟斷四體而卒。宦寺之賢，世所傳不過吕强、張承業，而不知尚有此人也，故特表而出之。

212 誦經獲報

佛教在六朝時，最爲人所信嚮。各史所載雖似近於怪妄，然其教一入中國，即能使天下靡然從風，是必實有聳人觀聽者，非徒恃談空説寂也，今略撮於左。徐義爲慕容永所獲，埋其足於土中，將殺之。義誦觀世音經，至夜，土開械脱，若有人導之者，遂奔於楊佺期。晉書載記①宋王玄謨棄滑臺，將爲蕭斌所殺，夢人告曰：「誦觀音經千遍則免。」既覺，誦之。明日，將就戮，忽傳旨停刑。宋書王玄謨傳後魏崔浩非毁佛法，其妻郭氏敬好釋典，浩怒，焚而投灰於厠中。後浩以史事族誅，人以爲謗佛之報。魏書崔浩傳漢明帝時，西域以白馬馱佛經送洛，因立白馬寺，其經函形製古樸，世以爲古物，歷代寶之。韓賢故斫破之，未幾，因戰爲敗兵斫脛而死，論者謂因破經函致禍。北齊書韓賢傳② 魏孝文因道人法秀，加以籠頭鐵鏁，無故自脱。南齊書魏虜傳 盧景裕繫獄，至心誦經，枷鏁自脱。時又有文人負罪當死，③ 夢沙門教誦經，覺時如所夢誦千遍，臨刑刀折，主者以聞，赦之。此經遂行，號曰高王觀世音經。北齊書盧景裕傳④ 張元以祖喪明，誦藥師經，見盲者得視之言，乃請七僧燃七燈，轉藥師經，誓以燈光普施法界。如此七日夜，夢老翁以金鎞療其祖目，三日後(左)〔祖〕目果明。北史孝行傳 盧光從周文帝狩於檀臺，帝遥指山上謂羣公曰：「有所見否？」咸曰無所見，光獨曰：「見一沙門。」帝曰：「是也。」令光於沙門立處造浮圖，掘基一丈，得瓦鉢錫杖各一，帝因立寺焉。周書盧光傳 後梁甄玄成有罪當誅，蕭詧誓不殺誦法華經人，玄成素誦此經，遂得免。詧後見之曰：「甄公好得法華經力。」甄玄成傳 此皆載於正史，未必盡誣。蓋一教之興，能聳動天下後世者，其始亦必有異人異術，神奇靈驗，如佛圖澄、鳩摩羅什之類，能使人主信之，士大夫亦趨之，是以震耀徧天下，而流布於無窮，不然則何以起人皈依也。然則史所記誦經獲報諸事，或當時實有之，非盡誣也。今録鳩摩羅什及佛圖澄二傳於後。

鳩摩羅什在胎時，其母慧解異常，年七歲，母遂與同出家。羅什日誦千偈，偈三十二言，凡三萬二千言，(母)〔義〕亦自通。後專以大乘爲化，學者皆師之。年二十，龜兹王迎之，其母辭去，謂羅什曰：「方等深教，不可思議。傳之東土，惟爾之力。」母至天竺，道成，進登第三果。苻堅聞羅什名，密有迎之之意。太史奏有星見外國，當有大智入輔中國。堅遣呂光伐龜兹，謂光曰：「若獲羅什，即馳送之。」光軍破龜兹城，獲羅什，俱還涼州。光攻龜兹，夜夢金甲人飛出城外，光曰，此所謂佛也，胡神出則城必破矣，遂攻克之。光父子不信其道，姚興迎之入秦。羅什覽中土舊經多有紕繆，興乃使沙門僧叡等翻譯傳寫。羅什好大乘，志在敷演，每歎深識者寡，惟爲興著實相二論。⑤興贈以宮女，一交而生二子。諸僧多欲效之取妻，羅什聚針盈鉢，謂諸僧曰：「若能效我食此者，乃可畜室耳。」因食針盡，諸僧愧服乃止。呂纂嘗與羅什圍棋，殺其棋子，曰斫胡奴頭。羅什曰，不斫胡奴頭，胡奴斫人頭。後纂爲呂超所殺，胡奴超小字也。事見晉書載記。⑥

佛圖澄誦神咒，能役使鬼神。腹旁有一孔，常以絮塞之，夜則拔絮，孔中出光照一室。又常至流水，則從腹孔中引出五臟六腑洗之，仍納腹中。又能聽鈴音，占吉凶無不驗。石勒召試以道術，即取鉢盛水咒之，鉢中出青蓮花，光色耀目，勒以此信之。勒嘗有意害澄，澄輒避去，語弟子曰：「若將軍來召，則答云不知所在。」使者果然還報，勒驚曰：「吾有惡意，澄輒知之。」因悔思見澄。澄明旦造勒，勒問昨夜何避，澄曰：「昨公有惡心故避，今有善意故來。」襄國城外水源竭，勒問何以取水，澄曰：「今當敕龍取水。」乃至故泉源，燒香祝數百言，水泫然微流，有小龍隨水而來，有頃水大至，隍塹皆滿。段末波來攻，兵勢甚盛，勒頗懼。澄曰：「鈴音云，明日當擒末波。」已而果然。劉岳來攻，石虎拒之，岳保石梁塢，澄在襄國，忽曰：「昨日亥時岳已被執。」已而果然。劉曜攻洛陽，石勒將救之，澄曰：「相輪鈴音云，秀支替戾岡，僕谷劬禿當，謂此行捉得曜也。」勒果擒曜。勒愛子斌暴死，勒告澄，澄取楊枝沾水洒之，執斌手曰：「可以起矣。」斌遂活。澄在鄴，嘗遣弟子法常至襄國，途遇其弟子法佐，夜談言及和尚。法佐歸，澄即笑曰：「昨夜與法常共說汝師耶？」佐愕然愧懺。由是國人相語：「莫起惡心，和尚知汝。」澄之所在，莫敢向其方面涕唾者。澄將死，謂弟子法祚曰：「戊申歲禍亂起，己酉石氏當滅，吾及其未亂，先從化矣。」遂卒。後有人見澄入關，石虎掘其冢視之，惟有一石，惡之曰：「石者朕也，葬我而去，吾將死矣。」因遇疾而死，果大亂。

213 後周詔誥用尚書體①

漢武册封三王詔本仿尚書體，見褚少孫所補史記及漢書武五王子傳。王莽好仿尚書作詔誥，今見于漢書翟義傳者。居攝時，莽因翟義等起兵匡復漢室，莽大懼，乃依周書作大誥，②曰：

居攝二年十月甲子，攝皇帝若曰：大誥爾諸侯王、三公、列侯，于汝卿大夫、元士、御事。不弔天降喪于趙、傅、丁、董。洪惟我幼冲孺子，當承繼嗣無疆大歷服事。予未遭其明悊，能道民于安，況其能往知天命。熙！我念孺子，若涉淵水，予惟往求朕所濟度，奔走以傳近奉承高皇帝所受命。予豈敢自比于前人，天降威明，用寧帝室，遺我居攝寶龜，太皇太后以丹石之符，迺紹天明意，詔予即命居攝踐阼，如周公故事。反虜翟義，擅興師動衆，曰有大難于西土，西土人亦不靖。于是動嚴鄉侯信，誕敢犯〔祖〕亂（祖）宗之序。天降威，遺我寶龜，固知我國有呰災，使民不安，是天反右我漢國也。粤其聞日，宗室之雋有四百人，民獻儀九萬夫，予敬以終于此謀繼嗣圖功。我有大事休，予卜并吉，故我出大將，告郡太守、諸侯相、令長曰，予得吉卜，予惟〔以〕汝于伐東郡嚴鄉逋播臣。爾國君或者無不反曰：「難大，民亦不靜，亦惟在帝宮諸侯宗室，于小子族父，敬不可征。」帝不違卜，故予爲沖人長思厥難曰：嗚呼！義、信所犯，誠動鰥寡，哀哉！予遭天役，遺大解難于予身，以爲孺子，不身自邺。予義彼國君泉陵侯上書曰：「成王幼弱，周公踐天子位以治天下，六年朝諸侯于明堂，制禮樂，班度量，而天下大服。太皇太后承順天心，成居攝之義。皇太子爲孝平皇帝子，年在繈褓，宜且爲子，知爲人子道，令皇太后得加慈母恩，畜養成就，加元服，然後復子明辟。」熙！爲我孺子之故，予惟趙、傅、丁、董之亂，遏絶繼嗣，變剥適庶，危亂漢朝，以成三厄，隊極厥命。嗚呼，害其可不旅力同心戒之哉！予不敢僭上帝命，天休于安帝室，興我漢國，惟卜〔用〕克綏受茲命。今天其相民，況亦惟卜用。太皇太后肇有元城沙鹿之右，陰精女主聖明之祥，配元生成，以祐我帝室，以安我大宗，以紹我後嗣，以維我漢功。厥害適統，不宗元緒者，辟不違親，辜不避戚，夫豈不愛，亦惟帝室。是以廣立王侯，並建曾玄，俾屏我京師，綏撫宇内。天毖勞我成功所，予不敢不極卒安皇帝之所圖事。肆予告我諸侯王、列侯、卿大夫、元士、御事，天輔誠辭，天其累我以民，予曷敢不于祖宗安人圖功所終。天亦惟勞我民，若有疾，予害敢不于祖宗所受休輔。若考作室，厥子堂而構之。厥父菑，厥子播而穫之。予害敢不于身撫祖宗〔之〕所受大命。予永念曰：天惟喪翟義、劉信，若嗇夫，予害敢不終予畮。天亦惟休於祖宗，予害其極卜，〔害〕敢不〔卜〕〔于〕從，率寧人有旨疆土，況今卜并吉，故予大以爾東征。命不僭差，卜陳惟若此云云。

文句全用尚書，此蓋劉歆等爲之弄筆也。

宇文泰在西魏當國時，從蘇綽之言，官制仿周禮，詔誥亦仿尚書，其官制至魏恭帝時始奏行之，而詔誥則大統中已大變駢麗之習。因魏帝祭廟，羣臣畢至，命蘇綽作大誥，③頒行之，自後文筆皆依此體，其詞曰：

惟中興十有一年仲夏，庶邦百辟，咸會於王庭。六月丁巳，皇帝朝格於太廟，凡厥具僚，罔不在位。皇帝若曰：咨我元輔、羣公、列將、百辟、卿士、庶尹、御事，朕惟〔寅〕敷祖宗之靈命，稽於先王之典訓，以大誥於爾在位。昔我太祖神皇，（帝）肇膺明命，以創我皇基。烈祖景宗，廓開四表，底定武功。暨乎文祖，誕敷文德。龔惟武考，不賁其舊。自時厥後，陵夷之弊，用興大難，於彼東邱，則我黎人，咸墜塗炭。惟台一人，纘戎下武，夙夜祇畏，若涉大川，罔識攸濟，是用稽於帝典，揆於王庭，拯我民瘼。惟彼哲王，示我通訓，曰：天生蒸民，罔克自乂，上帝降鑒叡聖，植元后以乂之。惟時元后，弗克獨乂，博求明德，命百辟羣吏以佐之。肆天之命辟，辟之命官，惟以卹民，弗惟逸念。辟惟元首，庶黎惟趾，股肱惟弼，上下一體，各勤攸司，茲用克臻於皇極。故其彝訓曰，后克艱厥后，臣克艱厥臣，政迺乂。今台一人，膺天之嘏，既陟元后，股肱百辟，又服我國家之命，④罔不咸守厥職。嗟夫！后弗艱厥后，臣弗艱厥臣，于政何弗斁。嗚呼艱哉，凡爾在位，其敬聽（朕）命！蘇綽傳

討高歡時，誓師曰：「與爾有衆，奉天威，誅暴亂。惟爾士，⑤整爾甲兵，戒爾戎（士）〔事〕，無貪財以輕敵，無暴民以作威，用命則有賞，不用命則有戮。爾衆士其勉之！」其黜廢帝而立恭帝也，又命盧

辯作誥諭羣臣，曰：「嗚呼！我羣后暨（爾）衆士，維文皇帝以襁褓之嗣託于予，訓之誨之，庶厥有成。而予罔能〔革〕變厥心，⑥庸暨乎廢，墜我文皇帝之志。嗚呼，兹咎予其焉避。予實知之，矧爾衆人之心哉。惟予之顔豈惟今厚，將恐來世以予爲口實。」俱載本紀

及宇文泰殁後，魏恭帝禪位於周孝閔帝，詔曰：「予聞皇天之命不於常，惟歸於德。故堯授舜，舜授禹，時宜也。天厭我魏邦，垂變以告，惟（予）〔爾〕罔弗知。予雖不明，敢弗龔天命，格有德〔哉〕。我今踵唐虞舊典，⑦禪位於周，庸布告爾焉。」⑧又使大宗伯趙貴奉册曰：「咨爾周公，帝王之位弗常，有德者受命，時乃天道。予式時庸，荒求於唐虞之彝踵。⑨曰我魏德之終舊矣，我邦小大罔弗知，今其可亢怫於天道，而不歸（於）有德歟。時用詢謀，僉（同）曰，公昭考文公，格勳德於天地，丕濟黔黎。洎公又躬宣重光。故玄象〔徵〕見於上，謳訟奔走於下，天之歷數，用實在焉。予安敢弗若，是以欽祗聖典，遜位於公。公其享兹天命，保有萬國，可不慎歟。」本紀是時宇文泰已殁，而詔諭如此，蓋朝廷之上用尚書作誥，久已相習爲常故也。當六朝時，駢體盛行，而綽等獨能復古，可謂轉移風氣者矣。然時會所趨，積而難返，及宣帝即位，修洛陽之詔，傳位太子之詔，已用當時文體。迨隋文時，去周不過一二十年，而李諤奏文體卑靡云：「競一字之奇，争一字之巧，連篇累牘不出月露之形，積案盈箱盡是風雲之狀，世俗以此相高，朝廷據兹擢士。至於羲皇舜禹之典，伊傅周孔之説，不復關心，何嘗入耳。」則周時雖暫用古體，而世之爲文者駢麗自如，風會所開，聰明日啟，争新鬭巧，遂成世運，固非功令所能禁也。

214 魏末周初無年號

自漢武帝創置年號，便於記事，誠萬世不易之良法，然後世有不用年號者。周書崔宣猷傳，明帝即位，依周禮稱天王，不建年號，宣猷請仍用以紀事，乃從之。是周明帝即位之初無年號也，然不始於此。按西魏廢帝及恭帝皆無年號，其時宇文泰當國，專用周禮，故不設年號，但稱元年、二年，周孝閔帝禪代亦因之，直至明帝三年，因宣猷奏，乃復用年號耳。

215 隋書志

隋書本無志，今之志乃合記梁、陳、齊、周、隋之事，舊名五代史志，别自單行，其後附入隋書，然究不可謂隋志也。自開皇、仁壽時，王劭爲隋書八十卷，以類相從，至編年紀傳尚闕。唐武德五年，令狐德棻奏修五代史梁、陳、齊、周、隋。詔封德彝、顔師古修隋書，歷年不就而罷。貞觀三年，又詔魏徵修之，房玄齡爲監修，徵又奏顔師古、孔穎達、許敬宗同撰，序論皆徵所作，凡帝紀五，列傳五十，十年正月上之，此隋書也。十五年，又詔于志寧、李淳風、韋安仁、李延壽同修五代史志，凡成十志三十卷，顯慶元年長孫無忌等上之，此五代史志也。説見劉攽校刊時所記。

216 一帝數后

一帝一后，禮也。至荒亂之朝，則漫無法紀，有同時立數后者。孫皓之夫人滕氏無寵，長秋宮僚備員而已，而內諸姬佩皇后璽綬者甚多。三國志劉聰僭位，立其妻呼延氏爲皇后。后死，納劉殷女爲皇后。后死，又納靳準女爲皇后，未幾進爲上皇后，而立貴妃劉氏爲左皇后，貴嬪劉氏爲右皇后，①又立樊氏爲上皇后，四后之外佩皇后璽綬者又七人。後又以宦者王沈養女爲左皇后，宣懷養女爲中皇后。晉書載記後周宣帝初即位，立妃楊氏爲皇后。其後自稱爲天元皇帝，又立妃朱氏爲天元帝后，妃元氏爲天右皇后，陳氏爲天左皇后。尋進楊氏爲天元大皇后，朱氏爲天大皇后，元氏爲天右大皇后，陳氏爲天左大皇后，陳氏又改爲天中大皇后，而以妃尉遲氏爲天左大皇后。後周書本紀

217 隋文帝殺宇文氏子孫

古來得天下之易，未有如隋文帝者，以婦翁之親，值周宣帝早殂，結鄭譯等，矯詔入輔政，遂安坐而攘帝位。其時雖有尉遲迥、宇文胄、石愻、席毗、王謙、司馬消難等起兵匡復，①隋文猶假周之國力，不半載殄滅之。于是大權在手，宇文氏子孫以次誅殺，殆無遺種。今以周書考之，周文帝子，除宋公震、譙王儉、冀公通先卒，衛王直先以罪誅外，②趙王招、陳王純、越王盛、代王達、滕王逌皆被殺，而并殺招子員、貫、乾銑、乾鈐、乾(鑑)〔鏗〕等，純子謙、讓、議等，盛子忱、悰、恢、憒、忻等，達子執、轉等，逌

子祐、裕、禮、禧等，而震之子實，儉之子乾惲，通子絢，亦皆被殺，于是周文帝子孫盡矣。節閔帝一子康先死，其子湜亦被殺，于是節閔子孫又盡矣。明帝子畢王賢、酆王貞皆被殺，并殺賢子弘義、③恭道、樹孃等，貞子德文等，于是明帝子孫亦盡矣。武帝子漢王贊、秦王贄、曹王允、道王充、蔡王兑、荆王元皆被殺，并殺贊子道德、道智、道義等，贄子忠誠〔公〕靖智、靖仁等，餘本無子，于是武帝子孫盡矣。宣帝子静帝既爲隋文所害，餘子鄴王衍④、郢王術皆幼而被殺，于是宣帝子孫又盡矣。其宗室内，宇文胄以起兵應尉遲迥被殺，又宇文洽、⑤宇文椿及子道宗、本仁、鄰武、子禮、獻等，宇文衆及子仲和、熟倫等，皆被殺。惟宇文洛以疎屬幼年得封介國公，以爲隋賓，未幾又斃之。於是宇文之宗族亦無在者。竊人之國，而戕其子孫，至無遺類，此其殘忍慘毒，豈復稍有人心。其後隋文帝五子，長太子勇，被廢，後賜死。次煬帝，爲宇文化及所弑。次秦王俊，先卒。次越王秀，廢錮，死江都之難。次漢王諒，以反誅。計五子中，除秦王俊外，無一非不得其死者。而勇子十，儼以酖死，裕、筠、嶷、恪、該、韶、㬂、孝實、孝範皆貶嶺外杖死。⑥俊子浩、湛，及秀、諒之子，皆爲化及所害。煬帝三子，長太子昭，先卒。次齊王暕，次趙王杲，皆死江都之難，無子。而昭子代王侑，爲唐所立，未幾禪位，封酅國公，不數月而殂。次燕王倓，亦遇害于江都。次越王侗，稱號東都，爲王世充所弑。于是煬帝之子孫亦無遺種矣。惟齊王暕有一遺腹子愍，隨蕭太后入突厥，後歸于唐，官尚衣奉御，楊氏之種僅延此一綫。而煬帝之死，又巧借一姓宇文者之手以斃之，宇文化及與周同姓而非同宗。此豈非天道好還之顯然可據者哉。

按隋文滅陳，不惟陳後主得善終，凡陳氏子孫，自岳陽王叔慎以抗拒被殺外，其餘無一被害者，皆配往隴右及河西諸州，各給田業以處之。同一滅國也，於宇文氏則盡殄之，於陳氏則悉保全之。蓋隋之篡周，本不以道，與宇文有不兩立之勢，且恐有尉遲迥等之起兵匡復者，不得不盡絶其根芽。至取陳，則隋之基業已固，陳之子孫又皆孱弱不足慮，故不復肆毒也。至煬帝以後主第六女爲貴人，最寵，因召陳氏子孫盡還京，隨才叙用，由是並爲守宰遍天下。此則陳氏開國之初，本未甚殺戮，故子孫亦少誅夷，亦天道之不爽者，且劫運將終，殺氣漸減也。

218 隋獨孤后妒及臣子

古來宫闈之妒，莫有過於隋獨孤后者，不惟妒在己，并子與臣之有妾者，亦代爲妒之。后傳謂後宫罕得進御，尉遲迥女没入宫，①帝私幸之，后伺帝聽朝，即陰殺之。凡諸王及朝臣有妾孕者，必勸帝斥之。皇太子勇多内寵，其妃元氏暴崩，疑太子寵妾雲氏而害之，由是諷帝廢太子。高熲妻死，后欲爲娶繼室，熲辭以老，後熲妾生子，后惡之，譖熲于帝，遂黜死。隋書后妃傳②按太子勇傳，勇多内寵，昭訓雲氏尤嬖，禮匹於嫡。勇妃元氏無寵，嘗遇心疾，二日而卒，獨孤后意有他故，甚責望。後聽晉王廣之譖，后忿然曰：「睍地伐勇小字漸不可耐，我爲娶得元氏女，竟不聞作夫妻，專寵阿雲，使有如許豚犬。新婦本無病，忽爾暴亡，我亦不能窮治。每思東宫竟無正嫡，至尊萬歲後，使汝等向阿雲再拜問訊，此是幾許大苦痛耶。」乃日媒孽勇之短於帝前，遂廢之。又高熲傳，熲妻死，后謂文帝曰：「高僕射老矣，而喪夫人，宜爲之娶。」帝以告熲，熲謝曰：「臣今已老，惟齋居誦佛經，納室實非所願。」帝乃止。後熲妾生男，帝甚爲之喜。后謂帝曰：「陛下尚信熲耶？陛下欲爲娶婦。熲心愛妾，故面欺陛下。今其詐已見，安可信之。」帝由是疎熲，以至賜死。子之厚妾薄妻而母惡之，此猶是家庭之恒情，至于臣下之有妾，亦何與后事，乃亦因此而憾之，豈非奇妒哉。

第十五卷校證

196 北朝經學

①在朝知名之士七十餘　按：隋書（卷七五）與北史（卷八二）劉炫傳皆作「知名之士十餘人」，「七」字蓋因「士」字形似而誤增。

②樊深撰孝經、喪服問疑各一卷　按：「疑」字原刻本脱，西畲本已校補。

③熊安生撰周禮、禮記義疏各三十卷　按：周禮義疏，周書（卷四五）與北史（卷八二）本傳皆作「二十卷」。禮記義疏，周書本傳作「四十卷」，北史本傳作「三十卷」。

④五經正名十二卷　按：「二」原刻本作「三」，西畲本已改正。

⑤春秋述議二十卷　按：據隋書與北史劉炫傳，此文應作「春秋述議四十卷，尚書述議二十卷」，本篇中間脱去七字，西畲本改「二十卷」爲「四十卷」，亦不完備。又劉炫有論語述議十卷，注詩序一卷等，均應補入。

⑥魯世達撰毛詩章句義疏四十二卷　按：「二」原刻本作「三」，西畲本已改正。又此據北史本傳（卷八二），隋書

本傳（五七）作「四十一卷」，隋書經籍志作「四十卷」。

⑦張沖撰……論語義十卷　按：「沖」原刻本作「仲」，「十」原刻本作「三」，今從西畬本改正。隋書儒林傳（卷七五）作「張仲」，而北史儒林傳（卷八二）作「張沖」，二書皆稱其字「叔玄」，故以名「沖」爲是，又二書皆作「十卷」。以上所記皆據各史儒林傳，此外尚有未入儒林傳者，如劉芳著有周官、儀禮、尚書、公羊、穀梁等音，及毛詩箋音義證十卷，禮記義證十卷，周官、儀禮義證各五卷等，見魏書（卷五五）與北史（卷四二）劉芳傳，即其一例。

⑧孫靈暉通經　按：「孫」原刻本作「張」，西畬本已改正。

⑨董徵通經　按：「徵」原刻本作「微」，西畬本已改正。

⑩馬敬德博學　按：「馬」原刻本作「馮」，西畬本已改正。

⑪劉延明深於經學，涼武昭王以爲儒林祭酒。……蒙遜平酒泉時，又以宋繇博通經籍，特擢之，……又以闞駰通經，甚重之，……又程駿有文學，牧犍擢爲東宮侍講。（皆見晉書載記）　按：以上各事，非出晉書載記，而見於魏書與北史。劉延明傳在北史卷三四，魏書卷五二作劉昞，字延明，唐人諱「丙」，故北史稱其字。宋繇、闞駰與劉延明在魏書、北史皆同卷。程駿在魏書卷六〇，北史卷四〇。

197 南朝經學

①齊書劉瓛傳謂，晉尚玄言，宋尚文章，故經學不純　按：應作「南齊書劉瓛、陸澄傳論曰」。

②皇侃撰論語義十卷　按：「義」下脱「疏」字，又皇氏尚有禮記講疏五十卷，見梁書（卷四八）與南史（卷七一）儒

林傳。

③何胤注周易十卷　按：「注」原刻本作「著」，聲同致誤，西畬本已改正。

④孝經義二卷　按：陳書與南史儒林傳皆作「王元規撰孝經義記兩卷」。

⑤王元規著春秋發題辭……禮記音二卷　按：「辭」字原刻本脱，又「二」作「三」，西畬本已改正。

⑥宋懷方、戚衮并自魏入梁，以名其家　按：戚衮爲吴郡鹽官人，長於南方，梁末亂時，被迫入齊、入周，後又歸陳，與宋懷方長於北方者不同，不應相提並論。

⑦崔靈恩　按：「靈」原刻本作「君」，西畬本已改正。

199 魏齊諸帝皆早生子

①魏道武帝十五歲生明元帝　按：明元帝生於登國七年，而道武帝即位時年六歲，是生明元帝時應爲十三歲。

201 元魏時人多以神將爲名

①魏北地王世子名鍾葵　按：北地王名精，乃後燕之王，參合陂之戰，後燕大敗，其世子鍾葵爲魏所俘，因而降魏，後得賜姓爲豆盧氏，見北史豆盧寧傳（卷六八）與魏書道武帝紀（卷二）。

202 財婚

①述忽取所供像對士元打碎爲誓，士元笑曰：「封翁何處常得此應急像，須誓便用。」述又爲次子娶盧莊女

按：北史封懿傳所附封述傳云「一息爲娶隴西李士元女，大輪財聘。及將成禮，猶競懸違，述忽取所供養像，對士元打像爲誓」。打像可能爲打碎，亦未必即打碎，而甌北理解爲打碎。北史又云：「一息娶范陽盧莊之女。」此事叙在前事之後，甌北以「次子」釋「一息」，可能爲是，亦可能爲非。南北朝時人名多用「之」字，「盧莊之」三字可能爲人名亦可能爲表示所有者，甌北則取後者之義。此三事所取者皆有可議。

203 高門士女

①魏太常劉芳孫女　按：「孫」字原刻本脱，西畬本已校補。

204 魏齊斗秤

①孔穎達正義，魏、齊斗秤，於古二而爲一。周、隋斗秤，於古三而爲一　按：正義謂孔穎達所撰之左傳正義，文見定公八年。

②顧寧人所謂古今斗尺權量之一大變局也　按：見日知録卷一一權量條。

③餘見陔餘叢考　按：見卷三〇斗稱古今不同、丈尺古今不同等條。

206 周隋唐皆出自武川

①楊堅五世祖元壽，家於武川，元壽生惠嘏　按：「壽」原刻本作「素」，西畬本已改正。

207 北齊以廝役爲縣令

①太武帝行幸中山，免守宰貪污者數十人　按：魏書世祖紀與北史魏本紀皆作「十數人」。

②自是李仲舉、盧昌衡等八人，以門資並見徵用。……時稱盧李之政。（李仲舉傳）　按：李仲舉即李超，其傳附於北史序傳。

209 北齊宮闈之醜

①慎妻不及從，入逆口中　按：北史高慎傳：「慎先入關，周文帝率衆東出，敗於芒山，慎妻子盡見擒。」所謂「不及從」是因戰敗失散者。

②其后王氏，齊亡後亦入周宮中　按：北齊孝昭后爲元氏。

210 北齊百官無妾

①自云受人欺，畏人笑我　按：此爲北史元孝友傳（卷一六）之文，北齊書孝友傳（卷二八）作「自云不受人欺」，北史似脱「不」字。

211 北齊有賢閹

①北齊有宦者田敬宣　按：事見顏氏家訓勉學篇，本名田鵬鸞，齊主賜名敬宣。

212 誦經獲報

①晉書載記　按：應作晉書苻丕載記。

②北齊書韓賢傳　按：「北齊書」原刻本作「魏書」，西畲本已改正。

③時又有文人負罪當死　按：魏書與北史盧景裕傳皆無「文」字。

④北齊書盧景裕傳　按：孫文泱云，北齊書無盧景裕傳，應作魏書或北史。

⑤羅什好大乘，志在敷演，每歎深識者寡，惟爲興著實相二論　按：「實相二論」應作「實相論二卷」，見晉書藝術傳（卷九五）。

⑥事見晉書載記　按：應作晉書呂纂載記。

213 後周詔誥用尚書體

①後周詔誥用尚書體　按：本篇於王莽大誥爲取全篇而文字多節略，於後周大誥爲録其首節全文而首句略予簡化。莽大誥見漢書翟義傳（卷八四），周大誥見周書（卷二三）與北史（卷六三）蘇綽傳。

②乃依周書作大誥　按：下文所録王莽大誥，略有删節，間有文字脱誤，今據漢書翟方進傳附翟義傳補正之：

「居攝二年十月甲子」，「居」上原有「唯」字。

「大誥爾諸侯王、三公、列侯」，「爾」字原作「道」。

「反虜翟義」，原作「反虜東郡太守翟義」。

「是天反右我漢國也」，「反」下原有「復」字。

「配元生成，以祐我帝室」，原文在二分句之間有下文，「以興我天下之符，遂獲西王母之應，神靈之徵」。

「以維我漢功」，「維」原作「繼」。

「俾屏我京師，綏撫宇内」，此下省略一段，「博徵儒生，講道於廷，論序乖繆，制禮作樂，同律度量，混壹風俗，正天地之位，昭郊宗之禮，定五時廟祧，咸秩亡文；建靈臺，立明堂，設闢雍，張太學，尊中宗、高宗之號。昔我高宗崇德建武，克綏西域，以受白虎威勝之端，天地判合，乾坤序德。太皇太后臨政，有龜龍麟鳳之應，五德嘉符，相因而備。河圖洛書，遠自昆侖，出於重壄。古讖著言，肆今享實。此乃皇天上帝所以安我帝室，俾我成就洪烈也。烏乎！天明威輔漢，始而大大矣。爾有惟舊人泉陵侯之言，爾不克遠省，爾豈知太皇太后若此勤哉！」

「肆予告我諸侯王」，「王」下原有「公」字。

「若考作室」，原文上有十八字，「予聞孝子善繼人之意，忠臣善成人之事。予思」若考作室。

「予害敢不於身撫祖宗之所受大命」，此下省略一段，「若祖宗乃有效湯武伐厥子，民長其勸弗救。烏乎，肆哉！諸侯王公列侯卿大夫元士御事，其勉助國道明！亦惟宗室之後，民之表儀，迪知上帝命。粵天輔誠，爾不得易定！況今天降定於漢國，惟大囏人翟義、劉信大逆，欲相伐於厥室，豈亦知命之不易乎！」

③命蘇綽作大誥　按：所録蘇綽大誥，據周書蘇綽傳，與北史蘇綽傳相校，除本篇校證④已校改者外，摘録異文於次：

「咸會於王庭」，北史下有長文，「柱國泰洎群公列將罔不來朝。時乃大稽百憲，敷於庶邦，用綏我王度。皇帝若曰：『昔堯命羲和，允釐百工。舜命九官，庶績咸熙。武丁命説，克號高宗。時惟休哉，朕其欽若。格爾有位，胥暨我太祖之廳，朕將丕命女以厥官。』」

「於彼東邱，則我黎人」，北史「邱」作「土」，「人」作「庶」。

「拯我民瘼」，北史「民」作「人」。

「天生蒸民」，北史「蒸民」作「黎庶」。

「惟時元后」，北史「惟時」作「時惟」。

「惟以恤民，弗惟逸念」，北史「民」作「人」，「念」作「豫」。

「于政何弗斁」，北史「于政」作「政于」，應據改。

④乂服我國家之命　按：「乂」爲北史之文，周書作「又」，原刻本從周書，廣雅本改從北史，今從之。

⑤惟爾士　按：此從周書之文，北史周本紀上，「士」上有「衆」字，應據補。

⑥而予罔能〔革〕變厥心　按：此從周書之文，北史周本紀上「革」作「弗」。

⑦我今踵唐虞舊典　按：此從周書之文，北史周本紀上無「我」字。

⑧庸布告爾焉　按：此爲北史周孝閔帝紀（卷九）之文，周書孝閔帝紀（卷三）「爾」作「遐邇」，應據以補正。

⑨荒求於唐虞之彝踵　按：「彝」原刻本作「遺」，西畲本已改正。

216　一帝數后

①貴嬪劉氏爲右皇后　按：劉聰載記先云納劉殷二女爲左右貴嬪，後又云納靳准二女爲貴嬪，長曰月光，次曰月華，其後又云，立「貴嬪劉氏爲右皇后」。通鑑晉紀十一愍帝建興三年稱，劉聰立「月華爲右皇后」，則所立者爲

靳氏。局本晉書改從通鑑，可兩存之。

217 隋文帝殺宇文氏子孫

①其時雖有尉遲迥、宇文胄、石愻、席毗、王謙、司馬消難等起兵匡復　按：尉遲、宇文、王、司馬四人周書皆有傳，石、席二人乃響應尉遲迥者，事見隋書與北史文帝紀及尉遲迥傳。

②周文帝子，除宋公震、譙王儉，冀公通先卒，衛王直先以罪誅外　按：尚有齊王憲及其六子貴、質、賓、貢、乾禧、乾洽，先已爲周宣帝所殺，此漏記。

③并殺賢子弘義　按：「義」原刻本作「文」，西畬本已改正。

④鄴王衎　按：周書静帝紀作「衎」，静帝初名衍，不能兄弟同名，以作「衎」爲是。

⑤宇文洽　按：洽爲宇文廣之子，宇文導之孫，嗣封爲豳國公，楊堅輔政時殺之。

⑥勇子十，儼以酖死，裕、筠、嶷、恪、該、韶、煚、孝實、孝範皆貶嶺外杖死　按：「韶」原刻本脱，西畬本已校補。

218 隋獨孤后妒及臣子

①尉遲迥女没入宫　按：孫文泱云，據隋書與北史后妃傳，「女」字下皆有「孫」字。

②高熲妻死，后欲爲娶繼室，熲辭以老，後熲妾生子，后惡之，譖熲於帝，遂黜死。（隋書后妃傳）　按：此文約取隋書后妃傳與高熲傳之文而成，不應獨注后妃傳。又高熲在隋文帝時受獨孤后之譖而見誅，其誅死在煬帝時，此文遷連言之，亦欠分明。下文又言及此事，引高熲傳而云「帝由是疎熲，以至賜死」，亦未表明爲死在煬帝時。

廿二史劄記卷十六

219 舊唐書源委

晉出帝開運二年六月，監修國史劉昫，史官張昭遠，後以避劉智遠諱，但名昭，宋史有傳。以新修唐書紀、志、列傳并目録凡二百三卷上之，賜器幣有差。晉紀此舊唐書所以首列劉昫名也。然薛、歐二史劉昫傳俱不載其有功於唐書之處，但書其官銜監修國史而已。蓋昫爲相時，唐書適訖功，遂由昫表上，其實非昫所修也。唐末播遷，載籍散失，自高祖至代宗尚有紀傳，德宗亦存實録，武宗以後六代，惟武宗有實録一卷，餘皆無之。五代會要梁龍德元年，史館奏請令天下，有記得會昌以後公私事迹者，抄録送官，皆須直書，不用詞藻。凡内外臣僚奏行公事，關涉制置沿革有可採者，並送官。梁紀唐長興中，史館又奏，宣宗以下四朝未有實録，請下兩浙、荆湖等處，購募野史，及除目朝報、逐朝日曆、銀臺事宜、内外制詞、百司簿籍，上進。若民間收得，或隱士撰成野史，亦命各列姓名請賞。後唐紀從之。後唐紀及五代會要聞成都有本朝實録，即命郎中庾傳美往訪，及歸，僅得九朝實録而已。後唐紀可見唐書因載籍散佚，歷梁、唐數十年，未潰於成，直至晉始成書，則纂修諸臣搜剔補綴之功，不可泯也。今據薛、歐二史及五代會要諸書考之。晉天福五年，①詔張昭遠、賈緯、趙熙、鄭受益、李爲光同修唐史，宰臣趙瑩監修。晉紀瑩以唐代故事殘缺，署能者居職，纂補實録及正史。瑩傳賈緯丁憂歸，瑩又奏以刑部員外郎吕琦、侍御史尹拙同修。晉紀瑩又奏請據史館所缺唐書、實録，下勅購求。況唐咸通中，宰臣韋保衡與薛伸、皇甫焕撰武宗、宣宗實録，皆因多事，並未流傳。②今保衡、裴贄現有子孫居職，或其門生故吏亦有紀述者，請下三京諸道，凡有此數朝實録，令其進納，量除官賞之。會昌至天祐，垂六十年，李德裕平上黨，有武宗伐叛之書；康承訓定徐方，有武寧本末之傳。凡此之類，令中外臣僚有撰述者，不論年月多少，並許進納。從之。五代會要是此事趙瑩爲監修，綜理獨周密，故瑩本傳謂，唐書二百卷，瑩首有力焉。昭宗一朝，全無紀注，天福中張昭遠重修唐史，始有昭宗本紀。五代史補是張昭遠於此事搜輯亦最勤，故劉昫上唐書時與昭遠同署名，昭遠尋加爵邑，酬修史之勞也。晉紀賈緯長於史學，以武宗之後無實録，採次傳聞，爲唐年補録六十五卷，入史館與修唐書。緯傳今舊唐書會昌以後紀傳，蓋緯所纂補。又趙熙，修唐書成，授諫議大夫，賞其筆削之功。熙傳是則舊唐書之成，監修則趙瑩之功居多，纂修則張昭遠、賈緯、趙熙之功居多，而劉昫傳並不載經畫修書之事。今人但知舊唐書爲昫所撰，而不知成之者乃趙瑩、張昭遠、賈緯、趙熙等也，故特標出之。

220 新唐書

宋仁宗以劉昫等所撰唐書，卑弱淺陋，命翰林學士歐陽修、端明殿學士宋祁刊修，曾公亮提舉其事，十七年而成，凡二百二十五卷。修撰紀、志、表，祁撰列傳。故事，每書首只用官尊者一人，修以祁先進，且於唐書功多，故各署以進。修傳祁奉詔修唐書，十餘年出入卧内，嘗以稿自隨，爲列傳百五十卷。祁傳①論者謂新書事增於前，文省於舊。此固歐、宋二公之老於文學，然難易有不同者。舊書當五代亂離，載籍無稽之際，掇拾補葺，其事較難。至宋時，文治大興，殘篇故册，次第出見，觀新唐書藝文志所載唐代史事，無慮數十百種，皆五代修唐書時所未嘗見者，據以參考，自得精詳。又宋初績學之士，各據所見聞，别有撰述。如孫甫著唐史記七十五卷，每言唐君臣行事，以推見當時治亂，若身歷其間，人謂終日讀史，不如一日聽孫論也。又趙瞻著唐春秋五十卷，②趙鄰幾追補唐實録、會昌以來日曆二十六卷，③陳彭年著唐紀四十卷。以上見宋史各本傳諸人皆博聞勤采，勒成一書，必多精核，歐、宋得藉爲筆削之地。又吕夏卿熟於唐事，博采傳記雜説數百家，又通譜學，創爲世系諸表，於新唐書最有功。宋史夏卿傳宋敏求嘗補唐武宗以下六世實録百四十卷，王堯臣修唐書，以敏求熟於唐事，奏爲編修官。宋史敏求傳是刊修新書時，又得諸名手佽助，宜其稱良史也。

221 唐實録國史凡兩次散失

唐時修實録國史者，皆當代名手。今可考而知者，高祖實録二十卷，太宗實録二十卷，皆敬播撰，房玄齡監修。又貞觀實録四十卷，令狐德棻撰，貞觀十三年以後事，長孫无忌監修，其時同修者又有敬播、顧胤、鄧世隆、慕容善行、孫處約、劉顗、庾安禮，俱爲修史學士，見德棻及胤、處約等傳。其後許敬宗又奏改正，初高祖、太宗兩朝實録，敬播等所修，頗詳直，敬宗輒以己意改之。敬宗貪財，嫁女於錢九隴，本皇家隸人也，乃列之於劉文静等功臣傳。又其子娶尉遲敬德女，則爲敬德作佳傳，以太宗賜長孫无忌之威鳳賦移爲賜敬德者，事見敬宗傳。而播傳又謂播與敬宗同撰，蓋當玄齡、无忌監修時，播已在事，至是又徇敬宗意而與之同改修耳。高宗以其事多失實，又命宰臣刊正。見郝處俊傳高宗實録三十卷，許敬宗、令狐德棻等撰。後修實録三十卷，德棻等所撰止乾封，劉知幾、吴兢續成之。又有武后所定高宗實録一百卷，見藝文志韋述所撰高宗實録三十卷。見述傳則天皇后實録二十卷。魏元忠、武三思、祝欽明、徐彦伯、柳冲、韋承慶、崔融、岑羲、徐堅撰，劉知幾、吴兢删正，見藝文志及元忠傳。按劉子玄修武后實録有所改正，武三思不聽。而吴兢書張易之誣元忠有不順之言，引張説爲証，説已許之，賴宋璟力阻，始對武后謂元忠無此語。後説見實録所書如此，囑兢改之，兢曰，如此何名實録。是劉、吴二人修實録尚多直筆。中宗實録二十卷。見藝文志，謂吴兢撰，而岑羲傳又謂羲撰。其書節愍太子之難，謂冉祖雍誣睿宗及太平公主連謀，羲密疏保護之，是岑羲亦在修史之列。睿宗實録五卷。亦吴兢撰。劉知幾又有太上皇實録十卷，記睿宗爲太上皇時事也。玄宗實録二十卷，張説與唐穎等撰，開元初年事。又有開元實録四十七卷，見藝文志，不著撰人姓氏。代宗時又修成一百卷。令狐峘撰。時起居注散亡，峘裒掇詔策成之，而開元、天寶間名臣事多漏略，拙於去取，不稱良史，見峘傳。肅宗實録三十卷。元載監修。代宗實録四十卷。亦令狐峘撰。峘受詔纂修，未成，坐事貶外，詔許在外成書。元和中其子丕上之。建中實録十卷，沈既濟撰。時稱其能，見既濟傳。德宗實録五十卷。蔣乂、韋處厚、獨孤郁、樊紳、林寶等撰，凡五年書成，裴垍監修。順宗實録五卷。韓愈、沈傳師、宇文籍撰，李吉甫監修。按愈傳，修順宗實録，拙於取舍，爲世所非。穆宗、文宗嘗詔史臣改修，而愈壻李漢、蔣偕皆在顯位，諸公難之。又鄭覃傳，文宗嘗謂事不詳實，史臣韓愈豈屈人耶。是當時論者皆多此異議。然路隋傳謂愈所書禁中事皆切直，宦官不喜，咸議其非，故文宗詔隋刊正。隋奏周居巢、王彦威、李固言皆謂不宜改。而宰臣李宗閔、牛僧孺謂史官李漢、蔣偕皆愈之壻，不可參撰。臣獨以爲不然，愈所書本非己出，自元和至今無異詞，但請示其甚謬者，付下刊定可耳。乃詔摘出貞元、永貞間數事改正，餘不復改。據此則愈所撰本非失實，特宦寺等妄論之耳。憲宗實録四十卷。蔣係、沈傳師、鄭澣、陳夷行、李漢、宇文籍、蘇景胤撰，杜元穎、韋處厚、路隋監修，勅隋與處厚更日入直，書未成且免常參。傳師尋授湖南觀察使，元穎引張説、令狐峘之例，奏令傳師以史稿即官下成之。俱見各本傳。按憲宗實録凡兩次重修。武宗時，李德裕當國，欲掩其父吉甫不善之迹，奏請重修，詔允之，并令舊本不得注破，候新撰成時同進。史官鄭亞等希德裕意，多所删削。德裕又奏舊本多載禁中之言，夫公卿論奏必有章疏，藩鎮上表亦有批答，若徒得自其家，未足爲據，今後實録所載，必須有據者方得紀述，從之。議者謂德裕以此掩其改修之迹也。又李漢傳，漢修憲宗實録，書宰相李吉甫事不相假借，德裕惡之，乃坐以李宗閔黨貶逐。此會昌中重修也。及宣宗即位，又詔元和實録乃不刊之書，李德裕擅敢改張，奪他人之懿節，爲私門之令猷。周墀亦奏德裕竄寄他事，以廣父功。乃詔崔龜從等刊落。此大中再定本也。俱見本紀及各本傳内。穆宗實録二十卷。蘇景胤、①王彦威、楊漢公、蘇滌、裴休撰，路隋監修。敬宗實録十卷。陳商、鄭亞撰，李讓夷監修。文宗實録四十卷。盧眈、蔣偕、〔王渢〕、盧告、牛叢撰，魏謩監修。武宗實録三十卷。韋保衡監修。宣宗以後無實録。大順中，詔修宣、懿、僖實録，而日曆記注亡缺，史官裴廷裕因摭宣宗政事，奏記於監修杜讓能，名曰東觀奏記，凡三卷。以後諸帝皆無實録。此諸帝實録見於各本紀、列傳及藝文志者也。其總輯各實録事迹，勒成一家言，則又别有國史。先是吴兢在長安、景龍閒任史事，武三思、張易之等監修，事多不實。兢不得志，乃私撰唐書、唐春秋，未就，後出爲荆州司馬，以史草自隨。會蕭嵩領國史，奏遣史就兢取其書，凡六十餘篇。兢傳此第一次國史也，然尚未完備。開、寶閒韋述總撰一百一十(二)〔三〕卷，并史例一卷，蕭穎士以爲譙周、陳壽之流。述傳此第二次國史也。肅宗又命柳芳與韋述綴輯吴兢所次國史，述死，芳緒成之，起高祖訖乾元，凡一百三十篇。而叙天寶後事，去取不倫，史官病之。芳傳此第三次國史也。後芳謫巫州，會高力士亦貶在巫，因從力士質問，而國史已送官，不可改，乃倣編年法爲唐曆四十篇，以力士所傳載於年曆之下，頗有異同。亦芳傳然芳所作止於大曆，宣宗乃詔崔龜從、韋澳、②李荀、張彥遠及蔣偕，分年撰次，至元和，爲續唐曆三十卷。蔣偕、崔龜從等傳此第四次國史也。是唐之實録、國史，本極詳備，然中葉遭安禄山之亂，末造又遭黄巢、李茂貞、王行瑜、朱温等之亂，乃盡行散失。據于休烈傳云，國史一百六卷，開元實録四十七卷，起居注并餘書三千六百八十二卷，俱在興慶宮，京城陷賊後皆被焚。休烈奏請降勅招訪，有人收得者，送官重賞。數月內僅收得一兩卷，惟史官韋述藏國史一百一十三卷送於官。是天寶後所存僅韋述之本也。廣明亂後，書籍散亡，五代修唐書時，因會昌以後事迹無存，屢詔購訪。據舊唐書宣宗紀論云：「宣宗賢主，雖漢文、景不過也，惜乎簡籍遺落，十無（二）三〔四〕。」又五代會要所云，有紀傳者惟代宗以前，德宗亦祇存實録，武宗并祇實録一卷，則雖有詔購訪，而所得無幾。此五代時修唐書之難也。新唐書韋述等傳贊云：「唐三百年，業鉅事叢，其間巨盜再興，國典焚逸，③大中以後，史録不存。故聖主賢臣，叛人佞子，善惡汩汩，有所未盡。」然則不惟舊唐書多所闕漏，即新唐書搜採極博，亦尚歉然於文獻之無徵也。

222 舊唐書前半全用實録國史舊本

五代修唐書，雖史籍已散失，然代宗以前尚有紀傳，而庾傳美得自蜀中者，亦尚有九朝實録，今細閲舊書文義，知此數朝紀傳多鈔實録、國史原文也。凡史修於易代之後，考覆既確，未有不據事直書，若實録、國史修於本朝，必多迴護。觀舊書迴護之多，可知其全用實録、國史，而不暇訂正也。以本紀而論，高宗上元二年，皇太子弘之死，由武后酖之也，而書皇太子弘薨於合璧宫之綺雲殿。新書書天后殺太子弘。章懷太子之死於巴邱，亦武后令邱神勣迫令自殺也，而書庶人賢死於巴邱。新書書天后殺庶人賢。薛懷義承辟陽之寵，至命爲行軍大總管，以宰相李昭德、蘇味道爲其幕僚，後以恣横殺之，而后紀絶無一字及懷義。新書書永昌元年，白馬寺僧薛懷義爲行軍大總管，擊突厥。證聖元年書殺薛懷義。張易之兄弟被誅，本張柬之等建謀舉事，而書張易之與弟昌宗反，皇太子率左羽林軍桓彦範等誅之。新書書張柬之、崔元（暉）〔暐〕等以羽林兵討亂，張易之等伏誅，帝復於位。其後張柬之等五王爲武三思誣搆至死，亦全不書。楊貴妃本壽王瑁妃，度爲女道士，號太真，召入宫，此開元二十八年事也，本紀亦不書，直至天寳四載，始書册太真楊氏爲貴妃，而絶不見其來自壽邸之跡。新書則先書以壽王妃楊氏爲道士，號太真，後書册太真爲貴妃。至如穆宗以下諸帝皆宦官所立，而本紀絶不書。凡故君紀内，必先書遺詔，以某嗣位，而於新君紀内，即書某月日柩前即位，一似授受得其正，皆先帝彌留時所定，而宦官無與者。此本紀之迴護也。其列傳，如皇后傳内，憲宗郭后，歷穆、敬、文、武四朝，皆居重闈之尊，諸帝孝養備至，迨宣宗即位，其母鄭本后侍兒，有宿怨，宣宗奉養遂薄。后鬱鬱登樓，將自殞，帝聞不喜，是夕后暴崩。其後議葬景陵外園，太常王皞請合葬景陵，帝令宰相白敏中責之，皞曰：「后乃憲宗元妃，事順宗爲子婦，歷五朝母天下，豈容有異議。」皞遂貶。是郭后在宣宗時不得其死，自是實事。見新書及通鑑而舊書后本傳乃云，諸帝既極孝養，宣宗繼統，后之諸子也，恩禮愈異於前朝，大中年崩於興慶宫。一似全福令終，並無嫌隙之處。又宣宗母鄭，本丹陽人，有相者云，當生天子，李錡聞之納爲妾。後錡反，没入宫，憲宗幸之，遂生宣宗。見新書及通鑑是后之由李錡没入掖廷，自有原委，而舊書但云，憲宗時在内職御女之列，舊史殘缺，未見族姓所出，入宫之由。亦是諱其所出也。曹王明之母，本齊王元吉妃，太宗納之而生明，後即以明爲元吉後，見新書曹王明傳①而舊書不載。楊弘武爲吏部，高宗責其授官多非才，弘武對曰：「臣妻悍，此其所囑，故不敢違。」蓋以諷帝也，見新書弘武傳舊書弘武傳不載。蘇良嗣爲相，遇薛懷義於朝，頗偃蹇，良嗣叱左右批其頰，曳去。武后謂懷義曰：「師第出入北門，彼南衙宰相行來，勿犯之。」見新書良嗣傳而舊書良嗣傳不載。甚至褚遂良傳不載其傾陷劉洎之事，李世勣傳不載其瞻徇立武后之事，②辛雲京傳不載其激變僕固懷恩之事，懷恩引回紇可汗兵討賊，過太原，辛雲京以可汗係其壻，恐被襲，遂閉門不出犒軍。及回紇討賊還，過城下，亦不出。於是懷恩怒，遂叛。通鑑載之甚詳，亦見舊書懷恩傳，而雲京傳不載。田神功傳不載其先爲賊將之事，神功先爲安禄山兵馬使，歸朝後守陳，與賊戰不勝，又降史思明，思明令其南畧江淮，遂再歸順。舊書竟不敍，但云上元中爲平盧兵馬使，破賊於鄭州，似未嘗失身於賊者，豈以其晚節忠樸而代爲諱耶？李勉傳不載其逃棄汴城之事，李希烈攻襄州，詔勉出兵救之。勉以賊兵攻襄則許下必虚，攻許則襄圍自解，乃遣將攻許，未至，爲賊兵所敗。希烈自來攻汴，勉固守不支，乃潰圍出。舊書不載敗狀，但云若與賊戰，多殺無辜，遂南奔。而傳論並謂與其坐受喪敗，不如避寇全師，是更爲洗雪矣。郝玭傳不載馬璘不城臨涇之事，玭爲臨涇將，請於其帥馬璘，城臨涇以控戎騎，或謂璘曰，「如此則邊塞久安，公復何足重」。乃不聽。舊書但云玭請於主帥不聽，而不著馬璘姓氏，似爲璘諱者。李輔國傳不載代宗遣人夜刺殺之事，但云夜盗入其家殺之，魚朝恩傳不載帝使人擒縊之事，但云自縊死。蓋當時朝旨本以爲盜殺及自縊，故國史從而書之，此又列傳之迴護也。實録、國史書法既有迴護，易代後修史時，考其非實，自應改正，而直筆書之。乃舊書書法仍復如此，知其全用舊史之文，不復刊正也。今按唐紹傳：「先天二年，今上講武驪山，紹以儀注不合坐斬。」「今上」指玄宗也，此玄宗實録原文也。劉仁軌傳後引韋述論云：「仁軌好以甘言悦人，以收物望，戴至德正色拒下，推善於君，故身後毁譽各異。」此引用韋述國史舊文也。而劉仁軌、裴行儉、郝處俊傳論並稱仁軌曰劉（欒）〔樂〕城，行儉曰裴聞喜，處俊曰甑山。不稱名而稱爵邑，史家無此法，更可見韋述當日尊呼前輩之稱，而非易代後史官之詞也。崔元翰傳謂李汧公鎮滑臺，辟元翰爲從事。汧公，李勉也。薛伾傳謂尚父汾陽王召置麾下。汾陽王，郭子儀也。此并是元翰、伾家狀送入史館者，國史即用之不及改，五代修史時，亦即用之不復改也。惟全録舊文，而舊時史官本皆名手，故各傳有極工者，如高仙芝、封常清二傳，似分似合，常清傳内載其臨死謝表，鬱勃悲涼，而繼之以仙芝之死，歎息數語，覺千載下猶有生氣。又如郭子儀傳，乃裴垍所修，首尾整潔，無一釀詞。因此可知唐史官之老於文學也。至會昌以後，無復底本，雜取朝報吏牘補綴成之，故本紀書吴湘獄案至千餘字。③咸通八年，并將延資庫計賬貫匹之數瑣屑開入，絶似民閒記簿。其除官必先具舊銜，再入新銜，如以某官某人爲某官，下至刺史亦書於本紀，是以動輒累幅，雖邸抄除目，無此繁蕪也。然亦有未可輕訾者，凡本紀祗畧具事由，而其事則詳於列傳。此書如龐勛之亂，黄巢之亂，李茂貞、王行瑜等之劫遷，朱温之篡弒，即於本紀詳之，不待翻閲各傳，已一覽瞭如，遷、固本有此體，非必紀内只摘事目也。其餘列傳雖事迹稍略，而文筆極爲簡净，以新書比較，轉遜其老成。則五代修史諸人，如張昭遠、賈緯等，亦皆精於史學，當缺漏支詘中仍能補綴完善，具見撰次之艱，文字之老。今人動謂新書過舊書遠甚，此耳食之論也。新書謂舊史之文，淺則入俚，簡則及漏，或有所諱而不得逞耶，或因淺仍俗而不足於文也。此亦偶摘舊書之俚俗缺略者疵之耳，其佳處終不可没也。

223 新唐書本紀書法

新唐書書法多可議者。武德元年，唐帝追謚隋太上皇爲煬帝。貞觀四年，李靖破突厥，獲隋蕭后及煬帝孫正道。此大事也，而本紀不書。舊書書之。薛舉寇涇州，雖因秦王卧病，劉文静出戰而敗，然主兵者秦王也，乃但書「劉文静及薛舉戰，敗績」。舊書書「秦王與薛舉戰，敗績」。秦王擒竇建德，降王世充，獻俘於朝，斬建德於市，流世充於蜀。本紀但書「建德伏誅」，而世充放流之事不書，則世充如何決遣乎？突利、頡利，兩可汗也，乃李靖擒頡利則書，突利來奔則不書。侯君集擒高昌王麴智盛則書，李靖擒吐谷渾慕容伏允則不書。體例亦不畫一。凡書伏誅者，以其有罪而正法也。玄宗講武驪山，以儀注有失斬唐紹，紹死後，玄宗追悔之，是其罪本不至死，而書「唐紹伏誅」。舊書，「唐紹斬於纛下」。封常清與禄山戰，敗，奔陝郡，勸高仙芝速守潼關。仙芝至關，繕守備，賊至不得入，乃去。是二人皆無死罪也，而書「封常清、高仙芝伏誅」。舊書，「斬常清、仙芝於潼關」。是不亦太刻乎！此數人皆書伏誅矣，宦官陳弘志弑憲宗，倖逃其罪，文宗始賜死於青泥驛。新書於憲宗紀既書「陳弘志反，帝暴崩」矣，又於文宗紀論謂：「帝能誅弘志，亦足伸其志矣。」則青泥驛之賜死，自必應書伏誅，乃反書「殺陳弘志」，一似無罪而枉殺者，此更兩失之也。奉天之圍，朱泚來攻二十餘日，皆渾瑊晝夜拒戰，得保危城，而本紀但書：「甲子，瑊與泚戰城下，敗之。」似瑊之戰只此一次矣。宣宗大中元年，積慶太后崩，此文宗母也，本紀但書「皇太后」，則竟似宣宗母矣。宰相王鐸赴滄帥任，路經魏博，爲節度使樂彦禎所害，新書但書「盜殺義昌軍節度使王鐸」。似爲彦禎諱者。此皆歐公過求簡浄之失也。新唐書本紀及五代史皆歐公重修，然五代史係歐公私自撰述，從容訂正，故無遺議。新唐書則二百八十餘年事蹟，頭緒繁多，不暇檢校入細。試平心論之，宋景文於列傳之功，實費數十年心力，歐公本紀則不免草率從事，不能爲之諱也。當日進呈時，宋仁宗即有旨，舊唐書不可廢，其早有所見歟？

224 新書本紀書安史之亂

歐公本紀書法，凡反逆者，雖遣其將拒戰，亦必書逆首姓名，不書賊將也。然亦有不可通者，如秦宗權、董昌等部將不多，舉事又小，書其逆首，自不至混淆。至安禄山、史思明等，地廣兵雄，遣將四出，其將又皆僭大官，擁大衆，分路專征，各當一面，此豈得概以逆首之名書之。乃常山之陷，本賊將蔡希德也，而書禄山陷恒山郡。滍水之戰，本魯炅與賊將武令珣戰而敗也，而書魯炅與禄山戰滍水，敗績。靈寶西原之戰，本哥舒翰與賊將崔乾祐戰而敗也，而書哥舒翰與禄山戰靈寶西原，敗績。潁川之陷，本賊將阿史那承慶也，而書禄山陷潁川郡，執太守薛愿。且禄山既入東京，即在東京僭號，及潼關不守，天子幸蜀，禄山遣張通儒爲西京留守，田乾真爲京兆尹，安守忠屯兵苑中，禄山未嘗親至長安也。據苗晉卿傳，是時衣冠多爲賊脅，自陳希烈以下，皆送洛陽。又崔光遠傳，光遠爲京尹，僞遣其子東見禄山，禄山仍以光遠爲京尹。光遠赴靈武，禄山乃遣田乾真爲尹。是禄山未至長安之明證，而書禄山陷京師。即新書禄山傳亦云，禄山未至長安，羣不逞争取大盈庫及百司帑藏，禄山至，怒，乃大索三日，民間貲財均掠之。是宋景文亦真以禄山爲親至長安矣。禄山爲其子慶緒所弑，慶緒亦在東京，未嘗出洛陽一步。如廣平王收西京，慶緒自東京亟發大兵，使嚴莊率赴陝，助通儒等拒戰。及收東京，陳希烈等三百人皆待罪于天津橋南。此又慶緒據守東京，並未至長安之明證。而至德二載二月，書郭英乂及慶緒戰於武功，敗績。又書郭子儀及慶緒戰於潼關，敗之。又書子儀及慶緒戰於永豐倉，敗之。又書崔光遠及慶緒戰於駱谷，敗之。廣平王收京時，又書廣平王及慶緒戰於澧水，敗之，遂復京師。并書慶緒奔於陝郡。是竟以慶緒自長安東奔矣。又書廣平王及慶緒戰於新店，敗之，遂復東都。據此書法，一似慶緒處處身在行間者。其實香積寺之戰，即澧水之戰。乃賊將安守忠、李歸仁拒戰而敗，張通儒在長安即出奔也。新店之戰，賊將嚴莊自東京來助戰而敗也。而新書概書慶緒，不幾使觀者回惑乎。代宗紀内却明書，克京城後，代宗率大軍以東，安慶緒遣其將嚴莊拒于陝州，代宗及郭子儀、李嗣業大敗之。是又明知慶緒之未至長安也。既處處書逆首姓名矣，乃河曲之戰，又書郭子儀敗禄山將高秀巖；陳留之戰，又書嗣吴王祇敗禄山將謝元同；常山之復，書郭子儀、李光弼敗禄山將史思明；雍邱之戰，書張巡敗禄山將令狐潮；堂邑之戰，書顔真卿敗禄山將袁知泰；白沙埸之戰，①書張巡敗禄山將翟伯玉；劉橋之戰，②書子儀敗慶緒將李歸仁；清渠之戰，書子儀及慶緒將安守忠戰，敗績。是又各書賊將之姓名而不書禄山、慶緒，此又自亂其例也。

225 新書改編各傳

舊書武后有本紀，遂不列后妃傳。新書以其稱制後政事編作本紀，而猥褻諸迹仍立傳於皇后傳内。舊書帝子傳各隸於諸帝之朝。新書總編於后妃傳後。舊書無帝女傳，故平陽公主附於其夫柴紹傳後，太平公主附於其夫武攸暨傳後。新書另立公主傳。舊書無姦臣傳，許敬宗、李義府、李林甫、盧杞、崔胤、柳璨等，皆在列傳。新書另立姦臣傳，而義府子湛能與李多祚等同誅張易之兄弟，遂不附其父傳後，而入多祚傳。舊書無叛臣、逆臣傳，但以安禄山父子，史思明父子，及高尚、孫孝哲、朱泚、黄巢、秦宗權列在末卷，稍示區別。然高尚、孫孝哲皆禄山將校，則附於禄山傳可矣，何必另立專傳？此二人既有專傳，則賊將尚有崔乾祐、張通儒、安守忠、尹子奇等，皆賊將之劇者，何以又不立傳乎？朱泚既在末卷，而從泚叛臣如源休、姚令言等，反在列傳，豈不輕重倒置？新書則分叛、逆二項，以李希烈、安禄山父子，史朝義父子，及朱泚、黄巢、秦宗權、董昌等，舊書無昌傳，新書增入。僭號稱尊者，入逆臣傳，而賊黨即附其傳後。以僕固懷恩、周智光、梁崇義、李懷光等，背國自擅者，入叛臣傳。分類殊有差等。惟黄巢未仕於唐而列於逆臣，殊覺名實不稱，此明史所以有流賊傳也。舊書杜伏威、羅藝、苑君璋、李子和俱列羣雄内，與李子通、朱粲等相次。然伏威等皆降唐者，伏威入朝後不復出長安，後以輔公祏誣累，太宗登極，曾爲之昭雪。李子和降唐後，歷官數十年，以善終。此豈得尚與羣雄同卷乎？羅藝、苑君璋雖降而再叛，然既爲唐臣，則唐之新書另編爲卷，不復與羣雄同列。惟李密、蕭銑亦曾降唐而仍入羣雄，則以此二人地大兵衆，唐初已隱然如敵國，與竇建德、王世充相等，未便入之降臣内耳。又舊書輔公祏次於伏威後，以二人同起事也；闞稜、王雄誕又次公祏後，以其爲伏威部將也。然伏威降唐後，公祏反，而稜與雄誕皆爲唐效力，此豈得與公祏相次乎？新書稜、雄誕附伏威傳後，而公祏另入羣雄内。舊書孔穎達、顔師古、馬懷素、褚无量皆在列傳，新書改入儒林，以其深於經學也。劉太真、邵説、于邵、崔元翰、于公異、李善、李賀皆在列傳，新書改入文苑，以其優於詞學也。李淳風改入方伎，以其明天文也。武士彠改孫思邈在方伎，改入隱逸，以其人品高，不僅以醫見也。楊國忠亦改入外入外戚，以武后之父，尊崇極盛，三思等皆其子孫，寵倖冠一時，故皆附其傳後也。戚，以楊貴妃之兄也。邱神勣本附其父和傳後，改入酷吏，以其與周興、來俊臣等同肆毒也。馬三寶本柴紹家奴，附紹傳後，改入功臣傳，以其爲國立功，則紹不得而有之也。祖孝孫、傅仁均無傳，以孝孫明樂律，事已入禮樂志；仁均明曆術，事已入曆志也。①楊元琰、薛季昶本在循吏傳，改與桓彦範等同卷，以誅二張時同事也。李齊運本蔣王惲之孫，若論新書子孫附於祖父傳之例，應入惲傳，乃另立專傳，以其與裴延齡等同惡，故與之同卷也。王宰舊附其父智興傳後，乃另立專傳，以其討劉稹之功大也。獨孤及舊附其子朗傳内，②新書則傳及而以朗附之，文行相等，自宜以子從父也。滄州程日華舊附義武張孝忠傳内，③以滄州本屬義武也。新書另立横海專傳，是時日華能守滄州，朝命以滄州爲横海鎮，特授日華爲節度，横海一鎮自此始故也。甘露之變，舊書詳於宦官王守澄傳内，以仇士良繼其職，故合爲一傳也。然甘露之事究與守澄無涉，新書故另立士良傳，而詳其事於傳内也。他如立宗室宰相傳，見皇族之有人也。立蕃將傳，見外夷亦效用也。唐末諸鎮，周寶、鄧處訥、劉巨容、顧彦朗、李罕之、王敬武、孟方立、楊行密、趙犨等，舊書以諸人皆涉五代，不復立傳，新書傳之，以其事尚多係唐末造也。然趙光胤、王處直，後皆歷仕梁及後唐，新書光胤傳但至知制誥而止，④處直傳但書天復初封太原郡王而止，以此官爵尚唐所授，其後則不復叙也。韋應物、鄭谷等，皆有詩名，而無事蹟可傳，則於文苑序⑤内見其姓名，謂史家逸其事，故不能立傳，亦可見新書之周密也。惟中宗少子温王重茂，中宗崩，韋后立爲帝，睿宗即位，退封襄王，開元中薨，追謚殤帝。舊書有傳，新書既不列於帝紀，而皇子傳内亦無傳，殊爲缺畧。長孫順德舊在功臣傳内，新書改附於長孫无忌傳後。按高祖手定功臣，首秦王，次裴寂、劉文静，次即順德，今反不立專傳，而附於无忌後。蘇瓌、張説舊不同卷，新書既以當時燕、許並稱，而改編作一卷矣。長慶中詩人，元、白並稱，舊書同在一卷，新書何以又不同卷，而以白居易與李乂等同卷，列在中宗朝桓彦範等之前，不且顛倒時代乎？晚唐詩人，温、李並稱，新書何以文苑中⑥只有李商隱，而温庭筠則附其遠祖大雅傳後乎？陽城裂麻一事，不愧真諫官，入之列傳可矣；司空圖避亂晦跡，入之隱逸可矣，乃又創立卓行一門以位置之。張易之兄弟，舊書附在名臣張行成傳後，本屬不倫，新書别無可位置，遂亦附行成傳後。薛懷義舊附外戚武氏傳後，固屬非類，新書以其無可附，遂并不立傳，夫卓行一門既可創爲之矣，此等獨不可立倖臣傳乎？李忠臣、喬琳舊在列傳，新書以其晚節受朱泚僞命，遂改入叛臣傳。夫叛臣必如高駢、朱玫等首倡叛亂者，方專立一傳。喬、李等不過從賊耳。從賊中如源休、姚令言等，皆盡力助逆，僅附泚傳中，而喬、李曾有功於國，晚節一蹉跌，轉列爲叛首，而并以附泚之蔣鎮等附其傳後，更覺失當。豈以二人曾爲將相，故責之獨重耶？又舊書無藩鎮傳，殊覺淆混。新書則魏博、鎮冀、淄青、横海、宣武、彰義、澤潞各爲一卷，⑦便覺一覽瞭如。然既分鎮立傳，則此一鎮之主帥，更替承襲，但依次直書，其人之賢否自見。新書則以田弘正、張孝忠等之純心爲國始終一節者，又提出另入列傳，遂使一鎮之序次中斷，此亦過於分别之病。至僧玄奘，爲有唐一代佛教之大宗，此豈得無傳？舊書列於方伎是矣，新書以其無他藝術，遂並不立傳。抑思方者方外也，伎者藝術也，無藝術獨不可以方外處之乎。余嘗謂新唐書一部獨缺兩僧，一高行之玄奘，一邪倖之懷義，⑧究屬史家缺事也。

第十六卷校證

219 舊唐書原委

①晉天福五年　按：事在天福六年二月，見五代會要前代史條（卷一八）及舊五代史晉高祖本紀（卷七九）。

②唐咸通中，宰臣韋保衡與薛伸、皇甫焕撰武宗、宣宗實録，皆因多事，並未流傳　按：五代會要前代史條作「蔣伸」、「皇甫燠」，又「宣宗實録」句下有：「又光化初，宰臣裴贄撰僖宗、懿宗兩朝實録。」應據以改正並補入。

220 新唐書

①祁奉詔修唐書，十餘年出入卧内，嘗以稿自隨，爲列傳百五十卷。（祁傳）　按：宋史宋祁傳（卷二八四）「卧内」作「内外」，應據改。又宋高似孫緯略稱：「宋公曾自撰紀、表、志，今其家猶有此本，世人固未之見耳。」是宋祁原定計畫爲獨撰全部唐書，後因有仁宗敕命，便僅出其列傳而成爲新唐書之一組成部分。

②趙瞻著唐春秋五十卷　按：趙瞻爲宋英宗、神宗時人，其時代遠在歐陽修、宋祁等修撰新唐書之後，此處不應列舉。

③趙鄰幾追補唐實録、會昌以來日曆二十六卷　按：宋史趙鄰幾傳（卷四三九）稱其追補唐實録未成，卒後宋太宗遣史館人往取其書，得會昌以來日曆二十六卷等。

221 唐實録國史凡兩次散失

①蘇景胤　按：「胤」原刻本作「胒」，西畲本已改正。

②韋澳　按：「澳」原刻本作「涣」，西畲本已改正。

③國典焚逸　按：新唐書韋述等傳贊「國」字作「圖」。

222 舊唐書前半全用實録國史舊本

①見新書曹王明傳　按：「曹王明」原刻本作「曹明王」，西畲本已改正。

②褚遂良傳不載其傾陷劉洎之事，李世勣傳不載其瞻徇立武后之事　按：劉洎被陷之事見舊書洎傳，李世勣瞻徇立武后事，見舊書遂良傳。凡事關二人以上者，不必每傳皆載，以省筆墨，不宜即指爲迴護。

③本紀書吴湘獄案至千餘字　按：吴湘獄案在宣宗本紀大中三年。

224 新書本紀書安史之亂

①白沙場之戰　按：新書玄宗紀（卷五）「場」作「堝」，通鑑（卷二一八）作「渦」。

②劉橋之戰　按：新書肅宗紀（卷六）作「劉運橋」，通鑑（卷二一九）作「留運橋」。

225 新書改編各傳

①祖孝孫、傅仁均無傳，以孝孫明樂律，事已入禮樂志；仁均明曆術，事已入曆志也　按：田紅玉云，新唐書李淳風傳後附有傅仁均小傳，甌北言誤。

②獨孤及舊附其子朗傳内　按：舊唐書立傳者爲獨孤及之子獨孤郁，及與朗皆附在傳内。孫文泱已指出，惟未明及與郁之關係。

③滄州程日華舊附義武張孝忠傳内　按：田紅玉云，程日華雖在張孝忠傳内有述，却不可因此説其附於張孝忠傳内，舊唐書卷一四三即爲程日華傳。

④新書光胤傳但至知制誥而止　按：新唐書無趙光胤傳，其父趙隱傳（卷一八二）雖記光胤之名而未敍其事，參看卷一三答謝蘊山藩伯書校證②。

⑤文苑序　按：「苑」應作「藝」。趙氏信手書作「文苑」，今校正。

⑥文苑中　按：參看本篇校證⑤。

⑦新書則魏博、鎮冀、淄青、橫海、宣武、彰義、澤潞各爲一卷　按：淄青、橫海二鎮共爲一卷（卷二一三），宣武、彰義、澤潞三鎮共爲一卷（卷二一四）。田紅玉云，盧龍自爲一卷（卷二一二），甌北漏言。

⑧一邪倖之懷義　按：「義」原刻本作「素」，西畬本已改正。

廿二史劄記卷十七

226 新書增舊書處

五代紛亂之時，唐之遺聞往事，既無人記述，殘編故籍，亦無人收藏，雖懸詔購求，而所得無幾，故舊唐書援據較少。至宋仁宗時，則太平已久，文事正興，人閒舊時記載多出於世，故新唐書採取轉多。今第觀新書藝文志所載，如吴兢唐書備闕記，王彦威唐典，蔣乂大唐宰輔録，凌烟功臣、秦府十八學士、史臣等傳，凌璠唐録政要，南卓唐朝綱領圖，薛（璠）〔璫〕唐聖運圖，劉肅大唐新語，李肇國史補，林恩補國史等書，無慮數十百種，皆舊唐書所無者，知新書之「文省於前，而事增於舊」，有由然也。試取舊書各傳相比較，新書之增於舊書者有二種，一則有關於當日之事勢，古來之政要，及本人之賢否，所不可不載者；一則瑣言碎事，但資博雅而已。今分（别）〔列〕於左，而新書删舊書之處亦附見焉。

227 新書增舊書有關係處

代宗沈后傳，陷賊後不知所在，新書增高力士女冒爲后，迎還上陽宫，力士子知非真，具言其情，詔貸之。

李密傳，增密爲魏公，設壇即位，改元永平。又增密與宇文化及隔水語，責其弒逆。又增賈潤甫勸其稍節興洛倉米，勿致食盡人散。

王世充傳，增煬帝至江都，世充請以江淮女進宮。

徐圓朗傳，增圓朗迎彭城劉世徹，欲以爲主，會盛彥師被執在圓朗所，恐二兇合則禍不解，乃説曰：「公不見翟讓用李密而見殺乎。」圓朗乃忌世徹而殺之。

房玄齡傳，增帝問創業守成孰難，玄齡謂創業難，徵謂守成難。帝曰：「玄齡從我定天下，徵與我安天下，故所見各異。然創業之事往矣，守成之難，當與公等共之。」此正見太宗之圖治也。

許敬宗傳，增高宗欲立武后，敬宗曰：「田舍翁多收十斛麥，尚欲更故婦，天子富有四海，立一后何不可。」此正見其逢君之惡。

劉仁軌傳，增仁軌平百濟後，高宗遣劉仁愿代還。仁軌以百濟新定，恐新兵不得力，願再留鎮守。此正見其忠於爲國之處。舊書但書仁愿率兵渡海，與舊鎮兵交代，仁軌乃西還。

褚遂良傳，增遂良諫立武氏，謂武氏昔事先帝，武后從幄後呼曰：「何不撲殺此獠！」

魏元忠傳，增元忠再相，稍憚權倖，不能守正如往時，袁楚客以書規之，全載其文。

來濟傳，增諫立武后，引漢成帝以婢爲后故事。

韓瑗傳，增諫立武后，引宗周褒姒爲言。

陸象先傳，增玄宗初即位，太平公主欲廢之，召宰相議曰：「寧王長當立。」象先曰：「帝何以得立？」曰：「有一時之功。」象先曰：「立以功者，廢必以罪。今不聞有罪，安得廢。」

蘇頲傳，增吐蕃盗邊，玄宗欲自將討之，頲極諫以爲不可，乃止。

李景伯傳，增時有建言設都督者，景伯議都督專生殺，權太重，授非其人，則釁易生。宜罷都督，留御史按察，秩卑任重，可制姦宄。由是停都督。

姚崇傳，增玄宗欲相崇，崇先以十事邀帝。此爲相業之始，而舊書不載。又增崇在帝前序進郎吏，帝不顧，後謂高力士曰：「我任崇以大政，此小事，何必瀆耶。」此見玄宗任相之專。

宋璟傳，增璟不賞郝靈佺斬默啜之功，恐啟天子倖邊功。此見大臣遠慮。又增張嘉貞爲相，閱堂案，見璟危言切論，不覺失聲歎息。

韓休傳，增帝嘗獵苑中，或張樂，必視左右曰：「韓休知否。」帝嘗引鏡不樂，左右謂自休入相，陛下無一日歡。帝曰：「吾雖瘠，天下肥矣。」

張九齡傳，增武惠妃謀陷太子瑛，私使人言於九齡，九齡即奏之，帝爲動色。故終九齡爲相，太子得無患。

裴耀卿傳，增玄宗封禪後，謂張説曰：「懷州刺史王邱，餼牽外無他獻，我知其不市恩也。魏州刺史崔沔，供張不用錦繡，示我以儉也。濟州刺史裴耀卿，上書言擾民即不足告成功，此其愛人也。」

吳兢傳，增兢撰則天實録，書張昌宗誣搆魏元忠有不順之言，引張説爲證，説已許之，賴宋璟再三勸阻，説始明元忠無此語。後説爲相，私乞改之，兢曰：「徇公之請，何名實録。」卒不改。世謂今之董狐。

馬懷素傳，增同時修書者數十人姓名，類叙於傳末。

楊慎矜傳，增慎矜得罪之由。因其家所出婢得入宫，以其與術士史敬（宗）〔忠〕相往來之事奏聞，玄宗發怒。楊國忠密知之，乃語王鉷，使告發其罪。

楊國忠傳，增國忠主議征雲南募兵之慘酷，州縣吏至召貧弱者，縛至室中，械而送軍前，亡者即以送吏代之。又增國忠請以安禄山爲平章事，追入輔政，已草詔，而帝遣輔璆琳覘之。璆琳得賂，還，言禄山不反，帝遂焚前詔。

郭子儀傳，增復陝郡時，其子旰與賊戰死。

劉晏傳，增晏在襄陽，辭永王璘之官。爲採訪使李希言守杭州，璘聞有備，乃西走。又增晏所用管計賬者皆士人。嘗言士有爵禄，則名重於利，吏無榮進，則利重於名。又增傳末附韓洄、元琇、裴腆、李衡、包佶、盧徵、李若初等，皆晏所擢用，後多任轉運等使，循晏舊法以利國者。

崔涣傳，增涣劾奏元載怙權樹黨之疏，正見其疾惡。

馮盎傳，增貞觀中，或告盎反，帝將討之，魏徵力保其不反，乃遣使諭盎，盎果遣子入侍。帝曰：「徵一言强於十萬兵矣。」

阿史那社爾傳，增同出征者有郭孝恪，其在軍，牀帷器用多飾金玉，以貽社爾，社爾不受。帝聞之曰：「二將優劣，不必問人矣。」

崔光遠傳，增玄宗出奔，光遠爲京兆尹，僞遣子東見禄山，時禄山已令張休爲京兆尹，及得光遠投順，即命休還洛。①

王思禮傳，增肅宗自靈武至鳳翔，賊兵來攻，甚危。適崔光遠遣王伯倫、李椿以兵至，聞賊攻鳳翔，欲乘虛襲長安，賊聞之乃引還。伯倫戰死，椿被執。

李光弼傳，增野水渡之役，光弼以計降賊將高暉、李日越二人。又增邙山之敗，由魚朝恩不聽光弼言，去山險，就平地，故敗。又增代郭子儀，營壘麾幟無所更，一經光弼號令，氣色乃益精明。又於郝庭玉傳記朝恩使庭玉布陣，坐作進退如一，朝恩歎賞，庭玉曰：「此臨淮王遺法也。」

姜公輔傳，增德宗出避涇師之亂，欲往鳳翔倚張鎰，公輔謂鎰文臣，而其下皆朱泚舊部曲，軍且有變，帝乃往奉天。不數日，鳳翔大將李楚琳果殺鎰應泚。又增帝初至奉天，聞泚欲來迎，乃詔止諸道援兵。公輔力言不可無備，乃納兵。不數日，泚兵來犯。

田承嗣傳，增承嗣先爲安、史僞將，後背史朝義，降於僕固瑒。

田悦傳，增朱泚僭據長安，其弟滔自幽州起兵應之，約悦同舉兵，悦許之，而王武俊遣人阻悦，悦兵遂不出。滔怒，攻其貝州，於是武俊與李抱真同出兵救悦。

田季安傳，增憲宗命吐突承璀討王承宗，季安欲救之。有譚忠者，爲畫策，陽出兵助王師，而陰約承宗以堂邑見與，若爲攻得者，遂邀朝命寵奬。

李維岳傳，增維岳敗於束鹿，欲上表歸朝，田悦遣人來責，維岳遂復抗。

劉濟傳，增譚忠激濟進兵討王承宗。

劉總傳，增譚忠勸其以地歸朝。

段秀實傳，增郭晞在邠，不戢軍士，邠帥白孝德不能制。秀實殺十七人，自請於晞，晞不能難。

韓游瓌傳，增李懷光誘游瓌叛，游瓌白發其書，帝嘉之。後又有書來誘，爲渾瑊所獲，稍伺察之，游瓌怒罵瑊，帝懼有變，遂幸梁州。此事大有關係，舊書乃無之。又增吐蕃來寇，游瓌破之於合水。吐蕃攻陷鹽州，游瓌收復之。及吐蕃請盟，游瓌奏不可信，帝不從。及平涼之盟，游瓌以勁騎赴柏泉，②會盟使渾瑊被劫，逃出，賴游瓌兵乃得歸。舊書亦無。

董晉傳，增晉與李涵使回紇，回紇責償馬價，涵不能對。晉曰：「我非無馬，而與爾爲市，賜爾不已多乎。爾之馬多疲羸，天子敕勿屑屑較，爾反以爲不足乎！」回紇語塞。

李希烈傳，增竇良女爲希烈所得。女謂父母曰：「勿戚戚，吾能殺賊。」果爲希烈所嬖，乃與陳仙奇密謀，酖死希烈。舊書但云仙奇酖死希烈，而竇良女不載。

鮑防傳，增策賢良方正，防閱策得穆質、柳公綽等，皆名士。質對策最切直，獨孤愐欲黜之，防曰：「使上得聞所未聞，不亦善乎。」卒置高第。

楊憑傳，增憑爲李夷簡所劾，貶臨賀尉，姻友無敢送者，徐晦獨送至藍田。夷簡特薦晦爲御史，曰：「君不負楊臨賀，肯負國耶！」舊書至以此另立徐晦傳，新書删晦傳，而以此附憑傳內。

杜黄裳傳，增黄裳與憲宗論致治之道，在修己任賢，操執綱領。至簿書訟獄，本非人主所自任。

李吉甫傳，增罷冗員一疏；奏伐蜀之師，宜增三峽一路，以分賊勢；劾中書史滑涣③勾結樞密使竊權；李錡將反，吉甫建議使韓弘進兵；因田弘正歸順，請撤河陽之兵戍汝州，以逼吴元濟。按武宗時，吉甫子德裕重修憲宗實録，虚張其父之美，宣宗時特命刊正。今此等事舊書皆無，而新書增之，豈舊書據大中刊正之本，而新書尚據會昌重修之本耶？

權德輿傳，增德輿建議，王承宗可起復，盧從史不可起復。

張薦傳，增顔真卿使於李希烈，爲所拘縶。薦上疏，請以希烈之母妻妹三人之拘於京師者，移置境上，以贖真卿。

蔣乂傳，增李錡以反誅，詔削一房屬籍。宰相召乂問：「一房自大功乎？」乂曰：「其祖神通，開國時有功，可因孫而累其祖乎！」曰：「自期可乎？」乂曰：「其父若幽死社稷，可令其絶祀乎！」乃止坐錡及子息，無旁坐者。

王鍔傳，增西域朝貢酋長在京，因隴右陷蕃不得歸，皆食鴻臚，凡四千餘人。鍔奏請停其廩給。李泌請以隸神策軍，皆成勁旅，而歲省五十萬緡。

孔戣傳，增番舶至粤，向有下碇税，有閲貨宴錢。戣帥粤，悉禁絶之。海商死，官籍其資，滿三月無妻子至，④則没入。戣不爲限，悉推與之。

韋澳傳，增宣宗召澳，屏人問近日奄宦如何，對曰：「帝威制前世無比。」帝曰：「未也。」澳曰：「不若就其中可用者計之。」帝曰：「朕固行之矣。自黄至緑至緋猶可，衣紫則合爲一矣。」

鄭絪傳，增宦官竇文場新爲中尉，欲以白麻制下中書，絪力諫止。又增盧從史懷不軌，李吉甫譖絪漏言於從史。憲宗怒，召李絳告之，絳曰：「誠如是，罪當族。然誰爲陛下言者？」帝曰：「吉甫。」絳曰：「安知非吉甫誣陷之。」帝乃悟。

崔弘禮傳，增討李同捷時，大將李萬瑀、劉寀擁兵自固，弘禮奪其兵破賊。李祐以鄭、滑兵入齊而潰，弘禮悉斬其兵，以鄆兵二千付祐敗賊。

王起傳，增武宗即位，起爲山陵使。樞密劉弘逸、薛季稜欲因山陵兵謀廢立，起密奏，乃皆伏誅。⑤

王式傳，增式爲安南都護，退蠻兵，捕斬反者。及移浙東，討殺草賊仇甫。移徐州，殺銀刀都之爲亂者數千人。

錢徽傳，增徽爲掌書記，時大寒，先發冬衣，以靖兵亂。在宣歙，幕帥崔衍病亟，徽請池州刺史李遜至，以安軍士。及爲學士，奏憲宗弗納貢獻。帝密戒有獻者入銀臺門，勿令學士知。

裴度傳，增度與帝言，君子無黨，小人有黨。⑥

牛僧孺傳，增初對策切直，得罪時宰之處，此爲牛、李黨事之始。又增劉稹誅後，石雄軍吏得劉從諫與僧孺、李宗閔交結書。此蓋因李德裕當國，希旨者附會爲之。

李石傳，增石與文宗論爲治之要，惟登拔才良。及論貞觀、開元之治，石欲强帝意，謂漢文、宣不足法，⑦當上法堯、舜。

李回傳，增討劉稹時，回奉使督戰，責石雄、王宰等取破賊期，後果如期奏績。⑧

蕭倣傳，增宣宗以李璲爲嶺南節度，已賜節，因倣封還詔書，帝方作樂，不暇遣使，即令樂工追節還。

李珏傳，增文宗嘗欲以陳王成美爲嗣，既崩，中人引宰相商議所當立，珏曰：「帝已命陳王矣。」已而武宗即位，人皆危之，珏曰：「臣下知奉上命而已，安與禁中事。」後終以此被貶。

李德裕傳，增德裕帥蜀時，築籌邊樓、仗義城、禦侮城、柔遠城等事。又增宰相閤，百官非公事不入，自李宗閔時，往往通賓客，至設宴其中。德裕爲相，奏文宗禁止。又增帝欲官李訓，德裕以爲僉人，不當授。帝語王涯，別與官，德裕摇手止之，適爲帝所見，帝不悦。武宗欲殺楊嗣復、李珏，皆宗閔黨也，德裕三叩求，乃免死。對武宗論任宰相一事，又極論朋黨之害。傳末又附載崔嘏、魏鉶、丁柔立等，皆爲德裕訟冤者。

馬植傳，增植與中尉馬元贄善，元贄以上所賜帶遺之。他日對便殿，帝識其帶，知其通近侍，遂出之。

崔安潛傳，增安潛之將張自勉討王仙芝有功，宋威忌之，欲令隸麾下。宰相鄭畋謂：「如此則自勉以功而受辱也，何以勸立功者。」

朱宣傳，增朱全忠攻宣，凡十興師，四敗績。

李輔國傳，增輔國逼徙上皇，高力士叱令爲上皇控馬之事。

魚朝恩傳，增吐蕃入寇，朝恩欲遷都洛陽，郭子儀疏諫，以爲不可。⑨增朝恩譏誚宰相，相里造面折其議。⑩增朝恩爲其子請進官，左右已以紫衣進。增元載密謀擒縛朝恩。

田令孜傳，增令孜導僖宗荒樂，賞賜，及强奪商旅財貨之事。令孜討王重榮，戰敗，逼帝幸興元，以致朱玫立嗣襄王熅爲帝，皆令孜召禍也。帝幸蜀後，令孜激黄帽軍亂，孟昭圖上疏諫，令孜矯詔貶而害之。增中人曹知慤與破賊有功，因大言帝還時當在大散關閲羣臣，可歸者歸之。令孜恐其圖己，密令王行瑜殺之。此等舊書皆無之，但云令孜從幸梁州，求爲監軍以去而已。按此等事皆令孜之釀禍肆惡，不叙於令孜傳而誰傳耶？

黄巢傳，增王仙芝爲宋威敗於沂州，仙芝亡去。威因奏仙芝已死，散遣諸道兵。已而仙芝復出，諸道兵始休又徵，於是皆怨。又增刺史裴渥爲賊求官，王仙芝、黄巢皆詣渥飲。適詔至，拜仙芝左神策軍押衙，仙芝喜，巢以官不及己，詢曰：「君獨得官，此五千衆安歸乎？」因擊仙芝。仙芝憚衆怒，亦不受官，分其衆各路剽掠。又增賊將朱温爲王重榮所敗，遂降於重榮。

以上七十一傳，⑪新書所增事蹟章疏，皆有關於時事政術者。

228 新書增舊書瑣言碎事

竇建德傳，增建德微時，盜夜劫其家，建德殺三人，餘不敢進，請其尸，建德曰：「可投繩取之。」盜投繩，建德乃自縻，使盜曳出，又殺數人。

李靖傳，增太宗手書二則，一曰兵事節度皆付公，吾不中制。一曰有晝夜視公疾大老嫗遣來，吾欲知公起居狀。後權德輿見之，流涕曰：「君臣之際，一至此耶！」

杜正倫傳，增正倫初欲與城南諸杜叙同族，不許。相傳城南杜固有壯氣，正倫既執政，奏鑿杜固以通水利。既鑿，川流如血，自是南杜不振。

太子承乾傳，增承乾學蕃人設穹廬，自作可汗死，令其下奔馬哭之。誓有天下後，委身思摩作一設。又言有諫者輒殺之，殺五百人豈不定。

李傑傳，增斷獄，有婦人與道士控其子不孝，傑究得其實，殺道士。

許敬宗傳，增敬宗辨濮陽之帝邱，及濟、漯斷流，見其博雅。

張錫傳，增錫與蘇味道俱坐罪繫獄，錫日膳豐侈不少貶，味道席地菜食。武后遣人覘之，乃憐味道而惡錫。

裴炎傳，增炎〔從〕子伷先，以諫武后流瀼州，逃入北庭，致富數千萬。能詗朝廷陰事，后遣使殺流人，伷先預知之，與追者格鬬。會后又赦流人，遂得免。後官至工部（侍郎）〔尚書〕。

裴寬傳，增寬爲潤州參軍，人有餽鹿肉者，不可却，則受而埋之於後圃。爲刺史韋詵①樓上所見，問知其故，遂以女妻之。寬衣碧，瘠而長，人呼爲碧鸛雀。

哥舒翰傳，增潼關之戰，賊將崔乾祐用兵，十十伍伍，官兵阨於隘道，遂大敗。

嚴武傳，增武八歲時，擊死父之寵妾。及節度劍南，最厚杜甫，亦屢欲殺之。李白作蜀道難，爲甫危之也。

劉晏傳，增晏八歲時，玄宗令張説試之，曰：「國瑞也。」

王璵傳，增漢以來喪葬皆有瘞錢，後世里俗稍以紙寓錢爲鬼事。璵爲祠祭使，乃用之祠廟。舊書關播傳，增李元平築汝州城，李希烈潛使人應募，遂爲内應，縛元平去，以元平本播所薦也。舊書以李元平傳後附播傳，②故此事載元平傳。新書則以此事附播傳，而不復立元平傳。

邵説傳，增説面奏德宗，自解失身陷賊之處甚詳。

李賀傳，增每日出游，使童奴背古錦囊，有得即投入。其母探知之，曰：「是兒嘔出心肝乃已。」

韋臯傳，增臯没後，有議其箭有「定秦」二字，以爲蓄異謀者，陸暢爲辨云，定秦者匠名也，事乃白。

又增李白爲蜀道難以斥嚴武，暢反之爲蜀道易以美臯。

田悦傳，增張伾固守待救，放紙鳶至馬燧軍，謂三日不救，士且盡爲悦食，燧乃進軍破悦。

劉玄佐傳，增玄佐母數教玄佐盡臣節，見縣令白事者甚畏懼，即戒玄佐：「汝父吏於縣時，亦當爾。汝可倨受耶！」又增汴州相國寺佛軀出汗，玄佐大施金帛，人皆效之，輸納無算，玄佐籍之，以充軍賞。

盧坦傳，增杜黄裳謂坦曰：「某家子與惡人游，將破産，盍戒之。」坦曰：「凡官廉者必不積財，積財者皆剥下以致之。如子孫善守，是天富不道之家也，不若聽其不道以散人。」

韋綬傳，增綬讓楊凝爲舉首。及爲學士，德宗嘗與韋妃幸其院，值其寢，以妃蜀襭袍覆之。

胡證傳，增裴度未顯時，飲酒店，爲武士所窘。證突入座上豪飲，取鐵燈檠，手合其跗，謂諸人曰：「我欲爲令，不釂者以此擊之。」衆叩頭請去，度乃得免。

羅立言傳，增立言在河陰築城，所當者多富豪，乃令自築其處，貧民得免。

畢諴傳，增諴二徙鎮，不得入朝，乃求麗姝，結宰相令狐綯，綯不受。有太醫李玄伯聘之，進於帝，極嬖之。

崔彦昭傳，增彦昭與王凝外兄弟也，凝先貴，不禮彦昭。及彦昭爲相，其母恐彦昭報怨，敕家人多置履韈，曰：「王氏妹將與子偕逐，吾將同行。」彦昭遂不敢報怨。

黄巢傳，增巢入杭州，董昌所屯地名八百里，賊問老嫗，答曰：「官兵屯八百里矣。」賊驚遂去。又劉巨容使沙陀五百騎餌賊，棄馬而遁。明日，賊乘其馬出戰，而馬識沙陀語，呼之，盡奔還，遂多擒賊。

229 新書立傳獨詳處

新書諸傳，較舊書多大同小異，不過删其蕪詞，而補其未備，無有大相逕庭者，惟劉晏、李泌、陸贄、李絳、高駢、高力士六傳，所增於舊書，幾至倍蓰。蓋劉晏傳則本於陳諫所論晏之功有二害二利也，①其論云，晏大指在使民得安耕織，常歲則斂之，凶年則蠲之。每州縣荒歉有端則先貸之，不使至賑給，賑給少則無所濟，多則國用不足，又將重斂矣。災地所乏者糧，而他産自在，以所産貨之於熟地，自免阻飢。新書獨詳載之，以其有益於荒政也。李泌傳則本於李繁所作鄴侯家傳也，新書增肅宗欲以建寧王倓爲元帥，泌力請以廣平王爲之。肅宗欲掘李林甫墓，泌恐上皇不樂，止之。肅宗問破賊期，泌請先傾范陽巢穴，則一勞永逸。收京後，肅宗欲請上皇復位，泌曰，若是則上皇不來，當以羣臣疏請上皇歸就養，上皇果至。德宗徵吐蕃兵討朱泚，許以安西、北庭地，吐蕃戰不力，及事平來索地，泌力言不可與。泌又請德宗毋受私獻，則方鎮可以行法，天下紓矣。又嘗對德宗曰：「陛下能知盧杞之奸，何至建中之禍。」帝又引桑道茂預請城奉天，以爲天命合有此厄，泌論君相造命，不可言命。此皆舊書所無，而家傳所載者。惟順宗在東宮時，因妃蕭氏母郜國公主之累，儲位甚危，泌百端奏説，上意方解。舊書詳載之，與新書所云，帝有廢立意，泌再三言立姪不如立子之語相同，此事當可信也。新書亦謂繁所作家傳多不經，掇其近實者著於篇，而以明太子無罪一事爲不可誣，則亦知此事之猶可信耳。陸贄傳則本於宣公奏議也，新書增贄請以五術省風俗，八計聽吏治，三科登俊乂，四賦經財實，六德保罷瘵，五要簡官事。又馬燧討賊河北久不決，請濟師，贄疏言國内空虚，不宜務遠遺近，請先事李希烈，徐圖田悦等。此在涇師未變之前，已而果驗。又勸德宗開誠納諫等疏。又諫帝欲官獻瓜果者一疏。李絳傳則本於蔣偕所撰遺事七篇也，新書增其論敬大臣遠小人一疏，論納諫一疏。又魏博田季安死，軍中請以其子懷諫襲，絳請遲之，已而軍中果立田弘正，以六州歸命，絳請速與節鉞，并大犒賞，以獎其忠義。案絳論事萬餘言，其甥夏侯孜以授蔣偕，蔣偕撰次七篇以傳。高駢傳則本於郭廷誨廣陵妖亂志也，新書增駢先復安南，爲監軍李維周匿其功不奏，幸駢所遣使王惠贊間道得達。又移帥蜀，南詔方攻雅州，聞駢名即遁去。駢裁減軍士衣食，兵亂，駢匿園圃中免。既而誅亂者，嬰孺皆斬。旋移淮南爲都統，討黄巢。遣張潾敗巢，巢懼乞降，駢信之。時所徵各鎮之師皆至淮南，駢欲專己功，奏盡遣散歸，巢知之，即告絶。駢怒，又遣潾往討，潾敗死。又敍畢師鐸、秦彦、楊行密、孫儒之亂甚詳。高力士傳則本之巫山記也，新書增玄宗欲以天下事付李林甫，力士極言威柄不可下移。及立太子時，李林甫以武惠妃方寵，故屬意其子壽王，力士勸帝推長而立，由是肅宗儲位遂定。時楊國忠主用兵雲南，喪師數十萬，莫敢奏者，力士密奏之。後力士貶巫州，柳芳爲編其遺事。亦可見景文採輯之勤矣。至唐末諸臣各傳，俱比舊書詳數倍，則舊書本太略耳。

230 新書删舊書處

新書事增於舊書，非特於舊書各傳内增事跡，并有舊書無傳而新書增傳者。如穆宗宣懿韋后，武宗王賢妃，宣宗元昭鼂后，舊書有目無傳，新書補傳之。懿宗恭獻王后，并無其目，新書亦爲補傳。可見搜考之博也。然於舊書事跡反有删之者。長孫无忌傳，帝自制威鳳賦賜无忌。李百藥傳，有封建論一篇。豆彦威傳，議僕射上事儀注宜遵開元禮，受册官與百僚答拜，不得坐受。劉沔傳，沔嘗戰傷重，卧草中，月黑不知歸路，夢有人以雙燭引之，遂起，果有光前導。自後破敵危難時，常有此光。及罷鎮，光遂息，沔亦尋卒。李德裕傳，有自著窮愁志及論冥數一篇。①舒元輿傳，有諫祀九宫貴神不宜稱臣署御名。此皆舊書所有，而新書删之，以其無大關繫也。李嗣業傳，舊書記其新店之戰，郭子儀已爲賊兵所包，嗣業引回紇兵衝之，轉敗爲勝之功甚詳，新書删之，以其香積寺之戰功已冠軍也。王武俊傳，舊書李寶臣與朱滔破田承嗣，代宗使中貴馬承倩勞之，寶臣贈絹少，爲承倩所詬，寶臣慚，武俊遂勸寶臣劫滔兵反，與承嗣合。新書删之，以此事已見於李寶臣傳也。②劉怦傳，舊書怦本朱滔部將，先勸滔勿反，及滔舉兵敗歸，疑怦有異志，不敢入，怦乃具卒伍郊迎二十里，入之，人以爲忠於所事。新書删之，以此事已見於朱滔傳也。③吕元膺傳，舊書元膺爲東都留守，李師道遣門察、訾嘉珍至東都，結僧圓靜，糾約山棚民爲變，新書亦删之，以此事已見李師道傳也。韋謏傳，舊書楊國忠、貴妃既死於馬嵬，玄宗將發，從駕軍士猶懷去就，陳玄禮不能制。適益州貢春綵十萬至，帝召六軍散之，令各自擇便。軍士乃俯伏流涕曰：「死生從陛下！」按此事應入玄禮傳，與謏何涉，④新書於謏傳删之，亦見其去取得當也。張茂宗傳，德宗以公主字茂宗，茂宗丁母憂，詔起復成禮。諫官蔣乂疏言，非軍中不宜墨縗從事。舊書載其疏於茂宗傳，新書删之，改入乂傳，亦見其移置得宜也。渾瑊傳，舊書記平涼之盟，瑊爲吐蕃所劫，單騎脱歸之事甚詳；新書但云爲尚結贊所劫，副使以下皆陷，惟瑊得免。陸贄傳，舊書謂贄惡竇參，參之死贄有力焉；新書删此數語，轉於參傳載贄救免之疏。似爲瑊、贄諱者，以二人皆名臣也。李義府傳，舊書御史王義方奏其初容貌爲劉洎、馬周所幸。⑤此正見義府之無恥。魏少游傳，舊書少游觀察江西，有京吏賈明觀，恃魚朝恩勢肆惡，事敗，元載受其賂，判往江西效力，少游以載故優容之。及路嗣恭代少游，到日即杖殺明觀，人以是賢路而醜魏。此正見少游附勢之無品。裴延齡傳，舊書載陸贄劾延齡一疏甚詳。此正見延齡之奸，贄之正。而新書皆不載，亦似爲之諱者，然義府、延齡等人本卑劣，何必爲之掩飾也。至如田悦傳，朱滔方圍悦之貝州，田緒殺悦，即以兵與王武俊、李抱真大破滔於涇城。此事有關于三鎮離合之故，而新書删之。王處存傳，黄巢據長安，處存以兵五千，白繻爲號，夜入京，賊驚遁去。而京師少年亦倣其白號，劫掠坊市。賊覘知，復入京，召兩市丁壯七八萬殺之。此事見巢禍之慘，新書亦删之。此皆不當删而删者。而尤甚者，戴胄義倉爲千古積貯之良法，舊書胄傳載其疏甚詳，而新書删之。張弘靖傳，舊書劉總以幽鎮歸朝，欲盡革河朔承襲之弊，請以己鎮分爲三道，仍籍軍中宿將送於朝，欲朝廷官之，使幽薊之人知慕朝廷官爵。及疏上，而宰臣崔植、杜元穎不知遠計，時已命張弘靖節度幽薊，但欲崇重弘靖，以總所鎮全畀之，其將校在京者悉令隨歸。故弘靖至鎮，不數日復亂，自是再失河朔。此事大有關繫，而新書亦删之，此則景文之率意裁汰，不及酌其輕重也。

第十七卷校證

227 新書增舊書有關係處

①崔光遠傳，增玄宗出奔，光遠爲京兆尹，僞遣子東見禄山，時禄山已令張休爲京兆尹，及得光遠投順，即命休還洛　按：舊唐書崔光遠傳（卷一一一）亦載此事，非新唐書光遠傳（卷一四一）所增者。

②游瓌以勁騎赴柏泉　按：「柏」原刻本作「柳」，西畬本已改正。

③中書史滑涣　按：「史」原刻本作「吏」，西畬本已改正。

④孔戣傳……滿二月無妻子至　按：孫文泱云：「『二月』，新唐書孔戣傳作『三月』。」

⑤王起傳，增武宗即位，起爲山陵使。樞密劉弘逸、薛季稜欲因山陵兵謀廢立，起密奏，乃皆伏誅　按：此爲舊唐書王起傳（卷一六四）之文，非新唐書所增者。又劉弘逸等與仇士良有矛盾，欲乘機誅之，反遭失敗，見舊唐書武宗紀，「謀廢立」之説原爲誣詞，趙氏未予辨正。又「薛季稜」原刻本脱「季」字，西畬本已補正。

⑥裴度傳，增度與帝言，君子無黨，小人有黨　按：新唐書裴度傳（卷一七三）記憲宗云：「朕惡夫樹黨者。」度曰：「君子小人以類而聚，未有無徒者。君子之徒同德，小人之徒同惡，外甚類，中實遠，在陛下觀所行則辨。」是裴度認爲君子小人皆有黨，惟其性質不同，可由實際行動予以檢驗。

⑦謂漢文、宣不足法　按：「宣」原刻本作「景」，西畬本已改正。

⑧李回傳，增討劉稹時，回奉使督戰，責石雄、王宰等取破賊期，後果如期奏績　按：此條原刻本誤連上文李石傳之後，作「又增」云云，「奉使督戰」上之「回」字亦作「石」。西畬本改正提行，加入「李回傳」三字，去「又」

字，文内之「石」亦改作「回」。新唐書李回傳原附於李石傳（卷一三一）之後，趙氏因以致誤。

⑨魚朝恩傳，增吐蕃入寇，朝恩欲遷都洛陽，郭子儀疏諫，以爲不可　按：新唐書魚朝恩傳（卷二〇七）原文爲：「有近臣折曰，……朝恩色沮，子儀亦謂不可，乃止。」無疏諫之文。

⑩朝恩譏誚宰相，相里造面折其議　按：「相里造」原刻本作「温造」，西畲本已改正。

⑪以上七十一傳　按：原刻本總計祇有七十傳，照西畲本改正後方爲七十一傳。

228　新書增舊書瑣言碎事

①刺史韋詵　按：「韋詵」原刻本作「常説」，西畲本已改正。

②關播傳……舊書以李元平傳後附播傳　按：文義爲李元平傳附於播傳後，原文殊爲晦澀。

229　新書立傳獨詳處

①劉晏傳則本於陳諫所論晏之功有二害二利也　按：新唐書劉晏傳（卷一四九）載陳諫著論，有「二害、二勝」之言，乃謂劉晏救災之事，非全面論晏之功。

230　新書删舊書處

①李德裕傳，有自著窮秋志及論冥數一篇　按：論冥數爲窮愁志中之一篇，不能以二者並列。

②舊書李寶臣與朱滔破田承嗣，代宗使中貴馬承倩勞之，寶臣贈絹少，爲承倩所詬，寶臣慚，武俊遂勸寶臣劫滔

兵反，與承嗣合。新書删之，以此事已見於李寶臣傳也　按：「馬承倩」見舊書王武俊傳（卷一四二），新書李寶臣傳（卷二一一）作「馬希倩」。又「李寶臣傳」原刻本作「武俊傳」，西畬本已改正。

③新書删之，以此事已見於朱滔傳也　按：「朱滔傳」原刻本作「泚傳」，西畬本已改正。

④韋諤傳，舊書楊國忠、貴妃既死於馬嵬，玄宗將發，從駕軍士猶懷去就，陳玄禮不能制。……按此事應入玄禮傳，與諤何涉　按：事見舊唐書韋見素傳（卷一〇八），見素爲扈從玄宗入蜀之最高朝官，附叙其事，不得謂無涉。諤爲見素之子，傳内亦附叙其事，但不得便謂爲韋諤傳。

⑤李義府傳，舊書御史王義方奏其初容貌爲劉洎、馬周所幸　按：原刻本「奏」字以下之文作：「其年少時，以貌美爲劉洎、馬周所嬖。」舊書原意，「容貌」謂儀容似君子，非指「貌美」，「所幸」謂二人曾薦之，亦不同於「所嬖」，廣雅本據舊書傳文予以校正，今從之。又王義方之「方」字，原刻本脱，廣雅本已補正。

廿二史劄記卷十八

231 新書改舊書文義處

河間王孝恭傳，舊書孝恭破降蕭銑，高祖大悦，使畫工圖其貌而視之。案孝恭乃高祖從子，豈不相識，而欲圖其貌乎？新書則云，詔圖破銑之狀以進。

長孫順德傳，舊書順德坐事免，發疾，太宗鄙之曰：「順德無慷慨之節，多兒女之情。今有疾，何足問也。」語殊無來歷。新書謂順德因喪女感疾。帝謂其無剛氣，以兒女牽愛。

許敬宗傳，舊書太宗伐高麗，皇太子定州監國，敬宗與高士廉共知機要。岑文本卒於行所，令敬宗檢校中書侍郎。太宗破高麗於駐蹕山，敬宗立馬於御前，受旨草詔書。是敬宗忽隨太子在定州，忽隨太宗草詔，語殊不明。新書改文本卒，驛召敬宗至行所。

韋陟傳，舊書陟卒，太常謚爲「忠孝」，顔真卿駁之曰：「忠則以身許國，見危致命。孝則晨昏色養，取樂庭幃，不合二行，殊難以成忠孝。」新書改真卿云：「許國養親不兩立，不當合二行爲謚。」

元載傳，舊書載父景昇任員外官，居岐州，載母攜載適景昇，冒姓元氏。語不可解，然則載本何姓耶？新書云，父昇本姓景，爲曹王妃元氏主田租，請於妃，冒爲元氏。

崔光遠傳，舊書郭子儀與賊戰汲郡，光遠以千人渡河援之。及光遠在魏州，使李處崟拒賊，子儀怒不救，處崟遂敗。此事殊不明晰，光遠曾救子儀，子儀何以反怒而不救光遠耶？新書謂子儀戰汲郡，光遠僅以千人援之，戰不甚力，故魏州之戰，子儀怒而不救。

唐儉傳，舊書儉勸高祖起兵，高祖曰：「天下已亂，言私則圖存，言公則拯溺，吾將思之。」新書改云：「喪亂方剡，私當圖存，公欲拯溺者，吾當爲公思之。」是竟以公指儉矣。

王雄誕傳，雄誕本杜伏威之將，其擒李子通，降汪華及聞人遂安，皆伏威降唐後，爲唐宣力也。舊書先敍明高祖詔伏威使雄誕討之，故下文戰功俱是爲唐盡力。新書不先敍明，則此等攻討全是爲伏威矣。雄誕造遂安壘，諭以國家威靈，所謂國家者，唐耶？伏威耶？

魏徵對太宗忠臣良臣之論，舊書云：「良臣身獲美名，君受顯號，子孫傳世，福禄無疆。忠臣身受誅夷，君陷大惡，家國並喪，空有其名。」新書改云：「良臣身荷美名，君都顯號，子孫傳承，流祚無疆。忠臣(身)〔己〕嬰〔禍〕誅(夷)，君陷昏惡，喪國夷家，祇取空名。」不過竄改數字，無他意義。

傅奕請除釋教疏，舊書有云，齊朝章仇子他上表言，僧尼寺塔，靡損國家，爲諸僧附會宰相，對朝譏毁，諸尼依托妃主，潛行謗讟，遂死西市。言因諫佛事爲僧尼傾陷也，語已不甚明。新書改云，章仇子他言僧尼塔廟，外見毁宰臣，内見嫉妃嬙。尤不可解，并失本意。

李光弼傳，舊書光弼命荔非元禮出勁卒於羊馬城以拒賊。新書謂遣元禮戰羊馬，賊大潰。羊馬城去城字，但云戰羊馬，成何語耶！

盧汝弼傳，舊書太原使府有龍泉亭，汝弼父簡求節制時，手書一詩在亭之西壁。汝弼復爲亞帥，每亭中宴集，未嘗居賓位，但西嚮俯首而已。新書改云，太原府子亭，其父簡求所署多在，每宴亭中，汝弼未嘗居賓位。轉不明晰。

甘露之變，舊書本紀書，仇士良率兵誅王涯、賈餗、舒元輿、李訓、王璠、郭行餘、羅立言、李孝本、韓約等十餘家。案是時李訓見事敗即出奔，鄭注亦尚在鳳翔，非同日被殺也。新書先書，壬戌，李訓謀誅宦官，不克，出奔。戊辰，鳳翔監軍殺鄭注。較明，然李訓出奔後仍被殺，又不書。又涯等被殺，朝中無宰相，乃以鄭覃、李石同中書門下平章事，而新書覃、石入相反敍於士良殺朝臣之前，亦誤。蓋舊書以甘露之變係之壬戌，新書則係之乙丑，故有此誤也。①

232 新書盡删駢體舊文

歐、宋二公，不喜駢體，故凡遇詔誥章疏四六行文者，必盡删之。如德宗奉天之詔，山東武夫悍卒無不感涕；討李懷光之詔，功罪不相掩，亦曲盡事情，而本紀皆不載，并陸贄傳亦無之。其列傳内如李密討隋帝檄文，祖君彦之詞也；徐敬業討武后檄文，駱賓王之詞也；太宗徐賢妃諫伐高麗及興土木一疏；封常清臨死謝表；代宗獨孤后崩，帝命常衮爲哀册文，情詞悽惋，時稱絶作；李克用收復京城後，楊復光所上露布，列諸將功伐最詳贍。此皆傳誦至今者，而各傳皆不載，惟徐賢妃疏則節數語存之。至如舊書畢構傳，有詔歷數貪吏之弊，最爲切中，詔云：邑屋之閒，囊橐俱竭，或地有椿幹梓漆，或家有畜産資財，即被暗通，並從取奪。若有吝惜，即因事以繩，粗杖大枷，動傾性命，懷冤抱痛，無所訴陳。亦以其四六而删之。夫一代自有一代文體，六朝以來，詔疏尚駢麗，皆載入紀傳，本國史舊法，今以其駢體而盡删之，遂使有唐一代館閣臺省之文不見於世，究未免偏見也。惟凌烟閣續圖功成一詔，係駢體，獨全載於李晟傳，則以事本嚴重，非四六之詔不足相稱，此正宋子京相題之巧。其他駢體中有新語不忍棄者，則寧代爲改削存之。如姜皎當玄宗爲臨淄王時即傾心擁戴，幾得重禍，帝登極，賜之詔云：「否當其（晦）〔悔〕，則必滅宗毁族，朕負之必深。泰至其亨，則如山如河，朕酬之未補。」新書改云：「否當其（晦）〔悔〕，則必滅宗毁族，朕負之必深。泰至其亨，則如山如河，朕酬之未補。」又王志愔①論太寬不可爲政疏，有云：「人慢吏濁，僞積贓深，若以寬乃宗。泰至其亨，則所酬未補。」又王志愔論太寬不可爲政疏，有云：「人慢吏濁，僞積贓深，若以寬理之，何異命王良御騂，捨銜策於奔踶；請俞跗攻疾，停藥石於膚腠。」新書改云：「捨銜策於奔踶，則王良不能御騂；停藥石於膚腠，則俞跗不能攻疾。」語自較勝。又如昭宗爲劉季述所廢，幽於宮中，反正後，罪狀季述之詔有云：「幽辱之時，要紙筆則恐作詔書，索錐刀則慮爲凶器。朕所御之衣，晝服夜浣，嬪嬙公主，衾綢皆闕。緡錢則貫陌不入，繒帛則尺寸難求。」新書不載此詔，卻即用詔中語敍帝幽辱之狀，謂帝衣晝服夜浣，食自竇進，下至紙筆銅（錢）〔鐵〕，亦疑作詔書凶器而不與。時方寒，公主嬪御無衾纊，哀聞外廷。此可見子京于四六，不欲存又不忍棄，委曲斡旋之苦心矣。又郭虔瓘傳獨存駢體一詔，乃玄宗以虔瓘與阿史那獻不協，特爲和解者。此無甚關係而獨存之，則以舊書虔瓘傳無此詔，故轉補之，以見其採掇之博也。其他如章疏之類有關政體治道者，或就四六改爲散文，或節其要語存之，固未嘗概爲删汰。此則子京用意之深，不以文詞而没其議論耳。

233 新書好用韓柳文

歐、宋二公，皆尚韓、柳古文，故景文於唐書列傳，凡韓、柳文可入史者，必採摭不遺。張巡傳則用韓愈文，段秀實傳則用柳宗元書逸事狀，吴元濟傳則用韓愈平淮西碑文，張籍傳又載愈答籍一書，孔戣傳又載愈請勿聽致仕一疏，而於宗元傳載其貽蕭俛一書，許孟容一書，貞符一篇，自儆賦一篇，可見其於韓、柳二公有癖嗜也。又於劉禹錫傳載其所自作子劉子〔傳〕一篇，以見其處境之志。杜牧傳載其罪言一篇，以見經世之才。此皆文人氣類相惜，有不期然而然者。白居易傳，舊書載其與元稹書，極敍作詩之功，及得名之處。後移忠州，與積相遇於夷陵，流連文酒，寫木蓮荔枝圖以寄朝士。①晚歸東都，作池上篇，寄興樊素、小蠻，及與香山僧如滿結香火社等事。新書則一切删之，專敍其疏諫吐突承璀不可將兵，獻虞人箴以儆穆宗好獵，并措置河朔，請令李光顔將兵，裴度鎮太原等疏，與舊書命意迥别。蓋舊書專表其詩才之高，襟懷之曠，置之恬淡一流，而新書則欲著其立朝丰采議論，以見文人中自有名臣，此又景文深意也。

234 新書詳載章疏

新書於舊書内奏疏當存者，或駢體，或雖非駢體而蕪詞過多，則皆節而存之，以文雖蕪而言則可採也。其節存者，徐賢妃諫興師動土木一疏，李大亮諫賑突厥一疏，房玄齡諫伐高麗一疏，褚亮論九廟七廟一疏，諫獵一疏，于志寧諫太子承乾（書）〔疏〕，及緩刑等疏，許敬宗薦張玄素、令狐德棻等一疏，劉仁軌奏戰士不被恩賞難於用命一疏，高季輔應詔陳時政損益五篇，韋承慶諫太子賢一疏，明堂災一疏，韋嗣立修學校、止刑殺、禁封户等疏，徐彦伯樞機論，薛登選舉過濫一疏，韋湊議駁改葬節愍太子一疏，張廷珪諫造大像一疏，楊綰請復古孝廉一疏，及公卿大臣核議一疏，①郭子儀辭尚書令一疏，王璵傳内梁鎮諫祠祭一疏，皇甫鎛傳内裴度諫其入相一疏，竇參傳内，參既貶德宗欲殺之，陸贄諫以爲殺之太重一疏，陸贄傳内諫設瓊林、大盈庫一疏，蕭倣諫作佛事一疏。此皆因舊疏繁蕪而删存其要語者也。他如魏徵傳，徵與封德彝在太宗前論大亂之後易爲治，及戒土木、論刑賞、君子小人不宜參用、十漸十思等疏，馬周傳論大安宫宜崇奉、太廟宜親祀、刺史不可世襲、樂工不可賜官、太子宜預教，守令須慎選等疏，魏元忠傳論文武二途一疏，凡舊書所有者仍一字不删，并有舊書所無而新書補出者。張九齡傳載其重守令一疏，見當時重内輕外之弊也。宗楚客傳載其陳符命一疏，以見其求媚也。張廷珪傳載其諫襲回鶻及買蕃馬二疏，以其有關於邊備也。崔涣傳載其劾元載一疏，所以著載之惡，涣之直節也。李晟傳，收京後李懷光尚據河中，載晟所奏懷光有不可赦者五，見晟之公忠體國也。至如高郢傳載其諫營章敬寺一疏，杜佑傳載其省官節用一疏，程元振傳載柳伉劾元振一疏，亦皆有關國計利害，民生休戚，未嘗不一一著于篇。此正宋子京作史之深意，非徒貴簡净而一切删汰也。

235 新舊書互異處

本紀，儀鳳〔二〕〔三〕年，劉審禮與吐蕃戰於青海，敗績。舊書書審禮被俘，新書云審禮死之。開元四年，突厥可汗默啜之死。舊書爲拔曳固所殺，傳首京師，新書子將郝靈佺斬默啜。二十年，敗奚、契丹，獻俘闕下。舊書信安王褘獻俘，新書謂忠王浚獻俘。是時浚爲元帥未行，褘爲副元帥敗敵，新書以主帥爲主，舊書則從實也。

天寶十一載，李林甫死。舊書李林甫薨於行在所，新書李林甫罷。按是時林甫從駕驪山，死於邸，生前未嘗先罷官也。其後削奪官爵，則死後事，乃先書罷，殊無據。①

永泰元年，郭英乂之死，舊書劍南節度使郭英乂爲兵馬使崔旰所殺，新書崔旰反，節度使郭英乂奔於靈池，普州刺史韓澄殺之。

成汭之死。②舊書汭以舟師援鄂，而雷彥恭乘虛襲陷江陵，軍士聞之皆潰，汭投水死。新書汭與楊行密戰於君山，死之。

哀帝之立。舊書蔣元暉矯宣遺詔，立輝王祚爲皇太子，即位。新書朱全忠已殺昭宗，矯詔立輝王爲太子，即位。

列傳，邵王重潤之死。新書本傳，中宗子重潤與女弟永泰郡主及主壻武延基，竊議張易之兄弟出入宫禁，后怒，杖殺之。武延基傳云，與重潤等竊議，皆得罪縊死。一傳杖與縊稍不符合。舊書張易之傳則云，重潤等竊議二張，后付太子自鞫問，中宗時爲太子。太子並縊殺之。武延基傳又云，武后咸令自殺。是二傳一以爲中宗所縊死，一以爲后令自殺，又不符合。蓋中宗之殺之或令自殺，皆迫於武后之威也。新書竟書武后殺之，較爲直截。

史朝義之死。舊書朝義敗投幽州，僞范陽節度李懷仙於莫州擒之，送欵來降。新書朝義走莫州，欲決死戰，田承嗣請身守莫州，勸朝義至幽州，以懷仙之師來戰。朝義乃以老母幼子爲託，而自往幽州。至范陽，懷仙部將李抱忠不納，朝義謀走入蕃，懷仙招之，至幽州，縊死。是朝義被擒在幽州，非莫州也。

楊思訓之死。舊書謂慕容寶節置妾于別室，邀思訓飲，思訓責以不宜背妻寵妾，妾怒，密置毒酒中，思訓飲盡便死。新書則謂寶節邀思訓謀亂，思訓不敢答，寶節懼其洩，遂毒之死。

裴、馬。舊書裴行儉與李敬玄同典選，有能名，時稱裴、李。新書行儉與馬載同典選，時稱裴、馬。按新唐書盧從愿傳謂，高宗時，吏部稱職者裴行儉、馬載，至是從愿與李朝隱典選，亦有名，故號前有裴、馬，後有盧、李。③

王仙芝之死。舊書謂仙芝敗宋威，朝廷以王鐸代威討賊，斬仙芝首獻闕下，是斬仙芝首者鐸也。新書謂仙芝攻洪州，宋威往救，敗仙芝于黄梅，斬賊五萬，獲仙芝，傳首京師，則斬仙芝者乃威也。

上官儀之死。舊書謂儀爲許敬宗誣其與梁王忠通謀，遂賜死。新書謂武后既得志，帝爲所制，欲廢之，召儀使草詔。左右奔告后，后自訴，帝羞縮曰：「儀教我。」由是敬宗誣搆之死。

盧奐治廣州，有清節。舊書謂開元以來，廣府清白者，惟宋璟、裴伷先、李朝隱及奐四人。新書謂朝隱、璟及奐三人。

哥舒翰之死。舊書謂火拔歸仁執翰送安禄山，降之，禄山閉翰于苑中，潛殺之。新書謂廣平王收東京時，安慶緒挾翰渡河而北，及敗，乃殺之。

第五琦之爲租庸使，舊書賀蘭進明令琦入蜀奏事，玄宗即令勾當江淮租庸使，是玄宗所授也。新書謂肅宗在彭原，琦爲進明來奏事，帝即令勾當江淮租庸使，是肅宗所授官也。

李揆之死。舊書謂揆奉命爲入蕃會盟使，行至鳳州，卒。新書謂揆至蕃，其酋問曰：「聞唐有第一〔人〕李揆，公是耶？」揆恐被留，乃曰：「彼揆豈肯來耶。」歸至鳳州，卒。是揆入蕃後，始卒於歸途也。

韋見素傳，舊書載其爲楊國忠所引，在相位無所是非，但署字而已，遂至凶胡犯順，不措一詞。新書則謂安禄山請以蕃將代漢將，見素謂難將作矣，明日與國忠入見，極陳反狀，是見素未嘗無言者。蓋其奏禄山必反，亦附合國忠意耳。然舊書傳論又謂見素直言極諫，而君不從，獨正犯難，而人不咎，時論謂其取容于國忠，不知其時勢之不能匡救也，則又與本傳異。豈本傳乃國史原本，而傳論則修史者之平心持論耶？

呂渭傳，中書省有枯柳，德宗自梁、洋回，柳再榮，時以爲瑞柳，渭試進士，以之命題。舊書謂上聞而嘉之，新書云，上聞之不以爲（喜）〔善〕。

姜公輔傳，舊書謂不知何許人，新書謂愛州日南人。

陽惠元傳，惠元爲李懷光所襲出奔，懷光遣冉宗追之。舊書謂惠元計窮，父子三人並投井中，冉宗俱出而害之。新書謂惠元被髮，袒而戰死，二子晟、暠匿井中，遇害。

韓遊瓌傳，舊書謂德宗避京師之亂，倉猝出幸奉天，遊瓌率兵赴難，自乾陵北向醴泉，拒朱泚。會有人自京來，言泚兵旦夕當至，上遽令追遊瓌來奉天。遊瓌甫至，泚兵亦至，遂拒戰。是遊瓌之至，由德宗召之也。新書謂遊瓌趨醴泉，有詔赴便橋，而途遇泚兵，遊瓌欲還護奉天，中使翟文秀曰：「吾兵至奉天，賊兵亦隨至，是引賊逼君也。不如壁于此拒之。」遊瓌曰：「賊兵多，抗我于此，猶能分兵至奉天。不如先入衞。」遂還奉天，泚兵果至，遂與戰。是詔令赴便橋，而游瓌以救駕爲急，自赴奉天也。

劉稹傳，舊書謂稹拒命時，其從父故節度使從諫妻裴氏，召諸將妻入宴，裴泣謂諸將妻：「歸各語汝夫，勿忘先相公之拔擢，吾今以子母爲托。」諸婦皆泣下，故諸將爲稹盡力。後稹伏誅，裴氏亦以此極刑。新書則謂從諫妾（張）〔韋〕氏，素有憾于裴，誣奏裴語如此，陷之極刑。

李師道傳，師道死，舊書謂其妻魏氏出家爲尼，新書謂魏氏没入掖廷。④

王鐸傳，舊書謂黄巢之亂，官兵收京城，封鐸晉國公，加中書令，以收京諸將功伐，令鐸量其高下，承制爵賞。下又云，巢出關，時溥請身討之，乃以溥爲都統，罷鐸都統之任。是收京時，鐸正爲都統也。新書則謂巢戰數敗，宦官田令孜知賊必破，欲使功歸於己，乃搆鐸罷爲檢校司徒。鐸功將就，而以讒見奪，然卒因其勢，不數月遂平京師。是鐸於未收京之前已罷都統矣。案收京露布係宦者楊復光所上，而無鐸名，則鐸早罷都統矣，舊書應誤。

王龜傳，舊書龜觀察浙東，江淮盜起，攻郡，爲賊所害，是龜被賊殺也。新書但云徙浙東觀察使，卒，贈工部尚書，則似未被害者。

元稹傳，舊書謂稹宿敷水驛，與内官劉士元争廳，爲士元擊傷面。新書謂中人仇士良至，稹不讓，中人怒，擊稹傷面。案白居易救稹疏，亦謂與劉士元争廳，而新書云仇士良者，蓋士元隨士良至而擊稹耳。仇士良傳亦言與稹争廳，則是時士良實親至敷水驛也。

李紳傳，舊書謂李錡辟紳爲掌書記，紳不就，錡怒將殺之，遁而免。新書謂錡脅中使奏留己，召紳作疏，紳陽懼，至不能成一字，下筆輒塗去。錡注白刃，令易紙，終不成。乃召許縱爲之，而囚紳獄中。錡敗，乃免。

路巖傳，巖爲相，委親吏邊（誠）〔咸〕，與郭籌相倚爲奸。舊書云，事敗出爲成都尹，改荆南，尋罷之。新書謂事敗貶新州，賜死，⑤剔取其喉。先是巖奏賜死者當剔喉以驗，至是自及云。

憲宗之弒，舊書謂宦者陳弘慶，新書作陳弘志。⑥舊書弘慶等弒逆，不言王守澄，新書謂守澄與弘志等弒帝。

楊復光傳，舊書謂復光監軍討賊，遣吴彦宏諭降黄巢，巢即令尚君長等奉表歸國。宋威害其功，併兵擊賊，巢怒，復作剽。新書謂復光諭降王仙芝，仙芝遣尚君長出降，宋威密請誅君長，故仙芝復叛。案是時仙芝爲賊首，巢其將校也，復光諭降是仙芝明甚。

張巡傳，舊書謂蒲州河東人，新書謂鄧州南陽人。

鄭畋傳，舊書畋鎮鳳翔，病，乃表薦李昌言，詔可之，召畋赴行在。新書黄巢據京城，畋移檄討之，遣大將李昌言率兵向京。昌言反兵襲畋，畋登城謂曰：「吾方入朝，公能爲國討賊則可矣。」乃委軍而去。通鑑與新書同。

王重榮傳，新書宦官田令孜以重榮不肯歸鹽池供禁軍，使朱玫討之。重榮率李克用以兵來，戰于沙苑，禁軍大敗。通鑑同。舊書但云，沙苑之戰，禁軍爲重榮所敗，令孜挾天子幸寶雞。李克用聞之，乃與重榮入援京師。一似沙苑之戰，克用不與其事，及帝出奔後，始起兵勤王者。此或後唐修史時，爲克用諱耶？

236 新舊書各有紀傳互異處

舊書本紀，幽州軍亂，逐節度使史元忠，推陳行泰爲留後。雄武軍使張絳奏，行泰不可爲帥，請以本鎮軍討之，許之，遂誅行泰。詔以絳主留後務，仍賜名仲武。是絳即仲武也。而新書則陳行泰殺史元忠，張絳又殺行泰，雄武軍使張仲武起兵討絳，朝廷因命仲武爲節度，是絳與仲武判然兩人。及考舊書張仲武傳，史元忠爲行泰所逐，行泰又爲絳所逐，適仲武遣吏吴仲舒奉表至京，宰相李德裕問故，仲舒謂行泰、絳皆客將，故人心不附，仲武本舊將，素抱忠義，可爲帥。德裕乃奏以仲武爲節度使。是舊書列傳内亦未嘗以絳與仲武爲一人，而本紀乃謂絳賜名仲武，此紀傳互異之顯然者。合新書列傳及通鑑核之，此舊書之誤在紀不在傳也。新書本紀，殺梁郡公李孝逸。按新書孝逸傳，討徐敬業有功，後爲武三思所譖，將置之死，后念其舊功，免死，流儋州。舊書孝逸傳亦然。是孝逸未被殺也。此新書之誤亦在紀而不在傳也。

237 新舊書誤處

嚴武傳，舊書，肅宗收長安，以武爲京兆少尹，因史思明阻兵不之官，優遊京師。案長安即京兆也，既收長安，何以不能赴京尹之任？史思明並未據長安，何以因其阻兵，遂不赴任京兆？此必誤也。蓋是東都少尹耳。是時史朝義尚據東都，如劉晏亦除河南尹，以盜據都城，乃寄治于長水。然則武所除少尹，當是河南也。新書則云已拜京兆少尹，坐房琯事，貶巴州刺史。然則舊書所云以賊阻不之官者誤。

魯炅傳，炅守南陽一年，與賊將田承嗣等日夜拒戰，力不支，乃率衆突圍出，投襄陽。新、舊二書皆同，是炅已走襄陽矣。而虢王巨傳，巨奉命節度河南，詔貶炅爲果毅，以來瑱代之。巨奏曰：「若炅能守孤城，功足補過，則何以處之？」玄宗曰：「卿隨宜處置。」巨至內鄉，賊解圍走。巨乃至南陽，宣敕貶炅，削其章服，令隨軍效力。其暮，以恩命仍令炅復位。據此則炅尚在南陽也。來瑱傳亦謂，炅守南陽，詔以瑱代之，虢王巨奏炅能守南陽，乃詔各復本位。下又云，賊攻南陽累月，瑱救之，爲賊所敗。是炅亦尚未失南陽。數傳核對，俱不符合。①當是巨至南陽時，炅尚守城，賊暫退去，其後又來攻，瑱救之，又爲賊所敗，炅於是走襄陽耳。

郭子儀傳，新書，代宗即位，子儀懼程元振讒，乃裒肅宗所賜詔敕千餘篇上之。案舊書子儀表代宗云：「陛下貽臣詔書一千餘篇，自靈武、河北、河南，臣所經行，蒙賜手詔勅書，凡二十卷，昧死上進。」是代宗爲廣平王，與子儀同收復兩京時，軍中往來手札也，代宗既即位，故即謂之詔敕。新書以爲肅宗詔敕，殊誤。

舊書，興元元年，李抱真、王武俊破朱滔于京城東南，擒其僞相朱良祐、李俊等，滔遁歸幽州。案朱泚、朱滔、武俊、抱真、田悅、田緒等傳，是時泚因涇師之變，僭據京城，其弟滔及武俊、田悅等方連衡抗朝命，泚遣人册滔爲皇太弟，使發兵趨洛陽，與己合勢。滔率兵而南，悅託詞不助兵，滔怒，遂攻其貝州。武俊、抱真以滔强横難共事，遂合兵襲滔，大敗之，朱良祐等被執，滔遁歸幽州。是滔至貝州即敗去，未嘗近京城也。新書武俊等傳則謂敗滔于經城，田緒傳又謂與武俊等敗滔于涇城。然則舊書所云京城東南者，蓋經城，涇城之訛也，其地當在貝州耳。而新書本紀，此戰之前又書渾瑊及朱滔戰於武川亭，敗之。②朱滔自貝州敗後，即歸幽州，而武川亭、武功地也，滔既未到京西，何得有與瑊戰武川之事？據瑊、泚二傳，是時德宗在梁、洋，瑊爲行營副元帥，李晟方圍泚於京城，瑊自行在來援。泚遣韓旻、宋歸朝、張庭芝等來寇武功，瑊與吐蕃兵敗之武川亭，斬首萬計。是瑊武川亭所敗，乃泚將而非滔也，而云瑊與滔戰武川亭，此又新書之誤也。或書云與泚戰而訛刻爲滔耳。歐書賊將必書賊首名，或以泚所遣將即書爲泚。

238 新舊書刻本各有脱誤處

舊書張巡傳，安禄山陷河洛，許遠守睢陽，賊將尹子奇攻圍經年，巡以雍邱小邑，儲備不足，大寇臨之必難保，乃引卒詐降。至德二年正月也。玄宗聞而壯之，授主客郎中兼御史中丞。案巡方詐降，何以玄宗聞而壯之？蓋巡以雍邱難守，故詐降以出，而併兵于睢陽，與遠同守，故帝聞而嘉之耳。新書，巡在雍邱，餉路絶，乃拔衆保寧陵，至睢陽，與太守許遠，城父令姚誾等合兵，遣雷萬春、南霽云等戰寧陵北，殺賊萬人。有詔拜巡主客郎中、河南節度副使，正此事也。而舊書云云，此必有行墨脱落之處。

新書李光顔傳末，忽敍宋威、曾元裕討王仙芝一事。大將張自勉表請討賊，詔乘傳赴軍。威忌自勉，請以隸麾下，欲以事殺之。宰相知其謀，不聽，乃以自勉代元裕。按仙芝之亂距李光顔已將百年，與光顔何涉，而係其事于光顔傳後，此亦必錯誤也。①

第十八卷校證

231 新書改舊書文義處

①甘露之變，舊書本紀書，仇士良率兵誅王涯、賈餗、舒元輿、李訓、王璠、郭行餘、羅立言、李孝本、韓約等十餘家。

案是時李訓見事敗即出奔，鄭注亦尚在鳳翔，非同日被殺也。新書先書，壬戌，李訓謀誅宦官，不克，出奔。戊辰，鳳翔監軍殺鄭注。較明。然李訓出奔後仍被殺，又不書。又涯等被殺，朝中無宰相，乃以鄭覃、李石同中書門下平章事。而新書覃、石入相反敍於士良殺朝臣之前，亦誤。蓋舊書以甘露之變係之壬戌，新書則係之乙丑，故有此誤也　按：孫文泱云：「此條有三誤。其一，據舊唐書十七下文宗紀下，劄記『郭行餘』下宜補『鄭注』二字，即與所引舊紀一致，又與甌北下文『鄭注亦尚在鳳翔，非同日被殺』之説相應。其二，據兩唐書文宗紀及通鑑卷二四五，李訓政變不成在十一月壬戌，鄭覃、李石入相分别在甲子、乙丑，李訓死於乙丑仇士良殺朝臣之前，而韓約之死則在己巳，則誤者乃舊紀，新紀僅漏記李訓之死耳。劄記『新書覃、石入相反叙於士良殺朝臣之前，亦誤』，及『新書則係之乙丑』，兩説均不能成立。其三，新書六三宰相表下記有關日支較本紀爲詳，甌北但據本紀立論，不免拘泥。」

232 新書盡删駢體舊文

①王志愔　按：「愔」原刻本作「諫」，西畬本已改正。

233 新書好用韓柳文

①寫木蓮荔枝圖以寄朝士　按：「荔」字原刻本脱，西畬本已校補。

234 新書詳載章疏

①楊綰……公卿大臣核議一疏　按：楊綰所議者爲整頓地方官制，加强中央控制力量，所上奏疏不止一次，見卷

一四二本傳。

235 新舊書互異處

①天寶十一載，李林甫死。舊書李林甫薨於行在所，新書李林甫罷。按是時林甫從駕驪山，死於邸，生前未嘗先罷官也。其後削奪官爵，則死後事，乃先書罷，殊無據　按：舊唐書玄宗紀記李林甫之死在是年十一月乙卯，新唐書玄宗紀亦在十一月乙卯書「李林甫薨」，二書原無差異。又新書於是年四月丙戌書「李林甫罷安北副大都護」，則李林甫所罷者爲其兼職，而非罷其正官相職，所論者不確。

②成汭之死　按：依文例，其上應加「天復三年」四字。

③新唐書盧從愿傳謂，……前有裴、馬，後有盧、李　按：舊唐書盧從愿傳（卷一〇〇）亦有此文，惟「裴、馬」作「馬、裴」。

④李師道傳，師道死，舊書謂其妻魏氏出家爲尼，新書謂魏氏没入掖廷　按：孫文泱云：「舊書一二四師道傳略云，『師道妻魏氏及小男並配掖庭，……師道妻魏氏元和十五年出家爲尼』。新書二一三删繁就簡，但言『没入掖庭』，甌北於舊傳斷章取義，遂有兩傳『互異』之見。」

⑤路巖傳……舊書云，事敗出爲成都尹，改荆南，尋罷之。新書謂事敗貶新州，賜死　按：孫文泱云：「舊唐書一七七路巖傳云：『保衡作相，罷巖知政事，以檢校左僕射出爲成都尹、劍南西川節度使。未幾，改荆南節度，詔令六月下峽赴鎮，尋復罷之。』新唐書一八四則云：『罷巖爲劍南西川節度使，……徙荆南節度使，道貶新州刺史，至江陵，免官，流儋州，籍入其家。……巖至新州，詔賜死。』通鑑二五二略同新傳。對照原文，可知甌北

『新書謂事敗貶新州』之説純系子虛烏有。比較兩傳，惟見新傳補記若干事實，並無甌北所謂『互異』之處。」

⑥憲宗之弑，舊書謂宦者陳弘慶，新書作陳弘志　按：「弘慶」、「弘志」爲就二書宦者傳而言，二書憲宗本紀皆作「陳弘志」，「慶」字應爲訛文。

237 新舊書誤處

①數傳覈對，俱不符合　按：魯炅傳言炅守南陽一年，後率衆突圍投奔襄陽。虢王李巨傳言奉命節度河南，曾免炅職，又使復位，明其未離南陽。又來瑱傳謂炅守南陽，賊攻之累月，瑱來救，爲賊所敗。實則舊唐書魯炅傳（卷一一四）明言，放棄南陽在至德二年五月十五日，而李巨傳（卷一一二）載其節度河南事在至德二年五月以前，來瑱傳（卷一一四）雖未具年月，顯爲至德二年五月以前之事，其時魯炅尚在南陽圍城中。故各傳之間並無不相符合之處。

②新書本紀……書渾瑊及朱滔戰於武川亭，敗之　按：百衲本影印宋嘉祐本新唐書「朱滔」作「朱泚」，趙氏所據之本有誤。又「武川亭」應作「武亭川」。

238 新舊書刻本各有脱誤處

①仙芝之亂距李光顔已將百年，與光顔何涉，而係其事于光顔傳後，此亦必錯誤也　按：許州軍隊爲李光顔所建立，晚唐稱爲勁旅，多立戰功，附叙討王仙芝事於光顔傳後自無不可，如别立專傳，須增加篇幅，有違新唐書「事增文省」之原則，故此處顯非原書有錯誤。

廿二史劄記卷十九

239 貞觀中直諫者不止魏徵

貞觀中直諫者，首推魏徵。太宗嘗謂徵曰：「卿前後諫二百餘事，非至誠何能若是。」又謂朝臣曰：「人言魏徵舉止疏慢，我但覺其嫵媚耳。」徵以疾辭位，帝曰：「金必鍛鍊而成器，朕方自比於金，以卿爲良匠，豈可去乎。」至今所傳十思十漸等疏，皆人所不敢言，而帝悉聽納之，此貞觀君臣間直可追都、俞、吁、咈之盛也。然其時直諫者不止魏徵也。今案新、舊唐書各傳：薛收諫獵，帝即賜金四十鋌以獎之。孫伏伽諫元律師罪不當死，①帝即賜以蘭陵公主園直百萬。或以爲太厚，帝曰：「朕即位未有諫者，是以賞之。」温彦博諫長安令楊纂失察，罪不當死，帝即赦之。虞世南諫田獵，諫山陵之制不宜過厚，諫宫體詩不宜作，恐天下從風而靡，諫勿以功高自矜，勿以太平自怠。帝嘗曰：「羣臣皆若世南，天下何憂不理。」馬周諫大安宫宜崇奉，宗廟宜親祀，樂工王長通等不宜賜官，帝購大宅直二百萬者賜之。廬江王瑗姬侍側，王珪曰：「陛下知瑗殺其夫而取之以爲非，奈何又令侍左右？」帝即出之。諫祖孝孫雅士，不宜令教女樂。帝雖責之，明日悔，語房玄齡令羣臣勿因此不言。姚思廉諫幸九成宫，賜帛五十疋。高季輔指陳時政得失，帝賜以鍾乳一兩，曰：「卿以藥石之言進，故以藥石相報。」戴胄諫修洛陽宫，帝嘉之。張玄素亦諫修洛陽宫，至以爲甚於煬帝，帝曰：「卿謂我不如煬帝，何如桀、紂?」對曰:「若此役卒興,同歸於亂耳。」帝歎曰:「我不思量,遂至于此。」命罷役,賜帛二十疋。褚遂良諫寵魏王泰太過,帝納之。諫告成東岳,即罷封禪。張玄素令史出身,帝問其履歷,玄素慚不能對,遂良謂玄素已擢至三品,陛下不宜對羣臣窮其門户,帝亦悔之。帝常論山東人物,張行成言天子以四海爲家,不宜以東西爲限,帝善之,賜馬一匹,錢十萬,衣一襲。裴仁軌私役門夫,帝欲斬之,李乾祐奏罪不應死,帝即免之。權萬紀不能教太子承乾以正,帝欲誅之,柳範曰:「房玄齡尚不能止陛下獵,豈可獨罪萬紀。」帝大怒,拂衣入,久之,獨召範慰諭之。帝好與羣臣論難,劉洎力諫,帝詔答曰:「輕物驕人,恐由于此,敬當虛懷改之。」洎又言近來上書人或面加窮詰,恐致阻進言之路,帝曰:「卿言是也,當改之。」此皆見于各傳者也。魏徵嘗言:「陛下導之使言,臣所以敢諫。若陛下不受,臣豈敢犯龍鱗。」帝嘗宴韋挺、虞世南、姚思廉等,謂曰:「龍有逆鱗,人主亦然。卿等遂能不避觸犯,常如此,朕豈慮危亡哉!」是諸臣之敢諫,實由于帝之能受諫也。獨是仁善之君則能納誨,英睿之主每難進言。以太宗之天錫智勇,手定天下,制事決機,動無遺策,宜其俯視一切,臣下無足當意者,乃虛懷翕受,惟恐人之不言,非徒博納諫之名,寔能施之政事。其故何哉?蓋親見煬帝之剛愎猜忌,予智自雄,以致人情瓦解而不知,盜賊蜂起而莫告,國亡身弑,爲世大僇。故深知一人之耳目有限,思慮難周,非集思廣益,難以求治,而飾非拒諫,徒自召禍也。煬帝惡諫,曰:「有諫者當時不殺,終不令生於地上。」蘇威欲言不敢,因午日獻古文尚書,煬帝曰:「訕我也。」即除名。蕭瑀諫伐遼,即出爲郡守。董純諫幸江都,即賜死。由是人皆鉗口,至喪國亡身而不悟。見吳兢疏此太宗所親見也。

惟見之切故懼之深，正張廷珪所云，多難興邦，殷憂啟聖。皆以事危則志鋭，情迫則思深也。魏徵之諫，亦動以隋爲戒，謂：「隋帝豈惡天下之治安，不欲社稷之長久哉。特恃其富强，不慮後患，驅天下以從欲，遂以四海之尊，殞於匹夫之手。陛下當鑒彼之失。」又曰：「我之所代，實在有隋。隋氏亂亡之源，聖明所親見。隋之未亂，自謂必無亂。隋之未亡，自謂必不亡。所以甲兵屢動，徭役不息，至于身戮而猶未悟。今能思其所以亂則治矣，思其所以亡則存矣。」馬周亦言：「煬帝笑齊、魏之失國，今之視煬帝，猶煬帝之視齊、魏也。」此當時君臣動色相戒，皆由殷鑒不遠，警於目而惕於心，故臣以進言爲忠，君以聽言爲急。其後勳業日隆，治平日久，即太宗已不能無稍厭。魏徵謂貞觀之初，導人以言，三年後見諫者悦而從之，近一二年，勉强受諫而終不平。是可知貞觀中年，功成志滿，已不復能好臣其所受教。然則懼生于有所懲，怠生于無所儆，人主大抵皆然。若後世蒙業之君，運當清泰，外無覆車之戒，而内有轉圜之美，豈不比太宗更難哉。

240 時政記

左、右史起居注之外，有政事及奏對由宰相撰録者，謂之時政記。案舊書，唐初記注最詳備。蘇冕言，①貞觀中，每日朝退後，太宗與宰臣參議政事，即令起居郎一人執簡記録，由是貞觀註記政事極詳。高宗時，許敬宗、李義府用權，多妄奏事，恐史官書之，遂奏令隨仗便出，不得備聞機務。姚璹乃表請仗下所言政要，宰相一人專知撰録，是爲時政記，每月封送史館。宰相之撰時政記自此始也。據舊書云，璹罷後，其事遂寢。賈耽、齊抗，貞元時爲相，又修之，耽、抗罷而事又寢。然憲宗嘗問李吉甫：「時政記記何事？」吉甫曰：「是宰相記天子事，以授史館之實録也。左史記言，今起居舍人是；右史記事，今起居郎是。永徽中姚璹監修國史，慮造膝之言外間或不得聞，因請隨奏對而記於仗下，以授史館，今時政記是也。」上曰：「閒有不修何也？」曰：「面奉德音，未及行者，不可書付史官。有謀議出于臣下者，又不可自書付史官故也。」憲宗紀②又裴休嘗奏言，宰相知印者撰時政記，或多載己言，而略他人之言，史官莫得知。請自今宰相各自爲記，合付史館，從之。休傳可見歷朝仍皆有時政記，未嘗廢也。其後又稍變其例，穆宗時，宰臣崔植等奏請，坐日所有君臣獻替事宜，應隨日撰録，號爲聖政記，歲終付史館。③則不必每月送史館，至歲終始送矣。文宗又詔，時政記因循日久，廢墜日多，自後宰臣奏事及臨時處分，委中書門下丞一人隨時撰録，每季送館。則又不必宰相自撰，而令中書門下丞撰録矣。然皆於紀録政事，致其詳慎，可爲後世法也。

241 天子不觀起居注

左史記言，右史記事，歷代皆重其職。唐太宗嘗欲觀起居注，朱子奢曰：「恐開後世史官之禍。史官全身畏死，悠悠千載，尚有聞乎！」子奢傳後至文宗，益重其事。每入閤日，左、右史執筆立于螭頭之下，宰相奏事，得以備録。宰臣既退，上召左、右史，更質證所奏是非，故開成政事最詳。張次宗傳帝嘗與宰相議事，適見鄭朗執筆螭頭下，謂曰：「向所論事，亦記之乎？朕將觀之。」朗引朱子奢事對曰：「史不隱善諱惡，人主或飾非護失，見之則史官無以自免，即不敢直筆。昔褚遂良亦稱史記天子言動，雖非法必書，庶幾自飭也。」帝曰：「朗可謂善守職者。朕恐平日之言不合治體，庶一見得以改之耳。」朗乃上之。朗傳後帝又欲觀魏謩起居注，謩曰：「陛下但爲善事，勿畏臣不書。」帝曰：「我嘗取觀之。」謩曰：「此史官失職也。陛下若一見之，自此執筆者，須有迴避，後世何以示信乎。」乃止。論者咎朗而是謩。謩傳

242 唐諸帝多餌丹藥

古詩云：「服食求神仙，多爲藥所誤。」自秦皇、漢武之後，固共知服食金石之誤人矣。及唐諸帝，又惑于其説，而以身試之。貞觀二十二年，使方士那羅邇婆娑①于金飆門造延年之藥。舊書本紀高士廉卒，太宗將臨其喪，房玄齡以帝餌藥石，不宜臨喪，抗疏切諫。士廉傳是太宗實餌其藥也。其後高宗將餌胡僧盧伽阿逸多之藥，郝處俊諫曰：「先帝令胡僧那羅邇婆娑，依其本國舊方合長生藥，徵求靈草異石，歷年而成，先帝服之無效，大漸之際，高醫束手，議者歸罪于胡僧，將申顯戮，恐取笑外夷，遂不果。」處俊傳李藩亦謂憲宗曰：「文皇帝服胡僧藥，遂致暴疾不救。」憲宗本紀是太宗之崩，實由于服丹藥也。乃憲宗又惑長生之説，皇甫鎛與李道古等遂薦山人柳泌，僧大通，待詔翰林。尋以泌爲台州刺史，令其採天台藥以合金丹。帝服之日加燥渴。裴潾上言，金石性酷烈，加以燒煉，則火毒難制，不聽。帝燥益甚，數暴怒，責左右，以致暴崩。憲、穆二紀，及裴潾、王守澄傳是又憲宗之以藥自誤也。穆宗即

位，詔泌、大通付京兆府決杖處死，是固明知金石之不可服矣。乃未幾聽僧惟賢、道士趙歸真之説，亦餌金石。有處士張臯上書切諫，詔求之，臯已去，不可得，尋而上崩。是穆宗又明知之而故蹈之也。敬宗即位，詔惟賢、歸真流嶺南，是更明知金石之不可服矣。尋有道士劉從政説以長生久視之術，請求異人，冀獲異藥。帝惑之，乃以從政爲光禄卿，號昇玄先生，又遣使往湖南、江南及天台採藥。敬宗本紀是敬宗又明知之而故蹈之也。武宗在藩邸，早好道術修攝之事，及即位，又召趙歸真等八十一人，於禁中修符籙，鍊丹藥。武宗本紀所幸王賢妃私謂左右曰：「陛下日服丹，言可不死，然膚澤日消槁，吾甚憂之。」王賢妃傳後藥發燥甚，喜怒不常，疾既篤，旬日不能言，宰相李德裕請見不得，未幾，崩。是武宗又爲藥所誤也。宣宗親見武宗之誤，然即位後，遣中使至魏州，諭韋澳曰：「知卿奉道，得何藥術，可令來使口奏。」澳附奏曰：「方士不可聽，金石有毒不宜服。」澳傳帝竟餌太醫李玄伯所治長年藥，病渴且中燥，疽發背而崩。懿宗立杖殺玄伯。崔慎由、畢諴二傳是宣宗又爲藥所誤也。統計唐代服丹藥者六君，穆、敬昏愚，其被惑固無足怪，太、憲、武、宣皆英主，何爲甘以身殉之？實由貪生之心太甚，而轉以速其死耳。李德裕諫穆宗服道士藥疏云：「高宗朝有劉道合，玄宗朝有孫甑生，皆能以藥成黄金，二祖竟不敢服。」德裕傳然則二帝可謂知養生矣。其臣下之餌金石者，如杜伏威好神仙術，餌雲母，被毒暴卒。伏威傳李道古既薦柳泌，後道古貶循州，終以服藥歐血而卒。道古傳李抱真好方術，有孫季長者爲治丹，云服此當仙去，抱真信之，謂人曰：「秦、漢君不遇此，我乃遇之，後升天不復見公等矣。」餌丹至二萬丸，不能食且死，道士牛洞玄以豬肪穀漆下之，病少閒。季長來曰：「將得仙，何自棄也。」

乃益服三千丸而卒。抱真傳斯真愚而可憫矣。惟武后時，張昌宗兄弟亦曾爲之合丹藥，蕭至忠謂其有功於聖體，則武后之餌之可知，然壽至八十一。豈女體本陰，可服燥烈之藥，男體則以火助火，必至水竭而身槁耶？

243 玄宗五代一堂

肅宗爲太子時，生代宗，爲嫡皇孫。生之三日，玄宗臨澡，嫡孫體弱，負姆嫌陋，更取他宮兒進。玄宗觀之不樂，姆叩頭言非是。玄宗曰：「非爾所知，趣取兒來。」於是見嫡孫，玄宗大喜，向日視之，曰：「福過其父。」顧力士曰：「一日見三天子，樂哉。」吴皇后傳此已屬盛事。又案舊書順宗紀，順宗生於肅宗上元二年，時玄宗尚爲太上皇，是玄宗、肅宗、代宗、德宗、順宗，凡五代共一堂，則不惟一日見三天子，且一堂有五代天子也。

244 唐有兩上元年號

年號重襲，已見叢考前編，皆異代之君，不知詳考，致有誤襲前代年號者。至唐則高宗有上元年號，而肅宗亦以上元紀年，高之與肅，相去不過六七十年，耳目相接，朝臣豈無記憶，乃以子孫複其祖宗之號，此何謂耶？元順帝慕元世祖創業致治，而用其至元紀年，故當時有「重紀至元」之稱，衰亂之朝，不知典故，固無論矣。

245 德宗好爲詩

唐諸帝能詩者甚多，如太宗、玄宗、文宗、宣宗，皆有御製流傳于後，而尤以德宗爲最。劉太真傳謂帝文思俊拔，每有御製，輒命朝臣畢和。今按本紀，貞元二年，宴羣臣於麟德殿，賦詩一章，令羣臣和。①四年，賜百寮宴曲江亭，賦重陽賜宴詩六韻。六年，又宴曲江亭，賦中和節賜宴詩七韻。上巳節，又宴，賦上巳詩一章。九年正月，朝罷，賦退朝觀仗歸營詩。十年，曲江九日賜宴，又賦詩。十一年，賜宰臣兩省供奉官宴曲江，賦詩六韻。十二年，御製刑政箴一首。又製中和樂武曲，於御殿奏之。是年仲春，賜宴麟德殿，九日賜宴曲江，皆賦詩。②十七年仲春及重陽，賜宴曲江，亦皆賦詩。十八年，九日宴馬嶙山池，亦賦詩，皆命羣臣屬和。此見於本紀者也。貞元四年九日之宴，帝親爲詩序，令朝官和進，帝親考其詩，以劉太真、李紓等四人爲上，鮑防、于邵等四人爲次，張濛、殷亮等二十三人爲下，李晟、馬燧、李泌三宰相之詩不加優劣。見太真傳 韋綬在內直，帝作黄菊歌，顧左右曰：「不可不示韋綬。」即遣人持往，綬即附和進。綬傳 又嘗製宸扆、台衡二銘賜馬燧。燧傳 杜希全赴鎮天德，獻體要八章，多所規諷，帝製君臣箴賜之。希全傳 張建封入朝，將還鎮，帝賦詩餞之。建封傳 此皆見於列傳者也。今載其數首。貞元四年曲江賜宴詩曰：「早衣對庭燎，躬化勤意誠，時此萬機暇，適與佳節并。曲池潔寒流，芳菊舒金英，乾坤爽氣澄，臺殿秋光清。朝野慶年豐，高會多歡聲，永懷無荒戒，良士同斯情。」其賜建封詩曰：「牧守寄所重，才賢生爲時。宣風自淮甸，授鉞膺藩維。入覲展遐戀，臨軒慰來思。忠誠在方寸，感激陳清詞。報國爾所尚，③恤人予是資。歡宴不盡懷，車馬當還期。穀雨將應候，行春猶未遲。勿以千里遥，而云無已知。」

246 褒貶前代忠奸

式閭表墓，爲新朝激揚首務，所以表是非之公，新天下之耳目也。唐武德元年詔，隋高熲、賀若弼、薛道衡、宇文㢸、（黄）〔董〕純等，並抗節懷忠，陷於極刑，特贈官加謚。貞觀元年詔，齊崔季舒、郭遵、封孝琰，以極言蒙難，褒敍其子孫。則不惟贈卹死者，且官其後人矣。麟德元年，又詔訪周宇文孝伯子孫，授以官。此皆褒忠令典也。貞觀（元）〔二〕年，追論隋臣裴虔通手弒煬帝之罪，削爵流驩州。七年，又詔宇文化及弟智及、司馬德戡、裴虔通、孟景、元禮、楊覽、唐奉義、牛方裕、元敏、薛良、馬舉、元武達、李孝本、孝質、①張愷、許弘仁、令狐行達、席德方、李覆等弒煬帝者，其子孫並禁錮，勿得齒敍。此亦足昭癉惡之公。然亂臣賊子人人得而誅之，化及等已死，錮其子孫是矣，裴虔通尚在，而徒以前代之事，不復正以誅殛，僅配流遐裔，尚不免失刑也。武后聖曆（元）〔二〕年，又追貶隋楊素子孫，不許仕京官及侍衛。

247 謚兼美惡

唐制，三品以上，皆得請謚，而其人之賢否不同，則必核其生平以定之，蓋猶存古道也。皇甫無逸官於蜀，其母卒於京，無逸奔喪歸，在途而死，太常謚曰「孝」。王珪駁之，謂無逸赴官，不與母偕，不可稱孝，乃更謚「良」。蕭瑀卒，太常謚曰「肅」，太宗以其多忌，改謚「貞褊」。（裴矩）〔宇文士及〕卒，初謚曰「恭」，劉洎以其侈肆駁之，乃改謚「縱」。封（倫）〔倫〕卒後，奸邪事發，改謚曰「繆」。許敬宗卒，博士袁思古議，敬宗棄子荒徼，嫁女蠻落，謚曰「繆」。敬宗孫彦伯請改謚，博士王福畤執不可，詔尚書省更議，以既過能改爲恭，乃請謚曰「恭」。新書謂更謚「蔡」。① 韋巨源卒，太常謚曰「昭」，李邕以其附武、韋爲相，不當得美謚，雖不聽而議者是之。楊炎卒，謚「肅愍」，孔戣駁之，改謚「平厲」。高璩卒，博士曹鄴議其爲相時交游醜雜，請謚爲「剌」，從之。皆見各本傳。是俱能存彰癉之公，不專以美舉阿人者。然其時已多請囑失實之弊。李虞仲奏言，古者將葬請謚，今近或二三年，遠或數十年方請，人殁已久，採諸傳聞不可考信，取諸誄狀亦多浮詞。請自今凡應得謚者，前葬一月，請考功太常定謚。在京者不得過半期，在外者不得過一期，若不請者，許考功即察行謚之。虞仲傳 蓋唐猶詳慎謚法如此。後世惟賜謚者始得謚，既邀恩賜，自必其人履行無虧，故謚皆有美而無惡也。

248 唐追贈太子之濫

子帝而追帝其父，禮也。弟而追帝其兄，兄而追帝其弟，已屬過當。如玄宗追册中宗子襄王重茂爲帝，以重茂本韋后所立爲帝，後退封襄王，故薨而仍以帝號還之，尚不失爲厚。玄宗又以兄憲讓己爲太子，得立，憲薨，追贈讓皇帝。肅宗以長兄琮早薨，追贈奉天皇帝。代宗以弟倓有功，被讒死，追贈承天皇帝。皆禮之過者，然猶有説以處此。至太子而追崇爲帝，必其子即位而追帝之，如金世宗太子允恭，以子章宗即位，而謚爲顯宗，元世祖太子真金，以子成宗即位，而謚裕宗是也。乃唐高宗之太子弘薨，而贈孝敬皇帝，則以父而追帝其子，不經之甚矣。若追贈太子，必其曾爲太子，或早薨，或不得其死，則仍復其舊稱。如中宗子重潤，在高宗時已立爲皇太孫，後爲武后杖死，神龍初贈懿德太子。憲宗立子寧爲太子，薨，贈惠昭太子。文宗立子永爲太子，後廢死，贈莊恪太子。此父之追贈其子也。太宗立子承乾爲太子，後廢，薨，不追封。高宗立子忠爲太子，後廢，死，封燕王。昭宗立子德王裕爲太子，後劉季述廢昭〔宗〕，立裕爲帝，反正後，仍以裕爲德王。中宗立子重俊爲太子，後起兵誅武三思，敗死，睿宗追贈節愍太子。此以叔而贈其姪，亦以其曾爲太子也。高祖立子建成爲太子，太宗殺之，即位後，仍贈隱太子。高宗立子賢爲太子，爲武后廢死，睿宗追贈章懷太子。玄宗立子瑛爲太子，以譖死，肅宗仍贈太子。此以弟而贈兄，亦以其曾爲太子，還其舊物也。敬宗子普，文宗時薨，贈悼懷太子。懿宗子倚，爲劉季述所殺，昭宗贈恭哀太子。此以叔而贈其姪，亦以普、倚本應爲太子，特以年幼未得立，而還其舊物，尚不失爲厚也。至未爲太子而死後追贈者，如玄宗子琬，薨，贈靖恭太子；代宗子邈，薨，贈昭靖太子；宣宗子漢，①薨，贈靖懷太子。此則其人本不應爲太子，而歿以太子之號榮之，已不免紊於禮，然此猶父之贈其子，於名分尚順也。若玄宗贈弟申王撝爲惠莊太子，岐王範爲惠文太子，薛王業爲惠宣太子。此三王者，將以爲睿宗之太子耶，則睿宗自有太子憲，睿宗在武后時爲帝，先立憲，後玄宗平内難，憲讓玄宗爲太子。繼又以玄宗爲太子。此三王初未身爲太子，則加以大國榮封可矣。太子之稱，究屬以子繼父而言，非同官爵之可加贈也，而以施於未爲太子之弟，轉似下儕於己子之列，此則苟欲以追崇見其友愛，而不知轉失禮甚矣。後穆宗子溱，文宗時以讒死，文宗贈懷懿太子。穆宗已有太子敬宗爲帝，溱未爲太子也，而文宗以從兄贈之爲太子，亦同此失。顧寧人日知録内但舉秦文公太子卒，賜謚爲竫公，及代宗追謚弟承天皇帝二事，尚未備。

249 帝號標后謚

以帝號標后謚，乃范蔚宗後漢書追書之例，非當日本制也。光武陰后本謚「烈」，以光武謚合之，故曰「光烈」。明帝馬后本謚「德」，以明帝謚合之，故曰「明德」。章帝竇后之稱「章德」，和帝鄧后之稱「和熹」，安帝閻后之稱「安思」，桓帝竇后之稱「桓思」，靈帝何后之稱「靈思」，獻帝曹后之稱「獻穆」，皆仿此。其桓帝梁后謚「懿獻」二字，不便合帝謚并稱，則曰桓帝懿獻梁皇后，此可以見范史牽合之書法也。後世不察，乃遂於皇后定謚時，即係以帝號。如唐高祖崩，合帝謚曰太穆神皇后。文德皇后崩，始謚「文德」，及太宗崩，合謚曰文德聖皇后，是反以夫從婦矣。睿宗竇后之謚，太常初謚曰「大昭成」，或援范史例，謂宜引「聖真」冠謚，以單言配之，應曰「聖昭」，或「睿成」；以雙言配之，應曰「大聖昭成」，或「聖真昭成」。以睿宗謚玄真大聖大興孝皇帝故也。謂此後漢「光烈」等謚例，且本朝「太穆」、「文德」故事也。太常駮之曰：「蔚宗以帝號標后謚，是史家記事體，婦人非必與夫同也。入廟稱后，義繫於夫，在廟稱太，義繫於子。文母生號也，文王謚也，周公豈以夫從婦乎。後漢書不可爲據。」詔曰：「可。」俱見皇后傳後漢書皇后紀論曰：「漢世皇后無謚，皆因帝謚以爲稱。中興明帝始建『光烈』之稱，其後定以德配，故馬、竇二后俱稱『德』焉。蔡邕始追正和熹之謚，其安思、順烈以下，皆依而加焉。」案蔡邕謚議曰：「漢世母氏無謚，至明帝始建『光烈』之稱。自是轉因帝號加之以『德』，上下優劣，混爲一體，殊非禮制。謚法有功安人曰同，①帝后一體，禮亦宜同。大行皇太后謚宜爲『和熹』。」據此，則后之有專謚，始於明帝之謚陰后，繼成於蔡邕之謚鄧后。北史后妃傳序云，皆從帝謚爲皇后謚。今案如神元皇后竇氏、桓皇后惟氏、平文皇后王氏之類是也，神元、桓、平文皆帝謚也，其皇后無本謚，故即從帝之謚也。又案魏道武追謚先世皇后，皆無本謚。至道武以後，則后自有謚，如道武宣穆皇后劉氏、明元昭哀皇后姚氏是也。「道武」、「明元」，帝謚也，「宣穆」、「昭哀」，后謚也，其曰道武宣穆，及明元昭哀者，亦史家追書之例，以帝號標后謚也。

250 皇后哀册尊稱

德宗昭德皇后薨，侍郎李紓撰册文，曰「大行皇后」。帝以爲不典，命學士吳通玄爲之，又云「咨后王氏」。議者亦以爲非。宜如貞觀中岑文本撰文德皇后謚册，曰「皇后長孫氏」。舊唐書

251 祔葬變禮

招魂而葬，本起於東漢。光武姊元，爲鄧晨妻，起兵時元被害，後晨封侯，卒，帝追尊姊爲公主，招

其魂與晨合葬，此招魂葬之始也。唐中宗和思趙皇后，先爲武后幽死，莫知瘞所。中宗崩，議者以韋后得罪，不宜祔葬，乃追謚趙爲皇后，欲行招魂祔葬之禮。博士彭景直上言，古無招魂之禮，不可備棺槨，宜據漢書郊祀志葬黄帝衣冠於橋山故事，以皇后褘衣於陵所寢宫，招魂置衣于魂輿，以太牢告祭，遷衣於寢宫，覆以夷衾而祔葬焉，從之。睿宗劉后、竇后，亦皆爲武后所殺，莫知瘞所，後亦招魂葬之，蓋亦仿趙后例也。然古不墓祭，惟以立主於廟爲重。即葬衣冠，而必先招魂於衣冠，然後葬之，是欲以歸天之魂使之入地，理難强通。蓋魂氣歸於天，體魄歸於地，招魂而葬，是仍欲使魂入地也。既莫知瘞所，似不必復設祔葬之虚禮，但奉主祔廟可耳。按晉東海王越歿於項，其喪柩爲石勒所焚，妃裴氏渡江歸於元帝，欲招魂葬越。博士傅純曰：「聖人制禮，設冢槨以藏形，事之以凶，(主)〔立〕廟祧以安神，事之以吉。送形而往，迎精而反，此墓廟之大分，形神之異制也。室廟、寢廟，祭非一處，所以廣求神之道，而獨不祭於墓，非神之所處也。」遂詔不許。是晉人已有定議矣。

代宗沈后德宗之母陷賊，不知存亡。德宗即位，屢求不獲。至憲宗時，羣臣請仿晉庾蔚之議，尋求三年之後，又俟中壽而服之。①乃以是年九月發哀，先令造褘衣一副，擇日祔代宗陵。此亦無於禮者之禮也。案晉書李胤傳，胤祖敏避公孫度之命，浮海不知所終。胤父信追求積年不獲，欲行喪又恐父尚存，有鄰人與父同歲者死，乃以是時行喪。後因徐邈勸娶妻，既生子，遂絶房室。此亦一故事。南史沈洙傳，建康令沈孝軌門生牒稱，主人父靈柩在周，主人奉使關右，因欲迎喪，久而未返。今月晦即是再朞，主人弟息應以是月末除靈，抑或應待主人還除靈。江德藻云，禮久而不葬，惟主喪者不除，其餘各終月數而除，此家内有事未得葬者耳。孝軌既在異域，雖迎喪而無還期，諸弟若遂不除，則永絶婚嫁，宜咨沈洙。洙議曰：「禮有〔變〕正，有從宜，禮小記之文，禮之正也。但魏氏東關之役，失亡屍骨，葬禮無期，議者以爲無終身之喪，故制使除服。晉氏喪亂，或死於北庭，無從迎柩，故又申明其制。今孝軌喪還未有定期，在此者應除服。若喪柩得還，別行改葬之禮。」禮記云，改葬之禮服緦。不忍無服送至親也。

252 謚后於廟

順宗王皇后崩，太常進謚，公卿欲告天地宗廟，禮院奏曰：「案禮曾子問，古者天子稱天以誄之，皇后之謚則讀於廟。江都集禮亦曰謚皇后於廟，又曰皇后無外事，無爲於郊也。準禮賤不誄貴，子不爵母，所以必謚於廟者，宜受成於祖也。故天子謚於郊，后妃謚於廟。」從之。

253 兩太后並稱

文宗即位時，敬宗母王太后尚在，而文宗自有母蕭太后，乃號敬宗母曰寶曆太后。又以兩太后難於分別，乃詔以宮名別之，寶曆太后居義安宮，稱義安太后。後武宗即位，文宗母蕭太后尚在，徙居積慶殿，乃稱積慶太后。

254 皇太后不祔葬

穆宗久葬，其妃韋氏生武宗，亦已久亡，武宗立，欲以母祔葬于穆宗之光陵。宰臣奏，神道安於静，光陵葬已二十年，不可更穿，太后所葬之福陵亦崇築已久，不宜從請，但奉主祔廟穆宗，從之。①

又明世宗有三后，孝（源）〔潔〕，元配也；繼張后，被廢；繼孝烈方氏，薨。帝欲先以其神主祔太廟，羣臣請設位於皇妣睿皇后之次，後寢藏主，則設幄於憲廟皇祖妣之右，以從祔於祖姑之義。帝曰：「安有享從此而主藏彼，可祧仁宗，而以后主即列於朕之位次。」羣臣言后雖宜祔享，但遷及廟次，非臣子所敢言。帝怒，乃祔主於第九室。隆慶中，從羣臣議，仍以元配孝（源）〔潔〕后合葬永陵，孝烈主移於弘孝殿。

案明憲宗生母周，已尊爲皇太后，孝宗時始崩。孝宗問劉健等祔廟禮，健曰：「漢以前一帝一后，祔二后自唐始也，祔三后自宋始也。三后者，一正后，一繼后，一生母也。」帝曰：「事須師古，祖宗來一帝一后，今並祔則壞禮自朕始矣。」遂不祔廟。嘉靖中移祀陵殿，題主曰皇后，不繫帝謚，以别嫡庶。自後穆宗母，神宗母，光宗、熹宗、莊烈帝母，咸用此制。

255 建成元吉之子被誅

謀反者族誅，秦、漢、六朝以來，皆用此法。見崔仁師傳太宗爲秦王時，殺建成、元吉，不過兄弟間互相屠害，其時太宗尚未爲帝，不可以反論也。乃建成子安陸王承道、河東王承德、武安王承訓、汝南王承明、鉅鹿王承義，元吉子梁郡王承業、漁陽王承鸞、（晉）〔普〕安王承獎、江夏王承裕、義陽王承度，俱坐誅，除其屬籍。是時高祖尚在帝位，而坐視其孫之以反律伏誅，而不能一救，高祖亦危極矣。

256 没入掖廷

族誅者，既誅其壯丁，而妻妾子婦及子孫之幼者，皆没入掖廷爲奴婢。如樊興、錢九隴俱以父犯罪配没爲皇家隸人。興等傳 武后殺唐宗室，壯者皆被戮，幼者皆没入爲官奴。巢王明傳 李師道既誅，其小男没入掖廷，師道傳 此子孫之幼者也。齊王元吉被誅，其妃没入宫爲太宗妃。巢王明傳 盧江王瑗既誅，其姬入侍太宗。王珪傳 上官儀及子庭芝既被誅，庭芝妻鄭及女婉兒配入掖廷。儀傳① 吴元濟之妻沈氏，李師道之妻魏氏，敗誅後皆没入。元濟、師道傳 師道既誅，憲宗謂宰相曰：「李師古之妻，於師道叔嫂也，雖云逆族，亦宜（等）降〔等〕」，李宗奭妻，亦士族也，今俱在掖廷，於法似稍深。」崔羣奏此聖主仁惻之心也。於是師古妻裴氏，女宜娘，宗奭妻韋氏及男女皆釋。羣傳 御史李孝本，皇族也，坐李訓事誅，其女没入宫，魏謩諫出之。謩傳 又元載女真一，少爲尼，載敗没入宫，德宗時始告以載死，號泣投地。則女之出家者亦不免也。載傳 韓滉過汴，語劉玄佐曰：「宜早見天子，不可使太夫人白首與新婦子孫填宫掖。」滉傳 蓋當時法令如此。然其中亦有生貴子者。肅宗爲太子時，玄宗命高力士選良家子侍之，力士曰：「京兆料擇，人得藉口，不如掖廷衣冠女。」會有吴令珪坐事死，女没入宫，力士選以進，後生代宗，即章敬皇后也。李錡反被誅，其妾鄭氏没入宫，憲宗幸之，後生宣宗，即孝明皇后也。

按北史崔昂傳，律文籍没者，婦人年六十以上免配官。

257 唐女禍

報應之説，本屬渺茫，然亦有不得不信者。唐高祖初爲晉陽留守時，宫監裴寂私以宫人入侍，後太宗起兵，使寂以此事脅高祖，謂二郎舉義旗，正爲寂以宫人侍公，恐事發族誅耳，高祖意乃決。寂傳是高祖之舉兵，實以女色起也。及太宗殺弟元吉，即以元吉妻爲妃。廬江王瑗以反誅，而其姬又入侍左右。是兩代開創之君，皆以女色縱慾。孰知貞觀之末，武后已在宫中，其後稱制命，殺唐子孫幾盡，中冓之醜，千載指爲笑端。韋后繼之，穢聲流聞，并爲其所通之武三思，榜其醜行於天津橋，以傾陷張柬之等，尋又與安樂公主毒弒中宗。宫闈女禍，至此而極。及玄宗平内難，開元之治，幾於家給人足，而一楊貴妃足以敗之。雖安史之變不盡由於女寵，然色荒志怠，惟耽樂之從，是以任用非人而不悟，釀成大禍而不知，以致漁陽鼙鼓，陷没兩京，而河朔三鎮從此遂失，唐室因以不競，追原禍始，未始非色荒之貽害也。然則以女色起者，仍以女色敗，所謂君以此始，亦以此終者，得不謂非天道好還之昭然可見者哉。

258 武后之忍

古來無道之君，好殺者有石虎、苻生、齊明帝、北齊文宣帝、金海陵煬王，其英主好殺者，有明太祖，然皆未有如唐武后之忍者也。自其初搤死親女，以誣王皇后，后爲昭儀時，生女，皇后至，撫弄而去。昭儀潛斃女于衾下，伺帝至，陽歡笑，發衾，女死矣。左右曰「皇后適至」，昭儀悲啼，帝怒曰：「后殺吾女。」后無以自解，尋被廢。絶毛裏之愛，奪燕昵之私，固已非復人理。及正位後，王后、蕭良娣被廢，各杖二百，反接投釀甕中，曰令二嫗骨醉。數日死，猶殊其屍。并竄長孫无忌、褚遂良等至死。又殺上官儀。其出手行事，即凶燄絶人，然此猶曰妒者常情，不得不害人以利己也。稱制後，欲立威以制天下，開告密之門，縱酷吏周興、來俊臣、邱神勣等起大獄，指將相俾相連染，一切按以反論，吏爭以周内爲能，于是誅戮無虚日。大臣則裴炎、劉禕之、鄧玄挺、閻温古、張光輔、魏玄同、劉齊賢、王本立、范履冰、裴居道、張行廉、史務滋、傅游藝、岑長倩、格輔元、歐陽通、樂思晦、蘇幹、李昭德、李元素、孫元亨、石抱忠、劉奇等數十人；大將則程務挺、李光誼、黑齒常之、趙懷節、張虔勗、泉獻誠、阿史那元慶等，亦數十人；庶僚則周思茂、郝象賢、薛顗、裴承光、弓嗣業、弓嗣明、弓嗣古、郭正一、弓志元、弓彭祖、王令基、崔詧、劉昌從、劉延景、柳明肅、蘇踐言、白令言、喬知之、阿史那惠、杜儒童、張楚金、元萬頃、苗神客、裴望、裴璉、韋方質、劉行實、劉（日）〔行〕瑜、劉行感、（張）〔劉〕虔通、雲弘嗣、李安静、裴匪躬、范雲仙、薛大信、來同敏、劉順之、宇文全志、柳璆、閻知微等，①數十百人，皆駢首就戮，如刲羊豕。甚至邱神勣、來俊臣向爲后出死力以害朝臣者，亦殺之。其流徙在外者，又遣萬國俊至嶺南殺三百餘人，又分遣六御史至劍南、黔中等郡，盡殺流人，皆惟恐殺人之少，劉光業所殺九百餘人，其餘少者亦不減五百，雖明祖之誅胡、藍二黨，不是過也。然此猶曰中外官僚，非戚屬也。越王貞、瑯琊王沖起兵謀復王室，事敗被誅，于是殺韓王元嘉、魯王靈夔、范陽王藹、②黄公譔、東莞公融、霍王元軌、江都王緒、舒王元名、汝南王瑋、鄱陽公諲、廣漢公謐、汶山公蓁、廣都王璹、恒山王厥、江王（知）〔元〕祥及其子皎，嗣鄭王璥、豫章王亶、蔣王煒、安南郡王穎、鄅國公昭、滕王元嬰子六人，紀王慎之子義陽王琮、楚國公（璿）〔叡〕、襄陽公秀、廣化公獻、建平公欽，曹王明，及諸宗室李直、李敞、李然、李勳、李策、李越、李黯、李元、李英、李志業、李知言、李元貞、鉅鹿公晃等數十百人，除其屬籍，幼者流嶺表，又爲六道使所殺，雖蕭鸞之殺高、武子孫，完顔亮之殺太祖、太宗子孫，亦不是過也。然此猶曰李氏宗室，非武族也。武元慶、元爽則后兄也，惟良、懷運則后兄子也，元慶、元爽尋坐事死。后姊之女爲高宗所私，封魏國夫人，后私毒之死，又歸罪於惟良、懷運，殺之。然此猶曰異母兄姪，本不相睦也。若高宗子，則后之諸子也，後宫所生忠，已立爲皇太子，因武后有子弘，甘讓儲位，改封梁王，乃廢流黔州，賜死。澤王上金，後宫楊氏所生，許王素節，蕭淑妃所生，武三思諷周興誣以謀反，縊素節于驛亭，上金聞之亦自縊，上金七子，素節九子，並誅，幼者悉囚雷州。然此猶曰非己所生也，太子弘則后親子，立爲儲貳，賢德聞天下，以其請蕭淑妃女之幽于掖廷者出嫁，遂惡之，又以其聰睿不便於己，竟酖之死。弘既死，立其弟賢爲太子，亦后親子也，又以觸忌而使人發其陰事，高宗欲薄其罪，后曰：「大義滅親，不可赦。」乃廢爲庶人，流巴州，後又遣邱神勣逼殺之，并殺其子光順。僅一子守禮，亦幽于宮中，屢被杖。玄宗時，岐王嘗奏其能知雨暘，帝問之，對曰：「臣無他，天后時被杖創痕，雨則沈懣，霽則佳故耳。」又中宗子邵王重潤，則后孫也，永泰公主，則后女孫也，主壻武延基，則女孫壻也，三人嘗私言張易之等出入宮中，恐有不利，后聞之，咸令自殺。太平公主夫駙馬薛紹，則親女壻也，亦以私怒殺之。此則因縱慾而殺親子孫，天理滅矣。然此猶不便於縱慾而害之也。薛懷義入侍牀笫，寵冠一時，至命爲行軍大總管，率十八將軍擊默啜，以宰相李昭德、蘇味道爲其長史司馬，可謂愛之極矣，後以嫌即令太平公主伏有力婦人數十，縛而殺之，畚車載其屍還白馬寺。斯又情之最篤者，亦割愛而絶其命矣。新唐書謂其當忍斷，雖甚愛不少隱也。真千古未有之忍人也哉！

按古來太后以縱慾而殺子者，後魏文明馮太后，行不正，有内寵李奕，獻文帝因事誅之，馮太后遂害帝。然帝非馮后親子也。明帝母靈后胡氏，親生明帝，帝幼登極，太后恣行凶穢。後帝長，母子間起嫌隙，太后乃毒死明帝，後爲爾朱榮沈於河。是徒有武后之失德，而無武后之雄才，更不足道也。

259 武后納諫知人

武后之淫惡極矣，然其納諫知人，亦自有不可及者。初稱制，劉仁軌上疏，以吕后爲戒，后即使武承嗣齎敕慰諭之。仁軌傳大食國獻獅子，①姚璹奏不貴異物，后即詔止其來使。九鼎成，欲以黄金塗之，亦爲𤩽諫而罷。𤩽傳后欲以季冬講武，有司遷延至孟春，王方慶諫，孟春不可習武，即從之。方慶傳季秋梨花開，后出以示宰相，皆以爲仁及草木，杜景儉獨以爲陰陽不和所致，后曰：「真宰相也。」景儉傳河北民陷契丹者，武懿宗將奏殺之，景儉以爲皆迫脅所致，宜原之。王求禮并謂懿宗遇賊退縮，反加罪被脅之民，請斬懿宗以謝河北，后即爲赦河北。景儉、王求禮傳張庭珪諫造大像，即允之，并召見面慰。庭珪傳朱敬則請改嚴刑，從寬政，亦從之。敬則傳李嶠請雪舊爲酷吏破家者，后未聽，桓彥範等又上十疏，卒從之。嶠等傳蘇安恒奏請歸政太子，后亦不怒。然此猶論列朝政也。至其所最寵倖而諱之者，宜莫如薛懷義、張易之、張昌宗，然蘇良嗣遇懷義於朝，命左右批其頰，懷義訴於后，后第戒其出入北門，毋走南牙觸宰相，而未聞罪良嗣也。良嗣傳懷義度白丁爲僧，御史周矩劾之，后曰：「朕即令赴臺。」懷義至，坦腹於牀，矩召吏將案之，懷義遽乘馬去。矩以聞，后曰：「此道人病風，不可苦問。其所度僧，聽卿勘。」矩悉配流之。後矩爲懷義所譖免官，亦未聞加以罪也。矩傳②后晚年尤愛張易之、昌宗兄弟。易之誣奏魏元忠欲挾太子爲耐久朋，引張説爲證，及廷詰説，言元忠無此語。雖貶元忠爲高要尉，流説欽州，然未聞致之死也。易之贓賂事發，爲御史臺所劾，詔桓彥範、袁恕己等鞫之，彥範等奏罪當族。昌宗自陳爲后鍊丹有功，詔雖釋之，然尚以贓賂歸罪于其兄昌儀、同休而罷其官，亦未聞罪彥範等也。昌宗引術者占己有天子分，宋璟劾奏請付獄，便窮究。后陽許，而令璟出使幽州，別令崔神慶鞫，免其罪。璟猶執奏昌宗當斬，李邕曰：「璟言是。」后雖不聽，亦未嘗罪璟、邕等也。昌宗傳易之引蜀商宋霸子等入宮，宴后前，韋安石奏賤類不宜預，顧左右逐出之。后更慰（免）〔勉〕，不聞其罪安石也。安石傳然此猶未直陳其淫穢之醜也。至朱敬則疏諫選美少年，則曰：「陛下内寵有薛懷義、張易之、昌宗矣，近又聞尚食柳模自言，其子良賓，潔白美鬚眉，長史侯祥云，陽道壯偉，堪充宸内供奉。」桓彦範以昌宗爲宋璟所劾，后不肯出昌宗付獄，彦範亦奏云：「陛下以簪履恩久，不忍加刑。」此皆直揭后之燕昵嬖倖，可羞可恥，敵以下所難堪，而后不惟不罪之，反賜敬則綵百段，曰：「非卿不聞此言。」而於璟、彦範亦終保護倚任。夫以懷義、易之等，牀笫之間，何言不可中傷善類，而后迄不爲所動摇，則其能别白人才，主持國是，有大過人者，其視懷義、易之等，不過如面首之類。人主富有四海，妃嬪動至千百，后既身爲女主，而所寵倖不過數人，固亦無足深怪，故后初不以爲諱，并若不必諱也。至用人行政之大端，則獨握其綱，至老不可撓撼。陸贄謂后收人心，擢才俊，當時稱知人之明，累朝賴多士之用。李絳亦言后命官猥多，而開元中名臣多出其選。舊書本紀贊謂，后不惜官爵，籠豪傑以自助，有一言合輒不次用，不稱職亦廢誅不少假，務取實才真賢。③然則區區帷薄不修，固其末節。而知人善任，權不下移，不可謂非女中英主也。

按魏文明馮后雖毒死獻文帝，然能慈愛獻文之子孝文帝，迄於成立。孝文雖御極，而性謙謹，事皆決於太后。太后多智，猜忍殺戮，賞罰決於俄頃。王叡出入卧内，數年便爲宰輔。李沖以才見任，亦由幃幄之寵，錫賚不可勝計。然后性嚴明，左右有過，動加捶楚，尋又待之如初，或更加富貴。故人人懷于利，至死而不思退。太后又外禮人望元丕、游明根等，每至獎美王叡等，輒引丕等參之，以示無私。

260 改惡人姓名

惡其人而改其姓名，蓋本於左傳所云檮杌、饕餮、渾沌、窮奇之類，然此但加以惡稱，非易其氏名，且非朝制也。其改爲惡姓惡名者，王莽以單于囊知牙斯不順命，改匈奴單于爲降奴單于，此已開其端。後漢桓帝誅梁冀，惡梁姓，時鄧后猶冒梁姓，乃改后姓爲薄，此改姓也。吴孫皓殺何定，以其惡似張布，乃改定名爲布，此改名也。孫峻、孫綝專權肆惡伏誅，吴主孫休削其宗室屬籍，但稱故峻、故綝，此另是一法。晉成帝時，南頓王司馬宗有罪誅，貶其族爲馬氏。宋竟陵王劉誕反，伏誅，孝武帝改其姓爲留氏。「留」與「劉」同音也。又改晉熙王母謝氏爲射氏。齊明帝殺魚腹侯子響，改其姓爲蛸氏。「蛸」與「蕭」同音也。梁武帝弟子正德奔魏，尋又亡歸，帝改其姓爲背氏。豫章王綜奔魏，帝惡其悖逆，改其子直爲悖氏。武陵王紀起兵，被誅，元帝改其姓爲饕餮氏。隋楊玄感反，伏誅，煬帝改其姓爲梟氏。唐高宗王皇后、蕭良娣爲武后所殺，武后改王皇后姓爲蟒氏，蕭良娣姓爲梟氏。武后又殺其姪武惟良、武懷運，皆改姓蝮氏。革命後，琅琊王沖、越王貞起兵復唐，事敗被殺，皆改姓虺氏；連坐之韓王元嘉、魯王靈夔、范陽王藹、①黄公譔、東莞公融、常樂公主，亦改爲虺氏。契丹首領李盡忠及孫萬榮反，后遣兵討之，改李盡忠爲李盡滅，孫萬榮爲孫萬斬。突厥默啜入寇，改其名曰斬啜。又骨咄禄入寇，改其名曰不卒禄。中宗時，成王千里欲誅武三思黨宗楚客等，不克，被誅，改姓蝮氏。玄宗初，太平公主謀逆，竇懷貞懼罪投水死，追戮其屍，改姓毒氏，宗室李晉亦與太平之謀，被誅，改姓厲氏。皆亂世不經之陋例也。

261 朝賀近臣先行禮

朝賀時，近御諸臣須于殿陛侍班，故先于内殿行禮，然後隨至正殿，此制蓋自唐武宗始。會昌（元）〔二〕年，中書省奏，元日御含元殿，百官就列，惟宰相及兩省官，皆于未開扇之前立欄檻内，及扇開即侍立於御前，是宰相近臣轉不得行禮。請御殿日，宰相兩省官在香案前侍立，俟扇開即再拜，拜訖升殿侍立，然後百官行禮。從之。本紀

262 大臣搜檢

漢制，大臣劍履上殿者，例帶木劍，不得有兵刃，蓋防微杜漸之意。魏、晉以來，遂著令，進見者必先搜檢，雖宰相不免焉。唐文宗始命停之，詔曰：「任則不疑，疑則不任。乃自魏、晉以來，虚儀檢索，舊習尚存，朕方推大信，況吾台宰，又何閒焉。自後紫宸坐朝，衆寮既退，宰臣復進奏事，其監搜宜停。」本紀可知此詔以前，大臣搜檢，久成故事。君臣一體，何至猜防若此，文宗可謂知政體矣。然如金熙宗時，海陵爲相，與十餘人帶刀入宫，侍衛等見以爲常，遂成弑逆，是亦不可過於闊略也。

263 度牒

宋時凡賑荒興役，動請度牒數十百道濟用，其價值鈔一二百貫至三百貫不等，不知緇流何所利而

買之，及觀李德裕傳，而知唐以來度牒之足重也。徐州節度使王智興奏准，在淮泗置壇，度人爲僧，每人納二緡，①即給牒令回。李德裕時爲浙西觀察使，奏言江淮之人聞之，户有三丁者，必令一丁往落髮，意在規避徭役，影庇貲産。今蒜山渡日過百餘人，若不禁止，一年之内即當失卻六十萬丁矣。據此則一得度牒，即可免丁錢，庇家産，因而影射包攬可知，此民所以趨之若鶩也。然國家售賣度牒，雖可得錢，而實暗虧丁田之賦，則亦何所利哉。

第十九卷校證

239 貞觀中直諫者不止魏徵

①孫伏伽諫元律師罪不當死　按：事見新唐書魏徵傳（卷九七），「元律師」原刻本誤作「元師律」，西畬本已改正。

240 時政記

①蘇冕言　按：此下至「是爲時政記，每月封送史舘」，爲撮録唐會要卷六三、六四史舘雜録之文。今本唐會要成書於宋初王溥，而創始於唐蘇冕，故引用其説稱「蘇冕言」。

②憲宗嘗問李吉甫：「時政記記何事？」……（憲宗紀）　按：事見舊唐書李吉甫傳（卷一四八）及唐會要卷六四

史館雜録下篇，非憲宗紀。

③穆宗時，宰臣崔植等奏請，坐日所有君臣獻替事宜，應隨日撰録，號爲聖政記，歲終付史館　按：事見舊唐書穆宗紀（卷一六），文末有「事亦不行」四字，是雖有其議而未嘗實行。

242　唐諸帝多餌丹藥

①方士那羅邇娑娑　按：舊唐書太宗紀（卷三）作「那羅邇娑婆」，郝處俊傳（舊書卷八四，新書卷一一五）作「那羅邇娑寐」，天竺傳（舊書卷一九八，新書卷二二一下）作「那羅邇娑婆寐」。除天竺傳外，各名均有脱誤，應據改。

245　德宗好爲詩

①貞元二年，宴羣臣於麟德殿，賦詩一章，令羣臣和　按：事在四年二月，見舊唐書德宗本紀（卷一三）。

②十二年，……製中和樂武曲，於御殿奏之。是年仲春，賜宴麟德殿，九日賜宴曲江，皆賦詩　按：九日賜宴曲江及賦詩在十三年秋。製中和樂武曲、賜宴麟德殿及賦詩八韻皆在十四年春，見舊書本紀。

③報國爾所尚　按：「尚」原刻本作「當」，廣雅本已改正。

246　褒貶前代忠奸

①李孝本、孝質　按：「質」原刻本作「哲」，西畲本已改正。

247 謚兼美惡

①乃請謚曰「恭」。（新書謂更謚「蔡」） 按：百衲本影印宋嘉祐本新唐書作「恭」，趙氏所據之本有誤。

248 唐追贈太子之濫

①宣宗子漢 按：「漢」字見舊唐書宣宗諸子傳（卷一七五），而新唐書宣宗諸子傳（卷八二）作「渼」，通鑑卷二四八、二四九亦皆作「渼」，字應作「渼」。

249 帝號標后謚

①謚法有功安人曰同 按：「同」應作「熹」，見後漢書和熹鄧皇后紀注（卷一〇）。

251 祔葬變禮

①至憲宗時，羣臣請仿晉庾蔚之議，尋求三年之後，又俟中壽而服之 按：此文原出於舊唐書沈后傳（卷五二）。晉書禮志（卷二〇）引庾蔚之云：「二親爲戎狄所破，存亡未可知者，宜盡尋求之理。尋求之理絶，三年之外，便宜婚宦，胤嗣不可絶，王政不可廢故也。猶宜以哀素自居，不豫吉慶之事，待中壽而服之也。」庾蔚之爲宋人，議及晉事，故誤以爲晉人。

254 皇太后不祔葬

①但奉主祔廟穆宗，從之　按：「祔廟穆宗」應作「祔穆宗廟」。新唐書卷七七后妃傳云：「宣懿太后實生嗣君，當以祔廟，繇是奉后合食穆宗室。」本文由此簡化，已不成文義，應改正如上。

256 没入掖廷

①上官儀及子庭芝既被誅，庭芝妻鄭及女婉兒配入掖廷。（儀傳）　按：「儀傳」應作「昭容上官氏傳」（舊書卷五一，新書卷七六）。

258 武后之忍

①于是誅戮無虚日。……閻知微等　按：閻知微投降突厥，引之入寇，後默啜可汗遣之還，遂受族誅，其死爲罪有應得，但因其事牽連而死者則不免多枉，如通鑑云：「疏親有先未相識而同死者。」（卷二〇六）是其例。

②范陽王藹　按：「藹」見舊書武后紀及二書本傳（舊書卷六四，新書卷七九），新書則天后紀則作「靄」。原刻本作「靄」，西畬本改從多數作「藹」，今從之。

259 武后納諫知人

①大食國獻獅子　按：「食」原刻本作「石」，西畬本已改正。

②後矩爲懷義所譖免官，亦未聞加以罪也。（矩傳）　按：「矩傳」應作「懷義傳」（舊書卷一八三）。

③舊書本紀贊謂，后不惜官爵，籠豪傑以自助，有一言合輒不次用，不稱職亦廢誅不少假，務取實才真賢　按：舊唐書則天皇后紀（卷六）史臣曰：「汎延讜議，時禮正人，初雖牝雞司晨，終能復子明辟。飛語辨元忠之罪，善言慰仁傑之心，尊時憲而抑幸臣，聽忠言而誅酷吏。有旨哉！有旨哉！」雖爲肯定武后之語，而與本文出入甚大。明于慎行讀史漫録（卷七）云：「武后操誅賞之柄，以籠絡天下，故嘗有不測之恩威，鼓舞一世。所嘗親信，一不稱職輒加刑戮，不少顧惜。至乃危言切諫，或以誹謗上聞，往往優容，終無所問。故能駕御一世，莫敢誰何，當時英賢亦樂爲之用。使在丈夫，漢武之流也。」本文之意與之相近，似即約取其説而來，而誤題爲「舊書本紀贊」。

260　改惡人姓名

①范陽王藹　按：同本卷武后之忍篇校證②。

263　度牒

①每人納二絹　按：舊唐書李德裕傳（卷一七四）作「納二緡」，新唐書德裕傳（卷一八〇）作「輸錢二千」，本文「絹」字應作「緡」。

中國史學基本典籍叢刊

廿二史劄記校證

下

〔清〕趙　翼著
王樹民校證

中華書局

廿二史劄記卷二十

264 唐代宦官之禍

東漢及前明宦官之禍烈矣，然猶竊主權以肆虐天下，至唐則宦官之權反在人主之上，立君，弑君，廢君，有同兒戲，實古來未有之變也。推原禍始，總由於使之掌禁兵，管樞密，所謂倒持太阿，而授之以柄，及其勢已成，雖有英君察相，亦無如之何矣。身在禁闈，社鼠城狐，本易竊弄威福，此即不典兵，不承旨，而燕閒深密之地，單詞片語偶能移動主意，軒輊事端，天下已靡然趨之。如高力士貴幸時，儌倖者願一見如天人。肅宗在東宮，亦以兄事之，諸王公主呼爲翁，戚里諸家尊曰爹，將相大臣皆由之以進。嘗建佛寺道觀各一所，鐘成，宴公卿，一扣者納禮錢十萬，有至二十扣者。李輔國貴幸時，人不敢斥其官，直呼爲五郎。李揆當國，以子姓事之。嘗矯詔遷上皇於西内，至憂鬱以崩。他如魚朝恩忌郭子儀功高，譖罷其兵柄。程元振譖來瑱賜死，李光弼遂不敢入朝；又譖裴冕罷相，貶施州，以致方鎮解體，吐蕃入寇，代宗倉黄出奔，徵諸道兵，無一至者。此猶是未掌兵權未管樞要以前事也。按代宗欲除輔國而憚其握兵，是代宗時宦官已典兵，然代宗由廣平王爲元帥，即位後猶有帥府之名，令輔國爲元帥行軍司馬，程元振繼之，朝恩亦爲觀軍容使，俱係暫時管攝，未得常主兵柄。自德宗懲涇師之變，禁軍倉卒不及徵集，還京後不欲以武臣典禁兵，乃以神策、天威等軍置護軍中尉、中護軍等官，以内官竇文場、霍仙鳴等主之，於是禁軍全歸宦寺。其後又有樞密之職，凡承受詔旨，出納王命，多委之，於是機務之重又爲所參預。按李吉甫傳，憲宗初，有中書小吏滑渙，與樞密使劉光琦昵，頗竊權。又裴（洎）〔垍〕傳，李絳承旨翰林，有中人梁守謙掌密命。是樞密之職蓋始于德宗之末憲宗之初。又嚴遵美傳，樞密使無廳事，惟三楹舍藏書而已，其後遂有堂狀貼黄，决事與宰相等。是二者皆極要重之地，有一已足攬權樹威，挾制中外，況二者盡爲其所操乎。其始猶假寵竊靈，挾主勢以制下，其後積重難返，居肘腋之地，爲腹心之患，即人主廢置亦在掌握中。僖宗紀贊謂，自穆宗以來八世，而爲宦官所立者七君。今案本紀，憲宗時，太子寧薨，中尉吐突承璀欲立（豐）〔澧〕王惲，而惲母賤不當立，乃立遂王宥爲皇太子。憲宗崩，宦官陳弘志殺承璀及惲，以皇太子即位，是爲穆宗。舊書王守澄傳，憲宗崩，守澄與馬進潭、梁守謙等册立穆宗，蓋皆與陳弘志同謀者。是穆宗之立，由陳弘志等之力也。然穆宗猶是憲宗時已立爲皇太子，而弘志等翊戴之，尚非擅立。敬宗夜獵還宫，與中官劉克明、田務成、許文端，軍將蘇佐明、王嘉憲、石定寬等二十八人飲，帝醉，入室更衣，殿上燭忽滅，劉克明等同害帝，蘇佐明等矯制立絳王。樞密使王守澄、中尉梁守謙率禁軍討賊，誅絳王，迎江王即位，是爲文宗。是文宗之立，由王守澄等之力也。然此猶敬宗未有太子，故討賊立君，亦尚出于正。至文宗在時，已立敬宗子成美爲皇太子矣，及大漸，宰相李珏樞密使劉弘逸等又奉密旨，以成美監國，乃中尉仇士良、魚弘志矯詔廢成美，立潁王瀍爲皇太弟，即位，是爲武宗。是武宗之立，由仇士良等之力也。此則廢先帝所立之太子而擅易之，其惡更非陳弘志、王守澄等比矣。武宗崩，中尉馬元贄立光王怡爲皇太叔，即位，是爲宣宗。時武宗未有太子。是宣宗之立，由馬元贄之力也。宣宗疾大漸，以夔王滋屬樞密使王歸長、馬公（孺）〔儒〕等，而中尉王宗實及丌元實矯詔立鄆王爲皇太子，即位，是爲懿宗。是懿宗之立，由王宗實等之力也。懿宗大漸，中尉劉行深、韓文約立普王爲皇太子，即位，是爲僖宗。是僖宗之立，由劉行深等之力也。僖宗大漸，羣臣以吉王保最賢且長，欲立之，觀軍容使楊復恭率兵迎壽王爲皇太弟，即位，是爲昭宗。是昭宗之立，由楊復恭之力也。統計此六七代中，援立之權，盡歸宦寺，宰相亦不得與知。且不特此也，憲、敬二帝至爲陳弘志、劉克明等所弒，昭宗又爲劉季述所幽，近侍之凶悖，至斯而極。其間非無賢哲之主，有志整飭。如憲宗無所寵假，吕全如擅取樟材治第，送獄自殺，①郭旻醉觸夜禁，即杖殺之，凶燄稍戢，然其後竟遭弒害。文宗欲倚李訓、鄭注誅宦官，甘露之變，反爲仇士良等肆逆，横殺朝士，横屍闕下，帝亦惴惴不保，僅而獲免。宣宗始稍黜其權，初，延英奏事，帝與宰相可否，樞密使在旁，得與聞，及出，或矯上旨，有所改易。帝始令延英召對，兩中尉先降，樞密使候于殿西，俟宰相奏事畢，案前受事，稍防矯詐之弊。至懿、僖又如故矣。文宗嘗以周赧、漢獻受制强臣，而已受制家奴，謂不如赧、獻，對周墀泣下。學士崔慎由夜直，忽仇士良召至祕殿，令草詔更立嗣君，慎由以死拒之。士良引至小殿見帝，士良等歷數帝過，帝俯首而已。劉季述錮昭帝於少陽院，亦以杖畫地責帝曰："某日某事，爾不從我，罪一也。"至數十不止。楊復恭之反也，既令其養子守信爲神策軍使，又令守貞、守忠及姪守亮爲節度使，以樹内外之援。與守亮書曰："承天門乃隋家舊業，兒但積粟訓兵，不必進奉。吾於荆榛中立壽王，既得位，乃廢定策國老，有如此負心門生天子。"此可見下陵上替之極也。卒之朝廷綱紀爲所敗裂，國勢日弱，方鎮日强，宦寺雖握兵，轉不得不結外藩爲助。於是韓全誨等劫天子遷鳳翔，倚李茂貞。致朱全忠攻圍逾年，力窮勢迫，帝與茂貞乃殺全誨等四人，韋處廷等二十二人，以求和，又殺小使李繼彝等十人。城門既開，又殺中官七十餘人，全忠又令京兆誅黨與百餘。既還京師，遂盡殺第五可範以下八百餘人，哀號之聲聞於路。諸道監軍亦即所在賜死。蓋不減東漢末之誅宦官，至有無鬚而誤死者。唐室宦官之局，至此始結，而國亦亡矣。宋景文謂灼木攻蠹，蠹盡而木亦焚也。而抑知其始實由于假之以權，掌禁兵，筦樞要，遂致積重難返，以至此極也哉。

265 中官出使及監軍之弊

中官出使及監軍，累朝皆有之，然其害亦莫有如唐之甚者，小則索賄賂，大則釀禍端。今就新、舊唐書按之。高力士傳，是時中人出使，或修功德，市鳥獸，使還，所獲動巨萬計。京師甲第名園，良田美產，占者什六七。此猶不過藉禁近之勢以黷財也。安祿山將反，楊國忠等力言於帝前，帝使宦官輔璆琳覘之，得厚賂歸，言祿山不反，於是祿山益得征繕稱兵矣。封常清在東都戰敗，奔陝，勸高仙芝退守潼關，中人邊令誠奏其敗退狀，而二大將同日受戮矣。僕固懷恩負氣訴冤，代宗使中人駱奉先諭之，奉先不受宴，竊馬馳歸，而懷恩以疑懼而決反矣。李寶臣方奉命討田承嗣有功，代宗使中人馬承倩①勞之，寶臣贈絹少，承倩詬而擲於途，寶臣顧左右有慚色，於是轉與承嗣連衡拒命矣。德宗晚年，姑息藩鎮，每帥守物故，必先遣中使往覘軍情，其副貳有物望者，輒厚賂使之保奏，德宗因而授之，由是節度使之除拜亦出其口矣。武宗討澤潞時，太原將楊弁激衆叛，武宗使中人馬元貫②往諭，得其賄歸，言太原有十五里明光甲，不可討，賴李德裕折之，始語塞，是轉爲叛者脅授旄節矣。此中官出使，徒縱其納賄，而無益于國事，且反以釀禍者也。又有中使監軍之弊。自開元、天寶間討吐蕃諸國，已有宦者監大將之軍，至魚朝恩爲觀軍容使，邙山之戰，李光弼欲據險而陣，朝恩令陣於平地，遂致大敗。光弼傳 據裴度、韋臯、李德裕等所奏，大概監軍者先取鋭兵自衛，懦者出戰，戰勝則先報捷，偶衄則淩挫百端，侵撓軍政，將帥不得專主。每督戰輒建旗自表，小不勝則捲旗去，大軍往往隨之奔北。故劉闢之叛，杜黄裳請不用監軍，專委高崇文討之。然白居易疏謂，韓全義討淮西，賈（國）良〔國〕監之；高崇文討蜀，劉貞亮監之。是黄裳雖奏，而監軍仍未撤也。居易傳 裴度討吴元濟，始奏去監軍，主將得專兵柄，法令既一，戰皆有功，遂平淮蔡。度傳 其後會昌中討劉稹，李德裕亦奏監軍不得干軍事，每兵百人聽以一人爲衛，由是號令精整，遂平澤潞。德裕傳 觀此則中使監軍有害無利，昭然可見。此猶是臨戰時用以監察，尚有説也。其尋常無事時，各藩鎮亦必有中使監軍。如陸長源死，監軍俱文珍密召宋州刺史劉全諒入汴，以靖其亂。長源傳 王承宗死，諸將請王承元主留務，承元曰：「天子使中貴人監軍，當與議。」監軍以衆意贊之，承元不受。承元傳 是亦未嘗無靖難解紛之益，然其中賢者百不一，而恃勢生事之徒踵相接也。在河朔諸鎮者既不能制其叛亂，徒爲之請封請襲，而在中州各鎮者則肆暴作威，或侵撓事權，或誣搆罪戾。姚南仲帥鄭滑，爲監軍薛盈珍誣奏，有裨將曹文洽不平，殺其奏事者而自刎，以明南仲之枉。南仲入朝，德宗曰：「盈珍擾軍政邪？」南仲曰：「如盈珍者，在在有之，雖羊、杜復生，不能治軍理人也。」南仲傳 洪州監軍誣奏刺史李位謀逆，追赴京，付仗内訊，賴薛存誠力請付外，始得白。存誠傳楊於陵帥嶺南，爲監軍許遂振誣奏，憲宗即令貶於陵官，賴裴垍諫，始改吏部侍郎。垍傳此牽掣藩臣之弊也。監軍王定遠，有德於節度使李説，軍政皆專決，將吏悉自補授。以田宏代彭令茵，令茵不伏，定遠即斬之，埋屍馬糞中，家人請屍不得。説奏之，定遠抽刀刺説，説走而免。説傳劉承偕監澤潞軍，侮節度使劉悟，三軍憤噪，欲殺承偕，悟救而免。穆宗問裴度何以處之，度奏惟有斬承偕耳。度傳此激變軍士之弊也。嚴綬在太原，軍政一出監軍李輔光，綬但拱手而已。後入朝，適賜食廊下，有中使馬江朝來賜櫻桃，綬在鎮時，曾識江朝，至是不覺屈膝。綬傳可見監軍之積威肆横，非一朝一夕之故，其所由來者漸矣。因記宦官掌兵承旨之禍，而并及出使、監軍二事，亦前代得失之林也。

266 唐宦官多閩廣人

唐時諸道進閹兒，號私白，閩、嶺最多。如高力士本高州馮盎之後，嶺南討擊使李千里進之。後吐突承璀及楊復光皆閩人，時號閩爲中官區藪。咸通中，杜宣猷爲閩中觀察使，每歲時遣吏致祭其先，時號爲敕使墓户。宣猷傳①

267 唐節度使之禍

唐之官制，莫不善於節度使。其始察刺史善惡者有都督，後以其權重，改置十道按察使，開元中或加採訪、觀察、處置、黜陟等號，此文官之統州郡者也。其武臣掌兵，有事出征，則設大總管，無事時鎮守邊要者曰大都督。自高宗永徽以後，都督帶使持節者謂之節度使，然猶未以名官。景雲二年，以賀拔延嗣爲涼州都督、河西節度使，節度使之官由此始。①然猶第統兵，而州郡自有按察等使司其殿最。至開元中，朔方、隴右、河東、河西諸鎮，皆置節度使，每以數州爲一鎮，節度使即統此數州，州刺史盡爲其所屬，故節度多有兼按察使、安撫使、支度使者。既有其土地，又有其人民，又有其甲兵，又有其財賦，於是方鎮之勢日强。安禄山以節度使起兵，幾覆天下。及安、史既平，武夫戰將以功起行陣，爲侯王者，皆除節度使，大者連州十數，小者猶兼三四，所屬文武官，悉自置署，未嘗請命於朝，力大勢盛，遂成尾大不掉之勢。或父死子握其兵而不肯代，或取舍由於士卒，往往自擇將吏，號爲留後，以邀命於朝。天子力不能制，則含羞忍恥，因而撫之。姑息愈甚，方鎮愈驕。其始爲朝廷患者，祇河朔三鎮，其後淄青、淮蔡，無不據地倔强。甚至同華逼近京邑，而周智光以之反。澤潞亦連畿甸，而盧從史、劉稹等以之叛。迨至末年，天下盡分裂於方鎮，而朱全忠遂以梁兵移唐祚矣。推原禍始，皆由於節度使掌兵民之權故也。自宋以文臣知州事，歷代因之，遂無復弱幹强枝之患。宋太祖及趙普之計慮深矣，而議者徒謂宋之弱由此，是但知禦侮力薄，不足以自强，而不知消患於未萌。苟非外有强敵，內有流寇，則民得安耕牧，不至常罹兵革之苦，其隱然之功，何可輕議也。

268 方鎮兵出境即仰度支供餽

諸方鎮各擅土地，賦税足以養軍，乃朝廷用之討叛，則一出本境，即須朝廷給以衣糧，此國力所以困于用兵也。討王廷湊時，諸鎮兵十五萬，纔出境即仰度支，乃置南北供軍院。由度支轉運，往往多爲賊所截，不得至院。廷湊傳討李同捷時，諸軍在野，朝廷特置供軍糧料使，日費寖多。同捷傳諸帥每有小捷，輒張其數以邀賞，實欲困朝廷而緩賊也。繒帛征馬，賜之無算。劉總出軍討王承宗，取其武強縣，遂持兩端，以利朝廷賞賜。承宗傳①其實心爲國者惟李鄘，以淮南兵二(千)〔萬〕討李師道，糧餉未嘗仰給于有司。鄘傳王智興之討李同捷，亦自備五月糧。智興傳朝廷皆特褒之。伐叛討逆，國家固不可惜費，而如唐之驕藩鎮，則國力爲之敝，而賊勢亦益以張。故討李師道時，魏博田弘正請自黎陽渡河，裴度以爲不可，曰：「黎陽渡河，既離本界，便至滑州，徒仰度支供饋，不如且在河北養威。俟霜降後，於揚劉渡河，既可直抵鄆州賊境也。」度傳討劉稹時，李德裕亦奏言：「向來朝廷伐叛，兵纔出界，便費度支供餉，故逗撓以困國力。或密與賊通，取一縣一柵，以爲勝捷，所以師出無功。今當令王元逵、何弘敬只取州，勿取縣。」未幾，果平賊。德裕傳此亦伐謀之術也。

269 方鎮驕兵

秦、漢六朝以來，有叛將，無叛兵。至唐中葉以後，則方鎮兵變，比比而是。蓋藩帥既不守臣節，毋怪乎其下從而效之，逐帥殺帥，視爲常事。爲之帥者，既慮其變而爲肘腋之患，又欲結其心以爲爪牙之助，遂不敢制以威令，而徒恃厚其恩施，此驕兵之所以益横也。今就新、舊書各傳觀之。劉玄佐傳，汴軍自李忠臣以來，士卒驕甚，至玄佐益厚賞賜，故百姓重困。其後殺大帥，肆抄劫，皆狃於利而然也。李質傳，汴軍牙兵二千人，皆日給酒食，物力爲之屈。郗士美傳，澤潞自盧從史以來，日具三百人膳以食牙兵。王式傳，①徐州自王智興召募凶豪之卒二千，號銀刀、鵰旗、門槍、挾馬等軍，後漸驕，節度使姑息不暇。田牟鎮徐州，與之雜坐，酒酣撫背，時把板爲之唱歌。其徒日費萬計，每有賓宴，必先飫以酒食，祁寒暑雨，巵酒盈前，然猶諠噪，動謀逐帥。温璋來爲節度，士卒素聞其嚴，皆憂疑。璋開誠撫諭，終不釋，給以酒食，未嘗瀝口，不期月遂逐璋。適王式以義成、忠武軍破浙東賊仇甫而歸，上即以式來鎮徐，徐卒頗懼。居三日，式勞兩鎮兵使還，既擐甲執兵，即令圍驕卒盡殺之，凡三千餘人，由是凶徒盡殄。又温造傳，興元軍殺節度使李絳，詔造爲節度使，途遇征蜀兵回，造諭以自從。至則大宴，問興元軍殺絳狀，即令征蜀兵盡殺之，凡八百餘人。以百級祭絳，三十級祭死事官，餘投之漢江。蓋驕之極至於肆無忌憚，則亦不得不草薙而禽獮之矣。然主帥有能以正自持，亦有不恃殺戮而能靖之者。李質爲汴軍兵馬使，以日給二千人食爲多費，會新帥韓充將至，質曰：「若俟韓公至，頓去二千人食，人情必怨。」乃停日膳而迎充。郗士美以澤潞日給牙兵三百人食爲非法，曰：「兵衛，牙職也，安得廣費。」遂罷之。而二軍亦未有敢鼓噪者，此又在乎主將之足以服人也。

270 盗殺宰相有二事

唐代盗殺宰相有二事，一元和十年，盗殺武元衡，刺裴度，傷而免；一開成三年，盗射傷李石，以馬逸得脱。按元和中，朝廷討吴元濟，而王承宗請赦之，使人白事中書，頗不恭，元衡叱去。未幾，元衡早朝，出靖安里第，夜漏未盡，賊乘暗呼曰滅燭，射元衡中肩，又擊其左股，徒御格鬭不勝，皆駭走，遂害元衡，批顱骨持去，邏司傳噪，盜殺宰相，連十餘里，達朝堂，未知主名，少頃馬逸歸，乃審知。元衡傳裴度出通化里，盜三以劍擊度，初斷鞾帶，次中背，纔絶單衣，復微傷其首，度墮馬，會度帶氈帽，故瘡不至深。賊又揮刃追度，度從人王義持賊，連呼甚急，賊斷義手而逸。度已墮溝中，賊謂度已死，乃捨去。度傳是日，憲宗駭悼，罷朝哀慟，詔金吾府縣大索。或傳言曰，無搜賊，窮必亂。又投書於道曰：「毋急我，我先殺汝。」許孟容言於帝曰：「國相横屍路隅，而盜不獲，爲朝廷辱。」帝乃下詔，能得賊者，賞錢千萬，授五品官，積錢東、西市以募告者。於是神策將王士則、王士平等捕得張晏等十八人，言爲承宗所遣者，皆斬之。元衡傳時王承宗、李師道皆遣人在京竊發，斷陵廟之戟，焚芻藁之積。未幾，東都防禦使呂元膺執李師道留邸賊門察、訾嘉珍，自言始謀殺元衡者，會晏先發，故藉以告師道而竊其賞。帝令密誅之。元膺傳①而李師道傳則謂察、嘉珍即害元衡者，後田弘正誅李師道，閲其簿書，果有賞殺元衡之款。張弘靖傳②此元和中事也。文宗遭甘露之變，宰相王涯等皆爲宦官仇士良所殺，遂以李石爲相。石持正立朝不少貶，朝廷賴之。石居親仁里，將曙入朝，盜發於尚父郭子儀宅，引弓追及，矢纔及膚，馬逸而回，盜已伏坊門，斷石馬尾，石竟以馬逸得還私第。上聞駭愕。是日京師大恐，常參官入朝者九人而已。已而知仇士良遣人所爲也，帝亦知之，而無可如何，石遂乞罷相去。此開成中事也。而開成之賊終不得。蓋元和係藩鎮遣人竊發，故神策將士得捕誅之，開成則宦者所爲，而神策軍即宦官所掌，故不能得賊也。

271 六等定罪三日除服之論

安禄山之變，唐臣貴如宰相陳希烈，親如駙馬張垍，皆甘心從賊，靦顔爲之臣，此即處以極刑，豈得爲過。乃廣平王收東京後，希烈等數百人押赴長安，崔器定儀注，陷賊官皆露頭跣足，撫膺頓首於含元殿前，令扈從官視之，并概請誅死。李峴争之，謂非維新之典，僞官内或陛下親戚，或勳舊子孫，概處極法，恐乖仁恕，况殘寇未平，尚多陷賊者，若盡行誅，是益堅其從賊之心。乃議六等定罪。（器、峴等傳）舊書謂峴此奏全活無算，新書亦謂因此衣冠更生，賊亦不能使人歸怨天子，皆峴力也。是皆以器爲過當，峴爲持平。按是時蕭華自賊中歸，奏云，仕賊官有爲安慶緒驅至河北者，聞廣平王宣恩命釋放，皆相顧悔恨。及聞崔器議刑太重，衆心又揺。（器傳）李勉亦奏肅宗曰：「元惡未除，點污者衆，皆欲澡心歸化，若盡殺之，是驅天下以資凶盗也。」由是全活者衆。蓋當日時勢或有不得不從輕典者，然一時權宜，用以離攜賊黨則可，若竟以峴所奏爲正論則非也。堂堂大一統之朝，食禄受官，一旦賊至，即甘心從賊。此而不誅，國法安在！乃當時無不是李峴而非崔器，何也？又如代宗崩，遺詔，吏民三日釋服。常衮以爲吏者府史之類，固當與庶民同例，至朝臣則宜以二十七日爲準。崔祐甫謂吏即指官僚而言，百官皆當三日除服。夫大行甫殯，遏密方深，雖有遺詔，臣子何忍遽行即吉，常衮之議，自是正論，而當時又無不是祐甫而非常衮者。蓋自六朝以來，君臣之大義不明，其視貪生利己背國忘君已爲常事。有唐雖統一區宇已百餘年，而見聞習尚猶未盡改，顔常山、盧中丞、張睢陽輩，激於義憤者，不一一數也。至宋以後，始知以忠義爲重，雖力所不及者，猶勉以赴之，豈非正學昌明之效哉。

272 間架除陌宫市五坊小使之病民

德宗初，用楊炎爲相，定兩税之法，天下受其利。初唐制租庸調法，自開元以來，不爲版籍，丁口轉死，田畝换易，貧富升降，悉非向時，而户部歲以空文上之。又戍邊者蠲其租庸，六歲免歸，玄宗事夷狄，戍者多死，邊將諱不以聞，故貫籍不除。王鉷爲户口使，以其籍存而丁不在，是隱課不出，乃按舊籍，積三十年責其租庸，民遂大困。至德後，天下兵起，科斂凡數百名，廢者不削，重者不去，百姓旬輸月送，無有休息。吏因爲奸，富人丁多者，以宦、學、釋、老得免，貧人無所託則丁存，故課免於上，而賦增於下，天下盡蕩爲浮人，鄉居地著者百不四五。楊炎乃請爲兩税法，凡百之費，先度其數而賦于民，秋夏兩入之，其租庸雜徭悉省而丁額不廢，其田畝之税，以大曆十四年爲準而均收之。天下果便之。炎傳是帝頗能用人理財，稍紓民患矣。乃後因用兵河南、北，月費百餘萬緡，聽盧杞、趙贊等計，令商賈本錢過千萬者，貸其餘以濟軍，軍罷取償於官。乃令京兆暴責大搜，疑占列不盡則笞掠之，人自經者相望，然僅得八十萬。又質庫及儲粟者，四貸其一，亦僅至二百萬，而市已皆閉肆。於是設間架除陌之令，屋二架爲間，上者二千，中千，下五百，吏執籌入室計之，隱不盡者，二架即抵罪，告者以錢五萬賞之。其公私貿易，舊法率千錢算二十，乃請加至五十，主儈註所售入其算，其自相市者令自言，有隱不盡，率千錢没二萬，告者以萬錢賞之。由是主儈得操其權，告訐紛起，上所入不得半，而恨誹之聲滿天下。及涇師亂，呼於市曰：「不奪爾商人僦質矣！不稅爾間架除陌矣！」于是帝奔奉天，長安失守。李晟收京，始歸宮闕。是亦可稍鑒前車，以求民瘼，乃又用裴延齡、李實等，橫征百出。延齡詭言，左藏乾隱二千萬，請置別庫爲羨餘，以充天子私費。乃大搜市廛，奪所入進獻，以實其言。逮捕匠徒，迫脅就功，號曰敕索，弗酬其直，名曰和雇，弗與之庸。延齡傳李實爲京兆尹，暴斂苛索，民不聊生，優人成輔端戲作誹語曰：「秦地山河二百年，何期如此賤田園，一頃麥苗五石米，三間堂屋二千錢。」①謂民皆賣田屋以輸賦也。實奏劾以賤工謗國，殺之。實傳此朝官之以掊克爲事也。又聽宦官主宮市，置數十百人，閱物廛左，謂之白望，無詔文驗核，但稱宮市，則莫敢誰何，大率與直，十不償一，又邀閽閾所奉及脚直，至有重荷趨肆而徒返者。有民賣一驢薪，宦人以數尺帛易之，又取它費，且驅驢入官。民願納薪辭帛而去，不許，民恚曰：「惟有死耳！」遂擊宦者。有司執之以聞，帝黜宦者，賜民帛十四，然宮市不廢也。諫臣交章論，皆不納。京兆吳湊奏，宮中所須，責臣可辦，不必差宮使，亦不報。會張建封入朝言之，始稍戢。建封、湊傳且不特此也，又聽宦官縱五坊小使，肆毒於外。每歲秋，案鷹犬於畿甸，所至邀索供饋。小不如意，至張羅網于民家門及井，不令出入汲井水，曰驚我供奉鳥雀。又群聚於酒食家肆飲啖，將去，留蛇一篋，誡之曰：「吾以此蛇供鳥雀，可善飼之，無使飢渴。」主人重賂之，乃肯攜蛇去。裴度傳鄠縣令崔發，聞門外喧鬭聲，吏白五坊小使擊百姓，發命吏捕之，時已曛黑。天子聞之怒，收發繫獄。御樓之日，因發雞竿下，有內官五十餘人持杖毆發，破面折齒，詔囚皆釋，而發不放。李渤具疏極論之。渤傳德宗非甚暗，乃縱其下虐民至此，②蓋由於天資好利，而喜昵小人，其流毒遂至於此也。

273 豪宴

大曆二年，郭子儀入朝，代宗詔賜輭脚局，宰臣元載、王縉，僕射裴冕、第五琦、黎幹等，各出錢三十萬，宴於子儀之第。時田神功亦朝覲在京，并請置宴，於是魚朝恩及子儀、神功等更迭治具，公卿大臣列於席者百人，一宴費至十萬貫。子儀傳① 亦可見是時將相之侈也。

274 名父之子多敗德

房、杜爲唐一代名臣，而玄齡子遺愛，如晦子荷，皆以謀反誅。上官儀贊高宗廢武后，事不成被誅，而其孫女婉兒没入宫，附武后爲所寵，又助韋后爲逆。狄仁傑子景暉官魏州，以貪暴爲民所惡，并毁仁傑生祠。宋璟直聲震天下，而其子渾等流蕩無行，爲物議所薄。李泌爲賢相，而其子繁乃黨於裴延齡，陽城劾延齡，屬繁書疏稿，繁即默識以告延齡，使得先奏。此皆名父之子而敗德墜其家聲，不可解也。惟李義府附武后，而其子湛乃與張柬之等誅張易之兄弟，可謂能幹蠱者。李世勣將死，謂其弟弼曰：「我見房玄齡、杜如晦、高季輔辛苦作得門户，亦望垂裕後昆，並遭癡兒，破家蕩盡。我子如有操行不倫者，急即打殺，然後奏聞。」其望子保家之心可謂切矣。然世勣附武后，以固位保門户，而其子敬業起兵討武后，被族。雖不能保家，亦可謂能雪先人之恥者。

275 李勣子孫

李勣子孫，舊書本傳謂，勣子敬業，起兵討武后，既敗死，坐夷族，而其子孫有逃入吐蕃者。貞元中，有蕃將徐舍人掠延州，謂僧延素曰：「我本英公五代孫也，遭武后之變，吾祖舉義不成，子孫流落，如此三世矣。雖代居職任，而思本之心未嘗忘。」是世勣子孫無復有在中國者。然衛次公傳，次公爲兵部侍郎，故英公李勣、大理卿徐有功之孫，皆有累不得調，次公曰：「子之祖勳在王室，寧限常格乎。」即優補之。是勣之後人仍有仕於唐者。

276 安禄山執送京師之事

張九齡傳，范陽節度使張守珪以裨將安禄山討奚、契丹敗衂，執送京師，請行朝典。九齡判云：「穰苴出軍，必誅莊賈。孫武教戰，亦斬宮嬪。守珪軍令若行，禄山不宜免死。」上特捨之。九齡奏禄山面有反相，請因罪誅之。上曰：「卿勿以王夷甫知石勒故事，誤害忠良。」遂放歸。是禄山以罪送京，實有其事。然考張守珪傳，並無其事。新、舊書皆同禄山傳亦但云，禄山敗當斬，禄山呼曰：「公不欲滅兩蕃耶，奈何殺壯士！」守珪遂宥之。後以其捉生多獲，拔爲裨將，并養之爲子。新、舊書亦同是亦無執送京師之事也。是時大將生殺在手，欲殺則殺，既不殺而宥之，何又送京請行朝典？疑此乃傳聞之訛，非實事也。然禄山反後，玄宗在蜀，思九齡之先見，下詔褒贈，詔詞有云：「先覺合于蓍策。」即能識胡雛有反相，足爲名臣。然迄無後，豈非建言禁錮逐臣之報耶。」①是祿山送京當斬被赦，又係當時共見共聞之實事矣。

又劉禹錫貶逐在外，以逐臣不得與善地之例，係九齡爲相時所奏，故追怨之，謂：「曲江指此事也。

277 睢陽殉節尚有姚誾

睢陽之難，張巡、許遠，固千古共知，其次則南霽雲、雷萬春，尚在人口，而不知殉難者尚有姚誾也。誾本姚崇之從孫，與巡、遠同守。據舊書本紀云，尹子奇陷睢，害張巡、姚誾、許遠，是誾尚敍在遠之上。新書本紀亦云，安慶緒陷睢陽，太守許遠，張巡，鄆州刺史姚誾，左金吾衛將軍南霽雲，皆死之。是本紀皆有誾也。即新、舊書巡傳内亦稱與誾同被執見殺，遠傳内又稱與誾同守經年，巡、遠傳後又皆有誾傳。未死之前，詔拜巡御史中丞，遠侍御史，誾吏部郎中。既死之後，詔贈巡揚州大都督，遠荆州大都督，誾潞州大都督。是三人者，同守城，同殉難，同加官，同贈邮，無一不同，而今但傳巡、遠二人，誾則莫有舉其姓氏者，豈所謂幸不幸耶。案巡、遠並傳本始于韓愈，而新書巡、遠傳末謂睢陽人至今祠享，號雙廟云，則稱巡、遠爲雙忠，而不及誾者，自唐已然，或守城之功稍遜故耶？然既同死於守城，而身後名迥異，未免向隅，故特表而出之。案巡遣南、雷二將敗賊寧陵時，尚有别將二十五人，石承平、李辭、陸元鍠，①朱珪、宋若虚、楊振威、耿慶、馬日升、張維清、廉坦、張重孫、景趨、趙連城、王森、喬紹俊、張恭默、祝忠、李嘉隱、翟良輔、孫廷皎、馮顔，見新書巡傳，餘四人失其名。後皆死巡之難。則巡死時同被戮之三十六人中，石承平等亦皆在内。今既尚有姓名在巡傳，則巡、遠廟内應增祀閶在正位，又增祀石承平等在從祀班也。

278 唐初三禮漢書文選之學

六朝人最重三禮之學，唐初猶然。張士衡從劉軌思受毛詩、周禮，又從熊安生、劉焯受禮記，皆精究大義。當時受其業者推賈公彦，（士衡傳）公彦撰周禮義疏五十卷，儀禮義疏四十卷。公彦子大隱，亦傳其業。又有李玄植，從公彦受禮學，撰三禮音義行於世。（公彦傳）王恭精三禮，別爲義證，甚精博，蓋文懿、文達皆當世大儒，每講必偏舉先儒義而暢恭所說。（孔穎達傳）王玄感嘗撰禮記繩愆，徐堅、劉知幾等深嘆賞之。（玄感傳）王方慶尤精三禮，學者有所咨質，必究其微，門人次爲雜禮答問。（方慶傳）他如褚无量、韋逌、高仲舒、唐休璟、蘇安恒皆精三禮，見各本傳。今諸儒論著見於新、舊書者，如王方慶、張齊賢論每月皆告朔之説。（舊方慶傳，新齊賢傳）王玄感三年之喪以二十七月，①張柬之以二十五月，一本鄭康成説，一本王肅説也。（舊柬之傳，新玄感傳）史玄燦議禘祫三年五年之別。（韋縚傳）朱子奢議七廟九廟之制。（子奢傳②）韋萬石、沈伯儀、元萬頃、范履冰等議郊丘明堂之配。（沈伯儀傳）皆各有據依，不同剿説。其據以論列時政者，如盧履冰、元行沖論父在爲母三年服之非，彭景直論陵廟日祭之非，康子元駁許敬宗先燔柴而後祭之非，黎幹駁歸崇敬請以景皇帝配天地之非，唐紹、蔣欽緒、褚无量駁祝欽明皇后助祭郊天之非，陳貞（符）〔節〕論隱、章懷、懿德、節愍四太子廟四時祭享之非，皆見各本傳。李淳風辨太微之神不可爲天，見蕭德言傳。韋述議堂姨舅不宜服，見韋縚傳。無不援引該博，證辨確切，可爲千百世之準。其後元行沖奉詔，用魏徵類禮列於經，與諸儒作疏，成五十篇，將立之學官，爲張説所阻，行沖又著論辨之。大曆中，尚有仲子陵、袁彝、韋彤、韋茝，以禮名其家學。③此可見唐人之究心三禮，考古義以斷時政，務爲有用之學，而非徒以炫博也。次則漢書之學，亦唐初人所競尚。自隋時蕭該精漢書，嘗撰漢書音義，爲當時所貴。（該傳）包愷亦精漢書，世之爲漢書學者，以蕭、包二家爲宗。（愷傳）劉臻精於兩漢書，人稱爲「漢聖」。（臻傳）又有張沖撰漢書音義十二卷，于仲文撰漢書刊繁三十卷，是漢書之學，隋人已究心，及唐而益以考究爲業。顔師古爲太子承乾注漢書，解釋詳明，承乾表上之，太宗命編之祕閣。時人謂杜征南、顔祕書爲左邱明、班孟堅忠臣。其叔游秦先撰漢書決疑，師古多取其義。此顔注漢書，至今奉爲準的者也。（師古傳）房玄齡以其文繁難省，又令敬播撮其要成四十卷。當時漢書之學大行。又有劉伯莊撰漢書音義二十卷。秦景通與弟暐皆精漢書，號大秦君、小秦君，當時治漢書者，非其指授，以爲無法。又有劉納言，亦以漢書名家。（敬播傳）姚思廉少受漢書學於其父察。（思廉傳）思廉之孫班，以察所撰漢書訓纂，多爲後之注漢書者隱其姓氏，攘爲己説，班乃撰漢書紹訓四十卷，以發明其家學。（姚璹傳）又顧胤撰漢書古今集二十卷。（胤傳）李善撰漢書辨惑三十卷。（善傳）王方慶嘗就任希古受史記、漢書，希古遷官，方慶仍隨之卒業。（方慶傳）他如郝處俊好讀漢書，能暗誦。（處俊傳）裴炎亦好左氏傳、漢書。（炎傳）此又唐人之究心漢書，各禀承舊説，不敢以意爲穿鑿者也。至梁昭明太子文選之學，亦自蕭該撰音義始。入唐則曹憲撰文選音義，最爲世所重，江淮間爲選學者悉本之。又有許淹、李善、公孫羅，相繼以文選教授，由是其學大行，淹、羅各撰文選音義行世，善撰文選註解六十卷，表上之，賜絹一百二十四。至今言文選者，以善本爲定。杜甫詩亦有「熟精文選理」之句，蓋此固詞學之祖也。

279 唐古文不始于韓柳

新書文（苑）〔藝〕傳序，唐興百餘年，諸儒争自名家。大曆、貞元間，美才輩出，擩嚌道真，涵泳聖涯，於是韓愈倡之，柳宗元、李翺、皇甫湜等和之，唐之文完然爲一代法，此其極也。是宋景文謂唐之古文由韓愈倡始，其實不然。案舊書韓愈傳，大曆、貞元間，文（字）〔士〕多尚古學，效楊雄、董仲舒之述作，獨孤及、梁肅最稱淵奥。愈從其徒游，鋭意鑽仰，欲自振於一代，舉進士，投文公卿間，故相鄭餘慶爲之延譽，由是知名。是愈之先早有以古文名家者。今獨孤及文集尚行於世，已變駢體爲散文，其勝處有先秦、西漢之遺風，但未自開生面耳。又如陸宣公奏議，雖亦不脱駢偶之習，而指切事情，纖微畢到，其氣又渾灝流轉，行乎其所不得不行，此豈可以駢偶少之。此皆在愈之前，固已有早開風氣者矣。

280 唐前後米價貴賤之數

貞觀時，斗米三錢。魏徵傳 玄宗東封泰山之歲，東郡米斗十錢，青、齊米斗五錢。本紀 自安、史之亂，兵役不息，田土荒蕪，兼有攤户之弊。如李渤疏所言，渭南縣長源鄉本有四百户，今纔百户。閿鄉縣本有三千户，今纔千户。由於均攤逃户，十家之内，五家逃亡，即令未逃之五家均攤其税，如石投井，不到底不止。渤傳是以逃亡愈多，耕種愈少。代宗永泰元年，京師米斗一千四百。本紀畿甸挼穗以供宫厨。劉晏傳至麥熟後，市有醉人，已詫爲祥瑞。較貞觀、開元時，幾至數十百倍，讀史者於此可以觀世變也。至如攻戰之地，城圍糧絶，尤有不可以常理論者。魯炅守南陽，賊將武令珣、田承嗣等攻之累月，米斗至四五十千，有價無米，一鼠值四百。炅傳安慶緒被圍于相州，斗米錢七萬。慶緒傳黄巢據長安，百姓遁入山砦，累年廢耕耘，賊坐守空城，穀價涌貴，斗米三十千。官兵皆執山砦民，賣於賊爲食，一人直數十萬。巢傳楊行密圍揚州，城中草根、木實、皮囊、革帶俱盡，外軍掠人來賣，人五十千。張雄有軍糧，相約交市，金一斤通犀帶一條，得米五升。高駢傳①

281 長安地氣

地氣之盛衰，久則必變。唐開元、天寶間，地氣自西北轉東北之大變局也。秦中自古爲帝王州，周、秦、西漢遞都之，苻秦、姚秦、西魏、後周相間割據，隋文帝遷都於龍首山下，距故城僅二十餘里，仍秦地也，自是混一天下，成大一統。唐因之，至開元、天寶，而長安之盛極矣。盛極必衰，理固然也。是時地氣將自西趨東北，故突生安、史以兆其瑞。自後河朔三鎮名雖屬唐，僅同化外羈縻，不復能臂指相使，蓋東北之氣將興，西方之氣已不能包舉而收攝之也。東北之氣始興而未盛，故雖不爲西所制，尚不能制西；西之氣漸衰而未竭，故雖不能制東北，尚不爲東北所制。而無如氣已日薄一日，帝居遂不能安，於是玄宗避禄山有成都之行，代宗避吐蕃有陝州之行，德宗避涇師有奉天、梁、洋之行，地之虮虺不安，知氣之消耗漸散。迨僖宗走成都，走興元，走鳳翔，昭宗走莎城，走華州，又被劫於鳳翔，被遷於洛，而長安自此夷爲郡縣矣。當長安夷爲郡縣之時，契丹阿保機已起于遼，此正地氣自西趨東北之真消息。特以氣雖東北趨，而尚未盡結，故僅有幽薊，而不能統一中原。而氣之東北趨者，則有洛陽、汴梁爲之迤邐潛引，如堪輿家所謂過峽者。至一二百年，而東北之氣積而益固，於是金源遂有天下之半，元、明遂有天下之全。至我朝不惟有天下之全，且又擴西北塞外數萬里，皆控制于東北，此王氣全結于東北之明證也。而抑知轉移關鍵，乃在開元、天寶時哉。今就唐書所載開、寶以後，長安景象日漸衰耗之處，撮而敍之，可以驗地氣之變也。

唐人詩所咏長安都會之繁盛，宫闕之壯麗，以及韋曲鶯花，曲江亭館，廣運潭之奇珤異錦，華清宫之香車寶馬，至天寶而極矣。安禄山兵陷長安，宫殿未損，收京時戰於香積寺，賊將張通儒守長安，聞敗即遁，未暇焚剽，惟太廟久爲賊所焚，故肅宗入京，作九廟神主，告享于長樂殿。都會之雄麗如故也。代宗時，吐蕃所燔惟衢衖廬舍，而宫殿仍舊。朱泚之亂，李晟收京時，諸將請先拔外城，然後北清宫闕。晟曰：「若收坊市，地隘人囂，非計也。」賊兵皆在苑中，自苑擊之，賊走不暇，則宫闕保安。乃自光泰門入，泚果遁去。遠方居人至有越宿始知者，則并坊市亦無恙矣。故晟表有云：「鐘簴不驚，廟貌如故。」蓋地運尚有百餘年，故不至一旦盡掃也。黄巢之亂，九衢三内，宫室尚宛然，自諸道勤王兵破賊後入城，争貨相攻，縱火焚掠，市肆十去六七，大内惟含元殿獨存，此外惟西内、南内及光啟宫而已。僖宗在蜀，詔京兆尹王徽修復，徽稍稍完聚，及奉表請帝還，其表有云：「初議修崇，未全壯麗。」則非復舊時景象可知也。及昭宗時，因王重榮、李克用沙苑之戰，田令孜劫帝出奔，焚坊市，并火宫城，僅存昭陽、蓬萊二宫。還京後，坐席未暖，又因李茂貞之逼奔華州，①岐軍入京，宫室鄽閭，鞠爲灰燼。自中和以來，王徽葺構之功，至是又掃地而盡，於是長安王氣衰歇無餘矣。見李晟、王徽、田令孜及黄巢等傳

282 黄巢李自成

流賊有適相肖者。黄巢初從王仙芝爲盜，仙芝被戮，巢始爲盜魁。李自成亦先從高迎祥爲盜，迎祥被擒，自成始爲盜魁。相似一也。巢以草賊起事，陷京師，據宫闕，僭號改元。自成亦以草賊起事，陷京師，據宫闕，僭號改元。相似二也。巢未入京以前，其鋒不可當，入京僭位後，逆運已滿，未幾遂一敗塗地。自成自襄、陝向京，凶威亦無敵，入京僭位後，逆運亦滿，未幾亦一敗塗地。相似三也。巢因民謡有「逢儒則肉師必覆」之語，遂戒軍中不得害儒者，所俘民稱儒者輒捨之。至福州，殺人如麻，過校書郎董樸家，令曰：「此儒者。」乃滅火弗焚。自成所用牛金星，乃舉人不第者，每肆毒於進士官，而戒軍中勿害舉人。至河南，賊將誤殺一縣令，或告曰：「此舉人也。」羣駭而去。其相似四也。巢入長安，令唐官三品以上並停，四品以下俱復舊任。自成入京，亦令三品以上並停，四品以下仍舊。其相似五也。豈賊中有人知巢之故事而仿之耶？又巢敗奔狼虎谷，爲林言所斬，事見唐書及通鑑，而

小説家謂巢實未死，後爲僧於嵩、洛間，自題其像，有「鐵衣著盡著僧衣」之句。自成竄九宫山，爲村民擊死，事見明史，而論者謂其部兵尚有數十萬，何至斃于村民之手？遂亦有傳其爲僧於武當者。此二賊先後事迹，何適相肖也。

第二十卷校證

264 唐代宦官之禍

①吕全如擅取樟材治第，送獄自殺　按：事見新唐書劉貞亮傳（卷二〇七），「全如」應作「如全」。

265 中官出使及監軍之弊

①中人馬承倩　按：此據舊唐書王武俊傳（卷一四二），新唐書李寶臣傳（卷二一一）作馬希倩。

②中人馬元貫　按：此名見舊唐書李德裕傳（卷一七四），新唐書德裕傳（卷一八〇）作「馬元實」，「貫」字似由「實」字脱去「宀」而成。

266 唐宦官多閩廣人

①咸通中，杜宣猷爲閩中觀察使，每歲時遣吏致祭其先，時號爲敕使墓户。（宣猷傳）　按：兩唐書皆無杜宣猷傳，

此事見新唐書吐突承璀傳（卷二〇七）。

267 唐節度使之禍

①景雲二年，以賀拔延嗣爲涼州都督、河西節度使，節度使之官由此始　按：此文見唐會要卷七八諸使中篇，時爲二年四月。通鑑考異引太上皇實録言，景雲元年，薛訥已爲幽州鎮守經略節度大使，則其時更在延嗣之前，通鑑取之（卷二一〇）。又考異引統紀作賀拔延秀，亦在二年四月。

268 方鎮兵出境即仰度支供餽

①劉總出軍討王承宗，取其武强縣，遂持兩端，以利朝廷賞賜。（承宗傳）　按：事見劉總傳（舊書卷一四三，新書卷二一二），非承宗傳。

269 方鎮驕兵

①王式傳　按：王式傳二書皆附王播傳後（舊書卷一六四，新書卷一六七），於下文所言徐州驕卒之形成及爲王式所殺，祇略言其事，詳見舊書卷一九上懿宗本紀咸通三年，是爲本篇敍事所依據者。

270 盗殺宰相有二事

①元膺傳　按：應作「新唐書武元衡傳」（卷一五二）。

②李師道傳則謂寮、嘉珍即害元衡者，後田弘正誅李師道，閱其簿書，果有賞殺元衡之款。（張弘靖傳） 按：張弘靖傳謂舊唐書之傳（卷一二九）。李師道傳直以門察、訾嘉珍爲殺害武元衡者，由於師道誤信二人之報告。二人原有謀殺武元衡之準備，尚未行動而元衡已爲王承宗所遣之張晏所殺，故二人即冒功請賞，而師道未辨真假亦即賞之。此爲當日之實際情況，吕元膺訊問已明，本文反持兩端，不作斷語，似猶爲懸案。

272 閒架除陌宫市五坊小使之病民

①優人成輔端戲作誹語曰：「秦地山河二百年，何期如此賤田園，一頃麥苗五石米，三間堂屋二千錢。」 按：舊唐書李實傳（卷一三五），「山河」作「城池」，「五石」作「石五」。

②德宗非甚暗，乃縱其下虐民至此 按：所舉鄠縣令崔發爲内官所毆，李渤具疏論之，乃敬宗時事，與德宗無干。又除李渤上疏外（舊書卷一七一），張仲方亦有疏論之，見舊書張九齡傳附仲方傳（卷九九）。

273 豪宴

①大曆二年，郭子儀入朝，代宗詔賜輭脚局，……一宴費至十萬貫。（子儀傳） 按：事見舊書郭子儀傳（卷一二〇）及代宗本紀（卷一一），而以本紀之記載爲較詳。

276 安禄山執送京師之事

①謂：「曲江能識胡雛有反相，足爲名臣。然讫無後，豈非建言禁錮逐臣之報耶。」 按：見舊唐書劉禹錫傳（卷

一六〇)，取其大意，非原文。

277 睢陽殉節尚有姚誾

①陸元鍠　按：「鍠」原刻本作「鎮」，西畬本已改正。

278 唐初三禮漢書文選之學

①王玄感三年之喪以二十七月　按：新唐書王玄感傳(卷一九九)及舊唐書張柬之傳(卷九一)皆謂玄感主三十六月，主二十七月者爲鄭玄，非玄感之説。

②朱子奢議七廟九廟之制。(子奢傳)　按：新唐書朱子奢傳(卷一九八)，唐初議太廟之制，子奢謂漢韋玄成主五廟，鄭玄從之；劉歆主七廟，王肅從之。子奢主七廟之説，無九廟之文。

③大曆中，尚有仲子陵、袁彝、韋彤、韋茝，以禮名其家學　按：均見新唐書啖助傳(卷二〇〇)。

280 唐前後米價貴賤之數

①高駢傳　按：應作舊唐書高駢傳附秦彦傳(卷一八二)。

281 長安地氣

①及昭宗時，因王重榮、李克用沙苑之戰，田令孜劫帝出奔，……還京後，坐席未暖，又因李茂貞之逼奔華州

按：沙苑之戰在僖宗光啓元年，田令孜劫帝出奔亦僖宗時事，出奔華州者方爲昭宗。乾寧二年，李克用與李茂貞等混戰於長安，昭宗先逃避南山，次年轉至華州。此文以僖宗之事混入昭宗時期，殊爲謬誤。又沙苑之戰爲王重榮、李克用對朱玫、李昌符及田令孜所控制之神策軍等，此文只言一方，似爲王、李二人交戰者，語意亦不明瞭。

廿二史劄記卷二十一

283 薛居正五代史

宋太祖開寶六年四月，詔修梁、唐、晉、漢、周書，其曰五代史者，乃後人總括之名也。七年閏十月，書成，凡一百五十卷，目録二卷。監修者爲司空同中書門下平章事薛居正，同修者爲盧多遜、扈蒙、張澹、李昉、劉兼、李穆、李九齡。見宋史及晁公武讀書志，玉海所引中興書目。皆本各朝實録爲稾本。此官修之史也。其後歐陽修私撰五代史記七十五卷，藏於家。修没後，熙寧五年，詔求其書刊行，見宋史。於是薛、歐二史並行於世。至金章宗泰和七年，詔止用歐史，於是薛史漸湮。惟前明永樂大典多載其遺文，然已割裂淆亂，非薛史篇第之舊。恭逢我皇上開四庫館，命諸臣就永樂大典中甄録排纂，其缺逸者則採宋人書中之徵引薛史者補之。於是薛史復爲完書，仍得列於正史，遂成二十三史之數。今覆而案之，雖文筆迴不逮歐史，然事實較詳。蓋歐史專重書法，薛史專重叙事，本不可相無。以四五百年久晦之書，一旦復出，俾攷古者得參互核訂，所以嘉惠後學，誠非淺鮮也。

284 薛史全採各朝實録

五代雖亂離，而各朝俱有實録。梁貞明中，詔李琪、張衮、郄殷象、馮錫嘉修太祖實録，共成三十卷。尋以事多漏略，又詔敬翔補緝，翔乃別成三十卷，名曰大梁編遺録，與實録並行。見薛史李琪及敬翔傳。此梁祖實録，貞明中所成也。其庶人友珪及末帝實録則周時補修，説見後。後唐明宗天成四年，詔盧質、何瓚、韓彦暉纂修武皇以上及莊宗實録。瓚奏張昭即張昭遠，後單名昭，宋史有傳。有史才，嘗私撰同光實録，又欲撰三祖志，并藏唐昭宗賜武皇制詔九十餘，請以昭爲修撰，并其所撰送史館。從之。昭以懿、獻及武皇不踐帝位，乃爲紀年録二十卷，莊宗實録三十卷，上之。見薛史唐紀及五代會要，宋史張昭傳。此唐武皇以上載紀及莊宗實録，乃天成中所成也。薛史李愚傳，明宗時，愚監修國史，與諸儒修創業功臣傳三十卷。又李之儀集記趙鳳修莊宗實録，不載何挺劾劉昫疏，昫德之。是實録并有諸臣列傳，不特朝廷政事也。清泰二年，命史官修明宗實録。次年，監修國史姚顗、史官張昭、李祥、吴承範等，修成三十卷，上之。見薛史唐紀及吴承範傳，宋史張昭傳。此明宗實録，清泰中所成也。其閔帝、廢帝實録則周廣順中補修，説見後。晉在漢前，而晉祖實録反成在後。後周廣順元年七月，史官賈緯等以所撰晉高祖實録三十卷，少帝實録二十卷，上之。此晉二帝實録皆周廣順中所成也。漢乾祐二年二月，詔左諫議大夫賈緯等修高祖實録。是年十月，監修國史蘇逢吉，史官賈緯等，修成二十卷，上之。見漢紀此漢祖實録，乾祐中所成也。其隱帝實録亦周顯德中補修，説見後。周顯德三年，詔兵部尚書張昭纂修太祖實録。五年，昭等修成二十卷，上之。六年，世宗崩，王溥請修世宗實録，以扈蒙、張澹、王格、董淳爲纂修官。見周紀及宋史王溥傳。此周太祖實録皆顯德中所成，而世宗實録亦是時所修也。其梁庶人友珪及末帝等實録，亦皆周代所修。顯德三年，詔張昭補修梁末帝及唐清泰帝兩朝實録。昭奏，本朝太祖歷試之事在漢隱帝時，請先修隱帝實録，以全太祖之事。又梁末帝之上有郢王友珪弒逆，數月未有紀録，請仿宋書元凶劭之例，書爲元凶友珪。唐清泰帝前尚有閔帝，在位四月，亦未有編紀，并請修閔帝實録。其清泰帝請書爲廢帝。從之。見周紀及五代會要，宋史張昭傳。此梁庶人友珪及末帝，唐閔帝、廢帝，漢隱帝實録，皆周顯德中所補修也。可見五代諸帝本各有實録，薛居正即本之以成書，故一年之内即能告成。今案其紀載，不惟可見其採取實録之跡，而各朝實録之書法亦并可概見焉。

285 薛史書法迴護處

梁太祖紀，朱瑄、朱瑾救汴後，帝即朱温以其有力於己，厚禮而歸之。瑄、瑾以帝軍士勇悍，懸金帛誘之，軍士利其貲，赴之者衆。帝乃移檄讓之，瑾等來使不遜，乃命朱珍侵曹伐濮。按通鑑攷異及五代史補，朱温常患兵力不足，敬翔説令麾下士詐爲叛逃，即奏於唐帝，并告四鄰，以追叛爲名，可以拓地廣衆，温大喜從之。是兖、鄆本無誘兵之事，特温託詞以爲兵端也，而薛史云云，是真謂瑄、瑾以誘兵啟釁矣。歐史則直書，宣、歐史「瑄」作「宣」。瑾助汴，已破秦宗權，東歸，王朱温時已封王。移檄兖、鄆，誣其誘汴亡卒，乃發兵攻之。

天祐元年七月，帝發東都，至河中。八月壬寅，昭宗遇弒於大内，遺制以輝王柷爲嗣。十月，帝至洛陽，臨於梓宫，祇見於嗣君。按李彦威、即朱友恭氏叔琮等傳，温既遷唐昭宗於洛陽，遣敬翔至洛，令彦威、叔琮行弒。以龍武兵夜入，叩宫奏事。夫人裴正一開門，問奏事何得以兵入，牙官史太殺之，直趨椒蘭殿。昭宗方醉，起走，太持劍逐而弑之。是昭宗之被弑，實温使彦威等行事也。而薛史云，温在河中，昭宗遇弑於大内，一若昭宗之弑無與於温者。下又云，温至洛，臨於梓宫，祇見於嗣君，一似能曲盡臣節者。歐史則直書，温遣朱友恭、氏叔琮、蔣玄暉等行弑，昭宗崩。

二年十一月，天子唐昭宣帝命帝即朱温爲相國，總百揆，以宣武等二十一道爲魏國，進封帝爲魏王，兼備九錫之命。帝讓相國、魏王、九錫。按孔循傳，唐哀帝即昭宣帝封温魏王，備九錫，拒不受。蔣玄暉、柳燦馳謂温曰：「自古革易之際，必先建國，備九錫，然後禪位。」温曰：「我不由九錫作天子，可乎？」是温急於篡國，非讓殊禮也，而薛史云云，則似温真能辭讓矣。歐史則云，温怒不受。薛史不書。

是歲，唐昭宣帝卜祀天於南郊，温怒，以爲蔣玄暉等欲延唐祚，昭宣帝懼，遂改卜郊。

又是歲，温遣人告蔣玄暉私侍何太后，遂殺玄暉，弑太后，薛史亦不書。

昭宣帝禪位後，梁封爲濟陰王。開平二年正月，弑之。薛史亦不書。

乾化二年，温爲其子友珪所弑。薛史亦不書，但書友珪葬太祖於伊闕，號宣陵。

唐明宗紀，帝奉莊宗命討趙在禮，至鄴城，夜有軍士張破敗等鼓噪逼營，曰：「城中兵何罪，直畏死耳。今已與城中約，欲主上帝河南，令公帝河北。」帝力拒之，亂兵益擐甲露刃，環帝左右。安重誨、霍彦威躡帝足，請詭許之，因爲亂兵擁入城，夕乃得出。帝欲歸藩，上章圖再舉。重誨等謂元行欽已棄甲而去，行欽亦以兵攻鄴，聞兵變，别拔營去。不知其所奏如何，正當赴闕自陳，以杜讒口，帝從之。至相州，獲官馬二千匹。元行欽已以蜚語入奏。及至汴，有姚彦温來投，謂主上已惑行欽之言，事勢已離，不可再合。帝曰：「卿自不忠，言何悖也。」莊宗尋爲郭從謙所弒，帝急入洛。時魏王繼岌征蜀未還，帝謂朱守殷曰：「公善巡撫，以待魏王。吾奉大行梓宫禮畢，即歸藩矣。」而羣臣上箋勸進，至再三，請監國，帝始從之。據此則明宗遇軍變後，率兵向京師，並無反心，祇欲自訴。迨莊宗被弒，猶欲俟其子繼岌至而奉之，可謂純臣也。然攷當日情事，有不盡然者。明宗性本淳實，兵變之初，固不肯因以爲利，即兵變後，欲歸藩待罪，欲上章申理，亦屬實情。然是時惟有隻身歸朝，庶明心跡，而明宗武夫，豈能知此？方外怵於元行欽之奏其反，内惑於石敬瑭、安重誨等之勸其反，勢當騎虎難下之時，不得不爲挺鹿走險之計，則當其率兵而南，固已變計決反，非真欲面訴於莊宗之前也。天下豈有欲自訴不反，而轉舉兵向闕者？本紀所云赴闕自陳，可不辨而知其飾説也。且是時甫一舉足，反形已露。康義誠曰：「今從衆則有歸，守節則將死。」明宗納其言。義誠傳非決計反，則何以納其言也？鄭琮在營中，安重誨欲徵四方兵，琮歷數諸道屯兵之數，附口傳檄，相次而至。琮傳王晏球率兵戍瓦橋關，明宗招之，即以兵來會。晏球傳非決計反，則何以徵諸道兵也？至相州，即掠官馬以益軍矣。至河上，則劫上供船絹帛以犒軍矣。既先以三百騎付敬瑭，使速入汴，石晉紀又養子從珂自横水率兵，與王建立倍道馳至，由是軍聲大振。廢帝紀其抗逆之跡，已不待言。而本紀猶謂其入汴入洛，猶懷退讓，蓋當時實録例有隱諱，修史者但照本抄録，不復改訂耳。歐史則書，軍變後，嗣源入於魏，與在禮合。以其兵南，遣石敬瑭將三百騎爲先鋒。嗣源至鉅鹿，掠馬三千以益軍。是明著其反逆之跡，可謂直筆。而其先本無欲反之意，則於石晉紀及霍彦威傳内見之，是又不没其初念，以見其倉卒被逼，不同於郭威之自澶州入也。

漢隱帝紀，帝密詔李洪義誅王殷，又詔郭崇誅郭威、王峻。而洪義不敢發，反以詔示威。威即召王峻、郭崇及諸將校至，曰：「君等當奉行詔書，斷予首以報天子。」崇等曰：「此必李業等所誣搆，事可陳論，何須自棄。」於是爭勸威入朝，乃率衆南行。周太祖紀亦云，帝郭威途次又謂將校曰：「吾此來萬不得已。然以臣拒君，寧論曲直。汝等不如奉行前詔，我以一死謝天子，實無所恨。」是郭威本志似尚能守臣節者。按魏仁浦傳，郭威得洪義所示密詔，即召仁浦於卧内，仁浦教威倒用留守印，更爲詔書，令威誅諸將校，以激怒之。將校皆憤然效用，遂舉兵渡河。是威方更詔書以欺衆，詎肯以天子誅己之詔出示諸將，使奉詔殺己乎？本紀所云，誣飾顯然。歐史帝紀則直書郭威反。

周太祖紀，漢隱帝遣慕容彦超拒郭威於劉子坡，王師敗。威謂宋延渥曰：「爾國親，可速往衛主上。」明日，望見帝旗在高坡之上，謂隱帝在其下，即免胄而前。左右勸止之，威曰：「吾君在此，又何憂焉。」及至，則隱帝已去矣。按劉子坡之戰，隱帝親在陣中，威果欲自訴，何不於是時釋甲趨謁，乃方遣何福進、王彦超、李筠等大合騎以乘之。既敗王師，豈有明日又欲束身見主之理？且明日清晨，隱帝已爲郭允明所弑，又安得有旌旗在高坡之上，其爲飾説亦不待辨也。

隱帝既崩，郭威遣人迎湘陰公贇來即位。已而威至澶州，兵變入京。王峻聞贇已至宋州，慮左右變生，遣郭崇以七百騎往衛之。按十國春秋，崇至宋州，贇召見於樓上，判官董裔説贇曰：「崇瞻視舉措，必有異謀，不如殺之。」贇猶豫不決，崇遂幽贇於外館。是峻之遣崇，本欲害贇於途也，而本紀反云衛之，尤屬矛盾。歐史則直書，王峻遣郭崇以七百騎逆贇於宋州，殺之。

286　薛史失檢處

唐莊宗之被弒也，弟存霸自河中奔太原，存渥亦自洛與劉后奔太原。薛史符彦超傳謂，存霸至太原，與呂、鄭二内官謀殺留守張憲及其部將符彦超。彦超覺之，部下大噪，憲出奔，軍士殺存霸及呂、鄭。而張憲傳則謂，存渥奔太原，左右見其馬已斷飾，必戰敗而逃者，因欲殺呂、鄭，繫存渥以觀變。憲不可，而彦超已誅呂、鄭，軍士大亂。是一事也，彦超傳則以爲存霸，憲傳則以爲存渥，殊屬兩歧。案存渥出奔，行至風谷，爲部下所殺，惟存霸翦髮爲僧，求彦超庇護，而軍士殺之。是與呂、鄭同被殺者乃存霸，非存渥也。歐史則憲、彦超二傳皆書存霸。又南唐劉仁贍死守壽州，薛史則列在周書，蓋以其有降表至周，世宗加以官秩，既没，又贈郵極隆，故列之於周臣也。然仁贍固守無二志，其子崇諫勸之降，即斬以徇。及病甚不知人事，副使孫羽詐爲仁贍書以降，且舁至周營。世宗嘉其忠於所事，加爵進官，詔出而仁贍已卒，是仁贍實未嘗降也。薛史周紀既書劉仁贍上表乞降，令其子崇讓請罪，仁贍傳亦云，仁贍病急，翻然納款。末又云，先斬其子崇諫，其後出降，乃欲保其後嗣，抑有由焉。是真謂仁贍之初抗節，而終改節矣。若非歐史辨明，豈不受誣千載邪！符彦饒斬白奉進之兵，奉進來責，彦饒麾下兵噪而殺奉進。已而軍將馬萬等作亂，縛彦饒送京，誣其通范延光謀反，晉祖遂使人殺之於途。薛史竟稱彦饒通延光反，伏誅。歐史則直書其事，謂以反誅非其罪也。①可見薛史全據各朝實録，而不復參攷事之真僞，此歐史之所以作也。

287 薛史亦有直筆

薛史雖多迴護處，然是非亦有不廢公道者。列傳諸臣多與居正同仕前朝，否則其子孫亦有與居正同官於宋者。趙延壽子廷贊，仕宋爲廬、延等州節度使，而延壽傳不諱其背晉附遼，求爲遼太子之事。崔協子頌，仕宋爲諫議大夫，而協傳直書任圜譏其没字碑。符存審子彦卿，仕宋封魏王，而存審傳不諱其少時犯罪將就戮，以善歌得妓者救免之事。王繼弘子永昌，仕宋爲内諸司使，而繼弘傳載其曾爲高唐英將，唐英待之甚厚，後竟殺唐英，自爲留後，曰：「吾儕小人，若不因利乘便，何以得志。」尹暉子勳，仕宋爲防禦使，而暉傳不諱其反戈推戴唐廢帝之事，傳贊并謂因倒戈而杖鉞，豈義士之所爲。趙在禮孫廷勳，仕宋歷岳、蜀二州刺史，而在禮傳載其在宋州貪暴，及移鎮，民相賀曰，拔去眼中釘矣，在禮聞之怒，又乞留宋一年，每户徵錢一千，號「拔釘錢」。①後契丹入汴，索在禮貨財，在禮不勝憤，以衣帶就馬櫪自縊死。安審琦三子，皆仕宋爲顯官，而審琦妾通於隸人，遂與之通謀殺死審琦之事，傳中亦不諱。此足見其直筆，不以同官而稍有瞻徇也。他如高漢筠子貞文，仕宋爲開封尹，而漢筠傳歷敘其潔己愛民，則以漢筠本良二千石也。高行周子懷德，仕宋爲駙馬都尉，而行周傳敘其歷官政績，則以行周本能以慎重自處者也。此薛史之終不可没也。

288 薛歐二史體例不同

薛史梁祖紀，開首即以帝稱之；歐史則先稱朱温，賜名後稱全忠，封王後稱王，僭位後始稱帝。蓋薛則仿宋、齊、梁、陳書之例，歐則仿史記之例也。薛史於各國僭大號者，立僭僞傳，其不僭號而自傳子孫者，立世襲傳；歐則概列爲世家，亦仿史記也。薛史凡除官，自宰相至於刺史，皆書於本紀，幾同腐爛朝報；歐史則但書除拜宰相及樞密使，其餘不書，以省繁冗也。五代革易頻仍，惟梁、唐創業，各三十餘年，故其臣有始終在一朝者，其他未有不歷仕數朝。薛史則以死於某朝者，即入於某朝傳內，如張全義、朱友謙、袁象先等，事蹟多在梁朝，而編入唐書，楊思權佐唐廢帝篡位，而編入晉書，馮道歷唐、晉、漢、周皆爲相，而編入周書。歐史則以專仕一朝者係於某朝，其歷仕數朝者則另爲雜傳，以敘其歷宦之蹟，此又創例之最得者。

289 歐史不專據薛史舊本

歐史雖多據薛史舊本，然采證極博，不專恃薛本也。宋初薛史雖成，而各朝實録具在，觀通鑑攷異尚引梁太祖、唐莊宗實録，則歐公時尚在可知也。歐史郭崇韜傳贊云「余讀梁宣底」，則實録之外又有宣底等故籍，皆不遺也。劉昫之舊唐書修成亦未久，其所援據底本，方藉以修新唐書，凡唐末交涉五代之事，又足資攷訂。至宋初諸臣記五代事者尤多。案宋史，范質嘗述朱梁至周爲通（鑑）〔録〕六路振傳採五代九國君臣事跡，作世家列傳，振傳鄭向以五代亂亡，史多缺漏，著開皇紀三十卷。向傳此外又有孫光憲北夢瑣言，陶岳五代史補，王禹偁五代史闕文，劉恕十國春秋，①龔頴運曆圖，見於宋藝文志及晁公武讀書志者，皆在歐公之前，足資攷訂。其出自各國之書，如錢儼之吴越備史、備史遺事，湯悦之江南録，徐鉉之吴録，王保衡之晉陽見聞要録，又皆流布。而徐無黨注中所引證之唐摭言、唐新纂、九國志、五代春秋、鑑戒録、紀年録、三楚新編、紀年通譜、閩中實録等書，又皆歐所參用者。蓋薛史第據各朝實録，故成之易，而記載或有沿襲失實之處。歐史博採羣言，旁參互證，則真僞見而是非得其真，故所書事實，所紀月日，多有與舊史不合者，卷帙雖不及薛史之半，而訂正之功倍之，文直事核，所以稱良史也。子融傳十五卷，質傳王溥亦采朱梁至周爲五代會要，共三十卷，溥傳王子融集五代事爲唐餘録六十卷，

290 歐史書法謹嚴

不閲舊唐書，不知新唐書之綜核也。不閲薛史，不知歐史之簡嚴也。歐史不惟文筆潔浄，直追史記，而以春秋書法寓褒貶於紀傳之中，則雖史記亦不及也。其用兵之名有四：兩相攻曰攻，如梁紀孫儒攻楊行密於揚州是也。以大加小曰伐，如梁紀遣劉知俊伐岐是也。有罪曰討，如唐紀命李嗣源討趙在禮是也。天子自往曰征，如周紀東征慕容彦超是也。攻戰得地之名有二：易得曰取，如張全義取河陽是也。難得曰克，如龐師古克徐州是也。以身歸曰降，如馮霸殺潞將李克恭來降是也。以

地歸曰附，如劉知俊叛附於岐是也。立后得其正者曰以某妃某夫人爲皇后，如唐明宗紀立淑妃曹氏爲皇后是也。立不以正者曰以某氏爲皇后，如唐莊宗紀立劉氏爲皇后是也。凡此皆先立一例，而各以事從之，褒貶自見。其他書法，亦各有用意之處。如梁紀書弒濟陰王，王即唐昭宣帝也，不曰昭宣帝而曰濟陰王者，遜位後梁所封之王，書之以著其實，又書弒以著梁罪也。襄州軍亂，殺其刺史王班，不書王班死之，而以被殺爲文者，智不足以衛身而被殺，不可以死節予之也。殺王師範，不曰伏誅而曰殺者，有罪當殺曰伏誅，不當殺則以兩相殺爲文也。郢王友珪反，反與叛不同，叛者背此附彼，反則自下謀上，惡逆更大也。反不書日者，反非一朝一夕，難得其日也。梁太祖、唐莊宗皆被弒，故不書葬。唐明宗考終，宜書葬矣，以賊子從珂所葬，故亦不書也。梁紀，天雄軍亂，節度使賀德倫叛附於晉，亂首係張彦而書德倫者，責在貴者也；而德倫究不可加以首惡，而可責以不死，故書叛附於晉也。唐滅梁，敬翔自殺，翔因梁亡而自殺，可謂忠矣，不書死之而但書自殺，以梁祖之惡皆翔所爲，故不以死節予之也。除官非宰相、樞密使不書，說見前而唐紀書教坊使陳俊爲景州刺史，内園栽接使儲德源爲憲州刺史者，著其授官之太濫也。明宗紀先書皇帝即位於柩前，繼書魏王繼岌薨，見其即位時君之子尚在，則其反不待辨而自明也。又書郭從謙爲景州刺史，既而殺之，從謙弒莊宗，乃不討而反官之，見明宗之無君也。其罪本宜誅，乃不書伏誅而書殺者，明宗亦同罪，不得行誅，故以兩相殺爲文也。秦王從榮以兵入興聖宫，不克，伏誅，從榮本明宗子，以明宗病，恐不得立，以兵自助，故不書反，而擅以兵入宫，其罪當誅，故其死書伏誅也。漢紀，隱帝崩即書漢亡，隱帝被殺後，尚有李太后臨朝，及迎湘陰公贇嗣位之事，漢猶未亡也，而即書漢亡，見太后臨朝等事皆周所假託，非漢尚有統也。周太祖紀書漢人來討，周祖篡漢得位，崇之於周，義所當討，故書討也。世宗紀書帝如潞州攻漢，不曰伐而曰攻者，曲在周也，此可見歐史本紀書法，一字不苟也。其列傳亦有折衷至當者。死節分明，如王彥章、裴約、劉仁贍既列之死節傳矣，尚有宋令詢、李遐、張彥卿、鄭昭業等，皆一意矢節，以死殉國，而傳無之，則以其事迹不完，不能立傳故也，然於本紀特書死之，以表其忠，固不在傳之有無矣。張憲留守太原，莊宗被弒後，皇弟存霸來奔，或勸憲拘存霸以俟朝命，張昭又勸其奉表明宗，憲皆涕泣拒之。已而存霸爲符彥超軍士所殺，憲出奔沂州。薛史書憲坐棄城賜死，歐獨明其不然，然以其不死於太原，故亦不入於死事傳，但書憲出奔沂州見殺而已。藥彥稠、王思同皆以兵討潞王從珂，爲從珂所執而死，乃思同入死事傳，而彥稠不入，則以思同詞義不屈，係甘心殉國者，彥稠第被執見殺，不可竟以死節予之也。於此可見歐史之斟酌至當矣。

291 歐史傳贊不苟作

歐史紀傳各贊，皆有深意。於張承業傳則極論宦官之禍，而推明郭崇韜之死由於宦官之譖，使崇韜不死，其所將征蜀之兵皆在麾下，明宗能取莊宗之天下而代之哉。追原禍本，歸獄貂璫，可謂深切著明矣。唐六臣張文蔚等押傳國寶遜位於梁，此事與朋黨何涉，而傳贊忽謂此時君子盡去，小人滿朝，故其視亡國易朝，恬不知怪，而所以使君子盡去者，皆朋黨之説中之也。蓋宋仁宗時，朝右黨論大興，正人皆不安其位，故借以發端，警切時事，不覺其大聲疾呼也。至晉出帝紀贊，深明以姪爲子而没其本生父爲非，謂出帝本高祖兄敬儒之子，當時以爲爲高祖子則得立，爲敬儒子則不得立，於是深諱其所生而絶之以欺天下，以爲真高祖子也。禮曰：「爲人後者，爲其父母服。」自古雖出繼爲人後，未有絶其本生而不稱父母者。「余書曰追封皇伯敬儒爲宋王者，以見其絶天性，臣其父而爵之也。」於晉家人傳贊又反復申明之。則以當時濮議紛呶，朝臣皆以英宗當考仁宗，而以本生濮王爲伯，歐公與韓琦等獨非之，故因是以深斥其非禮也。可見歐史無一字苟作。

292 歐史失檢處

歐史亦有失檢處。唐昭宗之被弑也，李彦威傳則云梁祖遣敬翔至洛，與彦威等謀弑之，李振傳又云梁祖遣振至洛，與彦威等謀弑之，此必有一誤。梁本紀書朱友謙叛，殺同州節度使程全暉，而全暉傳則云全暉奔京師，①是紀傳兩不符合。薛史則紀傳皆稱奔京師，當不誤也。羅紹威傳，魏博自田承嗣始有牙軍，歲久益驕，至紹威時已二百年。按承嗣至紹威實止百五十年，歐史所云亦行文之誤。②鄭遨傳，遨與李振善，方振貴顯，遨不一顧，振得罪南竄，遨徒步千里往視之。按振仕梁爲樞密使，並無遠謫之事，及唐滅梁，振即被誅，又未嘗貶竄也，而遨傳何以云耶？唐莊宗被弑後，其弟存霸奔太原，據符彦超傳則云彦超欲留之，軍士大噪，遂殺之；張憲傳又云，憲欲納之，彦超不從，存霸乃見殺，③亦不畫一。且歐史例以歷仕數朝者入雜傳，專仕一朝者入某朝傳。氏叔琮、李彦威、李振、韋震皆只仕梁一朝，何以不入梁傳，而入雜傳？元行欽先事劉守光，繼降唐，何以反不入雜傳，而列於唐臣傳？此不免自亂其例也。至如宋太祖奮跡，全在周朝，建立戰功，勳望由此大著。薛史於周紀一一敘之，如高平之戰，則書今上先犯其鋒；清流關之戰，書今上破淮賊萬五千人，擒皇甫暉、姚鳳；六合之戰，書今上大破江南軍於六合；楚州之役，書今上在城北，親冒矢石，登城拔之；迎鑾江口之捷，書今上率戰櫂直抵南岸，焚柵而還。此皆宋太祖歷試之迹也，歐史一概不書，但云周師擊敗之而已，豈以宋祖仕周爲諱耶？然宋祖由周臣爲軍士擁立，固不能諱，亦不必諱也。居正在太祖時修史，必進御覽，並不隱諱，歐史修於仁宗時，乃轉諱之耶，蓋第欲取其行文之簡浄耳。

293 一産三男入史

一産三男、四男入史，自舊唐書始。高宗紀，嘉州辛道讓妻一産四男，高苑縣吴文威妻魏氏一産四男。哀帝紀，潁州汝陰縣彭文妻一産三男。歐陽五代史仿之，亦載於本紀，如同光二年，軍將趙暉妻一産三男是也。或以爲瑞而記之，不知此乃記異耳。徐無黨註云，此因變異而書，重人事故謹之。後世以此爲善祥，故於亂世書之，以見其不然也。今按唐高宗後，即有武氏之禍，哀帝正當失國時，尚有此事。又宋史哲宗紹聖四年，宣州民妻一産四男，元符二年，河中猗氏縣民妻一産四男。徽宗重和元年，黄巖民妻一産四男，未幾即有金人之禍。可知一産三男、四男皆是變異，非吉祥也。

294 五代諸帝多由軍士擁立

宋太祖由陳橋兵變，遂登帝位。查初白詩云：「千秋疑案陳橋驛，一著黄袍便罷兵。」①蓋以爲世所稀有之異事也。不知五代諸帝多由軍士擁立，相沿爲故事，至宋祖已第四帝矣。宋祖之前有周太祖郭威，郭威之前有唐廢帝王從珂，從珂之前有唐明宗李嗣源，如一轍也。趙在禮爲軍士皇甫暉等所逼，據鄴城叛，莊宗遣嗣源討之。方下令攻城，軍吏張破敗忽縱火譟呼，嗣源叱之，對曰：「城中之人何罪，但思歸不得耳。今宜與城中合勢，請天子帝河南，令公帝河北。」嗣源涕泣諭之，亂兵呼曰：「令公不欲，則他人有之。我輩狼虎，豈識尊卑！」安重誨、霍彦威等勸嗣源許之，乃擁嗣源入城，與在禮合。率兵而南，遂得爲帝。見霍彦威等傳。此唐明宗之由軍士擁立也。潞王從珂爲鳳翔節度使，因朝命移鎮，心懷疑懼，遂據城拒命。愍帝命王思同等討之，張虔釗會諸鎮兵皆集，楊思權攻城西，尹暉攻城東。從珂登城呼外兵曰：「吾從先帝二十年，大小數百戰，士卒固嘗從我矣。今先帝新棄天下，我實何罪而見伐乎！」因慟哭，外兵聞者皆哀之。思權呼其衆曰：「潞王真吾主也。」即擁軍士入城。暉聞之，亦解甲降。從珂由是率衆而東，遂得爲帝。見王思同、楊思權等傳。此廢帝之由軍士擁立也。郭威以漢隱帝欲誅己，遂起兵犯闕，隱帝遇弒，威請太后臨朝，又迎立湘陰公。會契丹兵入滑州，②威率兵北伐，至澶州，軍校何福進等與軍士大呼，越屋而入，請威爲天子，或有裂黄旗以加其身者，山呼震地，擁威南還，遂得爲帝。見漢、周各本紀此周祖之由軍士擁立也。尚有擁立而未成者，石敬瑭爲河東節度使時，因出獵，軍中忽有擁之呼萬歲者，敬瑭惶惑不知所爲，段希堯勸其斬倡亂者李暉等三十餘人，乃止。希堯傳敬瑭爲帝後，命楊光遠討范延光，至滑州，軍士推光遠爲主，光遠曰：「天子豈汝等販弄之物。」乃止。光遠傳符彥饒率兵戍瓦橋關，裨將張諫等迎彥饒爲帥，彥饒僞許之，約明日以軍禮見於南衙，遂伏甲盡殺亂者。彥饒傳郭威自澶州入京，有步軍校因醉揚言，昨澶州馬軍扶策，今我步軍亦欲扶策。威聞急擒其人斬之，令步軍皆納甲仗，始不爲亂。周本紀此皆擁立未成，故其事未甚著，然亦可見是時軍士策立天子，竟習以爲常。推原其始，蓋由唐中葉以後，河朔諸鎮，各自分據，每一節度使卒，朝廷必遣中使往察軍情，所欲立者即授以旄節。見新、舊唐書藩鎮傳。至五代，其風益甚，由是軍士擅廢立之權，往往害一帥，立一帥，有同兒戲。今就唐末及五代計之，黃巢之亂，武寧節度使支詳遣時溥率兵赴難，兵大呼反，逐支詳，推溥爲留後，溥傳青州王敬武卒，三軍推其子師範爲留後。師範傳義武王處存卒，軍中推其子郜爲留後。李克用之起也，康君立等推爲大同軍防禦使。朱瑄本鄆州指揮使，軍中推爲本州留後。天雄軍亂，囚其節度使樂彥貞，并殺其子從訓，聚而呼曰：「孰願爲節度使者？」羅弘信出應之，牙軍遂推爲留後。弘信傳夏州李思諫卒，軍中立其子彝昌爲留後。趙在禮之被逼而反也，軍士皇甫暉因戍兵思歸，劫軍將楊仁晸爲帥，仁晸不從，暉殺之。又推一小校，小校不從，亦殺之。乃携二首詣在禮曰：「不從者視此！」在禮不得已從之，遂爲其帥。如此類者，不一而足。計諸鎮由朝命除拜者十之五六，由軍中推戴者十之三四。藩鎮既由兵士擁立，其勢遂及於帝王，亦風會所必至也。乃其所以好爲擁立者亦自有故。擁立藩鎮，則主帥德之畏之，旬犒月宴，若奉驕子，雖有犯法，亦不敢問，如魏博牙兵是也。說見後。擁立天子，則將校皆得超遷，軍士又得賞賜、剽掠。如明宗之立，趙在禮即授滄州節度使，皇甫暉亦擢陳州刺史。楊思權叛降廢帝於鳳翔時，先謂廢帝曰：「望殿下定京師後，與臣一鎮，勿置在防禦、團練之列。」乃懷中出一紙，廢帝即書可邠寧節度使，後果與尹暉皆授節鎮。同時立功之相里金、王建立，亦擢節度使。周祖即位，亦以佐命之王峻爲樞密使，郭崇爲節度使。此將校之所以利於擁立也。至軍士之得重賞，恣劫奪，更無紀極。明宗之入洛也，京師大亂，焚剽不息，明宗亟命止焚掠，百官皆敝衣來見。本紀廢帝之反，愍帝遣兵討之，幸左藏庫，賞軍人各絹二十匹，錢五千。軍士負物揚言於路曰：「到鳳翔更請一分。」康義誠傳王師既降，廢帝許以事成重賞，軍士皆過望。及入立，有司獻庫籍甚少，廢帝大怒。自諸鎮至刺史，皆進錢帛助賞，猶不足，乃率民財佐用，囚繫滿獄，又借民屋課五月。盧質、李專美等傳諸軍猶不滿欲，相與謠曰：「去卻生菩薩，扶起一條鐵。」本紀先是帝在鳳翔，許入洛後，人各賞百緡，至是以禁軍在鳳翔降者楊思權等，各賞馬二，駝一，錢七十緡，軍士二十緡，在京者十緡。通鑑周太祖初至滑州時，王峻諭軍士曰：「我得公處分，俟入京，許爾等旬日剽掠。」衆皆踴躍。本紀及至汴，自迎春門入，諸軍大掠，烟火四發。明日，王峻、郭崇曰：「若不禁止，比夜化爲空城矣。」由是命諸將斬其尤甚者，晡時乃定。本紀而前滑州節度使白再榮已爲亂軍所害，侍郎張允墜屋死。隱帝紀安叔千家貲已掠盡，軍士猶意其有所藏，箠掠不已，傷重，歸於洛陽。叔千傳時有趙童子者，善射，憤軍士剽掠，乃大呼曰：「太尉志除君側之惡，鼠輩敢爾，乃賊也。」持弓矢據巷口，來犯者輒殺，由是保全者數十家。後周祖聞民間有趙氏當有天下之謠，疑此童子，遂使人誣告殺之。五代史補又趙鳳見居民無不剽之室，亦獨守里門，軍不敢犯。鳳傳是周祖犯闕時，居民得免劫奪者，惟此二趙之里，③其他自公卿以下無不被害也。此軍士之利於擁立也。王政不綱，權反在下，下淩上替，禍亂相尋，藩鎮既蔑視朝廷，軍士亦脅制主帥，古來僭亂之極，未有如五代者，開闢以來一大劫運也。

第二十一卷校證

286 薛史失檢處

①符彥饒斬白奉進之兵，奉進來責，彥饒麾下兵噪而殺奉進。已而軍將馬萬等作亂，縛彥饒送京，誣其通范延光謀反，晉祖遂使人殺之於途。薛史竟稱彥饒通延光反，伏誅。歐史則直書其事，謂以反誅非其罪也　按：薛史白奉進傳（卷九五）云：「范延光據鄴爲亂，詔遣率騎軍三千北屯滑台，時符彥饒爲滑州節度使。一夕，有軍士夜掠居人，奉進捕之，凡獲五盜，三在奉進本營，二在彥饒麾下，尋命俱斬之。彥饒怒其不先告，深銜之。明日，奉進左右勸奉進面謝，奉進然之，以從騎數人候彥饒於牙城。既入，且述其過，彥饒曰：『軍中法令，各有部分，何得將滑州軍士一律處斬，無主客之義乎！』奉進曰：『軍士抵法，寧有彼我。今僕以咎自陳而公怒不息，莫是與范延光同反也！』因拂衣而起。彥饒不留，其帳下介士大噪，擒奉進殺之。是日，步軍都校馬萬，次校盧順密，聞奉進遇害，率其部衆攻滑之子城，執彥饒送於京師，戮於班荆舘北。」又晉高祖紀（卷七六）及符彥

饒傳（卷九一）皆略言此事，而無「彦饒通延光反，伏誅」之文。又事之初起爲白奉進斬符彦饒之兵，因而前來謝過，並非符彦饒斬白奉進之兵，以致「奉進來責」。此皆不符於史實者。歐史符彦饒傳（卷二五）叙事簡明，要旨則與薛史無異。

287 薛史亦有直筆

①在禮傳載其在宋州貪暴，及移鎮，民相賀曰，拔去眼中釘矣，在禮聞之怒，又乞留宋一年，每户徵錢一千，號「拔釘錢」　按：此事乃輯本舊五代史趙在禮傳注引五代史補之文，非本傳之文。又見新書趙在禮傳。

289 歐史不專據薛史舊本

①劉恕十國春秋　按：劉恕之書，宋史藝文志（卷二〇三）作十國紀年四十二卷，本傳（卷四四四）又作五代十國紀年，無十國春秋之名。又其父劉涣與歐陽修爲同年進士，恕爲修之晚輩，修著五代史記時似未及參閲其書。

292 歐史失檢處

①梁本紀書朱友謙叛，殺同州節度使程全暉，而全暉傳則云全暉奔京師　按：薛、歐二史皆無程全暉傳。薛史梁末帝紀（卷一〇）貞明六年，「河中朱友謙襲陷同州，節度使程全暉單騎奔京師」句下有注云：「歐陽史列傳仍同薛史。」此謂歐史朱友謙傳（卷四五），非謂程全暉有傳。

②魏博自田承嗣始有牙軍，歲久益驕，至紹威時已二百年。按承嗣至紹威實止百五十年，歐史所云亦行文之誤

按：舊五代史羅紹威傳（卷一四）云：「自田氏已後垂二百年，長帥廢置，出於其手。」歐史之誤，實承薛史而來，不應獨責歐史。

③存霸奔太原，據符彦超傳則云彦超欲留之，軍士大噪，遂殺之；張憲傳又云，憲欲納之，彦超不從，存霸乃見殺 按：「張憲欲納之，彦超不從，存霸遂見殺」，乃符彦超傳（卷二五）之記載，「彦超麾下兵士大噪，殺存霸」，則見於張憲傳（卷二八），本文所舉二傳之事正相反。

294 五代諸帝多由軍士擁立

①查初白詩云：「千秋疑案陳橋驛，一著黄袍便罷兵。」 按：查初白即查慎行，清初著名詩人。所引詩句見敬業堂詩集卷二〇汴梁雜詩八首中之第四首，全詩爲：「梁宋遺墟指汴京，紛紛代禪事何輕。也知光義難爲弟，不及朱三尚有兄。將帥權傾皆易姓，英雄時至適成名。千秋疑案陳橋驛，一著黄袍便罷兵。」

②會契丹兵入滑州 按：舊五代史（卷一一〇）周本紀：「會鎮、定州馳奏契丹入寇，河北諸州告急，太后命帝北征。十二月一日，帝發離京師。四日，至滑州。」是滑州爲郭威率兵禦契丹所至之地，非契丹兵所入之地。

③周祖犯闕時，居民得免劫奪者，惟此二趙之里 按：「二趙」即上文所稱之趙童子與趙鳳。薛史趙鳳傳（卷一二九）云：「幼讀書，舉童子。」可知趙童子即趙鳳，故通鑑（卷二八九）即直以趙童子之言爲趙鳳所説，此文分爲二人，甚誤。

廿二史劄記卷二十二

295 五代樞密使之權最重

唐中葉以後，始有樞密院，乃宦官在内廷出納詔旨之地。昭宗末年，朱温大誅唐宦官，始以心腹蔣玄暉爲唐樞密使，此樞密移於朝士之始。温篡位，改爲崇政院，敬翔、李振爲使，凡承上之旨，皆宣之宰相，宰相有非見時而事當上決者，則因崇政使以聞，得旨則復宣而出之。然是時止參謀議於中，尚未專行事於外。至後唐復樞密使之名，郭崇韜、安重誨等爲使，樞密之任重於宰相，宰相自此失職。見歐史郭崇韜傳贊。今按唐莊宗時，崇韜爲使。明宗時，安重誨爲使。晉高祖時，桑維翰爲使。漢隱帝時，郭威爲使。當崇韜爲使時，宰相豆盧革以下皆傾附之，以崇韜父諱弘，遂奏改弘文館爲崇文館。重誨爲使時，過御史臺門，殿直馬延悮衝其前導，重誨即臺門斬延而後奏。是時四方奏事皆先白重誨，然後聞。重誨與任圜不協，則因朱守殷反，即誣圜通謀而先殺之。忌潞王從珂，則嗾其部將楊彦温逐出之。明宗遣藥彦稠致討，命生致彦温，欲親訊其由，而彦稠希重誨旨，即殺彦温以滅口。宰相馮道等亦希重誨意，數言從珂失守宜坐罪，明宗不聽而止。郭威爲使時，率兵平三叛歸，西京留守、同中書門下平章事王守恩，官已使相，肩輿出迎，威怒之，即以頭子命白文珂代之，守恩方在客次待見，而吏已馳報新留守視事於府矣，守恩遂罷。可見當時樞密之權，等於人主，不待詔敕而可以易置大臣。其後出鎮魏州，史弘肇又令帶樞密使以往，蘇逢吉力争之不得。於是權勢益重，遂至稱兵犯闕，莫不響應也。

296 五代姑息藩鎮

唐自失河北後，河朔三鎮，朝命不行，已同化外羈縻。至末季，天子益弱，諸侯益强，朝廷尤以姑息爲事，卒至尾大不掉，區宇分裂，鼎祚遽移。梁祖以梟桀之資，驅策羣下，動以誅戮從事，如氏叔琮、朱友恭、王重師、朱珍、鄧季筠、胡規、黄文静、李讜、李重胤、范居實等，皆披堅執鋭，爲開國功臣，一有疑忌，輒斬艾隨之，固未嘗稍事含忍也。及末帝即位，漸不能制其下。楊師厚在魏博，朝廷常有隱憂，而不敢過問，師厚死，乃私賀於宫中。華温琪爲定昌節度使，奪人妻，爲其夫所告。帝下詔曰：「若便行峻典，謂予不念功勳。若全廢舊章，謂予不念黎庶。爲人君者，不亦難乎！」乃召温琪入爲金吾大將軍。此可以見其曲事調停，略無威斷矣。莊宗登極，歷年未久。明宗嘗因諸侯邸吏驕恣，杖遣示懲，可謂能整飭紀綱者。自唐末諸藩之邸吏在京者，每御史上事，皆至客次通名，勞以茶酒，而不相見。至是盧文紀爲中丞，邸吏入見，文紀據牀端笏，臺吏通名贊拜而出，皆愧怒。明宗聞之，問趙鳳邸吏何官，曰知縣、發遞、知後之流也，明宗曰，然則吏卒耳，安得慢吾法官，皆杖而遣之。見文紀傳。然姑息之弊，實起於是時。高季興擅竊夔州，帝遣西方鄴討之，以霖潦班師。李彝超據夏州不受代，帝遣安從進討之，以芻糧不繼班師。安重誨慮孟知祥據蜀，遣李嚴往監軍，知祥即斬嚴以叛。嚴傳董璋與知祥分據兩川，攻陷遂、閬二州，帝遣石敬瑭討之，又以饋餉不給引還。帝遣人往諭璋改過，璋不聽。璋傳知祥抗命既久，范延光奏曰：「陛下若不屈意招撫，彼亦無由自新。」帝曰：「知祥吾故人也。撫之何屈意之有。」乃以詔賜知祥，知祥始上表謝。明宗紀及知祥傳是明宗之於强藩，已多所包容，不能制馭矣。至石晉尤甚，幾有冠履倒置之勢。楊光遠奉命討范延光，兵柄在手，以爲晉祖畏己，輒干預朝政，或抗有所奏，晉祖亦曲意從之。光遠傳張彦澤爲節度使，所爲不法，從事張式諫，不聽，出奔。彦澤使人面奏，謂彦澤不得張式，恐致不測，晉祖亦不得已與之。彦澤傳朝廷之尊，反爲臣下所脅制。然此猶事之小者也。安重榮在鎮州，以晉祖厚事契丹，數加非笑，謂詘中國以事外蕃，上表欲興兵攻契丹，並執契丹使者，馳書各鎮，謂契丹貪傲無厭，將與之決戰，帝諭止之，不從。重榮謂帝無如之何，遂與襄州安從進謀反。重榮傳從進在襄州，南方貢輸道襄者輒留之，帝欲徙之青州，使人告以虛青州以待，從進曰：「移青州在漢江南，即赴任。」帝亦優容之。從進傳威令不行，武夫悍將桀傲至此，固由於兵力不足以相制。然周世宗登極後，諸鎮咸惕息受驅策，則又不繫乎兵力之强弱，而制馭天下自有道矣。

297 五代藩郡皆用武人

五代諸鎮節度使，未有不用勳臣武將者，遍檢薛、歐二史，文臣爲節度使者，惟馮道暫鎮同州，桑維翰暫鎮相州及泰寧而已。兜鍪積功，恃勳驕恣，酷刑暴斂，荼毒生民，固已比比皆是。乃至不隸藩鎮之州郡，自朝廷除刺史者，亦多以武人爲之。歐史郭延魯傳謂，刺史皆以軍功拜，論者謂天下多事，民力困敝之時，不宜以刺史任武夫，恃功縱下，爲害不細。薛史安重榮傳亦云，自梁、唐以來，郡牧多以勳授，不明治道，例爲左右羣小所惑，賣官鬻獄，割剥烝民。誠有慨乎其言之也！故雖以唐明宗之留心吏治，懲貪獎廉，吏有犯贓，輒置之死，曰：「貪吏者，民之蠹也。」鄧州陶玘、亳州李鄴，皆以贓污論死。又嘗下詔褒廉吏石敬瑭、安從阮、張萬進、孫岳等，以風厲天下。然出身軍伍，本不知撫循，風氣已成，淪胥莫挽。相里金傳云，是時諸州刺史，皆用武人，多以部曲主場務，漁蠹公私，以利自入。金爲沂州刺史，獨禁部曲，不與民事，厚加給養，使主家務而已。此亦非有循績可紀，而當時已以金爲治行之最，則民之罹於塗炭可知也。自宋太祖易以文臣牧民，而後天下漸得甦息，歷代因之，皆享國久長，民不思亂。豈非設官立法之善，有以出水火而登之袵席哉。

298 五代藩帥劫財之習

五代之亂，朝廷威令不行，藩帥劫財之風，甚於盜賊，强奪枉殺，無復人理。李匡儔爲晉軍所敗，遁滄州，隨行輜重妓妾奴僕甚衆，滄帥盧彦威殺之於景州，盡取其貲。晉紀①張筠代康懷英爲永平節度使，懷英死，筠即掠其家貲。有侯莫陳威者，嘗與温韜發唐諸陵，多得珍寶，筠又殺威而取之。筠弟籛守京兆，值魏王繼岌滅蜀歸，而明宗兵起，籛即斷咸陽橋，繼岌不得還，自縊死，遂悉取其行橐。先是王衍自蜀入京，莊宗遣宦者向延嗣殺之於途，延嗣盡得衍貲。至是明宗即位，誅宦者，延嗣亡命，籛又盡得其貲。由是筠、籛兄弟皆擁貲鉅萬。筠傳馬全節敗南唐將（史）〔李〕承裕，擒以獻闕下，承裕曰：

「吾掠城中，所得百萬，將軍取之矣。吾見天子，必訴而後就刑。」全節懼，遂殺之。全節傳高允權爲延州令，其妻劉景巖孫女也，景巖家於延，良田甲第甚富，允權心利之，乃誣景巖反而殺之。允權傳李金全討安州，至則亂首王暉已伏誅，金全聞其黨武彥和②等爲亂時劫貲無算，乃又殺而奪之。金全傳張彥澤降契丹，奉德光命先入京，乃縱軍大掠，又縊死桑維翰，悉取其貲。彥澤傳成德節度使董溫其爲契丹所擄，其牙將祕瓊殺其家而取其貲。瓊爲齊州防禦使，道出於魏，范延光伏兵殺之，以戍卒悞殺聞。後延光叛而又降，挈其帑歸河陽，楊光遠使子承勳推之墮水死，盡取其貲。延光傳楊光遠後亦叛而復降，其故吏悉取其寶貨名姬善馬，獻李守貞。光遠傳③歐史謂瓊殺溫其取其貲，延光殺瓊而取之，延光又以資爲光遠所殺，而光遠亦不能有也。④可見天道報施，雖亂世亦不爽。且多財爲害，亂世尤易召禍。白再榮在鎮州，劫奪從契丹之官吏，鎮人謂之白麻荅。及歸京師，遇周祖兵入，軍士至其家，悉取其財。已而前啟曰：「我輩嘗事公，一旦無禮至此，何面目見公乎。」乃斬之而去。再榮傳則以人事言之，非分取財，更殺身之道也。

299 五代幕僚之禍

五代之初，各方鎮猶重掌書記之官。蓋羣雄割據，各務爭勝，雖書檄往來，亦恥居人下，覘國者並於此觀其國之能得士與否，一時遂各延致名士，以光幕府。如李襲吉爲李克用書記，克用討王行瑜而不得入覲，襲吉爲作表云：「穴禽有羽，①聽舜樂以猶來。天路無梯，望堯雲而不到。」昭宗大嘆賞之。

又爲克用修好於朱温，中有句云：「毒手尊拳，交相於暮夜。金戈鐵馬，蹂踐於明時。」温謂敬翔曰：「李公斗絶一隅，乃得此名士。若吾之智算，得襲吉之筆才，虎傅翼矣。」由是襲吉之名大著。是時梁有敬翔，燕有馬郁，華州有李巨川，荆南有鄭準，鳳翔有王超，錢塘有羅隱，魏博有李山甫，皆有文稱。襲吉傳其後馮道由書記入相，桑維翰由書記爲樞密使，固華要之極選也。然藩鎮皆武夫，恃權任氣，又往往淩蔑文人，或至非理戕害。鄭準爲荆南成汭書記，以語不合解職去，汭怒，潛使人殺之於途。五代史補是時諸侯方重書記，已肆虐如此，此外副使判官之類，更何論矣。今見於薛、歐二史者，西方鄴爲節度使，所爲非法，判官譚善達數諫之，鄴怒，誣以事，下獄死。鄴傳襄州節度使劉訓以私忿族副使胡（裴）〔裝〕，誣以欲謀亂也，人士冤之。訓傳房知温爲節度使，多縱其左右排辱賓僚。知温傳高行珪爲節度使，性貪鄙，副使范延策諫之，乃誣奏延策謀叛，并其子殺之。行珪傳高行周鎮鄴城，其副使張鵬，一言不合，爲行周所奏，詔即處斬。行周傳王繼弘鎮相州，殺判官張易，以譌言聞。是時藩郡凡奏刑殺，皆順其命，故當時從事，鮮賓客之禮，重足（二）〔累〕跡事之，猶不能免禍。漢隱帝紀而尤慘者，張彦澤鎮彰義，爲政苛暴，掌書記張式諫之，彦澤怒，引弓射之，式走而免，遂出奔。彦澤使二十騎追之，曰：「不來，即取其頭來。」式至邠州，節度使李周爲奏留之，詔流式商州。彦澤奏以必得式爲期，晉祖不得已與之。彦澤乃剖心決口，斷手足而斬之。彦澤傳此幕僚之禍最酷者也。惟史匡翰鎮義成，好讀書，接下以禮。幕客有關徹者，使酒，怒目謂匡翰曰：「近聞張彦澤臠張式，未聞史匡翰斬關徹，恐天下談者，未有比類。」匡翰不怒，引滿自罰而慰之，時稱其寬厚。由是觀之，士之生於是時者，縶手絆足，動觸羅綱，不知何以全生也。

300 五代鹽麴之禁

五代横征無藝。洪容齋隨筆記朱温以夷門一鎮，力征而得天下，士雖苦戰，民則樂輸，末帝與唐莊宗對壘於河上，民雖困於輦運，亦未至流亡，由賦斂輕而田園可戀故也。及唐莊宗任吏人孔謙爲三司使，峻法以剥下，厚斂以奉上，於是賦斂日重，而歷代因之。今即據鹽、麴二事，可見其大概也。凡鹽鐺户應納鹽利，每斗折納白米一斗五升，晉初始令折錢收納，竈户所納如此，鹽價之貴可知也。海鹽界分每年收錢一千七萬貫，①以區區數十州之地，而收價如此，其價更可知也。每城坊官自賣鹽，鄉村則案户配食，依田税輸錢。其私販之禁，十斤以上即處死，刮鹻煎鹽者，不論斤兩皆死。凡告者，十斤以上賞錢二十千，五十斤以上三十千，百斤以上五十千，其法令之嚴可知也。晉高祖知鹽貴之病民，乃詔計户徵税，每户自一千至二百文，分五等，聽商人販鹽，民自買食，一時頗以爲便。出帝時，又令諸州郡税鹽，過税斤七錢，住税斤十錢，蓋已按户徵鹽錢，不便改法，乃又加徵商税，使利歸於官也。漢乾祐中，青鹽一石，抽税一千文，鹽一斗，是又加重於出帝時矣。周廣順中，始詔青鹽一石，抽八百文，鹽一斗；白鹽一石，抽五百文，鹽五升。然鹽價既因抽税增貴，而案户所徵之鹽税又不放免，是一鹽而二税，民益苦之。此鹽法之大概也。其酒麴之禁，孔循曾以麴法殺一家於洛陽。私麴五斤以上皆死。明宗乃詔鄉村人户，於秋田苗上每畝納錢五文，聽民自造麴釀酒，其城坊亦聽自造而榷其税。長興中，又減五文爲三文，尋仍詔官自造麴，減舊價之半賣民釀酒。漢乾祐中，私麴之禁，不論斤兩皆死。周廣順中，仍改爲五斤以上。然五斤私麴即處極刑，亦可見法令之酷矣。此麴法之大概也。以上俱見薛史及五代會要。即此二事，峻法專利，民已不堪命，況賦役繁重，横征百出，加以藩鎮之私斂，如趙在禮之拔釘錢，每户一千，劉銖之加派秋苗，每畝率錢三千，夏苗畝二千。民之生於是時者，可勝慨哉！

301 五代濫刑

五代亂世，本無刑章，視人命如草芥，動以族誅爲事。梁祖以舊怨，使人族王師範於洛，師範設席與宗族飲，謂使者曰：「死者人所不免，然恐少長失序，下愧先人。」酒半，命少長以次就戮。師範傳唐莊宗既滅梁，詔梁臣趙巖等並族於市，除妻兒骨肉外，其疏屬僕隸並釋。莊宗紀又命夏魯奇族誅朱友謙於河中，友謙妻張氏率其家屬二百餘口，見魯奇曰：「請别骨肉，無致他人横死。」友謙傳汴州控鶴指揮使張諫謀叛，既伏誅，又集其黨三千人並族之，并誅滑州長劒等軍士數百人，夷其族。明宗紀漢三司使王章被殺，有女適張貽肅，病已踰年，扶病就戮。章傳是族誅之法，凡罪人之父兄妻妾子孫并女之出嫁者，無一得免。非法之刑，於兹極矣，而尤莫如漢代之濫。史弘肇爲將，麾下稍忤意，即撾殺之。故漢祖起義之初，弘肇統兵先行，所過秋毫無犯，兩京帖然，未嘗非其嚴刑之效。隱帝時，李守貞等反，京師多流言，弘肇督兵巡察，罪無大小，皆死，有白晝仰觀天者，亦腰斬於市。凡民抵罪，弘肇但以三指示吏，吏即腰斬，又爲斷舌決口、斮筋折足之刑。於是無賴之輩望風逃匿，路有遺物，人不敢取，亦未嘗非靖亂之法。然不問罪之輕重，理之是非，但云有犯，即處極刑，枉濫之家莫敢上訴，軍吏因之爲奸，嫁禍脅人，不可勝數。故相李崧之弟嶼，有僕葛延遇，乾没嶼貲，嶼責之，延遇遂告崧、嶼通李守貞謀反，坐是族誅。何福進有玉枕，遣奴賣之江南，奴隱其價，福進笞之，奴即誣告福進通吴，弘肇輒治，福進棄市，①帳下分取其妻子而籍其家財。於是前資故將之家，姑息僮奴，無復主僕之分。弘肇傳此京師之濫刑也。蘇逢吉爲相，以天下多盜，自草詔，凡盜所居，本家及鄰保皆族誅。或謂盜無族誅法，況鄰保乎，乃但去族字。由是鄆州捕賊使者張令柔殺平陰縣十七村人皆盡。逢吉傳衛州刺史葉仁魯帥兵捕盜，有村民十數方逐盜入山，仁魯並疑其爲盜，斷其腳筋，宛轉號呼而死。劉銖立法深峻，左右有忤意，即令人倒曳而出，數百步體無完膚。每杖人雙杖對下，謂之「合歡杖」。或杖人如其歲數，謂之「隨年杖」，銖傳此又藩郡之濫刑也。毒痛四海，殃及萬方，劉氏父子二帝，享國不及四年，楊、史、蘇、劉諸人亦皆被横禍，無一善終者。②此固天道之報施昭然，而民之生於是時，不知如何措手足也。

302 五代諸侯貢奉多用鞍馬器械

用兵之世，武備是亟，故五代藩鎮貢獻，多以鞍馬器械爲先。梁紀，開平二年，大明節，内外臣僚各以奇貨良馬上壽。清明宴，以鞍轡馬及金銀器爲獻者殆千萬。午日，獻者巨萬，馬三千蹄。已又詔諸道進獻，不得以金寶裝飾戈甲劍戟，至於鞍勒亦不用塗金及雕刻龍鳳。①可見是時貢獻專以戎備爲重也。歐史云，自唐莊宗以來，方鎮進獻之事稍作。至於晉，而添都助國之物動以千計，其來朝奉使，賈宴贖罪，無不出於貢獻云。今按莊宗甫滅梁，河南尹張全義即進暖殿物，後遂寵冠羣臣，命劉皇后拜之爲父。自是貢獻貲財之風大起。明宗南郊，詔兩川進助郊禮物五十萬，則并有明下詔徵者矣。（明宗紀②）（開）〔天〕成中，任圜奏，故事貢獻雖以進馬爲名，卻將綾絹金銀折充馬價，今乞從之。（五代會要）則并明令折價矣。晉天福三年，諸鎮皆進物以助國。及高祖崩，節度使景延廣、李守貞、郭謹等皆進錢粟，助作山陵。（晉紀）蓋後唐以後，又無不用財物也，然進戎備之例亦未停止。周太祖詔諸州不得以器械進貢，先是諸道州府各有作院，課造軍器，逐季搬送入京，既留上供錢帛應用，又於部內廣配土産物，民甚苦之，除上供軍器外，節度使、刺史又多私造，以進貢爲名，悉取之於民，至是始罷之。（周本紀）貢獻事以戎器馬匹，似亦適於時用，而非無名，乃其害已如此，何況唐、晉之竭民財以充進奉也。

按是時又有以進獻而免禍得官者。袁象先在梁時鎮宋州，積貲千萬，入唐，輦其貲賂將相，奉宮闈，遂有寵。其卒也，長子正辭，當唐廢帝時，進其父錢五萬緡，領衢州刺史。晉祖時，又獻五萬緡，求爲真刺史，乃拜雄州。雄州在靈武西，正辭不欲行，復獻數萬緡，乃得免。出帝時，又獻三萬緡，帝欲與內郡，未授而卒。（象先傳）李嗣昭鎮昭義，妻楊氏善積財，嗣昭夾城之圍，多賴以濟。嗣昭歿，子繼韜謀反，遇赦，入朝，楊氏以銀數十萬隨之行，厚賂皇后及伶人、宦官，遂得解，莊宗轉寵繼韜。又一子繼忠，家於晉陽，貲尚鉅萬，晉祖起兵時，貸以充用。既入立，甚德之，以繼忠爲沂、棣、單三州刺史。楊氏平生積財，嗣昭父子三人皆賴之。（嗣昭傳）房知温歷諸鎮節度，積貲鉅萬，其卒也，子彥儒獻其父錢三萬緡，絹布三萬匹，金百兩，銀千兩，遂拜沂州刺史。（知温傳）歐史所謂功臣大將死，子孫率以家財求刺史，物多者得大州善地，蓋是時風氣如此。

303 魏博牙兵凡兩次誅戮

魏、博六州號天雄軍，自田承嗣盜據後，召募牙兵，皆豐給厚賜，年代既久，父子相襲，姻黨膠固，變易主帥如兒戲。自田氏後百五十年，主帥廢置出於其手，如史憲誠、何全皞、韓君雄、樂彥禎皆其所立，小不如意，則舉族被誅。唐天德元年，樂彥禎爲牙兵所囚，彥禎子從訓乞兵於梁以攻之，彥禎遂被殺，從訓亦戰死，牙兵因立羅弘信。弘信雖爲主帥，而兵愈驕横。迨其子紹威嗣襲，心益懼，欲盡誅之，而畏其强，不敢發，乃遣親吏臧延範密告梁祖。會梁女之適羅氏者死，梁祖乃遣馬嗣勳以千人入魏，聲言助葬，實兵仗於橐中，肩橐而入，夜半與紹威親軍攻牙兵，盡殺之，死者七千餘人，嬰孺亦不留，此魏兵第一次誅戮也。其後梁祖令楊師厚屯魏州，梁祖崩，師厚逐節度使羅周翰紹威子襲位者。而據其地，梁主友珪即命爲天雄軍節度使。師厚復置銀槍效節軍，皆選驍鋭，恣豢養，復故時牙兵之態，又將爲梁患。會師厚死，趙巖與邵贊爲末帝畫策，分相、魏爲兩鎮，以相、澶、衛爲昭德軍，張筠爲節度使；魏、博、貝仍爲天雄軍，賀德倫爲節度使。分魏兵之半入昭德，德倫促之就道，親戚相訣别，效節軍將張彥曰：「朝廷以我軍府强盛，設法殘破之。」乃與衆執德倫，置之樓上。末帝遣使宣諭，彥不聽，使者再往，彥裂詔書於地曰：「梁主聽人穿鼻。」遂逼德倫降於唐，莊宗時方爲晉王，梁由是失河北。德倫既降，陰遣人訴彥於莊宗，莊宗斬彥而後入，即以魏軍自衛，號帳前銀槍軍。自是與梁戰河上，數有功，胡柳之役，逐梁兵下土山，皆其力也。許滅梁而重賞，及梁亡，雖數賜予，猶懷怨望。莊宗令楊仁晸率之戍瓦橋關，同光四年代歸，又有詔令駐貝州。軍士以貝、魏相去一舍而不得歸，咸怨。皇甫暉因倡亂，殺楊仁晸等，而逼趙在禮爲帥，入魏州。莊宗遣李嗣源討之，會軍變，與魏軍合，嗣源犯闕，莊宗遂至弒亡，皆此軍肇禍也。明宗即嗣源既即位，在禮懼禍，求解去。明宗乃遣房知温率魏效節九指揮使戍盧臺，不給兵甲，惟長竿繫幟，以束隊伍。明年，遣烏震往代知温，戍軍夾水東西爲兩寨，震至，與知温會東寨，效節軍爲變，知温亟乘馬出，亂軍擊殺震，執轡留知温。知温紿以馬兵皆在西，今獨步軍，何能爲也，即登舟渡入西寨，以騎兵盡殺亂者。明宗詔悉誅其家屬於魏州，凡三千餘家，驅至漳河上殺之，漳水爲之變色。魏之驕兵至是而盡，此第二次誅戮也。見梁、唐各本紀及羅紹威、符道昭、馬嗣勳、楊師厚、賀德倫、趙在禮、皇甫暉、烏震、房知温等傳。

304 一軍中有五帝

唐莊宗爲晉王時，與梁軍拒於河上，垂十年。時李嗣源明宗爲大將，莊宗與之謀取鄆州，嗣源請獨當之，乃以騎五千襲取鄆。梁軍破德勝南柵，莊宗悉軍救之，嗣源爲先鋒，擊破梁軍。明宗紀是明宗在軍中也。嗣源子從珂，廢帝嘗從戰於河上，屢立戰功，莊宗呼其小字曰：「阿三不獨與我同年，其敢戰亦類我。」德勝之戰，從珂以十數騎雜梁軍，奔入梁壘，斧其眺樓，嗣源以鐵騎三千乘之，梁軍大敗。胡柳之戰，又從莊宗奪土山，軍勢復振。廢帝紀是廢帝亦在軍中也。是時嗣源壻石敬瑭，晉高祖常在嗣源帳下，號左射軍。梁將劉鄩急攻清平，莊宗馳救，爲鄩所圍，敬瑭以十數騎橫槊馳取之，莊宗拊其背而壯之。又從莊宗擊敗梁將戴思遠於德勝渡，又從戰胡盧套，肩護嗣源而退；從戰楊村寨，解嗣源之危；從取鄆，以五十騎突入東門。晉紀是晉祖亦在軍中也。而劉知遠漢高祖時方爲敬瑭裨校，德勝對柵時，敬瑭爲梁人所襲，馬甲斷，知遠輟騎以授之，自跨斷甲者殿而歸。漢紀是漢祖亦在軍中也。計是時唐莊宗、明宗、廢帝、晉高祖、漢高祖皆在行間，一軍共有五帝，此古來未有之奇也。

305 五代諸帝皆無後

梁祖朱温，子彬王友裕，早卒。郢王友珪，以弑逆被誅。養子博王友文，爲友珪矯殺。均王友貞，嗣位，是爲末帝，唐兵入，自殺於建國樓。康王友孜，末帝時先以謀反誅。賀王友雍，福王友璋，建王友徽，歐史謂此三人不知所終，薛史亦不載其卒，而王禹偁五代史闕文謂唐莊宗入，盡誅朱氏，則友璋等皆被殺也。通鑑則謂唐師將至，末帝疑兄弟乘危謀亂，盡殺之。是梁祖後無子孫也。唐武皇李克用有子落落及廷鸞，洹水、晉州二戰，皆爲梁所擒殺，見於梁本紀，而薛史宗室傳、歐史家人傳俱不載。其見於二史者，長子莊宗存勗，爲郭從謙所弑。睦王存義，以郭崇韜壻，先爲莊宗所殺。永王存霸，申王存渥，國變後俱逃太原，爲軍士所殺。通王存確，雅王存紀，爲霍彦威所殺。惟邕王存美，薛王存禮，薛史謂皆不知所終，通鑑則謂存美以病風偏枯，得免，居於晉陽，是武皇後僅存一廢疾之子也。莊宗子魏王繼岌，聞莊宗之變，自縊死。繼潼、繼嵩、繼蟾、繼嶢，薛史謂並不知所終。惟清異録謂唐福慶公主下降孟知祥，莊宗諸子削髮爲僧，間道走蜀，知祥以公主之姪，厚待之，則莊宗子有延於蜀者。明宗長子從審，莊宗改爲繼璟，爲元行欽所殺。次秦王從榮，以率兵入宮，爲安從益所殺。宋王從厚，即位，是爲愍帝，失國後以酖死。從璨，先以戲登御榻，爲安重誨陷死。許王從益，廢居於洛，契丹主北歸，蕭翰令知南朝軍國事，漢祖入洛，賜死。愍帝有子重哲，見明宗紀，而薛、歐二史皆無傳，蓋亦不知所終。是明宗後無子孫也。廢帝長子重吉，爲愍帝所殺。次雍王重美，同廢帝自焚死。是廢帝後無子孫也。晉高祖子剡王重胤，本高祖弟，養爲子。虢王重英，皆高祖起兵時，爲唐廢帝所誅。楚王重信，壽王重（義）〔乂〕，皆爲張從賓所殺。齊王重貴嗣位，本高祖兄敬儒子。是爲出帝，後降契丹北遷。夔王重進，陳王重杲，早卒。少子重睿，從出帝北遷。重信有二子，及出帝子延寶、延煦，皆隨北遷，不知所終。是晉帝後亦無子孫在中國也。漢祖長子魏王承訓，先卒。次承祐，嗣位，是爲隱帝，爲郭允明所弒。次陳王承勳，以廢疾不得立，廣順初卒。是漢祖後無子孫也。周祖起兵於鄴，漢以兵圍其京邸，子青哥、意哥皆被誅。是周祖後無子孫也。世宗以養子嗣位，其子宜哥、喜哥、三哥，先在京邸，同爲漢所誅。次恭帝，遜位於宋。次熙謹，宋乾德二年卒。次熙讓、熙誨，不知所終。而恭帝遜位後，又十四年而殂。周子孫封崇義公，歷宋三百餘年，世襲不替，比於諸帝獨幸矣。

306 周祖四娶皆再醮婦

周祖初爲軍校。會唐莊宗崩，明宗出其宮人，各歸家。有柴氏者，莊宗嬪也，住逆旅，有一丈夫過，氏問逆旅此何人，曰郭雀兒也。氏識其非常人，遂以所攜貲半與父母，留其半嫁周祖，資其進身，見東都事略，而薛、歐二史皆不載其出自唐宮。即世宗之姑也。後殁，周祖即位，追謚爲聖穆皇后。有楊氏者，已嫁石光輔，光輔卒，周祖之柴夫人適棄世，遂聘之。氏初不肯，使其弟廷璋見周祖，廷璋歸，爲言周祖姿貌異常，不可拒，乃嫁之。後卒，追册爲淑妃。周祖又娶張氏，張氏亦先嫁武從諫之子而寡，適周祖之楊夫人殁，乃納爲繼室。周祖起兵於鄴，張氏與兒女俱在京邸，爲漢所誅，後追册爲貴妃。周祖既爲帝，有董氏者，舊與楊夫人爲鄉親，楊常譽其賢，已嫁劉進超，適嫠居，周祖憶楊之言，又娶焉，是爲德妃。統計前後四娶，皆再醮婦，亦不可解也。

307　寵待功臣改賜鄉里名號

新唐書，朱滔將叛，劉怦諫之曰，「司徒兄弟，恩遇極矣，今昌平有太尉鄉司徒里，不朽業也」云云，是唐時寵待功臣，本有賜鄉里名號之例，按劉子玄傳，好著述，封居巢子。兄弟六人，俱有才名，人號其鄉曰高陽，里曰居巢。然則改鄉里名號，本民間所榮奬之舉，而朝廷因之。及唐末而益濫。唐昭宗以朱温有功，封沛郡王，詔改其鄉錦衣里爲沛王里。梁開平中，錢鏐奏改其所居臨安縣之廣義鄉爲衣錦鄉。俱見梁紀此皆出於特恩也。後唐紀晉天福三年，詔帶使相、節度使者，自楊光遠以下七人，並改鄉里名號。又詔宰臣趙瑩、桑維翰、李崧，亦改鄉里名號。唐長興元年，詔羣臣職位帶平章事、侍中、中書令者，並與改鄉里名號，則并著爲成例矣。荆南節度使高從誨，本貫汴州浚儀縣王畿鄉表節坊，詔改爲擁旌鄉浴鳳里。晉紀馮道長樂老傳自敘，因官貴，敕以其所生來蘇鄉改爲元輔鄉，朝漢里改爲孝行里。後於河南置宅，又敕其所居三州鄉改爲上相鄉，靈臺里改爲中台里。及官益進，又改上相鄉爲太尉鄉，中台里爲侍中里。此隨官而屢改也。天福四年，中書奏以太原潛龍莊改爲慶長宫，使相鄉改爲龍飛鄉，都尉里改爲神光里。使相、都尉名號蓋皆未即位前所賜，至是又改焉。觀馮道之隨官改鄉名，則帝王潛邸自亦宜改稱矣。

308 張全義馮道

張全義媚事朱温，甚至妻妾子女爲其所亂，不以爲愧，及唐滅梁，又賄賂唐莊宗、劉后、伶人、宦官等，以保禄位。馮道歷事四姓十君，視喪君亡國，未嘗屑意，方自稱長樂老，敘己所得階勳官爵以爲榮。二人皆可謂不知人間有羞恥事者矣。然當時萬口同聲，皆以二人爲名臣，爲元老。晉天福中，全義子繼祚同張從賓等謀反，當族誅，李濤上言，全義有再造洛邑之功，乞免其族。通鑑詔繼祚顯從叛亂，難貸刑章，乃睠先臣，實有遺德，遽兹乏祀，深所軫懷。所有祖父墳墓祠堂，可交付其骨肉。晉紀此全義之宥及後嗣也。耶律德光入汴，責劉繼勳爲晉出帝謀，絶兩國之好，繼勳諉之馮道，德光曰：「此老子不是好鬧人，毋相引。」繼勳傳郭忠恕亦謂道曰：「公累朝大臣，誠信著於天下，四方談士，無賢不肖，皆以爲長者。」五代會要①道死年七十三，論者至謂與孔子同壽。本傳此道之望重一世也。以朝秦暮楚之人，而皆得此美譽，至身後尚繫追思，外番亦知敬信，其故何哉？蓋五代之亂，民命倒懸，而二人獨能以救時拯物爲念。除本傳所載，不必再述外，其見於他書及别傳者：全義事朱梁以免兵革，招復流亡，使得仰父俯子。每出行，見新麥新繭輒喜，民竊言王不好聲伎，惟見好蠶麥則笑耳。洛陽縉紳舊聞記楊凝式贈全義詩曰：「洛陽風景實堪哀，昔日曾爲瓦子堆，不是我公重葺理，至今猶是一堆灰。」五代詩話觀此亦可見其勞來安集之功也。馮道在唐明宗時，以年歲頻稔，勸帝居安思危。以春雨過多，勸帝廣敷恩宥。唐紀對耶律德光則言，此時百姓，佛出救不得，惟皇帝救得。論者謂一言而免中國之人夷滅。通鑑在漢祖時，牛皮禁甚嚴，匿者死，有二十餘人當坐，道力爭得免。洛陽縉紳舊聞記且秦王從榮敗時，其僚屬俱應坐罪，道獨以任贊、王君敏等素以正直爲從榮所惡，力言出之。唐紀史圭以銓事與道不協，道反薦圭爲刑部侍郎。圭傳韓惲性謹厚，道爲相，嘗左右之。惲傳是道之爲人，亦實能以救濟爲心，公正處事，非貌爲長厚者。統核二人之素行，則其德望爲遐邇所傾服，固亦有由。至於歷事數姓，有玷臣節，則五代之仕宦者，皆習見以爲固然，無足怪。鄭韜〔光〕傳謂，自襁褓迄懸車，凡事十一君，越七十載，無官謗，無私過，士無賢不肖皆頌之。以歷事十一君之人，而尚謂無官謗，可見當時風氣，絶無有以更事數姓爲非者，宜全義及道之訾議不及也。

309 五代人多以彦爲名①

彦本美名，故人多以之爲名，然未有如五代時之多者。唐末本有宰相徐彦若，左拾遺徐彦樞，②供奉官史彦瓊，宦官支彦勳，魏博凡言州鎮者皆其節度使。樂彦禎，東川顧彦朗及弟彦暉、彦瑶。③其著於梁者，鐵槍王彦章，人所共知也。然同時統兵大將又有謝彦章。此外則滄州盧廷彦，同州寇彦卿，鄜州李彦容，静勝軍李彦韜，本名温昭圖宣義軍霍彦威，又滄州盧彦威，左龍武統軍李彦威，即朱友恭都指揮使楊彦洪，蔡州刺史王彦温，大將李彦柔，左天武使劉彦圭，左僕射押牙王彦洪，楊劉守將安彦之，幽州騎將高彦章，蔡州軍校張彦珂，雷滿之子彦恭、彦雄、彦威。唐、晉間有中書焦彦賓，供奉官劉彦瑶，宦官馬彦珪，伶官史彦瓊，右監門衛上將軍王彦璘，兵馬都監夏彦朗，皇城使李彦紳，宫苑使史彦容，遊奕將李彦暉，龍驤指揮使姚彦温，馬步軍使馬彦超，樞密李虔徽之客邊彦温，④步軍指揮使藥彦稠，户部尚書韓彦暉，薛史作「暉」，歐史作「惲」。⑤河中安彦威，義成李彦舜，安國楊彦珣，⑥彰義張彦澤，昭順姚彦章，鎮州副使李彦珂，興元副使符彦琳，鄭州刺史白彦球，天平軍副使李彦贇，河陽行軍司馬李彦珣，靈州將王彦忠，（西）〔東〕川董璋有將李彦釗，安重榮有將趙彦之，杜重威之子名彦超。晉、漢間有泰寧慕容彦超，保大軍張彦超，徐州王彦超，同州張彦贇，知安陽州符彦倫，丹州指揮使高彦珣，如京使甄彦琦，監軍楊彦朗、何彦超，先鋒指揮使史彦超，步軍指揮使宋彦筠，河東行軍司馬張彦威，沂州刺史房彦儒，汾州刺史武彦弘，慶州刺史郭彦欽，登州刺史郭彦威，鎮州副使李彦琦，元從都押牙蘇彦存，後宫都押牙李彦弼，虢州刺史常彦卿，徐州守禦使康彦環，⑦西京判官時彦澄，保寧軍都頭劉彦章，安州軍校武彦和，彰義張萬進之子名彦球，同州指揮使成殷之子名彦璋。漢、周間有符彦圖、彦超、彦卿、彦饒、彦能，皆符存審之子，又尚輦奉御金彦英，本高麗人。監軍李彦從，内客省使李彦頵，左衛上將軍扈彦珂，金吾衛上將軍張彦成，水部員外郎韓彦卿，鎮州副使趙彦鐸。此皆見於薛、歐二史者。此外則劉守光有將史彦璋；楊行密有壽州將王彦威，軍使彭彦章；南唐有壽州大將劉彦貞，楚州將張彦卿，袁州刺史袁彦章，徐知訓有行酒吏刁彦能；南漢有大將伍彦儔，指揮使曁彦贇，宦者許彦貞；[8]北漢有遼州刺史傅廷彦，石州刺史安彦進；蜀有先鋒使尚彦暉，招討使高彦儔，副使吕彦珂，使价趙彦韜，客將王彦球、袁彦超；閩有學士廖彦若，[9]楚馬殷有左相姚彦章，大將姚彦暉、劉彦韜，[10]朗州帥雷彦恭、彦雄，虔州將李彦圖；甚而遼有鄭州刺史王彦徽，寰州刺史趙彦辛，[11]武州刺史王彦符，牙校許彦欽；黨項亦有拓跋彦昭，威州有拓跋彦超；回鶻有首領楊彦詢；南寧蠻有酋長莫彦珠，[12]亦見薛、歐二史。至宋初猶然，陳橋兵變，有軍校羅彦瓌、王彦昇；後有龍捷指揮使趙彦徽，武信軍節度使崔彦進，步軍指揮使靳彦朗，晉陽巡檢穆彦璋；伐北漢時，有防禦使張彦進；伐南漢時，有部將冉彦衮；伐蜀時，有部將高彦容、折彦贇。又杜太后之兄子彦超、彦珪、彦遵、彦鈞、彦彬；太宗時，尚有供奉官陳彦詢，崇化副使閻彦進；征并州時，有尚食使石彦贇；征契丹時，有沙州觀察使杜彦圭，此又見於宋史者。統計五代至宋時，名彦章者七人，彦超者十一人，彦威者七人，彦卿者七人，彦進者四人，彦温、彦韜者各三人。[13]競相仿傚，各以彦爲名，亦一時風尚也。

第二十二卷校證

298　五代藩帥劫財之習

①李匡儔爲晉軍所敗，遁滄州，隨行輜重妓妾奴僕甚衆，滄帥盧彦威殺之於景州，盡取其貲。（晉紀）　按：事見舊

五代史唐書武皇紀下（卷二六）。又兩唐書皆作「李匡籌」，其傳在舊書卷一八〇，新書卷二一二，亦都記載此事，注爲「晉紀」，誤。

②武彥和　按：此從薛史李金全傳（卷九七）及通鑑後晉紀天福二年八月（卷二八一），歐史李金全傳（卷四八）作「武克和」。

③楊光遠後亦叛而復降，其故吏悉取其寶貨名姬善馬，獻李守貞。（光遠傳）　按：事見歐史李守貞傳（卷五二），非光遠傳。

④歐史謂瓊殺溫其取其貲，延光殺瓊而取之，延光又以資爲光遠所殺，而光遠亦不能有也　按：見歐史范延光傳（卷五一），「不能有」作「不能免」。

299 五代幕僚之禍

①穴禽有羽　按：薛史李襲吉傳（卷六〇）「羽」作「異」，應爲「翼」字之殘壞，彭元瑞注五代史記李襲吉傳（卷二八），引薛史即作「翼」，趙氏知「異」字有誤，改爲「羽」字，義雖近而文則非。

300 五代鹽麴之禁

①海鹽界分每年收錢一千七萬貫　按：此據薛史晉少帝紀（卷八一），而食貨志（卷一四六）作「一十七萬貫」，五代會要（卷二六）與通鑑（卷二八三）皆同食貨志，應據改。

301 五代濫刑

①何福進有玉枕，遣奴賣之江南，奴隱其價，福進笞之，奴即誣告福進通吴，弘肇輒治，福進棄市　按：薛史史弘肇傳（卷一〇七）「福進」作「福殷」，殿本考證云，「福進」疑訛。

②楊、史、蘇、劉諸人亦皆被横禍，無一善終者　按：楊謂楊邠，史謂史弘肇，蘇謂蘇逢吉，劉謂劉銖，史、蘇、劉之事皆見於本篇，惟楊邠爲宰相，史弘肇倚之爲惡，本文未曾論及。

302 五代諸侯貢奉多用鞍馬器械

①梁紀，開平二年，大明節，内外臣僚各以奇貨良馬上壽。清明宴，以鞍轡馬及金銀器爲獻者殆千萬。午日，獻者巨萬，馬三千蹄。已又詔諸道進獻，不得以金寶裝飾戈甲劍戟，至於鞍勒亦不用塗金及雕刻龍鳳　按：大明節奉獻在開平二年十月，清明宴奉獻在四年二月，午日奉獻在四年五月，詔諸道進獻事在二年六月，今皆叙在開平二年，更以詔諸道事列在最後，甚爲混亂。

②明宗南郊，詔兩川進助郊禮物五十萬……（明宗紀）　按：事見歐史董璋傳（卷五一），非明宗紀。

308 張全義馮道

①郭忠恕亦謂道曰……（五代會要）　按：事見陶岳五代史補卷五，非五代會要。

309 五代人多以彦爲名

①五代人多以彦爲名　按：此篇所列舉之人名事迹錯誤甚多。如前已列雷滿之子彦恭、彦雄、彦威，後又舉朗州帥雷彦恭、彦雄，似爲二事者。又漢、周間列符彦圖、彦超、彦卿、彦饒、彦能，皆符存審之子，而其另一子符彦琳則列於唐、晉間。又如昭順姚彦章即馬殷左相姚彦章；河東行軍司馬張彦威即金吾衛上將軍張彦成（郭威稱帝後改「威」爲「成」）；袁彦章應作彭彦章，即楊行密之軍使；沙州觀察使杜彦圭即杜太后兄子彦珪。又如黨項有拓跋彦昭，威州有拓跋彦超，黨項居靈州之地（今寧夏靈武），後晉時自靈州分置威州（今甘肅環縣），仍爲黨項居地。薛史作彦昭，歐史作彦超，「昭」「超」音近，遂由一人而分化爲二人。又如唐末有供奉官史彦瓊，又劉守光有將史彦璋，亦爲一人之分化。通鑑卷二六八考異云：「莊宗列傳劉守光傳云，朱温命僞閤門使王瞳供奉官史彦章等使燕，册守光爲河北道采訪使。朱温傳亦云史彦章，莊宗實録作史彦璋，編遺録、薛史皆作史彦羣，今從之。」據此可知薛史本作史彦羣，清輯本薛史劉守光傳（卷一三五）則作史彦璋，云「守光僭號，以史彦璋爲御史大夫。」趙氏據之，便以史彦璋爲劉守光之將；又因「瓊」與「羣」之音相近，並涉於後唐伶官之名而訛爲史彦瓊，實際上皆爲史彦羣一名之分化。更爲荒唐者，竟以杜重威之子名彦超。杜重威三子，名弘璋、弘璨、弘璲，重威傳（歐史卷五二）中記載分明，而歐史慕容彦超傳（卷五三）言，彦超與高行周率兵討杜重威，「行周有女嫁重威子，彦超揚言行周以女故惜賊城而不攻。」趙氏以「彦超」二字連上句讀，遂致大誤。以上所舉皆較爲重大者，其一般性問題，隨文予以校正。

②左拾遺徐彦樞　按：徐彦樞舊唐書有傳，附於其兄彦若傳後（卷一七九），稱其官職爲太常少卿。

③東川顧彦朗及弟彦暉、彦瑶　按：顧彦瑶之名見歐史王建世家（卷六三），爲顧彦暉之將，非其弟。

④樞密李虔徽之客邊彦温　按：邊彦温爲誣告安重誨之告密人，爲李行德、張儉所引用，見薛史唐明宗本紀（卷四一），時李虔徽爲樞密承旨，與之無關係。

⑤户部尚書韓彦暉，（薛史作「暉」，歐史作「惲」）　按：薛史、歐史皆作「惲」，亦名韓惲，薛史有傳，在卷九二。

⑥安國楊彦珣　按：薛史（卷九〇）與歐史（卷四七）皆有傳，「珣」作「詢」，應據改。

⑦徐州守禦使康彦環　按：薛史漢高祖本紀（卷一〇〇），「徐州」作「金州」，應據改。

⑧南漢有大將伍彦儔……宦者許彦真　按：宋史南漢劉鋹傳（卷四八一）「儔」作「柔」，歐史南漢世家（卷六五）「貞」作「真」，應據改。

⑨閩有學士廖彦若　按：廖彦若唐末爲泉州刺史，爲政貪暴，後爲王潮所破，見歐史閩世家（卷六八），非學士。

⑩楚馬殷有……大將姚彦暉、劉彦韜　按：歐史楚世家（卷六六），「姚」作「秦」，「韜」作「瑫」，應據改。

⑪寰州刺史趙彦辛　按：此名見宋史太宗紀（卷五），遼史聖宗紀（卷一一）作趙彦章，「辛」字似爲「章」字之訛。

⑫南寧蠻有酋長莫彦珠　按：歐史楚世家「珠」作「殊」，應據改。

⑬統計五代至宋時，名彦章者七人，彦超者十一人，彦威者七人，彦卿者七人，彦進者四人，彦温、彦韜者各三人　按：此統計數字不確，即以本篇所列諸名而言，名彦章者爲八人，彦卿者爲五人。實則薛、歐二史中有傳者亦多未列入，如後唐劉彦琮（薛史卷六一）、楊彦温（薛史卷七四）、後晉孫彦韜（薛史卷九四）等，文中言及者爲數更多，不必詳予論列。

廿二史劄記卷二十三

310 宋遼金三史

元順帝時，命脱脱等修遼、宋、金三史，自至正三年三月開局，至正五年十月告成。以如許卷帙，成之不及三年，其時日較明初修元史更爲迫促。然三史實皆有舊本，非至脱脱等始修也。各朝本有各朝舊史，元世祖時又已編纂成書，至脱脱等已屬第二三次修輯，故易於告成耳。遼史在遼時已有耶律儼本，在金時又有陳大任本，說見遼史條内。此遼史舊本也。金亡後，累朝實録在順天張萬户家，後據以修史，見金史條内此金史舊本也。宋亡後，董文炳在臨安主留事，曰：「國可滅，史不可滅。」遂以宋史館諸記注盡歸於元都，貯國史院，見元史董文炳傳。此宋史舊本也。元世祖中統二年，王鶚請修遼、金二史，詔左丞相耶律鑄、平章政事王文統監修，尋又詔史天澤亦監修。其金朝衛紹王記注已亡失，則王鶚采當時詔令及楊雲翼等所記足成之。亦見金史條内。及宋亡，又命史臣通修三史。事見元史脱脱傳。此元世祖時纂修三史之本也。故至正中阿魯圖、脱脱等進遼史表云：「耶律儼語多避忌，陳大任詞乏精詳。世祖皇帝敕詞臣撰次三史，首及於遼。」進金史表云：「張柔歸金史於先，王鶚采金事於後。」進宋史表云：「世祖皇帝拔宋臣而列政途，載宋史而歸祕府，既編戡定之勳，尋奉纂修之旨。」可見元世祖時，三史俱已修訂。而元史脱脱傳并謂，延祐、天曆間，又屢詔修之。則不惟修之於世祖時，而世祖後又頻有修輯矣。蓋宋、金雖各有國史，然其末年，正當國亡時，豈復尚有記載？是必元朝命史官采掇，而史官以耳目所接，睹記較親，故金、宋亡國時紀傳，更覺詳悉。大概金宣宗以前、宋度宗以前之史，皆金、宋舊史也。金哀宗及宋德祐、景炎、祥興之史，則元代中統、至元及延祐、天曆所輯也。其所以未有成書者，脱脱傳云，以義例未定，或欲以宋爲世紀，遼、金爲載記，或以遼立國在宋先，欲以遼、金爲北史，宋太祖至靖康爲宋史，建炎以後爲南宋史，各持論不決故耳。至順帝時，詔宋、遼、金各爲一史，於是據以編排，而紀、傳、表、志本已完備，故不三年遂竣事。人但知至正中修三史，而不知至正以前已早有成緒也。

311　宋遼金三史重修

宋史繁蕪，遼、金二史又多缺略，昔人多有欲重修者。元末，周以立因三史體例未當，欲重修而未能。明正統中，其〔曾〕孫敍思繼先志，乃請於朝，詔許自撰，詮次數年，未及成而卒。明史周敍傳 嘉靖中，廷議更修宋史，以嚴嵩爲禮部尚書兼翰林學士董其事，嚴嵩傳 然亦未有成書也。其修成者，惟柯維騏合三史爲一史，以宋爲主，而遼、金附之，并列二王於本紀，褒貶去取，義例頗嚴，閲二十年始成，名曰宋史新編。維騏傳 又祥符王維儉，字損仲，嘗苦宋史蕪穢，手自删定爲一書。維儉傳 是二人者皆嘗修成矣，然維騏本未及梓行，① 維儉之書，據列朝詩序，謂損仲家圖籍已沈於汴梁之水，其本稾吴興潘昭度曾鈔得副本。而曹學佺傳謂，潘曾紘巡撫南贛，得惟儉所修宋史，邀晉江曾異撰、新建徐世溥更定，未成而罷。則此副本雖未遭汴水之厄，亦終歸散失也。②今時代愈遠，宋、金書籍可資攷訂者流傳益少，雖有志纂輯，亦無從下手矣。

312 宋史事最詳

唐、宋、金三朝，史官記載，其職頗重。五代李穀奏言，起居注創於累朝，時政記興於近代，然後採其事實，編作史書。薛史穀傳①宋汪藻亦疏云，書榻前議論之詞，則有時政記；録柱下見聞之實，則有起居注；類而次之，謂之日曆；修而成之，謂之實録。宋史藻傳此近代國史底本之大概也。自唐文宗每召大臣論事，必命起居郎、起居舍人執筆立於殿階螭頭之下，以紀政事。見李穀及宋扈蒙疏②後唐明宗，因史館趙熙等奏，亦令以詔書及處分公事，令端明殿學士韓昭允録送史館。其内廷之事，詔書奏對不到中書者，令樞密院直學士李專美録送史館。見薛史唐本紀③晉天福中宰臣趙瑩，周顯德中宰臣李穀，皆援例奏請行之。薛史故實録之前皆有日曆。宋初因扈蒙奏請，凡發自宸衷可書簡策者，並委宰臣及參知政事每月輪抄，以備史臣撰集，乃詔盧多遜典其事。宋史扈蒙傳自是宋代史事較爲詳慎，有一帝必有一帝日曆，日曆之外又有實録，實録之外又有正史，足見其記載之備也。今案宋史本紀，太平興國三年，命修太祖實録。史官爲李昉、扈蒙、李穆、郭贄、宋白等，沈倫爲監修，共成五十卷，見倫、昉等傳。又詔軍國政要，令參知政事李昉等録送史館。真宗初，命錢若水等修太宗實録，若水奏楊億與其事，凡八十卷，億獨修五十六卷。尋又詔吕端、錢若水重修太祖實録。仁宗詔吕夷簡、夏竦修先朝國史，王曾爲提舉，天聖八年書成，夷簡上之。英宗命韓琦修仁宗實録，神宗熙寧二年修成，琦上之。是年，神宗命學士呂公著修英宗實録，修成後曾公亮上之。十年，又詔修仁宗、英宗史。惟神宗實録凡數次改修。哲宗元祐元年，命呂大防等纂修，以司馬光家藏記事爲本，六年修成，七年又修神宗史。此第一次所修也。紹聖元年，章惇用事，請重修神宗史，蔡卞亦言，先帝盛德大業，實録所記，多疑似不根，乞重刊定，乃詔以蔡卞爲修撰。卞專取王安石日録，遂盡改元祐所修，貶原修官呂大防、范祖禹、趙彦若、黄庭堅等。三年，書成，惇上之。此第二次所修也。徽宗時，又詔修神、哲二朝實録及二朝史，皆蔡京、蔡卞司其事。欽宗初，已命改修宣仁后謗史，未及成。迨高宗時，隆祐太后爲帝言宣仁后之賢，古今未有，因姦臣誣謗，建炎初雖下詔辨明，而史録未經刪定，恐無以慰在天之靈。帝悚然，即諭朱勝非曰：「神、哲兩朝史多失實，宜召范沖刊定。」沖乃爲考異一書，明示去取，舊文以墨書，刪去者以黄書，新修者以朱書，世號朱墨史。哲宗實録又別爲一書，名辨誣録。徐勣傳，神宗正史，五載未成。勣謂元祐、紹聖史臣好惡不同，一主司馬光，一主王安石，故議論紛然。綦崇禮亦疏言，神宗實録墨本，元祐所修，已成書。朱本出蔡卞手，多所附會。哲宗實録則蔡京提舉編修，變亂是非，難以爲據。沖既修成，趙鼎上之。此第三次所修也。徽宗實録則紹興八年始修，十一年書成，秦檜上之。其後又有龔茂良所修。欽宗實録則隆興中蔣芾等所修。而高宗和議成，先命史館編修靖康建炎忠義録，後又有魏杞等所上神、哲、徽三朝正史，陳俊卿、虞允文等上神、哲、徽、欽四朝會要，趙雄等上神、哲、徽、欽四朝國史志，王淮等上神、哲、徽、欽四朝列傳，則皆孝、光兩朝所續成也。高宗實録直至淳熙十五年始修，時高宗已崩故也。寧宗慶元三年書成，京鏜等上之。嘉泰二年，陳自强等又上高宗實録及正史。

然高宗時自有日曆。紹興二十六年，以秦檜所修日曆未當，詔重修之。孝宗隆興元年，詔修太上皇帝聖政記，二年書成，命進德壽宫。時高宗爲太上皇。其孝、光、寧三朝實録皆成於理宗時。然光宗受禪，即詔修壽皇聖政、日曆，紹熙元年書成，進於重華宫。時孝宗爲太上皇。寧宗受禪，亦詔修太上皇聖政、日曆，慶元三年書成，進於壽康宫。時光宗爲太上皇。其後又有李心傳所修高、孝、光、寧四朝國史，史嵩之所上中興四朝國史，謝方叔所上中興四朝志傳，亦皆理宗時成書也。理宗實録成於度宗咸淳四年，賈似道上之。度宗亦有時政記七十八册。此可見宋朝重史事之大概也。其士大夫所著，尚有不勝數者。高宗時，汪藻嘗編元符庚辰至建炎己酉三十年事迹，綦崇禮曾奏取其書入史館。孝宗時，李燾著續通鑑長編，自建隆至治平一百八十卷，後又續成六百八十七卷。洪邁入史館，修四朝帝紀，又修一祖八宗一百七十八年爲一書。理宗端平二年，又詔太學生陳均編宋長編綱目。淳祐十一年，又詔龍圖閣學士樓昉所著中興小傳百篇、宋十朝綱目并撮要二書，付史館謄寫。又王偁有東都事略，李丙有丁未録，徐夢莘有三朝北盟會編，自政和七年海上之盟，訖紹興三十一年完顔亮之斃，上下四十五年，共(三)〔二〕百五十卷。此皆收入史館以資纂訂者，其他名臣傳、言行録、家傳、遺事之類未上史館者，汗牛充棟，更無論矣。故宋一代史事本極詳備，而是非善惡迴護諱飾處亦坐此。

313 宋史多國史原本

宋代國史，國亡時皆入於元。元人修史時，大概衹就宋舊本稍爲排次，今其跡有可推見者。道學傳序云、舊史以邵雍列於隱逸、未當、今置於張載傳後。方技傳序云、舊史有老釋、符瑞二志及方技傳、今去二志、獨存方技。外國傳序云、前宋史有女直傳、今既作金史、義當削之。夏國傳贊云、今史所載諡號、廟號、陵名、兼採夏國樞要等書、其與舊史有牴牾者、則闕疑以俟。此可見元人就宋舊史另爲編訂之迹也。然有另爲編訂而反失當者、如張憲傳開首即云「飛愛將也」、蓋舊史憲傳本附於岳飛傳之後、故從飛敘入、今憲另爲一卷、不附飛後、則此語殊無來歷。又牛皋傳後總敘岳飛之功、謂飛命皋及王貴、董先、楊再興等經略東、西京、汝、潁、陳、蔡諸郡、又遣梁興渡河、糾合忠義社、取河東、河北州縣。未幾、李寶捷於曹州、董先捷於潁昌、劉政捷於中牟、張憲復淮寧府、王貴部將楊遇復南城軍①、梁興會太行忠義、破金人於垣曲及沁水、金張太保、李太保等以其衆降②、又取懷、衛二州、金人大擾。未幾、岳飛還朝、下獄死、世以爲恨云。按此乃總敘飛功、非敘皋功也、而在皋傳末、可見舊史亦以皋傳附飛傳之後、故皋傳末又略敘飛功、而結之以下獄死。今皋傳亦另爲一卷、不附於飛、而皋傳末總敘飛功之處、卻未移在飛傳後、遂覺皋傳反多此贅詞。此徒以意爲割裂、而未及訂正之失也。葉夢得既入文苑傳、則其著述如石林燕語、避暑錄話之類、自應敘入、乃通篇但述吏績、無一語涉文字、此必舊史本在列傳、元人排次時以其素有文名、遂將原傳撥入文苑、又未增其能文之處也。其有不全據舊史而另纂增入者、如唐恪傳後謂當時蔡京、王黼用事、援引者多、如余深、薛昂、吳敏、王安中、趙野等、國史皆逸其事、今附著於此③。是余深等五傳舊史所本無也。康保裔傳、保裔戰殁、求援者惟張凝、李重貴、後重貴仕至鄭州防禦使、改左領軍大將軍致仕④。凝加殿前都虞候、卒、贈彰德軍節度使。蓋舊史凝與重貴二人不另立傳，故附於保裔傳也。又王翊傳後附文州守劉鋭、通判趙汝㷍，相誓死守，被圍旬有五日，汲道絶，兵民水不入口者半月，至吮妻子血。城垂陷，汝㷍猶提刀入陣，中十六矢，被執死。鋭先殺其妻，父子三人登文王臺自刎死。此亦舊史鋭與汝㷍不另立傳，故附見翊傳也。今張凝、李重貴各有專傳，劉鋭、趙汝㷍兩人合爲一傳，可見此四人傳亦舊史所本無，而元人增之者也。既增此四人傳，則康保裔、王翊傳内附書之處應删節，以免繁複，乃仍舊文而不删，此又元人未及審訂之失也。其有全用舊史，而是非刺謬處，則於傳贊内著論以别之。如謝深甫傳，通首敍述居然一代名臣，無可訾議，而編次時則入於胡紘、陳自强卷内，傳贊謂其當韓侂胄嚴禁僞學，善類爲之一空，深甫秉政，與之同時，且嘗劾陳傅良、趙汝愚等，顯與正士爲難，是傳則君子，而贊則小人矣。趙雄傳，謂孝宗意嚮張栻，雄與虞允文沮抑之，傳贊則謂雄與允文協謀用兵，與張栻持論相同，而以舊史沮抑張栻之説爲誣，是傳則小人，而贊則君子矣。可見各傳皆宋舊史原本，修史時悉仍其舊，特於贊内另别其是非，此又見修史者雖不及改正，而尚存褒貶之公也。第此等增傳及辨正之處，其爲世祖時，抑係順帝時，則無從推孜。大約王翊傳附見劉鋭、趙汝㷍，此世祖時所修也。鋭、汝㷍之另立傳，則順帝時所修也。又如陳宜中傳記其往占城而不返，馬廷鸞傳記其國亡後七年而始殁，此亦必順帝時所修，若世祖時，則宜中、廷鸞存殁尚未知，何由預書耶？

314 宋史各傳迴護處

元修宋史，度宗以前多本之宋朝國史，而宋國史又多據各家事狀碑銘編綴成篇，故是非有不可盡信者。大奸大惡如章惇、呂惠卿、蔡確、蔡京、秦檜等，固不能諱飾，其餘則有過必深諱之，即事蹟散見於他人傳者，而本傳亦不載。有功必詳著之，即功績未必果出於是人，而苟有相涉者，亦必曲爲牽合。此非作史者意存忠厚，欲詳著其善於本傳，錯見其惡於他傳，以爲善善長而惡惡短也。蓋宋人之家傳、表誌、行狀以及言行録、筆談、遺事之類，流傳於世者甚多，皆子弟門生所以標榜其父師者，自必揚其善而諱其惡，遇有功處輒遷就以分其美，有罪則隱約其詞以避之。宋時修國史者即據以立傳，元人修史又不暇參互攷證，而悉仍其舊，毋怪乎是非失當也。昔吴縝作新唐書糾繆，不旁採他書，即新唐書中自爲牴牾者，抉摘以資辨證。今亦仿此例，摘出數十條於後，觀者可以覽焉。

李綱　靖康圍城之事，姚平仲欲劫營，以士卒不得速戰爲言，李綱主其議，令城外兵俱聽平仲節度，遂及於敗。姚平仲傳據此則劫營之計，李綱實與其謀。而綱傳則謂平仲密奏斫營，夜半中使傳旨，使綱策應，似綱初不知者。蓋因平仲之敗以見失策不在綱。此事本載綱所著靖康傳信録，史館即據以立傳也。

呂好問　靖康之變，朝臣多污張邦昌僞命。高宗以鄧肅在圍城中目擊其事，令肅陳奏。肅請分三等定罪，以待制而爲僞朝執政者置一等，乃王時雍、徐秉哲、吴幵、呂好問、莫儔、李回共六人。見鄧肅傳是好問罪在一等，其欲爲僞朝佐命可知也。乃好問傳不載其從逆之事，反備書諫阻張邦昌毋干大位，及趣邦昌遣使迎高宗等事。

韓世忠　世忠固一代名將，然少年時意氣用事，亦多有可議者。王明清避亂録，杭妓吕小小以罪繫獄，會錢塘守邀世忠飯，世忠爲言而出之，連飲巨觥，携妓以去。又明清揮麈録，王淵有妓周氏，爲趙叔近所得，陳通之亂，叔近招降之，淵遣張俊、韓世忠討通，并斬叔近，以妓歸淵，淵以賜俊，俊不敢受，乃予世忠。案此二事皆出於明清所記，或因其以京口娼梁氏爲妻，遂附會之。吕小小事不見他書，周氏事見宋史趙叔近傳，但言以周歸淵，不言歸世忠也，則明清所記或近於誣。至於宋史各傳，世忠屯鎮江，劉光世屯建康，以私忿欲交兵，常同劾其驕很無忌憚。見常同傳。是時光世部將王德擅殺世忠部將，會詔移屯，世忠遂遣兵襲其後，并奪建康守府廨。見趙鼎及季陵傳。移屯時，光世懼世忠扼其路，乃趨白鷺，世忠果遣人襲之。見劉光世傳。張浚以世忠所部逼逐諫臣墜水死，因劾奏，奪其觀察使。見張浚傳。滕康亦劾世忠奪御器械，逼死諫臣，乃止罰金，何以懲後。見滕康傳。世忠又飲於内侍李廙之家，刃傷弓匠。見魏矼傳。此皆世忠少年粗豪之過，亦不必諱，而世忠傳不載。

張浚　浚一生不主和議，以復讐雪恥爲志，固屬正人。然李綱入相時，宋齊愈以附逆伏誅，浚爲御史，劾綱以私意殺侍從，且論其買馬招軍之罪。見高宗紀及綱傳。浚又嘗薦秦檜可任大事。見趙鼎傳。陳東伏闕上書，已被誅，浚又奏胡珵筆削東書，以布衣挾進退大臣之權，遂追勒編置。蓋浚乃黄潛善客，珵則李綱客也。見戴植鼠璞。浚又嘗與岳飛論吕祉、王德、酈瓊兵事不合，飛因解兵奔喪歸，浚奏其意在併兵，以去要君，遂命張宗元權其軍事。見高宗紀。汪伯彥既貶，浚以伯彥舊嘗引己，遂與秦檜援郊祀恩起伯彥知宣州。見汪伯彥傳。今浚傳皆不載，惟殺曲端一事略見傳中，而又謂端部將張忠彥降金，故下端於獄，似非枉殺者。

葉夢得　夢得初爲蔡京客，京倚爲腹心，嘗爲京立元祐黨籍，分三等定罪。後知應天府，以京黨落職。見毛注、强淵明、胡安國等傳。建炎元年，夢得知杭州，軍校陳通作亂，夢得被執。見高宗紀。今夢得傳不載。

胡安國　安國本秦檜所薦用，呂頤浩引朱勝非以傾秦檜，胡安國即劾勝非不當復用。安國求去，檜三疏留之。頤浩欲去檜，席益曰：「胡安國在講筵，宜先去之。」蓋安國力言檜之賢於張浚也。見秦檜傳。今安國傳不載。

劉一止　一止，秦檜黨也。檜置修政局，或有言局當廢者，一止與林待聘力言不可廢。見秦檜傳。今一止傳不載。

何鑄　鑄嘗與羅汝楫劾岳飛。見羅汝楫傳。又嘗爲秦檜劾王居正爲趙鼎之黨，遂奪職奉祠。見王居正傳。又劾張九成黨趙鼎。見張九成傳。又劾廖剛與陳淵等爲朋比。見廖剛傳。今何鑄傳皆不載，反云治岳飛獄，力辯其冤，謂不當無故殺一大將，似能主持公道者。

李顯忠　宿州之敗，因破宿州時，顯忠欲私其金帛，不以犒軍，與邵宏淵忿争，遂致師潰。見胡銓傳。今顯忠傳乃謂宏淵欲發倉庫犒軍，顯忠不可，衹以現錢充賞，士皆不悦，遂致潰。一似顯忠之慎重倉庫，並無私意者，然論罪時顯忠之謫獨重，則其激變非無因也。孝宗紀亦云，顯忠戰於宿州，宏淵不援，顯忠失利，諸將以顯忠、宏淵二將不協，遂大潰。是亦爲顯忠諱。

岳珂　珂守當塗，制置茶鹽，自詭興利，横斂百出，商旅不行，國計反詘於初。又置貪刻吏，開告訐之門，以罔民而没其財。民李士賢有稻二千石，囚之半載。見徐（慶）〔鹿〕卿傳。袁甫劾珂貪黷無檢，總餉二十年，焚林竭澤。見袁甫傳。今珂傳俱不載。

史彌遠　韓侂胄用兵，將危及社稷，楊皇后本與侂胄有隙，使榮王曮入奏，寧宗不答，后乃使其弟楊次山陰結史彌遠、錢象祖等謀之。侂胄方早朝，彌遠使中軍統制夏震率兵擁至玉津園，擊殺之，彌遠等方以其事入奏。帝猶不信，既知其已死，乃下詔罷其官，然後再下詔誅之。見楊皇后傳。是時彌遠欲誅侂胄，皇后、皇子從中主之，彌遠以告象祖、李璧，謂有御筆行事，象祖欲奏審，璧恐遲則事泄，彌遠乃使震亟殺之。見韓侂胄及李璧傳。合數傳參觀，是當日先誅侂胄，後奏帝，帝始降旨罷其官，再加誅也。而彌遠傳則謂兵端既開，人皆畏侂胄不敢言，彌遠力陳危迫之勢，皇子詢即榮王曮入奏，乃罷侂胄。既而臺諫給舍交章論侂胄，乃就誅，召彌遠對（咸）〔延〕和殿。似乎先奏請得旨而後行誅者，此固諱其擅殺之迹。而寧宗本紀亦書，開禧三年十一月甲戌，詔：「韓侂胄輕啟兵端，可罷平章事。」乙亥，禮部侍郎史彌遠以密命，令殿前統制夏震誅侂胄於玉津園，一如彌遠傳所敘。此蓋實録書法本如是，不欲以大臣擅殺見朝廷之威柄下移也。則彌遠傳諱其擅殺一節，猶似有説，至其擁立理宗一事，則隱諱更甚。寧宗自皇子詢薨後，即養宗室子貴和爲皇子，賜名竑。彌遠買美人善琴者納之，使伺皇子動静，竑嬖之。一日，指輿地圖曰：「此瓊、崖州，他日當置彌遠於此。」又嘗書几曰：「彌遠當決配八千里。」美人以告，彌遠乃陰謀立沂王子貴誠，使鄭清之傅之。寧宗崩，彌遠在禁中，宣貴誠至柩前，舉哀畢，然後召竑，封爲濟王，出居湖州。見濟王竑傳。夫以先帝預立之儲君，擅敢廢罷，而所立者並非先帝所識之人，雖以唐宦官之「定策國老，門生天子」，尚不至如此之恣横，則彌遠之罪上通於天，無可諱飾者。乃寧宗本紀並不著其廢立之罪，但云，帝崩，史彌遠傳遺詔，立姪貴誠爲皇子，更名昀，即皇帝位，封皇子竑爲濟陽王，出居湖州。一似倉猝之際，寧宗别有遺命，而彌遠奉行者。蓋其時彌遠正柄政，史館實録皆所監修，故書法本是如此。而彌遠傳則後人所修，應無所忌，乃亦只以「寧宗崩，擁立理宗」七字了此公案，而此等奸謀逆節絶無一語載入。益可見宋舊史皆本各家表誌、行狀據以立傳，而元人修史，又悉仍其舊，略無訂正也。

賈涉　李全既降於宋，與金兵戰。涉爲制置使，以朝命許殺太子者賞節度使，殺駙馬者賞觀察使。全以所得金牌上於涉，謂殺四駙馬所得者，涉遂奏授觀察使，其實四駙馬不死也。季先死，全欲併將其軍，詭稱其軍有三千虚籍，覆之可省費，涉遂付以兵，將遣人覆實，全忽報昨聞邳州有警，已遣七千人往赴矣，遂不得覆。全往山東，涉勸農出郊，暮歸，全軍在楚州者遮道不得入，涉使人語全妻楊氏，楊氏揮之退，涉始入城。見李全傳。今賈涉傳皆不載，反謂李全得玉璽以獻，朝廷賞以節度使，涉嘆曰：「朝廷但知官爵可以得其心，豈知驕則至於不可勸耶！」是并能駕馭羣盜矣。此傳亦必其子似道當國日史館所立，而元人因之不改者也。

鄭清之、趙范、趙葵　端平初，宋遣將孟珙與蒙古兵共滅金。其時宋與蒙古本敦鄰好，並無嫌隙，忽爲興師入洛，規復中原，兵端遂由此起。據賈似道傳，滅金時，珙與蒙古約，以陳、蔡爲界。師未還，趙范謀發兵據殽函，復中原地，元兵擊敗之。是開釁者范實爲禍首也。然是時朝命已令范知開封府東京留守，其弟葵知應天府南京留守，全子才知河南府西京留守，則廟堂已有主此謀者。據王萬傳，鄭清之當國，謀乘虛取河洛。又真德秀傳，鄭清之挑敵，兵民死者數十萬，中外大耗。是此事實趙范兄弟任之於外，鄭清之主之於内也。乃趙范傳不載其主謀用兵事，反云滅金後范言於理宗曰：「宣和海上之盟，厥初甚美，迄以取禍，不可不鑑。」趙葵傳亦載其所奏云：「國家兵力未贍，姑從和議。俟根本既壯，恢復中原。」①據此則二人又似能審度時勢，不肯輕舉生事者。鄭清之傳亦不載其主謀開邊事，反載理宗因邊警甚懼，清之密疏，謂陛下憂悔太過，恐累剛大之志，則并似能持危定傾，補救於事後者矣。蓋皆因兵端既起之後，國家之禍日深，作家傳者各自諱其始謀之失，國史因之故也。至如李宗勉傳謂，端平中出師汴、洛，宗勉言不可。崔與之傳謂，朝廷取三京，與之頓足浩嘆。喬行簡傳謂，收復三京，行簡憂事力之不繼。趙汝談傳謂，朝議出師，汝談力言不可，及三京收復，汝談有憂色，未幾洛師果敗。此又因用兵後禍敗相尋，作傳者各爲著其先見之明也。

315 宋史各傳附會處①

李繼隆傳，徐河之捷，遼將于越官名率騎八萬來戰，繼隆與尹繼倫列陣以待。敵衆方食，繼倫出不意擊走之。　按繼倫傳，是時繼倫領兵巡路，遼于越耶律休哥數萬騎遇之，不顧而南。繼倫曰：「是蔑視我也，彼捷則將驅我北去，不捷亦且洩怒於我矣。」乃銜枚夜躡其後，天未明至徐河。休哥方會食將戰，繼倫從陣後出其不意突擊之，休哥大敗走。是繼倫之突擊，並未與繼隆同列陣也，而繼隆傳云與繼倫列陣以待，此不過欲著繼隆之同功耳。

余靖傳，狄青破儂智高後，即班師。靖留廣西，遣人入特磨道，獲智高母子弟三人，獻闕下。　按蕭注傳，智高走大理，其母與二弟寓特磨道，注偵得之，悉擒送闕下。是獲智高母子者乃注之功，余靖特以鎮廣西爲其長官耳，而靖傳則以此功全屬之於靖，並略不及蕭注。

李綱傳，徽宗以金兵日逼，命皇太子爲開封牧。綱謂吴敏曰：「建牧豈非欲委以留守乎，然非傳以位號不可。」敏曰：「監國可乎？」綱以肅宗靈武建號不出於明皇，使後世惜之爲對。明日，敏遂以禪位事進説，并謂李綱亦有此議。是傳位之議本起於綱也。　按敏傳，徽宗將内禪，蔡攸探知上意，引敏入對，遂并薦綱入見。則内禪之意本出於徽宗。蔡攸傳，帝欲内禪，親書傳位東宫字，授李邦彦。邦彦不敢承，以付攸，攸屬其客吴敏，遂定議。又李熙靖傳，道君皇帝曰：「外人以内禪爲吴敏功，不知乃自吾意，不然言者且滅族矣。」合數傳觀之，是内禪本出於徽宗，而綱傳所云或非實事也，或綱議適與帝合，遂贊決耶？

按張端義貴耳録，徽宗聞金人破燕，即命當直學士黄中令草詔罪己，并傳位太子。明日詔出，淵聖登極。又記徽宗語，謂詔中處分，蔡攸盡道不是，只傳位一事，要做他功勞。此亦見内禪出自帝意之一證。

李綱傳，出爲湖廣宣撫使，荆湖、江、湘之間，盜賊不可勝計，多者至數萬人，綱悉蕩平之。又張浚傳，浚至潭州，楊么賊衆二十餘萬，相繼來降，湖寇盡平。按是時長沙有劉忠，擁衆數萬，韓世忠誅之。曹成躪湖湘道、賀等州，岳飛平之。楊么又飛所擊斬者也。今悉歸功於綱與浚，而諸將之攻討略不及焉。雖綱爲宣撫，浚爲督視，諸將之功即其功，然竟抹煞諸將，全以蕩平諸賊爲綱與浚之功。且綱傳則功屬綱，并不及浚；浚傳則功屬浚，又不及綱。

岳飛傳，軍中得兀朮諜者，飛佯認爲己所遣之諜，作蠟書約豫同誅兀朮，封其股納之，令致豫。諜者歸，以書示兀朮，兀朮大驚，馳白其主，遂廢豫。又張浚傳，酈瓊叛奔劉豫，浚亟遣蠟書貽瓊，金人果疑豫，尋廢之。按劉豫先賂金元帥撻懶，得立爲帝。後出師侵宋輒敗，屢請金兵爲援，金領三省事宗磐曰：「先帝立豫者，欲豫開疆保境，我得按兵息民也。今豫進不能取，退不能守，兵連禍結，從之則豫收其利，而我受其弊，奈何許之。」於是始有廢豫意。會豫又請兵，金乃令撻懶、兀朮僞稱南侵，至汴，宣詔廢之。是豫之廢因其進不能取，且屢請兵也，今乃以歸功於張浚、岳飛之兩封蠟書，真所謂牽連附會者也。王倫傳，紹興七年，倫使金，至睢陽，劉豫欲索觀國書，倫力拒之。至涿州，見撻懶，具言豫邀索國書無狀，且謂豫忍背本，他日安保不背大國。是年冬，豫遂廢。是又以廢豫歸功於倫之奉使矣。

李顯忠傳，金主亮南侵，將濟江，王權自和州遁歸。詔以顯忠代權，命虞允文趣顯忠交軍，於是有采石之捷。顯忠遣萬人渡江，盡復淮西州郡。亮切責諸將，諸將弒之。按虞允文傳，允文奉命往趣顯忠赴權軍。允文至采石，權已去，顯忠未來，我師三五星散，解鞍坐道旁。允文念坐待顯忠則悮國事，遂招諸將，勉以忠義，諸將皆死戰，得大捷。明日，又敗敵於揚林口，顯忠始至。是采石之捷無與於顯忠也。而顯忠傳謂因趣顯忠交軍，故有此捷，遂若功出於顯忠者。亮因采石之敗，即趨瓜洲，剋日渡江，未渡而被弒，亦非關顯忠之復淮西而責諸將也。且是時海陵去采石即至瓜洲，其間時日有幾，顯忠豈能盡復淮西？當是海陵被弒後，乘金兵之退而復之耳。乃必謂海陵因顯忠復淮西切責諸將，遂被弒，此又曲說也。

賈涉傳，李全取海州及密、濰，收登、萊二州，又結青州張林，以濱、棣、淄、濟、沂等州來降，自是恩、博、景、德至邢、洺十餘州，相繼請降。涉傳檄中原，以地來歸及反戈自效者，朝廷爵土無所吝。按是時金國衰亂，盜賊各分據，李全乘此北行，金元帥張林據青、莒、密、登、萊、濰、淄、濱、棣、寧海、濟南等州，全往招之，遂來降。其表云：「舉七十城之全齊，歸三百年之舊主。」是時實李全功也，而係之涉傳，竟似涉發蹤指示者。

第二十三卷校證

311 宋遼金三史重修

①維騏本未及梓行 按：柯維騏宋史新編有明刊本，今猶存世。

②維儉之書，……亦終歸散失也　按：王維儉之書名宋史記，今有傳鈔本存於世。

312 宋史事最詳

①五代李穀奏言，起居注創於累朝，時政記興於近代，然後採其事實，編作史書。（薛史穀傳）　按：李穀傳在宋史卷二六二，薛史無傳，所引之文見薛史周世宗本紀（卷一一四）。

②自唐文宗每召大臣論事，必命起居郎、起居舍人執筆立於殿階螭頭之下，以紀政事。（見李穀及宋扈蒙疏）　按：李穀疏見五代會要史館雜録（卷一八），扈蒙疏見宋史本傳（卷二六九）。

③後唐明宗，因史館趙熙等奏，亦令以詔書及處分公事，令端明殿學士韓昭允録送史館。其内廷之事，詔書奏對不到中書者，令樞密院直學士李專美録送史館。（見薛史唐本紀）　按：薛史唐明宗本紀（卷三八），天成二年八月：「史館修撰趙熙上言：『應内中宮事，及詔書奏對應不到中書者，請委内臣一人抄録，月中送史館。』詔差樞密直學士録送。」又末帝紀（卷四六）清泰元年：「史館奏：『凡書詔及處分公事，臣下奏議，望令近臣録付史館。』詔端明殿學士韓昭裔、樞密直學士李專美録送。」本篇混合二事爲一，又誤「昭裔」爲「昭允」，均應據以改正。

313 宋史多國史原本

①王貴部將楊遇復南城軍　按：宋史牛皋傳作：「王貴之將楊成復鄭州，……孟邦傑復永安軍，其將楊遇復南城軍。」劄記誤以楊遇爲王貴部將。孫文泱已指出其失。

②金張太保、李太保等以其衆降　按：孫文泱云：「『李』字，牛皐傳作『成』。」

③唐恪傳後……余深、薛昂、吴敏、王安中、趙野等，國史皆逸其事，今附著於此　按：「唐恪傳」應作「李邦彦傳」，宋史唐、李二人之傳同在卷三五二，而唐傳在前，因以致誤。

④康保裔傳，保裔戰殁，來援者惟張凝、李重貴，後重貴仕至鄭州防禦使，改左領軍大將軍致仕　按：孫文泱云：「宋史四四六忠義一康保裔傳云：『重貴仕至知鄭州，領播州防禦使，改左羽林大將軍致仕。』『播州』，宋史二七九李重貴傳作『潘州』，餘同保裔傳。據元豐九域志九『廣南西路・高州』條及卷十『省廢州軍・廣南路』條，開寶五年已廢潘州，當以保裔傳爲是。可見劄記『鄭州防禦使』、『左領軍』之説皆誤。」

314　宋史各傳迴護處

①趙范傳不載其主謀用兵事，反云滅金後范言於理宗曰：「宣和海上之盟，厥初甚美，迄以取禍，不可不鑑。」趙葵傳亦載其所奏云：「國家兵力未贍，姑從和議。俟根本既壯，恢復中原。」　按：所引趙范、趙葵之語皆見宋史理宗紀（卷四一），二人傳（卷四一七）中無其事。

315　宋史各傳附會處

①宋史各傳附會處　按：原標目無「宋史」二字，據目録補。

廿二史劄記卷二十四

316 宋史數人共事傳各專功

貝州王則之亂，討平之者明鎬、文彦博也，而鄭驤傳則云，王則反，討平之，竟似驤一人之功矣。又楊燧傳謂，燧攻貝州，穴城以入，賊平，功第一。劉闃傳又謂，闃從攻貝州，穿地道，闃先入，衆始從，遂登陴引繩度師，遲明師畢入。貝州平，功第一。則即穴城一事，又各擅第一功矣。夏竦卒，賜謚「文正」，司馬光、劉敞俱駁之。光傳曰，光謂謚之美者莫如「文正」，竦何人足以當之，乃改謚「文莊」，略不及敞之同議，則似光一人所駁矣。敞傳又曰，敞疏三上，乃改謚「文莊」，亦略不及光，又似敞一人所改矣。孝宗崩，光宗以疾不能過宫成服，趙汝愚擁立寧宗一事。據汝愚及趙彦逾傳，是時宰相留正去位，中外洶洶，汝愚謀立嘉王，即寧宗欲倚殿帥郭杲爲用，以告彦逾，彦逾嘗有德於杲，遂承命以汝愚謀告杲，杲乃領兵衛寧宗即位。是此謀本出汝愚，而彦逾共成之，厥後汝愚因此擁立之功爲侂冑所忌，得禍最烈，正以此也。而葉適傳則謂，是時趙汝愚計無所出，適責知閤門事蔡必勝不得坐視，蔡乃與宣贊舍人傅昌朝、知内侍省關禮、知閤門事韓侂冑三人定議，適亟白汝愚，汝愚乃遣侂冑、關禮以内禪事奏太皇太后，明日因禫祭，遂立嘉王即位。則此謀又係葉適與蔡必勝等定議後以告汝愚者矣。按紹熙行禮記又謂是時汝愚計無所出，宗室彦逾責以同姓之卿不得坐視，汝愚曰：「奈何？事急，向承天門叫幾聲，自割殺耳。」彦逾曰：

「無益也。」乃爲畫計，請於太皇太后，以嘉王即位，而尊光宗爲太上皇帝，使侂胄共成其事。據此則首謀又屬彥逾，然宋史彥逾傳不載其首謀畫策，或紹熙行禮記所云非當日實事。

317 宋史各傳錯謬處

袁彥傳有劉仁贍降之語，張保續傳亦有劉仁贍率將卒出降之語。薛居正五代史，周顯德四年，世宗親征壽州，劉仁贍上表乞降，是薛史原有此語。然薛史僅鈔實録，而未及詳考事實，至歐史則已辨明仁贍之不降，實副使孫羽以仁贍病篤詐爲其書以降者，所以特列仁贍於死節傳。今宋史袁彥等傳尚云然，豈元人修史時，并歐史亦不檢對耶？韓世忠傳，世忠屯焦山，謂兀朮至，必登金山龍王廟觀虛實，乃令百人伏廟中，百人伏岸側，果有五騎闖入廟，兵喜，先鼓而出，僅得二人，逸其三，中有絳袍玉帶既墜而馳者，訪之，即兀朮也。按金山在水中，豈能騎而入，又騎而逃，此必誤也。輿地紀勝謂伏兵北固山龍王廟，此較近理。乃作傳者於此等處亦不訂正。曹友聞傳，元兵攻武休關，敗都統李顯忠軍，遂入興元。按顯忠係紹興中歸宋，卒於乾道中，距友聞與蒙古兵戰時已六七十年，安得尚統軍耶？或另有一李顯忠，然史又不分析言之。陳宜中傳，遣張全合尹玉、麻士龍援常州，玉、士龍皆戰死，全不發一矢奔還。文天祥請誅之，宜中釋不問。文天祥傳亦謂朱華、尹玉等戰五牧，敗兵渡水，挽全軍舟，全軍斬其指，皆溺死，全不發一矢走歸。是張全並未戰也。而尹玉傳乃云，淮將張全，廣將朱華，大戰於五牧，則全又在力戰之內矣。功罪混淆，莫此爲甚。又劉師勇與姚訔守常州數月，城陷，師勇拔栅戰且行，其弟馬墮塹，躍不能出，師勇舉手與訣而去。是師勇守常，至城破始去也，事見張世傑傳及元史伯顔傳并鄭所南集。而王安節傳則謂，師勇復常州後，即赴平江，使安節在常拒守，又似師勇未嘗與常州之難者。此又一史中自相矛盾之處也。呂蒙正傳贊謂國朝三次入相者，惟趙普、呂蒙正。然蒙正之後，又有張士遜、呂夷簡、文彦博，皆三次入相，蔡京并四次入相，蒙正傳贊所云亦未深考。①

318 宋史列傳又有遺漏者

一代之臣甚多，自非大奸大忠，原不能悉載，然有必宜載而反遺漏者。俞文豹清夜録，靖康之變，上皇將赴金軍，中書舍人姜堯臣極諫不可往，番使以骨朵擊之死。曹勛北狩録，四太子求王婉容爲黏罕子婦，婉容自刎死。①此二事忠節凛然，史傳所必宜載者，而列傳皆無之。彭義斌自山東起義，隨李全來歸，即與趙范、趙葵破金兵，義斌獨擊至下灣渡，掩金人於淮。見賈涉傳。後因李全亂楚州，制置使許國走死，義斌斬全使大罵，誓必報此讎。會全攻恩州，義斌即出戰，敗之。全求制置使徐晞稷書，與義斌連和，義斌致書趙善湘曰：「不誅全，恢復不成。但能遣兵扼淮，斷其南路，必可滅賊，賊平之後，義斌戰河北，盱眙諸將戰河南，神州可復也。」見李全傳。趙范亦謂善湘曰：「義斌蹙全，如山壓卵，然必請而後討者，知尊朝廷也。」見趙范傳。全貽書制置司，誣義斌叛。朝廷雖知義斌之功，憚全未欲行賞。義斌俟朝命不至，拓地而北，進攻東平。嚴實潛求救於蒙古將博羅罕，而與義斌連和。義斌亦欲藉實取河朔而後圖之，遂以兄禮事實，不奪其兵，而留青崖峒所掠實之家屬不還。進攻真定，降金將武仙，衆至數十萬。既下真定，道西山而北，博羅罕兵始至，義斌分兵與實，陽助而陰伺之。實危急，即赴博羅罕軍，與之合，與義斌戰於内黄之五馬山。義斌兵敗被執，史天澤説之降，義斌厲聲曰：「我大宋臣也，肯爲他人屬耶！」遂死之。見元史嚴實等傳。後朝廷討李全詔有云，彭義斌以忠拓境，大展皇略，已加贈典追封。見李全傳。是義斌之忠義勳績，比趙立、李寶、魏勝等更有過之，則宋史何得無傳？乃僅散見於李全等傳，而不另立專傳，豈非闕漏耶。又吴縝作新唐書糾謬，至今尚傳其書，而宋史無傳。劉克莊詩集、文集，爲宋末一大家，今亦無傳。此皆史家之疎也。

319 宋史排次失當處

宋史又有不必立傳者。歐公五代史不立韓通傳，爲本朝諱也。宋史補之，而以李筠、李重進並列爲「周三臣」，是矣。他如張從恩、扈彦珂、薛懷讓、藥元福，皆五代時人，從恩入宋，改封許國公，其入宋史可也；彦珂、懷讓、元福當宋初即病殁，趙（昂）〔晁〕、李穀、竇貞固、李濤、趙上交、張錫、張鑄、邊歸讜、劉濤等并未官於宋，則傳之何爲？或以五代史無傳，不得不於宋史存之，然李穀、李濤在五代尚有事蹟可紀，其餘本不足書，乃一概入之列傳，仍不過敍其歷官，如今仕途之履歷而已，此亦成何史策。宋臣中宣繒、别之傑、鄒應龍、金淵、張磻、饒虎臣、戴慶（炯）〔炣〕等傳，亦但敍履歷，絶無一言一事，則傳之何爲？其他編次之失，更有當改定者。張憲、牛臯、楊再興皆岳飛部將，舊史本附飛傳後，元人修史，另編爲卷。說已見前。劉子羽、胡世將與吳玠兄弟在蜀，同功共事，應與玠、璘相次，今亦各爲卷。此猶曰官有文武之別也。解元、成閔皆韓世忠部將，宜附世忠後；郭浩、楊政皆吳氏部將，用兵與吳氏相終始，宜附玠、璘後，今皆另編爲卷，蓋亦元人改舊史而排次耳。王友直、李寶皆自北起義來歸，既同列一卷。李顯忠亦自鄜延起事，間關數國，冒死南投，功名尤著。魏勝起兵漣水，據海州以歸，與寶共事。此數人者，應彙列爲一卷，以顯忠爲首，勝、寶、友直次之，而今皆各爲卷。秦檜擅國十九年，凡居政府者莫不以微忤斥去，惟王次翁始終爲檜所憐，則次翁應附檜傳後。陳自强之附韓侂胄，與次翁之附秦檜一也，則自强亦應附侂胄後。乃皆編入列傳，不著奸黨，何也？權邦彦徽、欽時人，卒於高宗紹興三年，乃厠於寧宗諸臣之列；汪若海、張運、柳約亦皆欽、高時人，而厠於理宗諸臣之列；林勳、劉才邵等皆高、孝時人，并厠於德祐末造李庭芝諸人之列，不幾顛倒時代乎？南唐世家既立韓熙載傳矣，劉仁贍、皇甫暉、姚鳳皆完節於南唐者，何以不爲立傳以附於熙載後？南唐徐鉉，北漢楊業，後仕於宋，既入之宋臣傳矣，南唐之周惟簡，西蜀之歐陽迥，亦皆仕宋，歷官多年，何以又不入宋臣傳，而仍附南唐、西蜀世家之後乎？此皆自亂其例者。想見元人修史，草率從事，徒以意爲排次，不復詳細審訂也。

320 史家一人兩傳

史傳人物太多，修之者非一人，不暇彼此審訂，遂有一人而重出者。如顧寧人指出，元史列傳中

第八卷之速不台即第九卷之雪不台，十八卷之完者都即二十卷之完者拔都，三十七卷之石抹也先即三十九卷之石抹阿辛，皆是一人兩傳，可見修史者之草率從事。然蒙古以國語爲名，譯作漢字，但取其音之同，而字不必畫一，致有此誤，猶有説也。若舊唐書列傳之七十二既有楊朝晟，九十四又有楊朝晟；五十一既有王求禮，一百三十七又有王求禮；宋史列傳之一百十六既有李熙靖，二百十二又有李熙靖，考其事蹟，實係一人，並非偶同姓名者，是修史之草率更甚於明修元史時。至如遼史有三耶律撻不也，一在列傳第二十六，一在第二十九，一在第四十一；又有兩蕭韓家奴，一在列傳第二十六，一在第三十三；又有兩蕭塔剌葛，一在列傳第十五，一在第二十；金史又有兩撻懶，一在列傳第十，又名榖英，一在第十五；又有四斡室，一在列傳第十，其三在五十七，同爲一傳，當時已以大斡室、中斡室、小斡室別之；又有兩訛可，亦同爲一傳，當時亦有草火訛可、板子訛可之別，此則名雖同而人各別。蓋遼、金、元皆以國語爲名，諸人國語之名本同故耳。至如金史之碎不斛，即元史之速不台；即元將之圍汴京，擄金妃后及宗族北去者。宋史之兀良哈斛，即元史之兀良合台，即征交趾，由粵西北歸者。此又修史時各據所譯漢字入傳，不暇彼此訂正也。

321 監板宋史脱誤處

余家所有宋史二本，係前明南、北監板各一，其中誤字落句，不一而足。如尤袤傳，高宗崩，靈駕將發引，忽議配享，洪邁請用吕頤浩、韓世忠、趙鼎、張浚。①袤言祖宗典故，既祔然後議配享，今忽定於靈駕發引之前，不加詳議，恐無以服勳臣子孫之心，乃詔更議。後卒用四人者。時楊萬里亦謂張浚當配食，争之不從，補外。袤轉禮部侍郎云云。按萬里所著誠齋揮麈録謂，洪景盧以浚殺曲端一事輟其配享，是邁乃輟浚者，今傳反云邁請用浚。又按楊萬里傳，高宗崩，洪邁不俟集議配享，獨以呂頤浩等姓名上，萬里疏詆之，力言張浚當與。是邁本未以浚入配享，尤袤傳所云張浚，當是張俊之誤也。配享兼用文武，邁既請用呂頤浩、趙鼎兩文臣，則武臣必是韓世忠、張俊耳。又曹勛傳，紹興二十九年，勛副王倫爲稱謝使至金，金主將侵淮，勛與倫歸，言和好無他。按倫自建炎元年即爲通問使至金，紹興二年粘罕使倫歸報，七年再使金回，八年又往，偕張通古來，九年再充使，奉迎梓宫太后，被拘河間，十四年金人欲官之，不從，乃縊死。是倫之死在紹興十四年，安得二十九年尚有與曹勛同使之事。及閱王綸傳，二十八年，金將渝盟，邊報沓至。二十九年，朝論欲遣泛使覘之，綸請行，曹勛副之。至金，館禮甚隆，歸言鄰國恭順，皆陛下威德所致。然是時金已謀犯江，特以善意紿綸耳。據此始知勛所副者乃王綸，非王倫也。又張邵傳，邵初使金，遇秦檜於濰州，及歸，上書言檜忠節。後其弟祁下獄，將株連邵，會檜死得免。此數語上下不貫，邵既有德於檜，檜自黨護之，檜死則不能免株連矣，乃反云檜死得免，此必有脱落字句處，皆刊刻時校讎不精之故也，當別求善本改之。

322 趙良嗣不應入奸臣傳

馬植，燕人，以取燕策干童貫，入奏，徽宗寵之，賜姓名李良嗣，又賜以國姓。圖燕之議由此起，斯固召禍首謀，然良嗣但建此策，聽不聽則在乎廟堂之持議也。及良嗣奉使由海道至金，與金太祖約，金取中京大定府，宋取燕(中)〔京〕析津府。自是凡數往返，會金太祖殂，金人欲變元約，但予以燕京及薊、景、檀、順、涿、易六州，良嗣言元約山後、山前十七州，今如此，信義安在？金人不從。良嗣又奉使往，曰：「本朝徇大國多矣，豈平、灤一事不能相從耶？」金又不從。嗣良嗣又至，以答書稿示良嗣曰：「燕京係我朝兵力攻下，其租税當輸我朝。」良嗣曰：「租隨地出，豈有予地而不予租税者。」金人曰：「燕租六百萬，今只取一百萬。不然，還我涿、易。」良嗣曰：「我朝自以兵下涿、易，今乃云爾，豈無曲直耶？」是良嗣銜命往來，能以口舌抗强鄰。以上皆見續通鑑綱目。故宋史本傳亦謂，往返六七，頗能緩頰盡心，與金争議。使無收納張覺之事，金人亦難遽起兵端，而中華疆土復歸版圖，良嗣方且當入功臣傳中。乃張覺之叛金來降，主國計者貪近利而昧遠計，輒輕爲招納。良嗣方苦口争之，以爲失歡强鄰，後不可悔。而舉朝醉夢，卒不聽從。果致金兵得以藉口，不惟新得之地盡失之，并至鑾輿北狩，神州陸沈。此則王黼輩之貪功喜事，謀國不臧，於良嗣無與也。乃事後追論禍始，坐以重辟，已不免失刑，修史者又入之奸臣傳中，與蔡京等同列，殊非平情之論也。

323 王倫

王倫使金，間關百死，遂成和議。世徒以胡銓疏斥其狎邪小人，市井無賴，張燾疏斥其虚誕，許忻疏斥其賣國，遂衆口一詞，以爲非善類；甚至史傳亦有家貧無行，數犯法幸免之語。不知此特出於一時儒生不主和議者之詆諆，而論世者則當諒其心，記其功，而憫其節也。倫本王旦弟勗之後，初非市儈里魁。其奉使在建炎元年，是時金人方擄二帝北去，凶燄正熾，誰敢身入虎口，倫獨慷慨請行，其膽勇已絶出流輩。及至金，被留。久之，粘罕使烏陵思謀至，倫即以和議動之，欲使其還兩宮，歸故地。粘罕雖不答，然和議實肇端於此，即洪皓之以「畏天、保天」語悟室，猶在後也。已而粘罕有許和意，紹興二年，先遣倫歸，次年即遣李永壽、王翊來，值劉豫内犯，議遂中格。七年，徽宗、鄭后訃至，復遣倫充使奉迎，并乞河南、陝西地。是冬，豫既廢，倫入見金主，金遂以烏陵思謀、石慶偕倫來議。八年，再使金，金即遣張通古等來，許歸梓宫、母后及河南、陝西地。九年，倫充使再往，金竟以河南、陝西地先付之，設使金不渝盟，則存歿俱歸，境土得復，倫之功豈南渡文武諸臣所可及哉！祇以金人自悔失策，旋毁前議，倫遂被拘於河間。其後和議再成，遂不得身預其事。然創議於敵勢方張之時，與收功於兩國將平之日，其難易既不同，且倫之議和則請帝后疆土全歸，而未議及歲幣，迨秦檜主和，則寸土不歸，反歲輸銀絹二十五萬兩匹，徒得一母后二旅柩而已，其難易更不可以道里計。而況李永壽等之來，賴倫以雲中舊識，稍損其驕倨。張通古等之來，又賴倫委曲調護，使秦檜就館受書，以免屈萬乘之尊。是其周旋於事勢難處之會，即朱弁、洪皓輩有不能及者。蓋弁、皓僅完臣節，倫則兼濟國事，其所任爲獨難。故皓歸亦極言倫以身徇國，棄之不取，緩急何以使人，實深服其心力俱殫也。及被拘六年，金人欲用爲平灤三路都轉運使。其時兩國和議久成，化讎爲好，即受金官職，亦非反顔事仇，況家本莘縣，鄉土已屬於金，於私計亦甚便，乃力拒不受，甘被其縊死。金史謂倫已受官，又辭，乃縊死。宋史則謂不受官而被害。按倫如果受官，豈復抗辭，是必未受官也。是不惟謀國之忠，歷百艱而不顧，而徇國之烈，甘一死而不撓，視弁、皓等得歸故國，身受寵榮者，其身世尤不幸，志節尤可悲也。而區區身後之名，又以市井無賴數語傳爲口實，至今耳食者幾視爲倖功捭闔之人，此不可不急爲別白也。

324 宋初降王子弟布滿中外

角力而滅其國，角材而臣其人，未有不猜防疑忌而至於殺戮者，獨宋初不然。周保權被擒，授千牛衛上將軍，葺京城舊邸院居之。湖南高繼冲納土，但令王仁贍知軍府事，而仍令繼冲鎮其地。迨繼冲入朝，改授武寧軍節度使、徐宿觀察使，鎮彭門，凡十年。其叔高保衡歷知宿、懷、同、汝四州及光化軍。其臣孫光憲亦官黃州刺史，梁延嗣亦官復州防禦使。荆南劉鋹戰敗被擒，仍封恩赦侯，賜第居京師，進封彭城郡公。南漢李煜城破始降，封違命侯，居京師，後封隴西郡公。其子弟多授大將軍、衛將軍等官，從善爲通許監軍，從誧歷知隨、復、成三州，季操歷知淮陽、漣水二軍，蔡、舒二州，仲寓官郢州刺史十餘年，其臣徐鉉等皆官於京師，更無論也。南唐孟昶既降，賜第京師，封秦國公，尋卒。子元喆歷知貝、定二州，又爲鎮州兵馬鈐轄，移滑州，以病求小州，乃移滁州而卒。元珏歷官宋、曹、兖、鄆都巡檢，出知滑州。其臣伊審徵官靜難軍節度使，移鎮延安。趙彦韜授興州刺史，移澧州。毋守素歷知趙州、容州，兼本管諸州水陸轉運使。西蜀陳洪進納土後，封杞國公，賜第居京師。子文顯仍知泉州，移知青、齊、廬三州；文顥歷知房、康、同、耀、徐、衡六州；文顗歷知海、濮、濰、沂、黄五州；文頊歷知登、舒二州。漳泉錢俶納土後，封淮海國王，賜禮賢宅，居京師，後出爲武勝軍節度使，改封南陽國王。子惟濬屢加諸鎮節度使，常居京師；惟治知真定軍府，兼兵馬都部署；惟濟歷知絳、潞二州，又爲永州團練使，改成德軍；惟演仕至同中書門下平章事，出判許州。俶弟儼判和州，昊歷知宋、壽、泗、宿四州。其臣僚孫承祐知大名府，改知滑州，沈承禮知密州。吳越劉繼元降，封彭城郡公，賜京城甲第一區，授保康軍節度使。其臣李惲歷知廣、許、孟三州，馬峯分司西京。北漢統計諸降王及諸降臣，無一不保全者。此等僭僞竊據之徒，歸降本非素志，況新造之邦，民志未定，國勢易摇，豈能一無顧慮，乃其主皆賜第京師，居肘腋之地，其子弟臣僚又皆分職州郡，掌兵民之權，而廟堂之上不聞操切猜防，入仕新朝者亦帖然各效其勤，無反側不靖之意。於此見宋太祖、太宗并包天下之大度，震服一世之神威，非詐力從事者所可及也。後之論者，往往謂宋開國之初即失於弱，豈知不恃詐力以爲强者，其强更甚也哉。

325 宋諸帝御集皆建閣藏貯

宋諸帝御集各建閣藏貯，自真宗始。真宗晚年，以所著詩文示丁謂等曰：「朕聽覽之下，以翰墨自娱，雖不足垂範，亦平生遊心於此也。」謂等請鏤板宣布，共七百二十二卷，并作天章閣貯之。自後諸帝御集皆倣此例，而閣名各不相襲。英宗建寶文閣，藏仁宗御集，神宗以英宗御書亦附於内。哲宗建顯謨閣，藏神宗御集。元祐二年已詔蘇轍、劉攽等編次神宗御集，四年上之，先藏寶文閣，元符元年另建顯謨閣貯之。徽宗建徽猷閣，藏哲宗御集。高宗建敷文閣，藏徽宗御集。孝宗建焕章閣，藏高宗御集。寧宗建華文閣，藏孝宗御集；又建寶謨閣，藏光宗御集。理宗建寶章閣，藏寧宗御集。度宗建顯文閣，藏理宗御集。每帝各建一閣，雖頗繁費，然亦足昭敬謹，且見諸帝文治之盛也。又每閣皆置學士、直學士、待制等官，俾專職掌。以上皆見本紀如神宗以章衡爲寶文閣待制，謂之曰，「卿爲仁宗朝魁甲，寶文藏御集之處，未始除人，今以處卿」是也。見衡傳

326 録名臣後

真宗録唐白居易後利用爲河南府教授，元稹七世孫爲台州司馬，裴度孫坦爲鄭州助教。又録唐長孫無忌、段秀實等孫，皆教官。仁宗録唐狄仁傑、張九齡、郭子儀、顏真卿後，神宗録唐魏徵、狄仁傑、段秀實後，皆見本紀。按舊唐書段秀實傳，自貞元後，凡赦書褒忠，必以秀實爲首。又貞元六年赦書，授顏真卿一子五品官。文宗時，又以真卿曾孫弘式爲同州參軍。五代史劉遂清傳，唐朝渾、郭、顏、段之後，每一赦出，以一子出身，率爲常制。是唐及五代時已有此制，宋蓋仿而行之也。

327 宋皇后所生太子皆不吉

真宗由皇太子登極，其母則李賢妃也。仁宗由皇太子登極，其母則李宸妃也。神宗之爲皇太子，其母本高皇后，然生帝時尚在英宗潛邸，未爲后也。哲宗由皇太子登極，其母朱德妃，亦非后也。惟

欽宗生時，其母王氏已册爲后，故欽宗以嫡長爲皇太子，後即位，竟北遷於金。南渡後，光宗母係郭皇后，寧宗母係李皇后，然誕育時亦皆在潛邸，未爲后也。惟度宗后全氏，正位中宮後生德祐帝，（咸淳三年立全后，七年生帝㬎。）甫登極即國亡。統計有宋一代，皇后正位後所生太子，祇靖康、德祐二帝，而二帝皆爲失國之君，此理之不可解者。又有已立爲太子而不得繼統者。太宗之昭成太子元禧，真宗之悼獻太子祐，哲宗之獻愍太子茂，猶皆死後追贈，未嘗及身爲儲君也。其生而立爲太子者，欽宗嫡子諶，朱后所生，生時雖尚未爲后，然正妃也，故諶爲嫡皇孫，當時已稱祖宗以來所未有。欽宗登極後，立爲皇太子，後竟隨北去。高宗之元懿太子旉，潘賢妃所生，苗劉之變，爲所擁立，改元明受，高宗復辟後，立爲皇太子，未幾殤。孝宗之莊文太子愭，郭后所生，嫡長子，乾道元年立爲皇太子，年二十四薨。寧宗之景獻太子詢，本宗室子。開禧初立爲皇太子，年二十九薨。再育宗室子貴和爲皇子，賜名竑，雖未加太子之號，然已居儲貳，繼體攸屬，後爲史彌遠擅廢，降封鎮王，不得其死。是不惟正后所生太子不吉，即非正后所生而册爲太子者，亦不皆吉也。

328 宋初考古之學①

考古之學，至南宋最精博，如鄭樵、李燾、王應麟、馬貴與等是也。然宋初制誥之臣已多博雅。乾德三年，范質等三相俱罷，將獨相趙普，而無宰相書敕，帝以問陶穀，穀曰：「古來宰相未嘗虛位，惟唐文宗甘露之變，數日無相，左僕射令狐楚奉行。今尚書亦南省官，可以書敕。」竇儀曰：「非承平令典也。皇弟開封尹同平章事，即宰相也，可書敕。」從之。儀之論固是，然古來偶有朝無宰相之故事，穀獨能記之。又普獨相後，太祖欲置之副而難其名稱，問穀下宰相一等有何官，穀曰：「唐有參知機務、參知政事。」遂以薛居正、吕餘慶爲參知政事。倉猝一問，即能援引故事，可見熟於典故，腹笥中無不有也。太祖改年號乾德，以爲古所未有，後於宫中得「乾德錢」，②以問竇儀，儀對以僞蜀曾有此號，詢知果自蜀中來者，始歎曰：「宰相須用讀書人。」太宗時，皇子元傑封吴王，行揚州、潤州大都督府長史。張洎謂六朝皇子封王，以郡爲國，置傅相内史等，佐王爲治，或王子不之國，則内史行郡事。唐改爲長史，凡親王授大都督不之鎮，而朝命大臣臨郡者，即有長史之號，謂親王之上佐也。如段文昌出鎮揚州，云淮南節度副大使知節度事兼揚州大都督府長史，李載義出鎮幽州，云盧龍軍副大使知節度事兼幽州大都督府長史是也。今王既爲大都督，又爲長史，則是王自爲上佐矣。即此數條，可見諸臣於朝章國典無不究心有素，倉猝開即有據依，足資朝廷制作之討論也。又錢俶薨，謚「忠懿」，張洎爲覆狀，有「受寵若驚，居亢無悔」語，張佖駁之，謂「亢龍無悔」非臣子所宜言。洎對狀曰：「易之九三，王弼注云，處下體之極，居上體之下，因時而惕，故愈於上九之亢。正義云，九三居下體之極，是人臣之體，其能免亢龍之咎者，以慎守免禍也。是人臣能免亢極之禍也。漢書梁商傳贊云，③地居亢滿，而能以謹厚自終。楊植作許由碑云，錙銖九有，亢極一夫。杜鴻漸讓元帥表云，禄位亢極，過踰涯量。盧杞作郭子儀碑云，居亢無悔，其心益降。張説作祁國公碑云，一無目牛之全，一無亢龍之悔。皆就人臣而言也。」乃詔洎援引故實，歷歷有據，罰佖一月俸。以一「亢」字而援引典故辯博如此，其學可知。神宗有殿名宣光，哲宗問林希古有此名否，希對曰：「此石勒殿名也。」乃更名顯承。此又諸臣熟於經史之學，原原本本，非以口給也。自朝章國故之不講，則有如蔡京誤以唐太宗爲宋太宗而廢尚書令者矣。徽宗詔，尚書令太宗曾爲之，今不須復置。説者謂宋太宗未嘗爲尚書令，惟唐太宗曾爲之，今誤以唐太宗爲宋太宗，乃蔡京當國，不學無術之故也。見京傳。④自經義史學之不講，則有如章惇謂北郊祀地，只可謂之社，而欲廢北郊大禮者矣。惇以北郊止可謂之社，黄履曰，天子祭天地皆稱郊，故詩序云，郊祀天地。若社則土神也，豈有祭大祇亦謂之社乎，北郊之議遂定。見黄履傳。然則北宋文學之臣，稽典故，援經史，俱確有據依，豈後代所可及哉。

329 宋初嚴懲贓吏

宋以忠厚開國，凡罪罰悉從輕減，獨於治贓吏最嚴。蓋宋祖親見五代時貪吏恣横，民不聊生，故御極以後，用重法治之，所以塞濁亂之源也。按本紀，太祖建隆二年，大名府主簿郭顗坐贓棄市。乾德三年，員外郎李岳、陳偃，殿直成德鈞，皆坐贓棄市。蔡河綱官王訓等以糠土雜軍糧，磔於市。①太子中舍王治坐受贓殺人，棄市。開寶三年，將軍石延祚坐監倉與吏爲姦贓，棄市。四年，將軍桑進興，洗馬王元吉，侍御史張穆，左拾遺張恂，皆坐贓棄市。劉祺贓輕，杖流海島。②六年，中允郭思齊，觀察判官崔絢，録事參軍馬德林，俱坐贓棄市。③此太祖時法令也。太宗太平興國三年，泗州録事參軍徐璧坐監倉受賄，出虚券，棄市。侍御史趙承嗣隱官錢，棄市。又詔諸職官以贓論罪，雖遇赦不得敍，永爲定制。中書令史李知古坐受贓改法，杖殺之。詹事丞徐選坐贓，杖殺之。御史張白以官錢糴賣，棄市。

汴河主糧吏奪漕軍糧，斷其腕，徇河干三日，斬之。是太宗法令猶未弛。然寇準謂祖吉、王淮皆侮法受贓，吉贓少乃伏誅，淮以參政王沔之弟，盜主守財至千萬，止杖，豈非不平耶。則是時已有骫法曲縱者。至真宗時，棄市之法不復見，惟杖流海島。如員外郎盛梁受贓，流崖州。著作郎高清以贓杖脊，配沙門島。蓋比國初已弛縱矣。仁宗本紀則并杖流之例亦不復見。蘇頌傳，知金州張仲宣坐枉法贓應死，法官援李希輔例，杖脊黥配海島，頌奏仲宣贓少應減，神宗曰：「免杖而黥之可乎？」頌引「刑不上大夫」爲對，遂免黥，永爲定制。自是宋代命官犯贓抵死者，例不加刑，當時論者謂頌一言而除黥刺，以爲仁人之言其利溥。見頌傳。益可見姑息成風，反以庇奸養貪爲善政，其於不肖官吏之非法橫取，蓋已不甚深求。繼以青苗、免役之掊克，花石綱之攘奪，遂致民怨沸騰，盜賊競起。宋江等三十六人橫行河朔，官軍萬人不敢捕。方臘之亂，凡得官吏，必恣行殺戮，斷截肢體，探取肺肝，或熬以鼎油，或射以勁矢，備極慘毒，以泄其憤。陳遘疏所謂貪污嗜利之人，倚法侵牟，不知紀極，怨痛結於民心，故至此也。見陳遘及方臘傳。南渡後，高宗雖有詔，按察官歲上所發摘贓吏姓名以爲殿最，然本紀未見治罪之人。惟孝宗時，上元縣李允升犯贓，貸死，杖脊刺面，配惠州牢城，籍其貲，失察上司俱降黜。廣東提刑石敦義犯贓，刺面配柳州，籍其家。知潮州曾造犯贓，貸死，南雄編管，籍其家。參知政事錢良臣以失舉贓吏，奪三官。是時法令雖比國初稍輕，而從積玩之後有此整飭，風氣亦爲之一變。真德秀所謂乾道、淳熙閒，有位於朝者以饋賂及門爲恥，受任於外者以苞苴入都爲恥，皆孝宗之遺烈也。理宗雖亦詔監司以半歲將劾去贓吏之數來上，視多寡爲殿最，守臣助監司所不及則以一歲爲殿最，見本紀是亦頗能留意綜核者，然是時湯燾疏言，苞苴有昔所未有之物，故民罹昔所未有之害。苞苴有不可勝窮之費，故民有不可勝窮之憂。見燾傳。④則知廟堂之詔已爲具文，而官吏之朘削如故也。賈似道亦疏言，裕財之道，莫急於去贓吏，藝祖杖殺朝堂，孝宗真決刺面，今當仿而行之。見似道傳。⑤以似道之狂謬，尚知贓吏之不可不重懲，而追思藝祖、孝宗之遺法，然則是二帝者，可謂知所務者哉。

第二十四卷校證

317 宋史各傳錯謬處

①呂蒙正傳贊謂國朝三次入相者，惟趙普、呂蒙正。……蒙正傳贊所云亦未深考　按：所引者爲宋史呂蒙正傳（卷二六五）正文，非贊語，乃録自宋國史舊文，故稱「國朝」云云，作宋史者失於删正，而非作者所加之文。

318 宋史列傳又有遺漏者

①曹勛北狩録，四太子求王婉容爲黏罕子婦，婉容自刎死　按：「四太子」應作「二太子」，指斡離不而言。北狩見聞録稱：「二太子面請王婉容位帝姬爲粘罕次子作婦，許之。」三朝北盟會編收録此文（卷八九），「二太子」作「太子」，而皆無「自殺」之文。「婉容」爲妃嬪之號，原文指當時坐於王婉容位下之帝姬，非謂王婉容本人。又按，清夜録有此事，文如趙氏所引者，並稱見於曹勛北狩録，則其誤原出於俞文豹，趙氏未檢北狩録原文而遽稱

之，遂同俞氏之誤。

321 監板宋史脱誤處

①尤袤傳，高宗崩，靈駕將發引，忽議配享，洪邁請用吕頤浩、韓世忠、趙鼎、張浚　按：趙氏於下文辨明「張浚」應作「張俊」。查百衲本影印元刻本宋史尤袤傳（卷三八九）正作「張俊」，趙氏所據者爲誤本。

328 宋初考古之學

①宋初考古之學　按：此言「考古」謂熟悉過去之典章故事，非現代所稱「考古」之義。

②後於宫中得「乾德錢」　按：宋史太祖紀（卷三）云：「蜀平，蜀宫人入内，帝見其鏡背有志乾德四年鑄者。」據此「錢」字應作「鏡」。

③漢書梁商傳贊云　按：梁商傳在後漢書，古人引書多省字，故宋史張洎傳（卷二六七）即作「漢書」。

④今誤以唐太宗爲宋太宗，乃蔡京當國，不學無術之故也。（見京傳）　按：事見宋史職官志（卷一六一），非京傳。

329 宋初嚴懲贓吏

①乾德三年，員外郎……陳偃……坐贓棄市。蔡河綱官王訓等以糠土雜軍糧，磔於市　按：陳偃事在乾德五年九月，本紀作「陳郾」。王訓事在建隆三年八月，非乾德三年。

②四年……侍御史張穆，左拾遺張恂，皆坐贓棄市。劉祺贓輕，杖流海島　按：二張事在開寶五年三月及七月，

劉祺事在七年十二月，非開寶四年。

③六年，中允郭思齊，觀察判官崔絢，録事參軍馬德林，俱坐贓棄市　按：郭事在開寶九年八月，崔、馬二人之事同在八年六月，「馬德林」應作「馬德休」。皆非開寶六年。

④是時湯燾疏言，……（見燾傳）　按：「湯燾」應作「蔣重珍」。宋史蔣重珍傳在湯璹傳後（卷四一一），趙氏既誤蔣疏爲湯疏，又誤寫「璹」爲「燾」，遂成此大誤。

⑤賈似道亦疏言，……（見似道傳）　按：應作見理宗本紀（卷四二），非似道傳。

廿二史劄記卷二十五

330 宋封王之制

宋初臣下少封王者。石守信卒，封(武)威〔武〕郡王。王審琦卒，封琅琊郡王。高懷德卒，封渤海郡王。王景生封太原郡王，卒封岐王。此皆前代功臣，位本崇重，一旦傾心興朝，宣力藩鎮，故榮之以茅土也。其佐命功臣，惟趙普卒封真定郡王，曹彬卒封濟陽郡王而已。普後加封韓王。至徽宗時，追封王安石舒王，蔡確汝南郡王，封爵始濫。時宰相何執中卒，封清源郡王。鄭居中卒，封華原郡王。甚至奄人童貫，亦生封廣陽郡王，名器猥褻，莫此爲甚。南渡後，武臣封王者，韓世忠生封咸安郡王，後追封蘄王。張俊生封清河郡王，後追封循王。楊存中生封同安郡王，後追封和王。吴璘生封新安郡王，後追封信王。其死後追封者，吴玠涪王，岳飛鄂王，寧宗時封。劉光世安(成)〔城〕郡王，孝宗時封。又加封鄜王。文臣封王者，秦檜生封建康郡王，後追封申王。史浩追封會稽郡王，又加(衛)〔越〕王。韓侂胄生封平原郡王。史彌遠生封會稽郡王，死又追封(越)〔衛〕王。鄭清之亦追封魏郡王。諸武臣多戰功，疏封尚有説，文臣以權寵得之，亦太猥褻矣。此外則后族有封王者，其始皆子孫尊崇母后之族。如太祖追封杜太后弟審進爲京兆郡王，①真宗追封母李太后父英常山郡王，仁宗追封真宗潘后父美鄭王，郭后弟守文譙王是也。章獻明肅劉后父通，追封魏王，則以后垂簾故。李宸妃弟用和，封隴西郡王，亦以仁宗生母故。惟仁宗張貴妃追册温成皇后父堯封，封清河郡王，此爲人主自封后族之始。仁宗慈聖光獻曹后，乃曹彬女孫，神宗時追封其曾祖芸魏王，祖彬韓王，父玘吴王，后弟佾亦封濟陽郡王，則并及四代矣。英宗宣仁聖烈高后，神宗追封其父繼勳康王，兄遵甫楚王，高宗又追封後弟士遜、士林，姪公紀、公繪皆爲王。神宗欽聖向后弟宗回永陽郡王，②宗良永嘉郡王，皆徽宗時封。哲宗孟后父彦弼咸寧郡王，弟忠厚信安郡王，則高宗時封。徽宗王后、鄭后無封。韋賢妃爲高宗生母，高宗封其弟淵平樂郡王。欽宗朱后父伯材恩平郡王，則欽宗所封也。高宗吴后父近吴王，弟益太寧郡王，蓋新興郡王，孝宗郭后父瑊榮王，弟師（瑀）〔禹〕永寧郡王，皆子爲帝後所封。光宗李后三代皆封王，則光宗時封。寧宗楊后弟次山永陽郡王，其二子谷、石亦皆封王，亦寧宗時封。理宗謝后三代皆王，則度宗時封。

331 宋待周後之厚

宋太祖爲軍士擁戴，既登極，遷周恭帝及符太后於西宫，易其帝號曰鄭王，太后曰周太后。作周六廟於西京，遣官遷其神主，命周宗正郭玘以時祭享，又遣工部侍郎艾穎拜嵩陵、太祖慶陵。世宗三年，鄭王出居房州。開寶六年，鄭王始殂，距禪位已十四年矣。宋祖素服發哀，輟朝十日，謚曰恭帝，命還葬慶陵之側，陵曰順陵。仁宗嘉祐四年，詔取柴氏譜系，於諸房中推最長一人，歲時奉周祀。尋録周世宗從孫柴元亨爲三班奉職。先是加恩郭氏，至是又恩及柴氏。又詔周世宗後每郊祀録其子孫一人。至和四年，遂封柴詠爲崇義公，①給田十頃，奉周室祀，並給西京周廟祭享器服。神宗又録周世宗從曾孫思恭等爲三班奉職。熙寧四年，崇義公柴詠致仕，子若訥襲封。徽宗詔，柴氏後已封崇義公，再官恭帝後爲宣教郎，監周陵廟，世爲三恪。南渡後，高宗又令柴叔（夜）〔夏〕襲封崇義公。理宗又詔周世宗八世孫承務郎柴彦穎襲封崇義公。此皆見於本紀及續通鑑長編者。②蓋柴氏之賞延直與宋相終始，其待亡國之後可謂厚矣。

332 宋郊祀之費

宋制，每三歲一親郊，大小各官皆得蔭子。趙思誠疏言，寒士在部，須待數年之闕，今親祠之歲，任子約四千人，十年之後須萬二千員，則寒士有三十年不得選者。是郊祀恩蔭已極冗濫。此外又有賞賚，計每次緡錢五百餘萬，大半以金銀綾絹絁紬平其直給之。景德郊祀至七百餘萬，東封又八百餘萬，祀汾上又百二十萬。①丁謂爲三司使，著景德會計録，自後歷代郊祀常以爲準。仁宗享明堂，并增至一千二百萬。後以西夏用兵，國計日絀，乃詔裁減郊祀所賜銀絹，舊三四千者減一千，一千者減三百，百減二十，特著爲令。然寶元元年，會計京師所入金帛一千九百五十萬，而出者二千一百八十五萬，是歲以郊祀故，出入之數視常歲過多云，則亦未爲大減也。俱見食貨志神宗時，司馬光曾疏請聽百官辭南郊賞賚，不許。人主敬天，精意以享，何貴於恩澤之多，乃浮費如此！是人主昭事之典，反爲百官倖恩之端，真屬無謂。且歲一親郊，古今大禮，今反以浮費之多，不得不改爲三歲一舉，是又因百官之沾被，成人主之怠弛，尤不可之大者也。按范鎮疏云，賦役繁重，轉運使又於常賦外進羡錢以助南郊，無名斂率不可勝數。然則南郊之費大概出於外僚科斂所進之羨餘，是又因百官之濫恩，而朘萬民之財力。立制抑何謬耶！

333 宋制祿之厚

宋史職官志載俸祿之制：京朝官宰相、樞密使，月三百千，春、冬服各綾二十匹，絹三十匹，綿百兩。參知政事、樞密副使，月二百千，綾十匹，絹三十匹，綿五十兩。其下以是爲差。節度使月四百千，節度、觀察留後三百千，觀察二百千，綾絹隨品分給，其下亦以是爲差。凡俸錢並支一分見錢，二分折支，此正俸也。其祿粟則宰相、樞密使月一百石，三公、三少一百五十石，權三司使七十石，其下以是爲差。節度使一百五十石，觀察、防禦使一百石，其下以是爲差。凡一石給六斗，米麥各半。熙寧中，又詔縣令、録事等官，三石者增至四石，兩石者增至三石，此亦正俸也。俸錢、祿米之外，又有職錢，御史大夫、六曹尚書六十千，翰林學士五十千，其下以是爲差。職錢惟給京朝官，外任者不給，因别有公用錢也。元豐官制行，俸錢稍有增減。其在京官司供給之數皆併爲職錢，如大夫爲郎官者，既請大夫俸，又給郎官職錢，視國初之數已優。至崇寧間，蔡京當國，復增供給食料等錢，如京僕射俸外又請司空俸，視元豐祿制更倍增矣。俸錢、職錢之外，又有元隨傔人衣糧，在京任宰相、樞密使，在外任使相至刺史，皆有隨身，餘止傔人。宰相、樞密使各七十人，參知政事至尚書左右丞各五十人，節度使百人，留後及觀察使五十人，其下以是爲差。衣糧之外，又有傔人餐錢，中書、樞密及正刺史以上，傔人皆有衣糧，餘止給餐錢。朝官自二十千至五千凡七等，京官自十五千至三千凡八等，諸司使副等官九等。此外又有茶酒厨料之給，薪蒿炭鹽諸物之給，飼馬芻粟之給，米麪羊口之給。①其官於外者别有公用錢，自節度使兼使相以下二萬貫至七千貫凡四等，節度使自萬貫至三千貫凡四等，觀察、防團以下以是爲差。公用錢之外，又有職田之制，兩京大藩府四十頃，次藩鎮三十五頃，防團以下各按品級爲差。選人使臣無職田者别有茶湯錢。建炎南渡，以兵興，宰執請俸錢禄米權支三分之一；開禧用兵，朝臣亦請損半支給，皆一時權宜，後仍復舊制。此宋一代制禄之大略也，其待士大夫可謂厚矣。惟其給賜優裕，故入仕者不復以身家爲慮，各自勉其治行，觀於真、仁、英諸朝，名臣輩出，吏治循良，及有事之秋，猶多慷慨報國，紹興之支撑半壁，德祐之畢命疆埸，歷代以來，捐軀徇國者，惟宋末獨多，雖無救於敗亡，要不可謂非養士之報也。然給賜過優，究於國計易耗。恩逮於百官者惟恐其不足，財取於萬民者不留其有餘，此宋制之不可爲法者也。

334 宋祠禄之制

宋制，設祠禄之官，以佚老優賢，自真宗置玉清昭應宮使，以王旦爲之。後旦以病致仕，乃命以太尉領玉清昭應宮使，給宰相半俸，祠禄自此始也。在京有玉清昭應宮、景靈宮、會靈觀、祥源觀等，以宰相執政充使，王曾以次相爲會靈觀使，曹利用以樞密使領景靈宮，班在曾上。後曾進昭文館大學士，爲玉清昭應宮使，乃班利用上，見王曾傳。①充使者俸錢，玉清昭應宮月百千，景靈宮七十千，祥源觀五十千，見職官志。丞郎學士充副使，庶僚充判官、都監、提舉、提點等，各食其禄。初設時員數甚少，後以優禮大臣之老而罷職者，日漸增多。熙寧中，王安石欲以此處異議者，遂著令宮觀毋限員數，以三十月爲一任。又詔杭州洞霄宮、亳州明道宮、華州雲臺觀、建州武夷觀、台州崇道觀、成都玉局觀、建昌軍仙都觀、江州太平觀、洪州玉隆觀、五嶽廟，並依嵩山崇福宮、舒州仙靈觀置管幹、提舉等名，以此食禄，仍聽從便居住。又詔除宮觀者毋過兩任，其兼用執政恩例者毋過三任。紹興以來，士大夫之從駕南來者未有闕以處之，乃許承務郎以上權差宮觀一次，月得供給，各依資序，降二等支。不限員數。後以陳乞者多，又定令稍復祖宗條法之舊，一任以定法，再任以示恩，紹熙五年慶壽赦令，宮觀嶽廟已滿不應再陳者，今因慶壽恩，年八十以上者，特許更陳一次。京官二年，選人三年，皆於優厚之中寓限制之意。見職官志。

335 宋恩蔭之濫

蔭子固朝廷惠下之典，然未有如宋代之濫者。文臣自太師及開府儀同三司，可廕子若孫及期親、大功以下親并異姓親及門客；太子太師至保和殿大學士，廕至異姓親，無門客；中大夫至中散大夫，廕至小功以下親，無異姓親，武臣亦以是爲差。凡遇南郊大禮及誕聖節，俱有蔭補，宰相執政蔭本宗、異姓及門客、醫人各一人，太子太師至諫議大夫蔭本宗一人，寺長貳、監〔長貳〕以下至左右司諫蔭子或孫一人，餘以是爲差。此外又有致仕蔭補，曾任宰執及見任三少使相者蔭三人，曾任三少〔使相執政官現任節度使二人，大中大夫〕及侍御史者蔭一人，餘以是爲差。此外又有遺表蔭補，曾任宰相及現任三少使相蔭五人，曾任執政官〔現任節度使四人〕，（至）大中大夫以上蔭一人，諸衞上將軍四人，觀察使三人，餘以是爲差。由斯以觀，一人入仕，則子孫親族俱可得官，大者并可及於門客醫士，可謂濫矣。俱見職官志。然此猶屬定例，非出於特恩也。天聖中，詔五代時三品以上告身存者，子孫聽用蔭，則并及於前代矣。明道中，録故宰臣及員外郎以上致仕者子孫，授官有差，則并及於故臣矣。甚至新天子即位，監司郡守遣親屬入賀，亦得授官，見司馬旦傳。則更出於常蔭之外矣。曹彬卒，官其親族門客親校（二）十餘人；李繼隆卒，官其子，又録其門下二十餘人；雷有終卒，官其子〔及親族門客〕八人，此以功臣加蔭者也。李沆卒，録其子宗簡爲大理評事，（壻）〔甥〕蘇昂，妻兄之子朱濤，①並同進士出身；王旦卒，録其子弟姪、外孫、門客，常從授官者（十）數（十）人，諸子服除，又各進一官；向敏中卒，子壻並遷官，又官親校數人；王欽若卒，録其親屬及所親信二十餘人，此以優眷加蔭者也。郭遵戰殁，官其四子，并女之爲尼者亦賜紫袍；任福戰殁，官其子及從子凡六人；（石）〔王〕珪戰殁，官其三子；徐禧戰殁，官其家十二人，②此又以死事而優恤者也。范仲淹疏，請乾元節恩澤，須在職滿三年者，始得蔭子。則仲淹未奏以前，甫莅任即得蔭矣。閻日新疏言，羣臣子弟以蔭得官，往往未離童齔即受俸，望自今二十以上始給。職官志，凡蔭嫡子孫不限年，諸子孫須年過十五，弟姪須過二十，此蓋續定之制。龔茂良亦疏言，③慶壽禮行，若自一命以上覃轉，不知月添給俸幾何。是甫蔭即給俸矣。朱勝非疏述宣和中諫官之論曰：「尚從竹馬之行，已造荷囊之列。」則甫蔭得服章服矣。熙寧初，詔齊、密等十八州及慶、渭等四州，並從中書選授，毋以恩例奏補。則他州通判皆可以蔭官奏補矣。金安節疏言，致仕遺表恩澤不宜奏異姓親，使得高貲爲市。則恩蔭并聽其鬻賣矣。以上俱見各本傳其間雖有稍爲限制者，神宗詔，諸臣年七十以上直除致仕者，不得推恩子孫。見職官志又詔，任子自一歲一人者，改爲三歲一人；自三歲一人者，改爲六歲一人。孝宗詔，七十不請致仕者，遇郊不得蔭補。又詔，終身任宫觀人毋得奏子。此雖略爲撙節，然所減損究亦有限。朝廷待臣下固宜優恤，乃至如此猥濫，非惟開倖進之門，亦徒耗無窮之經費，竭民力以養冗員，豈國家長計哉。

336 宋恩賞之厚

宋制，禄賜之外，又時有恩賞。李沆病，賜銀五千兩；王旦、馮拯、王欽若之卒，皆賜銀五千兩，此以宰執大臣也。雷有終平蜀有功，特給廉鎮公用錢歲二千貫，既殁，宿負千萬，官爲償之，此以功臣也。戴興爲定國軍節度使，賜銀萬兩，歲加給錢千萬；①王漢忠出知襄州，常俸外增歲給錢二百萬，此以藩鎮大臣也。若李符爲三司使，賜銀三千兩。李沆、宋湜、王化基初入爲右補闕，即各賜錢三百萬，②湜知制誥，又賜銀五百兩、錢五十萬。楊徽之遷侍御史，賜錢三十萬。魏廷式爲轉運使，賜錢五十萬。宋（搏）〔摶〕爲國子博士，賜錢三十萬。班僅庶僚，非有殊績，亦被横賜。甚至魏震因温州進瑞木，作賦以獻，遂賜銀二千兩，毋亦太濫矣。仁宗崩，遺賜大臣各直百餘萬。司馬光率同列上言，國有大憂，中外窘乏，不宜用乾興故事。若遺賜不可辭，宜許侍從進金錢助山陵費。不許。此可見宋代恩賞之大概也。南渡後，吴玠卒，賜錢三十萬。蜀將郭浩、楊政各賜田五十頃。魏勝戰死，賜銀千兩，絹千匹，宅一區，田百頃。吴璘卒，高宗已爲太上皇，賜銀千兩。蓋南宋幅員狹而賦税少，匪頒亦稍減矣。

337 宋冗官冗費

宋開國時，設官分職，尚有定數，其後薦辟之廣，恩蔭之濫，雜流之猥，祠禄之多，日增月益，遂至不可紀極。真宗咸平四年，有司言減天下冗吏十九萬五千餘人。所減者如此，未減者可知也。王禹偁言，臣籍濟州，先時止有一刺史一司户，未嘗廢事。自後有團練推官一人，又增置通判、副使、判(局)〔官〕、推官，而監酒榷税又增四人，曹官之外又益司理。一州如此，天下可知。見禹偁傳。楊億疏言，員外加置，無有限數，今員外郎至三百餘人，郎中亦百數，自餘太常國子博士等又不下數百人，率爲常參，不知職業之所守，祇以恩澤而序遷。見職官志。宋祁疏言，朝廷有三冗，天下官無定員，一冗也。州縣不廣於前而官倍於舊，請立限員以爲定法，其門蔭、流外、貢舉等科，俟闕官時，計員補吏。又曰，使相節度，爲費最多。節相之建，或當邊鎮，或臨師屯，公用之錢所以勞衆享賓也，今大臣罷黜，率叨恩除，坐糜邦用，莫此爲甚。請自今非邊要無師屯者，不得兼節度，已帶節度者，不得留近藩及京師。見祁傳。范坦亦言，户部歲入有限，今節度使至八十餘員，留後至刺史又數千人，自非軍功得之，宜減其半俸。見坦傳。按向經傳，方鎮有公使錢，例私以自奉，去則盡入其餘。大臣罷退，多優以節度空名，待制以下亦或帶留後、刺史等銜，其應得之分例，亦與現任者同，故祁、坦皆欲減之。此又冗官之上更加冗費也。徽宗時，(盧)〔虞〕策疏言，皇祐所入三千九百萬，而費纔三之一；治平四千四百萬，而費五之一；熙寧五千六十萬，而費盡之。今諸道隨月所需，汲汲然不能終日矣。此猶北宋全盛之時已如此，南渡以後，幅員既少，而耗費更多。廖剛疏言，劉晏以一千二百萬貫供中原之兵而有餘，今以三千六百萬貫供川陝一軍而不足。川陝兵數六萬八千四百四十九人，内官員萬一千七員，兵士所給錢比官員不及十分之一，則冗員在官不在兵。見剛傳。① 此軍官之冗費也。汪應辰疏言，班直轉官三日而堂吏食錢萬緡，工匠洗器僅給百餘千而堂吏食錢六百千，塑顯仁神御半年，功未及半，而堂吏食錢已支三萬，銀絹六百兩匹。見應辰傳 此堂吏之冗費也。舉此類推，國力何以支乎？

338 南宋取民無藝

宋初國用雖濫，然主皆恭儉；吏治亦淳，尚無甚病民之事。自王安石行青苗等法而民始受害，時又有免役錢，有常平積剩錢，有無額上供錢，見蔡幼學傳。然猶爲富國强兵起見也。至徽宗時，蔡京當國，專以「豐亨豫大」之説蠱惑上心，動引周官「惟王不會」爲詞，遂至取民無藝。是時賦税之外，有御前錢物，朝廷錢物，户部錢物，裒斂各不相知，肆行催索。又有大禮進奉銀絹，有贍學糴本錢。亦見蔡幼學傳。① 宇文粹中疏言，朝廷支用，一切取給於民。陝西上户多棄産而居京師，河東富人多棄産而入川蜀，是西北之受害可知。甚至花石綱之擾，運一石民間用三十萬緡，而東南又大困。南渡後，因軍需繁急，取民益無紀極。有所謂經制錢者，本宣和末，陳亨伯爲經制使，創雜征之法，因以爲名。建炎中，高宗在揚州，四方貢賦不至，吕頤浩、葉夢得言，亨伯嘗設此制，宜仿行之，以濟緩急。於是課添酒錢、賣糟錢，典賣田宅增牙税錢，官員請給頭子錢，樓店務增三分房錢，令各路憲臣領之，通判掌之。紹興五年，孟庾提點財用，又請以總制司爲名，因經制之額，增析爲總制錢。州縣所收頭子錢，貫收二十三文，以十文作經制上供，以十三文充本路用，他雜税亦一切仿此。其征收常平錢物，舊法貫收頭子錢五文，亦增作二十三文，除五文依舊法外，餘悉入總制。乾道中，又詔諸路出納，貫添收十三文，充經總制錢。自是每千收五十六文矣。此二項通謂之經總制錢。又有所謂月樁錢者，紹興二年，韓世忠軍駐建康，吕頤浩等議，令江東漕臣每月樁發大軍錢十萬緡供億，漕司不量州軍之力，一例均科，於是州縣横征，江東、西之害尤甚。又有所謂板帳錢者，輸米則收耗利，交錢帛則多收縻費，幸富人之犯法而重其罰，恣胥吏之受贓而課其入，索盜贓則不償失主，檢財産則不及卑幼，亡僧絶户不俟覈實而入官，逃産廢田不爲消除而抑納。有司固知其非法，而以板帳錢太重，不能不横征也。淳熙五年，湖北漕臣言，紹興九年詔，財賦十分爲率，留一分以充上供，自十三年始，每年增二分。鄂州元額錢一萬九千五百七十餘緡，今增至十二萬九千餘緡，岳州舊額五千八百餘緡，今增至四萬二千一百餘緡。民力凋敝，實無從出。此在孝宗有道之時，已極朘削之害也。以上皆見食貨志此外又有和買折帛錢，先是咸平中馬元方建言，方春預支錢與民濟其乏，至夏秋令輸絹於官，是先支錢而後輸絹，民本便之，其後則錢鹽分給，又其後則直取於民。林大中疏言，今又不收其絹，令納折帛錢，於是以兩縑折一縑之直。見大中傳。是南渡後之折帛，比青苗法更虐矣。趙開總四川財賦，盡征榷之利，至大變酒法，麴與釀具官悉自置，聽釀户以米赴官自釀，斛輸錢三千，頭子錢二十二，其釀之多寡，不限以數，惟錢是視。時張浚駐兵興元，期得士死力，以圖克復，旬犒月賞，費用不貲，盡取辦於開。開於食貨，算無遺策，供億常有餘，而遺法訖爲蜀中百年之害。見開傳至賈似道創議買公田，平江、江陰、安吉、嘉興、常州、鎮江六郡，共買田三百五十餘萬畝，令民以私家之租爲輸官之額。見似道傳於是民力既竭，國亦隨亡。統觀南宋之取民，蓋不減於唐之旬輸月送，民之生於是時者，不知何以爲生也。

339 宋軍律之弛

五代自石敬瑭姑息太過，軍律久弛，喪師蹙地，一切不問。周世宗鑒其失，高平之戰，斬先逃之樊愛能、何徽及將校七十餘人，於是驕將惰兵無不知懼，所以南取江淮，北定三關，所至必勝也。宋太祖以忠厚開國，未嘗戮一大將，然正當興王之運，所至成功，固無事誅殺。乃太宗、真宗以後，遂相沿爲固然，不復有馭將紀律。如太宗雍熙(四)〔三〕年，劉廷讓與契丹戰於君子館，廷讓先約李繼隆爲援，及戰，而繼隆不發一兵，退保樂壽，致廷讓一軍盡没，廷讓僅以數騎脱歸。是繼隆之罪，必宜以軍法從事，而太宗反下詔自悔，而釋繼隆不問。真宗咸平三年，契丹入寇，宋將傅潛擁步騎八萬不敢戰，閉城自守。部將范廷召求戰，不得已，分兵八千與之，仍許出師爲援。廷召又乞援於康保裔，保裔援之，力盡而死，而潛之援兵不至。帝僅流潛於房州。是時錢若水謂潛既不能制勝，朝廷又不能用法，力請斬之，不聽。仁宗時，夏人寇塞門砦，砦中兵纔千人，趙振在延安，有衆八千，砦被圍已五月，告急者數至，振僅遣百人往，砦遂陷，砦主高延德監押王繼元皆没於賊。龐籍奏劾振，乃僅貶白州團練使。俱見各本傳。兵凶戰危，非重賞誘於前，嚴誅迫於後，誰肯奮恐決勝？乃繼隆等擁重兵，坐視裨將之覆軍喪命而不顧，軍政如此，尚何以使人？此宋之所以不競也。

340 宋科場處分之輕

唐時有通榜例。陸贄知貢舉，以崔元翰、梁肅文藝冠時，凡肅、元翰所薦皆取之。唐書贄傳如崔羣以梁肅薦爲公輔器，贄遂取中是也。羣傳韓愈負文名，遇舉子之有才者輒爲延譽，并言於知貢舉之人，往往得售，故士争趨之。文獻通考然通榜必視其才，時尚無糊名之例，見名甄拔，果當其才，人亦服其公而無異議。其以徇私得中者，唐錢徽知貢舉，段文昌屬以楊渾之，李紳亦託以周漢賓，及榜發皆不中選，而取中有李宗閔之壻蘇巢，楊汝士之弟殷士，文昌遂奏徽取士不公。穆宗命王起、白居易重試，内出題目孤竹管賦、鳥散餘花落詩，舉子多不知出處，被黜者孔温業、趙存約等十人，①遂貶徽江州刺史，李宗閔劍州刺史，楊汝士開江令。舊唐書錢徽傳是唐時科場之處分本輕。至五代時，鄭珏舉進士數不中，張全義爲之屬有司，乃及第。見歐史珏傳。桑維翰應舉，亦張全義言於有司得第。洛陽縉紳舊聞記崔棁將知貢舉，有舉子孔英者，素有醜行，宰相桑維翰屬之，將知貢舉，有舉子孔英者，素有醜行，宰相桑維翰謂棁曰：「孔英來矣。」棁不喻其意，反疑維翰屬之，乃考英及第。見薛史棁傳。此以勢利舞弊者。後唐清泰中，盧導知貢舉，將鎖院，劉濤薦薛居正必至台輔，導取之，後果爲相。宋史薛居正傳②李度工詩，有「醉輕浮世事，老重故鄉人」之句，樞密使王（樸）〔朴〕録其句，薦之知貢舉中文炳，遂擢度第三人。宋史李度傳此亦通榜之餘風，雖非以勢利起見，然知其人而取之，究亦弊也。聶嶼與趙都同赴舉，都納賂於鄭珏，報明日當登第，嶼聞不捷，乃大詬來人以恐之，珏懼，俾俱成名。薛史珏傳③是竟以賄賂得第矣。五代亂世，此等作奸舞弊之事，習以爲常，固無足怪。其有稍示懲罰者，同光三年，禮部侍郎裴皞知貢舉，所取新及第進士符蒙正等干物議，特詔翰林學士盧質覆試，王澈改第一，桑維翰第二，符蒙正第三，成僚第四，既無黜落，裴皞免議。周廣順中，趙上交知貢舉，有新進士李觀不當策名，物議喧然。中書門下以觀所試詩賦失韻，遂黜之，并謫上交官，由侍郎降詹事。見上交傳。顯德中，劉濤考試不精，（楊樸）〔王朴〕劾之。世宗命翰林學士李昉覆試，黜者七人，濤坐降謫。見濤傳。又劉温叟考進士，得十六人，有譖之者，帝怒，黜十二人，温叟左遷。見温叟傳是五代時雖有科場處分，不過降秩，宋初因之。開寶中，李昉知貢舉，貢士徐士廉擊登聞鼓，訴昉用情。帝怒，特命覆試，多黜落者，④昉責授太常卿。見本紀及昉傳。真宗時，三司使劉師道以弟幾道舉進士，屬考官陳堯咨，時已糊名考校，乃於卷中爲識號，遂擢第。已而事泄，詔幾道落籍，永不預舉，師道責忠武軍行軍司馬，堯咨責單州團練使。此五代及宋科場處分大概也。惟王欽若知貢舉，有任懿者，託素識欽若之僧惠秦，賂以白金二百五十兩。會欽若已入院，僧屬其門客達於欽若妻李，李遣奴祁睿入院，書懿名於其臂及白金之數，以告欽若，遂得中。後事泄，欽若反委罪於同知舉官洪湛，湛遂遠貶。見欽若及湛傳以有贓賄，故處分較重。然納賄舞弊僅至竄謫，科場之例亦太弛縱矣。

341 定罪歸刑部

宋太祖嘗謂宰相曰：「五代諸侯跋扈，有枉法殺人者，朝廷置而不問，人命至重，姑息藩鎮，當如是耶！自今諸州決大辟，録案奏聞，付刑部覆視。」遂著爲令。此建隆三年所定也。見本紀。自有此制，天下重獄，皆須候部覆覈，宜無有擅殺者矣。然李及知秦州，有禁卒白晝攫婦人金釵於市，吏執以來，及方觀書，詰問得實，即命斬之，觀書如故。見及傳。張詠知益州，有小吏，以罪械其頸，吏恚曰：「非斬某，枷不得脱。」詠即命斬之。見詠傳。范正辭奉詔料州兵送京，有王興者，憚行，以刃傷其足，正辭斬之。興妻詣登聞鼓院上訴，太宗以正辭有威斷，特擢之。見正辭傳。王濟知睦州，有狂僧突入州廨，出妖言，濟與轉運使陳堯佐按實，斬之。①見濟傳。呂公弼知成都，營卒犯法，扞不受杖，曰：「寧以劍死。」公弼曰：「杖者國法，劍汝自請。」乃杖而斬之。見公弼傳。文彦博知益州，方宴擊毬，聞外喧甚，乃卒長杖一卒不伏。呼入問狀，令引出與杖，又不受。復呼入斬之，竟毬乃歸。見彦博傳。舒亶爲臨海尉，有民詈逐後母，至亶前，命殺之，不服，亶起手斬之，投劾去。見亶傳。定罪既歸刑部，乃尚有擅殺如數公者。按鄭穀疏謂，軍法便宜止行於所轄軍伍，其餘當奏朝廷，然則軍政原有便宜行法之條。如張詠在益州，正當王均、李順等叛亂之後，固宜用重典以儆凶頑，其餘亦皆軍士之玩法者，故不妨概以便宜處之歟。舒亶以小吏而擅殺逆子，雖不悖於律，而事非軍政，官非憲府，生殺專之，亦可見宋政之太弛也。

342 宋遼金夏交際儀

金史有交聘表，凡與宋、夏、高麗和戰慶弔之事，開卷瞭如。然宋之與爲鄰者，比金較多，則宋史益宜有交聘表，乃反無之，此修史者之疏也。大概兩國交際，每重在儀節之間。澶淵之盟，宋爲兄，遼爲弟，故遼使常稍屈。宋史程琳傳，契丹遣蕭藴、杜防來，藴出坐位圖示琳曰：「中國使者坐殿上高位，今我位乃下，請升之。」琳曰：「此真宗所定，不可易也。」乃已。然則真宗初定和議時，宋使至遼，燕享之禮較尊於遼使之至宋矣。然遼人亦往往故自尊大，不肯稍屈。程師孟使遼，至涿州，契丹來迓者正席南面，涿州官西向，而設宋使席東向，師孟不肯就坐，叱儐者易之，乃與迓者東西相向。見師孟傳。吴奎使契丹歸，遇契丹使於途，契丹以金冠爲重，紗冠次之，舊時兩使相見必重輕適均，至是契丹使服紗冠，奎乃亦殺其儀以見。見奎傳。沈立使契丹，適其國行册禮，欲令從其國服，否則見於門。立曰：「北使來南，未嘗令其變服，況門見耶？」乃止。見立傳。哲宗崩，遼使來弔祭，胡宗炎迓境上，使者不易服，宗炎以禮折之，須其聽命，乃相見。見宗炎傳。遼道宗遣使以己像來求徽宗畫像，未報而道宗殂，天祚帝立，復以爲請。宋使張昇往，欲先得其新主像，乃諭之曰：「昔文成弟爲兄屈，尚先致敬，況今伯父耶？」天祚帝乃以己像先來。見昇傳。①此宋、遼兄弟之國使命往來故事也。至宋與金交際之儀，則前後不同。據金史，使張通古至江南，宋主欲南面，使通古北面，通古不肯，索馬欲北歸，宋主乃設東西位，使者東面，宋主西面，受書詔拜起皆如儀。見金史張通古傳。然宋史本紀，通古至，帝以方居諒闇，難行吉禮，命秦檜攝冢宰，受書以進。又檜傳及王倫、李彌遜、勾龍如淵等傳皆言金使來，朝議洶洶，檜迫於公議，屬王倫力言於通古等，聽檜就館受書，以省吏朝服導引，納其書禁中，自是當日實事。而通古傳所云拜詔如儀者，或通古歸自詡之詞也。至宋孝宗與金世宗重定和議，則改奉表爲國書，稱臣爲姪，凡報聘皆用敵國禮。孝宗紀。然金使至宋，宋主尚有起立受書之儀。金完顏仲初爲報問使，仲奏請與宋主相見儀，世宗曰：「宋主起立接書則授之。」及至宋，如禮。金史完顏仲傳孝宗嘗欲改受書儀，遣范成大至金陳奏，世宗不允。後金遣完顏璋賀宋正旦，宋使人就館取書而去，璋還，杖一百，除名。②金遣梁肅來詰問，宋仍以書謝。見金史完顏璋傳。次年，劉仲誨來賀正旦，宋仍欲變接書儀，仲誨不可，乃仍用舊儀。按此事宋史有錯誤處。孝宗紀云，璋來賀正旦，以議受書儀不合，詔俟改日，別以太上皇旨，姑聽仍舊，是璋初未嘗失禮也。而金史璋傳以使事失禮歸杖黜，則在宋虧禮之處自是實事。宋史所云，以太上皇詔姑仍舊禮者，蓋次年劉仲誨賀正旦之事，誤記於璋至之日耳。已而金使烏林答天錫來賀會慶節，要孝宗降榻問金主起居，帝不許，天錫跪不起，宰相虞允文請帝還内，令使者明日隨班上壽。見宋史孝宗紀及允文傳。蓋又因宋就璋館取書之事，故欲宋加禮，以爲報復，③而孝宗遽起入内，亦一時機變也。又金黄久約爲賀宋生日副使，適宋館伴正使病，欲以館伴副使代正使行事，久約曰：「倘副使亦病，則將以都轄、掌儀等行禮乎？」竟令正使獨前行，已與館伴副使聯騎。見金史黄久約傳。蓋兩國交際儀節有關國體，故各不肯自屈耳。至兩國使臣朝賀時，則皆有山呼舞蹈之禮。金海陵愛宋使山呼聲，使神衛軍習之。見金史蔡松年傳。是宋使至金山呼也。金張暐使宋，以世宗大行在殯，受賜不舞蹈。見金史張暐傳。是金使至宋，非國喪亦舞蹈也。又兩國彼此有避諱之法，金海陵立太子光英，宋改光化軍爲通化軍，光州爲蔣州。金章宗以完顏匡爲賀宋正旦使，命權易名弼，以避宋諱。見金本紀。此又彼此避諱故事也。至西夏之於宋，初李繼遷、德明父子本臣屬於宋，自元昊自立爲帝，不復稱臣，後議和，但稱「男邦泥定國兀卒」。兀卒者，譯言吾祖也，宋以詞不順，未之許。後再定和議，宋册爲夏國主，約稱臣，奉正朔，改所賜敕書爲詔而不名，使至其國，用賓客禮。然使至常館於宥州，不令至興、靈，而元昊自帝其國中自若也。宋史楊告傳，告爲西夏旌節官告使，元昊專席自尊，告徙坐賓位，元昊不能屈。此蓋初册封時之事。其於遼、金二朝亦稱臣，而交際之儀稍異。金世宗問張汝弼曰：「夏、高麗皆稱臣，我使者至高麗，與王抗禮，夏王則立受使者拜，何也？」左丞完顏襄曰：「遼、夏本甥舅國，夏以遼公主故，受使者拜。本朝與夏約，遵用遼禮故耳。」汝弼曰：「行之已數十年，不可改也。」世宗從之。見金史張汝弼傳。此可見西夏之於遼、金，雖稱臣而受其使拜，與宋所定與使臣賓主相見之禮不同矣。及金哀宗時，重與夏國議和，則夏并不復稱臣，但以兄事金，各用本國年號，遣使來聘，奉書稱弟而已。見金哀宗本紀。劉豫受金册爲齊帝時，金宗翰等議，既爲藩輔，奉表稱臣，則朝廷詔至，當避正殿，與使者抗禮。金太宗詔曰：「既爲鄰國之君，又爲大朝之子，惟使者始至躬問起居，及歸時有奏，則起立，餘並行帝禮。」此又劉豫爲子皇帝之儀注也。

第二十五卷校證

330 宋封王之制

①太祖追封杜太后弟審進爲京兆郡王　按：追封杜審進在真宗景德三年，非太祖所追封。

②神宗欽聖向后弟宗回永陽郡王　按：宋史本傳（卷四六四）作永陽寧海安康漢東郡王。

331 宋待周後之厚

①仁宗嘉祐四年，詔取柴氏譜系，於諸房中推最長一人，歲時奉周祀。尋録周世宗從孫柴元亨爲三班奉職。……至和四年，遂封柴詠爲崇義公　按：封柴詠爲崇義公事即承嘉祐四年之詔而來，詔在四月，封在八月，見宋史禮志（卷一一九）。録柴元亨事在天聖四年九月，見仁宗本紀（卷九），早於嘉祐四年達三十三年之久，不能以「尋」字承叙。又至和止有二年，且在嘉祐之前。此條叙事，謬誤殊甚。

②此皆見於本紀及續通鑑長編者　按：宋史禮志（卷一一九）録周後條及宋會要輯稿崇儒七存先代後，所記者更有系統。

332 宋郊祀之費

①祀汾上又百二十萬　按：宋史食貨志（卷一七九）作「祀汾陰上寶册又增二十萬」，據此「百」字應作「增」。

333 宋制禄之厚

①此外又有茶酒厨料之給，薪蒿炭鹽諸物之給，飼馬芻粟之給，米麪羊口之給　按：以上各項爲不同時期特給者，非固定之永制。

334 宋祠禄之制

①後曾進昭文舘大學士，爲玉清昭應宫使，乃班利用上，見王曾傳　按：應作「見曹利用傳」（卷二九〇），非王

曾傳。

335 宋恩蔭之濫

①妻兄之子朱濤　按：「妻」字原刻本脱，西畲本已校補。

②徐禧戰殁，官其家十二人　按：應作「徐禧、李稷戰殁，官禧家二十人，稷家十二人。」見宋史二人本傳（卷三三四）。

③龔茂良亦疏言　按：宋史本傳（卷三八五）作「茂良慨然歎曰」，非上疏。

336 宋恩賞之厚

①戴興爲定國軍節度使，賜銀萬兩，歲加給錢千萬　按：宋史本傳（卷二七九）作：「領定國軍節度，賜白金萬兩，歲加給錢七百萬。淳化五年，出爲定武軍節度，歲加給錢千萬。」

②李沆、宋湜、王化基初入爲右補闕，即各賜錢三百萬　按：宋史李沆傳（卷二八二）作「各賜錢百萬」。

337 宋冗官冗費

①廖剛疏言，……（見剛傳）　按：「廖剛」爲「李迨」之誤。宋史廖、李二人之傳同在卷三七四，而剛傳在前，因以致誤。

338　南宋取民無藝

①又有大禮進奉銀絹，有贍學糴本錢。（亦見蔡幼學傳）　按：孫文泱云：「『糴』，宋史四三四儒林傳四蔡幼學傳作『羅』。」

340　宋科場處分之輕

①錢徽知貢舉，……被黜者孔温業、趙存約等十人　按：據舊唐書錢徽傳（卷一六八），原取者十四人，經再试，孔温業、趙存約等四人被録取，鄭朗等十人則被黜。

②盧導知貢舉，將鎖院，劉濤薦薛居正必至台輔，導取之，後果爲相。（宋史薛居正傳）　按：見宋史劉濤傳（卷二六二），非薛居正傳。

③聶嶼與趙都同赴舉，都納賂於鄭珏，報明日當登第，嶼聞不捷，乃大詬來人以恐之，珏懼，俾俱成名。（薛史珏傳）　按：事見薛史聶嶼傳（卷七三），非鄭珏傳。

④李昉知貢舉，貢士徐士廉擊登聞鼓，訴昉用情。帝怒，特命覆試，多黜落者　按：原取進士與諸科二十八人，其中有試官李昉同鄉武濟川。覆試後取一百二十七人，惟武濟川等落選，實際爲擴大録取名額而非多黜落者。見宋史太祖本紀（卷三）及選舉志（卷一五五）。

341　定罪歸刑部

①王濟知睦州，有狂僧突入州廨，出妖言，濟與轉運使陳堯佐按實，斬之　按：孫文泱云：「據宋史三〇四王濟

傳，此乃王濟知杭州時事，此云『知睦州』，誤。」

342 宋遼金夏交際儀

①遼道宗遣使以己像來求徽宗畫像，未報而道宗殂，天祚帝立，復以爲請。宋使張昇往，欲先得其新主像，乃諭之曰：「昔文成弟爲兄屈，尚先致敬，況今伯父耶？」天祚帝乃以己像先來。（見昇傳） 按：孫文泱指出，此文之誤有四處： 其一，「張昇」應作「張昪」，點校本宋史三一八本傳已改正，有校記。 其二，「徽宗」應作「仁宗」。 其三，「遼道宗」應作「遼興宗」。 其四，「天祚帝」應作「遼道宗」。（參看宋史一二仁宗紀，續資治通鑑長編一七九及一八五等卷）。

②金遣完顔璋賀宋正旦，宋使人就館取書而去，璋還，杖一百，除名 按：金史完顔璋傳（卷六六）及梁肅傳（卷八九）皆作「杖一百五十」，應據改。

③次年，劉仲誨來賀正旦，……已而金使烏林答天錫來賀會慶節，要孝宗降榻問金主起居，……蓋又因宋就璋館取書之事，故欲宋加禮，以爲報復 按：烏林答天錫使宋事在乾道七年，完顔璋使宋事在乾道九年，劉仲誨使宋事在淳熙元年。 烏林答天錫之事在最前，不應用「已而」作承接語，其事更與宋就璋館取書而圖報復之説無關，因就館取書事尚在其後二年也。

廿二史劄記卷二十六

343 歲幣

宋真宗與遼聖宗澶淵之盟，定歲幣之數，銀十萬兩，絹二十萬匹。仁宗時，遼興宗以求地爲兵端，再與定盟，加歲幣銀、絹各十萬兩、匹。夏主元昊既納欵，賜歲幣銀、絹、茶、綵共二十五萬五千。南渡後，高宗與金熙宗和議成，歲幣銀、絹二十五萬兩、匹。①孝宗再與金世宗議和，改爲銀、絹二十萬兩、匹。開禧用兵既敗，寧宗再與金章宗議和，增爲銀、絹三十萬兩、匹。至金哀宗時，宋停其歲幣。後數年金亡。元太宗曾遣王檝來徵歲幣銀、絹二十萬兩、匹，宋不與。

按宋之於金，歲幣外，每金使至又有餽贈，大使金二百兩，銀二千兩，副使半之，幣帛稱是。此例廟堂之上亦知之，故路伯達使宋回，上所得金銀以助邊費。見金史路伯達傳。梁肅使宋回，以所得禮物多，至推排物力時，自增六十貫。金史梁肅傳金使至夏國者，夏國餽贈視詔書幾道爲多寡。完顏綱爲賜夏主生辰使，章宗特命賚三詔以厚之。金史完顏綱傳金史路伯達傳贊曰，受歲幣，禮也。使者至燕享，亦禮也。納其賄可乎？乃習以爲常，莫有知其非者。出則云酬勞效，歸則云增物力，上下惟利是視，此何理耶！②

344 和議

義理之説與時勢之論往往不能相符，則有不可全執義理者，蓋義理必參之以時勢，乃爲真義理也。宋遭金人之害，擄二帝，陷中原，爲臣子者固當日夜以復讐雪恥爲念，此義理之説也。然以屢敗積弱之餘，當百戰方張之寇，風鶴方驚，盜賊滿野，金兵南下，航海猶懼其追，幸而飽掠北歸，不復南牧，諸將得以勦撫寇賊，措設軍府，江淮以南粗可自立。而欲乘此偏安甫定之時，即長驅北指，使强敵畏威，還土疆而歸帝后，雖三尺童子知其不能也。故秦檜未登用之先，有識者固早已計及於和。①洪皓以「樂天、畏天」語悟室，猶第使臣在金國之言也。紹興五年，將遣使至金通問二帝，胡寅言國家與金世讐，無通使之理，張浚謂使事兵家機權，日後終歸於和，未可遽絶，是浚未嘗不有意於和也。陳與義云，和議成，豈不賢於用兵，不成則用兵必不免，②是與義亦未嘗不有意於和也。高宗謂趙鼎曰：「今梓宫、太后、淵聖皆在彼，若不與和，則無可還之理。」此正高宗利害切己，量度時勢，有不得不出於此者，厥後半壁粗安，母后得返，不可謂非和之效也。自胡銓一疏，以屈己求和爲大辱，其議論既愷切動人，其文字又憤激作氣，天下之談義理者，遂羣相附和，萬口一詞，牢不可破矣。然試令銓身任國事，能必成恢復之功乎，不能也。即專任韓、岳諸人，能必成恢復之功乎，亦未必能也。故知身在局外者易爲空言，身在局中者難措實事。秦檜謂諸君争取大名以去，如檜但欲了國家事耳。斯言也，正不能以人而廢言也。其後隆興又議恢復矣。吕本中言，大抵獻言之人，與朝廷利害絶不相關，言不酬，事不濟，則脱身去耳。朝廷之事，誰任其咎？湯思退亦云，此皆利害不切於己，大言誤國，以邀美名。宗社大計，豈同戲劇！斯二人者，雖亦踵檜之故智，然不可謂非切中時勢之言也。統宋一代論之，燕雲十六州淪於契丹，太祖、太宗久欲取之，自高梁河、岐溝關兩敗之後，兵連禍結，邊境之民爛焉。澶淵盟而後兩國享無事之福者且百年。元昊跳梁，雖韓、范名臣不能制，亦終以歲幣餌之，而中國始安枕。當北宋强盛時已如此，況南渡乎。且南渡之初，非不戰也。富平一敗，喪師數十萬，并陝西地盡失之，卒歸於和而後已。及金亮渝盟，兵叛身弒，此時宜可乘機進取，乃宿州一潰，又棄唐、鄧、海、泗，而卒歸於和。其後開禧用兵，更至增歲幣，函送韓侂胄之首，而後再定和議。此和與戰，利害之較然者也。及與蒙古共滅金，兩國方敦鄰好，使早定和議，堅守信誓，當不至起釁召侮，乃忽思用武，收復三京，兵端遂開。然元太宗猶使王檝來議歲幣，其時蒙古尚未有意於混一，可以財帛餌也。而舉朝泄泄，付之不理，致蜀地先失，鄂亦被兵。元世祖以皇弟統兵在鄂，賈似道已密遣宋京求和，世祖遂撤兵去。似道歸，又以援鄂爲己功，深諱議和，不復踐夙約。世祖猶遣郝經來修好，更錮之真州，不答一書，不遣一使，於是遂至亡國。是宋之爲國，始終以和議而存，不和議而亡。蓋其兵力本弱，而所值遼、金、元三朝，皆當勃興之運，天之所興，固非人力可争，以和保邦，猶不失爲圖全之善策。而耳食者徒以和議爲辱，妄肆詆諆，真所謂知義理而不知時勢，聽其言則是，而究其實則不可行者也。

按宋南渡後，亦未嘗無可乘之機。其一在金廢劉豫，以地予宋，而兀朮又興兵來取之時。宋則劉錡有順昌之捷，韓世忠圍淮陽，有泇口鎮、潭城、千秋湖之捷，且曰：「兵勢最重處，臣請當之。」岳飛有郾城之捷，潁昌之捷，已進軍至朱仙鎮，遣將經略京東、西，汝、潁、陳、蔡諸郡，且曰：「直擣黃龍府，與諸君痛飲耳！」吴璘在蜀，亦有石壁砦、百通坊、郯家灣、臘家城之捷。使乘此勢，策勵諸將進兵，河以北雖不可知，而陝西、河南地未必不可得。乃當時君相方急於求成，遽令班師，遂成畫淮之局，此一失也。其一在金亮瓜洲被弑之後，軍潰而歸，中原鼎沸，南有魏勝、李寶之起義，北有移刺窩斡之叛亂，金世宗雖賢，登極未久，國勢易摇，宋則孝宗爲君，張浚爲相，皆鋭意恢復者。使有韓、岳諸人，以訓練之兵，討離攜之衆，自當大有克捷。而諸宿將已無在者，僅一劉錡，老病垂死，吴璘亦暮氣不振，所恃李顯忠、邵宏淵輩，望輕才薄，纔得靈、虹，至宿州輒大潰，於是三京終不可復，此又一失也。統前後觀之，前則有將帥而無君相，後則有君相而無將帥，此固天意所以分南北也。

明邱濬曾有宋南渡後不得不和之論，爲世儒所訕笑，今此論毋乃嘘其燼乎，然通觀古今者必見及此也。

345 西夏番鹽

鄭文寶傳，諸羌少樹藝，但用池鹽與邊民交易穀麥，後餽運爲李繼遷所鈔，文寶乃建議，請禁番鹽入邊，令商人販安邑、解縣兩池鹽，以給陝西民食，則戎人困而繼遷可不戰而屈。詔從之，乃設禁，有私市者抵死。行之數月，犯者益衆，戎人乏食，屢入寇掠，而商人販解鹽者多出唐、鄧、襄、汝間，得善價，關、隴民轉至無鹽以食。太宗知其事，遣錢若水視之，遂弛其禁。此宋初聽番鹽入邊故事也。其後因元昊强肆，則又禁番鹽以困之。孫甫傳，元昊稱臣，乞歲賣青鹽十萬石。甫疏言，自德明時已乞放行青鹽，先帝以其亂法不聽。及再請，乃追其弟入質而許之。蓋鹽乃中國之利，西戎之鹽味勝解池，既開其禁，則流於民間，無所隄防。梁鼎亦疏云，議者多謂邊民舊食西夏青鹽，其價甚賤，及禁青鹽以困賊，令商賈入粟運解鹽於邊，其價與番鹽不相遠，故番鹽不能售。今若令解鹽與內地同價，則民必冒禁復市青鹽，乃資盜糧也。①是二説者，皆以禁斷番鹽爲邊界要策。按夏國傳，元昊既納欵，宋許置榷場於保安軍及高平砦，第不通青鹽，是宋自西夏用兵後，不復許番鹽入境也。然當中外分界之時，固不可不嚴其禁。若中外一統之世，又不妨聽其入邊，在番人既可藉以資生，而邊民又得免於食貴，亦良法也，所慮番鹽與中國鹽價貴賤太懸，則日久不能無弊耳。

346 宋宰相屢改官名

宋承唐制，以同平章事爲真宰相之任。初無定員，上相爲昭文館大學士，監修國史，其次爲集賢殿大學士。或置三相，則昭文、集賢及監修國史各除，國初范質爲昭文學士，王溥監修國史，魏仁浦集賢學士是也。其三師、太師、太傅、太保三公，太尉、司徒、司空則爲宰相加官。神宗新官制，置侍中、中書令，而尚書令不設，即以尚書令之貳左、右僕射爲宰相，左僕射兼門下侍郎，以行侍中之職，右僕射兼中書侍郎，以行中書令之職。政和中，改左、右僕射爲太宰、少宰，仍兼兩省侍郎。靖康復改爲左、右僕射。建炎三年，呂頤浩請左、右僕射並加同中書門下平章事，門下、中書二侍郎改爲參知政事，廢尚書左、右丞，從之。乾道八年，詔尚書左、右僕射可依漢制改爲左、右丞相，删去侍郎、中書令、尚書令之職，以丞相充。此宋代宰臣先後名稱不同之故事也，恐閲史者易於淆惑，故録出之。

平章事之稱本始於唐。按舊唐書，高宗永淳元年，以郭待舉、岑長倩、郭正一、魏玄同爲同中書門下同承受進止平章事。上謂崔知温曰：「待舉等歷任尚淺，且令預聞政事，未即與卿等同名稱。」自是外司四品已下知政事者，遂以平章爲名。是平章事本非真相也，其後遂以平章事爲宰相之職。宋因之，有時特置平章軍國重事，或稱同平章軍國重事，則以處老成碩德，如文彦博、吕公著是也。開禧元年，韓侂胄爲丞相，乃又加平章軍國事之名，説者謂省「重」字則所預者廣，去「同」字則所任者專。時陳自强爲右丞相，請以侂胄序班丞相之上，於是平章軍國事乃又超越丞相矣。其後賈似道亦爲之。德祐中，王爚進平章軍國重事，陳宜中爲左丞相，留夢炎爲右丞相，是又於兩相之上特設此官，蓋沿侂胄、似道之班位，而又稍變其制也。

宋末平章在丞相之上，元則丞相在平章之上。元制，中書省左、右丞相皆蒙古人爲之，不以授漢人，漢人惟爲平章政事，亦稱宰執，如王文統、許衡是也。此又平章在丞相下之明證也。

347 宋節度使

節度使本唐藩鎮官名，宋初猶存此官，然無所職掌，專以待勳賢故老及宰相罷政者。或宰相、樞密使出判大府，亦繫此銜，謂之使相。元豐新官制始改爲開府儀同三司，其後仍復此官，如文彦博以太師充護國軍山南西道節度使致仕是也。至徽宗時，則宰相在朝者亦兼此官，如左僕射蔡京兼安遠軍節度使是也。南渡以後，則功臣爲大帥者爲之，并有兼兩鎮三鎮者，如韓世忠兼鎮南、武安、寧國節度使，張俊兼静江、寧武、静海節度使①是也。

348 繼世爲相

再世爲相，漢推韋、平，唐推蘇、李，已屬僅事，宋則有三世爲相者。呂蒙正相太宗，其姪夷簡相仁宗，夷簡子公著，哲宗時亦爲相，傳贊謂世家之盛，古所未有。南宋則史浩相孝宗，其子彌遠相寧宗、理宗，浩孫嵩之，彌遠之姪理宗時亦爲相。其再世爲相者，韓琦歷相仁、英、神三帝，其子忠彦，徽宗時亦爲相。按琦固名相，忠彦亦不失父風。史氏則彌遠擅廢立爲無君，嵩之謀起復爲無父，家門雖盛，而名節有虧。若呂氏奕世勳猷，輝映史册，可謂極盛矣，而公著於重圭襲組之後，不以門閥自高，益能守正不撓，爲時名相，尤不可及也。

349 三入相

宋史呂蒙正傳贊謂國朝三次入相者，惟趙普及蒙正。①然蒙正後又有王欽若、張士遜、呂夷簡、文彦博、陳康伯亦皆三次入相，蔡京并至四次入相，宋史所云尚未深考也。今録於左：

趙普乾德三年，爲門下侍郎平章事，後出爲河陽三城節度使。太平興國初，再入相，拜司徒兼侍郎，八年，出爲武勝軍節度使。雍熙三年，再入相，②拜太保兼侍中。

呂蒙正太平興國中，拜中書侍郎兼户部尚書平章事，③淳化初，罷爲吏部尚書。四年，又以本官入相，至道中，出判河南府。真宗咸平四年，又以本官同平章事。

王欽若大中祥符中，檢校太傅同中書門下平章事，以與馬知節争論罷。尋又拜左僕射兼中書侍郎同平章事，尋出判杭州。仁宗初，復拜司空門下侍郎同平章事。

張士遜仁宗初，由禮部尚書同中書門下平章事，後出知江寧。明道初，再入相，進中書侍郎，尋出爲山南東道節度使。寶元初，又入爲門下侍郎，封鄧國公。

呂夷簡由尚書拜中書同平章事，後出判陳州。未幾復相，封申國公，再出判許州。未幾又以右僕射入相，進位司空。

文彦博平貝州歸，拜同中書門下平章事，爲唐介劾罷，出知許州。至和二年，又以吏部尚書入相，久之出判河南，以太師致仕。元祐初，召平章軍國重事，六日一朝。

陳康伯紹興三十一年，拜尚書右僕射，出判信州。隆興初，又拜尚書左僕射同中書平章事，出知建康府。淳熙九年，拜右丞相。時孝宗以僕射名不正，改爲丞相。

350 四次入相

蔡京崇寧二年，以右僕射入相，尋免爲開府儀同三司。大觀元年，又拜左僕射，三年罷，出居杭州。政和二年，召還，再相，三日一至都堂，宣和二年，令致仕。六年，再起，領三省。凡四當國。

351 兩次入相

張齊賢淳化(三)〔二〕年，由吏部侍郎同中書門下平章事，後出知河南府。真宗初，又拜兵部尚書同中書門下平章事。

李昉太平興國中，拜平章事，加中書侍郎，尋罷。①淳化二年，復拜中書侍郎平章事。

向敏中咸平四年，以兵部侍郎同平章事，尋出知永興軍。大中祥符五年，又拜同平章事，加中書侍郎，進右僕射兼門下侍郎。

陳堯叟大中祥符初，以户部尚書檢校太尉同平章事，尋罷，領群牧使。明年，又檢校太尉同平章事。

陳執中先拜同中書門下平章事，降給事中。皇祐中，又以吏部尚書拜同平章事。

馮拯先拜右僕射兼中書侍郎同平章事，出爲武勝軍節度使。又以吏部尚書檢校太傅同中書門下平章事，進右僕射。

賈昌朝慶曆中，以工部侍郎拜同中書門下平章事，出判大名府。嘉祐元年，又兼侍中，以同中書門下平章事爲樞密使。

李迪真宗時，拜吏部侍郎同中書門下平章事，罷，知鄆州。仁宗時，又拜同中書門下平章事。

王曾仁宗初，拜中書侍郎同中書門下平章事，出知青州。景祐二年，由樞密使再拜右僕射兼門下侍郎平章事。

富弼至和二年，拜同中書門下平章事，英宗時，以足疾辭，出判揚州。熙寧二年，以左僕射門下侍郎同平章事。

范純仁元祐三年，拜右僕射兼中書侍郎，出知潁昌。召還，復拜右僕射入相。

趙鼎先拜尚書右僕射同中書門下平章事，尋出知紹興府。紹興七年，又拜尚書右僕射同中書門下平章事。

張浚紹興五年，除尚書右僕射同中書門下平章事，都督江淮軍馬，以吕祉事罷。孝宗初，又拜尚書右僕射同中書門下平章事，都督如故。凡兩爲節相。

朱勝非建炎三年，拜尚書右僕射，尋出知洪州。紹興二年，又入相。

呂頤浩建炎四年，守尚書右僕射，改同中書門下平章事，出爲江東安撫使。紹興元年，又拜少保同中書門下平章事。

秦檜自金歸，紹興元年，拜右僕射同中書門下平章事，二年罷。八年，又拜右僕射同中書門下平章事。

湯思退紹興二十七年，拜尚書右僕射，尋罷。隆興六年，又拜左僕射。

史浩隆興元年，拜尚書右僕射，尋奉祠。淳熙五年，又爲右丞相。時孝宗改僕射爲丞相。

梁克家乾道八年，拜右丞相，後出知建康。淳熙九年，再拜右丞相，封儀國公。

鄭清之端平初，爲右丞相，尋乞罷。〔淳祐〕七年，又拜太傅右丞相。

吳潛淳祐十一年，拜右丞相，十五年，出判慶元。②尋又拜特進左丞相。

程元鳳寶祐中，拜右丞相，出判福州。度宗初，又拜少傅右丞相。

陳宜中德祐元年，拜特進右丞相，被劾竟去，召之入朝，仍爲右丞相，元兵入，宵遁。益王立於福州，又以爲左丞相。

文天祥德祐初，拜右丞相，使元軍，脱歸。益王立，仍拜右丞相。

352 王安石之得君

王安石以新法害天下，引用奸邪，更張法令，馴至靖康之難，人皆咎安石爲禍首，而不知實根柢於神宗之有雄心也。帝自命大有爲之才，嘗欲克復燕雲，恢張先烈。當其爲潁王時，已與韓維論功名。見維傳。及即位，富弼因奏對即曰：「願陛下二十年不談兵。」蓋已窺見意旨矣。見弼傳。帝又與王安禮論漢文帝，恨其才不能立法更制。見安禮傳。蘇頌使契丹歸，帝問以山川人情，頌曰：「彼講和日久，未有他意。若漢武久勤征討，匈奴終不服，至宣帝時，呼韓邪單于稽首稱藩。唐中葉以後，河湟陷於吐蕃，憲宗欲復之而不能，至宣宗時，乃以三關七州來歸。蓋外國之叛服不常，不繫乎中國之盛衰也。」頌意蓋有所諷云。見頌傳。初藝祖嘗欲積縑帛二百萬以取幽、薊，別儲于景福殿，後神宗題此庫云：「五季失圖，玁狁孔熾。藝祖造邦，思有懲艾，爰設內府，基以募士，曾孫保之，敢忘厥志。」又詩曰：「每虔夕惕心，妄意遵遺業，顧予不武姿，何日成戎捷！」見食貨志。是帝久有取燕雲之志。後帝與大臣定議，將遂舉兵，朝慈聖光獻太后白其事，太后曰：「吉凶悔吝生乎動，得之不過南面受賀而已。萬一不諧，生靈所係，可勝言哉！苟可取，則太祖、太宗已取之，何待今日。」見慈聖光獻曹后傳。觀此數傳，則帝意在用武開邊，復中國舊地，以成蓋世之功，而環顧朝臣，皆習故守常，莫有能任其事者。安石一出，悉斥爲流俗，別思創建非常，突過前代，帝遂適如所願，不覺如魚得水，如膠投漆，而傾心納之。欲用兵必先聚財，於是青苗、免役之法行。欲聚財必先用人，於是呂惠卿、章惇之徒進。雖舉朝爭之甚至，內而慈聖光獻太后，外而韓琦、富弼諸老臣，俱以安石爲不可用，而帝持之愈力，護之愈堅，故當時有謂帝與介甫如出一人者，史臣亦謂神宗以好大喜功之資，王安石出而與之遇，宜其流毒不能止。然則非安石之誤帝，實帝一念急功名之心自誤也。厥後兵不敢用於北，而稍試於西，靈武之役，喪師覆將，塗炭百萬，帝中夜得報，起環榻行，徹旦不寐。見宣仁高后傳。蓋至是始知非常之事之不可倖成也，已晚矣。善乎韓維之論曰：「聖人功名，因事而見，不可先有功名心。」此真深識治道之論也哉！

353 青苗錢不始於王安石

王安石以青苗錢禍天下，人皆知之，然青苗錢之名不自安石始也。宋史，趙瞻對神宗云，青苗法唐行之于季世，范鎮亦言，唐季之制不足法。按通鑑，唐代宗永泰二年秋七月，税青苗錢以給百官俸，①此青苗之始也。舊唐書，乾元以來用兵，百官缺俸，乃議於天下地畝青苗上量配税錢，命御史府差官征之，以充百官俸料。永泰二年，侍御韋光裔爲使，得錢四百九十萬貫。其冬，詔減青苗地頭錢，三分取一，遂爲常制。每歲特設使者，如崔涣兼税地青苗使，劉晏兼諸道青苗使，杜佑充江淮青苗使是也。食貨志，大曆元年，天下青苗錢共四百九十萬緡，每畝税三十文。永泰八年，詔天下青苗地頭錢每畝一例十五文，②德宗又增三文，以給彍騎。通鑑集覽謂，青苗錢者，不以待秋斂，當苗方青即征之也。是唐所謂青苗錢，并與宋制不同，宋制尚有錢貸民而加徵其息，唐直計畝加税耳。按唐時長安、萬年二縣有官置本錢，配納各户，收其息以供雜費。宋之青苗錢，正唐雜税錢之法耳。宋之青苗錢則始於長吏之自爲之，本以利民。宋史李參傳，參爲陝西轉運使，部多戍兵，苦食少，參令民自度麥粟之贏餘，先貸以錢，俟麥粟熟輸之官，號青苗錢。經數年，廩有羨糧。此安石青苗錢之所本也。在參行之，固爲善政，然仁宗天聖五年，已特詔罷之，當亦以行之久則弊生耳。至安石，則初知鄞縣時，貸穀與民，立息以償，俾新陳相易，民甚便之。安石操履廉潔，親施之於一縣，民自有利而無害。及登朝柄用，以此事已效於一縣，遂欲行之天下，然猶未敢遽行，使蘇轍議之，轍歷陳其弊，乃不復言。會河北轉運使王廣廉奏乞度牒爲本錢，於陝西漕司私行青苗法，即本李參之術春散秋斂，與安石意合，於是決然行之。見蘇轍傳世但知宋之青苗法始於安石，而不知李參先私行於下，廣廉又奏請於上也。然使聽賢吏自行於一州一路，非惟安石能利民，而李參已先有成績，即廣廉亦未必遂至病民也。至著爲功令，則干進者以多借爲能，而不顧民之願否，不肖者又藉以行其頭會箕斂之術，所以民但受其害，而不見其利。天下事固有一人行之能爲利，天下行之則又爲害者。況青苗錢，雖曰不得過加二之息，而一歲凡兩放兩收，則其息已加四，有司又約中熟爲價，令民償必以錢，則所定之價又必逾於市價，而民之償息且十加五六，則并非安石之初法矣，此所以病民也。即如常平社倉，何嘗非古人善政，然沿及後世，常平春借秋還，出則剋扣，入則浮收，徒供不肖官吏之漁利。社倉聽民自爲經理，宜更無弊矣，然州縣慮司其事者之乾没，必歲籤殷户承充，於是有得錢賣放之弊；又必歲遣小官稽覈，於是有需索饋送之弊。古來未嘗無良法，一經不肖官吏，輒百弊叢生，所謂有治人無治法也。孟子謂：「有仁心而無仁政，則民不被其澤。」豈知有仁政而無仁心，非惟不被其澤，且轉受其害也哉。

354 車蓋亭詩

哲宗即位，蔡確播浮言，謂由己擁護。既失勢，遂怨望，至安陸，嘗遊車蓋亭，賦詩十章，内有用郝甑山事。甑山者，唐郝處俊封甑山公，高宗欲遜位武后，處俊諫而止，確引之以比宣仁后，兼有「滄海揚塵」等語，尤悖逆。知漢陽軍吴處厚得其詩，箋釋上之。①於是左、右諫議張燾、范祖禹，左、右司諫王巖叟、吴安詩，右正言劉安世，連劾之，遂貶英州别駕，新州安置。宣仁后曰：「帝以子繼父，有何間言，而確自謂有定策功，妄煽事端，規爲異時炫惑地。吾不忍明言，姑託訕上爲名逐之耳。」此正后之深識遠慮，若論確設心之奸險，措詞之凶悖，雖誅戮尚不足蔽辜，僅從遠竄，已屬寬典。乃當時萬口同聲，以爲太過，即號爲正人君子者，亦出死力救之。謂聖朝務宜寬厚，力言於宣仁后簾前，并言於哲宗者，范純仁及王存也。謂註釋詩語近於捃摭，不可以開告訐之風者，盛陶也。謂以詩罪確，非所以厚風俗者，李常也。謂恐啓羅織之漸，上疏論列，及聞確謫命，又封還除目者，彭汝礪也。謂薄確之罪則於皇帝孝治爲不足，若深罪確則於太皇太后仁政爲小累，皇帝宜敕置獄逮治，太皇太后出手詔赦之，則仁孝兩全者，蘇軾也。甚而范祖禹先既劾確，及聞新州之命，又謂自乾興以來，不竄逐大臣，已六十餘年，一旦行之，恐人情不安。又甚而邵康節局外評論，亦謂確不足惜，然爲宰相當以宰相處之，而以范純仁爲知國體。可見是時朝野内外，無不以謫確爲過當。此則有宋待士太厚之故，縱有罪惡，止從黜謫，絶少嶺海之行，久已習見，以爲當然，一旦有此遠謫，便羣相驚怪，不論其得罪之深，反以爲用刑之濫。政令縱弛，人無畏懼，實由於此，宋之所以不競也。

355 同文館之獄

神宗不豫時，邢恕與蔡確密謀援立，誘宣仁后姪公繪曰：「延安幼冲，即哲宗雍、曹皆賢王也。」公繪驚趨出，恕計不行，反揚言太后屬意雍王，使首相王珪知之。確乃約珪同入問疾，陽以語勾致珪，使開封府蔡京伏劒士於外，俟珪語小異即誅之。既而珪言上自有子，恕計無所施。而語稍聞於宣仁后，遂黜恕出知隨州。恕與確則又揚言太后有廢立意，紿司馬光子康手書，謂其父光曾語范祖禹曰：「方今主少國疑，宣訓事尤可慮。」宣訓者，北齊婁太后宮名，婁太后嘗廢孫濟南王，而立少子演，以比宣仁后欲廢哲宗而立雍王也。司馬光爲天下所信服，故欲以此語爲出自光，又恐人疑非光言，故必紿其子康手書而後可使人信，其設心可謂黠矣。會確貶新州，恕亦遠謫，事不果行。紹聖初，章惇、蔡卞當國，欲甘心元祐諸賢，引恕入爲御史中丞，於是恕追理前説，并怵高遵裕之子士京，追訟其父在日知王珪謀立雍王，以實其言，總欲以此爲題，陷害諸正人，并誣宣仁后，以見己與確有擁護哲宗之功也。先是劉摯、呂大防爲相時，文潞公之子及甫居喪，恐服除不得京官，抵書邢恕曰：「改月遂除，入朝之命未可必。司馬昭之心，路人所知也，濟之以粉昆，必欲以藐躬爲甘心之地，可爲寒心。」其謂司馬昭者，本指呂大防。粉昆者，世以駙馬都尉爲粉侯，時韓忠彦執政，其弟嘉彦尚主，故以忠彦爲粉昆也。至是恕以此書示蔡確之子渭，（劉摯傳謂蔡渭，邢恕傳謂蔡懋，皆確子也。）使上其書，訟當時宰相劉摯、呂大防等，陷其父確謀危宗社，引此書爲証。惇、卞遂欲因是誣摯及梁燾、王巖叟等，以爲有廢立意，置獄於同文館，用蔡京、安惇雜治之。及甫乃變詞，託其亡父嘗説司馬昭指劉摯，粉謂王巖叟面白如粉，昆謂梁燾字況之，況猶兄也。將鍛成廢立之事，以殺摯等，并以悖逆坐司馬光、呂公著，甚至欲追廢宣仁后。會無實據，及甫但云，疑其事勢如此，而向太后及太妃等亦力言宣仁后之誣於哲宗，乃止。章惇又疏言，司馬光、劉摯、梁燾、呂大防等變神宗成法，懼陛下一日新政，必有欺君之誅，乃密爲傾搖之計。帝曰：「元祐諸臣果如是乎？」惇、京曰：「誠有是心，但反形未具耳。」帝乃錮摯、燾等子孫。見劉摯、邢恕、蔡確、章惇、安惇等傳嗚呼，固一己之權位，而欲以悖逆誣正人，以圖一網打盡，甚至誣及母后，奸人之處心設計，真可畏哉！

356 秦檜文字之禍

秦檜贊成和議，自以爲功，惟恐人議己，遂起文字之獄，以傾陷善類。因而附勢干進之徒承望風旨，但有一言一字稍涉忌諱者，無不争先告訐，於是流毒遍天下。今見於高宗本紀者，茶陵縣丞王庭珪，作詩送胡銓，坐謗訕停官，辰州編管。曹泳言李孟堅誦其父光所撰私史，語涉謗訕，詔送大理寺。獄成，光遇赦永不檢舉，孟堅除名，峽州編管。光傳則謂陸升〔之〕訐孟堅以私撰國史。胡寅、程瑀、潘良貴、張燾等八人緣坐，黜降有差，胡寅責果州團練副使，新州安置。又詔大理寺鞫太常主簿吴元美謗詩獄。①右迪功郎安誠，坐文字謗訕，惠州編管。副尉劉允中，坐指斥謗訕，棄市。葉三省、王遠通書趙鼎、王庶，三省落職，筠州居住，遠除名，高州編管。黄巖縣令楊煒，誹謗除名，萬安軍編管。知台州蕭振，落職，池州居住。大府丞范彦輝，謗訕除名，荆門軍編管。從政郎楊炬，坐其弟煜嘗上書誹謗，邕州編管。知建康府王循友，以檜捃摭，命大理寺鞫之，貸死，（循）〔藤〕州安置。王（超）〔趯〕以交通李光，下獄，除名，辰州編管。故學士程瑀，知饒州洪興祖，轉運使魏安行，以論語講解被猜，興祖昭州，安行欽州，俱編管，瑀子孫并論罪。通判沈長卿，縣尉芮煇，作詩譏訕，除名，長卿化州，煇武岡軍，俱編管。

知泉州宗室令衿，坐交結罪人，汀州安置。又命大理寺鞫張祈附麗胡寅獄。此皆本紀所書也。其散見於各傳者，胡銓先以上書詆和議，謫監廣州鹽〔倉〕。羅汝楫劾其橫議，除名，編管新州，守臣張棣又訐其與客唱酬怨謗，再移吉陽軍。李光以忤和議謫藤州，守臣言其作詩風刺，再移瓊海。呂愿中又告光與銓作詩譏訕，乃又移昌化軍。趙鼎竄潮州，又移吉陽軍。檜令本軍月具存亡申省，鼎知檜必殺己，遂不食而死。張浚竄連州，又徙永州。蓋此數人者，名愈高，檜忌之愈甚，故不惟使之身受竄謫，屢瀕於死，而凡與之交際者，亦必被禍不少貸。王庭珪既以作詩贈銓得禍，而銓先謫廣州時，朝士陳剛中以啓事爲賀，謫知安遠軍。又有宜興吳師古，鐫銓疏以傳，流袁州。通判方疇亦以通書於銓，除名，永州編管。此以銓而連及者也。葉三省、王遠、王（超）〔趯〕既以通書趙鼎、李光得禍。吳元美之下獄也，以家有潛光亭、商隱堂，爲人首告，謂亭號潛光，有心於黨李，堂名商隱，無意於事秦。所謂黨李者，亦指光也。此因鼎、光而連及者也。江西運判張常先註前帥張宗元與張浚書上之，連逮數十家，將誣以不軌。此因浚而連及者也。檜嘗書銓、鼎、光、浚等姓名於一德格天閣，必欲殺之。趙汾之獄，其父鼎已死，檜令大理寺鞫之，欲汾自誣與銓、光、浚等謀大逆，所連及一時名士至五十三人，會檜死，始得免。設檜不死，則肆害更未有已也。他如程瑀等之以論語得罪，則以瑀嘗爲論語説，至「弋不射宿」，謂孔子不欲陰中人，洪興祖序之，魏安行鋟之，故皆及禍。趙令衿之得罪也，則因觀檜家廟記，口誦「君子之澤，五世而斬」，爲檜姪婿汪召錫所告，故安置汀州，後再牽入趙汾獄，幾死。又胡舜陟以非笑朝政下獄死。黄龜年以論檜貶。太學生張伯麟題壁曰：「夫差，而忘越之殺而父乎。」杖脊刺配吉陽軍。閩、浙大水，白（諤）〔鍔〕有「燮理乖謬」語，刺配萬安軍。高登亦以考試策問閩、浙大水之由，郡守以達，檜坐以事，編管容州。進士黄友龍，坐謗訕，黥配嶺南。内侍裴詠，坐指斥，編管邕州。徑山僧清言，以謗訕被黥。何兑（誦）〔訟〕其師馬伸在靖康圍城中乞存趙氏書，檜以爲分己功，編管英州。鄭玘、賈子展以會中有嘲謔講和之語，玘竄容州，子展竄德慶。此則不必與銓等相涉，第語言文字稍觸其忌，即横遭誣害，更不可數計矣。檜又疏禁野史，許人首告，并禁民間結集經社。甚至司馬伋自言涑水記聞非其曾祖光所著，李光家亦舉光藏書萬卷悉焚之。其威燄之酷，真可畏哉！

357 秦檜史彌遠之攬權

蔡京、章惇之奸惡，猶第諂臣媚子伎倆，長君逢君，竊弄威福，人主能用之，亦尚能罷之。若秦檜、史彌遠之柄國，則誅賞予奪，悉其所主持，人主反束手於上，不能稍有可否，幾如曹操之於漢獻帝矣。姑不必一一實指其事，但觀宋史各列傳可見也。李浩傳，自秦檜用事，塞言路。及上總攬威權，浩與王十朋等始相繼言事。王綸傳，紹興二十六年，高宗躬親政事，收攬威柄，召諸賢於散地。甚至虞允文疏謂，秦檜盜權十有八年，檜死，權歸陛下。此語直奏於高宗之前，則檜未死以前，高宗不能有權可知也。洪咨夔傳，史彌遠死，帝始親政。崔與之傳，端平初，帝始親政。鄭清之傳，端平元年，上既親總庶政，赫然獨斷。真德秀傳，彌遠卒，上親政。魏了翁傳，彌遠卒，上親庶政。則彌遠未死以前，理宗不能有權可知也。統觀古今來權臣當國，未有如二人之專者。然檜十八九年，威福由己，名入奸臣傳，至今唾罵未已。彌遠相寧宗十七年，相理宗又九年，其握權既久於檜。檜僅殺岳飛，竄趙鼎等，彌遠則擅廢寧宗所建皇子，而別立嗣君，其無君之罪更甚於檜。乃及身既少詬詈，死後又不列奸邪，則以檜讐視正人，翦除異己，爲衆怨所叢，而彌遠則肆毒於善類者較輕，遂無訾之者。然則彌遠之黠，豈不更勝於檜哉。至如賈似道專國，威權震主，至度宗爲之下拜，其權更甚於檜與彌遠。斯則亡國之運，主既昏庸，臣亦狂謬，實無大奸大惡之才，固無足論矣。

358 宋南渡諸將皆北人

宋南渡諸將，立功雖在江南，而其人皆北人也。張俊，鳳翔府成紀人。韓世忠、張宗顔，皆延安人。岳飛，湯陰人。劉光世，保安軍人。劉錡，德順軍人。吴玠、吴璘、郭浩，皆德順軍隴干人。楊存中，代州崞縣人。王德，通遠軍熟羊砦人。王彦，上黨人。楊政，原州臨涇人。牛皋，汝州魯山人。曲端，鎮戎人。成閔，邢州人。解元，保安軍德清砦人。王淵，熙（河）〔州〕人。趙密，太原清河人。李寶，河北人。魏勝，宿遷人。王友直，博州高平人。李顯忠，綏德軍青澗人。統計諸名將，無一非出自山陝者，是南宋之偏安，猶是北宋之餘力也。其他不甚著名而守城抗節者，亦多係北人。如守建寧死者楊震，代州崞人。①守隆德府死者張確，邠州宜禄人。守震武死者朱昭，府谷人。守代州死者史抗，濟源人。守永興死者郭忠孝，河南人。其後德祐國亡時，能戰之將尤推張世傑，世傑亦范陽人，從張柔戍杞有罪奔宋者。

359 端平入洛之師

宋理宗端平元年，金哀宗天興三年，元太宗六年。與蒙古共滅金。時蒙古乏糧，宋助以三十萬石。張柔中矢，宋孟珙力救出之。兩國方敦鄰好，初無嫌隙。宋果欲復三京八陵，宜先令孟珙等即在軍前定議。乃計不出此，兵退之後，鄭清之、趙范、趙葵等忽欲乘虛復中原，以致兵連禍結，當時議者皆歸咎入洛之師。趙范奏，趙葵、全子才輕遣偏師復西京，趙楷、劉子隆參贊失計，師退無律，致後陣敗覆。又言楊義之敗皆由徐敏子、范用吉怠於赴援，致不能支。此即所謂入洛之師也。今以宋、金二史考之，則宋師先入汴，而入洛猶在後也。是年正月滅金，三月即遣朱揚祖、林拓詣洛陽謁陵寢，此不過遣官省視，未即爲召釁之端。然宋史孟珙傳，是時淮閫刻日進師，蒙古聞宋來争河南，已設哨至孟津，并增戍潼關。謁陵使諜知此信，疑畏不前，珙曰：「淮師泝汴，非旬餘不達。吾以輕騎疾馳，不十日可竣事。」乃與二使晝夜兼行，至陵下成禮而歸。此雖未知何月日，然陵使未到而宋兵已發可知也。又金史崔立傳，天興二年正月，哀宗走歸德，立在汴，以汴降蒙古。立恃勢恣横，李伯淵、李琦、李賤奴等惡之。明年正月，金亡。六月，伯淵等聞近境有宋兵，陽與立謀備禦，偕立巡城，遂殺之。是六月中宋兵已至汴也。其後趙范守襄陽，與伯淵等酣狎，以致襄陽失守。可見伯淵殺崔立後，即投入宋軍。宋軍於是年六月到汴，無可疑者。宋史趙葵傳亦謂是時盛暑行師。續通鑑綱目謂全子才既至汴，趙葵自滁州以淮兵五萬來會，謂子才曰：「本謀據關守河，今抵汴已半月，不急攻洛陽、潼關，何待耶？」乃檄范用吉等率兵西上，徐敏子爲監軍。到洛陽，寂然無應者。至晚，有殘民三百餘家登城投降。是宋師先入汴再入洛之明證。到洛之次日，所齎糧已盡，而蒙古兵已到，宋兵遂敗而歸。此事宋、金二史紀傳俱不明晰，惟續通鑑綱目較詳。再證之元史劉亨安傳，歲甲午平蔡，既而宋師二十萬攻汴，將趨洛，元帥塔察兒使亨安拒之，宋師奔潰。此又可了然於當日宋師先汴而後洛也。而宋史紀傳但謂入洛之師起釁，則以宋兵之敗在洛而不在汴耳。

360 宋史缺傳

宋史各列傳，自理宗以後，大概又詳於文臣而略於武臣，不特缺漏彭義斌諸人也。王堅守合州最有功，其見於理宗本紀者，詔敍堅合州功，與官兩轉。乃合州圍解，又詔擢堅寧遠節度使，駐興元，兼知合州，封清水縣伯。其見於各傳者，張珏傳謂，珏與堅協力拒元兵，攻九月不能下。王安節傳謂，安節堅之子也，其父守合州有功，爲賈似道所忌，移知和州，鬱鬱以死。及安節守常州，城破被執，元人問其姓名，曰我節度使王堅子也，遂遇害。此見於宋史者也。其見於元史者，憲宗紀，帝攻合州，遣宋降人晉國寶招諭堅，堅不應，國寶去，堅又追還殺之。帝悉率諸軍戰城下，攻一字城，攻鎮西門，攻東新門，攻奇勝門，攻護國門，皆不克。汪田哥又選兵登其外城，堅率衆來拒，遇雨，元兵梯折，後軍不克進，乃止。趙阿哥潘傳亦謂，憲宗駐釣魚山，守將王堅夜來斫營，阿哥潘拒却之。汪德臣傳，王堅負險，五月不下，德臣至城下呼曰：「王堅，我來活汝一城軍民，宜速降！」語未既，〔幾〕爲飛矢所中。此見於元史者也。是堅之守合州，幾不減張巡之守睢陽，乃竟無專傳。王佐守利州，父子皆死難。理宗紀謂，佐堅守孤壘，元使降將南永忠來説降，佐罵之，永忠流涕而去。王翊、張珏傳亦俱謂，元兵拔長寧，佐父子俱死。元史憲宗紀，帝圍長寧，守將王佐及裨將徐昕等出戰，敗之。帝又督軍力戰於望喜門，破其城，王佐死焉，又誅佐之子及徐昕等四十餘人。是王佐之守長寧，亦必宜有專傳，而宋史無之。元史伯顔傳，伯顔自鄂順流下，斬郢將趙文義、范興。師至沙洋，遣人持黄榜及文義首入城招降，守將王虎臣、王大用焚榜斬使，有私謀出降者，虎臣殺之。伯顔又命吕文焕來招，亦不應，遂攻破其城，擒虎臣、大用殺之。是王虎臣、王大用，皆力守孤城，抗節不屈，宋史皆無傳，并不附見其姓名於他傳中。又尹玉、麻士龍，皆文天祥所遣救常州者，玉戰死五牧，士龍戰死虞橋，見德祐紀及元史伯顔傳。乃宋史玉有傳而士龍無傳，并不附姓名於玉傳中，亦皆缺事也。

361 張世傑李庭芝姜才

元兵下江南，張世傑以水師碇焦山下，力戰而敗，宋自是不復能軍。柯維騏謂世傑何不據鎮江、瓜洲，以扼敵衝。及觀元史，而後知其勢不然也。是年宋德祐元年，元至元十二年。賈似道兵敗後，伯顔直趨建康。其時鎮江府馬軍總管石祖忠先以城降，行樞密院使阿塔海即來駐京口，立木栅以護民居，又分兵屯瓜洲，以絶揚州之援。阿塔海傳阿术别奉命攻揚州，亦以兵先駐瓜洲。宋淮東制置使盡焚瓜洲城中廬舍，以徙其民而去，阿术創樓櫓以守之。阿术傳於是瓜洲有阿术，鎮江有阿塔海，世傑無地可據，不得不泊焦山以決死戰也。至李庭芝、姜才守揚州，宋亡後猶能支撐半年，則亦有故，其時臨安雖亡，而揚州所屬之高郵、寶應，通、泰、真州尚俱拒守，故可藉其糧援。觀宋史文天祥傳，天祥由鎮江脱走，至真州，苗再成得制置司檄擒天祥，乃託辭遣之出。又元史阿术傳，真州馮都統來襲瓜洲，阿术遣阿塔赤敗之。是真州尚爲揚守也。又阿术及苫徹傳，寶應餽糧揚州，姜才率軍士迎糧，苫徹奪其馬并糧橐二萬。是高、寶亦尚爲揚守也。博羅歡傳，宋亡後，淮東諸城尚堅守，博羅歡自西小河入漕河，斷通、泰援兵。怯怯里傳亦同。是通、泰亦尚爲揚守也。其時蒙古兵兩大營，一駐揚州北之灣頭，一駐揚州南之揚子橋，固已扼其要害。然文天祥指南録，蒙古南北兩營每日早晚必會哨，哨既過，仍有村民貿販者往來，故天祥等得乞販者之餘糁羹以救饑，而逃至通州入海。宋史姜才傳亦云，才每出兵運糧高郵、真州以給兵。馬家渡與元將史弼徹夜苦戰，亦爲護糧也。可見揚城南北雖有敵兵圍守，而資糧尚可入城。故阿术曰：「宋已亡，獨庭芝未下，以外援尚多也。」乃又栅揚州北之丁村，以扼高、寶之餽，留屯新城，邵伯埭以斷泰州。阿术傳於是庭芝等大困，走入泰州，城陷，遂爲所執。論古者不參觀於宋、元二史，無由得當日情事也。

又姜才傳，德祐帝北遷，至瓜洲，才以兵四萬直擣瓜洲，欲奪駕，戰三時，衆擁帝北去。按帝既北行，應過揚州城下，何以姜才不於城下截之？此亦即在才傳可意揣也。是時元築長圍，自揚子橋竟瓜洲，東北跨灣頭至横塘，西北至丁村，務欲以久困之，是揚城北皆有長圍防護。蓋瓜洲戰後，元兵即擁帝從圍牆外北去，故無從邀奪也。

362 夏貴

宋夏貴於國亡後降元，故宋史不立傳，然究是宋末勞臣，觀於元史紀、傳可見也。中統元年，夏貴軍於淮南新城，元將隋世昌乘戰艦抵城下，戰退宋兵。隋世昌傳二年，元將張庭瑞築城於蜀之虎嘯山，夏貴以師數萬圍之。城當礮皆穿，護以木柵，柵又壞，乃依大樹張牛馬皮以拒礮。貴以城中人飲於澗，外絶其水，庭瑞取人畜糞溺沸煮瀉土中以洩臭，人飲數合，脣皆瘡裂。堅守逾月，伺宋兵少懈，奮出擊之。張庭瑞傳元將焦德裕來援，夜薄貴營，令士卒人持三炬，貴驚走。焦德裕傳三年，李璮反於濟南，宋夏貴乘虛襲取蘄(州)〔縣〕、宿州等城。本紀萬户李義戰死，貴又攻邳州，守將李杲哥出降。貴去，杲哥入城，詭言有保城功，已而事露，伏誅。本紀貴焚廬舍去，杲哥之弟復與貴以兵三萬來援，元將郭侃敗之。郭侃傳時夏貴已陷亳、滕、徐、宿、邳、滄、濱七州，及利津等四縣，張弘略遏之於渦口，貴始去，乃盡復所失地。張弘略傳四年，宋夏貴以兵侵蜀中虎嘯山寨，元將趙匣剌往禦走之。趙匣剌傳至元(元)〔二〕年，元將劉元禮爲潼川路漢軍元帥，宋夏貴率軍五萬來犯，諸將以衆寡不敵，有懼色，元禮持長刀大呼突陣，遂退貴兵。劉元禮傳(二)〔元〕年，宋夏貴欲攻虎嘯山，詔以石抹(紇)〔乣〕扎〔剌〕一軍戍之。本紀六年，攻宋襄陽，宋夏貴率兵五萬，饋糧三千艘，自武昌來援。時漢水暴漲，貴乘夜潛上，元將趙璧發伏兵，奪其五舟。明旦，阿术追貴騎兵，璧以舟師追貴水兵，合戰於(龍)〔虎〕尾洲，貴敗去。趙璧傳貴又泊鹿門山西岸，相持七日，元將李庭與水軍萬户解汝楫擊之，斬其將王玘、元勝。李庭傳七年，元將史權駐荆子口，宋夏貴以船萬艘載壯士欲薄江面，權破之。既而轉糧於隨，貴又扼前路，權又破之。史權傳九年，元築正陽兩城，宋夏貴帥舟師十萬來攻，元將董文炳登城禦之。一夕貴去復來，飛矢貫文炳左臂著脇，拔矢授左右，〔發〕四十餘矢，矢盡力亦困，遂悶絶。明日水入外郛，文炳移營避水，貴乘之，壓軍而陣，文炳創甚，以其子士選代戰，貴敗去。董文炳傳十一年，宋夏貴以舟師十萬圍正陽，決淮水灌城，城幾陷。元將塔出突圍入城，復出與戰，遂解正陽之圍。塔出傳劉整又追敗之於大人洲。劉整傳孟義亦奪舟數艘。孟義傳夏貴知亳無備，引兵襲亳，元將賈文備破之。賈文備傳是年伯顏大軍已自郢東下，至漢口，夏貴以戰船萬艘，分據諸隘。伯顏乃開壩，由沙蕪口入江，夏貴迎戰於陽邏洑。元將謁只里奮勇衝貴軍，獲戰艦百，貴東走。本紀及伯顏、李庭、謁只里等傳十二年，伯顏大兵自鄂東下，至丁家洲，貴與賈似道以舟師橫亙於江。伯顏以大礮擊之，宋兵陣動，似道走揚州，貴走廬州。本紀及伯顏等傳貴又欲由太湖入衛臨安，元將李庭、薛塔剌海截戰於峪溪口，敗之。李庭、薛（剌）塔剌海傳高鬧兒傳由是觀之，貴崎嶇戎馬，東奔西走，補救於末造者，幾二十年，固宋末一勞臣。使其能保危疆，支撑半壁，固當與南渡韓、岳諸公比烈。即不然，而以身殉國，亦當與邊居誼、李芾、李庭芝等同以忠義傳。乃自峪溪口、焦湖之敗，伯顏、阿术大兵分駐建康、鎮江，貴欲入衛而無由，遂不能守其初志。伯顏遣人往攻，即致書曰：「殺人一萬，自損三千，願勿費國力攻此邊城，若行在歸降，邊城焉往。」洪君祥傳明年正月，宋亡。二月，貴遂以淮西入獻。其意以爲國亡始降，猶勝於劉整、昝萬壽、吕文焕、范文虎等之先行投拜。然宋史既因其降元而不爲立傳，元史又以其在元朝無績可紀，亦不立傳，徒使數十年勞悴付之子虛。計其時年已大耋，即苟活亦衹數年，故歿後有人弔之曰：「享年八十三，何不七十九？嗚呼夏相公，萬代名不朽！」宋稗史①真可惜也。按貴降後，入覲上都，授參知政事。至元十五年，授江淮行中書省左丞，以江南盜賊竊發，命貴招撫。十七年，貴請老，從之，詔官其子孫。未幾卒。俱見元史各傳。

363 宋四六多用本朝事

劉克莊詩多用本朝事，說見叢考。然不特詩也，其所撰四六亦多以本朝事作典故。賀謝司諫啓云：「既寢了翁之諫疏，孰敢攖老蔡之鋒。使行獻可之彈文，世豈受金陵之禍。」「質肅論燈籠錦，或譏後遂無文。道鄉諫瑶華宮，有云事不止此。」①賀劉察院啓云：「永叔責高司諫，猶在舘中。了翁忤張雷州，方爲博士。」②寧作夷陵之役，不登紹聖之舟。」賀李制置啓云：「寇萊公之鎮北門，契丹服其望重。范文正之理西夏，元昊懼而膽寒。」賀傅侍郎掛冠啓云：「永叔避關弓之害，沂公懲一網之危。」③上王師侍啓云：「中年勇退，有君實、晦叔之風。晚節後彫，負元城、了翁之望。」其授秘譔謝丞相啓云：「詞臣援綦叔厚，請暴揚老檜之奸。言者疑曾子開，有忿嫉新州之意。温公除吏，莫榮子駿京東之行。文正憐才，不奪大年陽翟之志。」除雲臺觀謝丞相啓云：「愧非韓駒、徐俯之倫，將有陸游、米芾之擬。」除宗簿謝丞相啓云：「范、歐與慶曆之文治，莫引用於聖俞。馬、吕致元祐之諸賢，獨見遺於無己。」④是克莊四六亦多以時事爲典故。然此體實不自克莊始，南渡以來已多有人爲之者。李劉賀虞大參帥蜀啓云：「小范有胸中百萬兵，西賊聞之膽驚破。維弼上河朔十三策，北邊皆其手撫摩。」賀董司諫啓云：「尚欲作石守道紀德之誦，幸勿還李師中落韻之詩。」賀衛參政除江西帥啓云：「夷狄之問寇公，兒童之誦君實。」謝曾舍人啓云：「説戰場文，人方迷於五色。讀刑賞論，公放出於一頭。」上史丞相啓云：「昔在服中，欲上范文正之書而無路。今來闕下，願作石徂徠之頌而難言。」上衛參帥啓云：「夷狄問潞公之年，幸其未老。兒童誦君實之字，持此安歸。」周必大賀汪參政啓云：「資減甘寧，彦博入登於宰席。⑤使來西夏，仲淹歸贊於樞庭。」楊萬里回韓安撫啓云：「潁濱上太尉之書，永叔記武康之節。」熊克賀湯丞相啓云：「考本朝宰府之故事，若先正沂公之迭爲。天聖初來，既踐昭文首台之位；景祐再入，乃屈集賢次輔之居。」王十朋除館職謝啓云：「魏國公奮自甲科，猶薦而後召。蘇内相擢由制舉，亦試而後除。」洪适賀王憲啓云：「東坡六君子之游，慶曆三諫官之列。」此皆在劉克莊前，而已用本朝事者也。其與克莊同時，及在克莊後者，亦多用此體。王邁上留經略啓云⑥：「惟元城之在宋，問業有徒。與了翁之居淮，及門者衆。」上應經略啓云：「筆下無一點塵埃，富大蘇之文采。胸中有百萬兵甲，負小范之經綸。」賀曾憲啓云：「餘慶曆、元祐之典刑，有玉局、宛邱之標致。」賀李倉曹啓云：「舞彩袖於春輿，遂蔡端明便親之志。嗚木鐸於石鼓，尋朱紫陽講道之盟。」賀鄭樞密云：「昔中書未有寇忠愍，若得爲辭。今吾國已相司馬公，豈容生事。」李廷忠賀婁同知啓云：「遼人相戒慎勿開邊隙，爲司馬之秉鈞衡。澶淵一舉足以定虜盟，本寇公之籌帷幄。」方岳賀李制置啓云：「維弼晝河朔十三策，小范有胸中百萬兵。」謝李尚書啓云：「介爲時論所喧，雅見推於永叔。軾陷深文之久，獨受薦於景仁。」洪咨夔到運使任謝政府啓云：「念司馬公用鮮于，以福齊、魯之區。

而王文正命薛奎，以寬江、淮之力。」賀鄭丞相啓云：「慶曆之進杜正獻，盡革弊端。元祐之相司馬公，力正倫紀。」賀蔡侍郎陞侍讀啓云：「若昔邢昺在咸平之間，與吾坡仙處元祐之始。」賀李參政啓云：「獨樂園之自逸，難淹君實之留。天章閣之一開，即徯鄭公之用。」林鑑賀曾參政啓云：「措置西事莫如此廟堂，固已契呂申公之精識。戒飭疆吏勿更開邊隙，行當踵司馬相之清名。」真德秀宣召入院謝表云：「修除翰苑，在環滁出守之年。⑦軾侍禁庭，亦赤壁歸來之後。」方蒙賀徐樞密啓云：「文、富人望，行大播於雄麻。韓、呂世家，定增光於汗竹。」謝王丞相啓云：「狂若仲淹，真負晏公之薦。戇如蘇軾，幾貽安道之危。」致福建安撫李尚書啓云：「晦叔雖介甫所厚，安可屬以私。淳夫受温公之知，豈不言其過。」回泉守趙侍郎啓云：「善神誰護於熙寧，怪鬼已痞於慶曆。」姚勉謝應判縣送酒啓云：「誠齋作汝飲吾讌之詩，美過於味。東坡謂我眠君去之語，若未爲賢。」回胡主簿啓云：「昔明道先生之在鄠縣，以德化人。至紫陽夫子之仕同安，以學造士。」文天祥賀江左相啓云：「潞公平章軍國，司馬實位昭文。正獻議論廟堂，微仲嘗仲左轄。」⑧賀馬右相啓云：「簡淡獨周於事物，晦叔所以有立於潞國、司馬之間。忠恕不離於須臾，堯夫所以無愧於正獻、微仲之際。」謝江樞密啓云：「稱彥博於都堂，幸借郇公之譽。薦仲淹於館職，敢忘元獻之公。」⑨致章簽書啓云：「永叔之參兵柄，在魏國位平章之時。堯夫之贊樞庭，當潞公重判事之日。」⑩「傳江西宗派之圖，敢云入社。誦徂徠聖德之句，請繼作歌。」致胡丞相啓云：⑪「試韓、范之規模，溯趙、張之事業。」是亦皆以本朝人用本朝事者。蓋宋朝國史記載本散布於民間，如李燾作通鑑長編，徐夢莘作北盟會編之類，若非得國史原本，憑何撰述？可知日曆、實録，士大夫家有其書也，他如名臣録、筆談、遺事、家傳、文集，又隨時刊布，人皆得知本朝故事，故便於引用耳。

第二十六卷校證

343 歲幣

①高宗與金熙宗和議成，歲幣銀、絹二十五萬兩、匹　按：「銀、絹」下應加「各」字，下文言銀、絹若干萬兩、匹者，均應加「各」字。

②此何理耶　按：「理」字義雖可通，而金史路伯達傳（卷九六）作「誼」，於義爲長。

344 和議

①秦檜未登用之先，有識者固早已計及於和　按：此篇雜引當時人之議論，如洪皓、張浚及陳與義等之言，實已混淆公正之和與屈辱之和之原則，是不可不予指出者。金史交聘表序云：「金人豈愛宋人而爲和哉。……金不能奄有四海，而宋人以尊稱與之，是誰强之耶？」一語即道破問題實質。

②陳與義云，和議成，豈不賢於用兵，不成則用兵必不免　按：與義之言即承下文「高宗謂趙鼎曰」云云而來，高宗意在屈辱求和，陳言有糾正其失之意，未可等量齊觀，更不應提在所欲正者之前，以致泯失原意。

345 西夏番鹽

①梁鼎亦疏云，議者多謂邊民舊食西夏青鹽，其價甚賤，及禁青鹽以困賊，令商賈入粟運解鹽於邊，其價與番鹽不相遠，故番鹽不能售。今若令解鹽與内地同價，則民必冒禁復市青鹽，乃資盜糧也　按：宋史三〇四梁鼎傳言：「時西鄙未寧，（鼎）建議陝西禁解池鹽，所在官賣，詔從之，以鼎爲制置使。」其下始爲「議者」云云，乃反對梁鼎之議者，非梁鼎之疏。

347 宋節度使

①張俊兼静江、寧武、静海節度使　按：據宋史三六九張俊傳，所兼任者爲鎮洮、寧武、奉寧三節度使。

349 三入相

①宋史吕蒙正傳贊謂國朝三次入相者，惟趙普及蒙正　按：此爲吕蒙正傳正文，非贊語，參看本書卷二四宋史各傳錯謬處校證①。

②趙普乾德三年，爲門下侍郎平章事，……太平興國初，再入相，……雍熙三年，再入相　按：乾德三年應作「二年」。太平興國事在六年，「初」應作「中」。雍熙三年應作「端拱元年」。

③吕蒙正太平興國中，拜中書侍郎兼户部尚書平章事　按：「太平興國中」應作「端拱元年」。

351 兩次入相

①李昉太平興國中，拜平章事，加中書侍郎，尋罷　按：事在太平興國八年，「中」字應作「末」。罷職在端拱元年，已歷五年以上，不應稱「尋罷」。

②吴潛淳祐……十五年，出判慶元　按：應作「十二年罷職，四年後出判慶元」。淳祐止有十二年，無十五年，吴潛亦非罷相後即出判慶元。

353 青苗錢不始於王安石

①按通鑑，唐代宗永泰二年秋七月，税青苗錢以給百官俸　按：孫文泱云：「『永泰』誤，通鑑二二三係於廣德二年。」又云：「按劄記此條將陔餘叢考二〇青苗錢不始於王安石全部録入，叢考此處即作『廣德二年』，未審劄記何以致誤。」

②永泰八年，詔天下青苗地頭錢每畝一例十五文　按：孫文泱云，永泰無八年，此乃「大曆八年」之誤，參舊唐書四八食貨志上。

354 車蓋亭詩

①知漢陽軍吴處厚得其詩，箋釋上之　按：朱彧萍洲可談（卷一）稱：「其詩云，『睡起莞然成獨笑，數聲漁笛在滄浪。』處厚注云，『未知蔡確此時獨笑何事。』」此亦有關車蓋亭詩之一項資料。

356 秦檜文字之禍

①吴元美謗詩獄　按：「謗詩」應作「謗譏」，因吴作夏二子一文，被指爲譏訕。

358 宋南渡諸將皆北人

①楊存中，代州崞縣人。……楊震，代州崞人　按：楊震爲楊存中之父，此文以二人分列，並以子遠在父之前，無從表明其父子關係。

362 夏貴

①殁後有人弔之曰：「享年八十三，何不七十九？嗚呼夏相公，萬代名不朽！」（宋稗史）　按：見明王圻稗史彙編（卷八八）人事門尤悔類降虜見嘲條引三朝野史（今獻彙言比類摘録引作三朝國史録），原文「何不」作「而不」。又載有人贈以詩云：「自古誰無死，惜公遲四年。問公今日死，何似四年前。」

363 宋四六多用本朝事

①道鄉諫瑶華宫，有云事不止此　按：後村大全集（卷一一七）「有云」作「友云」，用田晝對鄒綽之事。應據改。

②了翁忤張雷州，方爲博士　按：後村大全集（卷一一七）「張」作「章」，謂章惇，用陳瓘與章惇之事。應據改。

③永叔避闕弓之害，沂公懲一綱之危　按：後村大全集（卷一一六）作：「永叔悟闕弓之害，由此乞身。祁公懲一

綱之危，退而請老。」本文予以簡化，但「沂公」須改作「祁公」，謂杜衍。

④范、歐與慶曆之文治，莫引用於聖俞。馬、吕致元祐之諸賢，獨見遺於無己　按：後村大全集（卷一一七）「與」作「興」，「獨」作「偶」，應據改。

⑤資減甘寧，彦博入登於宰席　按：周必大省齋文稿（卷二三）作：「盜滅甘陵，彦博入登於宰席。」此用文彦博鎮壓貝州王則起義之後入朝拜相之事。宋四六選「陵」字已誤作「寧」，「盜滅」二字猶不誤。本篇多取自宋四六選，此條因之而誤上加誤。

⑥王邁上留經略啓云　按：原刻本無「云」字，西畬本補。

⑦修除翰苑，在環滁出守之年　按：真西山文集（卷一六）「年」作「餘」，應據改。

⑧正猷議論廟堂，微仲嘗伸左轄　按：文山集（卷七）「正猷」作「正獻」，「伸」作「升」，均應據改。正獻謂吕公著，微仲謂吕大防。

⑨薦仲淹於舘職，敢忘元獻之公　按：文山集（卷七）「公」作「知」，應據改。元獻謂晏殊。

⑩堯夫之贊樞庭，當潞公重判事之日　按：文山集（卷七）「重判事」作「判重事」，應據改。

⑪致胡丞相啓　按：宋末無胡姓爲丞相者，應作「胡都丞」。文山集（卷七）有通胡都丞石壁，此處引文爲節略其中之文句。

廿二史劄記卷二十七

364 遼史

遼史太簡略。蓋契丹之俗，記載本少。太宗會同元年，雖詔有司編始祖奇首可汗事迹，①然遼史所載僅記其生於都菴山，徙於潢河之濱而已，蓋已荒渺無可稽也。歷朝亦有監修國史之官，如劉慎行、邢抱樸、室昉、劉晟、馬保忠、耶律隆運、耶律玦、蕭韓家奴、耶律阿思、王師儒等，皆以此繫銜。見各本傳。②然聖宗詔修日曆官毋書細事，道宗并罷史官預聞朝議，俾問宰相書之。惟蕭韓家奴修國史，以聖宗獵秋山，熊鹿傷數十人，直書其事，帝見而命去之，既出又書其事，以爲史筆當如是也，其他則隱諱苟簡可知矣。其編爲史册，至興宗時，耶律孟簡上言，③本朝之興，幾二百年，宜有國史，以垂後世，乃編耶律曷魯、屋質、休哥三傳以進。興宗始命置局編修。其時有耶律谷欲、耶律庶成及蕭韓家奴實任編纂之事，乃録遥輦氏以來事迹及諸帝實録，共二十卷，上之。蓋聖宗以前事，皆是時所追述也。④道宗大安元年，史臣進太祖以下七帝實録，則又本耶律谷欲等所編而審訂之。其時劉輝謂道宗曰：「宋歐陽修五代史附我朝於四夷，妄加貶訾。臣亦請以趙氏初起時事，詳附我朝國史。」據輝所言，則不惟諸帝有實録，且漸有全史矣。至天祚帝乾統三年，又詔耶律儼纂太祖以下諸帝實録，共成七十卷，於是遼世事迹粗備。遼史傳贊謂其具一代治亂之迹，亦云勤矣。當遼之世，國史惟此本號爲完書，金熙宗嘗於宫中閲遼史，即此本也。熙宗皇統中，又詔耶律固、移剌因、移剌子敬等續修遼史，而卒業於蕭永祺，⑤共紀三十卷，志五卷，傳四十卷，皇統七年上之。此金時第一次所修也。章宗又命移剌履提控刊修遼史，党懷英、郝俣充刊修官，移剌益、趙渢等七人爲編修官，凡民間遼時碑誌及文集，悉送上官。同修者又有賈鉉、蕭貢、陳大任等，泰和元年又增三員，有改除者聽以書自隨。懷英致仕後，詔大任繼成之。俱見各本傳此金時第二次所修也。至元修遼史時，耶律儼及陳大任二本俱在，后妃傳序云，儼、大任遼史后妃傳，大同小異，酌取以著於篇。而曆象閏考中并注明儼本某年有閏，大任本某年無閏，尤可見其纂修時悉本儼、大任二書也。

365 遼史二

遼、金二代之興，皆經祖宗數世開創，始成帝業。金史於太祖本紀前，先立世紀，以敍其先世，最爲明析。遼史則開卷即作太祖本紀，而其祖宗遞傳之處，反附見於本紀贊内，故所敍太簡。肅祖、懿祖、玄祖、德祖四代，其妻已立傳於后妃内，其夫反無專紀而附於贊内，豈不詳略兩失乎。且贊中所敍又不甚明了。謂自奇首可汗生都菴山，傳至雅里，讓阻午而不肯自立。雅里生毗牒，毗牒生頦領，頦領生耨里思，是爲肅祖。肅祖生薩剌德，是爲懿祖。懿祖生匀德實，①是爲玄祖。玄祖生撒剌的北庭雜記又名斡里，是爲德祖，即太祖阿保機之父也。世爲遥輦之夷离菫，太祖受可汗之禪，遂建國云。太祖本紀又謂痕德菫可汗殂，羣臣奉遺命請立太祖，太祖三讓乃許之。按新唐書謂，契丹王習爾之死，族人欽德嗣。②嘗入寇，爲劉仁恭所敗，乃以重賂乞盟，故欽德晚節不競。而歐陽五代史謂，遥輦以次代，爲劉仁恭所攻，八部之人以遥輦爲不任事，選於衆，得阿保機代之。蓋此即遼史所謂受可汗之禪者也。欽德、痕德堇、遥輦，皆名字傳聞之誤。其雅里讓阻午而不自立之處，按耶律曷魯傳，痕德堇可汗殁，羣臣奉遺命立太祖，太祖曰：「吾祖雅里嘗以不當立而辭位，吾可受乎？」曷魯曰：「昔雅里之辭，以未有遺命也。今先君言猶在耳，君命不可違。」太祖乃即位。據此則所謂雅里讓阻午，及太祖受可汗之禪，歐史雖不載，要是實事。又曷魯云：「自阻午後十餘世，國衰民困，今正當興王之運，不可失也。」此亦與唐書、歐史所謂被劉仁恭所攻，八部之人以遥輦爲不任事而立阿保機者略相合。然遼史謂羣臣奉遺命立阿保機，歐史則謂八部人公議立阿保機，又屬歧互。至新唐書謂，八部迭相更代，獨阿保機自爲一部不肯代，自號爲王。歐史又謂阿保機既立，後值中國多故，漢人歸之者衆，告以中國之主無代立者，阿保機於是立九年尚不求代。諸部共責誚之，阿保機曰：「吾立九年，所得漢人多矣，欲自爲一部以治漢城。」諸部許之。遂率漢人，於灤河上築城種田，而以計誘八部大人來會，盡殺之，然後并八部爲一。此與新唐書相合，當是阿保機實事，而遼史並無一字及之。蓋耶律儼修實録時，爲其先世隱諱，陳大任修史亦遂因之，不復勘對唐書及歐史也。且遼史隱諱之處亦不止此，歐史載李克用先約阿保機共攻梁，已而阿保機背約，反遣梅老聘梁，奉表稱臣，以求封册。克用大恨，臨殁，以一矢屬莊宗報仇，後果爲莊宗擊於望都，大敗而去。而遼史則以克用結好之事爲約其共攻劉仁恭，而不言攻梁，以掩其背約之迹。此其諱飾一也。歐史德光滅晉後歸，殁於(灤)〔欒〕城。契丹人剖其腹，實以鹽，載之北歸，晉人謂之「帝羓」。遼史並不載，但載其自悔之語，謂此行有三失，縱兵掠芻粟，一也；括私財，二也；不遣諸節度歸鎮，三也。而贊其如秦穆之能悔過。又記其遷晉主母子於黄龍府時，仍以其宮女、宦官、東西班官、醫官、控鶴官及庖人、茶酒司等從行，又以晉舊臣趙瑩、馮玉、李彦韜等護送，以見其加惠於亡國之處。凡此有善則書，有惡則諱，可見皆耶律儼在遼時所修原本，而陳大任因之者也。而元時修史之草率，并唐書、歐史亦不復校勘，概可見矣。

宋史宋琪傳，琪本幽薊人，故知遼事最詳。其疏云，契丹自阿保機始强，因攻渤海，死於遼陽。妻述律氏生三子，長東丹，次德光，季曰自在太子。③德光南侵，還死於途。東丹之子永康代立，起軍南侵，被殺於大神淀。德光子述律代立，號曰睡王。二年，爲永康子明記所篡。明記死，幼主代立，明記妻蕭氏，番將守興之女，即今幼主之母也云云。其敍阿保機以後世次繼立之處，俱與遼史同，惟名字不合，蓋契丹以國語爲名，本無正字耳。

366 遼史立表最善

遼史最簡略，二百年人物，列傳僅百餘篇，其脱漏必多矣。然其體例亦有最善者，在乎立表之多，表多則傳自可少。如皇子、皇族、外戚之類，有功罪大者，自當另爲列傳，其餘則傳之不勝傳，若必一一傳之，此史之所以繁也，惟列之於表，既著明其世系官位，而功罪亦附書焉，實足省無限筆墨，又如內而各部族，外而各屬國，亦列之於表，凡朝貢叛服、征討勝負之事，皆附書其中，又省卻多少外國等傳。故遼史列傳雖少，而一代之事迹亦略備。惟與宋和戰交際之事則書於本紀，而不復立表。蓋以夏、高麗、女直之類皆入於屬國表，宋則鄰國，不便列入也。然金史特立交聘表，凡與宋交涉之事，一覽瞭如。遼史雖舊無底本，而元人修史時，既於金史立此表，獨不可於遼史亦立此表乎？且遼史與宋交涉之事，書於本紀者，前後亦不畫一。澶淵既盟之後，凡兩國遣使，生辰、正旦及慶弔等事，不特逐年詳書，即使臣姓名亦一一不遺。及興宗再定和議，加增歲幣之後，則惟書弔大喪、賀即位之事，其餘生辰、正旦等使，一概不書，何其前詳後略也。若亦立交聘表，則此等皆可於表内見之，前既免於繁冗，後亦不至簡略矣，而遼史無之，此又修史諸人之失也。

367 遼史疎漏處

遼史又有太疎漏者。東都事略記遼太宗建國大遼，聖宗即位，改大遼爲大契丹，道宗又改大契丹爲大遼。改號復號，一朝大事，而遼史不書。聖宗統和二十四年，幽皇太妃胡輦於懷州，囚夫人夷懶於南京，餘黨皆生瘞之。明年，賜皇太妃死於幽所。按統和十二年，詔皇太妃領西北路烏古等及永（熙）〔興〕宫軍，撫定西邊，以蕭撻凜宋史名撻覽督其軍事。此即皇太妃呼輦也。撻凜傳亦稱，夏人梗邊，皇太妃受命總烏古部及永（熙）〔興〕宫軍討之，凡軍行號令，太妃悉委撻凜。其後蕭韓家奴疏亦言，統和間，皇太妃出師西域，拓土既遠，降附亦多。自後一部或叛，隣部討之，使同力相制，正得禦遠之道。則此皇太妃不惟有闢土之大功，且有靖邊之長策。其幽死也，又以何事？后妃傳内當專立一傳，乃並無其人，何也？又聖宗統和四年，納皇后蕭氏，皇太妃進衣物駝馬以助會親頒賜，内外命婦亦進會親禮物。此后乃聖宗元配也，統和十九年以罪降爲（惠）〔貴〕妃。后雖降，而其爲聖宗原配，終不可没。后係何人之女？以何事得罪？后妃傳内亦宜有專傳，乃但以統和十九年另立之齊天皇后特立一傳，而此初娶之后，絶無一字及之，何耶？且既爲遼史，則本國興兵之事，不應自稱曰遼兵。乃本紀貝州之戰云，軍校邵珂開城門納遼兵。戚城之戰云，遼軍圍晉别將於戚城，晉主自將救之，遼軍引退。鄴都之戰云，慕容彦超遇遼軍數萬，至榆林〔店〕，遼軍又至，彦超等力戰，遼軍乃退。如此類者，不一而足，反似他國紀載而稱契丹爲遼軍者，此亦修史者之疎也。

368 遼帝皆有簡便徽號

遼帝皆有一二字簡便徽號，當時爲臣下所稱，後世亦即以此别之爲某帝，初不稱廟謚也。如太祖曰天皇帝，太宗曰嗣聖皇帝，世宗曰天授皇帝，穆宗曰天順皇帝，景宗曰天贊皇帝，聖宗曰天輔皇帝，道宗曰天祐皇帝，末帝曰天祚皇帝，皆於初即位時，羣臣上尊號，即有此二字。甚至皇后亦另有徽稱，如太祖后曰地皇后，聖宗后曰齊天皇后，道宗后曰懿德皇后是也。其後耶律淳僭位，亦號天錫皇帝。耶律大石亦號天祐皇帝。大石殁，其后塔不烟稱制，亦號感天皇后。其女普速完稱制，亦號承天太后。此亦一代之制也。按元制，每帝亦有國語徽稱，如太祖曰成吉思皇帝，世祖曰薛禪皇帝，成宗曰完澤篤皇帝，武宗曰曲律皇帝，仁宗曰普顔篤皇帝，英宗曰格堅皇帝，文宗曰札牙篤皇帝是也。但元制係以國語爲尊奉之稱，遼制則不用契丹語，而以漢字尊稱，故不同耳。

369 遼后族皆姓蕭氏

遼后族皆姓蕭氏。后妃傳引耶律儼所修實録，謂其先本乙室拔里氏，太祖慕漢高祖，故稱劉氏，以乙室拔里比蕭相國，遂爲蕭氏。又謂太祖述律后兄子名蕭翰，妹復爲太宗皇后，故后族皆以蕭爲姓云。是實録以后族姓蕭爲太祖所賜，而國語解謂其説不合，故陳大任不取。又外戚表序云，契丹外戚，其先曰二審〔密〕氏：曰拔里，曰乙室已。太祖娶述律氏。大同元年，太宗自汴將歸，留外戚小漢爲汴州節度使，賜姓名蕭翰，由是拔里、述律、乙室已三族皆爲蕭姓。是賜姓又自太宗始。按薛居正五代史蕭翰傳，翰父阿巴，有妹爲阿保機后，翰妹又爲德光后。德光入汴，將命翰爲宣武軍節度使，契丹本無漢名，乃賜姓名蕭翰，自是翰族皆姓蕭。歐史亦謂德光欲留蕭翰於汴，使李崧爲製姓名曰蕭翰，於是始姓蕭云。是后族姓蕭，實太宗所賜也。既爲太宗所賜，何以太祖之高、曾、祖、父四代妣已俱稱蕭？蓋皆後人所追氏也，而諸外戚之姓蕭者可類推矣。蕭氏於遼最貴，世與宰相之選，統遼一代任國事者，惟耶律與蕭二族而已。

370 遼正后所生太子多不吉

遼太祖三子，皆述律后所生。長名倍，已立爲太子，後得東丹國，册爲人皇王主之。太祖崩，讓位於其弟太宗，德光身自歸東丹。尋浮海適唐，賜姓名李贊華，爲唐末帝所害。後以子世宗登極，追諡義宗。太宗崩，世宗倍子，時爲永康王。以從子入嗣。世宗崩，穆宗太宗子以從弟入嗣。穆宗崩，景宗世宗子又以從子入嗣。皆未先爲皇太子也。惟景宗后蕭燕燕，正位中宫後，始生聖宗。聖宗以冢嫡嗣位，享國四十九年，令名遐福，最稱賢主，此爲古今來正后所生儲君繼體者之第一，然未即位以前年尚幼，卻未立爲皇太子。興宗聖宗子則由皇太子嗣位，而其母耨斤，本宫人也。道宗母係仁懿蕭后，然道宗生於興宗藩邸，仁懿尚未爲后。道宗宣懿蕭后，則既册爲后始生子濬，尋立爲皇太子，後被乙辛所譖，母子皆不得其死。天祚帝係濬爲太子時，元妃蕭氏所生，亦尚未爲后也。

371 遼官世選之例

遼初功臣無世襲，而有世選之例。蓋世襲則聽其子孫自爲承襲，世選則於其子孫内量才授之。興宗詔，世選之官，從各部耆舊擇材能者用之是也。其高下亦有等差。外戚表序云，后族蕭氏，世預北宰相之選。按遼本紀，太祖四年，以后兄蕭敵魯爲北府宰相，后族爲相自此始。然蕭塔剌葛傳，其祖當安禄山來攻時，戰敗之，爲北府宰相，世預其選，①則世選官本契丹舊制，不自遼太祖始也。蕭思温傳，爲北府宰相，上命世預其選。蕭護斯傳，②官北院樞密使，仍命世預宰相選。辭曰：「臣子孫賢否未可知，得一客省使足矣。」又道宗詔，北院樞密使耶律乙辛，同母兄弟世預北、南院樞密使之選，異母兄弟世預夷离堇之選。太保查剌，世預突吕不部節度使之選。③耶律諧理征宋有功，世預節度使之選。蕭敵魯善醫，世預太醫選。此可見遼代世選官之制，功大者世選大官，功小者世選小官，褒功而兼量才也。

按遼之世選官，與元時四怯薛相同。如木華黎子孫安童，哈剌哈孫，累世皆爲宰相。阿魯圖自言我博爾朮後裔，豈以丞相爲難得耶。是元時丞相多取於四怯薛之家，與遼之世選宰相，大略相同也。

372 遼族多好文學

遼太祖起朔漠，而長子人皇王倍已工詩善畫，聚書萬卷，起書樓於西宫，又藏書於醫巫閭山絶頂。其所作〔樂〕田園（樂）詩，爲世傳誦。畫本國人物，如射騎、獵雪騎、千鹿圖，皆入宋秘府。其讓位於弟德光，反見疑而浮海適唐也，刻詩海上曰：「小山壓大山，大山全無力。羞見故鄉人，從此投外國。」情詞悽惋，言短意長，已深有合於風人之旨矣。平王隆先亦博學能詩，有閬苑集行世。其他宗室内亦多以文學著稱，如耶律國留善屬文，坐罪在獄，賦寤寐歌，世競稱之。其弟資忠亦能詩，使高麗被留，有所著號西亭集。耶律庶成善遼、漢文，尤工詩。耶律蒲魯爲牌印郎君，應詔賦詩，立成以進。其父庶箴嘗寄戒諭詩，蒲魯答以賦，時稱典雅。耶律韓留工詩，重熙中，詔進述懷詩，帝嘉嘆。耶律陳家奴遇太后生辰進詩，太后嘉獎。皇太子射鹿，陳家奴又應詔進詩，帝嘉之，解衣以賜。耶律良，重熙中從獵秋山，進秋（獵）〔游〕賦。清寧中，上幸鴨子河，良作捕魚賦。嘗請編御製詩文曰清寧集，上亦命良詩爲慶會集，親製序賜之。耶律孟簡六歲能賦曉天星月詩，後以太子濬無辜被害，以詩傷之，無意仕進，作放懷詩二十首。耶律谷欲工文章，興宗命爲詩友。此皆宗室之能文者。又耶律褭履工畫，坐事犯罪，寫聖宗御容以獻，得減死。後使宋，宋主賜宴，瓶花隔面，未得其真，陛辭僅一視，默寫之，及出境，以示餞者，駭其神妙。此又宗室之以畫著名者也。

373 遼燕京

京師本唐范陽節度使治，府曰幽州，軍曰盧龍。遼太宗會同元年，晉主石敬瑭遣趙瑩以幽、薊、瀛、莫、涿、檀、順、嬀、儒、新、武、雲、應、朔、寰、蔚十六州來獻，乃詔以幽州爲南京。三年三月，至南京，備法駕，入自拱辰門，御元和殿，行入閤禮；又御昭慶殿，宴南京羣臣。按石晉纔以地來歸，太宗駕至，即有拱辰、元和、昭慶等名，則非遼所建之宮殿可知也。是年冬，始詔燕京建涼殿於西南堞。建一涼殿尚特書於本紀，更可知太宗初入時，並未别有改築，蓋幽州自安、史叛亂已稱大燕，後歷爲强藩所據，唐末劉仁恭僭大號於此，必久有宮殿名，遼但仍其舊耳。聖宗統和二十四年，改南京宣教門爲元和門，外三門，一爲南端，左掖爲萬春，右掖爲千（齡）〔秋〕。開泰元年，又改幽都府爲析津府，幽都縣爲宛平縣。太平五年，駐蹕南京，幸内果園宴。時值千齡節，燕民以年穀豐熟，車駕適至，争以土物來獻。上禮高年，惠鰥寡，賜酺飲。至夕，六街燈火如晝，士庶嬉游，上亦微行觀之。蓋遼以巡幸爲主，有東、西、南、北四樓曰捺鉢，①又有春水、秋山，歲時游獵，從未有久駐燕京者，是年偶度歲於此，故以爲僅事也。今其基址亦有可約畧者。遼史地理志謂城方三十六里，崇三丈，衡廣一丈五尺。八門，東曰安東、迎春，南曰開陽、丹鳳，西曰顯西、清晉，北曰通天、拱辰。大内在西南隅，其所改之元和門及南端、萬春、千(齡)〔秋〕等門，則大内之門也。憫忠寺有李匡威所立之碑，曰大燕城内東南隅有憫忠寺，是唐藩鎮牙城本在憫忠寺之西。遼志云，大内在西南隅。宋王曾記契丹事，亦云燕京子城就羅郭西南爲之。是遼之南京即唐幽州鎮之舊治，確有明證。金初因之，宋欽宗至金，館於燕山東南憫忠寺，此寺猶在東南也。海陵始擴東、南二面而大之，詳見金築燕京條内。元世祖又廣其西、北而截其東、南，詳見元築都城條内。明徐達又截其西北，成祖建都，則又廣之於東，②詳見明築都城條内。蓋至是凡數改矣。惟王曾記自盧溝河至幽州六十里，今盧溝橋至京不過三十里，遼、金之燕京尚在西北面，其去盧溝宜近，乃較遠於今，何也？蓋今盧溝橋乃金章宗時始建，遼時盧溝河尚未有橋，其渡河之處或尚在南，故至幽州六十里耳。

374 金廣燕京

金太祖、太宗有天下，其建都仍在上京，未嘗至燕也。熙宗始詔盧彦倫營造燕京宫室。彦倫傳海陵欲遷都於燕，天德三年，乃詔廣燕城，建宫室，①依汴京制度，遣丞相張浩、張通古等調諸路夫匠修築。有司以圖來上，并陰陽五姓所宜，海陵曰：「吉凶在德不在地，使桀紂居之，雖善地何益？堯舜居之，何以卜爲？」本紀是時張浩舉蘇保衡分督工役，又景州刺史李石護役皇城。見浩、石各本傳。運一木之費至二十萬，舉一車之力至五百人，宮殿皆飾以黄金五彩，一殿之成，以億萬計。見續通鑑綱目。貞元元年來都之，以遷都詔中外，改燕京爲中都，府曰大興。以京城隙地賜朝官，尋又徵其錢。賜營建夫匠帛。本紀今按蔡珪傳，有兩燕王墓，舊在東城外，海陵廣京城，墓在城内，相傳爲燕王及太子丹之葬，珪獨攷其非是，乃漢劉建及劉嘉之葬也。大定九年，詔改葬於城外。又劉頍傳，南苑有唐碑，書貞元十年御史大夫劉怦葬，世宗見之曰：「苑中不宜有墓。」劉頍家本怦後，詔賜怦錢三百貫，②令頍改葬於城外。據此二傳，可見海陵築城時，於遼故城之東、南二面皆大爲增廣，故兩燕王及劉怦墓，舊時皆在城外者，悉圍入城中，至大定始遷出也。

375 元築燕京

元太（宗）〔祖〕十年已取燕京，然未嘗駐蹕。世祖即位，尚在開平，中統二年，始命修燕京舊城。蓋自金宣宗遷汴後，燕京入於蒙古，宮室爲亂兵所焚，火月餘不滅，至是已四十餘年，班朝出治之所無復存者，故中統元年車駕來燕，只駐近郊。本紀王磐傳所謂宮闕未定，凡遇朝賀，臣庶雜至帳殿前，喧擾不能禁也。至元元年，詔改燕京爲中都，始建宗廟宮室。劉秉忠傳八年，發中都、真定、順天、河間、平灤民二萬八千人築宮城。又敕修築之費悉從官給，并免伐木夫役税賦。是年初，建東、西華及左、右掖門。十年初，建正殿，寢殿、香閣，周廡兩翼室。十一年正月，宮殿告成，帝始御正殿受朝賀。此俱見本紀。時詔舊城居民之遷京城者，以貲高及有官者爲先，仍定制以八畝爲一分，其或地過八畝及力不能築室者，皆不得冒據，聽他人營築。此元時遷築燕京之明據。朱竹垞所謂元建大都，在金燕京北之東，大遷民以實之，燕城以廢是也。二十年，以侍衛親軍萬人修大都城。二十六年，又修宫城，乃立武衛繕理，以留守段天祐兼指揮使治之。①大概元之遷築，先宫城而後及於都城，事皆散見紀傳。今其故址有可以意得者，德勝門外八里土城，本元之健德門，是元之都城北面在今德勝門外八里也。郭守敬引白浮泉水入都城，滙於積水潭，置牐以運通州之米，世祖還自上都，見積水潭舳艫蔽水，大悦。積水潭即今之西海子，其時糧船可泊於此，知此潭尚未爲禁地也。見守敬傳。永樂初封於燕，因元故宫，即今之西苑，開朝門於前，事見劉侗帝京景物略。②是元故宫乃在今西苑之西宣武門以内也。

376 明南北京營建

明祖創造南京，規制雄壯，今四百餘年，城郭之崇，街衢之闊，一一可想見締造之迹。蓋盡舉前代官民房舍掃除而更張之，而工作皆出於民力。水東日記云，洪武門外至中和橋六七里長街，乃富民沈萬三家絡絲石所砌。以此類推，是物料皆取之民間也。①明史嚴震直傳，時方事營造，集天下工匠二十萬户於京師，震直請户役一人，各書其姓名術業，按籍更番役之。是工匠悉取之民間也。朱煦傳，洪武十八年，詔盡逮天下官吏之爲民害者，赴京師築城。葉伯巨傳亦言，居官一有蹉跌，苟免誅戮，則必在屯田工築之科。是工築并及於官吏也。當開國之初，勞民動衆，固非得已。至成祖遷都北京，自可仍元都之舊，乃宫殿多移在元舊城東三四里。蓋自徐武寧平燕，廢元都，已縮其地爲北平府。今德勝門外八里有土城，尚是元健德門故址，可見武寧已割舊都西北一帶於城外也。②（蕭）〔華〕雲龍鎮北平，建燕邸，改築北平城。雲龍傳劉侗帝京景物略亦謂，徐達命雲龍新築城垣，南北取徑直，③是城郭已另築也。姚廣孝傳，成祖初封於燕，其邸即元故宫。景物略亦謂，燕邸因元故宫，即今之西苑，開朝門於前。永樂登極後，即故宫受朝。至十五年，改建皇城於東，去舊宫里許，悉如金陵之制云云。④是宫殿亦另建也。今以明史各列傳參考之，當時大工大役，亦不減洪武之創南京矣。自永樂五年，實始營建。九年，譚廣以大寧都指揮使董建北京。廣傳十五年，薛禄以後軍都督董北京營造。禄傳宦官阮安有巧思，奉命董北京城池宫殿及百司府舍，目量意揣，悉中規制，工部受成而已。宦官傳是董役者固不一其人。鄺埜以北京執役者鉅萬，奉命稽省病者。埜傳葉宗人爲錢唐令，督工匠往營北京。宗人傳是工匠亦役及各省也。鄒緝疏言，建造北京，幾二十年，工大費繁，調度甚廣。工作之夫，動以百萬，終歲供役，不得耕作。工匠小人，又假託威勢，逼民移徙，移徙甫定，又令他徙，至有三四徙者。緝傳永樂十九年詔云，賴天下臣民，殫竭心力，冒寒暑，涉風霜，趨事赴功，勤勞匪懈。景物略⑤是可見當時城池宫闕皆非因元之舊，其擾民肆害，有記載所不能盡者。本朝定鼎，明宫殿已爲流賊李自成所燬，流賊傳宜乎大有改建，乃初定鼎，僅在武英殿朝賀，後次第修葺，不肯興大役以病民。直至康熙八年十一月，太和殿、乾清宫始告成，則開國之初固已仁及天下矣。

朱竹垞日下舊聞序云，唐之幽州，其址半在新城即今南城之西，金展其南，元拓其東北。徐達定北平，毁故都城，縮而小之，昊天、憫忠、延壽、竹林、仙露諸寺，皆限於城外。及嘉靖築新城，此數寺又圍入城内。梁園以東，至於神木廠，亦舊時郊外地也。元之宫闕當在今安定門北，明初即南城故宫爲燕邸，而非因大内之舊云。此可以參證。

377 金史

金史敍事最詳核，文筆亦極老潔，迴出宋、元二史之上。説者謂多取劉祁歸潛志，元好問壬辰雜編以成書，故稱良史。然好問傳，金亡後，累朝實録在順天張萬户家，好問言於張，欲據以撰述，後爲樂夔所沮而止。是好問未嘗得實録底本也。今金史本紀即本張萬户家之實録而成。按完顔勖及宗翰傳，女直初無文字，祖宗時並無紀録。宗翰好訪問女直老人，多得先世遺事。太宗天會六年，令勖與耶律迪延掌國史。勖等自始祖以下十帝，綜爲三卷，凡部族既曰某部，又曰某水、某鄉、某村，以識別之。至與契丹往來及征戰之事，中多詐謀詭計，悉無所隱，故所紀咸得其實云。今按世紀，初臣遼而事之，繼叛遼而滅之，一切以詐力從事，皆直書不諱，及石顯、桓赧、散達、烏春、臘醅、歡都、冶訶等傳地名、部名、村名，悉瞭如指掌，應即勖等所修之載在實録者。皇統八年，勖等又進太祖實録二十卷。大定中，修睿宗實録成，世宗曰："「當時舊人，惟彀英在。」令史官持往就問之，多所更定。見彀英傳。是金代實録本自詳慎。衛紹王被弑，記注無存。元初王鶚修金史，采當時詔令，及金令史竇(詳)〔祥〕所記二十餘條，楊雲翼日録四十(卷)〔條〕，陳老日録(二)〔三〕十(餘)條，及女官所記資明夫人授璽事以補之。可見金史舊底固已確覈，宜纂修諸人之易藉手也。然於舊史亦有别擇處。如李石傳，謂舊史載其少貧，貞懿后周之不受，及中年，以冒支倉粟見譏貪鄙，如出兩人。史又稱其未貴時，人有慢之者，及爲相，其人見石惶恐，石乃待之彌厚，又與其平日正色斥徒單子温氣岸迥殊。是纂修諸臣於舊史亦多參互校訂，以求得實，非全恃鈔録舊文者。其宣、哀以後諸將列傳，則多本之元、劉二書。蓋二人身歷南渡，後或遊於京，或仕於朝，凡廟謀疆事，一一皆耳聞目見，其筆力老勁，又足卓然成家。修史者本之以成書，故能使當日情事，歷歷如見。然謂其全取元、劉之作，則又不然。如王若虚傳，崔立以汴城降蒙古，朝臣欲爲樹碑紀功，以屬祁，祁屬草後，好問又加點竄。此事元、劉二人方且深諱，見好問外家別業上梁文及祁歸潛志。而若虚傳竟直書之，更可見修史諸人臨文不苟，非全事鈔撮者也。又金初滅遼取宋，中間與宋和戰不一，末年又爲蒙古所滅，故用兵之事較他朝獨多。其勝敗之迹，若人人鋪敍，徒滋繁冗，金史則每一大事即於主其事之一人詳敍之，而諸將之同功一體者，可以旁見側出，故有綱有紀，條理井然。如出河店遼史作出店河，金史作出河店。之戰，太祖自將，則書於本紀。獲遼主，取宋帝，則詳於宗翰、宗望傳。渡江追宋高宗，則詳於宗弼傳。富平之戰，則詳於宗弼及赤盞暉傳。和尚原之戰，則詳於宗弼及穀英傳。涇州西原之戰，則詳於穀英及撒離喝傳。正隆用兵，則詳於海陵本紀及李通傳。大定中復取淮、泗，則詳於僕散忠義、紇石烈志寧傳。泰和中宋兵來侵，則詳於僕散揆、宗浩、完顔綱傳。興定中發兵侵宋，則詳於牙吾塔傳。鞏昌之戰，則詳於白撒傳。禹山之戰，則詳於移剌蒲阿傳。三峰山之戰，則詳於完顔合達傳。汴城括粟之慘，則詳於斜卯愛實傳。汴城之攻圍，則詳於白撒及完顔奴申、崔立傳。歸德之竄，則詳於白華傳。蔡州之亡，則詳於完顔仲德傳。各就當局一二人敍其巔末，而同事諸將自可以類相從，最得史法。又如遼將和尚、道温二人之忠於遼，宋將徐徽言之忠於宋，則但書其殉節，而死事之詳聽其入遼史、宋史可矣，乃不忍没其臨危不屈之烈，特用古人夾敍法，附書道温二人於宗望傳，徐徽言於婁室傳，使諸人千載下猶有生氣，而文法亦不至枝蔓，尤見修史者斟酌裁翦之苦心也。

按崔立功德碑一事，金史劉祁、元好問二傳皆不載。王若虚傳則謂，崔立殺宰相，以汴京降蒙古，其黨翟奕欲爲作功德碑，以屬若虚。若虚謂奕曰：「學士代王言，功德碑謂之代王言，可乎？」奕不能奪，乃召太學生劉祁、麻革到省，好問時爲郎中，謂祁等曰：「衆議屬二君，其無辭。」祁不得已爲草定，以示好問，好問意未愜，乃自爲之。既成，以示若虚，乃共删定數字，然止直敍其事而已。據此則功德碑竟出祁、好問二人之手矣。然郝經有辨磨甘露碑詩云：「國賊反城自爲功，萬段不足仍推崇，勒文頌德召學士，滹南先生付一死。即若虚。林希更不顧名節，兄爲起草弟親刻，省前便磨甘露碑，書丹即用丞相血。百年涵養一塗地，父老來看暗流涕。數尊黄封幾斛米，賣卻家聲都不計。盗據中國責金源，吠堯極口無靦顔。作詩爲告曹聽翁，且莫獨罪元遺山。」據此則作文另有人，林希本宋人，蓋借以影喻作文者。并非祁、革，而好問改作之誣，更不待辨矣。然經詩末句云，「且莫獨罪元遺山」，則好問於此事究有干涉。經詩謂林希所作「極口吠堯」，斥金源「盗據中國」，而金史謂好問所改止直敍其事，豈初次原稿專媚崔立，且指斥國家，好問見而憤之，特改其肆逆之語，後人遂以爲出祁、好問之手耶？

378 金史失當處

金史體例亦有可議者。本紀之前先列世紀，敍世祖以下世次及締造功業，而本紀後又有世紀補，則敍熙宗父宗峻，世宗父宗輔，章宗父允恭，皆以子登極追尊爲帝者也。宗峻追謚景宣帝，廟號徽宗。宗輔追謚簡肅帝，廟號睿宗。允恭追謚光孝帝，廟號顯宗。此等追尊之帝，本宜各爲一傳，冠於列傳之首，如元史睿宗、裕宗、顯宗、順宗，明史興宗、睿宗之例，最合體裁。金史以太祖以前十一君皆係追謚之帝，已入世紀，此三人亦係追謚之帝，不便入列傳，故又爲世紀補，附於本紀之後，亦創例之得者也。然海陵篡立，亦追尊其父宗幹爲睿明皇帝，廟號德宗，後因海陵廢爲庶人，遂并其父追尊之帝號亦從削奪，而列於宗本等傳。此固當時國史紀載如是，及異代修史時，則海陵一十三年御宇，既不能不編作本紀，其追尊之父亦何妨附於世紀補，以從畫一。況宗幹開國元勳，其功烈迥在宗峻、宗輔上。即世宗登極，亦嘗改謚明肅皇帝，後因允恭之奏，始降封遼王。若以其降封，遂不入世紀，則海陵登極時，亦嘗降封宗峻爲豐王，乃一升一降歧互若此。崔立殺宰相，刼妃后等，以汴京降蒙古，乃不入叛、逆臣中，而仍在列傳，與完顏奴申同卷。此編次之可議者一也。劉豫爲金子皇帝，則屬國也。天會十年，豫徙都汴。十二年，金、齊合兵侵宋。皆金國大事，而金史一概不書。此記載之可議者二也。張邦昌、劉豫俱受金封册，宇文虛中亦仕金，官至特進，金史固宜立傳。吳曦叛宋降金，已册封爲蜀王，其死也，又贈以太師，招魂葬之。雖曦事多在宋，然既已臣金，金史亦宜立傳，乃邦昌等三人皆有傳，而曦獨無之。時青雖陰受金官，而身在宋，屢以宋兵攻金。其叔時全，則仕金爲同簽樞密院事，屢爲金侵宋。是宜傳全而以青附，乃反傳青而以全附，亦屬倒置。宗弼用兵，處處與韓常俱，富平之戰，宗弼陷重圍中，韓常流矢中目，怒拔去，以土塞創，奮呼搏戰，遂解圍出宗弼；仙人關之戰，宗弼陳於東，韓常陳於西；順昌之敗，韓常以大將亦被鞭責；柘皋之戰，王德先敗韓常於昭關，宗弼傳內屢錯見其事。又高福昌傳，韓常用法嚴，遣吏送囚於汴，或道亡，監吏懼罪，乃盡殺之以滅口。①後衍慶宮圖畫功臣，韓常以驃騎大將軍亦得繪像。是韓常固金初一大將，累有戰功，金史必宜有傳，乃竟無之，亦屬掛漏。此纂輯之可議者三也。至如詔誥之類，既載於本紀，則不必復載於列傳。乃天輔五年使都統杲伐遼，詔書三道，既詳於紀，而杲傳又備載之，不異一字。完顏素蘭在宣宗前面劾朮虎高琪之奸惡，既詳於素蘭傳，而高琪傳又備載之，累幅不盡。此又敘述繁複之可議者也。又如遼史敘本國之兵，不曰我兵而曰遼兵，金史宣宗以後敘蒙古兵曰大元兵，曰北兵，曰大兵，而敘本國之兵亦直曰金兵。見徒單兀典等傳。蓋異代修史，不必內本國而外敵國，直書金兵，亦自明晰。至金太祖本紀，拒遼兵於鴨子河，甲士三千七百，至者纔三之一，俄與敵戰大勝。遼人常謂女直兵若滿萬則不可敵，至是始滿萬云。上既云三千七百，至者三之一，下即云滿萬，殊屬語病。衛紹王紀，大安二年九月，忽書京師戒嚴，蓋因蒙古兵入也。然上文從未見蒙古起兵之事，使閱者茫然不知何處之兵，直至大安三年四月，始書大元太祖來征，一似上年之戒嚴，別有兵禍，而非蒙古者。又紇石烈牙吾塔傳，大昌原戰勝，既解慶陽之圍，時元使斡骨欒來行省，蒲阿等因此一勝，志氣驕滿，乃謂斡骨欒曰：「我已準備軍馬，可戰鬬來。」是此召釁之語乃出自蒲阿也。其下又云，内族垂慶使北還，始知牙吾塔不遜激怒之語，是此語又是牙吾塔所言矣。此又一傳中自相歧互。移剌蒲阿傳，三峰山之戰，元兵開鈞州路，縱金兵走，而以生軍夾擊之，楊沃衍、樊澤等皆戰死於路。沃衍傳則謂已入鈞州，元使人招之，沃衍不從，乃自縊死。兩傳亦不符合。

379 遼金二史各有疎漏處

按金史，金太祖自出河店之捷，即於次年正月稱帝，建國號曰金，年號曰收國，凡二年，又改元天輔。遼史，出河店之敗在天慶四年，則金之建國應在天慶五年，乃遼史本紀是年並不載金建國之事，直至天慶七年始云，是歲女直阿骨打即金太祖也。用鐵州楊朴策，即皇帝位，改元天輔，國號金。則似金太祖至是年始稱尊，而收國兩年俱抹煞矣，此遼史之疎漏也。金史，太祖初以吳乞買、即金太宗也。撒改等之請，始建國稱帝，其改元天輔也，亦以吳乞買等上大聖皇帝之號而改元，並無楊朴定策之事。遼史又載楊朴言，自古英雄開國或受禪，必先求大國封册，遂遣使議和，以求册封。是楊朴者，固金初一策士，而金史亦不載此事，并列傳亦無楊朴其人。

380 金史避諱處

遼天祚帝幸混同江，界外生女直酋長在千里内者，以故事皆來朝。適遇頭魚宴，上臨軒，命諸酋起舞，獨阿骨打辭以不能，諭之再三，終不從。上密諭樞密使蕭奉先以事誅之，奉先以爲粗人釋之。其弟吴乞買、粘没喝等嘗從獵，能呼鹿刺虎，上喜，輒加官賞。阿骨打歸，遂稱兵，先併旁近部族。女直趙三等拒之，阿骨打虜其家屬。趙三走訴咸州詳穩司，詳穩司數召阿骨打不至。一日，阿骨打率騎五百突至詳穩司，與趙三面折庭下，阿骨打不屈，送所司問狀，一夕遁去，自是召不復至。此事載遼史，而金史不書。及天祚帝親征，下詔有「女直作過，大軍翦除」之語。女直主聚衆，剺面仰天慟哭，以激勵其衆，謂不若殺我一族，汝等迎降，可轉禍爲福。諸軍皆曰：「事已至此，惟有戰耳！」又天祚帝遣蕭習泥烈等册金主爲東懷皇帝，金以册文無兄事之語，不稱大金，而云東懷，乃「小邦懷其德」之義，遂不受，以書復之。事皆載遼史，而金史亦不書。又如宋劉錡順昌之捷，金葛王烏禄從兀朮來攻，亦大敗而去。宋史本紀及錡傳載之甚詳，葛王即金世宗也，而世宗本紀不敍其事。宣宗即位，乃紇石烈胡沙虎弑衛紹王後，徒單鎰勸其迎立也，見鎰及胡沙虎傳。而紹、宣二紀皆不載。撒离喝被李世輔即李顯忠刼執，將挾以歸宋，追兵至，世輔乃與折箭爲誓，推下山，而撒离喝傳不載。見完顏彀英傳。朮虎高琪爲相，專寵作威，與高汝礪相倚，高琪主機務，汝礪掌利權，附己者用，不附己者斥。見朮虎高琪傳。而汝礪傳絶不見附和高琪之處，反載其諫阻遣兵護麥及閲田征租榷油等事，皆與高琪異議者，其與高琪意合，衹諫阻遣使與宋議和一事而已。傳贊稍示貶，謂其循默避事，貪戀不去，士論頗以爲譏，然終未著其黨附之迹也。至張邦昌傳，亦但云金立邦昌爲大楚皇帝，時二帝已出汴京，邦昌出質始回，康王入歸德，邦昌勸進於歸德，後以隱事誅之。傳中並不見僭位稱號之事，一若金册立後，即向康王勸進，而康王之殺之不免冤抑者，則并邦昌亦爲之迴護矣。

381 金史誤處

遼史，天祚帝命宰相張琳、李處温與秦晉國王耶律淳守燕，帝遁入夾山，命令不通，奚回离保、①耶律大石及李處温、左企弓、虞仲文、曹勇義、康公弼等立淳爲帝，改元建福。未幾淳死，衆又立其妻德妃蕭氏爲皇太后，主軍國事，將迎天祚次子秦王定爲帝，皇太后稱制，改元德興。是淳年號建福，蕭氏年號德興也。而金史左企弓傳乃云，遼天祚帝亡保陰山，秦晉國王耶律淳自立於燕，改元德興。則以其妻之年號爲淳之年號矣。又遼史，左企弓、曹勇義、虞仲文、康公弼等降金後，過平州，張𣪍遼史名𣪍，金史名覺。②數以十罪，皆縊殺之，而金史惟企弓傳記其爲張覺所殺，仲文傳則云，爲翰林侍講學士，卒謚文正。勇義傳云，爲三司使，加宣政殿大學士，卒謚文莊。公弼傳云，權乾州節度使，卒謚忠肅。俱不見被害之迹，一似考終於官者。況企弓傳已敍明，降金後，金授企弓守太傅、中書令，仲文樞密使、侍中、秦國公，勇義以舊官守司空，公弼同中書門下平章事、陳國公，此諸人所受金官也。既受金官，則臨死時應以金官書之，乃仲文等傳所云翰林侍講學士、宣政殿大學士、權乾州節度使之類，仍是仕於遼之官，尤覺兩無所據，此金史之失也。

382 金史紀傳不相符處

金史有紀傳不相符處。元光元年用兵侵宋，主兵者完顏訛可也，本紀既書遣元帥訛可節制三路軍馬伐宋，下又書訛可、時全軍大敗，訛可當死，面責而釋之。時全傳①亦載，五月師還，全令軍留淮收麥，訛可恐雨至水漲，不得善歸，力爭之，全不聽。是夜暴雨，水大至，爲橋以濟，遂爲宋兵所襲。乃訛可本傳絶無與宋交兵一字，亦可見記載之疎矣。宋本紀，嘉定十二年書金帥訛可攻棗陽；孟宗政傳亦書訛可棗陽敗歸之事，金史本傳轉不載，何耶？②

383 金史氏名不畫一

金史紇石烈牙吾塔傳末云，「塔」亦作「太」，亦曰「牙忽帶」，女直語本無正字也。故流傳於宋，往往記載互異。至金史一朝之書，則纂修者應各傳彼此校訂，以歸畫一。乃一撒離喝也，熙宗紀作撒離合，睿宗紀作撒離喝。宋史作撒离曷。一合達、蒲阿也，本傳作合達、蒲阿，訛可傳又作合打、蒲阿。一阿忽帶也，馮璧傳作阿虎帶，訛可傳又作阿禄帶，其下又云阿魯帶。一撒合輦也，一傳中忽作撒合輦，忽作撒曷輦。紇石烈執中即胡沙虎也，乃紀傳忽而紇石烈執中，忽而胡沙虎，忽而紇石烈胡沙虎。内族承立即慶山奴也，乃本傳忽而慶山奴，忽而承立。蒲察琦即仁卿也，乃本傳忽而蒲察琦，忽而仁卿。此皆修史時倉猝成書不暇刊正，故多歧誤也。

384 宋史金人名多與金史不符

金史書本國人名已多彼此互異，流傳於宋，益多譌誤，故宋史所記金人名，考之金史，相同者不過十之一二，其餘竟無一可核對者。如李若水、宗澤等傳之粘罕、斡離不，韓世忠傳之撻辣，金史作撻懶。岳飛等傳之兀朮，吴玠傳之撒離喝，婁宿，張浚傳之僕散忠義，吴璘傳之合喜，即金史徒單合喜。湯思退傳之紇石烈志寧，李寶傳之完顏鄭家奴，趙方、扈再興傳之高琪、烏古論慶壽、完顏賽不、完顏訛可，孟珙傳之移剌瑗，尚二史名字相同，然撻辣金史作撻懶，婁宿金史作婁室，其字已不盡一。此外尚有可以意會者，如兀朮爲韓世忠扼於黃天蕩，世忠傳謂撻辣在濰州，遣孛堇太乙來援，金史宗弼傳則謂遣移剌古來援，蓋即一人也。畢再遇傳有紇石烈都統，按金史是時統兵者爲紇石烈志寧，則都統乃志寧也，而宋史但記其姓。其他如悟室、見洪皓及韓世忠傳。聶兒孛堇、牙合孛堇、訛里也、世忠傳拓拔耶烏、烏陵思謀、忔查粘罕、索孛堇、龍虎大王、蓋天大王、夏金吾、岳飛傳没立、烏魯折合、吴玠傳胡盞、習不祝、完顏悉列、耶律九斤、吴璘傳室撚、秦檜傳耶律温、王德傳蒙恬鎮國、五斤太師、魏勝傳萬户撒八、楊再興傳完顏蒲辣都、千户尼龐古、畢再遇傳阿海、完顏小驢、合荅、奇哥、趙方傳①從義、納撻達、扈再興傳巴土魯、張威傳温端、兀陵達等，孟珙傳②考之金史，絶無其人，即按其事以求其人，亦無一相合者。宋史，李顯忠之取靈壁也，陰結金統軍蕭琦爲內應，已而琦背約來拒，顯忠屢敗之，遂復靈壁。而虹縣未下，顯忠又使人説金貴戚大周仁及蒲察徒穆來降，遂復虹縣。又進克宿州，金帥孛撒率十萬衆來戰，顯忠敗走。按金史紇石烈志寧傳，是時窩斡叛黨括里、扎八逃入宋，顯忠用其謀，攻取靈壁，而無所謂蕭琦者。虹縣叛降之將則都統奚撻不也，又非周仁、徒穆。惟張子蓋傳有招降金將蕭鷓巴及耶律造哩之語，鷓巴或扎八之譌，而顯忠傳又無鷓巴其人。孝宗本紀，蕭琦、蕭鷓巴係兩人。至所謂金帥孛撒者，蓋即僕散之譌，然是時僕散忠義駐汴梁，未嘗統兵來，統兵者乃志寧也，宋史稱孛撒又異。總之，金人名本無正字，但以音相呼，流傳鄰國，益至以譌傳譌，故二史各記所記，兩不符合。惟扈再興傳之從義，有可以意揣者，當時金遣使至各行省措置兵事者，曰宣差，曰從宜，「從義」蓋「從宜」之譌，乃出使之官號，而非人名也。

宋史邢恕傳，恕之子倞館伴金使趙倫。是時肅王使金未回，朝議亦欲留金使以相當，倫懼留，乃謂倞曰：「金有余覩者，本遼大臣降金，今尚領契丹精鋭，而心貳於金，可結以圖金。」倞以聞，帝遂賜余覩詔書，納倫衣領中，厚賚遣還。倫歸，獻其書。金主怒，遂再發兵滅宋。是詭詞誘宋結余睹歸而獻其書者，趙倫也。而金史蕭仲恭傳，則此乃仲恭所爲，並無所謂趙倫者。豈仲恭使宋時，改易姓名耶？倫親在宋，宋人記其姓名，又非傳聞可比。乃一事也，而二史姓名互異，更不可解也。③

385 宋金二史不符處

宋、金二國交涉之事，二史本紀所載，事之大者大概相同，其小者多不符合。如天會六年，宋建炎二年金徙宋二帝於韓州，金紀在十月，宋紀在八月。七年，拔離速襲宋主於揚州，金紀在五月，宋紀在二月。按是年三月，帝已在杭，遭苗、劉之變，則避兵渡江，當是二月。八年，立劉豫爲子皇帝，金紀在九月，宋紀在七月。天眷二年，宋紹興九年拘王倫於河間，金紀在九月，宋紀在十月。皇統元年，宋紹興十一年宋和議成，兀朮畫淮水中流爲界，金紀在九月，宋紀在十一月。皇統(三)〔二〕年，遣朱弁、洪皓等南歸，金紀在八月，宋紀在次年六月。如此類者不一，蓋或得之傳聞，或據起事之日，或據訖事之日，故有先後不同也。又如欽宗之北遷，金紀謂天會四年十一月，宋主出居青城。十二月，宋主桓降，是日歸於汴城。宋紀但書帝如青城，又書帝至自青城，而奉表乞降之事則不書。皇統二年，金紀，使劉筈以衮冕圭册册宋康王爲帝，宋紀但書金使劉筈等九人入見，藏金國書於内侍省，而不及册立之事。蓋皆爲本朝諱，國史書法固如是也。惟天眷三年，金再用兵取(江)〔河〕南，金紀但書，五月，兀朮趨汴，撒離合趨陝。是月，河南平。六月，陝西平。按是年宋劉錡有順昌之捷，岳飛有復蔡州、潁昌、淮寧等州，及郾城、朱仙鎮之捷，韓世忠有淮陽、洳口、潭城之捷，張俊有永城、亳州之捷，王德有宿州之捷，吴璘有扶風、石壁砦之捷，王彦有青谿嶺之捷，田晟有涇州之捷，戰争方始，何得云河、陝盡平？而金紀一概不書。蓋當金兵初入，東京留守孟庾即以城降，其餘州郡亦望風而靡，或降或走，兀朮即奏河、陝盡平。其後韓、岳、張、劉、吴之交兵則在六月以後，雖各有克捷，未幾諸將奉詔班師，所得州郡復爲金有。故金紀一概不書，而於是年十二月，總書宗弼奏宋將岳飛、韓世忠、張俊等率兵渡江一語以括之也。皇統元年，金紀書，四月，宗弼請伐江南。九月，宗弼渡淮，以書讓宋，宋復書乞罷兵，宗弼以便宜畫淮水中流爲界。按宋史，是年正月，金人陷廬州。二月，王德敗金人於含山，楊沂中、劉錡等敗金人於柘皋。三月，金兵退至濠州，王德等遇伏敗還。是用兵在二三月，至四月則金兵已還矣。金紀所云，四月宗弼請伐江南，九月宗弼渡淮，則記載之誤。其後正隆南侵，大定議和，及泰和交兵之事，宋、金二史大概相符。惟興定以後，兩史本紀各有詳略不同。興定元年，宋嘉定十年金紀但書用兵淮南之事，而不及入蜀之師。二年，亦多詳於淮南，而入蜀師祇書皂郊堡一事。三年，金紀亦但書淮南之役，而陜西進兵興、洋則不書。宋紀又專詳興、洋之戰，而淮南交兵則總敘於春夏之交。至元光元年，金紀書淮南之戰甚詳，而宋紀並無一字。正大二年，金紀書光州之戰；三年，金紀書壽州之戰，而宋紀亦並無一字。金史最簡而轉詳，宋史最詳而反略，此不可解也。

386 宗弼渡江宋金二史互異

宗弼渡江追宋高宗，據本傳，宗弼自和州渡江，既降江寧，即由江寧取廣德路至杭州，初未嘗由鎮江過兵也。而宋史韓世忠傳，是時世忠由鎮江退保江陰，不知何故。及閱赤盞暉傳，暉從渡淮，爲先鋒，遇重敵於蘇州、秀州，皆敗之，遂至杭州。則知是時金兵下江南，本非一路。蓋宗弼自和州渡，暉等自瓜洲渡。世忠傳亦謂兀朮分道渡江，諸屯皆散，故世忠退保江陰也。至黄天蕩之戰，宋、金二史亦頗互異。宋史世忠傳謂，兀朮自杭北歸，至鎮江，世忠已屯焦山，兀朮不得渡。撻辣在濰州，遣孛堇太一來援，孛堇軍江北，兀朮軍江南，世忠與二酋相持於黄天蕩四十八日。有獻謀於兀朮者曰，鑿土渠接江口，則在世忠上流，乃一夕鑿渠三十里。次日無風，我軍帆弱不得動，金人以小舟縱火，得絶江而去。是金軍鑿渠出江，即在黄天蕩渡江北去也。金史宗弼傳則謂，宗弼自杭還軍鎮江，韓世忠以舟師扼江口，宗弼遂自鎮江泝流西上，宗弼循南岸，世忠循北岸，將至黄天蕩，宗弼因老鸛河故道，開三十里通秦淮，乃得至江寧。會移剌古蓋即世忠傳所云孛堇太一。來援，宗弼發江寧，將渡江而北。宗弼渡自東，移剌古渡自西，世忠分舟師絶江流上下，將左右掩擊之。宗弼軍以火箭射其五緉舟皆焚，遂敗世忠而去。是宗弼既至江寧，又從江寧出江，而後敗世忠，則其絶江北去當在江寧府城之北，非復黄天蕩矣。參觀岳飛傳，謂兀朮自杭州趨建康，飛設伏於牛頭山待之，夜令人黑衣入金軍擾之，金兵驚亂。兀朮次龍灣，飛又破之。則兀朮乃歸至建康，再渡江而北也。若即從黄天蕩北去而不至江寧，則何必鑿老鸛河以通秦淮耶？金紀，天會八年三月，宗弼及韓世忠戰於鎮江，不利。四月，又戰於江寧，敗之，諸軍渡江云云。是亦明言兩地也。

387 宋金二史傳聞之誤

金史拔離速傳，天會四年，與泰欲、馬五襲宋康王於揚州，康王渡江，入於建康。按是時宋高宗聞警即至鎮江往杭州，未嘗至建康也。又奔睹傳，天眷二年，宋將岳飛以兵十萬攻東平，奔睹倉猝出禦，時桑柘方茂，奔睹多張旗幟於林間爲疑兵，飛不敢動，相持數日而去。飛又以十萬衆圍邳州，守將告急，奔睹語使者，城西南有塹，深丈餘，急窒之，飛果從此穴地入，以有備而止。按是年金方以河南地與宋，並無交戰之事。即次年兀朮再取河南，宋諸將拒之，飛在京西，復蔡、潁、淮寧等州，未嘗至東平、邳州也。宋高宗紀及劉錡傳，紹興三十一年，金主亮南侵，遣兵趨揚州，劉錡使員琦拒於皂角林，大敗之，斬其統軍高景山。按金史烏延蒲轄奴傳，大定二年，蒲轄奴與延安尹高景山，領兵與宋兵戰於慶陽。又世宗紀，大定四年十二月，尚書省奏，都統高景山取商州，亦見徒單合喜傳。是大定四年高景山尚著戰功，何得於三年之前已被殺。金宣宗興定中南侵，統兵者爲完顔賽不，據宋史趙方傳，謂擒賽不妻弟王醜漢，金人遂誅賽不。按金史賽不傳，賽不自侵宋歸，屢用兵於河北、河東及京兆，直至哀宗天興二年，行省徐州，遭郭野驢之亂，自經死。距興定用兵已十餘年，且無被誅之事也。又宋史孟珙傳，珙與元兵同破蔡州，降其丞相烏古論栲栳。按金史，栲栳即烏古論鎬也。蔡城破，被執，以招息州不下，乃殺之，是鎬未嘗降也。以上各條，兩史參校，始見其歧互，蓋皆傳聞之誤。

388 宋金用兵須參觀二史

兩國交兵，國史所載，大抵各誇勝而諱敗，故紀傳多不可盡信。宋南渡，自紹興七八年後，與金交兵，互有勝負。如宋史李顯忠傳，顯忠既克宿州，金孛撒步騎十萬來攻，顯忠親戰於城南，孛撒大敗。明日復益兵至，顯忠又戰百餘合，殺其左翼都統及千户、百户，斬首五千。是夜統制周宏等遁，金人乘虚復來攻城，顯忠斬首二千餘，積屍與羊馬牆平。城東北角敵兵二十餘人已上城，顯忠取軍所執斧斫之，敵始退。會邵宏淵不肯助戰，顯忠不能孤立，乃退軍。是顯忠軍雖退而未嘗敗也。而金史紇石烈志寧傳，志寧來復宿州，先令諸軍多張旗幟於州西爲疑兵，自以大軍駐東南。世輔即李顯忠果先出兵州西，步騎數萬，背城而陣，外以行馬捍之，别出兵向東門攻志寧，爲蒲查所敗。志寧使夾谷清臣撒毁行馬，短兵接戰，世輔兵亂，諸將乘之，追殺至城下。是夕，世輔欲斬敗將，其統制常吉懼而來奔，盡得其虛實。明日乃再戰，世輔大敗，遂乘夜脱走。是志寧之戰又屢勝，而未嘗一敗也。又如金史烏古論慶壽、紇石烈牙吾塔等傳，敍其南侵淮、泗之功，並無一敗衄，而宋史趙方、扈再興、孟宗政、趙葵等傳，敍其破金兵之功，亦無一敗衄。又金史武仙傳，宋孟珙來襲仙於順陽，仙倉猝率百餘人出拒，珙不敢前，俄而軍稍集，遂大敗珙。而宋史孟珙傳，仙屯順陽，爲宋軍所撓，乃退屯馬蹬，珙破其九砦，降其衆七萬，仙易服遁，而並無爲仙所敗之事。仙傳，蔡州破後，將士皆散，仙渡河北走，爲澤州戍兵所殺，亦不言爲珙所敗而遁走。是各史紀載互異，若徒據一史必不能得其真也。惟此國自述其敗，而後見彼國之真勝；否則別見於他傳者，其勝敗亦差得實；又或此國敍戰勝之難，亦可見彼國拒戰之力。如宋張浚富平之敗，五路喪師，固人所共知。然金史宗弼傳，是役也，宗弼陷重圍中，韓常流矢中左目，自拔矢，以土塞創，更戰，乃拔宗弼出。又婁室傳，富平之戰，宗弼左翼軍已卻，婁室以右翼兵力戰，勢復振，遂敗張浚兵。是浚此戰先勝而後敗也。宋史張浚傳謂劉錡先力戰敗金兵，而錡傳轉不載。宋吴玠和尚原之戰，據金史宗弼傳，宗弼攻和尚原，抵險不可進，乃退軍，遇伏兵起，且戰且走，行三十里，將至平地，宋軍陣於山口，宗弼大敗，將士多戰没。是吴玠之勝乃真勝也。又如金天眷三年，宋紹興十年宗弼再取河南，金紀但書五月河南平，六月陝西平。宗弼傳亦不書戰敗之事。然是年六月以後，宋劉錡有順昌之捷，岳飛有郾城、朱仙鎮之捷，韓世忠有淮陽之捷，張俊有永城、亳州之捷，王德有宿州之捷，金史皆不書。或疑宋史各傳特自爲誇大之詞，而非實事。然金史宗弼傳謂，是時宋將岳飛、韓世忠等分據河南州郡，復出兵涉河東嵐、石、保德之境，以相牽制。又阿魯補傳①謂，宋將岳飛等乘間襲取許、潁、陳三州，旁郡皆響應。則宋史岳飛傳所云克復京西州郡，并遣梁興會太行忠義及兩河豪傑，累戰皆捷者，必非虚語。又宋史，仇悆奏高宗，謂我軍已習戰，非昔時比，故劉錡能以少擊衆，敵大挫衄。宋汝爲上丞相書亦謂，承平日久，人不知兵。今諸將人人知奮，故順昌孤壘，力挫敵鋒，使之狼狽逃遁。仇悆、宋汝爲二傳 又仇悆奏高宗，謂去夏諸將各舉兵，金人奔命，敗北之不暇，兀朮深以爲慮，故爲先發制人之計。此紹興十一年所奏。 是劉錡順昌之捷，及諸將戰勝之績，皆是實事。又如金大定三年，宋隆興元年 金人攻復宋將吴璘所取商、虢等一十六州，吴璘之敗固屬顯然，然金史徒單合喜傳，是時吴璘在陝、蜀，據散關、和尚原、神叉口、玉女潭、大蟲嶺、寶雞縣，兵十餘萬，陷河州鎮戎軍。合喜令赤盞胡速魯改守德順，吴璘以二十萬衆圍之，合喜使諸將來援，璘自將大軍，蔽岡阜而出，烏也及蒲离黑等併力與戰，日已暮乃解。已而璘又來犯，據德順，陷鞏州、臨洮等，合喜遣將連戰，璘又恃其衆不去，分兵守秦州。合喜乃軍於德順、鎮戎之間，斷其餉道，璘始引去。是璘雖退師，而其先與金人力戰之處，可因合喜傳而見也。又金史朮虎高琪傳，泰和五年，吴曦奉表以蜀地來降，章宗命高琪往册爲蜀王。已而宋將安丙誅曦，遣李孝義宋史作李好義。率兵攻秦州，先以萬人圍皂郊堡，高琪禦之。宋兵列陣山谷，以武車爲左右翼，伏弩其下。戰既合，宋兵佯卻，高琪見有伏，乃退整軍，而宋兵又來，凡五戰，宋兵益堅，不可以得志。琪分騎爲二，出者戰則止者俟，止者出則戰者還，還者復出，如此數次，孝義始解圍去。是宋兵之悉力拒戰，又因高琪傳而見也。至如紇石烈牙吾塔侵宋，本傳敍其功幾於橫行無敵，然馮璧傳謂，牙吾塔所至，宋人皆堅壁不戰，絶無所資，故無功而歸。又紇石烈胡失門傳，牙吾塔不奉行省節制，輒進兵，宋人堅壁不出，野無所掠，軍士疲乏，餓死相望，直前至江而復。是牙吾塔之侵宋，觀於溤璧、胡失門二傳，始知本傳所侈功績多屬鋪張。故閲史必參觀各傳，彼此校核，始得其真也。

第二十七卷校證

364 遼史

①太宗會同元年，雖詔有司編始祖奇首可汗事迹　按：事在會同四年二月，見遼史太宗本紀（卷四），非元年。

②歷朝亦有監修國史之官，如劉慎行、邢抱樸、室昉、劉晟、馬保忠、耶律隆運、耶律玦、蕭韓家奴、耶律阿思、王師儒等，皆以此繫銜。（見各本傳）　按：「樸」遼史作「朴」。劉慎行、劉晟、馬保忠、王師儒等，遼史皆無傳，劉慎行附見於劉六符傳（卷八六），劉晟、馬保忠爲聖宗時人，王師儒爲道宗時人，其事附見於各本紀。其餘數人皆自有傳。

③至興宗時，耶律孟簡上言　按：耶律孟簡爲道宗時人，其上表在太康年間，遠在興宗之後。

④興宗始命置局編修。……蓋聖宗以前事，皆是時所追述也　按：聖宗以前之事，已有邢抱朴、室昉等於統和九年所撰實録予以記載，非興宗時所追述。馮家昇遼史源流考已指出其誤。

⑤熙宗皇統中，又詔耶律固、移剌因、移剌子敬等續修遼史，而卒業於蕭永祺　按：「祺」原刻本作「琪」，西畲本已

改正。耶律固見金史蕭永祺傳（卷一二五）。移剌因之「因」字爲「固」字之誤，移剌固見金史移剌子敬傳（卷八九）。耶律與移剌原爲契丹語同名異譯，又同爲金初修遼史者，實應爲一人，而金史誤分爲二。

365 遼史二

①匀德實　按：原刻本脱「實」字，西畬本已補正。

②按新唐書謂，契丹王習爾之死，族人欽德嗣　按：本書原文作「按新唐書謂，契丹王錫里濟（舊唐書及薛居正五代史俱作習爾之）死，族人沁丹（唐書、薛史俱作欽德）嗣」。錫里濟與沁丹俱爲清代改譯之名，重輯本舊五代史用之，但薛史原本與新唐書皆用習爾之與欽德原譯名，舊唐書則無其名。此處以清代改譯之名加於新唐書，而以舊唐書及薛史所用之原譯名列於注中，既違事實，且淆亂真相，故逕予改正。

③述律氏生三子，長東丹，次德光，季曰自在太子　按：宋史宋琪傳（卷二六四）云：「述律氏生三男，長曰東丹，次曰德光，……季曰自在。太子東丹生永康。」「太子」二字應屬下讀，本文節取不當，遂成衍文。

371 遼官世選之例

①蕭塔剌葛傳，其祖當安禄山來攻時，戰敗之，爲北府宰相，世預其選　按：「剌」應作「列」，傳在遼史卷八五。别有蕭塔剌葛，傳在遼史卷九〇，無與於世選。

②蕭護斯傳　按：「斯」應作「思」，傳在遼史卷七八。

③太保查剌，世預突吕不部節度使之選　按：遼史卷二三道宗紀記此事無「世」字。

373 遼燕京

①遼以巡幸爲主，有東、西、南、北四樓曰捺鉢　按：葉隆禮契丹國志（卷二三）記遼宫室制度云：「四樓：在上京者曰西樓，木葉山曰南樓，龍化州曰東樓，慶州曰北樓。」遼史營衛志中（卷三二）：「四時各有行在之所曰捺鉢。春捺鉢曰鴨子河濼。夏捺鉢無常所，多在吐兒山。秋捺鉢曰伏虎林。冬捺鉢曰廣平淀，在永州東南三十里，亦曰白馬淀。」是四樓爲具體建築，各有固定地點。四捺鉢爲隨其所至之地而稱之，非實際建築，地點亦不固定。二者有時可以相合，如冬捺鉢即在南樓附近，但二者不可混爲一談。

②明徐達又截其西北，成祖建都，則又廣之於東　按：徐達所截者爲城之北面，成祖所廣者乃就皇城而言。

374 金廣燕京

①熙宗始詔盧彦倫營造燕京宫室。（彦倫傳）海陵欲遷都於燕，天德三年，乃詔廣燕城，建宫室　按：盧彦倫奉詔營造燕京宫室事在天德三年，見金史本傳（卷七五），即海陵王遷都於燕之事，非熙宗時。

②詔賜怦錢三百貫　按：「三」原刻本作「二」，西畲本已改正。

375 元築燕京

①二十六年，又修宫城，乃立武衛繕理，以留守段天祐兼指揮使治之　按：事見元史吴元珪傳（卷一七七）。

②永樂初封於燕，因元故宫，即今之西苑，開朝門於前，事見劉侗帝京景物略　按：應作孫承澤春明夢餘録或天

府廣記，非劉侗帝京景物略。

376　明南北京營建

①水東日記云，洪武門外至中和橋六七里長街，乃富民沈萬三家絡絲石所砌。以此類推，是物料皆取之民間也　按：水東日記無此事。明史馬皇后傳云：「吴興富民沈秀者，助築都城三之一。」郎瑛七修類稿（卷一〇）及田藝蘅留青日札（紀録彙編卷一九〇）等皆言沈秀助築都城自洪武門至水西門。此類有關資料概不徵引，而偏取築路一事，可謂捨近求遠。又朱國楨湧幢小品（卷四）云：「太祖築京城，原工部與本府共工，後府築已竣，尚有餘資，建石橋於江東門，曰賽工橋，蓋賽工部也。後人誤以沈萬三秀媳婦所築，遂曰賽公。」是關於沈萬三築城事，在明代原有種種傳説，實皆傳聞之詞，就信史而言，應出以審慎態度，不宜據之輕下斷語。

②今德勝門外八里有土城，尚是元健德門故址，可見武寧已割舊都西北一帶於城外也　按：徐達削去大都城北面約三分之一，而不是西北面。

③劉侗帝京景物略亦謂，徐達命雲龍新築城垣，南北取徑直　按：事見孫承澤春明夢餘録卷三，非帝京景物略。

④景物略亦謂，燕邸因元故宫，即今之西苑，開朝門於前。永樂登極後，即故宫受朝。至十五年，改建皇城於東，去舊宫里許，悉如金陵之制云云　按：事見春明夢餘録卷六或天府廣記卷五，非景物略。

⑤永樂十九年詔云，賴天下臣民，殫竭心力，冒寒暑，涉風霜，趨事赴功，勤勞匪懈。（景物略）　按：事見春明夢餘録卷一，非景物略。

378 金史失當處

①又高福昌傳，……乃盡殺之以滅口　按：「福昌」應作「昌福」，「乃」應作「欲」，見金史循吏傳(卷一二八)。

381 金史誤處

①奚回离保　按：原刻本作「奚和勒博(遼史名回离保)」，「和勒博」爲清代改譯之名，金史、遼史原俱作「回离保」，此處寫法似金史與遼史有異，反易滋誤會，故逕予改正。

②張轂(遼史名轂，金史名覺)　按：張轂之「轂」原刻本作「瞉」，名轂之「轂」，原刻本作「㲉」，西畲本均已改正。

382 金史紀傳不相符處

①時全傳　按：應作「時青傳附時全傳」(金史卷一一七)。

②元光元年用兵侵宋，主兵者完顔訛可也，本紀既書遣元帥訛可節制三路軍馬伐宋，下又書訛可、時全軍大敗，訛可當死，面責而釋之。時全傳亦載，五月師還，全令軍留淮收麥，訛可恐雨至水漲，不得善歸，力争之，全不聽。是夜暴雨，水大至，爲橋以濟，遂爲宋兵所襲。乃訛可本傳絶無與宋交兵一字，亦可見記載之疎矣。宋本紀，嘉定十二年書金帥訛可攻棗陽；孟宗政傳亦書訛可棗陽敗歸之事，金史本傳轉不載，何耶　按：金末有兩訛可，一稱板子訛可，一稱草火訛可，同爲内族，又皆主兵，金史同在一卷(卷一一一)。元光元年與時全同出兵侵宋兵敗淮南者，板子訛可也，是爲東路之軍，侵宋兵敗，責在時全，故詳於時全傳，而訛可傳略之。攻宋棗陽爲孟

宗政所敗者，爲西路之軍，其師爲草火訛可。劄記之誤在未能辨明訛可爲二人。

384 宋史金人名多與金史不符

①奇哥（趙方傳） 按：宋史趙方傳（卷四〇三）無奇哥之名，與趙方傳同卷而在其後之賈涉傳中有答哥，或爲因此而致誤。

②温端、兀陵達等（孟珙傳） 按：宋史孟珙傳（卷四一二）「陵」作「林」，同音字可通用。考金史完顔仲德傳（卷一一九），金亡時，從死者有烏林荅胡土及烏古論桓端，似即此二人，而一存其姓，一存其名。「温」字與「桓」字則因譯音而異。

③詭詞誘宋結余睹歸而獻其書者，趙倫也。而金史蕭仲恭傳，則此乃仲恭所爲，……二史姓名互異，更不可解也

按：宋史邢倞傳（卷四七一）稱趙倫爲都管，其地位似爲金使之隨員，而蕭仲恭爲金之正使。趙倫爲與宋人直接聯繫者，既得宋人暗結余睹之詔書，必呈獻於正使，而後達於金主，故金史書爲蕭仲恭之事，其間原無矛盾。

388 宋金用兵須參觀二史

①阿魯補傳 按：「補」原刻本作「頴」，西畬本已改正。

廿二史劄記卷二十八

389 遼金之祖皆能先知

史記稱，黄帝生而神靈，弱而能言。蓋開天立極之君，天亶聰明，自有不可思議者。即後世草昧開創之主，亦必有異禀，與神爲謀。如北齊文宣帝，雖淫酗顛昏，而讝語譫言，輒預知來事，已屬神奇。見北齊文宣預知條内。至如遼太祖、金世祖二君，紀傳所載，尤可徵也。遼本紀，太祖生三月能行，晬而能言，知未然事，自謂左右若有神人翼衛，時伯父當國，有疑輒咨之。既即位，征討無不如意，遂成帝業。天贊三年，忽下詔云：「自我國之經營，爲羣方之父母。升降有期，去來在我。三年之後，歲在丙戌，時值初秋，必有歸處。然未終兩事，豈負親誠，日月非遥，戒嚴是速。」詔下，聞者皆驚懼，莫識其意。是年大舉征吐渾、党項、阻卜等部，明年盡取西南諸國，乃詔曰：「所謂兩事者，一事已畢，惟渤海世讎未雪。」乃又大舉兵親征，天顯元年，拔扶餘城，攻忽汗，降其王大諲譔，以其地爲東丹國，封皇太子爲人皇王以主之，此又畢一事也。是年秋，太祖崩，所謂「丙戌秋必有歸處」者，至是亦驗云。又金世紀，世祖嘗能以夢占候戰陣之勝負，如與盃乃戰，世祖曰：「予嘗有異夢，今不可親戰，若左軍有力戰者，則大功成矣。」會其弟頗剌淑力戰，果大勝。及疾作，妻拏懶氏哭不止。世祖曰：「汝勿哭，汝惟後我一年耳。」頗剌淑請後事，曰：「汝惟後我二年耳。」頗剌淑出，謂人曰：「吾兄至此，亦不與我好言。」

及明年，拏懶氏卒。又明年，頗剌淑卒。臨卒時嘆曰：「我兄真多智哉！」初寢疾時，子阿骨打以事如遼，世祖戒之曰：「汝速了此事，五月未半而歸，則我猶及見汝也。」阿骨打果前没一日至，世祖喜甚，抱而撫之，謂弟穆宗盈歌曰：「烏雅束柔善，惟此子足了契丹事。」後果滅遼稱帝云。又世祖討烏春歸，紇石(函)〔烈〕部長阿海迎謁，世祖謂之曰：「烏春背恩叛我，我故誅之。吾大數亦將終，我死，汝等當竭力輔我子弟，若亂心一生，則滅亡如烏春矣。」後其子阿疎果叛而致亡滅。是二君者，豈非所謂夙慧性成，鬼神相契，有不可以常理論者耶。

390 金制追謚帝后之濫

有天下者，追尊其祖，唐、宋舊制皆四代，惟後魏追尊至二十八代，最爲褻濫。金之追謚，亦無限制。金之先本甚微，始祖函普始居完顏部，第四世綏可始定居按出虎水，有室廬之制。第五世石魯始官惕隱。第六世烏古廼始爲女直節度使。皆遼所授，遼以縣令爲刺史，刺史爲節度使，故節度與唐同名而寔異。第七世劾里鉢及弟頗剌淑，弟盈歌，盈歌又傳劾里鉢長子烏雅束，皆相繼襲節度使。至烏雅束傳其弟阿骨打，始建號稱帝。蓋至是已八世十二君矣，乃天會十五年，熙宗一一追尊謚，函普曰始祖景元皇帝，妣曰明懿皇后。始祖子烏魯曰德帝，妣曰思皇后。德帝子跋海曰安帝，妣曰節皇后。安帝子綏可曰獻祖，妣曰恭靖皇后。獻祖子石魯曰昭祖，妣曰威順皇后。昭祖子烏古迺曰景祖，妣曰昭肅皇后。景祖子劾里鉢曰世祖，妣曰簡翼皇后。世祖弟頗剌淑曰肅宗，妣曰靖宣皇后。肅宗弟盈歌曰穆宗，妣曰貞惠皇后。穆宗從子烏雅束曰康宗，妣曰敬僖皇后。凡此皆及身未爲帝者，而追謚尊稱至十一君，可謂濫矣。熙宗又定始祖、景祖、太祖、太宗四廟，皆百世不祧。事俱見本紀。

按松漠紀聞，金九代祖名堪布，號始祖。八代祖名額嚕。七代祖名雅哈。六代祖名蘇赫。五代祖名舒嚕。高祖太師名呼蘭。曾祖名哈里。曾叔祖太師名富勒敏。曾季祖太師名措格。伯祖太祖名烏嚕斯。①諸名皆與金史不同，蓋當時國語本無漢字，惟以音相傳故也。

391 金初父子兄弟同志

金初風氣淳實，祖父一言，子孫終身奉之弗敢違。女直俗生子，長即異居。景祖九子，元配唐括氏，生劾者，次劾里鉢，次劾孫，次頗剌淑，次盈歌。及當異居，景祖曰：「劾者柔和，可治家事。劾里鉢有智勇，何事不成？劾孫亦柔善人耳。」乃命劾者與劾里鉢同居，劾孫與頗剌淑同居。其後景祖卒，世祖劾里鉢繼之。世祖卒，肅宗頗剌淑繼之。肅宗卒，穆宗盈歌繼之。兄弟間自相傳襲，毫無争端。撒改傳所謂景祖既有成命，故世祖越劾者襲節度使，劾者無異言；世祖越劾孫而傳肅宗，劾孫亦無異言，皆景祖志也。世祖臨殁，呼穆宗謂曰：「長子烏雅束柔善，若辦契丹事，阿骨打能之。」穆宗後遂以位傳烏雅束，以及於太祖。兄弟間行之自如，無所勉强。太祖既有天下，又以位傳其弟吴乞買，是爲太宗。及太宗，本無立熙宗意，名亶，太祖長子宗峻之子。宗翰等以熙宗乃太祖嫡孫，當立，與宗幹、希尹等定議入奏，太宗以義不可奪，亦遂授熙宗爲諳班勃極烈金最尊官也，諸帝皆由此繼大統。而繼體焉。可見開國之初，家庭間同心協力，皆以大門户啟土宇爲念，絶無自私自利之心，此其所以奮起一方，遂有天下也。熙宗即位，亦敬禮諸叔。未幾，宗磐、宗雋、撻懶等相繼以謀反誅，帝亦酗酒，以疑忌殺其弟常勝、查剌，海陵又手弑帝而奪其位，遂殺太宗子孫七十餘人，宗翰、宗弼子孫三十餘人，斜也子孫百餘人，諸内族又五十餘人，草薙株連，幾無噍類。其去世祖、肅宗之世曾未三四十年，而骨肉變爲仇讎，蕭牆之内横屍喋血，祖宗淳篤之風一旦澌滅，而國脈亦幾斬絶。幸世宗登極，以太祖子孫無幾，曲爲保全，從弟京謀逆當誅，猶貸其死，臨御三十年，絶少誅夷宗族之事。章宗時，又以鄭王永蹈、鎬王永中之亂，遂疑忌宗室，凡親王皆置之傅及府尉官，名爲其屬，實以監之。驸至宣、哀之世，鎬厲王子孫禁錮已四十餘年，衛紹王子孫亦禁錮二十餘年，至大中始釋，而國已亡矣。自古家門之興，未有不由於父子兄弟同心協力，以大其基業。及其衰也，私心小見，疑妬攘奪，恩誼絶而門祚亦隨之。家國一理，應若鼓桴，此可爲炯鑒也。

按晉書載記，禿髮烏孤①臨死，謂羣下曰：「方難未静，宜立長君。」遂傳其弟利鹿孤嗣位。利鹿孤將死，亦曰：「内外多虞，國機務廣，其令傉檀嗣業，以成先王之志。」傉檀有才略，其父嘗謂諸子曰，非汝等所及也，是以諸兄不授子而欲傳於傉檀云。此可見小部落之興，亦由於家庭之和壹，非偶然者。

392　金代文物遠勝遼元

金初未有文字，而開國以後，典章誥命皆彬彬可觀。文藝傳序云，金用武得國，無異於遼，而一代制作，能自列於唐、宋之間，有非遼所及者，以文不以武也。蓋自太祖起事，即謂詔令宜選善屬文者爲之，令所在訪求博學雄文之士，敦遣赴闕。本紀又以女直無字，令希尹倣漢人楷字，因契丹字形，合本國語，製女直字，頒行之。希尹傳是太祖已留心於文事。及破遼，獲契丹、漢人，通漢語，於是諸王子皆學之。勖少時即好學問，國人呼爲秀才，能以契丹字爲詩文，凡游宴輒作詩以見意。勖傳宗翰能以兩月盡通契丹大小字。宗翰傳宗雄從獵，爲流矢所傷，養疾兩月，習契丹大小字通之。宗雄傳按勖爲都統，宗翰、宗雄爲元帥，時尚未滅遼，而已好學如是。蓋王氣所鍾，生皆異禀，故文藝之末，不學以能。熙宗謁孔子廟，追悔少年游佚，自是讀尚書、論語、五代史及遼史，或夜以繼日。海陵嘗使畫工密圖杭州湖山，親題詩其上，有「立馬吳山第一峰」之句。皆本紀其中秋待月賦鵲橋仙詞，尤奇橫可喜。見桯史①又嘗令鄭子聃、楊伯仁、張汝霖等與進士雜試，親閱卷，子聃第一。子聃傳是并能較文藝之工拙。計熙宗登極時，年僅二十餘，海陵當宗弼行省時，已在其軍前，則其習爲詩文，尚在用兵開國時也。遼王宗幹延張用直教子，海陵與其兄充皆從之學，事在天眷之前。世宗嘗自撰本曲，道祖宗創業之艱難，幸上京時，爲宗室父老歌之。其在燕京，亦嘗修賞牡丹故事，晉王允猷賦詩，和者十五人。顯宗在儲位，尤好文學，與諸儒講論，乙夜忘倦，今所傳賜右相石琚生日詩，可略見一斑。迨章宗以詩文著稱，密國公璹以書畫傳世，則濡染已深，固無足異矣。惟帝王宗親，性皆與文事相浹，是以朝野習尚，遂成風會。金源一代文物，上掩遼而下軼元，非偶然也。

393 金一人二名

金未滅遼以前，其名皆本其國語，及入中原，通漢文義，遂又用漢字製名。如太祖本名阿骨打，而又名旻也。太宗本名吴乞買，而又名晟也。熙宗本名合剌，而又名亶也。海陵本名迪古乃，而又名亮也。世宗本名烏禄，而又名雍也。章宗本名麻達葛，而又名璟也。宣宗本名吾睹，而又名珣也。哀宗本名寧甲速，而又名守緒也。此帝王之二名也。他如烏也之名勖也，斜也之名杲也，撒改之名思敬也，粘没喝又名粘罕之名宗翰也，斡离不之名宗望也，訛魯觀之名宗峻也，訛里朵之名宗輔也，斡本之名宗幹也，兀朮之名宗弼也，謀良虎之名宗雄也，阿魯補之名宗敏也，塔不也之名宗亨也，此皇族之一人二名也。又如僕散忠義之本名烏者也，紇石烈志寧之本名撒曷輦也，紇石烈良弼之本名婁室也，唐括安禮之本名斡魯古也，移剌慥之本名移敵列也，蒲察世傑之本名阿散也，紇石列執中之本名胡沙虎也，阿勒根彦忠之本名窊合山也，此又庶姓之一人二名也。蓋國語之名便於彼此相呼，漢名則用之詔令章奏，亦各有所當也。其避諱之法，則專避漢名，而國語之名不避，蓋國語本有音而無正字也。章宗避睿宗宗堯諱，凡太祖諸子以「宗」字排行者，皆加山爲「崇」。民間宗姓者，悉改姬氏。又謂孫即康曰：「宗改崇字，其下尚有本字全體，應將『示』字依蘭亭帖寫作『未』字。」即康奏曰：「唐太宗世民，偏傍之犯，如葉字作桊，泯字作汦，正是如此。」乃擬熙宗廟諱，亶字從面、從旦；世宗廟諱，雍字從系，自此不勝曲避矣。

394 金記注官最得職

金本紀所載世宗嘉謨懿訓最詳，較貞觀政要更多數倍，推其故，蓋當時記注官之得其職也。大定中，伊剌傑言，每屏人奏事，雖史官亦不得與聞，無由紀録。世宗以問石琚，琚曰：「古者天子置史官於左右，言動必書，所以儆人君有所畏也。」上曰：「朕觀貞觀政要，太宗與臣下議論，始議如何，後竟如何，此正史臣在側記而書之耳。」於是朝奏屏人議事者，記注官獨不避，自此始。本紀①黄久約爲諫官侍朝，故事宰相奏事，則近臣退避，久約將趨出，世宗止之。自是諫臣不避，以爲常。久約傳則不惟記注官不避，即諫臣亦不避矣。載筆者在旁，則天子惟恐失言，而所言皆出於正。記注官聽睹切近，據實書之，宜其所記之詳且密也。章宗時，完顏守貞修起居注，與同官張暐奏言：「唐中書門下入閤，諫官隨之，欲其與聞政事，有所開說。又起居郎、起居舍人，每帝視朝，則左右對立，有命則臨階俯聽，退而書之，以爲起居注。今臣等迴避，并香閣陳言文字亦不令臣等侍立，則凡有聖訓及議政事，臣等無緣得知，何所記録？」上從之。又補闕楊庭秀言，乞令及第左右官一人應入史事者，編次日曆。上是其言，仍令送著作局潤色付之。守貞及庭秀傳②故章宗本紀所載帝訓亦多，皆記注官之得其職故也。

395 大定中亂民獨多

金代九君，世宗最賢。大定七年，大興府曾奏獄空，賞錢三百貫，以爲宴樂之費，其政簡刑清可知也。然二十餘年中，謀反者偏多。大定六年，泰州民合住謀反，伏誅。九年，契丹外失剌等，冀州張和等，俱以謀反伏誅。十一年，歸德府民臧安兒謀反，伏誅。十二年，北京曹（資）〔貴〕等。西北路納合七斤等，鄜州民李方等，同州民屈立等，冀州民王瓊等，俱以謀反伏誅。十（四）〔三〕年，大名府僧李智究等謀反，伏誅。十八年，獻州人殷小二謀反，伏誅。十九年，密州民許通等，濟南民劉溪忠等，俱以謀反伏誅。二十年，蒲速椀羣牧所老忽謀反，①伏誅。二十一年，遼州民（宋）〔朱〕忠等亂言，伏誅。二十三年，潞州民陳圓亂言，伏誅。大名府猛安人馬和尚謀反，伏誅，此皆載於本紀者，有道之世，偏多亂民，何也？豈世宗綜覈吏治，凡有姦宄，有司俱不敢隱，故奏讞獨多耶？抑有司争欲以發摘邀功，遂以輕作重，以見其勤於吏事耶？

396 金考察官吏

金史循吏傳序云，太宗既有中原，分置守令，熙宗始遣使廉察之。按天眷（二）〔三〕年，命温都思忠等廉問諸路，得廉吏杜遵晦等百二十四人，各進一階。貪吏張軫等二十一人，皆罷之。本紀又命秉德廉察河東路，太原尹徒單恭與九縣令皆罷去，惟楊邦基以廉爲河東第一，召爲禮部郎中。邦基傳又宗賢爲永定軍節度使，秉德訪察至其地，士民持盆水與鏡前拜曰：「我使君廉明類此。」秉德器之，遂超遷兩階。宗賢傳此皆熙宗時初設此制，上下皆以吏治爲重，故舉劾足以示勸懲也。世宗即位，凡數歲輒一遣使黜陟之，故大定間官吏奉法。如移剌道出使，廉能官景州刺史耶律補進一階，單州刺史石抹（所）〔靳〕家奴等各進兩階；貪汙官濬州防禦使蒲速越等免死，杖一百五十，除名，同知睢州事烏古孫阿里補杖一百，削四階。移剌道傳後以廉問使者或以愛憎爲升降，又欲立提刑司以伺察之，未及行。章宗即位，乃置九路提刑司覈之。宗雄傳尋又以言者謂提刑司黜陟非便，乃改設按察使。其所舉劾，又差官覈察之，於是權削望輕，官吏無所畏憚。賈鉉奏，差監察時，即別遣官偕往，更不覈察，從之。乃詔監察御史分按諸路者，女直人以漢人偕往，漢人以女直人偕往。此金代考覈官吏之大概也。蓋創設之始，上下奉法，甄別必公，及其久則弊漸生。如元季亦嘗遣使，而情賄轉甚，民間謡曰：「官吏黑漆皮燈籠，奉使來時添一重。」輟耕録此弊之所必有者也。然吏治狃於故常之時，或偶一行之，遣公正大臣分路考察，未嘗無補云。

397 金推排物力之制

周官，以歲時定民之衆寡，辨物之多少，入其數於小司徒。三年則天下大比。本良法也。金制亦分按民之貧富而籍之，以應科差，謂之推排物力，亦謂之通檢。大定四年，梁肅奉使通檢東平、大名兩路物力，他使者多以苛刻增損爲能，肅所檢獨稱平允，朝廷敕諸路以肅爲法。肅傳大定十四年，又詔議推排法，朝臣謂宜止驗現在産業，蒲察通言，必須通檢各謀克人户物力多寡，則貧富自分，貧富分則版籍自定。如有緩急，驗籍科差，則富者不得隱，貧者不重困矣。通傳①章宗時，屢遣使與各路按察司官推排民户物力，大率每十年一次。嘗諭推排使賈益謙曰：「如有新强及銷乏户，雖集衆推唱，然銷乏者勿銷不盡。如一户元物力三百貫，今蠲減二百五十貫，或尚有不能者。新强者勿添盡，如一户應添三百貫，而只添二百貫之類。卿等當盡心，百姓應當賦役，十年之間，利害非細也。」益謙傳是朝廷於推排物力未嘗不意存輕減。然高汝礪疏云：「推排止憑一時小民之語以爲增減，有司惟務速定，不復推究其實。由是豪强者扶同而幸免，貧弱者抑屈而無訴，難望物力均矣。」汝礪傳張萬公亦言，適足長告訐之風，增猾吏之弊。萬公傳張弘信通檢山東，專以多得物力爲功，督責苛急。宗室永元面斥之曰：「朝廷以差調不均，立通檢法，乃妄加農民田産，笞擊有至死者。市肆賈販貿易有盈虧，田園屋宇利入有多寡，故官子孫至與商賈同應上役，豈立法本意哉！」永元傳是通檢之法，雖欲均傜役，而實滋抑勒告訐賄詐之弊也。

按金代推排之法，與宋呂惠卿所創手實法正相似。手實法使民各以田畝、屋宅、貲貨、畜産，隨價自占，凡居錢五當息錢一，隱匿者許告，有實則以三分之一充賞。於是民家尺椽寸土，檢括無遺，民不聊生。鄧綰極論其害，謂民間養生之具，今欲盡令疏實，則家有告訐之憂，人懷隱匿之慮。且民之生計，贏縮不時，或春有之而夏已蕩析，或秋貯之而冬已散亡，公家簿書何由拘録？徒使嚚訟者趨賞報怨，畏法者守死忍困而已。故神宗於王、呂所創新法不改，而獨此手實之法，特詔罷之。以宋暫行即罷之敝政，而金代數十年行之不變，故雖以世宗之求治，而無救於民病也。按宋史呂公綽傳，官籍民産，第賦役輕重，至不敢多畜牛，以致田疇蕪穢，公綽特奏之，由是牛不入籍。是仁宗時已有按産定役之法，然宋制但以之定役，而金制則令之出錢，又自有别。

398 猛安謀克散處中原

金初本俗，管軍民者有謀克，百夫長也；有猛安，千夫長也；謀克之副曰蒲里衍，正軍之奴僕曰阿里喜，無事則課其所屬耕牧，用兵則率之以出征。及得中原後，慮中原士民懷貳，始創屯田軍，凡女直、奚、契丹之人，皆自本部徙居中州，與百姓雜處，計户授田，使自耕種，春秋給衣，若遇出兵，始給錢米。凡屯田之所，自燕南至淮、隴之北皆有之，築壘於村落間，如山東路有把古魯猛安，中都路有胡土靄哥蠻猛安，山東西路有盆買必剌猛安①是也。正隆初，又起上京諸猛安於中都等處安置。納合椿年傳② 大定中，又摘徙山東猛安八謀克於河北東路之酬（幹）〔斡〕、青狗兩猛安舊地。初入中原時，所受田多散處州縣，世宗不欲其與民雜處，完顔思敬與徒單克寧議，令猛安謀克之衆自爲保聚，其土田與民田犬牙相入者互易之，遂爲永制。思敬傳 然諸猛安謀克恃其世襲多不法，或請同流官考轉，宗憲以爲太祖皇帝定天下，誓封功臣，世襲此職，今不可改。其有不職者，當擇其子弟中賢者代之。遂著爲令。宗憲傳 章宗時，又詔猛安謀克既不隸提刑司，宜令監察御史察其臧否。按開國時移猛安謀克於中原，給地使之屯種，本欲贍其身家，無事則耕，有事則戰，意至深也。而諸軍户不能屯種，往往賃民代耕而收其租，甚至伐桑棗以爲薪，且私賣其田，日益貧乏。太祖時以三百户爲一謀克，十謀克爲一猛安；至宣宗時，則三十人爲一謀克，五謀克爲一猛安；哀宗時，又二十五人爲一謀克，四謀克爲一猛安，蓋末年益耗減矣。

399 金元俱有漢人南人之名

金、元取中原後，俱有漢人、南人之别。金則以先取遼地人爲漢人，繼取宋河南、山東人爲南人。元則以先取金地人爲漢人，繼取南宋人爲南人。金史完顔勖傳，女直無文字，及破遼獲契丹漢人，始通契丹漢字，此以遼地爲漢人也。賀揚庭傳，世宗謂揚庭曰：「南人礦直敢爲，漢人性姦，臨事多避。異時南人不習詩賦，故中第者少，近年河南、山東人中第者多，殆勝漢人。」此以河南、山東人爲南人也。元史百官志序，諸官職皆以蒙古人爲之長，而漢人、南人貳焉。文宗詔，各道廉訪司官，用蒙古二人，畏兀、河西、回回、漢人、南人各一人。①是漢人、南人亦各分名目。程鉅夫傳，世祖命鉅夫爲御史中丞，臺臣言鉅夫南人不宜用，帝曰：「汝未用南人，何以知南人不可用？自今省部臺院必參用南人。」按鉅夫由南宋人入附，故稱南人。此以南宋人爲南人也。

400 宋金齊交割地界守土官隨地爲屬

宋、金、齊分畫地界，前後不同，守土官亦隨地爲所仕之朝。如張孝純以宋臣降金，金使之相劉豫，豫廢，仍爲金行臺丞相。酈瓊、李成、孔彥舟、徐文，皆自宋降豫，豫廢，皆仕金，瓊爲博州防禦使，成爲安武軍節度使，彥舟爲鄭州防禦使，文爲南京都虞候是也。豫本金所册立，豫官即金官，豫廢仍仕於金，固無足怪。至金以河南、陝西地與宋，後仍取之，其時守土官吏並不遷改，地在金則官屬金，地入宋則官屬宋，及再入金，則官又屬金。如鄭建充先爲金知延安軍事，齊國建，累遷刺史，齊廢，以地與宋，爲宋環慶路經略安撫使，金再取陝西，仍以爲經略安撫使，知慶州。張中孚仕宋，知鎮戎軍，以原州叛降於金，爲涇原路安撫使，齊國建，即屬齊，爲陝西諸路節度使，金以陝西與宋，又仕宋，官開府儀同三司，後金人來索，又歸金，爲行臺兵部尚書。李上達爲金東平府司户，齊國建，爲豫吏部員外郎，齊廢，以地與宋，上達隨地入宋，金再取河南，上達又入金，爲同知大名尹。如此類者，不一而足，一似邊外番部之類，換朝而不換官。蓋金以地歸宋時，宋高宗本未易置官吏，并慮新復州縣官吏懷不自安，降詔開諭，又命檢詳劉豫僞官，換給告身，未幾金又取舊地，故其官亦隨地歸金也。然亦可見是時仕宦之傳遽矣。亦有宋所補放，而隨地歸金者。宋史柳約傳，金人歸侵疆，約出知蔡州。既而金渝盟，傳檄河南，守臣皆以城降，獨約遣使武昌，得報而返。是約之外多降金也。

401 衍慶宮圖畫功臣

圖畫功臣，漢有雲臺，唐有凌烟閣，宋有景靈宮、顯謨閣、昭勳崇德閣。金世宗思國初創業之艱難，亦嘗圖諸功臣於衍慶宮。金史習(失)〔室〕傳所載凡二十一人：遼王斜也，金源郡王撒改，遼王宗幹，秦王宗翰，宋王宗望，梁王宗弼，金源郡王習不失，金源郡王斡魯，金源郡王希尹，金源郡王婁室，楚王宗雄，魯王闍母，金源郡王銀朮可，隋國公阿离合懣，金源郡王完顏忠，豫國公蒲家奴，金源郡王撒离喝，兖國公劉彦宗，特進斡魯古，齊國公韓企光，并特進習室，皆功臣最著者也。阿离補傳又載代國公歡都，金源郡土石土門，徐國公渾黜，鄭國公謾都訶，濮國公石古乃，濟國公蒲查，韓國公斜卯阿里，元帥左監軍拔离速，魯國公蒲察石家奴，光禄大夫蒙适，隋國公活女，特進突合速，齊國公婆盧火，儀同三司烏延蒲盧渾，儀同三司阿魯補，鎮國上將軍烏林荅泰欲，太師領三省事勖①，太傅大臭，大興尹赤盞暉，金吾衛上將軍馬五，驃騎衛上將軍韓常，譚國公阿离補，共二十二人，此又多景祖、世祖開國時立功最著者也。大定十五年，又圖紇石烈志寧、紇石烈良弼。泰和元年，續圖石琚。此一朝策勳典故也。

402 金用兵先後强弱不同

金之初起，天下莫强焉。蓋王氣所鍾，人皆鷙悍，完顏氏父子兄弟，代以戰鬬爲事，每出兵必躬當矢石，爲士卒先，故能以少擊衆，十數年間，滅遼取宋，横行無敵。觀酈瓊之論宗弼曰：「江南諸帥出兵，必身居數百里外，謂之持重。召軍旅，易裨校，則遣一介之士持空文諭之，謂之調發。今元帥親臨督戰，矢石交集，而指麾三軍，意氣自若，將士視之，孰敢愛其死乎！」瓊傳宋吴璘亦謂，金人用兵，更進迭退，忍耐堅久，令酷而下必死，所以能制勝。宋史璘傳饒風嶺之戰，金人重鎧仰攻，一人先登，則二人擁後，先者既死，後者代攻。吴玠、劉子羽傳觀此可以知當日兵力之雄悍矣。正隆用兵，去國初未遠，故大定之初，尚能攻擊江淮，取成於宋。迨南北通好四五十年，朝廷將相既不知兵，而猛安謀克之移入中原者，初則習於晏安，繼則困於饑乏，至泰和之末，與宋交兵，雖尚能擾淮、楚，擣環、慶，然此乃宋韓侂胄之孟浪生事，易於摧敗，而非金人之不可敵也。及蒙古兵一起，金兵遇之，每戰輒敗，去燕遷汴，棄河北於不問，二十餘年間，惟完顏陳和尚大昌原、倒迴谷二戰，差强人意，其餘則望風奔潰，與遼天祚、宋靖康時之奔降，如出一轍。當時劉炳疏言：「承平日久，人不知兵，將帥非才，既無靖難之謀，又無效死之節，外託持重之名，内爲自安之計，擇驍果以自衛，委疲懦以出戰，陣勢稍動，望塵先奔。」可想見是時兵力之積弱矣。興定南侵，雖據完顏賽不、訛可、烏古論慶壽、紇石烈牙吾塔等傳，屢侈戰功，然宋史趙方、孟宗政、扈再興等傳，亦言屢敗金兵，則賽不等傳所云克捷者，蓋亦非實事也。完顏合達傳贊謂，南渡用兵，克捷之功，史不絶書，而地不加闢，殺傷相當，君子疑之，蓋已見國史侈功之不足信。至如唐州之役，喪師七百，主將訛論匿之，而以捷聞，爲御史納蘭所劾，宣宗但獎御史敢言，而訛論置不問，此尤掩敗爲勝之明據也。由是相習成風，肆爲欺飾。如正大四年，蒙古入商、虢，移剌蒲阿遇其游騎，獲一人，輒以捷聞。蒲阿傳八年，禹山之戰，蒙古兵稍卻，合達輒以大捷奏。諸相置酒省中，左丞李蹊且喜且泣曰：「非今日之捷，生靈之禍，可勝言哉！」蓋以爲實然也。是時民間避兵者方欲保險自守，因此奏遂晏然不動，不二三日，蒙古兵猝至，悉被殺，皆爲捷書所誤云。合達傳是不惟遇敵輒敗，而并諱敗報捷，習以爲常。統前後觀之，其始也以數千人取天下而有餘，其後以天下之兵支一方而不足。然則承平之世，安不忘危，蒐練軍實，振作士氣，豈非國家急務哉。按禹山之戰，據元史拖雷傳，是日大霧迷道，爲金人所襲，殺傷相當。是合達之奏捷亦尚非全虛也。

403 金初漢人宰相

韓企先傳，金太祖定燕京，始用漢官宰相，賞左企弓等，置中書省、樞密院於廣寧府，而朝廷宰相自用女直官號。傳贊謂仿遼代南、北面官僚制度。太宗初年，無所更改。及張敦固伏誅，移中書省、樞密院於平州。蔡靖以燕山降，又移置於燕。凡漢地選授官職，調發租稅，皆承制行之，自時立愛、劉彥宗、韓企先官爲宰相，其職皆如此；故規爲施設，不見於朝廷之上，惟治官政，庀民事，内供京師，外給轉餉而已。後斜也、宗幹當國，勸太宗改女直舊制，從漢官制度。天會四年，始置尚書省以下諸司府寺。十二年，以企先爲尚書右丞，漢人爲真相自此始。按元遺山作張萬公碑云，金制自尚書令而下，有左右丞相爲宰相，尚書左右丞爲執政官，凡内族外戚及國人有戰功者爲之，其次則黄霤人，又次則參用漢進士，不過以示公道而已，無相權也。

404 金俗重馬

金初以戰爭開國，故最重馬。景祖方爲部長時，有黄馬，服乘如意。景祖没，遼貴人争欲得之，世祖曰：「難未息也，馬不可與人。」遂割其兩耳，謂之禿耳馬，遼人乃弗敢。阿踈傳贊時兵力尚微，桓赧、散達方强，欲得盈哥之大赤馬，及辭不失之紫騮馬，世祖亦不許，遂戰敗之。桓赧、散達傳康宗薨，太祖即位，遼使阿息保來弔。阿息保徑至殯所，閲賵馬，欲取之，太祖大怒，將殺之，宗雄諫而止。世紀阿离合懣將死，太祖往問疾，問以國家事，對曰：「馬者甲兵之用，今四方未平，而國俗多以良馬殉葬，當禁止之。」阿离合懣傳觀此可見金源氏之重馬也。軍旅之事，全恃馬力，此固有國家者所當留意耳。

405 金以壞和議而亡

宋南渡後，至紹興七八年間，盜賊盡平，韓、岳諸將兵力亦漸强盛，可以有克復中原之勢，故時有以和議爲非者，然卒以和議而得偏安。其後正隆南侵，開禧北伐，亦皆以議和罷兵息事。迨賈似道諱和主戰而國亡矣。蓋事勢當危急之時，不得不謹畏睦鄰，圖存於亡，若猶仗虚憍之氣，必誤國事也。金宣宗當蒙古兵圍燕京時，遣完顔承暉等往軍前行成，已解圍矣。後以遷汴之舉，致蒙古藉口，再起兵端，殘破河北，蹂躪關陝。至哀宗即位，羣臣言可因國喪遣人報哀，副以遺留物，因而與之講解。哀宗下省院議，而當國者有仰而不能俯之勢，謂朝廷先遣使，則於國體有虧，遂止。合達傳正大六年，蒙古兵圍慶陽，哀宗命陝省犒以羊酒，爲緩師計，北中亦遣唐慶來議和，先遣小使斡骨欒至行省。時適有大昌原之捷，移剌蒲阿等志氣驕滿，謂使者曰：「我已準備軍馬，可來決戰。」斡骨欒歸，以其語奏蒙古主，遂怒不可解，統大兵入陝。牙吾塔傳是時金兵不復南侵，宋人亦有繼好之意。正大八年，行省忽以劄付下襄陽制置司，約同禦北兵，且索軍餉。劄付者，上行下之檄也，於是宋制置使陳該遂怒辱使者，而宋之和好又絶。蒙古圍汴，哀宗遣曹王訛可出質乞和，已退兵矣。而飛虎軍申福、蔡元又擅殺北使唐慶等，於是蒙古之和議又絶，而不可解矣。此皆不度時勢，徒恃虚氣，以速滅亡也。金之先以和誤人，而其後轉以不和自誤，亦豈非一代得失之林哉。

406 九公十郡王

宣宗畏蒙古兵之逼，南遷於汴，河朔殘民，往往自相團結，各保一方。朝議擇其中有威望者，假以事權，能復一道，即授以本道觀察使，能捍州郡，即授以兵佐，於是封建之議起。興定四年，封滄海經略使王福爲滄海公，河間路招撫使移剌衆家奴爲河間公，真定經略使武仙爲恒山公，中都東路經略使張甫爲高陽公，中都西路經略使靖安民爲易水公，遼州從宜郭文振爲晉陽公，平陽招撫使胡天作爲平陽公，昭義軍節度使完顔開爲上黨公，山東安撫使燕寧爲東莒公，是爲九公府。其中武仙最富强，張開次之，①餘皆各保一方。其後日漸摧敗，如郭文振徙衛州，至不能軍，但寓於衛。張開不能守潞州，閒居南京，部曲離散，名爲舊公，實與匹夫無異。此九人外，又有史詠亦爲平陽公，乃胡天作死後，詠繼之而封者。傳贊謂他書所載，有滄海公張進，河間公移剌中哥，易水公張進，晉陽公郭楝，此蓋正大間續封，如史詠之繼胡天作者。金史惟王福等九人有傳，餘皆無之。其後又有十郡王之封。見國用安傳十郡王者，李〔明〕德（明），封仙，張瑀，張左，卓翼，康琮，杜政，吴歪頭，王德全，劉安國也。九公各有傳，十郡王無傳，惟德全、安國、封仙、杜政略見國用安傳中。蓋此十郡王本哀宗發空名宣敕，聽用安於同盟中有功者賜之，是又用安部曲，非朝命所封，無大功績可紀，故無傳也。

407 金末賜姓之例

賜姓本始於漢初，北史李宏傳所謂，項伯不同項羽，漢高賜姓劉氏，秦貞父能死難，魏武賜姓曹氏是也。①其後罕有行之者，惟西魏宇文泰當國時，因魏初統國三十六，大姓九十九，已多絕滅，乃以諸將功高者爲三十六國後，其次爲九十九姓後，賜姓之廣自此始。如楊忠賜姓普六茹氏，趙貴賜姓乙弗氏，寇和賜姓若引氏，耿豪賜姓和稽氏，辛威賜姓普屯氏，樊深賜姓萬紐于氏，周摇賜姓車非氏，李楷賜姓獨孤氏，郭衍賜姓〔叱〕羅氏，侯（瑱）〔植〕魏賜姓侯伏氏，周又賜姓賀屯氏是也。静帝時詔復本姓。其有倚爲腹心者，則賜以皇族之姓，如薛端、薛善及叱羅協皆賜姓宇文氏是也。故周武帝命李宏修皇室譜，分爲帝系、疏屬及賜姓三篇。②隋因之，如楊義臣本姓尉遲，文帝因其父戰死，乃賜姓楊，編之屬籍。唐初亦用其制，如羅藝、高開道、杜伏威、胡大恩皆賜姓李氏是也。唐末賜姓更多，如李克用、李茂貞、李順節等皆附於皇族，或藉其用，或畏其逼，不得已也。金末亦多有賜姓者，財力既殫，爵賞又濫，不足以繫人心，故設此以勸功。然其制亦不同，有賜本國大姓者，如東永昌賜姓温敦氏，包世顯、包長壽、包疙疸賜姓烏古論氏，③覩令（狐）〔孤〕賜姓禾速嘉氏，何定賜姓必蘭氏，馬福德、馬柏壽賜姓夾谷氏，楊沃衍賜姓烏林答氏，〔張〕資禄賜姓女奚烈氏，李辛賜姓温撒氏是也。其功多或力大，可恃以爲援者，則竟賜以皇族之姓，如郭仲元、郭阿憐、李霆、梁佐、李咬住、國用安、張甫皆賜姓完顔氏是也。其附入屬籍之處又有差等，以千人敗敵三千者，賜及緦麻以上；敗二千人者，賜及大功以上；敗千人者，賜止其家。

408 通惠河不始於郭守敬

京師至通州牐河，本元時郭守敬所開。守敬傳，大都運糧河不用一畝泉舊源，别引北山白浮泉水，西折而南，經瓮山泊，自西水門入城，環滙於積水潭，復東折而南，出南水門，合入舊運糧河。每十里置一牐，比至通州，凡爲牐七，置斗門互爲提閼，以過舟止水。元世祖命速行之，丞相以下皆親操畚锸。工既成，帝還自上都，過積水潭，見舳艫蔽水，大悦，賜名曰通惠河。此元所創，至今爲永利者也。然此河不自守敬始。金史韓玉傳，泰和中，玉建言開通州潞水漕渠，船運至都。工既成，玉陞兩階。是此河實自玉始。守敬傳所云不用一畝泉者，蓋玉所開河本用一畝泉爲源，而守敬乃用白浮泉耳。守敬建牐，往往得舊時磚石故址，當即玉遺蹟也。蓋燕都自金宣宗遷汴後，迨元世祖至元十一年始來都之，其間荒廢者已四五十年，舊時河道久已湮没，守敬得其遺址而開濬之，遂獨擅其名耳。

409 海陵荒淫

海陵荒淫，最爲醜穢，身爲帝王，採取美艷，何求不得，乃專於宗族親戚中恣爲姦亂，甚至殺其父殺其夫而納之，此千古所未有也。金史所載，除一后三妃外，諸嬖幸有名字者已二十餘人。凡宗室被殺者，皆納其婦女。曹王宗敏妻阿懶，海陵叔母也；宗磐子阿虎迭妻阿里虎，從嫂也；其女重節，則從姪女也；宗本子莎魯剌妻，宗固子胡里剌妻，胡失來妻，秉德弟（糺）〔乣〕里妻，皆從嫂也；壽寧縣主什古，宗望女也，静樂縣主蒲剌及習撚，宗弼女也，師姑兒，①宗雋女也，皆從姊妹；混同郡君莎里古真及其妹餘都，宗本女也，皆再從姊妹；奈（忽）剌〔忽〕，皇太后表兄張定安妻也，蒲魯（古）〔胡〕只，麗妃妹也，海陵皆私之。其納之宫中者，則封爲妃嬪，在外則分屬於諸妃位下出入。奈剌忽出入元妃位，蒲魯胡只出入麗妃位，莎里古真、餘都出入貴妃位，什古、重節出入昭妃位，蒲剌、師姑兒出入淑妃位。習撚夫稍喝，莎里古真夫撒速，皆爲近侍，每值宿，海陵謂之曰：「爾妻年少，遇爾值宿，不可令宿於家。」每召入，海陵親候廊下，立久則坐於侍婢高師姑膝上。高師姑曰：「天子何勞苦如是。」海陵曰：「我固以天子爲易得耳，此等期會乃難得也。」莎里古真在外淫佚，海陵責之曰：「爾愛娱樂，有豐富偉岸如我者乎。」然亦不之罪也。此外如沈璋妻，爲太子光英保母，及耶律徹妻侯氏，皆以入宫侍皇后而姦之者也。節度使烏古帶之妻定哥，與海陵有私，海陵即位，使定哥殺其夫而納之者也。秘書監文之妻石哥，海陵使文出之而納於宫中者也。蕭拱妻擇特懶之妹曰彌勒，海陵使拱迎之於汴，既入宫，非處女，遂以疑殺拱，而以拱妻妻文，既又以彌勒之命召拱妻入宫而亂之者也。亦有先寵幸而後殺之者，阿里虎既入，海陵又私其女重節，阿里虎責重節，遂縊殺阿里虎。又蕭堂古帶妻察八，既入宫，封昭媛。時堂古帶爲護衛，察八使侍女遺以雜佩，海陵遂手刃察八，以徇於宫。每幸婦人，則教坊奏樂，撤帷帳，或妃嬪列坐，率意亂之，以爲笑樂。幸室女不得遂，則使元妃以手左右之。女使闢懶有娠，欲幸之，則以麝香水揉腹而墮其胎。甚至徒單皇太后侍婢高福娘，亦與淫亂，使伺太后動静，福娘增飾語言，遂成弑逆之禍。此皆載在后妃傳後者。海陵之惡固不足道，然著其大者可矣，此等中冓之醜亦瑣瑣書之，毋乃穢史乎。按本紀，世宗嘗曰：「海陵以近習掌記注，故當時行事實録不載，當訪求書之。」又賈益謙傳，當時禁近能暴海陵蟄惡者，輒得美遷，故史官修實録，不免附會云。然則金史所載，皆世宗時編訂者也。

410 海陵兼齊文宣隋煬帝之惡

海陵在位，蓋兼齊文宣、隋煬帝之惡而更過之。北齊書稱，文宣狂暴，嘗姦其嫂文襄后，凡高氏婦女，無親疎皆與之亂，或以賜左右。彭城王浟母爾朱氏，其父神武之庶妻也，欲烝之不從，則手刃之。皇后李氏之妹嫁元昂，帝數幸之，欲納爲昭儀，則以鳴鏑射殺昂。斯固已滅絶倫理，然以海陵視之，奚啻十倍。隋煬帝弑父殺兄弟，海陵則弑君弑母，殺伯叔兄弟及宗室數百人，煬帝猶不若是之慘也。然以其權譎剛厲之資，智足以飾非，威足以馭下，其時國運方强，使僅守其故業，雖淫恣亂倫，或尚不至隕踣。正如齊顯祖强記威斷，羣下不敢爲非，所謂主昏於上，政清於下者。乃又大舉伐宋，空其國以争人之國，與隋煬之征高麗如出一轍，此所以土崩瓦解，自速滅亡也。隋書記煬帝征高麗，總徵天下兵皆會涿郡。又發江淮水手一萬，弩手三萬，嶺南排鑹手三萬，河南、淮南、江南造戎車五萬兩，送高陽載衣甲。又發江淮民夫及船，運黎陽及洛口倉米至涿。其陸路夫役往來者亦常數十萬人，晝夜不絶，死者相枕，臭穢盈路。東萊海口造船，官吏督役，日夜立水中，腰以下皆生蛆，死者十三四。耕稼失時，民不聊生，於是天下大亂，帝亦被害於揚州。而海陵之伐宋也，盡起諸路招討司及猛安謀克軍，年二十以上，五十以下，雖親老丁多亦不得留侍。所造軍器，皆賦於民，箭翎一尺至千錢，村落間往往椎生牛以供筋革，至於烏鵲狗彘無不被累。籍民馬，在東者給西軍，在西者給東軍，死者不絕於道。所至芻粟無給，有司以爲請，海陵曰：「民間儲蓄尚多，今禾稼滿野，可就牧田中。」共調馬五十六萬匹，官七品者準留一匹，其上以是爲差，富民有調至五六十匹者，仍令養飼以俟。由是盜賊並起，大者連城邑，小者保山澤，或以十數騎張旗幟而行，官軍莫敢近。海陵又惡聞盜賊，言者輒罪之。將士自軍中亡歸者，相屬於道。東海張旺、徐元等反於南，契丹移剌窩斡等反於北，曷蘇館猛安福壽、東京謀克金住等，始授甲於大名，即舉部亡歸，公言於路曰：「我輩往東京，立新天子矣！」海陵自將三十二總管兵，至瓜洲，爲其下所弒，與隋煬之被害亦如出一轍。自古大兵大役，未有不民怨沸騰，喪國亡身者。海陵既竭天下之力，先築燕京，次營汴京，工役甫畢，又興此大衆，以極無道之主，行此大肆虐之事，豈有不自速其斃者。金史一一書之，所以垂戒千載也。

按石虎起河橋於靈昌津，采石爲之，石無大小，輒隨流去，用工五百餘萬而不成。又發雍、洛、秦、并州十六萬人，城長安未央宮。性好獵，體重不能跨鞍，造獵車千乘，轅長三丈，高一丈八尺，(置)〔罝〕高一丈七尺，格獸車四十乘，立三級行樓於其上。自靈昌津南至滎陽，東極陽都，使御史監察其中禽獸，有犯者，以大辟論。御史因之作威，有美女好牛馬者，求之不得，便誣以犯獸，死者百餘家。又發諸州二十六萬人，修洛陽宮。發百姓牛二萬頭，配朔州。增置女官二十四等，東宮十二等，諸侯王九等，發百姓女年二十以下十三以上三萬人以充之，郡縣乘此奪人婦女九千餘人。其子石宣又私令採亦及萬，縊死者三千餘人。又發近郡男女十六萬，車十萬乘，運土築華林苑及長牆於鄴北。命子宣出獵，建天子旌旗，戎卒十八萬，出金明門。石虎升淩霄觀望之，笑曰：「我家父子如是，自非天崩地陷，夫復何憂！」宣校獵既遍，又令石韜出獵，亦如之。後宣殺韜，虎又殺宣，極慘酷。其子石世、石沖、石遵、石鑒等皆不得其死。冉閔乘亂誅諸羯，於是趙人悉入城，羯人悉出城。閔下令，趙人斬一羯，文官進位三等，武職悉拜牙門，一日之中，斬首數萬，羯人無貴賤男女少長皆死，凡二十餘萬，亦有高鼻多鬚而濫死者。虎十三子，五人爲冉閔所殺，八人皆自相殘害。晉書載記此又隋煬帝、金海陵以前之最無道者也。

411 金中葉以後宰相不與兵事

金初創業，皆兄弟子姪，出則領兵，入則議國事，爲相者多兼元帥。其時樞密院雖主兵柄，而節制仍屬尚書省。白華傳如宗翰爲國論勃極烈兼都元帥，拜太保、尚書令，領三省事。汴京初置行臺，宗弼領行臺尚書省、都元帥，詔諸州郡軍旅之事決於帥府，民訟錢穀尚書省治之，宗弼兼統其事。後入朝爲太師，領三省事、都元帥如故。可見兵事皆宰相參決也。及明昌以後，則兵事惟樞密院主之，而尚書省初不與聞。蓋是時蒙古勃興，北鄙騷動，惟恐漏洩傳播，故惟令樞密主之，其後遂爲樞密院之專職，而宰相皆不得預。貞祐四年，陳規疏言：「宰相大臣，社稷生靈所係。近詔軍旅之事專委樞密，而尚書省坐視利害，泛然不問，以爲責不在己也。伏望戰守大計，須省院同議。」楊雲翼亦奏：「尚書出政之地，今軍旅大事，宰相不得與聞，欲使利病兩不相蔽得乎。」時軍事院官，獨任專見，往往敗事，言者多以爲將相權不當分。白華傳天興元年，始併樞密院歸尚書省，以宰相兼院官，而國旋亡矣。按宋制，邊事兵事亦樞密院專主，富弼奏請令宰相兼樞密，乃從之，見弼傳。

412 憫忠寺故事

京師宣武門外法源寺，最宏敞，本唐憫忠寺也。朱竹垞謂此寺典故，有遼時聞宋真宗訃，建道場於此，及金大定間策試女直進士於此，二事。按道場建醮，事具遼史。金策試女直進士，係大定十三年，始以策論試女直進士於憫忠寺。寺有雙塔，進士入院之夜半，聞東塔有音樂聲西入宮，試官侍御史完顏蒲揑等曰：「文路初開，而有此兆，得賢之徵也。」中選者徒單鎰等二十七人，後多爲顯官。此載在金史選舉志。今又得數事。遼史，興宗〔重熙〕十一年，遇景宗宣獻后忌辰，帝與皇太后素服飯僧於憫忠寺。宋王曾記契丹事云，燕京有憫忠寺，本唐太宗爲征遼陣亡將士所造，宋使至，遼遣館伴導以游觀。又北狩録，宋徽宗至燕山，館於大延壽寺，欽宗館於憫忠寺。又金史，胡沙虎反，召完顏綱至，囚於憫忠寺，明日殺之。宋史，謝枋得至燕，寓憫忠寺，見壁間曹娥碑，泣曰：「小女子猶爾，吾豈不汝若哉！」遂不食而死。此皆憫忠寺故事也。

413 日行千里

訛古乃善馳驛，日能行千里。天會八年，從宗翰在燕，聞余睹反，宗翰令馳驛往探。訛古乃黎明走天德，及至，日未曛也。本傳

414 避孔聖諱

金史，明昌中，詔周公、孔子名，俱令迴避。又詔有司，如進士名有犯孔子諱者避之，著爲令。此近代避聖諱之始也。

415 金末種人被害之慘

一代敝政，有不盡載於正史，而散見於他書者。金制，以種人設猛安謀克分領之，使散處中原。世宗慮種人爲民害，乃令猛安謀克自爲保聚，其土地與民犬牙相入者互易之，使種人與漢民各有界址，意至深遠也。其後蒙古兵起，種人往戰輒敗。承安中，主兵者謂種人所給田少，不足豢身家，故無鬬志，請括民田之冒税者給之。於是武夫悍卒，倚國威以爲重，有耕之數世者，亦以冒占奪之。及宣宗貞祐間南渡，盜賊羣起，向之恃勢奪田者，人視之爲血讐骨怨，一顧盼之頃，皆死於鋒鏑之下，雖赤子亦不免。事見元遺山所作張萬公碑文。又完顏懷德碑亦云，民間讐撥地之怨，睚眦種人，期必殺而後已。尋蹤捕影，不三二日，屠戮淨盡，甚至掘墳墓，棄骸骨。惟懷德令臨淄有惠政，民不忍殺，得全其生。可見種人之安插河北諸郡者，盡殲於貞祐時。蓋由種人與平民雜處，初則種人倚勢虐平民，後

則平民報怨殺種人，此亦一代得失之林也。然金史絶不載此事，僅於張萬公傳中略見之，則知金史之缺漏多矣。

又金末僉軍之弊，見劉祁歸潛志。金制，每有征伐，輒下令僉軍，民家有數丁者，盡揀取無遺。貞祐初，有任子爲監當者，正赴吏部選，亦僉監官軍。其人訴於宰相僕散七斤，七斤怒，命左右以弓矢射之，已而上知其不可，乃止。元光末，備黄河，修潼關，又下令僉軍。祈之父劉元規，曾官户部郎中，家居在籍，又監察御史劉從益，亦家居，俱選爲千户，①既立部曲，當以次相鈴束，後亦罷之。此可見衰世一切苟且之法也。

第二十八卷校證

390 金制追謚帝后之濫

①按松漠紀聞，金九代祖名堪布，號始祖。八代祖名額嚕。七代祖名雅哈。六代祖名蘇赫。五代祖名舒嚕。高祖太師名呼蘭。曾祖名哈里。曾叔祖太師名富勒敏。曾季祖太師名措格。伯祖太祖名烏嚕斯　按：所列各名號都是清代改譯者，因未注原名，姑仍其舊，而補列原名於校證中。堪布原作龕福。額嚕原作訛魯，雅哈原作佯海。蘇赫原作隨闊。舒嚕原作實魯。呼蘭原作胡來。哈里原作核里頗。富勒敏原作蒲剌束。措格之「措」應爲「揚」字之誤，原名楊哥。「伯祖太祖」應作「伯祖太師」，烏嚕斯原作吴剌束。

391 金初父子兄弟同志

①秃髮烏孤　按：「烏孤」原刻本作「利鹿孤」，西畲本已改正。

392 金代文物遠勝遼元

①其中秋待月賦鵲橋仙詞，尤奇横可喜。（見桯史）　按：其詞見桯史卷八，曰：「停盃不舉，停歌不發，等候銀蟾出海，不知何處片雲來，做許大通天障礙。虬髯撚斷，星眸睜裂，惟恨劒鋒不快，一揮截斷紫雲腰，子細看嫦娥體態。」

394 金記注官最得職

①於是朝奏屏人議事者，記注官獨不避，自此始。（本紀）　按：詳見金史石琚傳（卷八八），世宗紀（卷七）大定十八年雖記此事而較略。

②補闕楊庭秀言，……（庭秀傳）　按：金史無楊庭秀傳，其事見章宗紀（卷一一）承安五年二月。

395 大定中亂民獨多

①蒲速椀羣牧所老忽謀反　按：金史七世宗紀無「所」字，「反」字作「叛」。

397 金推排物力之制

①大定十四年，又詔議推排法，朝臣謂宜止驗現在産業，蒲察通言，必須通檢各謀克人户物力多寡，則貧富自分，貧富分則版籍自定。如有緩急，驗籍科差，則富者不得隱，貧者不重困矣（通傳）　按：金史九五蒲察通傳載議通檢謀克人户物力是在大定十七年通拜右丞轉左丞之後；又卷四六食貨志載議通檢事在大定二十年四月。劄記誤列於大定十四年，乃誤上加誤，通傳之誤在未標明議通檢之年月，劄記更妄書爲「十四年」。孫文泱指出其失，文繁不具録。

398 猛安謀克散處中原

①山東路有把古魯猛安，中都路有胡土靄哥蠻猛安，山東西路有盆買必剌猛安　按：見金史永功、永成等傳（卷八五）。「把古魯」應作「把魯古」。

②正隆初，又起上京諸猛安於中都等處安置（納合椿年傳）　按：「正隆初」應作「貞元初」，金史四四兵志詳記其事，椿年傳誤，甌北從之而誤。

399 金元俱有漢人南人之名

①文宗詔，各道廉訪司官，用蒙古二人，畏兀、河西、回回、漢人、南人各一人　按：元史文宗紀（卷三二）作「畏兀、河西、回回、漢人各一人」，無「南人」二字。

401 衍慶宫圖畫功臣

①太師領三省事勖　按：「師」原刻本作「司」，廣雅本、西畲本皆已改正。

406 九公十郡王

①張開次之　按：張開即完顔開，金統治者曾以「國姓」賜之。

407 金末賜姓之例

①賜姓本始於漢初，北史李宏傳所謂，項伯不同項羽，漢高賜姓劉氏，秦貞父能死難，魏武賜姓曹氏是也　按：李宏之「李」應作「鮑」，鮑宏傳在北史卷七七，或隋書卷六六。秦貞之「貞」應作「真」，可參看三國志魏書曹真傳（卷九）注引魏略。

②周武帝命李宏修皇室譜，分爲帝系、疎屬及賜姓三篇　按：「李宏」應作「鮑宏」，見上條。「帝系」應作「帝緒」，見隋書或北史鮑宏傳。

③包世顯、包長壽、包疙疸賜姓烏古論氏　按：金史宣宗紀（卷一四）貞祐三年九月，賜包世顯、包疙疸爲烏古論氏。又烏古論長壽傳（卷一〇三）稱其本姓包氏，有弟名世顯。以二文相校，包疙疸與包長壽似爲一人，長壽爲其本名，疙疸則爲混名。

409 海陵荒淫

①師姑兒　按：「姑」原刻本作「古」，西畬本已改正。

415 金末種人被害之慘

①祁之父劉元規，曾官户部郎中，家居在籍，又監察御史劉從益，亦家居，俱選爲千户　按：劉祁之父爲劉從益，與劉元規爲同姓而非同宗，此文大誤。

廿二史劄記卷二十九

416 元史

元起朔漠，本無文字，開國以後，又無有如金之完顏宗翰等能訪求先朝事蹟，是以記載寥寥。本紀贊所謂太祖奇勳偉績甚多，惜當時史官不備，失於記述也。直至世祖中統三年，始詔王鶚集廷臣商議史事，鶚請以先朝事付史館。鶚傳至元十年，又敕翰林院採集累朝事蹟，以備纂輯。其後撒里蠻等進累朝實録，帝曰："太宗事則然，睿宗少有可易者，定宗固日不暇給，憲宗事獨不能記憶耶？尚當詢之故老。"①又成宗時，兀都帶等進太宗、憲宗、世祖實録，帝曰："忽都魯迷失非昭睿順聖皇后所生，何爲亦稱公主？順聖太后崩時，裕宗已還自軍中，所記月日亦先後差悮。"本紀此可見事後追述之舛漏也。其時内廷記載，又有所謂脱必赤顔者，仁宗嘗命譯出，名曰聖武開天記。其後虞集總裁遼、金、宋三史，因累朝故事有未備者，請以國書脱卜赤顔即脱必赤顔所修太祖以來事蹟，付出參訂，或謂脱卜赤顔非可令外人傳者，遂止。是此本并未嘗傳出矣。今按金史世紀叙先世事至盈一卷，而元史叙孛端叉兒以下十世不過千餘字，可見國史院已無可徵。世祖以來，始有實録。至元二年，敕〔選〕儒士編修國史。五年，以和禮霍孫等允翰林待制，兼起居注，以記政事。滅宋後，詔作平金、平宋録，及諸國臣服傳，命耶律鑄監修。成宗即位，詔完澤監修世祖實録。（元貞）〔大德〕七年，國史院進太祖、太宗、定宗、睿宗、憲宗五朝實録。武宗時，詔國史院纂修順宗、成宗實録。

仁宗時，纂修武宗實録及累朝后妃、功臣傳，俾百工各上事蹟。英宗時，詔修仁宗實録及后妃、功臣傳。泰定帝詔修英宗、顯宗實録。文宗時，又詔修英宗實録，并具書倒剌沙欵伏狀。順帝時，詔修累朝實録及后妃、功臣傳。以上皆見本紀。明初得元十三朝實録，即據以修輯，此元史底本也。然是時徐一夔致書王禕曰：「史莫過於日曆及起居注。元朝不置日曆，不設起居注，獨中書置時政科，遣一文學掾掌之，以事付史館。及易一朝，則國史院即據以修實録而已。」元史姦臣傳序亦云，舊史往往詳於記善，略於懲惡。蓋史官有所忌諱而不敢直書故也。是元之實録已不足爲信史，修元史者即據以成書，毋怪乎不協公論。史成後，即有朱右作拾遺，解縉作正誤，而縉致董倫書并有「元史舛誤，承命改修」之語，則明祖亦已知元史之未善，而有改修之命。今拾遺、正誤及縉所改修者皆不傳，殊可惜也。然元史大概亦尚完整，則以舊時纂修實録者多有熟於掌故之人，如董文用修國史，於祖宗功德，近戚將相家世勳伐，皆記憶貫串，史館有所考究，悉應之無遺。文用傳又拜住監修國史，將進仁宗實録，先一日詣院聽讀。首卷書大德十一年事，不書哈剌哈孫定策功，但書越王禿剌擒阿忽台事。拜住曰：「無左丞相，雖百越王何益？」立命書之。拜住傳可見實録亦自矜慎。其執筆撰述者又多老於文學，如姚燧爲一代宗工，當時子孫欲叙述先德者，必得燧文，始可傳信，不得者每以爲恥。燧傳袁桷在詞林，凡勳臣碑銘多出其手。桷傳歐陽玄擅古文，凡王公大臣墓隧之碑，得玄文以爲榮，片言隻字，人皆寶重。玄傳而皆與纂修實録之列。世祖實録，李之紹、馬紹、李謙、姚燧、張九思、張昇所修。裕宗實録，張九思所修。成宗實録，元明善、程鉅夫、鄧文原所修。順宗實録，元明善所修。武宗實録，元明善、蘇天爵所修。仁宗實録，元明善、廉惠山海牙、曹元用所修。英宗實録，曹元用、馬祖常、廉惠山海牙所修。泰定帝實録，成遵、王結、張起巖、歐陽玄所修。明宗實録，成遵、謝端所修。文宗實録，王結、張起巖、歐陽玄、蘇天爵、成遵所修。寧宗實録，謝端所修。累朝后妃、功臣傳，張起巖、楊宗瑞、揭傒斯、吕思誠、貢師泰、周伯琦等所修。以上俱見各本傳。明初修史諸臣即抄撮成書，故諸列傳尚多老筆而無釀詞。其天文、五行諸志，則有郭守敬所創簡儀、仰儀諸説；職官、兵、刑諸志，又有虞集等所修經世大典；水利河渠諸志，則有郭守敬成法及歐陽玄河防記以爲據依，故一朝制度，亦頗詳贍。順帝一朝雖無實録，而事皆明初修史諸人所目擊，覩記較切，故伯顔、太平、脱脱、哈麻、孛羅、察罕、擴廓等傳，功罪更爲分明。末造殉節諸人，則又有張翥所集忠義録以資記載。故一部全史，數月成書，亦尚首尾完具，不得概以疏略議之也。惟中葉以後，大都詳於文人，而略於種人，則以文人各有傳誌之類存於世，而種人無之，故無從搜括耳。

按明洪武二年，得元十三朝實録，命修元史，宋濂、王禕爲總裁，二月開局，八月成書。而順帝一朝史猶未備，乃命儒士往北採遺事。明年二月，重開史局，六月書成。今按元史列傳三十一、二卷，已載元末死事諸臣泰不華、余闕等傳矣，乃三十三卷以後，又以開國時耶律楚材、劉秉忠、史天倪、張柔、張弘範等傳編入，幾於前後倒置。蓋三十二卷以前係初次進呈，三十三卷以後則第二次進呈者，諸臣以太祖威嚴，恐干煩瀆，遂不敢請將前後兩書重加編訂耳。時日迫促，舛漏自多。如孟珙蒙達備録謂，先有蒙古斯國，雄於北邊，後絶衰滅。遼史有磨古斯國，蓋即珙所稱蒙古斯，磨、蒙聲相近也。又遼史有阻卜酋長磨古斯來侵，則磨古斯乃阻卜酋長之名。成吉思起事，慕蒙爲雄國，乃改稱大蒙古國。此爲建國號之由，而本紀併不載。又顧寧人指出，元史列傳第八之速不台，即第九之雪不台；第十八之完者都，即二十卷之完者拔都；三十七之石抹也先，即三十九卷之石抹阿辛。②益可見修史諸臣但據各家誌録家傳之類，隨得隨抄，不復彼此互對，則當日之草率致誤可知矣。至賈良伯死節記謂余闕妻蔣氏從死，而元史闕傳作耶（律）卜氏，據張毅所記，耶（律）卜氏乃闕之妾，則元史竟以其妾當其妻。又翦勝野聞謂，元江浙行省左丞周伯琦被張士誠留於平江數年，士誠敗，明太祖以伯琦身爲大臣而仕於張氏，遂誅之。今元史伯琦傳則謂，士誠既滅，伯琦歸鄱陽，卒，又與野史互異。此則未可據野史以駁正史者。蓋一代修史時，凡稗官叢説，無不搜集，其所棄而不取者，必其無所據依，今反拾其所棄者以駁正史之訛，多見其不知量也。濂等修史必進呈御覽，如果周伯琦爲明祖所殺，豈敢諱之以爲善終哉！閲元史者，不得概以舛誤疑之也。

417 金元二史不符處

金史，蒙古使唐慶至汴，飛虎軍申福、蔡元擅殺之。是唐慶之死由軍士擅殺，如宋獨松關守將張濡之殺廉希賢也。元史則謂，太宗命慶往諭金主黜帝號稱臣，金主不聽，慶以語侵之，金君臣遂謀害慶，夜半令人入館殺之。則慶之死又是金主所使矣。案是時哀宗方以曹王訛可出質求退兵，豈復敢殺使招釁，此必元人藉口以爲兵端也。元史李（宗）〔守〕賢傳，攻河南，其渠魁强元帥者，以衆出奔，（宗）〔守〕賢追及降之。按金史，洛陽既破，强伸復立軍府，與元兵力戰，此即所謂强元帥也。然伸力戰被擒後，北兵語之曰：「汝能一屈膝，即貸汝命。」伸不從，持使北向，伸仍拗頭南向受刃，事見忠義傳。①是其殉節最烈，而元史謂追及降之，實屬曲筆。又元史石抹阿辛傳，阿辛將黑軍長驅擣汴州，②入自仁和門，收圖籍，振旅而歸。按金史完顏賽不等傳，汴京之圍，哀宗以訛可出質，蒙古主即還，使碎不解等即速不台圍守，未嘗攻破汴城。塔察兒與金人戰南薰門，亦未嘗破門而入。直至哀宗出走，明年崔立以汴城降，蒙古兵始入，其先未嘗有攻破城門之事也，阿辛傳亦誤。又元史塔察兒傳，與金合達戰三峰山，敗之。明年壬辰三月，太宗班師，命偕速不台傳又作唆伯台圍汴。案金史合達、蒲阿二傳及元史睿宗拖雷傳，三峰山之戰在壬辰正月，今敍於壬辰之前，作辛卯冬之事，塔察兒傳亦誤。金本紀，蔡州破，哀宗傳位於宗室承麟，自縊於幽蘭堂，承麟爲亂兵所殺。宋史亦同。元本紀則謂獲承麟殺之，所謂亂兵者，蓋即蒙古兵也。

418 宋元二史不符處

元史本紀，至元十三年，淮西制置使夏貴以淮西諸郡降，惟鎮巢軍復叛。貴遣使招之，守將洪福殺其使，貴親至城下，福始降，阿朮斬之。案宋史，洪福附姜才傳後，福本夏貴家僮，積功爲鎮巢軍統制，貴招之降，不聽。元兵攻城，貴親往，語福欲單騎入城，福信之，門發而伏兵起，遂執福。福大罵貴不忠，以身南向受戮。是福之殉節，凛凛有生氣，而元史謂其降而又斬，實屬曲筆。又本紀，至元十四年，攻重慶，都統趙安以城降，制置使張珏走涪。元帥張德潤以舟師邀之，珏遂降。案宋史珏傳，重慶陷，珏乘小舟走涪，中道斧其舟欲自沉，舟人奪斧擲江中，珏又欲赴水死，家人挽持不得死。爲鐵木兒追及，執送京，至西安，其友謂之曰：「公盡忠一世，今縱得不死，欲何爲哉！」珏乃解弓弦自經死。是珏亦未嘗降也，而元史竟書曰降，亦屬曲筆。按元史本紀，梅應春本宋重慶制置使，爲張珏所殺，①至是，應春子國賓詣闕訴冤，詔以珏付國賓，使復父讎。珏時在京兆，聞之自經死。此另是一說，然亦可見珏之未降也，如已降，則已爲元臣，梅國賓敢請得而甘心乎。案宋史張珏傳，珏遣趙安破瀘州神臂門，執梅應春殺之，蓋本宋將降元守瀘州而爲珏所殺者。

419 金史當參觀元史

金史雖簡淨，然亦有不明晰處。其敍蒙古兵，或曰大元兵，或曰北兵，或曰大兵，其將帥則曰北帥，或曰大帥，或曰北大帥，皆不著何人。蓋元人修金史，不便屢以本朝祖宗及將相行文，故多隱括其詞，然亦有不可通者。如訛可傳云：「初大兵期以明年正月，合南北軍攻汴梁，故自將攻河中。」所云大兵者謂蒙古兵也，所云自將者指何人耶？及觀元史，始知即太宗自將也。其自南而北來會者，則睿宗拖雷也。太宗弟，後追謚睿宗。是時拖雷先入蜀，由宋武休關繞出唐、鄧以趨汴，而太宗在北，攻破河中，從白坡渡河會之，故有禹山、三峰山等戰。金史亦不著拖雷名。既勝，遂趨汴。金哀宗以曹王訛可出質，太宗及拖雷北歸，留大將速不台、塔察兒等圍守。金史圍汴之將但有碎不觧，而塔察兒等俱不著。是冬哀宗出走，明年正月至歸德，旋有蒲察官奴斫營之捷。金史官奴傳謂，官奴僞與蒙古將忒木解相約，欲劫帝出降，因知其大將在王家寺，乃乘夜斫營，北軍大潰，溺死者三千人。所謂大將者亦不著氏名，以元史槊直腯魯華傳證之，則大將乃撒吉思卜華也。撒吉思卜華追金主至歸德，駐營城北，左右皆水，金將官奴來斫營，腹背受敵，一軍皆没。史天澤傳亦云，撒吉思卜華背水而營，天澤謂非駐兵之地，撒吉思卜華不聽，果全軍皆没。是金史不明晰處，必參觀於元史也。

420 元史自相歧互處

史天澤傳謂，太宗三峰山戰勝後即北還，留睿宗拖雷總兵圍汴。按塔察兒傳，太宗圍汴，金主以曹王訛可出質，太宗與睿宗還河北。睿宗傳亦云，太宗北還，住夏於官山。五月，太宗不豫，拖雷禱於天地，太宗疾愈，拖雷從之北還。是拖雷與太宗同北歸，未嘗留圍汴京也，天澤傳誤。鄭鼎傳，鼎從憲宗征大理，由六盤山起行，山路險惡，嘗負憲宗以行。既至大理，擒其主，遂平之。按本紀，憲宗二年，命皇弟忽必烈即世祖征大理。三年，平之。四年，還朝。是征大理者世祖，非憲宗親行也。八年，憲宗自將伐宋，由西蜀入。九年，崩於釣魚山。是憲宗親征者蜀地，而非大理也，鼎傳何以云從憲宗征大理耶？按鼎傳，憲宗征大理在庚戌歲，是時尚未登極，而世祖征大理在壬子、癸丑、甲寅三年，豈世祖未征之前，憲宗先已征之，即位後又命世祖往征耶？然憲宗本紀所敘，未即位之前，如征欽察，征斡羅思等，戰功甚多，如果征大理擒其主，豈不敘及？乃憲紀並無一字，而定宗紀後庚戌之歲，亦無遣蒙哥即憲宗征大理之事，則鼎傳所云，或是從世祖征大理，而以爲憲宗者誤。

薛塔剌海傳，憲宗八年，從世祖攻釣魚山苦竹崖。明年，憲宗崩於釣魚山。按憲宗親攻釣魚山時，世祖以皇弟別將兵攻鄂，未嘗在釣魚山也，薛塔剌海傳誤。

阿塔海傳，宋殿帥張彦與都統劉師勇襲吕城，阿塔海、懷都擊之，斬彦。按懷都傳謂，殿帥張彦、安撫劉師勇攻吕城，懷都與戰，擒張殿帥。忽刺出傳亦謂，張殿帥攻吕城，忽刺出與懷都生擒之。宋史，張彦被擒後，元人令其至常州城下招降。是張彦未嘗被殺也，阿塔海傳誤。

脱歡傳，進兵蘇州，與宋軍戰，擒柳奉使。按伯顔傳，既克常州，師至無錫，宋將作監柳岳奉其國書乞班師，請修歲幣，是岳本奉使來也。且兵至平江，都統王邦傑、通判王矩之即以城降，並無交戰之事。脱歡傳誤。

董文炳傳，宋將張世傑焦山戰敗，走入海，文炳舟小，不能入海，乃還。按世傑戰敗，奔據圌山，後由海道追二王於浙東，事見世傑及劉國傑等傳，非由焦山即入海也。文炳戰勝，率舟師由江陰沿海趨澉浦、華亭，亦未因舟小而罷行。董文炳傳誤。

唆都傳，至元十二年，建康降，唆都爲建康安撫使，攻平江、嘉興，皆下之，帥舟師會伯顔於皋亭山。按伯顔傳，是時兵分三道，阿刺罕由廣德進，董文炳以舟師沿海進，伯顔爲中道，由鎮江進，先居常州，以次下平江、嘉興，方至杭州。今乃云唆都先攻下平江、嘉興，再以舟師會伯顔於皋亭山，亦誤。

又唆都傳，至元二十三年，征交趾，唆都力戰死之。而亦黑迷失傳①云，從阿里海牙、唆都征占城，戰失利，唆都死焉，則唆都又似死於占城者。攷之占城傳，二十一年三月，唆都已自占城領兵回，則其死在交趾無疑，亦黑迷失傳誤。

囊加歹傳，伯顔大軍至建康，帝召囊加歹赴闕，面陳形勢，遣還諭旨於伯顔，謂北邊未靖，勿輕入敵境，而大軍已入平江矣。按伯顔傳，軍至建康，有詔時方暑，且緩進兵。伯顔以機不可失，親赴闕面陳。八月還軍，十一月進兵，屠常州。十二月次平江，都統王邦傑等出降，乃遣囊加歹同宋使柳岳至臨安諭降。是伯顔赴闕面奏，已定進兵之計，南還即率兵直進，囊加歹久在軍中，何得至平江時，尚有旨遣之來止兵耶？囊加歹傳誤。

又拖雷傳，拖雷攻金，欲假道於宋，由蜀渡漢江，繞出唐、鄧以趨汴。先遣搠不罕使宋，宋人殺之，拖雷怒，乃分兵攻宋諸城堡，長驅入漢中，陷閬州，過南鄭，遂由金入房，乘騎浮渡漢水而北。是拖雷之經宋境，由力戰而入也。而按笁邇傳，拖雷由山南入金境，按笁邇爲先鋒，趣散關，宋人已燒絶棧道，宋制置使桂如淵守興元。按笁邇假道於如淵曰：「宋、金世讐，今欲假道南鄭，由唐、鄧以滅金，豈獨吾之利，亦宋之利也。」如淵度我兵壓境，勢不徒還，遂遣人導我師，由武休關東抵鄧州而去。是蒙古假道，宋即使人導之，未嘗戰也，二傳殊不相合。今按金史内族訛可傳，元兵謀取宋武休關，先破鳳翔，拖雷分兵入散關，屠洋州，開生山，截焦崕，出武休東南，遂圍興元。分軍而西，西軍由别路入沔州，開魚鼈山，作筏渡嘉陵江，趨葭萌，至西水縣而還。東軍屯興元、洋州之間，遂趨饒峰，宋人棄關不守，大兵乃得入。據此則拖雷兵原分兩路，其力戰於沔州等處者西軍也，其過關徑入不事争鬭者東軍也。兩傳各記所記，所以不同歟？

421 元史列傳詳記月日

以事繫日，以日繫月，以月繫年，此本紀體也。至列傳，則往往視其事之大小繁簡以爲詳略，不必拘拘於時日之細。惟元史則不然，中統以前，未有年號，則以甲乙紀歲。如張榮傳，乙未，金亡；戊戌，授懷遠將軍之類是也。中統以後，則以年號紀歲。如來阿八赤傳，①至元十八年，開運河；二十一年，調征東招討使；二十二年，授征東宣慰使之類是也。他如阿剌罕傳，土土哈傳，苫徹八都(魯)〔兒〕傳，〔李〕忽蘭吉傳，賈塔剌渾傳，也蒲〔甘〕卜(紺)傳，趙阿哥潘傳，純只海傳，塔不已(而)〔兒〕傳，直脱(而)〔兒〕傳，忽剌(赤)〔出〕傳，達理麻達識傳，耶律鑄傳，暢師文傳，張炤傳，莫不皆然。并有以月日記者，如張榮傳，癸卯三月，陞輔國大將軍；甲辰二月，領蒙古、漢軍；戊申九月，拒宋師於均州；阿塔海傳，至元九年五月，霖雨，宋夏貴乘淮漲來争正陽；十二年十二月，師次建康之類是也。更有以日記者，如伯顔傳，敘至元十一年取鄂州之事，十月戊午，斬郢將趙文義，擒范興；甲子，次沙洋；乙丑，遣官招降守將王虎臣等，不應，遂攻獲之；丙寅，次新城；丁(丑)〔卯〕，吕文焕至城下招降，中飛矢奔還；戊辰，黄順降；己巳，任寧降；十一月丙戌，次復州；乙未，次蔡店；丁酉，往漢口觀形勢；十二月丙(戌)〔午〕，次漢口；辛亥，自漢口開壩入淪河；壬子，戰艦畢至；癸丑，遣人招陽邏堡，不應；乙卯，遣阿里海牙攻之，潛令阿术從上流渡江；丙辰，阿术遣人報捷；丁巳，登武磯山；己未，次鄂州；庚申，張晏然等降是也。敘十三年取臨安降宋主之事，正月己巳，次嘉興；癸酉，宋以宰臣陳宜中書來；乙亥，宜中又遣使來；辛巳，軍至崇德；壬午，次長安鎮；癸未，進軍臨平；甲申，次皋亭山；乙酉，至臨安，聞二王南走，遣兵邀之；丙戌，禁軍士毋入城；丁亥，遣人慰諭謝太后；戊子，文天祥等來見；己丑，駐湖州市；庚寅，觀潮於浙江；辛卯，張弘範等以宋降表至；二月丁酉，遣人徇未下州郡；辛丑，宋主率百官拜表降是也。又燕鐵木兒傳敍其拒戰上都兵之事，亦以日記。此雖近於記功簿籍，如李孟所謂謄寫吏牘者，李孟見揭傒斯所撰功臣傳曰：「是方可名史筆，他人直謄寫吏牘耳。」然記事詳贍，使後世有所攷，究屬史裁之正，固不必以文筆馳騁見長也。

元史又有不以甲乙記日，而但以一二數記者。如日本傳，至元十八年征日本，六月，入海；七月，至平壺島；八月一日，風破舟；五日，文虎等擇舟之堅者遁歸，棄士卒十餘萬於山下；七日，日本人來，盡殺之，不殺者虜爲奴。占城傳，至元二十年征占城，正月十五日，夜，發舟；十七日，整兵進；十九日，國主遣使來降；二十日，兵至大洲；二十一日，入其城；二十(二)〔三〕日，國主僞歸欵而遁。以及爪哇等傳皆然。此雖非古法，亦較直捷。此篇人名俱照舊史，緣四庫書新改本不易借觀也。

422 元史迴護處

元史亦多迴護處，非明初修史諸人爲之著其善而諱其惡也，蓋元時所纂功臣等傳本已如此，而修史者遂抄録成篇耳。如阿里海牙傳，歷敍其戡定湖廣之功，而占降民爲私户及征占城失利等事，則概不敍入。其破潭州也，則曰諸將請屠之，阿里海牙以數百萬生靈，若殺之，非主上諭以曹彬不妄殺人之意，乃止。及其破静江，則曰阿里海牙以静江民易叛，不重刑之，廣西諸州不服，乃悉坑之。是不屠既見其好生之德，坑之又見其止殺之威，真所謂曲爲之説者。又崔彧奏，阿里海牙掌兵民之權，子孫姻黨分列權要，官吏出其門者十七八，其威權不在阿合馬下，宜罷職，阿里海牙傳亦不載。不忽木傳，土土哈求欽察之爲人奴者增其軍，而多取良民，中書僉省王遇改正之，土土哈遂誣奏，遇幾得罪，賴不忽木救之。而土土哈傳但云，欽察之自叛所來歸者，及散處安西郡王部下者，俱令土土哈統之，而不言擾及平民之事。張柔從攻金蔡州，中流矢，宋將孟珙救之，挾柔以出，事見宋史孟珙傳，而柔傳不載。嚴實自請攻衛州，與金移剌蒲阿遇於南門，適合達自北奄至，實兵敗，竟爲所執。史天倪率壯士伏於延津，截其歸路，實乃得脱歸。事見史天倪傳，而嚴實傳竟不載。泰定帝既崩，文宗以燕鐵木兒之力，入京即位，仿武宗、仁宗故事，遣使迎兄明宗於漠北，來繼大統，明宗遂稱帝於途，而立文宗爲皇太子。皇太子出迎明宗於王察爾①之地，越三日明宗崩。此固文宗及燕鐵木兒之弑逆也。續綱目引胡粹中曰：「聞之故老，燕鐵木兒奉上璽綬，而明宗左右不爲禮，燕鐵木兒怒且懼。既而帝暴崩，燕鐵木兒聞哭聲，奔入帳中，取寶璽，（挂）〔扶〕文宗上馬南馳。」此蓋當時實事。乃明宗、文宗本紀僅書「暴崩」二字，並不著被害之迹，並稱皇太子入哭盡哀，燕鐵木兒以皇后命，奉皇帝寶授皇太子登極，竟似授受得其正者。直至燕鐵木兒傳，寧宗崩後，皇太后召明宗長子妥歡帖穆爾即順帝②於廣西，燕鐵木兒以明宗之崩，實與逆謀，恐帝追理前事，故遲留數月不立，於是明宗被害之實，至此始一見。全部元史只此一二語，此外紀傳並無錯見其事者。順帝至元六年追廢文宗廟主之詔謂，文宗躬迓之際，與月魯不花、也里牙、明里董阿謀爲不軌，使我皇考，飲恨上賓。是雖著明宗被害之迹，又不以坐燕鐵木兒之罪，非本傳中「實與逆謀」一語，燕鐵木兒不且漏網乎！北魏書體例，凡弒逆之事，雖本紀只書「暴崩」二字，而散見於各傳者必詳，茲何以諱之太深乎？許有壬因詔罷科舉，力爭以爲不當罷，不聽，明日宣詔，特令有壬爲班首以折之，侍御史普化謂有壬曰：「參政可謂過河拆橋矣。」有壬以爲大耻。此事詳於徹里帖木兒傳，而有壬傳不載。蘇天爵傳，後至元二年，朝廷庶務，多所更張，天子圖治之意甚切，天爵知無不言。按順帝在位，惟耽樂之從，何曾有求治之意，亦讕語也。凡此蓋皆舊史原文，所謂詳於紀善，略於懲惡者。惟葉李傳，叙其立朝建白，居然一代正人，而傳末特載李淦劾其黨附桑哥一疏，謂人皆知桑哥用小人之罪而不知葉李薦用桑哥之罪，此則善惡兩不相掩，所謂存是非之公者。又石抹宜孫傳以儒學副提舉劉基爲經歷，又辟胡深、葉琛、章溢參其軍謀。按宋濂等修史時，劉基等方同在朝，而其先仕於元之處，直書不諱，此亦爲直筆。

又金與蒙古拒戰二十餘年，惟完顏陳和尚大昌原、倒迴谷諸戰以大捷著，其餘則每戰輒敗。哀宗正大八年，蒙古拖雷入饒風關，渡漢江而北，金完顏合達與移剌蒲阿禦之於鄧州之禹山。金史合達傳謂，北兵小卻，二相合達、蒲阿輒以大捷告，其實虛張捷報，並非實事云。然據蒲阿傳叙此事，謂戰三交，北兵少退，向蒲阿後突之，爲蒲察定住所卻。北兵又擁高英軍，軍動，合達欲斬英，英復督軍力戰，北軍卻。又擁樊澤軍，合達斬一千夫長，軍殊死鬭，乃卻之，北兵即回陣南向來路。是此戰亦實有卻敵之功，不得謂全虛也。元史拖雷傳亦謂，十二月及金人戰禹山，佯北以誘之。佯北者，蓋即金史所謂北兵小卻也。拖雷傳又云，攻鄧州不下，遂引而北，別以三千騎命扎剌率之爲殿。大霧迷失道，爲金人所襲，殺傷相當，拖雷以扎剌失律罷之。是蒙古軍亦未嘗無敗衄之處，而金史反謂合達等虚張捷報，此則元人修金史爲本朝迴護也。及明修元史，則記載具在，是以據實書之耳。

423 元史附傳有得失

按竺邇傳，先世居雲中。父䵣公爲金群牧使，驅馬歸太祖，終其官。按竺邇幼孤，育於外祖术要甲家，訛言爲趙，因姓趙氏。是既詳其家世矣，則其孫趙世延傳可不必再叙，乃又云，曾祖䵣公，爲金群牧使，太祖得其所牧馬，䵣公死之。是䵣公之死係殉節，又與按竺邇傳異。按竺邇幼育於外大父术要甲，訛爲趙家，因氏爲趙焉。蓋祖孫二人本各有一傳，修史者並收之，而不及删其複處也。月乃合傳，其曾祖仕金爲馬步軍指揮，以官爲氏，因姓馬氏。其傳末云，曾孫祖常，博學能文。鄉、會試皆舉首，由翰林拜監察御史，直言忤上官去。數年，起爲翰林待制，遷御史中丞。卒，謚文貞。是祖常全傳已附於其祖傳内，乃馬祖常又另有傳，則月乃合傳後此段文字即應删卻，而又仍之。又直脱兒傳，既詳載其從子忽剌出，而忽剌出又有傳。杭忽思傳，既詳載其子阿塔出矣，而阿塔出又有傳。牀兀兒封句容郡王，武宗紀既以此事繫於至大三年，仁宗紀延祐三年又載此事。可見修史者之不暇彼此訂正也。惟兀良合台傳，詳載其子阿术從征雲南、交趾等功，而阿术又另有傳，則專叙其滅宋勳績，一則代父立功，一則爲國出力，固不嫌其兩傳也。又察罕帖木兒傳後附其子擴廓帖木兒傳，擴廓在明史入群雄中，而其人究爲元季一大關係之人，不得因其應入明史遂不爲立傳，而係察罕之子，又不必另立一傳，故以其元季事迹附傳於父之後，而他日與明爭戰之事則不書，此最爲位置得宜也。

424 元史補見夏金宋殉節諸臣

夏、金、宋皆滅於蒙古。夏無史，金、宋二史皆有忠義傳，載末造抗節死事之臣。然以元史核對，尚有未備者，今爲摘出，觀者可以覽焉。

李恒傳，元太祖攻西夏，有守兀納剌城者，夏主之子也，城陷不屈死。李恒即其孫。

郭寶玉傳，從攻西夏，斬夏將佐里。①

木華黎傳，石天應擒送金驍將張鐵槍至，木華黎欲降之，張厲聲曰：「我受金朝恩二十餘年，事至此，有死而已！」木華黎義之，諸將怒其不屈，竟殺之。史樞傳，鐵槍者名資禄。

黑馬傳，金武仙據真定，黑馬從孛（魯）〔羅〕討之。金將忽察虎以兵來援，爲黑馬所殺。

德海傳，攻金鄜州，殺金將左崇。

按竺邇傳，金亡後，金將郭斌尚保金、蘭、定、會四州。按竺邇圍之，食盡城陷，兵入城，斌手劍驅妻子聚一室焚之，已而自投火中。有女奴自火中抱兒出，授人曰：「將軍止此一兒，幸哀而收之！」言畢，復赴火死。

史天倪傳，金完顔合達陷於蒙古，遂降之。已而與監軍王守約連謀，越海歸金，天倪來追，殺守約。

張榮傳，榮攻金沛縣，將唆蛾（侯）〔夜〕來擣營，榮追殺之。

趙宏偉傳，（金）〔宋〕亡，有總管王昌、張雲又起兵，宏偉夜襲雲，斬其首。

紐璘傳，宋將蒲擇之來攻成都，紐璘敗之於靈泉山，擒宋將韓（師）勇，斬之。亦見石抹按只傳。

憲宗本紀，帝攻蜀苦竹隘，守將楊立出戰，兵敗被殺。先渡馬湖，獲宋將張實，實遁，既克苦竹隘，獲實，支解之。進攻鵝頂堡，守將王佐死之，并誅佐子及徐昕等四十餘人。張德潤攻拔禮義城，殺宋宣撫使張資。②

楊大淵、楊文安二傳記擒殺宋將尤多。大淵傳，攻禮義城，獲總管黄文才，路鈐高坦之。攻通川，③獲統制白繼源。戰巴渠，獲知軍范燮，統制魏興，路分黄迪，節幹陳子潤。後諜知宋總統祁昌由間道運糧來，乃率兵襲之，擒祁昌。

楊文安傳，得漢城之戰，擒宋將陳亮。攻開、達，擒統制張剛，總管伏林、方富。攻金（川）〔州〕，擒路鈐趙貴等。略開州，獲統制陳德，副將劉安仁。掠達州，擒其將蒲德、范伸、王德、解明、周德新、王遷，王仁、袁宜、何世賢、楊普、時仲、陳俊、蒲桂、王順、王道、張俊、楊桂、蔡雲龍、李佺、李德、孫聰、張順、李貴、雍德、吴金、王元、閻國寶、張應庚、秦興祖、譚友孫、葉勝、鄭桂、莊俊、嚴貴、竇世忠、趙興、孫德、柳榮、趙威、趙章、韓明、王慶。④攻梁山，擒部轄景福。攻小江口，擒總管李皋、花茂實。略施州，擒薛忠。⑤攻紹慶，擒守將鮮龍。以上諸被擒者，其生死尚無明文。至如文安之攻奪金州，殺其將梁富。

襲開州，宋將龐彥海投崖死。宋兵來救，又殺其將張德。攻梁山，殺守將王智。攻萬州，殺守將何威。又萬州守將上官夔，拒守甚力，文安諭降不聽。踰月，拔其外城，夔猶不屈，文安盡鋭攻城，破之，夔巷戰而死。宋六郡鎮撫使馬堃，守咸淳，文安與之同鄉，諭降不從，乃力攻斬關入，堃巷戰死。此十數將則皆顯然盡力戰守被殺者。宋史無傳，以上皆蜀將。

按竺邇傳，攻文州，守將劉禄，數月不下。諜知城中無井，乃奪其汲道，攻陷其城，禄死之。按宋史忠義傳，有文州守劉鋭，當即是此人，傳聞而誤其名耳。

張庭瑞傳，宋兵圍虎嘯山，庭瑞出擊，殺其統制欒俊、雍貴、胡世雄等。

伯顏傳，元兵自郢順流而下，郢將趙文義、范興來追，伯顏手殺文義，又擒興殺之。至沙洋，以文義首招降王虎臣、王大用，不應，攻獲之，并殺二將。又破陽邏堡，斬其將王達。既克臨安，以獨松關張濡殺奉使廉希賢，斬之。

李恒傳，攻陽邏堡，宋夏貴遣其子松來拒，恒射殺松。

阿塔赤傳，宋馮都統自真州率兵二千，船百艘，來襲瓜州，爲阿塔赤所敗，馮都統赴水死。

阿剌罕傳，追襲宋嗣秀王趙與檡，斬其步帥觀察使高世達，生擒與檡，斬之。宋史與檡有傳，餘缺。

阿里海牙傳，破瓊州，執安撫使趙與珞、冉安國、黄之紀，皆裂殺之。宋史與珞有傳，餘缺。

唆都傳，攻興化，獲宋將陳瓚，支解之。

懷都傳，攻樊城，斬宋將韓撥發、蔡路鈐。不著其名。

昂吉兒傳，文天祥起兵，舒民張德興應之，昂吉兒討殺德興。又趙孟濼亦同起兵，兵敗被殺。

烏古孫澤傳，文天祥開府南劍，守臣張清同起事，澤八戰，殺清。

趙宏偉傳，天祥使羅開禮、葉良臣謀復臨江，宏偉斬良臣，俘開禮。

高興傳，取婺州，擒宋將章焴，斬之。

朱國寶傳，宋亡，惟辰、沅、靖州未下，宋將李信、李發據險固守，國寶擊擒之。張世傑挾二王入廣，南恩、新州人何華、張翼起兵興復，國寶擊殺二將。

世祖紀，至元十五年，禿滿荅兒等攻克瀘州，斬宋將王世昌、李都統。東川副元帥張德潤攻涪州，斬宋將王明及其子忠訓，統轄韓文廣、張遇春。又湖南制置使張烈良、提刑劉應龍與周隆、賀十二起兵，行省調兵往討，周隆、賀十二被殺，烈良等逃入蠻洞，元兵襲之，二人皆戰死。

425 元人譯詔旨雅俗不同

忙哥撒兒傳，憲宗以其生前多所殺，及卒，人多騰謗言，特降詔於其子。今載傳中，乃全用尚書體，竟與宇文周詔書相似，此當時繙譯者之有意潤色，以爲典册高文也。及泰定帝登極一詔，則所譯全是俗語，無異村婦里老之言，而元史亦遂不加改潤。或有意存之，以見當時政體之陋耶？

426 元史人名不畫一

宋史兀良合觧，元史本紀作兀良合帶，本傳作兀良合台，阿海傳又作兀良合歹。金史完顏合達，元史雪不台傳作合韃韃，郭德海傳作哈達，李治傳又作合答。金史移剌蒲阿，元史塔思傳作蒲瓦，德海傳又作蒲兀。金史完顏訛可，獲賊輒以火燒之，人呼爲草火訛可，元史塔思傳作完顏火燎。金史白撒，元史郭侃傳作伯撒。金史完顏承暉，元史本紀作完顏福興，以承暉本名福興也，耶律楚材及石抹明安傳又作復興。此以金、宋二史核對而不相符者也。修元史時，宋、遼、金三史已行世，竟不一互訂，已見草率，而元史中又自有歧互者。速不台已作雪不台，分爲兩傳，而按扎兒傳又作唆伯台。帝師八思巴有本傳，而本紀及阿尼哥傳作八合(思)〔斯〕八，薩理傳又作八哈思巴。和禮霍孫有本傳，而劉正傳作火魯霍孫，昂吉兒傳又作和魯火孫。塔察兒有本傳，而苫徹傳作塔塔兒。肖乃台有本傳，而史天澤傳作笑乃觧，王玉傳又作笑乃帶。宗王拔都罕見本紀，而忙哥撒兒傳作八都罕。一班珠尼河也，見本紀雪不台傳作班朱泥河，速哥傳又作班术居河，麥里傳又作班真河，耶律阿海傳又作辨屯河。一篤列河也，見雪不台傳速不台傳又作禿剌河。又拔都者，勇士之稱，即今所謂巴圖魯也，而史天澤、趙阿哥潘傳作拔都，拜延傳作八都魯，苫徹及阿术魯傳作拔都兒，劉國傑傳又作霸都。①又羅鬼女子蛇節反，見劉國傑傳，而楊賽因不花傳又作折節。雖蒙古語本無正字，亦何至一書之中歧互若此？蓋當時各家碑志之類各譯漢字入文，爲國史院所收録，明初修史時，即據其成文編入，不復彼此互訂，以歸畫一，亦可見其草率從事也。

427 蒙古官名①

金史有國語解一卷，譯出女真語，令人易解。元史無之。且金官制純用漢名，元則有仍其本俗之名者，益難識別。今就紀傳所載，可以註釋者列之。

達魯花赤，掌印辦事之長官，不論職之文武大小，或路或府或州縣，皆設此官。太祖時，授扎八兒黄河以北、鐵門以南、天下都達魯花赤，木華黎以谷里夾打爲元帥達魯花赤，又帖木兒補化爲鞏昌都總帥達魯花赤。世祖以别的因爲屯田府達魯花赤，唵木海爲隨路砲手達魯花赤。多蒙古人爲之，漢人亦有官此者。劉好禮爲永（熙）〔興府〕路達魯花赤，張炤爲鎮江路達魯花赤，張君佐爲黄州達魯花赤，（張）〔趙〕賁亨爲處州達魯花赤。

探馬赤，軍名，謂兵之矯捷者。太祖命木華黎伐金，分探馬赤爲五部，合置將一人，見闊闊不花傳。

扎魯忽赤，（本紀）太祖開創之初置此官，位在百司三公上，猶漢之大將軍也，亦名斷事官。②得專生殺，故最尊，見忙哥撒兒及布魯海牙傳。亦作扎魯火赤，見亦力撒合及唐仁祖傳。宗人府又有也可撒魯火赤，見朶爾直班傳。又布智兒爲大都行天下也可扎魯忽赤。亦作扎魯花赤，見昔班傳。

火兒赤，佩櫜鞬侍左右者，見塔察兒及徹里傳。又察罕傳謂掌服御事者，阿剌罕傳作火而赤。

寶兒赤，者燕不花在英宗時爲進酒寶兒赤，見本傳。③而阿剌罕傳作博而赤，闊里吉思傳作博兒赤。

必闍赤，知書通文義者，見立智理威傳。

賽典赤，貴族也，見贍思丁傳。

默爾傑，善射之尤者，見忙哥撒兒傳。

禿魯花，太祖立質子軍，號禿魯花，見拜延傳。

哈剌赤，世祖以（哈）班〔都〕察善挏馬乳，色清味美，因目其屬曰哈剌赤，後其子土土哈請以所統哈剌赤屯田畿内，遂成軍名。又塔海當世祖時充哈剌赤。

奥魯赤，察罕爲奥魯千户奥魯赤，見本傳。

合必赤，軍名，完者拔都領丞相伯顔帳前合必赤軍。

扎剌兒台，脱脱傳，世祖曰，扎剌兒台如脱脱者無幾，蓋亦貴族如怯薛之類。

速古兒赤，掌服御事者，見亦力撒合傳，博羅普化爲宿衛速古兒赤。又野仙入宿衛，掌速古兒赤。

舍兒别赤，伯都傳，僉樞密院事，領舍兒别赤，蓋亦軍名。

温都赤，斡羅思傳，其孫直宿衛爲温都赤。

怯里馬赤，見星吉傳，其祖、父世事太祖、憲宗、世祖爲此官。

昔寶赤，亦軍名，阿沙不花傳，以千户帥昔寶赤軍從征乃顔，又請以帷臺嶺隙地爲昔寶赤牧地。④

玉典赤，蓋執役之賤者，許有壬言，今玉典赤、太醫、控鶴皆入流品，何獨於舉子吝之。日兒吉之父由玉典赤改爲千户，領阿速軍。見徹里帖木兒傳。⑤又見百官志，係中書省掾吏。

貴赤，世祖詔，民之蕩析離居及僧道漏籍不當差徭者萬餘人充貴赤，見明安傳。

怯里馬赤，中書省掾屬，見百官志。

428 金義宗

金主守緒在蔡州，城破自縊。羣臣哭臨畢，即謚曰哀宗。是日金亡，並未别加謚號。①而元史雪不台傳，大兵攻汴，金義宗走衛州，又走歸德，走蔡州。又槊直腯魯華傳，金義宗在汴，勢力窮蹙，出奔。（槊）〔撒〕吉思（魯）〔卜〕華追躡之，遂據衛州。金義宗自黄陵岡謀復衛，不克，義宗奔歸德。又闊闊不花傳，攻壽州，以書喻城中，城中人感其意，以綵輿舁公主送欵。公主者，義宗之姑也云云。是金哀宗又有義宗之謚矣。攷宋史亦無此説，豈金亡後元初追贈耶？

429 元建國號始用文義

三代以下建國號者，多以國邑舊名。王莽建號曰新，亦以初封新都侯故也。公孫述建號成家，亦以據成都起事也。賨人李雄建號大成，蓋亦襲述舊稱也。金太祖始取義於金之堅固，遂不以國邑而以金爲號，案金志，太祖以國産金，且有金水源，故稱大金。然猶未用文義也。金末宣撫蒲鮮萬奴據遼東，僭稱天王，國號大真，始有以文義爲號者。元太祖本無國號，但稱蒙古，如遼之稱契丹也。世祖至元八年，因劉秉忠奏，始建國號曰大元，取「大哉乾元」之義，國號取文義自此始。其詔有曰，「誕膺景命，必有美名。唐之爲言蕩也，虞之爲言樂也。馴至禹興而湯造，互名夏大以殷中。世降以還，事殊非古，稱秦稱漢者，著從初起之地名；曰隋曰唐者，即因所封之爵邑，是皆徇百姓見聞之狃習，要一時經制之權宜。今特建國號曰大元，取易經『乾元』之義」云。命世之君，創制顯庸，必有以新一代之耳目，而不肯因襲前代，此其一端也。然如唐之爲蕩，虞之爲樂，則五帝以來原以文義建號，其説見尚書傳注及史記正義。

430 元諸帝多由大臣擁立

元世祖立皇太子真金，詔曰：「太祖皇帝遺訓，嫡子中有能繼統者，豫選定之，是用立太宗爲帝。祖崩後，太宗雖統兵在萬里外，而母弟拖雷監國幾及一年，俟太宗歸即位，宗親將相皆無異言。自後因不顯立冢嫡，遂啟争端。今以爾爲皇太子，特賜册命。」是太宗以嫡子嗣服，本太祖有命。故太宗崩，皇后乃馬真氏稱制，立己子貴由爲帝，是爲定宗。定宗崩，無君者且三年，大臣兀良合台等定議，立太宗從子蒙哥爲帝，是爲憲宗。是憲宗之立，由兀良合台等之力也。本紀，諸王拔都木哥等議立蒙哥，定宗后遣人來言曰：「昔太宗欲以皇孫失烈門爲嗣，諸王百官皆與聞之，今欲議他屬，置失烈門何地？」木哥曰：「太宗崩，乃馬真皇后立定宗，已違太宗命矣。今尚誰咎？」兀良合台曰：「拔都之言是也。蒙哥聰明睿知，宜为君。」議遂定。又忙哥撒兒傳，先是太宗在帳殿，蒙哥侍側，太宗撫之曰：「是可爲君。」又一日，以牸按豹，皇孫失烈門曰：「犢將安養？」太宗以爲有仁心，亦曰：「是可爲君。」至是諸王議立憲宗，或以失烈門爲言，忙哥撒兒曰：「汝言誠是，然先皇后立定宗時，何以不言？今諸王等亦遵先帝遺言也。」由是憲宗之位遂定。此已啓大臣擁立之端。世祖有鑒於此，故預立真金爲皇太子。其後真金早薨，未及即位。世祖崩後，成宗真金子鐵木耳方撫軍北邊，以長幼而論，則母兄晉王甘麻剌當立，而玉昔帖木兒以成宗在軍時，世祖曾以皇太子舊璽付之，遂告晉王曰：「昔儲闈之璽既有所歸，王爲宗盟長，奚俟而不言？」晉王乃曰：「皇帝踐阼，願北面事之。」於是成宗遂即位。是成宗之立，由玉昔帖木兒之力也。成宗崩，太子德壽先卒，丞相阿忽台等欲奉皇后稱制，以諸王阿難答輔之。丞相哈剌哈孫則以武宗、仁宗皆真金之孫，理宜繼統，而武宗方撫軍北邊，仁宗亦在懷州，乃先迎仁宗入京，誅阿固岱等，而趣武宗入即位。是武宗、仁宗之相繼御極，皆哈剌哈孫之力也。仁宗既爲帝，立子英宗爲皇太子，故英宗繼立之際，朝臣亦無異言。迨英宗爲鐵失所弒，鐵失即遣使迎泰定帝入即位。是泰定帝之立，由鐵失之力也。泰定帝崩於上都，丞相倒剌沙立其皇太子阿速吉八爲皇帝，固亦父子相傳之正理，而樞密使燕鐵木兒私念武宗舊恩，欲立其子明宗、文宗。時明宗遠在沙漠，文宗亦在江陵，乃先迎文宗入即位。其時上都諸王方舉兵入討，燕鐵木兒力戰勝之，而文宗之立遂定。及明宗歸，燕鐵木兒又害之於途，文宗旋復爲帝。是文宗之立，由燕鐵木兒之力也。厥後文宗、寧宗相繼崩。皇后卜答失里已遣人迎明宗長子妥懽貼睦爾即順帝入京，欲付以位，而燕鐵木兒不願，遂不得立。迨燕鐵木兒死，始立焉。倘不死，則順帝之立不立尚未可知也。是則憲宗、成宗、武宗、仁宗、泰定帝、明宗、文宗，皆大臣所立，此有元一代之大事也。按太祖崩後無君者凡一年，定宗崩後無君者且三年，成宗崩後，武宗、仁宗皆在遠方，亦年餘始得立。凡此新舊絶續之際，未嘗無疏屬庶孽如阿里不哥、阿難答等從旁窺伺，然一二大臣定議，卒歸於應立之人，蓋開國之初，風氣淳古，宗親將帥推戴，咸出於至公，故無悖常亂紀之事。迨鐵失之弒立，燕鐵木兒之廢立，則全是權臣肆意妄行，大柄在手，莫敢誰何，遂任意易置，此可爲後世鑒也。昔唐代宦官權重，故穆宗以後，立君多由宦寺。元則大臣權重，故立君多由權臣。元史宦官傳序謂，太祖選貴臣子弟給事左右，故宦官不能竊權。此固一代良法，而豈知大臣權力過甚，又足爲亂階，其禍較宦官更烈哉。

431 元宮中稱皇后者不一

西峰（談）〔淡〕話謂，歷朝止一后，元時始有三宮之制。正后必弘吉剌氏，太祖時以其佐命功多，約世世爲婚姻，猶遼代之於蕭氏也。其餘兩宮則采之他族，亦曰二宮皇后，三宮皇后。明朝仿之，雖不並稱皇后，而選一后必並立三宮，異日雖或別立皇貴妃，而初選之東、西二宮其尊如故云。按元代每朝稱皇后者實不止三宮，有至七八人數十人者。今據元史后妃表，太祖朝稱皇后者共二十三人，曰（索）〔孛〕兒台旭真，曰忽魯渾，曰濶里桀担，曰脱忽思，曰帖木倫，曰亦憐真八剌，曰不顔渾禿，此七位爲大斡耳朶。言大行帳所在也。遼制，天子所居置宮衞；崩則徙后妃宮帳以奉陵寢，曰斡魯朶。元之斡耳朶，蓋即遼之遺制也。曰忽蘭，曰哈兒八真，曰亦乞剌真，曰脱忽茶兒，此四位爲第二斡耳朶。曰也速，曰忽（都）〔魯〕哈喇，曰阿失倫，曰禿兒哈剌，曰察兒，曰阿昔迷失，曰完者忽都，此七位爲第三斡耳朶。曰也速干，曰忽苔罕，曰哈荅，曰斡者忽思，曰燕里，此五位爲第四斡耳朶。金宣宗請和，以衛紹王公主歸於太祖，是爲公主皇后，見金史此又一后也。太宗朝稱皇后者，有孛剌合真皇后，昂灰二皇后，乞里吉（思）〔忽〕帖尼三皇后，又有秃納（奇）〔吉〕納六皇后。定宗皇后惟斡兀立海迷失一人。憲宗朝稱皇后者五人，曰火里差，曰忽台，曰也速兒，曰出卑，曰明里忽都魯。世祖朝稱皇后者八人，曰帖古倫大皇后，爲大斡耳朶。次曰察必，曰南必，爲第二斡耳朶。曰塔〔剌〕海，曰奴罕，爲第三斡耳朶。曰伯要兀真，曰潤潤倫，爲第四斡耳朶。又有速哥荅思皇后，後常世守世祖之斡耳朵者。成宗朝稱皇后者，曰卜魯罕，曰乞里吉忽帖尼，其元妃失憐荅里，以早薨故不稱后，至大中始追謚。武宗朝稱皇后者三人，曰真哥，曰速哥失里，曰完者歹。其明宗母亦乞烈氏，文宗母唐兀氏，本皆妃子，不稱后，後因子爲帝，始追謚。仁宗朝稱皇后者二人，曰阿納失舍里，曰荅里麻失里。英宗朝稱皇后者三人，曰速哥八剌，曰牙八忽都魯，曰朶兒只班。泰定帝朝稱皇后者十人，曰八不罕，曰亦憐真八剌，曰忽剌，曰也速，曰撒荅八剌，曰卜顏怯里迷失，曰失（里）〔烈〕帖木兒，曰鐵你，曰必罕，曰速哥荅里。明宗朝稱皇后者七人，曰按出罕，曰月魯沙，曰不顏忽都，曰八不沙，曰野蘇，曰脱忽思。文宗朝皇后惟卜答失里一人。寧宗皇后惟荅里也忒迷失。順帝朝稱皇后者，曰〔荅〕納（答）失里，曰伯顏忽都，曰完者忽都。高麗人，奇氏。可見元代每帝皇后本無定數，西峰所云三宮之制猶未爲得實也。然細考元史及經世大典諸書，則並稱皇后中，嫡庶仍自有別。如太祖之孛兒台旭真則稱大皇后，太宗之孛剌合真則稱正宮皇后，世祖之帖古倫亦稱大皇后。順帝之伯顏忽都皇后死，奇皇后見其衣服敝陋，笑曰：「正宮皇后何至服御如此！」又至正二十五年，詔立次皇后奇氏爲皇后，改奇氏爲肅良合氏。又別的因傳，幼從祖母康里氏在三皇后宮。是同稱皇后，又有正宮及大皇后、次皇后、三皇后之分也。正宮皇后必有册寶，其餘則無，元史表、志、后妃傳可證。

432 元帝子稱太子者不一

古來儲君始稱太子，元制則帝子多以太子稱，不必繼體也。元史宗室世系表，太祖六子，長朮赤太子，次察合台太子，次太宗皇帝，次拖雷，即睿宗也次五兀魯赤，無嗣，次六闊烈堅太子。太宗七子，長定宗，次闊端太子，次闊出太子，其餘俱稱大王。定宗三子，惟腦忽稱太子，餘稱大王。世祖立真金爲皇太子，餘俱稱王。泰定帝四子，皇太子阿剌吉八之外，又有小薛太子，允丹藏卜太子。文宗三子，皇太子阿剌忒〔納〕荅剌之外，餘爲燕帖古思太子，太平訥太子。更以諸傳考之，艾貌傳，從四太子南伐，謂拖雷也。按扎兒傳，帝率皇弟四太子征潞州，亦謂拖雷也。高鬧兒傳，從闊出太子出征，其子元長又從太子脱歡征交趾。速哥傳，其子長罕、玉吕〔忽都〕從兀魯赤太子出征。〔小雲石〕脱忽憐傳，從甘麻剌太子征海都。諸所謂太子者，皆非儲君也。可見是時皇子通稱太子。更以表傳參證之，大概國初時，正宮皇后所生，雖非冢嫡，亦稱太子，其餘則稱王。中葉以後，則非正宮所生亦稱太子，而命爲繼體者，則稱皇太子。

433 元帝后皆不諱名

元代帝后生前皆無徽稱，臣下得直呼其名，蓋國俗淳樸，無中國繁文也。蒙哥殂於蜀，郝經上世祖書，謂蒙哥罕無故進兵於蜀，今已崩逝，大王宜迎蒙哥罕靈輿，收皇帝璽。蒙哥即憲宗也，其時尚未有謚號，故臣下皆以名呼。曹元用傳，累朝皇后既崩者，未有謚號，猶各以名呼之，元用言后爲天下母，豈可名呼。又逯魯曾傳，時以武宗皇后真哥無子，欲以明宗母、文宗母配享，魯曾曰：「真哥皇后在武宗朝已膺玉册，安得不爲立主配食。」是臣下稱皇后亦呼其名也。又世祖太子真金，順帝忽都皇后生子亦名真金，尤覺太無忌諱。按北俗本無諱名之例。遼興宗時，蕭韓家奴疏言，太祖之考夷离堇，至今猶以名呼，於是始追尊玄、德二祖。蓋北俗淳仆，本不諱名也。

434 元封子弟駙馬於各部

元太祖、太宗征討諸國，得一地即封子弟一人鎮之，亦有封及駙馬者。如太祖子术赤分封西北，其地極遠，去京師數萬里，驛騎急行二百餘日方至。又賜按陳以可木兒、温都兒等地，賜火忽以哈老温等地。憲宗之立，諸王來會者，西方有别兒哥、脱哈帖木兒等，①東方有也古、脱忽、亦孫哥、按只帶、塔察兒、别里古帶等，皆太祖、太宗子孫分封於外者也。憲宗又分遷諸王於各部，如合丹分於别石八里，默埒分於葉兒的實河，海都分於海押立，别兒哥分於曲兒只，脱脱分於密立，此皆見於元史者。而明史外國傳又記哈密則威武王納忽里封地也，西寧則駙馬章古封地也，哈梅里則諸王納失里封地也，撒馬兒罕則駙馬帖木兒封地也，别失八里則諸王合丹封地也。蓋其宗親已徧於朔漠矣。及取中原後，諸王之分封於外者，又各予以内地分邑，如漢、唐食邑之制，所收之賦曰五户絲，每五户出絲一斤，以供其俸。先是太祖欲以諸州民户分賜諸王貴戚，耶律楚材以爲不便，乃命各位下止設達魯花赤，謂掌印官也而朝廷置官吏，收其租税以給之。其後世祖平宋後，亦仿此例以給諸王。如安遠王分邑，隸建寧者七縣，隸汀州者三縣，聽其自置達魯花赤是也。成宗賜晉王也孫鐵木兒南鄭縣六萬五千户，世祖諸王子也先鐵木兒詔安縣，脱歡之子不荅失里寧德縣，忽都魯之子南安縣，愛牙赤之子光澤縣，各一萬三千六百有四户。又賜湘寧王迭里哥兒湘鄉縣六萬五千户。而諸王分地則以流官爲達魯花赤，各位所置者爲副。海都封於海押立，而内地亦有食邑，海都叛後不復給。海都死，其子察八兒窮蹙來降，世祖先有旨，諸王皆太祖子孫，其分地應得之五户絲，藏之，俟彼來降賜之，至是仍以賜察八兒。元之待宗親，可謂厚矣。明史謂元太祖平西域，封子弟爲王，元亡，各自割據，不相統屬。然其子孫散布於西北者甚多，故中原雖失，而塞外苗裔仍不絶。此一代封建之制，所以爲後嗣計者，至深遠也。

435 元代叛王

元封諸王於西北，固收宗支蕃衍之效，然多有據地叛亂者。其見於本紀者，世祖時，諸王乃顔反，帝自將討擒之。已而其黨哈丹、禿魯又叛，再出師敗之。而諸王中有海都者尤强盛，屢稱兵内犯，詔以安童佐皇子北平王那(不)〔木罕〕鎮北邊。諸王昔里吉劫北平王，拘安童，脅宗王以叛。帝命伯顏討之，雖敗其兵，而海都仍逸去。故常命皇子鎮北邊以備之，成宗及晉王、武宗爲皇子時，皆守邊十餘年，未嘗帖服也。此外見於各列傳者，土土哈傳，有叛王脫脫木、失烈吉及鐵哥，皆爲土土哈所敗；又擒叛王哈兒魯；誅叛王兀塔海；又敗叛王火魯哈孫於兀魯灰之地；夜渡貴烈河，敗叛王哈丹。又阿沙不花傳，有叛王納牙等，爲阿沙不花所敗。伯顏傳，有諸王明里鐵木兒，從海都叛，伯顏以書喻之，明里鐵木兒感泣來歸。阿术傳，有叛王昔剌木，爲阿术所敗。阿剌罕傳，有世祖母弟阿里不哥搆兵。塔出傳，有叛王曲迭兒，爲塔出所敗。暗伯傳，有叛王哈魯，爲暗伯所擒。昔班傳，有火和大王叛，爲昔班所敗。玉哇失傳，有諸王和林及失剌等叛。麥里傳，有諸王霍忽叛，掠河西，麥里擊敗之。忽林(出)〔失〕傳，有叛王斡羅斯等，爲忽林(出)〔失〕所敗。失剌拔都兒傳，有叛王脫脫，爲失剌拔都兒所擒。洪重喜傳，有叛王八剌哈赤，爲重喜所敗。劉國傑傳，有諸王脫脫木反，國傑襲敗之。孔元傳，有叛王失里木等，元出兵敗之於兀速洋。劉哈剌八都魯傳，有叛王昔里吉及脫忽，皆戰敗被擒。蓋即劫北平王者。汪惟正傳，有叛王土魯，叛據六盤山，爲惟正所擒。忙哥撒兒傳，有叛王察哈台，爲忙哥撒兒所誅。①鐵哥傳，有叛王塔不台。月赤察〔兒〕傳，有叛王滅里鐵木兒，屯於金山，武宗爲皇子鎮北邊時，出其不意，以師壓之，滅里乃降。成宗元貞二年，猶有諸王都哇、徹徹禿潛師襲火兒哈禿之地，又叛王禿麥、斡魯思等犯邊。直至元貞九年，海都子察八兒及都哇、明里帖木兒等相聚謀曰：「昔我太祖，艱難以成帝業。我子孫乃自相殘殺，是隳祖宗之業也。今鎮邊者皆吾世祖之孫，吾與誰爭哉！不若遣使請命罷兵，通一家之好。」乃遣使來，帝許之，於是諸王皆罷兵入朝。牀兀兒傳②諸王入朝，大宴時，脱脱即席陳西北諸王始終離合之迹，去逆效順之義，聽者傾服。脱脱傳此元一代分封諸王得失之林也。王思廉傳，帝親征乃顔時，思廉謂段貞曰：「諸王反，由地大故也。漢鼂錯削地之議，實爲良圖。」貞以聞，帝嘉之。其時博羅歡亦謂，太祖分封諸王，其地與户以二十分爲率，忙兀、兀魯、扎剌兒、弘吉(利)〔剌〕、亦其烈思五部共得十一，乃顔獨得其九，故最强。然則衆建而分其勢，又析圭分土時所當早計歟。

436 各朝國書

後魏太武帝造新書千餘，詔曰：「在昔帝軒轅，剙制造物，乃命倉頡，因鳥獸之迹，以立文字。自兹以降，隨時改作，故篆、隸、草、楷，並行於世。然經歷久遠，傳習多失其真，非所以示軌則於來世也。今制定文字，世所用者，頒下遠近，永爲楷式。」天興四年，又集博士儒生，比衆經文字，義類相從，凡四萬餘字，號曰衆文經。①是皆因書籍文字傳寫訛謬，特爲刊正，以昭畫一，使天下通行，而非另創一體，以便其國俗所用也。自遼太祖始造契丹字，而夏、金、元以來遂仿之，各有國書，今摘叙於後。

遼史，神册五年春，始製契丹大字。按陶宗儀書史會要云，遼太祖用漢人教，以隸書之半增損之，製契丹字數千，以代刻木。又永樂大典引紀異録云，渤海既平，乃製契丹大字三千餘言。則製字應在天顯元年也。

用蕃書。趙元昊自制蕃書，命野利仁榮演繹之，成十二卷，字形體方整，類八分，而書頗重複，教國人紀事用蕃書。又繹孝經、爾雅、四言雜字爲蕃語。

契丹字制度，合本國語，製女直字行之。後又製女直小字，謂谷神所製爲大字云。完顏希尹傳，女直初無文字，及獲契丹、漢人，始通契丹、漢字。金主遂命谷神依倣漢人楷字，因締達傳，是時女直字設學校，命訛離剌等教之，其後納合椿年，紇石烈良弼皆由此致相位，而溫〔迪〕罕締達最號精深。

元史，世祖始命西僧八思巴製蒙古新字，詔曰：「我國家肇基朔方，製用文字，皆取漢楷及畏吾字以達本朝之言。考諸遼、金及遐方諸國，例各有字。今命國師八思巴創蒙古新字，頒行諸路，譯寫一切文字，期於順言達事而已。」號八思巴爲大寶法王。其字凡千餘，大要以諧聲爲主。世祖以國師西番人，言語不通，命迦魯納荅思從國師習其法及言與字，期年皆通，以畏吾字譯西天西番經論。此蓋未製蒙古字以前，猶借用畏吾字也。

第二十九卷校證

416 元史

①其後撒里蠻等進累朝實録，帝曰：「太宗事則然，睿宗少有可易者，定宗固日不暇給，憲宗事獨不能記憶耶？尚當詢之故老。」　按：元史世祖紀（卷一五）至元二十五年二月：「庚申，司徒撒里蠻等進讀祖宗實録，帝曰：……」據此「進」字下應有「讀」字。

②三十七之石抹也先，即三十九卷之石抹阿辛　按：「七」、「卷」二字原刻本脱，西畲本已校補。

417 金元二史不符處

①按金史，洛陽既破，强伸復立軍府，與元兵力戰，……事見忠義傳　按：金史强伸有專傳，在卷一一一，非忠義傳。

418 宋元二史不符處

②元史石抹阿辛傳，阿辛將黑軍長驅擣汴州　按：據本傳，應作「阿辛之子查剌將黑軍」。

①按元史本紀，梅應春本宋重慶制置使，爲張珏所殺　按：梅應春本爲元瀘州安撫使，爲宋重慶制置使張珏所殺，見世祖紀至元十七年二月。

420 元史自相歧互處

①亦黑迷失傳　按：「黑」原刻本作「里」，西畲本已改正。下同。

421 元史列傳詳記月日

①如來阿八赤傳　按：「來」字原刻本脱，西畲本已校補。

422 元史迴護處

①王察爾　按：元史明宗紀、文宗紀皆作王忽察都，清代改譯爲翁果察圖，音略相近，此應作「王忽察都」。

②妥歡帖穆爾（即順帝）　按：元史本紀作妥懽貼睦爾。

424 元史補見夏金宋殉節諸臣

①郭寶玉傳，從攻西夏，斬夏將佐里　按：據元史本傳（卷一四九），佐里爲西征中亞時所斬之將，與西夏無關。

②憲宗本紀，……張德潤攻拔禮義城，殺宋宣撫使張資　按：事在至元十二年正月，見元史世祖紀（卷八），非憲宗紀。

③攻通川　按：「川」原刻本作「州」，西畲本已改正。

④掠達州，擒其將蒲德……蒲桂……王慶　按：自「掠達州」以下所列者，從蒲德至王慶凡四十二人，爲經多次戰役所擒者，不應總列於此一次戰役之下。又「蒲桂」原刻本作「滿桂」，西畲本已改正。

⑤略施州，擒薛忠　按：原刻本無「略施州擒」四字，從西畲本校補。

426 元史人名不畫一

①拔都者，勇士之稱，……而史天澤、趙阿哥潘傳作拔都，拜延傳作八都魯，苫徹及阿术魯傳作拔都兒，劉國傑傳又作霸都　按：所舉諸例多虛，如史天澤傳（卷一五五）、阿术魯傳（卷一二三）皆無其文，而塔思傳（卷一一

九)有劉拔都兒,又卷一三二有拔都兒傳,卷一三五有失剌拔都兒傳,卷一五一有張拔都傳等,則均未列舉。

427 蒙古官名

①蒙古官名　按:所引各名號多爲宿衛軍職,元史兵志(卷九九)宿衛四怯薛下列舉甚詳,可參看。

②扎魯忽赤,……亦名斷事官　按:元史忙哥撒兒傳(卷一二四)作「斷事官之長」。

③者燕不花在英宗時爲進酒寶兒赤,見本傳　按:者燕不花傳附於元史一二三卷捏古剌傳之後。

④請以帷臺嶺隙地爲昔寶赤牧地　按:元史阿沙不花傳(卷一三六)稱:「請詔有司作室嶺中,徙民百户居之,割境内昔寶赤牧地,使耕種以自養。從之。」是其地原有昔寶赤牧地,因移民百户而劃出一部分牧地以爲耕地。此文稱請爲牧地,正與原意相反。

⑤許有壬言,今玉典赤、太醫、控鶴皆入流品,何獨於舉子吝之。日兒吉之父由玉典赤改爲千户,領阿速軍。見徹里帖木兒傳　按:「見徹里帖木兒傳」爲説明許有壬之言者,應改在「吝之」句下。元史口兒吉傳(卷一三五)云:「子的迷的兒,由玉典赤改百户,領阿速軍。」據此本文「日」字應作「口」,「父」字應作「子」,「千」字應作「百」。

428 金義宗

①金主守緒在蔡州,城破自縊。羣臣哭臨畢,即謚曰哀宗。是日金亡,並未別加謚號　按:謚曰帝號,廟號稱宗,爲一般常例,金亡時倉促中未能立廟,而遂稱「謚曰哀宗」。元人稱之爲義宗,大金國志二六即作「義宗」。

434 元封子弟駙馬於各地

①憲宗之立，諸王來會者，西方有別兒哥、脱哈帖木兒等　按：原刻本作「西方有伯爾克、托噶特穆爾、兒哥、脱哈帖木兒等（舊作別兒哥、脱哈帖木兒）」，正文中以清代改譯之名與原譯名並列而脱去「別」字，其下又注明舊作云云，頗爲混亂。今删去改譯之名與注文，惟存原譯名。

435 元代叛王

①忙哥撒兒傳，有叛王察哈台，爲忙哥撒兒所誅　按：叛者爲察哈台之子及按赤台等，此處文有遺漏。

②直至元貞九年，海都子察八兒及都哇、明里帖木兒等相聚謀曰……於是諸王皆罷兵入朝。（牀兀兒傳）　按：「元貞」應作「大德」。元史牀兀兒傳（卷一二八）記此事於大德九年，爲本文所依據。成宗紀（卷二一）記此事於大德七年七月，屠寄蒙兀兒史記云，作九年者誤。

436 各朝國書

①後魏太武帝造新書千餘，……天興四年，又集博士儒生，比衆經文字，義類相從，凡四萬餘字，號曰衆文經　按：天興四年爲魏道武帝事，時在太武帝之前，不應叙於其後。

廿二史劄記卷三十

437 元初用兵多有天助

元太宗時，使皇子蒙哥即憲宗征欽察，其酋八赤蠻逃於海島。蒙哥亟進師，適大風刮海水去，甚淺可渡，蒙哥喜曰：「此天開道也。」進擒八赤蠻，囚之。八赤蠻曰：「水迴期且至，宜早還。」蒙哥即班師，而水已至，後軍有浮渡者。見憲宗紀太宗又使弟拖雷入宋武休關，渡漢江而北，至禹山。金完顏合達等拒戰，北兵襲之，金恒山公武仙一軍殊死鬬，北騎退走。追奔之際，忽大霧四塞，合達命收軍，頃之霧散乃前，則前有一大澗，闊數里，非此霧則北兵人馬滿中矣。金史完顏合達傳憲宗即位之八年二月，伐宋，師次於河，適河冰合，以土覆之遂渡。憲宗紀世祖時，遣伯顏伐宋，軍至錢塘江，觀潮，遂駐沙岸。杭人方以爲潮至當盡溺，乃潮不至者(二)〔三〕日。伯顏傳可見興王之運，山川效靈也。

438 元世祖嗜利黷武

元世祖混一天下，定官制，立紀綱，兼能聽劉秉忠、姚樞、許衡等之言，留意治道，固屬開國英主，然其嗜利黷武之心則根於天性，終其身未嘗稍變，元史紀傳所載可見也。中統三年，即以財賦之任委阿合馬。興鐵冶，增鹽稅，小有成效，拜平章中書政事。又立制國用司，以阿合馬領使事。已復罷制國用司，立尚書省，以阿合馬平章尚書省事。奏括天下户口，下至藥材榷茶，亦纖屑不遺，其所設施，專以掊克斂財爲事。史天澤、安童等争之，崔斌等劾之，皆不能勝。以理算陷江淮行省平章阿里伯、右丞燕鐵木兒於死。有秦長卿者，欲發其奸，反爲所噬，斃於獄。擢用私人，不由部選。以其子忽辛及抹速忽分據財賦重地，並援引奸黨郝禎、耿仁等驟陞同列，陰與交通，專事蒙蔽。逋賦不蠲，征斂愈急，内通貨賄，外示刑威，天下之人無不思食其肉。有益都千户王著發義憤擊殺之，阿合馬之奸始上聞。雖命剖棺戮屍，而流毒海内已二十年矣。阿合馬既死，又用盧世榮，亦以增多歲入爲能，鹽鐵、榷酤、商税、田課，凡可以罔利者，益務搜括。奏用阿合馬之黨，皆列要職。凡肆惡二年，御史大夫玉速帖木兒盡發其奸，始詔誅之。未幾又用桑哥，再立尚書省，改行中書〔省〕爲行尚書省，六部爲尚書六部。恃其得君，嘗拳毆參政楊〔居〕寬、郭佑，及臺吏王良弼，皆誣奏至死。遂以丞相領尚書兼統制使，以沙不丁爲江淮左丞，烏馬兒爲參政。奏遣忻都、阿散等十二人理算六省錢穀，天下騷然。佞諛者方爲之請立碑記功。桑哥又奏笞監察御史四人，自後御史入省，部掾令史皆與抗禮，臺綱盡廢。銓調内外官，宣敕亦付尚書，由是以刑爵爲販賣。自至元二十四年至二十八年，爲也先帖木兒所劾，始伏誅。統計帝在位三十餘年，幾與此三人者相爲終始，此其嗜利貪得，牢固而不可破也。自高麗臣服，即招諭日本，日本不通。先平耽羅，繼而有事於南宋，攻襄、樊，攻涪、渝，以至下江、淮，降宋主，追二王於閩、廣，先後凡十餘年。甫訖事，又議征日本。命阿塔海、范文虎、忻都、洪茶邱等率兵十萬出海，颶風破舟，文虎等擇舟之堅好者先歸，盡棄其兵於山島。日本兵來，凡蒙古、高麗人盡殺，謂新附軍爲唐人，不殺而奴之，其得脱歸僅于（閭）〔閶〕等三人。帝大怒，欲再征日本，遣王積翁先往招諭，爲舟人殺於途，始終不得要領乃止。而其時又興安南之役，占城之役，緬國之役，爪哇之役。安南凡三征，其國王陳日烜父子，終逃匿不獲，最後師還，幾爲所邀截，從間道始得歸。緬國凡兩征，亦喪師七千，僅取其成。其征占城也，舟爲風濤所碎者十之七八，至岸者攻克其木城，而國主已逃，官軍深入，亦爲所截，力戰得歸。其征爪哇也，初至，戰屢捷，爲所紿，遣使入諭，其國主殺使而逃，亦不得其要領，遂旋師。統計中統、至元三十餘年，無歲不用兵。當其初視宋爲敵國，恐不能必克，尚有慎重之意，遣使議和。及既平宋，遂視戰勝攻取爲常事，幾欲盡天所覆悉主悉臣，以稱雄於千古。甫定域中，即規海外。初以驕兵圖勝，繼以憤兵致敗。猶不覺悟，思再奮天威，迄崩而後止。此其好大喜功，窮兵黷武，至老而不悔者也。由是二者觀之，内用聚斂之臣，視民財如土苴，外興無名之師，戕民命如草芥，以常理而論，有一於此即足以喪國亡身。乃是時雖民不聊生，反者數十百起，而終能以次平定。蓋興王之運，所謂氣盛而物之小大畢浮，故恣其所爲，而不至傾覆。始知三代以下，國之興亡，全繫天命，非必有道者得天下，無道者失天下也。

按元自太祖起兵，滅國四十，降西夏，取金中都，又攻西域，至東印度國遇角端始還。太宗繼之，滅金，侵宋，西征欽察，去中國三萬餘里。迨憲宗又命世祖征大理，兀良合台征交趾。至世祖時，用兵已四十餘年，世祖即位又攻討三十餘年。自古用兵，未有如是久者。

439 元諸帝多不習漢文

元起朔方，本有語無字。太祖以來，但借用畏吾字以通文檄。世祖始用西僧八思巴造蒙古字，然於漢文則未習也。元史本紀，至元二十三年，翰林承旨撒里蠻言，國史院纂修太祖、累朝實録，請先以畏吾字繙譯進讀，再付纂定。元貞二年，兀都帶等進所譯太宗、憲宗、世祖實録，是皆以國書進呈也。其散見於他傳者，世祖問徐世隆以堯、舜、禹、湯爲君之道，世隆取書傳以對，帝喜曰：「汝爲朕直解進讀。」書成，令翰林承旨安藏譯寫以進。曹元用奉旨譯唐貞觀政要爲國語。元明善奉武宗詔，節尚書經文，譯其關於政事者，乃舉文陞同譯，每進一篇，帝必稱善。虞集在經筵，取經史中有益於治道者，用國語、漢文兩進讀，譯潤之際，務爲明白，數日乃成一篇。馬祖常亦譯皇圖大訓以進。皆見各本傳是凡進呈文字必皆譯以國書，可知諸帝皆不習漢文也。惟裕宗爲太子時，早從姚樞、竇默受孝經。及長，則侍經幄者如王恂、白楝、李謙、宋道等，皆長在東宮備諮訪。中庶子伯必以其子阿八赤入見，太子諭令入學，伯必即令入蒙古學，逾年再見，問所讀何書，以蒙古書對，太子曰：「我命汝學漢人文字耳。」此可見裕宗之留心學問，然未即位薨。以後如仁宗，最能親儒重道，然有人進大學衍義者，命詹事王約等節而譯之，則其於漢文蓋亦不甚深貫。至朝廷大臣亦多用蒙古勳舊，罕有留意儒學者。世祖時，尚書留夢炎等奏，江淮行省無一人通文墨者，乃以崔彧爲江淮行省左丞。彧傳李元禮諫太后不當幸五臺，帝大怒，令丞相完澤、不忽木等鞫問，不忽木以國語譯而讀之，完澤曰：「吾意亦如此。」是不惟帝王不習漢文，即大臣中習漢文者亦少也。如小雲石海牙、孛术魯翀、巙巙、①薩都剌等，固當爲翹楚矣。

440 元初郊廟不親祀

元太祖以來，無郊廟親祀之禮，惟割牲奠馬湩，以蒙古巫祝致詞而已。世祖始設神主於中書省，用樂遣官致祭，已，從中書省遷神主於聖安寺。中統四年，始詔建太廟於燕京，遷神主奉之，而規制未備。至元十四年，太廟成。然成宗初，有司造世祖、皇后玉册成，請納諸各室，帝曰：「親享之禮，祖宗未嘗舉行。其以册來，朕躬祝之。」本紀是成宗以前無此禮也。武宗至大元年，以受尊號，始躬謝太廟，而時享尚未親祀。至大二年，尚書省及太常奏，南郊之禮已行而未備，北郊之禮尚未舉行，今年冬至祀天南郊，請以太祖配，明年夏至祀地，請以世祖配，從之。本紀然考是年，初未有親郊之事也。迨至大三年冬，始有事於南郊，尊太祖配天。英宗至治元年，丞相拜住奏，自至元十四年始建太廟於大都，至今四十年來未嘗親享。帝悦曰：「朕能行之。」乃敕有司定儀制。是冬始有事於太廟，帝服通天冠，絳紗袍，出崇天門，行事至仁宗太室，即流涕，左右感動。詔曰：「一歲惟四祀，使人代之，實所未安，歲必親祀，以終朕身。」見本紀及拜住傳。此親祀太廟之始也，而南郊仍未親享。泰定帝時，趙師魯疏請親祀郊廟，帝曰：「朕遵世祖舊制，其命大臣代之。」是不惟南郊不親享，即太廟亦仍不親祭矣。本紀及師魯傳文宗至順元年，始服大裘衮冕，親祀天於南郊。順帝至元五年，親祼太室。至正元年，又服衮冕祭太廟。至寧宗室，問曰：「朕，寧宗兄也，當拜否？」太常博士劉聞對曰：「春秋魯閔公爲君時，僖公尚爲臣，僖公即位，未聞不拜。」帝乃拜。是月亦親祀上帝於南郊。本紀統有元一代，親祀太廟，親享上帝，惟武宗、英宗、文宗、順帝四君而已。

441 元制百官皆蒙古人爲之長

元世祖定制，總政務者曰中書省，秉兵柄者曰樞密院，司黜陟者曰御史臺。其次，在內者有寺，有監，有衛，有府；在外者有行省，行臺，宣慰司使，廉訪使。其牧民者曰路，曰府，曰州，曰縣。官有常職，位有常員，其長皆以蒙古人爲之，而漢人南人貳焉。元史百官志序故一代之制，未有漢人南人爲正官者。中書省爲政本之地，太祖、太宗時，以契丹人耶律楚材爲中書令，弘州人楊惟中繼之，楚材子鑄亦爲左丞相，元制尚右此在未定制以前。至世祖時，惟史天澤以元勳宿望，爲中書右丞相。仁宗時，欲以回回人哈散爲相，哈散以故事丞相必用蒙古勳舊，故力辭，帝乃以伯答沙爲右丞相，哈散爲左丞相。太平本姓賀，名惟一，順帝欲以爲御史大夫，故事臺端非國姓不授，惟一固辭，帝乃改其姓名曰太平，後仕至中書省左丞相。終元之世，非蒙古而爲丞相者，止此三人，哈散尚係回回人，其漢人止史天澤、賀惟一耳。丞相以下，有平章政事，有左、右丞，先有右丞二員而無左，後以崔彧言，始設左丞，故漢人亦得居之。如趙世延本雍古族，延祐元年，省臣奏參政用儒者，世延其人也，帝曰：「世延雍古氏，非漢人，其署宜居右。」可見漢人不得居右。有參知政事，則漢人亦得爲之。如王文統、李孟俱爲平章。許衡、姚樞、張文謙俱爲左丞。其時亦稱宰執。如王文統爲平章，竇默曰，此人心術不正，不可爲宰相是也。成宗欲以宦者李邦寧爲行省平章，辭曰：「臣奄腐餘生，何堪當宰輔之任。」然中葉後，漢人爲之者亦少。順帝紀，至正十三年，始詔南人有才學者，依世祖舊制，中書省、樞密院、御史臺皆用之。①是時江淮兵起，故以是收拾人心，然亦可見久不用南人，至是始特下詔也。韓元善傳，順帝時，丞相脱脱奏事内庭，以事關兵機，而元善及參知政事韓鏞皆漢人，使退避勿與俱。則雖參用漢人，而機密仍不得與也。鄭鼎傳，鼎子制宜爲樞密院判官，車駕幸上都，舊制樞府官從行，歲留一人司本院事，漢人不得與，至是以屬制宜，制宜力辭。帝曰：「汝豈漢人比耶！」竟留之。可見樞密屬僚掌權之處，漢人亦不得與也。御史大夫非國姓不授，既見太平傳，而世祖初命程鉅夫爲御史中丞，臺臣言鉅夫南人不宜用，帝曰：「汝未用南人，何以知南人不可用？自今省部臺院必參用南人。」鉅夫傳可見未下詔以前，御史中丞之職，漢人亦不得居也。中書省分設於外者曰行省，初本不設丞相，後以和林等處多勳戚，行省官輕，不足以鎮之，乃設丞相，而他處行省遂皆設焉。董文用傳，行省長官素貴，同列莫敢仰視，跪起稟白如小吏。文用至，則坐堂上，侃侃與論。可見行省中蒙古人之爲長官者，雖同列不敢與講鈞禮也。成宗本紀，各道廉訪司必擇蒙古人爲使，或缺則以色目世臣子孫爲之，其次始參以色目及漢人。文宗本紀，詔御史臺，凡各道廉訪司官，用蒙古二人，畏兀、河西、回回、漢人、南人各一人。②是漢人南人厠於廉訪司者，僅五之一也。其各路達魯花赤亦以蒙古人爲之。至元二年，詔以蒙古人充各路達魯花赤，漢人充總管，回回人爲同知，永爲定制。其諸王駙馬分地，并令自用達魯花赤。仁宗始命以流官爲之，而諸王駙馬所用者爲副，未幾仍復舊制。文宗詔諸王封邑所用達魯花赤，擇本部識治體者爲之，或有冒濫，罪及王相，然亦未聞有以漢人爲之者。此有元一代，中外百官偏重國姓之制也。

442 元初州縣多世襲

元太祖、太宗用兵沙漠，得一地即封一人，使之世守。其以所屬來降者，亦即官其人，使之世襲。及取中原，亦以此法行之，故官多世襲。如石天禄爲征行千户，既卒，子興祖襲千户。劉敏爲郎中，年老，憲宗命其子世亨襲其職。譚澄父資榮①爲元帥，因病舉弟資用自代，資用卒，澄又襲職。綦公直老，以其子忙古台襲萬户。趙黑梓以門功襲元帥職。段直以所屬鄉社來降，命爲潞州長官，世襲。洪茶邱爲高麗軍民總管，其子萬襲職，②仍佩其父虎符是也。然此法可行於朔漠，而中原則必用流官。故世祖時，廉希憲疏言，國家自開創以來，凡納土及始命之臣，皆令世守，至今將六十年，子孫皆奴視其部下，郡邑長吏皆其僮僕，此前古所無。宋子貞亦疏言，州縣官相傳以世，非法賦斂，民不堪命。姚樞亦疏言，今當慎銓選，則不專世爵，而人才出。於是始議行遷轉法。至元二年，遂罷州縣官世襲，四年，又罷世侯，置牧守。先是（祁）〔邢〕州、河南、陝西乃世祖爲皇太弟時所封地，因姚樞等言，置安撫、經略、宣撫三司，選人以居職，始有吏治，固已行之有效，故至是因希憲等言，遂改世襲舊制也。又元初百官皆無俸禄。陳祐傳，中統時，百官未給俸，多貪暴，祐獨能以清慎稱。至是，姚樞又疏奏，當班爵禄，則贓穢塞而公道開。宋子貞亦疏請給俸禄，定職田。乃從之。後崔彧又奏，乞將諸路大小各官有俸者量增，無俸者特給，於是各官皆有俸入及職田之收。此又百官給禄之始也。

443 元州縣官多在外銓選

至元二年，始罷州縣官世襲，遣宋子貞、耶律鑄至山東，遷調所部官。子貞傳及平宋後，詔兩廣、福建，五品以下官，從行省就便銓注。尋又詔雲南省所轄州縣官，依福建、兩廣例，省、臺委官銓選，以名姓聞，隨給授宣敕。此各行省自選之制也。立法之始，省選公明，量才授職，多得其人。故李稷謂，下縣尹多從吏部銓注，或非其才，宜併歸省選。李稷傳蓋是時中簡之缺仍歸部選，而繁劇者聽外省遷調，故部選轉不如省選之量能而授也。其後以省選多弊，乃有遣使監選之例。成宗初，命中書省遣使監雲南、四川、海北、海南、廣西、兩江、廣東、福建六品以下選。文宗時，敕中書省、御史臺，遣使至江浙、江西、湖廣、四川、雲南諸行省，遷調三品以下官，則并及於三品大員矣。順帝時，中書省臣言，江南因盜賊阻隔，所在缺官，宜遣人與各行省及行臺官，以廣東、廣西、海北、海南三品以下通行遷調，五品以下先行照會之任，福建等處亦依此例，從之。則并隣省通融遷調，亦委之監選者矣。

444 元代專用交鈔

交鈔之起，本南宋紹興初，造此以召募商旅，爲沿邊糴買之計，① 較銅錢易齎，民頗便之。稍有滯礙，仍用現錢，尚存子母相權之意。元史劉宣傳金章宗時，亦以交鈔與錢並行。而有司以出鈔爲利，收鈔爲諱，謂之老鈔，至以萬貫易一餅，民力困而國用亦窮，耶律楚材傳此鈔之極弊也。按金章宗始用鈔。宣宗先用貞祐寶券，未幾積輕，又製貞祐通寶，凡一貫當貞祐寶券千貫。哀宗時更造興定寶泉，每一貫當通寶四百貫。元太宗八年，始造交鈔。世祖中統元年，又造中統元寶交鈔。據食貨志，其法以絲爲本，每銀五十兩易絲鈔一千兩，諸物之直並從絲例(鈔)之文。以十計者,曰十文,二十文,三十文,五十文。以百計者,曰一百文,二百文,〔三〕〔五〕百文。以貫計者,曰一貫文,二貫文。每二貫準白銀一兩。行之既久,物重鈔輕。至元二十四年,乃改造至元鈔,自二貫至五文,凡十一等,與中統鈔通行,每一貫抵中統鈔五貫。武宗時,又造至大銀鈔,後廢不行。終元之世,常用中統、至元二鈔。每年印造之數,自數十萬至數百萬不等,亦見食貨志。鈔雖以錢爲文,而元代實未嘗鑄錢也。武宗時曾行錢法,立泉貨監領之。仁宗以鼓鑄弗給,仍廢。故有元一代專用鈔。其所以能行用者,各路立平準行用庫,貿易金銀,平準鈔法。每銀一兩入庫,其價至元鈔二貫,出庫二貫五分。金一兩入庫二十貫,出庫二十貫五百文。是民之有金銀者,可赴庫換鈔;有鈔者,亦可赴庫換金銀也。又立回易庫,凡鈔之昏爛者,許就庫倒換新鈔,增工墨費每貫三分。換存之昏鈔,則解部焚燒。隸行省者,行省委官監燒之。是鈔之敝壞者,可赴庫易新鈔也。至元四年,世祖詔諸路民間包銀聽以鈔輸納,惟絲料入本色,非產絲之地亦以鈔輸。中書省臣又奏流通鈔法,凡賞賜宜多給幣帛,課程宜多收鈔,制曰可。是丁錢田賦皆可以鈔納也,此所以通行天下也。然鈔虛而物實,虛者積輕,勢所必然,故趙孟頫言,始造鈔時,以銀爲本,虛實相權。今二十餘年,輕重相去已數十倍,故改中統爲至元,二十年後,至元必復如中統矣。今就元史各傳參核之,盧世榮以鈔虛,閉回易庫,鈔有出無入,民間昏鈔遂不可行。其後監燒昏鈔者欲取能名,率以應燒昏鈔指爲僞鈔,使管庫官吏誣服。見許有壬、韓若愚傳由是回易庫不敢以新鈔易昏鈔,張養浩傳,民持昏鈔赴庫倒換者,易十與五,累日不可得。而民間所存昏鈔又不能納賦稅,易貨物,於是遂成廢紙矣。且板紙印造,尤易滋僞。

鉛山多造僞鈔者，有豪民吴友文爲之魁，遠至江淮、燕薊，莫不行使，遂致大富。是利權且歸於奸民矣。林興祖傳又奸民以僞鈔鉤結黨與，脅人財物，官吏聽其謀，株連者數千百家。黄溍傳是刑罰亦由此日繁矣。古者以米絹爲民生所須，謂之二實，銀錢與二物相權，謂之二虚。銀錢已謂之虚，乃又欲以紙鈔代之，虚中之虚，其能行之無弊哉！然有元之代，民間究以何市易？案至元中，江淮頒行鈔法，廢宋銅錢，後又敕拘歷代錢，餘銅聽民自用。然胡長孺傳，台州歲饑，宣慰司脱歡〔察〕斂富民錢一百五十萬備賑。是朝廷雖禁錢，而民間自用錢也。盧世榮傳，立平準庫，禁民間以金銀私相買賣。世祖詔，金銀乃民間通用之物，今後聽民從便交易。是朝廷原未禁金銀也。既造交鈔，欲其流通，則賦税不得不收鈔，而民間自用金銀，則實者常在下，而虚者常在上，於國計亦何補哉。明太祖亦造寶鈔，慮其不行，禁民間不得以金銀銅錢交易，犯者罪至死，首告者即以所告之物賞之，而鈔仍不行。永樂中，又詔計户口食鹽納税，課程贓罰等物悉輸鈔，笞杖等罪輸鈔納贖，市肆門攤收鈔，果園及舟車等税納鈔，皆欲以重鈔，而鈔卒不行。則又爲阻滯鈔法之罪，至全家發邊遠充軍。正統元年，黄福奏，洪武間銀一兩當鈔三五貫，今一兩當鈔千餘貫。

按宋史蔣偕傳，朝廷募民入粟於邊，增直給券，俾赴京師，射取錢貨，謂之交鈔。是北宋已有交子之法。②而范鎮疏言，商人輸粟河北，取償京師，而榷貨不即與鈔，久而鬻之，十纔六七。則是時已有留難之弊。高宗南渡後，置行在交子務，印交子錢引給諸路，令公私同見錢行用，已而日益賤。隆興二年，陳良祐疏言其弊，請發内帑以舒民病，孝宗乃出白金收换交子，亦名會子并收銅板勿印造。未幾，户部又請造五百萬，自後歲有加增。黄疇若疏言，民所得會子，折閲日甚。州縣科配，民皆閉門牢避。行旅持券，終日不得一錢。時因鈔法，告訐繁興。真德秀疏言，或一夫坐罪，而并籍兄弟之財；或虧陌四錢，而没入千萬之（貨）〔貲〕。至於科富室之錢，視産高下，（分）配民藏楮。鬻田宅以受券，雖大家不得免。是南宋交子之弊，亦不減於金也。

445 金元二朝待宋後厚薄不同

金史，宗翰等破汴京，宋徽、欽二帝出降，金太宗即詔廢二帝爲庶人，宗翰以二帝及后妃太子四百七十餘人及宗族三千餘人北去，既至上京，令二帝以素服見太廟，封徽宗昏德公，欽宗重昏侯，遷之於韓州，給田十五頃，俾耕以自食。未幾，又遷鶻里改路，趙氏疏族亦多徙上京。徽宗薨後，金熙宗皇統元年，始改封天水郡王，欽宗封天水郡公。欽宗又奏乞本品俸，乃詔賙濟之，尋又給天水郡王子姪壻及天水郡公子俸。是皇統以前，俸亦不給也。海陵篡立，又殺趙氏子男百三十餘人。世宗始以一品禮葬欽宗於鞏洛之原，又葬天水郡王被害子孫於河南祖墓，其親族在中都被害者葬於城北，咸平被害者葬於本處。梁肅奏天水郡公本族已無在者，其餘皆遠族，可罷其養濟。按二帝徙韓州，嗣濮王仲理等尚在燕京，金人計口給食，死者甚多，此即所謂遠族也。是二帝之子孫近族皆已被殺無遺也。昏庸失國，寄命讐邦，其僇辱固由自取，然金之待之亦太過矣。元世祖之平宋也，阿塔海等入宋宮宣詔，至免繫頸牽羊之禮。太后全氏泣謂帝曰：「荷天子活汝，當謝恩。」宋主拜畢，母子皆肩輿出宮。太皇太后謝氏以疾留，至病愈，始北行。宋主至上都，授開府儀同三司、大司徒，封瀛國公。此元史本紀所載也。而説郛及汪元量所記，宋主至通州，世祖命賜大宴十日，小宴十日，然後赴上都。又全太后及宫嬪等在大都，日支羊肉一千六百斤，他物稱是。宋遺民録又載，瀛國公稍長，世祖妻以公主。世祖夜夢金龍繞殿柱，明日瀛國來朝，正立所夢柱下，世祖陰欲除之。公主以告，瀛國懼，遂乞從釋，號合尊大師，而學佛於土蕃。此已見世祖之寬厚，然猶曰野史所載，未可盡信也。元史后妃傳，宋全太后至京，不習風土，世祖后爲奏請回江南，帝曰：「爾婦人無遠慮，若使南還，或浮言一動，即廢其家，非所以愛之也。愛之特加存卹可耳。」后乃益厚待之。是帝之所以保護者更深矣。至元十九年，有中山狂人，自稱宋主，有衆千人，欲取文丞相。又有薛保住，播匿名書，言某日燒蓑城葦，率兩翼兵爲亂。帝疑之，然僅遷瀛國及宋宗室於上都，而未嘗加害也。謝太后薨，以其貲産隸中宫，可見未薨以前，猶未收其貲産也。至元二十八年，宣政院臣言，宋全太后、瀛國公母子已爲僧尼，有地三百六十頃，乞免征其租。張珪亦奏，亡宋舊業，勿征賦役，從之。是全后母子私産聽其永爲世業也。文宗市故宋全太后田爲大承天護聖寺永業，又市故瀛國公田爲大龍翔集慶寺永業，御史臺言不必予直，帝不許。可見全后母子田産常留給其子孫，至是始收之，而猶必給以價，不强奪也。順帝時，始因脱脱之請，以瀛國公子和尚趙完普田産賜樞密使桑哥失里。文宗已市全后母子田，而完普尚別有田産，至是始奪之。至正十二年，御史言羣盗多引亡宋爲口實，宜以和尚趙完普及親族徙沙州，從之。是雖奪其田産，而猶終保全之也。至元二十〔三〕〔二〕年，西川又有趙和尚，自稱福王子廣王，作亂，伏誅，亦未嘗罪及宋宗室也。至於宋之親族，亦待以優禮。福王與芮隨宋主來歸，授金紫光禄大夫、檢校大司徒、平原郡公，仍詔與芮家貲之在江南者，輦至京給之。旋以與芮子孟桂襲封平原郡公。趙與票在鄂州降，伯顏薦於世祖，以幅巾深衣入見，帝即賜翰林待制，賜鈔萬貫，歲給其妻子衣糧。與票既老，成宗猶官其子孟實以終養。是不惟待瀛國公有終始，即待宋之宗室亦多存卹也。報應之説固屬渺茫，然宋太祖削平諸國，未嘗殺一降王，其後以天下授太宗，約兄弟相傳，仍及於其子，太宗乃背之而自傳其子孫。厥後汴京之亡，遭金人之虐者，多太宗子孫也。高宗南渡，以太祖之後爲嗣，及臨安之亡，則獨免屠戮之慘，冥冥中似有司其契者。金之待宋既酷，其後蒙古興而金亦遷汴。崔立之變，劫后妃宗族降元，宫車三十七兩促赴青城，宗族男女又五百餘口，在道艱苦，更甚於徽、欽之時。崔立傳金自海陵篡後，殺太宗及宗翰、宗弼等子孫已無噍類，其隨宣宗入汴者，惟太祖、世宗子孫，又遭此播遷。元太宗詔，除完顏一族外，餘皆赦免。則不赦者完顏氏也，然則金源後裔存者有幾？而元順帝遯歸沙漠後，子孫猶雄長於邊外數百年。君子觀於此，不能不信天道之有徵也。

446 元時選秀女之制

後漢書皇后紀序云，漢法，常因八月算人，遣中大夫與掖廷丞及相工，於洛陽鄉中，閲視良家童女，年十三以上，二十以下，姿色端麗，合相法者，載入後宫，擇視可否，乃用登御。晉武帝博選良家女充後宫，使楊后揀選，名家盛族之女多敗衣瘁貌，以避此選。胡貴嬪名芳，初入選，號泣。左右止之曰：「陛下聞聲。」芳曰：「死且不畏，何畏陛下！」是選女之制，漢、晉常有之。輟耕録載，後至元丁丑，民間訛言採秀女，一時童男女婚嫁殆盡。此雖是訛言，然必非無因。蓋元初本有此制，耶律楚材傳，太宗時，脱歡請選天下室女，楚材止之，帝怒，楚材曰：「向擇美女二十八人，足備使令。今復選，恐擾民。」乃止。耶律楚材傳世祖時，耶律鑄言，有司以采室女乘時害民，請令大郡歲取三人，小郡二人，擇其可者，厚賜其父母，否則遣還，從之。耶律鑄傳後又以御史中丞崔彧言，並罷各路選室女。輟耕録所記後至元，則順帝時事也，或世祖雖罷，而累朝尚間行之耳。元時并有選高麗女之例。文宗以宮中高麗女不顔帖你賜丞相燕鐵木兒，高麗王請割國中田以爲資奩。順帝次皇后奇氏完者忽都，本高麗女，選入宮，有寵，遂進爲后。而其時選擇未已，臺臣言，國初高麗首先效順，而近年屢遣使往選媵妾，使生女不舉，女長不嫁，乞禁止，從之。明永樂中，高麗猶有貢女之例，成祖有妃權氏，即高麗人也，後封賢妃。

447 元代以江南田賜臣下

江蘇田糧之重，明史周忱傳謂，明祖平張士誠，盡籍其功臣子弟莊田入官，又惡富民豪并，亦没入其田，皆謂之官田，案其租簿征之。故蘇賦比他處獨重，官田糧至二百六十萬石，民田糧僅十五萬石。今檢宋、元二史，究其由來，大概明祖所籍僞吴勳戚之田，即元代所賜臣下之田；而元代之賜田，即南宋之入官田、内府莊田及賈似道創議所買之公田也。宋史，朱勔敗，籍其家，田至三十萬畝。建炎元年，籍蔡京、王黼等莊以爲官田。開禧三年，誅韓侂冑，置安邊所，黄疇若奏以其萬畝莊等田，并及其他權倖没入之田皆隸焉，共收米七十二萬一千七百斛，錢一百三十一萬五千緡。後理宗又詔華亭奉宸莊亦助邊費。景定四年，陳堯道、曹孝慶等倡議買公田，賈似道主之，平江、江陰、安吉、嘉興、常州、鎮江六郡，共買田三百五十餘萬畝。①德祐元年，又以閻貴妃集慶寺田，賈貴妃演福寺田，皆入安邊所。元之有天下也，此等田皆别領於官。其賞賜臣下，則有如世祖賜鄭温常州田三十頃，葉李平江田四頃，又以王積翁使日本，被害於途，賜其子都中平江田八千畝，武宗賜瑚阿不剌平江田一千五百頃，仁宗賜丑驢荅剌罕平江田百頃，英宗賜拜住平江田萬畝，文宗賜燕鐵木兒平江官地五百頃，又以故平章黑驢平江田三百頃賜西安王阿剌忒納失里，又賜大龍翔集慶寺平江田五百頃，又賜魯國大長公主平江等處官田三百頃。燕鐵木兒又奏松江澱山湖田五百頃，當入官糧七千七百石，臣願增爲萬石入官，令人佃種，以所得餘米贍臣弟撒敦。順帝以完者鐵木兒蘇州田二百頃賜郯王徹徹禿，又賜公主不答昔你平江田五十頃。此皆見於元史本紀及各本傳者，使本非官田，而欲奪民産以賜，元政雖不綱，亦未必至此。可見皆宋末官田，平宋後仍入於官，故得任意賞賜。觀文宗所賜燕鐵木兒者曰平江官地，賜魯國大長公主者曰平江官田，益知田已在官也。元時又籍宋后妃田以供太后，曰江淮財賦都總管府。又籍朱清、張瑄等田以供中宫，曰江浙財賦府。又籍朱國珍、管明等田以賜丞相脱脱，曰稻田提領所。又有撥賜莊，領宋親王及新籍明慶、妙行二寺田，并白雲宗僧田，皆不隸州縣。此又元時所增官田也。及張士誠據吴，其平章、太尉等皆負販小人，以殖産爲務，凡元朝官田自必盡取而佔爲莊田。明祖破平江後，遂盡籍之；又以姑蘇民爲士誠守，凡諸豪族之田亦籍之，并及富民沈萬三等，皆以其租簿爲糧額。其後又有撥賜公侯駙馬莊田因事故還官者，又按其租簿征之。是以官田益多，而糧亦益重也。然則江南之田，自宋末至元、明以來，出重賦非一朝一夕矣。明祖時已知糧額太重，洪武七年，詔減蘇、松、嘉、湖極重田租之半。十三年，又特詔減十之二。建文二年，詔：「蘇、松官田，悉準私税。用懲一時，豈可爲定則。今悉與減免，畝毋過一斗。」然雖有此詔，永樂登極，仍革除之，又遵太祖遺法也。宣德五年，又詔每畝納糧斗至四斗者減十之二，四斗一升至一石者減十之三。正統元年，又詔四斗一升以上者減作二斗七升，二斗一升以上者減作二斗，一斗一升至二升者減作一斗。本朝又屢有恩減，每畝自七八升至一二斗而止。案元史燕鐵木兒所奏五百頃田應入官糧七千七百石，則當時官糧正額每畝亦衹一斗五升，其以所得餘米贍撒敦，則官賦外之私租也。以今糧額較之，與元時一斗五升之正額約略相同，而此外無横征之賦，民之生於今者，何其幸也。

按元史，張珪疏言，累朝以官田手賜諸王、公主、駙馬及百官、宦者、寺觀之屬，其受田之家，各任土著姦吏爲莊官，巧名多取，又且驅迫郵傳，征求供應，折辱州縣，閉償逋負，至倉之日，變賣以歸，官司交憤，農民遠竄。今請田租令民輸之有司，有司輸之省部，省部輸之大都，以分給諸受田者。帝不從。可見元時賜田之害，民不堪命矣。

448 色目人隨便居住

塔里赤本康里人，其父從太祖南征，至洛陽，得白樂天故址，遂家焉。沙全世居沙漠，其父從太祖平金，戍河南，遂家於柳泉。徹里本燕只吉台氏，曾祖太赤從太祖定中原，封徐、邳二州，因家於徐。察罕西域人，其父官河東副總管，因居河中猗氏縣，後徙解州。脱烈海牙世居别失八里，其祖八剌(赤)〔术〕始徙真定。抄思乃蠻部人，後家於大名。虎都鐵木禄本合魯氏，後家於南陽。囊加歹乃蠻人，仁宗以其家河南，授河南行省平章事。察罕帖木兒系出北庭，其先隨元軍收河南，遂家潁州之沈邱，其父阿魯温，其甥擴廓鐵木兒，猶仍其本俗名。泰不華本伯牙吾〔台〕氏，父仕台州録事，遂家台州。余闕本唐兀氏，父官廬州，遂家於廬。皆見各本傳。又有與漢人爲姻者。成宗時，御史臺言，行省官久任，與所隸編氓聯姻，害政，詔互遷之。本紀南昌富民伍真父娶諸王女爲妻，充本位下郡總管，見虞集傳。伯顔不花的斤之母鮮于氏，乃太常典簿鮮于侁之女也，見忠義傳。又蒙古、色目人居外省者，即可在外省鄉試，如泰不華中江浙鄉試第一，月魯不花試江浙鄉闈右榜第一是也。

449 元漢人多作蒙古名

元時漢人多有作蒙古名者。如賈塔剌渾本冀州人，張拔都本平昌人，劉哈喇不花本江西人，楊朵兒只及邁里古思皆寧夏人。崔彧弘州人，而小字拜帖木兒，賈塔剌渾之孫又名六十一，高寅子名塔失不花，皆習蒙古俗也。蓋元初本有賜名之例，張榮以造舟濟師，太祖賜名兀速赤。劉敏，太祖賜名玉出干；其子世亨，憲宗賜名塔塔兒〔台〕；次子世濟，又賜名散祝台。石天麟，太宗賜名蒙古台。邸順，太宗賜名察納合兒；其弟常亦賜名金那合兒。睿宗時，亦以大興人賈昔剌多鬚而黄，遂賜今名，其後昔剌孫亦名虎林赤，蓋以蒙古名世其家矣。世祖賜名尤多，劉思敬賜名哈八兒都；播州土官楊漢英，賜名楊賽因不花；王昔剌保定人，賜名昔剌拔都；張惠新繁人，賜名兀魯忽訥特；許扆曲沃人，賜名忽魯火孫；燕公楠賜名〔賽因〕囊加帶。并有一賜再賜者，劉哈剌八都魯本河東人，初賜名哈剌斡脱赤，後以功又賜名察罕斡脱赤，最後又賜今名。自有賜名之例，漢人皆以蒙古名爲榮，故雖非賜者，亦多仿之。且元制本聽漢人學蒙古語。本紀，至元九年，和禮霍孫奏，蒙古字設國子學，而漢官子弟未有學者，及官府文移猶用畏吾字。詔自今凡詔令皆用蒙古字，仍遣百官子弟入學。又趙璧傳，帝命蒙古生十人從璧受儒書。又敕璧習國語，譯大學衍義，時從馬上奏之。本傳 至元二十(七)〔九〕年，河南、福建省臣奏請詔書用漢字，帝命以蒙古語詔河南，漢語詔福建。本紀 又程鉅夫傳，時詔令皆用蒙古字，帝遣鉅夫求賢於江浙，獨用漢字書詔。可見是時詔令多用蒙古語，若非民間多通習，豈可以此詔之也。至元六年，以帝師八思巴所創蒙古新字，凡降詔皆用之，而各以其國字副之。紀事本末 秦起宗傳，會立蒙古學，起宗學之輒成。順帝至元中，禁漢人、南人勿學蒙古、畏吾字書，本紀 許有壬力爭止之。有壬傳 此尤是漢人通習國語之明證。惟其通習，故漢人多有以蒙古語爲名者，亦一時風會使然也。金則國族人多有漢名，元則漢人多有蒙古名，兩代習尚各不同。蓋金自太祖開國，其與遼往復書詞，即募有才學者爲之，已重漢文，至熙宗以後，無有不通漢文者。熙宗嘗讀尚書，及夜觀遼史，自悔少時失學。海陵才思雄横，章宗詞藻綿麗，至今猶傳播人口。有元一代諸君，惟知以蒙古文字爲重，直欲令天下臣民皆習蒙古語，通蒙古文，然後便於奏對，故人多學之，既學之則即以爲名耳。

450 元初諸將多掠人爲私户

元初起兵朔漠，耑以畜牧爲業，故諸將多掠人户爲奴，課以游牧之事，其本俗然也。及取中原，亦以掠人爲事，并有欲空中原之地以爲牧場者。耶律楚材當國時，將相大臣有所驅獲，往往寄留諸郡，楚材因括户口，並令爲民，匿占者死。立法未嘗不嚴，然諸將恃功牟利，迄不衰止，而尤莫甚於阿里海牙豪占之多。張雄飛傳，阿里海牙行省荆湖，以降民三千八百户没入爲家奴，自置吏治之，歲收其租賦，有司莫敢問。雄飛爲宣撫司，奏之，乃詔還籍爲民。世祖本紀，至元十七年，詔覈阿里海牙等所俘三萬二千餘人，並赦爲民。十九年，御史臺又言阿里海牙占降民爲奴，而以爲征討所得。有旨，降民還之有司，征討所得，籍其數賜臣下。宋子貞又以阿里海牙所庇逃民千人清出屯田。可見其所佔之户以千萬計。蓋自破襄樊後，伯顏領大兵趨杭州，留阿里海牙平湖廣之未附者。兵權在握，乘勢營私，故恣行俘掠，且庇逃民，占降民，無不據爲己有，遂至如此之多也。他如宋子貞傳，東平將校占民爲部曲户，謂之脚寨，擅其賦役，幾四百所。子貞言於嚴實，乃罷歸州縣。張德輝傳，兵後孱民依庇豪右，歲久掩爲家奴。德輝爲河南宣撫使，悉遣爲民。雷膺傳，江南新附，諸將往往强籍新民爲奴隸。雷膺爲湖北提刑按察使，出令還爲民者數千。王利用傳，都元帥塔爾海抑巫山民數百口爲奴，利用爲提刑按察出之。袁裕傳，南京總管劉克興掠良民爲奴，裕出之爲民。此皆散見於各傳者也。兵火之餘，遍地塗炭，民之生於是時者，何以爲生耶！

451 元杖罪以七爲斷

元時笞杖之罪，多以七爲數。至元中，史弼征爪哇，坐失亡多，杖一十七。成宗時，臺臣奏，大都路總管沙的盜支官錢，計五千三百緡，准律杖一百七，不敘。文宗初，以緡山民引王禪爲鄉導，誅其爲首者，餘皆杖一百七，籍其家，妻子分賜守關將士。又以阿乞剌等拒命，杖一百七，流遠方。囊加台以妄言惑衆，杖一百七，禁錮之。①也先捏兵興時，俘掠子女貨財，杖一百七。中書平章速速，專肆貪淫，兩經杖斷私留者，怯薛官與其長杖五十七，犯者與典給散者皆杖七十七。累朝舊邸餋人，有詔汰去，一百七。徹里帖木兒坐出怨言，杖一百七。宦者拜住侍皇太子疹疾，飲食不時，以酥拭其眼鼻，杖一百七。撒里不花巫蠱案內，當死者杖一百七。御史大夫脱脱告病，未奉旨輒去職，杖六十七。御史臺言，官吏令家人受財，罪止杖四十七，緣此犯法者愈多。又王克敬傳，吏部有履歷當陞吏故抑之者，爲其有過，克敬曰：「法笞四十七以上不陞，今不至是，何得不陞。」蓋其時五刑之目，自七下至五十七，謂之笞刑；自六十七至一百七，謂之杖刑，見刑法志。又案至元(三)〔二〕十九年，令省、臺定贓罪十三等，枉法者五，自一貫至十貫笞四十七起，至百貫以上笞一百七止。不枉法者八，自一貫至二十貫笞四十七起，至三百貫以上笞一百七止。元制，笞杖以七爲計，每十減爲七也。

452 元季風雅相尚

元季士大夫好以文墨相尚，每歲必聯詩社，四方名士畢集，讌賞窮日夜，詩勝者輒有厚贈。饒介爲淮南行省參政，豪於詩，自號醉樵。嘗大集諸名士，賦醉樵歌，張簡詩第一，贈黄金一餅；高啟次之，得白金三斤；楊基又次之，猶贈白金一鎰。見明史文苑傳然此猶仕宦者之提唱也。貫酸齋工詩文，所至士大夫從之若雲，得其片言尺牘，如獲拱璧。元史小雲石海涯傳浦江吴氏，結月泉社，聘謝皋羽爲考官，春日田園雜興題，取羅公福爲首。見懷麓堂詩話松江吕璜溪，嘗走金帛，聘四方能詩之士，請楊鐵崖爲主考，第其甲乙，厚有贈遺，一時文人畢至，傾動三吴。見四友齋叢説又顧仲瑛玉山草堂，楊廉夫、柯九思、倪元鎮、張伯雨、于彦成諸人嘗寓其家，流連觴咏，聲光映蔽江表。見元詩選此皆林下之人，揚風扢雅，而聲氣所届，希風附響者，如恐不及。其他以名園、别墅、書畫、古玩相尚者，更不一而足。如倪元鎮之清閟閣，楊竹西之不礙雲山樓，花木竹石，圖書彝鼎，擅名江南，至今猶有豔稱之者。獨怪有元之世，文學甚輕，當時有「九儒十丐」之謡，科舉亦屢興屢廢，宜乎風雅之事棄如弁髦，乃搢紳之徒風流相尚如此。蓋自南宋遺民故老，相與唱歎於荒江寂寞之濱，流風餘韻，久而弗替，遂成風會，固不繫乎朝廷令甲之輕重也歟。

453 元末殉難者多進士

元代不重儒術，延祐中始設科取士，順帝時又停二科始復。其時所謂進士者，已屬積輕之勢矣，然末年仗節死義者，乃多在進士出身之人。如余闕元統元年進士，守安慶，死陳友諒之難。泰不華至順元年進士，死方國珍之難。李齊元統元年進士，爲高郵守，死張士誠之難。李黼泰定四年進士，守九江，死於賊。郭嘉泰定三年進士，守上都，死於賊。王士元泰定四年進士，知濬州，死於賊。趙璉至治元年進士，守泰州，張士誠既降復叛，遂被害。孫撝至正二年進士，討張士誠戰死。周鏜泰定四年進士，歸瀏陽，遇賊被殺。聶炳元統元年進士，守荆門，與賊俞君正戰死。劉耕孫至順元年進士，守寧國，與賊瑣南班戰死。丑閭元統元年進士，守安陸，與賊曾法興戰死。彭庭堅至正四年進士，鎮建寧，部下岳焕反，被害。普顏不花至正五年進士，守益都，明兵至，不屈死。月魯不花元統元年進士，浮海北歸，遇倭船，不屈死。邁里古思至正十四年進士，官紹興，欲討方國珍，爲拜住哥殺死。皆見元史各本傳。諸人可謂不負科名者哉，而國家設科取士亦不徒矣。

454 一母生數帝

前代有一母生數帝者，陔餘叢考所載尚未備，今更詳録於此。晉庾后生成帝、康帝。章太妃生哀帝、廢帝。陳后生安帝、恭帝。北齊婁后生文襄、文宣、孝昭、武成，一追謚之帝，三及身爲帝。唐武后生中宗、睿宗。宋杜太后生太祖、太宗。遼史，太祖后述律氏生長子倍，封東丹國，爲人皇王，後追謚義宗。①次子德光，即皇帝位，是爲太宗。幼子李胡，後亦追謚章肅皇帝。是一母生三帝，一及身爲帝，二追尊之帝也。金史，景祖后唐括氏生劾里鉢，是爲世祖；頗剌淑，是爲肅宗；盈歌，是爲穆宗，此猶是追尊之帝。而世祖后拏懶氏生烏雅舒，是爲康宗；阿骨打，是爲太祖；吴乞買，是爲太宗。烏雅束猶是追尊之帝，太祖、太宗則創業之君，及身有天下，是一母生三帝，一追尊之帝，二創業之帝也。又檢元史，此事尤多。太祖第四子拖雷之妃唆魯〔禾〕帖尼後追謚莊聖皇后生二子，長蒙哥，是爲憲宗；次忽必烈，是爲世祖。又世祖太子真金後追謚裕宗之第二子達剌麻八剌②，其妃荅吉後追謚元聖皇后生二子，長曰海山，是爲武宗；次愛育黎拔力八達，是爲仁宗。是皆一母生二帝也。他如太祖光獻后生窩闊台，是爲太宗；又生拖雷，雖未爲帝，後以子蒙哥登極，追尊曰睿宗，是亦一母生二帝。又真金之妃弘吉剌氏生鐵木兒③，是爲成宗。而其長子甘麻剌雖未爲帝，後以子也孫鐵木兒入繼大統，是爲泰定帝，追尊甘麻剌爲顯宗。又次子達剌麻八剌亦未爲帝，後以子武宗、仁宗登極，亦追尊達剌麻八剌爲順宗。是弘吉剌氏生三子，及身爲帝者一，死後謚帝者二，且一母生三帝矣。至如明宗、文宗，雖皆武宗子，而明宗母亦乞烈氏，文宗母唐兀氏，實不同母。寧宗、順帝，雖皆明宗子，而寧宗母八不沙，順宗母邁來的，亦不同母。

455 金元二代立皇太子皆不吉

金初制度未立，其襲位也，多兄弟叔姪互相傳襲。太宗、熙宗亦以諳班勃極烈嗣位。諳班勃極烈者，最尊官也。然太宗以弟繼兄，熙宗以從孫繼叔祖，皆未嘗立爲皇太子也。熙宗始立子濟安爲皇太子，未幾薨。海陵立子光英爲皇太子，海陵被弒，光英亦遇害。世宗先立允恭爲皇太子，未即位薨。世宗①曰：「朕子雖多，皇后止有太子一人。」乃立其子璟爲皇太孫。衛紹王立子從恪爲皇太子，紹王被弒，從恪亦禁錮二十餘年，汴京之變，崔立立爲梁王，降元，被殺於青城。宣宗立子守忠爲皇太子，三年薨。後又立子守緒爲皇太子，是爲哀宗，竟亡國。統計金源所立皇太子，竟無一享國者。元自太祖以下皆未立皇太子，至世祖始立真金爲皇太子，未即位薨。仁宗立英宗爲皇太子，即位後，被弒於南坡。泰定帝立子阿速吉八②爲皇太子，甫登極，即敗廢。文宗立子阿剌忒（訥）〔納〕荅剌爲皇太子，未幾薨。順帝立愛猷識里達臘爲皇太子，未即位國亡。有元一代所立皇太子，亦無一享國者，皆事之不可解者也。惟元武宗立弟仁宗爲皇太子，明宗立弟文宗爲皇太子，後俱爲帝。以弟稱子，轉得享國，尤屬異聞。

456 弟爲皇太子叔母爲太皇太后

武宗立弟仁宗爲皇太子，明宗立弟文宗爲皇太子，蓋以皇太子爲繼體儲君之名號，不論輩行也。然以弟稱子，名之不正，莫此爲甚。順帝以從母文宗后卜荅失里援立之恩，極欲尊奉，先尊爲皇太后，繼又尊爲太皇太后。以叔母而奉以祖母之稱，尤可笑也，當時許有壬力諫不聽。後又追究明宗被害之故，遷怒於后，安置東安州以死。始則尊之以非禮，後則坐之以非罪，衰朝荒主，顛倒妄行，固無足責矣。

457 庚申帝

世傳元順帝爲宋德祐帝之子。其見於記載者，程克勤宋遺民録謂，德祐帝降元，封瀛國公。稍長，世祖妻以公主。世祖夜夢金龍繞殿柱，明日瀛國來朝，正立所夢柱處，世祖陰欲除之，公主以告，瀛國懼，遂乞從釋，號合尊大師。權衡庚申帝大事紀謂，瀛公降後，爲僧白塔寺中。後徙甘州，有趙王憐之，贈以回回女。延祐七年四月十六日夜，生男，明宗周王和世(竦)〔㻋〕適過其地，見寺上有龍文五采，訪知其故，因求爲子，並載其母歸。袁忠徹符臺外集謂，瀛國學佛於土蕃，娶邁來的爲妻，元史作邁來迪有娠。適明宗逃於漠北，與瀛國善，索邁來的爲妻，遂生順帝。西湖志餘謂，虞集在文宗時草詔，有曰明宗在北之時，自謂非其子。及順帝立，捕集赴大都，以皮繩縛腰，以馬尾縫眼。既至，集以文宗親改詔稿呈上，遂得釋。時有人作十七字詩嘲集曰：「自謂非其子，如今作天子，傳語老蠻子，請死。」庚申外史謂，順帝時，尚書高保哥奏，文宗在時，謂陛下非明宗子。帝大怒，究當時作詔者，欲殺虞集、馬祖常二人。二人呈上文宗御筆，脱脱在旁曰：「彼負天下名，後世只謂陛下殺此秀才。」乃捨之。余應撰合尊大師詩①云：「皇宋第十六飛龍，元朝降封瀛國公。元君詔君尚公主，時蒙賜宴明光宫。酒酣舒指爬金柱，化爲龍爪驚天容。侍臣獻謀將見除，公主夜泣沾酥胸。幸脱虎口走方外，易名合尊沙漠中。是時明宗在沙漠，締交合尊情頗濃。合尊之妻夜生子，明宗隔帳聞笙鏞，乞歸行營養爲嗣，皇考崩時年甫童。文宗降詔移南海，五年仍歸居九重。至今兒孫主沙漠，吁嗟宋德何其隆。」以上皆野史所載，未必可盡信。然元史本紀，文宗至順元年，以順帝乳母夫言，明宗在日，素謂長子非己子，命翰林書其事於史館。明年，復詔奎章閣學士虞集作詔，播告中外。順帝登極，以此事徹去文宗廟主，詔曰：「文宗私圖傳子，乃搆邪言，謂朕非明宗子，俾出居遐陬。」虞集傳亦見此事。是順帝之非明宗子，當時已播人口。故文宗崩後，皇后卜荅失里寧立明宗次子寧宗，而不立順帝。迨寧宗夭而順帝始立。則遺民録等書所載，未必無因也。案至元十三年瀛國公降，年六歲。至元二十五年瀛國學佛於土蕃，年十八歲。延祐七年順帝生之歲，瀛國公年五十。計其年歲，亦不懸殊。作史者縱不便確指其故，而於明宗后邁來的傳，何妨略見其由瀛國公歸於明宗之源委，所謂疑以傳疑也。乃並不書，豈以其不經耶？然南史梁武帝納東昏妃，七月生豫章王綜，亦未嘗不書也。

458 守節絶域

元史，月里麻思使宋，被囚於長沙飛虎寨，三十六年而死。石天麟使於海都，亦被留二十八年乃歸。俱見各本傳。

459 郝經昔班帖木兒

奇聞駭見之事，流傳已久，在古未必真，而後人仿之，竟有實有其事者。蘇武雁書，事本烏有，特常惠教漢使者，謂天子射上林，得武繫帛書於雁足，使匈奴不得匿武耳。而元時郝經使宋，被拘於真汴中民射雁金明池，得之，以進世祖。其詩云：「霜落風高恣所如，歸期回首是春初。上林天子援弓繳，窮海纍臣有帛書。」後題「至元五年九月一日放〔雁〕」，獲者弗殺，國信大使郝經書於真州忠勇軍營新館。」後經竟得歸國，卒於途。是蘇武雁書之事虚，而郝經雁書之事實也。程嬰、公孫杵臼存趙氏孤之事，本史記采無稽之談以新聽聞，未必實有其事也。而元順帝時，有昔班帖木兒者，在趙王位下，其妻嘗保育趙王。後部落滅里（滅）叛，欲殺趙王。昔班帖木兒與妻謀，以己子觀音奴服王服，居宮内，夜半夫妻二人衛趙王遁去。賊至，遂殺觀音奴，而趙王得免。事聞，授昔班帖木兒同知河東宣慰司，其妻剌八哈敦雲中郡夫人，觀音奴亦贈同知大同路事，仍旌其門。是嬰、杵臼存趙氏孤之事猶虚，而昔班帖木兒夫妻存趙王之事實也。元史各有傳。①郝經事人猶或知之，昔班帖木兒事則鮮知者，故摘書於此。按宋史侯延廣在襁褓時，遭王景崇之難，乳母劉氏以己子代延廣死，劉氏行匄，抱延廣至京師，還其祖侯益。此又與嬰、杵臼之事相類，而出於一婦人，尤爲甚難。

460 元初用兩國狀元

王鶚本金正大元年第一甲第一名進士，仕至尚書左右司郎中。金亡，將被殺，元將張柔聞其名，救之，館於家，後薦於世祖，擢翰林學士承旨，制誥典章，皆所裁定。宋留夢炎本淳祐四年第一甲第一名進士，咸淳中，知潭州，兼湖南安撫使，德祐元年，官右丞相，兼樞密使，又爲江東西、湖南北宣撫大使。國亡，遁去。入元，亦爲翰林學士承旨。是兩國狀元，俱爲元所用也。

461 縱囚

縱囚事已見陔餘叢考，今又得數事。①後漢書戴封傳，封爲西華令，有囚四百餘人當刑，封哀之，皆遣歸家，與剋期日，皆無違者。②三國志賈逵傳，曹操征蜀，先遣逵至斜谷觀形勢。道逢水衡載囚數十車，逵以軍事急，輒究重者一人，餘皆放之。此則竟行縱遣，不復治罪者。晉書范廣傳，廣爲堂邑令，劉榮坐劾當死，家有老母，廣聽歸省，榮如期而返。縣堂失火，榮脱械救火，畢，還自著械。又喬智明傳，智明爲隆慮令，部人張兑爲父報仇，母老而身無子，智明憫之，令其妻入獄，并陰縱之。或勸之逃，兑曰：「有君如此，何忍累之。」宋史戚綸傳，綸知太和縣，每歲時必與獄囚約，放歸祀其先，皆如期返。元史本紀，世祖至元十年，詔天下獄囚，除殺人者待報，其餘一切疏放，限八月內至大都者赦之。至期，凡赦死罪二十二人。亦見王（盤）〔磐〕傳 陳天祥知壽昌府，冬至日，放囚還家，約三日來歸獄，囚如期至，乃白宣慰司盡縱之。陳天祥傳

462 元封乳母及其夫

乳母之貴，無有過於元魏者。蓋魏制，子爲皇太子，其母必先賜死，故登極後，反以乳母爲保太后，其崇奉與皇太后無二也。唐哀帝封妳婆楊氏號昭儀，王氏郡夫人。中書奏乳母古無封夫人及内職之例，漢順帝以乳母宋氏爲山陽君，安帝以乳母王氏爲野王君，當時朝議已非之。今宜賜楊氏號安

聖君，王氏號福聖君，第二王氏號康聖君。是唐制乳母之封尚有限制。元代則不惟乳母封夫人，并其夫亦得封。世祖封皇子燕王乳母趙氏爲豳國夫人，其夫鞏德禄封德育公。成宗封乳母楊氏爲趙國安翼夫人。武宗封乳母夫壽國公楊燕家奴開府儀同三司。仁宗封乳母夫楊德榮爲雲國公。英宗封乳母忽秃台定襄郡夫人，其夫阿來定襄郡王，謚忠愍。以上皆見本紀文宗封乳母夫爲營郡王。見虞集傳哈麻母爲寧宗乳母，故其父秃魯封冀國公，加太尉。見哈麻傳

463 安南王居漢陽

至元二十(八)〔二〕年征安南，其王陳日烜遁。日烜弟陳益稷率其本宗與妻子來降，詔封爲安南國王，賜符印，居於漢陽。二十七年入覲，遂遥授湖廣行省平章政事。仁宗初，益稷又入朝，謂：「臣自世祖時來歸，賜漢陽田五百頃，俾終餘年。今臣年垂七十，而有司拘臣田，就食無所。」帝亟命還其田。天曆二年卒，文宗賜謚忠懿。

464 老爺同寅臬司

世呼官長曰老爺，稱同僚曰同寅，按察使曰臬司，其來已久，然不見於記載。惟元史董摶霄傳，摶霄營於南皮，毛貴兵猝至，問摶霄曰：「汝爲誰？」答曰：「我董老爺也。」遂被殺。此「老爺」之見於正史者也。宋元祐中，除吕公著右僕射，制詞云：「被遇先帝，嘗入贊於樞庭。暨予沖人，遂同寅於政

路。」南宋慶元中，余端禮除右丞相，制詞云：「迄予嗣歷之初，尤藉同寅之助。」是「同寅」者，乃君臣同敬云爾，非以稱同官也。及黃震謝黃提舉啟有云：「托故老以旁詢，賴同寅而再葺。」又宋史趙希懌傳，韓侂胄敗後，同寅有坐侂胄黨者，諸司莫敢舉，希懌獨舉之。此則以同寅屬同官，南宋時已有此稱。元史商挺傳，帝謂挺曰：「卿在關中有治效，而毀言日至，豈同寅中有阻卿者耶？」又拜降傳，同寅有貪穢者，拜降抗章劾之。此「同寅」之見於正史者也。宋史李韶傳，韶父文饒爲司理參軍，嘗曰：「吾司臬多陰德，後當有興者。」孫子秀傳，提點浙西刑獄，兼知常州，子秀以兼郡則行部非便，得請專司臬事。是刑官稱司臬，亦起於南宋。又元史奕赫抵雅爾丁傳，爲建康道廉訪使，始視事，有獄具陳庭下，皆前官創制者，蹙然曰：「凡逮至臬司，皆命官，及有出身之吏，何用此也。」此「臬司」之見於正史者也。元史朵兒只傳，朵兒只年少爲學士，同寅如郭貫等諸老，皆器重之。

465 牛腹療重傷

布智兒從征回回，身中數矢，悶絶。太祖命剖一牛，納布智兒於腹，浸熱血中，移時遂甦。郭寶玉從討契丹遺族，胸中流矢，太祖命剖牛腹納其中，少頃乃蘇。李庭攻沙洋新城，中砲墜城下，矢又貫胸，氣垂絶，伯顏命剖水牛腹，納其中乃活。俱見各本傳。謝睦歡從攻西京，被三矢，仆城下，太宗命人拔其矢，刳牛腸，裸而納諸牛腹中，良久乃甦，見謝仲温傳。此蒙古治重傷法，蓋借生氣以續命也。

466 忍痛

北史，魏長生子彦墜馬折臂，肘上骨起寸餘，乃開肉鋸骨，流血數升，言笑自若。歐五代史，萇從簡中流矢，鏃入骨，工無良藥，欲鑿其骨出之，從簡便令鑿之。工遲疑不忍下，從簡趣之，左右皆若不勝其苦，而從簡自若。元史，張榮爲流矢貫眥，拔之不出，令人以足抵額而拔出之，神色自若。趙匣剌與宋兵戰，鏃入右肩不出，主將取死囚，封其肩，視骨節，知淺深可出，即爲鑿其創，拔鏃出之，匣剌神色不動。俱見各本傳。

467 牛皮船

元史石抹案只攻宋敘州，江不得渡，乃聚軍中牛皮，作渾脱及皮船乘之，奪其渡口。又宋兵屯萬州，汪世顯從上流鼓革舟襲破之。俱見各本傳。

468 彌勒佛謡言

順帝至正十一年，韓山童倡言天下大亂，彌勒佛下生。江淮愚民多信之，果寇賊蜂起，遂至國亡。然此謡不自至正中起也。順帝至元三年，汝寧獻所獲棒胡，有彌勒佛小旗、紫金印、量天尺。而泰定帝時，又先有息州民趙丑斯、郭菩薩等倡謡言，謂彌勒佛當有天下。有司以聞，命河南行省鞫治之。

是彌勒佛之謡已久播民間矣。蓋亂之初起，不拔其根株，遂至蔓延而不可救，皆法令玩弛之所致也。

469 賈魯治河①

至正四年，河決白茅隄及金隄，被淹者幾遍山東全省，浸淫及於河間，爲患者凡七八年。會脱脱爲相，專任賈魯治之。十一年四月，詔發民夫十五萬，軍二萬，以是月起工，十一月告成，河復故道。其勞績具見歐陽玄所著河平碑。凡疏、濬、塞之方，及用土、用石、用鐵、用草、用木、用杙、用絙之法，至今治河者猶莫不遵用，其心力之專精可謂至矣。然賈魯後四百餘年以來，河之爲患又百出而不窮。則以魯但救之於既潰決之後，而未潰決之前，如何使之常由地中行，不至潰決，則未計及也。河之所以潰決者，以其挾沙而行，易於停積，以致河身日高，海口日塞，惟恃兩邊隄岸爲之障束，一遇盛漲，兩隄之間不能容受，則必衝破而泛濫不可制。今欲使河身不高，海口不塞，則莫如開南北兩河，互相更換。一則尋古來曹、濮、開、滑、大名、東平北流故道，合漳、沁之水，入會通河，由清滄出海。一則就現在南河大加疏濬，别開新路出海。是謂南北兩河。然非兩河並用，亦非兩役並興也。兩河並用，則河流弱而沙益易停，欲河之通轉速河之塞。兩役並興，則騷及數省，延及數年，欲河之治而轉或啟民之亂。所謂開兩河者，雖有兩河，而行走仍只用一河，每五十年一換。如行北河，將五十年，則預濬南河，届期驅黄水而南之，其北河入口之處亟爲堵閉，不使一滴入北。及行南河，將五十年，亦預濬北河，届期驅黄水而北之，其南河入口之處亦亟堵閉，不使一滴入南。如此更番替代，使洶湧之水，常有深通之河便其行走，則自無潰決之患。即河工官員兵役亦可不設，蘆稭土方埽木之費亦可不用，但令督撫就近照管，自保無虞。此雖千古未有之創論，實萬世無患之長策也。舍此不圖，而徒歲歲修防，年年堵築，正如頭痛醫頭，脚痛醫脚，病終不去。無論遇有潰決，所費不貲，即一二年偶獲安流，而歲修仍不下數十萬，以五十年計算，正不知幾千百萬。與其以如許金錢空擲於橫流，何如爲此經久無患之計乎。或謂地勢北高南下，既已南徙，必難挽使北流。此不然也。中國地之高下在東西，不在南北。如果北高南下，則自神禹導河以來，何以數千年不南徙，直至宋始徙乎？豈南方之地從前本高，至宋而忽下乎？邇年河決，受害之地多在北而不在南，則非北高南下可知也。宋之南徙，蓋亦因北河淤高，不得不別尋出路耳。今南河亦淤高矣，高則仍使北流，是亦窮變通久之會也。又或謂挽使北流，將不利於漕運。此亦非也。漕運所資黃水者，只洪澤下流，由楊家莊上至宿遷草壩數十里耳。現在黃河以北之運河，本有南旺分注七分之水以資浮送，不藉黃水倒灌也。而洪澤之水，至楊家莊則仍如故，果移黃水北去，南旺之水自可直下楊家莊，與洪澤之水相接，糧艘仍可通行，此南路之無礙於漕運也。臨清以北之會通河，本屬運道，增入黃水，或慮其不能容，則於濱、棣、清滄一帶，尋九河故道，多分支流，使易於出海，則河流迅駛，糧艘益得遄行，此北路之無礙漕運也。區區之見，頗自謂有一得之愚，或取其言而行之，當有一勞永逸之利耳。

第三十卷校證

439 元諸帝多不習漢文

①巎巎　按：應作「巙巙」。點校本元史三四文宗紀校勘記云：「據至順四年巙巙手書顏真卿張長史十二意筆法記（見三希堂石渠寶笈法帖）題款改。類編云：『正字通云，巙音撓，俗作巎者誤。』」

441 元制百官皆蒙古人爲之長

①順帝紀，至正十三年，始詔南人有才學者，依世祖舊制，中書省、樞密院、御史臺皆用之　按：事在至正十二年三月戊辰，非十三年。

②文宗本紀，詔御史臺，凡各道廉訪司官，用蒙古二人，畏兀、河西、回回、漢人、南人各一人　按：事在天曆元年九月甲申，原詔無「南人」二字。

442 元初州縣多世襲

①譚澄父資榮　按：「榮」原刻本脱，西畲本已校補。

②洪茶邱爲高麗軍民總管，其子萬襲職　按：原刻本「萬」下有「小」字。元史洪茶邱傳（卷一五四）附子萬傳云，「萬小字重喜。」原刻本乃誤以「萬小」爲其名，甚謬，西畲本已改正。

444 元代專用交鈔

①交鈔之起，本南宋紹興初，造此以召募商旅，爲沿邊糴買之計　按：此用劉宣之説，實則北宋時已見使用，名爲

交子，仁宗時蜀中始用之，見宋史食貨志（卷一八一）。

②按宋史蔣偕傳，朝廷募民入粟於邊，增直給券，俾赴京師，射取錢貨，謂之交鈔。是北宋已有交子之法　按：蔣偕傳所稱之交鈔，爲唐、宋時所行飛錢、便换之類，劉宣傳所稱之交鈔及北宋之交子則作爲貨幣流通使用，二者不可混爲一談。

447　元代以江南田賜臣下

①平江、江陰、安吉、嘉興、常州、鎮江六郡，共買田三百五十餘萬畝　按：「嘉興」二字原刻本脱，西畬本已校補。

451　元杖罪以七爲斷

①囊加台以妄言惑衆，杖一百七，禁錮之　按：元史文宗紀（卷三二），天曆元年十一月，四川行省平章囊加台稱兵燒絶棧道，烏蒙路教授杜嚴肖勸其罷兵入朝，「囊加台以其妄言惑衆，杖一百七，禁錮之」。引述之文略去「其」字，遂使仗人者成爲被杖者。

454　一母生數帝

①後追謚義宗　按：應作「廟號義宗」。

②達剌麻八剌　按：元史作答剌麻八剌。

③鐵木兒　按：元史作鐵穆耳。

455 金元二代立皇太子皆不吉

①世宗　按：「宗」原刻本作「祖」，西畲本已改正。

②阿速吉八　按：元史宗室世系表（卷一〇七）作阿里吉八，他書「里」或作「剌」，「速」字似爲「剌」字之誤，但此誤不始於趙氏，而爲舊書之誤。

457 庚申帝

①余應撰合尊大師詩　按：明陳霆兩山墨談（卷一〇）云，偶閲政和縣志，得元人余應歌詩一篇，乃紀德祐入元以後事。又云，余應字則亮，元末時人。陸容菽園雜記（卷五）載此詩全文，稱其事備載錢塘瞿宗吉歸田詩話及袁忠徹符臺外稿。葉盛水東日記（卷三七，又四〇）亦全録政和縣志與寰宇通志有關此詩之文。是其説在明代流傳甚廣。就政治意義而言，有懷念宋朝以否定元朝統治者之思想意識，就事實而論，則顯然爲捕風捉影之談。傳者既廣，可使人疑以爲真，古人有「三人市虎」之喻，正謂此類之事，故不可不略闢之。

459 郝經昔班帖木兒

①元史各有傳　按：元史無昔班帖木兒傳，其事見元史順帝紀八（卷四五）至正十八年九月。

461 縱囚

①縱囚事已見陔餘叢考，今又得數事　按：陔餘叢考文在卷一九，内容與本篇有重複者。

②後漢書戴封傳，封爲西華令，有囚四百餘人當刑，封哀之，皆遣歸家，與剋期日，皆無違者　按：此事亦見於陔餘叢考，時戴封爲中山相，非西華令，叢考不誤。

469 賈魯治河

①賈魯治河　按：此篇體例與全書不同，於賈魯治河之要點，惟概括數語，全篇則發揮其個人之見解，以改入陔餘叢考爲宜。

廿二史劄記卷三十一

470 明史

近代諸史，自歐陽公五代史外，遼史簡略，宋史繁蕪，元史草率，惟金史行文雅潔，敘事簡括，稍爲可觀，然未有如明史之完善者。蓋自康熙十七年，用博學宏詞諸臣分纂明史，葉方藹、張玉書總裁其事，繼又以湯斌、徐乾學、王鴻緒、陳廷敬、張英先後爲總裁官，而諸纂修皆博學能文，論古有識。後玉書任志書，廷敬任本紀，鴻緒任列傳。至五十三年，鴻緒傳稿成，表上之，而本紀、志、表尚未就，鴻緒又加纂輯，雍正元年再表上。世宗憲皇帝命張廷玉等爲總裁，即鴻緒本，選詞臣再加訂正，乾隆初始進呈，蓋閱六十年而後訖事，古來修史未有如此之日久而功深者也。惟其修於康熙時，去前朝未遠，見聞尚接，故事跡原委多得其真，非同後漢書之修於宋，晉書之修於唐，徒據舊人記載而整齊其文也。又經數十年參考訂正，或增或删，或離或合，故事益詳而文益簡。且是非久而後定，執筆者無所徇隱於其間，益可徵信，非如元末之修宋、遼、金三史，明初之修元史，時日迫促，不暇致詳，而潦草完事也。他不具論。自魏收、李延壽以子孫附其祖父，遂代人作家譜，一傳中有數十百年事，閱一傳即須檢數朝之史，宋子京以爲簡要，其實轉滋瞀惑。明史立傳，則各隨時代之先後。除徐達、常遇春等子孫即附本傳，此仿史記、漢書之例，以敘功臣世次。楊洪、李成梁等子孫亦附本傳，則以其家世爲將，此又是一例。至祖、父、子、孫，各有大事可記者，如張玉、張輔，父子也，而一著功於靖難，一著功於征交，則各自爲傳。以及周瑄、周經，耿裕、耿九疇，楊廷和、楊慎，瞿景淳、瞿式耜，劉顯、劉綎等，莫不皆然。其無大事可記者，始以父附子，以子附父。如何文淵，先敍於其子何喬新傳首；劉仁宅，先敍於其子劉大夏傳首，此以父附子也。林瀚傳後附其子廷機及孫子濂，許進傳後附其子誥、讚、議、論等，此以子附父也。否則如楊肇基及子御蕃，各有戰功，則御蕃可附肇基傳矣，而以其功在登、萊，則寧附於同事之徐從治傳，而不附肇基傳。①其他又有稍變通者，徐壽輝僭號稱帝，應列羣雄傳，而以其不久爲陳友諒所殺，則并入友諒傳，而壽輝不另傳。皆武臣，而以其同事安南，則文武同卷。秦良玉本女土司，而以其曾官總兵，有戰功，則與諸將同卷。姚廣孝非武臣，而以其爲永樂功臣之首，則與張玉、朱能等同卷。黄福、陳洽等皆文臣，柳升、王通等李孜省、陶仲文各擅技術，應入方技傳，而以其藉此邀寵，則另入佞倖傳。此皆排次之得當者也。自宋史數人共事者必各立一傳，而傳中又不彼此互見，一若各爲一事者，非惟卷帙益繁，亦且翻閲易眩。明史則數十人共一事者，舉一人立傳，而同事者即各附一小傳於此人傳後。即同事者另有專傳，而此一事不復詳敍，但云語在某人傳中。如孫承宗有傳，而柳河之役，則云語在馬世龍傳中。祖寬有傳，而平登州之事，則云語在朱大典傳是也。否則傳一人而兼敍同事者，如陳奇瑜傳云，與盧象昇同破賊烏林關等處；象昇傳亦云，與奇瑜同破賊烏林關等處是也。甚至熊廷弼、王化貞，一主戰，一主守，意見不同也而事相涉，則化貞不另傳，而并入廷弼傳内。袁崇焕、毛文龍，一經略，一島帥，官職不同也而事相涉，則文龍不另傳，而并入崇焕傳内。此又編纂之得當也。而其尤簡而括者，莫如附傳之例。

如擴廓傳附蔡子英等，陳友定傳附靳義等，方孝孺傳附盧原質等，以其皆抗節也。柳升傳附崔聚等，以其皆征安南同事也。李孜省傳附鄧常恩等，以其皆以技術寵幸也。至末造殉難者，附傳尤多。如朱大典傳附王道焜等數十人，張肯堂傳附吴鍾巒等數十人，而史可法傳既附文臣同死揚州之難者數十人，若再附武臣則篇幅太冗，乃以諸武臣盡附於劉肇基傳。以及忠義、文苑等，莫不皆然。又孝義傳，既按其尤異者各爲立傳，而其他曾經旌表者數十百人，則一一見其氏名於傳序内。又如正德中諫南巡，罰跪午門杖謫者一百四十餘人；嘉靖中伏闕争大禮者，亦一百四五十人，皆一一載其姓名。蓋人各一傳則不勝傳，而概删之則盡歸泯滅，惟此法不至卷帙浩繁，而諸人名姓仍得見於正史，此正修史者之苦心也。又高倬傳附書南都殉難者②張捷、楊維垣、黄端伯、劉成治、吴嘉允、龔廷祥六人，而所附小傳但有端伯以下四人，捷、維垣獨缺，則以此二人本閹黨，其事已見各列傳中，不屑爲之附傳，此則附傳中又自有區别，益以見修史之斟酌不苟也。至諸臣有關於國之興替，事之功罪，則輕重務得其平。如李東陽、徐階、高拱、張居正、沈一貫、方從哲、熊廷弼、袁崇焕、陳奇瑜、熊文燦、楊嗣昌等，功罪互見，枉倖並呈，幾於無一字虚設，雖篇幅稍多，而非此不足以盡其曲折，執筆者不知幾經審訂而後成篇。此明史一書實爲近代諸史所不及，非細心默觀，不知其精審也。

471 明史立傳多存大體

明史立傳多存大體，不參校他書，不知修史者斟酌之苦心也。如龍興慈記，徐達病疽，帝賜以蒸鵝，疽最忌鵝，達流涕食之，遂卒。①是達幾不得其死，此固傳聞無稽之談。然解縉疏有劉基、徐達見忌之語，縉傳②李仕魯疏亦謂，徐達、劉基之見猜，幾等於蕭何、韓信。仕魯傳③此二疏係奏帝御覽，必係當日實情，則帝於達、基二人疑忌可知也。今明史達、基二傳則帝始終恩禮，毫無纖芥，蓋就大段言之，而平時偶有嫌猜之處，固可略而不論。且其時功臣多不保全，如達、基之令終已屬僅事，故不復稍著微詞也。又如草木子載，宋訥以元臣降，爲國子祭酒，極意嚴刻，以稱上意，監生自縊者月不乏人，死必驗視乃斂，其酷甚於周興、來俊臣云。④而明史訥傳絶不及之，但謂其次子復祖爲司業，誡諸生守訥規，違者罪至死而已。又如張輔之死，據庚已編謂，輔從英宗北征，土木之難逃歸，與家人訣，而縊死於先墓。今輔本傳則但謂從英宗北征，死土木之難，絶不及逃歸自縊之事。蓋訥以嚴重立教，最有師法；輔四朝勳德，白首無間言，故各著其所優，而小疵在所略也。又如楊廷和之入閣，雙岐雜記謂由劉瑾之力，⑤而本傳絶不及，并言廷和忤瑾，瑾摘會典小誤，奪其俸二級，是廷和不惟不附瑾，且與瑾忤矣。于謙之死，以石亨、曹吉祥誣以謀立襄王世子故被殺。謙傳但謂曹、石之誣，而事之真僞傳中不暇縷析，則於襄王瞻墡傳見之，謂英宗復辟後，於皇太后閣内見襄國金符，乃土木陷後，欲召襄王而不果，其符遂留閣中，然後知非謙等當景帝不豫時取符也，則謙之冤自不辨而白矣。熹宗懿安張后，國變時生死傳聞未確，故本朝定鼎，但爲崇禎帝及周后發喪成禮，而張后獨缺，蓋其時有傳張后未死者，時南昌推官史夏隆云，國變時，后出宫，爲李賊麾下劉旗鼓所得。劉本舊弁，事后無失禮，及我朝兵至，謂后不可失了朱家體面，后遂縊死。本朝實録，順治五年間，有天津女子自稱張后，聚衆擾畿輔。又陳玉璂作宦者高永壽傳，張后與周后同日縊死。後有熹宗妃任氏出宮，爲少年所得，年餘，費其貲且盡。任氏怒，自稱我張后也，胡爲至此。聞者不敢隱，遂送官。永壽獨識之，然亦不敢明正其僞。故卹典不及。至修史時，則本紀據陳玉堪所傳，大書國變時張后縊死宮中，而流賊傳亦稱李嚴保護懿安皇后令自盡，使賢后不遭傳聞之誣衊，尤見書法之不苟矣。又胡世寧從勦江西賊王浩八等，招降東鄉賊爲新兵，已而復叛，事見陳金傳，而世寧傳不載。徐階當國，爲講學會，張岳疏詆之，謂講學以富貴功名鼓動士大夫談虛論寂，事見岳傳，而階傳不載。隴川用兵，鄧子龍不能馭軍，因餉稍緩，大譟作亂，鼓行至永昌、大理，過會城，巡撫蕭彥調土、漢兵夾擊之，亂始定，事見彥傳，而子龍傳不載。蓋爲名臣立傳，其人偶有失誤，不妨散見於他人傳中，而本傳不復瑣屑敘入。此又善善欲長之微意，不欲以小疵累全體也。

472 大禮之議

孝宗崩，子武宗立。武宗崩，無子，而孝宗弟興獻王有子，倫序當立，大學士楊廷和以遺詔迎立之，是爲世宗。世宗即位，詔議追崇所生。廷和檢漢定陶王、宋濮王故事，授尚書毛澄曰：「是可爲據。」澄大會文武百官議，請帝稱孝宗曰皇考，改稱興獻王爲皇叔父興獻大王，妃爲皇叔母興獻王妃，自稱姪皇帝。議三上三卻。進士張璁獨疏謂，宜別立聖考廟於京師，聖母則母以子貴，尊與父同。帝大喜，於是連駁禮官議。廷臣不得已，請尊孝宗爲皇考，興獻王爲本生皇考興獻帝，興國太妃爲本生皇太后。已而桂萼疏上，謂宜稱孝宗曰皇伯考，興獻帝爲皇考，別立廟大內，正興國太后之禮，定稱聖席書等議，孝宗皇伯也，宜稱皇伯考。昭聖皇太后伯母也，宜稱皇伯母。興獻帝父也，宜稱皇考。章聖皇太后母也，宜稱聖母。武宗仍稱皇兄，莊肅皇后宜稱皇嫂。乃詔告天下，尊稱遂定。今案諸臣之疏固各有説，謂宜考孝宗者，楊廷和、毛澄、汪俊及滿朝諸臣也。廷和疏曰：「禮謂所後者爲父，而以所生者爲伯叔父母，此古今不易之典也。」毛澄疏曰：「漢成帝立定陶王爲皇太子，立楚孝王孫景爲定陶王，奉共王後，共王者皇太子本生父也，師丹以爲恩義備至。宋濮安懿王之子入繼仁宗，是爲英宗，司馬光謂濮王宜尊以高官大爵，稱皇伯而不名。乃立濮王園廟，以宗樸爲濮國公，奉濮王祀。程頤之言曰，爲人後者謂所後爲父母，而謂所生爲伯叔父母，此人之大倫也。然所生之義至尊，宜别立殊稱曰皇伯叔父某國大王，則正統明，而所生亦尊矣。」此考孝宗之説，援引漢哀帝、宋英宗二案爲據，舉朝宗之者也。張璁、桂萼等則謂，哀帝、英宗由成帝、仁宗預立爲嗣，養之宫中，其爲人後之義甚明。今武宗無嗣，大臣以陛下倫序當立而迎立之，與預養在宫中者不同。是陛下乃繼統，非繼嗣也。統與嗣非必父死子繼也，漢文帝則以弟繼，宣帝則以兄孫繼，何必奪此父子之情，建彼父子之號也。已而璁、萼又疏言，今日之禮不在皇與不皇，惟在考與不考。而方獻夫、席書等亦宗其説，疏言：「爲人後者，父嘗立之爲子，子嘗事之爲父也。今孝宗本有武宗矣，未嘗以陛下爲子也。陛下於孝宗，未嘗爲子也。且武宗君天下十六年，今不忍孝宗之無後，獨忍武宗之無後。陛下生於孝宗崩後二年，乃不繼武宗之大統，超越十有六年上考孝宗，天倫大義固已乖舛矣。」此考興獻帝之説，璁、萼、獻夫、書等之所執也。

母。張璁又疏繼之，并謂宜去本生之稱。帝是之，而廷臣伏闕哭争。帝大怒，杖謫者數十人。於是究而論之，廷和等援引漢哀、宋英二案，固本先儒成說。然世宗之立，與漢哀、宋英二君預立爲儲君者不同，第以倫序當立，奉祖訓兄終弟及之文，入繼大統。若謂繼統必繼嗣，則宜稱武宗爲父矣。以武宗從兄不可稱父，遂欲抹煞武宗一代，而使之考未嘗爲父之孝宗，其理本窒礙而不通。故璁論一出，楊一清即謂此論不可易也。明史於毛澄等列傳既詳其援引古義之疏，張璁等傳又詳載其繼統非繼嗣之疏，使閲者各見其是，自有折衷。而於澄等傳贊謂，諸臣徒見先儒成説可據，而忘乎世宗之與漢哀、宋英不同，争之愈力，失之愈深，真屬平允至當之論，可爲萬世法矣。

473 李福達之獄

李福達之獄，翻案改坐，大小官黜革問罪者至四十餘人，爲嘉靖年間一大事。御史馬録巡按山西，以白蓮教妖人張寅爲弘治間謀反之李福達，坐以大辟。武定侯郭勛以書來爲寅囑免，録遂并以劾勛。已奉旨福達父子處死，又詰責勛，勛已伏罪矣。而言者以勛由議大禮得幸，共惡之，遂羣起攻勛，欲正其黨逆之罪。勛乃力圖反噬，以議禮犯衆怒爲言。帝心動，特命張璁、桂萼、方獻夫署三法司覆訊。三人故與勛同以大禮得幸，爲朝臣所嫉者，遂盡反其獄，謂寅非福達，特諸臣欲借此以陷勛重罪。於是觸帝怒，而盡逐諸臣。此張、桂等之恃寵竊權，庇奸報怨，罪不容誅者也。然是時寅、福達名姓不同，亦有致疑於馬録之有意文致者。李翊戒菴漫筆載項喬之論曰，寅以白蓮教惑人，自有本罪，而録指爲李福達云云，是固謂寅非福達矣。法傳録亦云，福達五臺人，寅徐溝人，張爲縣中著姓，譜牒甚明，馬録悉詆爲僞，一筆抹去，是亦謂寅非福達矣。惟從信録及林居漫録則實指爲寅即福達，王穉登竹墅席上談亦記福達脱罪後，遊於江南，蘇州寓玄妙觀，常州寓楊七郎家，松江寓朱恩尚書家，所試奇術甚衆，而惜其自投法網，改名張寅，幾得重禍，則以爲寅即福達。諸説紛紛如此，作史者宜何從？今試平心論之，張寅被薛良首告，指爲李福達，此事在郭勛未囑之先，馬録即據以定讞，非逆知有勛之來囑，而預坐福達以謀反重罪也。則寅之爲福達，不待辯也。及勛囑書至，録據以劾勛，公侯大臣爲妖人游説，其挾權撓政，固已罪無可逭，原不必論福達之真僞也。迨張、桂欲藉此爲勛報復，則不得不反此獄，而以寅非福達爲詞，謂朝臣欲陷勛，而故坐寅以謀反重罪，然後勛之罪益重，以此激帝怒。於是公案盡翻，至頒刻欽明大獄録以示天下，而寅非福達遂成鐵案矣。修史者於此中推透當日情事，故於馬録傳既敘明福達之改名張寅，而於傳末又言寅、福達姓名錯悮，人亦疑之。迨其孫李同復以妖術事發，跟究由來，而福達之獄益信。又於唐樞傳載其全疏，確指寅即福達之處，歷歷有據，而此獄更無疑義。於是馬録諸臣之枉，張、桂等之誣，皆了然共見，可見修史時之斟酌苦心也。

474 袁崇焕之死

袁崇焕之死，今日固共知其冤。而在當時，不惟崇禎帝恨其引我朝兵脅和，時帝怒甚，欲族誅崇焕，以何如寵申救，免死者三百餘口，見如寵傳。即舉朝之臣，及京城内外，無不訾其賣國者，楊士（驄）〔聰〕平心而論，亦但言其罪不至此，而不知其所以得禍之由。其所撰玉堂薈記云，己巳之變，當時士馬物力足以相當，袁崇煥初至一戰，人心甫定。而袁於大璫少所結好，毀言日至，竟罹極刑。乃京師小民亦羣以爲奸臣賣國，至有啖其肉者，其蜚語皆出自内閹云。①可見是時引敵脅和之説已萬口一詞，士(驄)〔聰〕雖略知謗言之出自中涓，然究未知中涓何以有此説也。直至我朝修史時，參校太宗實録，始知此事乃我朝設間，謂崇煥密有成約，令所獲宦官楊姓者知之，陰縱使去。楊監奔還大内，告於帝，帝深信不疑，遂磔崇煥於市。於是崇煥傳内有所據依，直書其事，而崇煥之冤始白。使修史時不加詳攷，則賣國之説久已併爲一談，誰復能辨其誣者。於此可見明史立傳之詳慎，是非功罪，銖黍不淆，真可傳信千古也。

475 周延儒之入奸臣傳

周延儒不過一庸相耳，以之入奸臣傳，未免稍過，其始入閣，未見有敗檢事，特以不由廷推而得，故謗議紛然。其再出也，蠲逋賦，起廢籍，撤中使，罷内操，救黄道周，頗多可稱，故王鴻緒明史傳稿在列傳中。而今列之奸臣者，崇禎十六年，我大清兵深入畿内，延儒出視師，身駐通州，不敢一戰，坐待我兵之蹂躪而歸。一時物議沸騰，謂延儒得賄縱敵。錦衣駱養性，司禮監王德化，密以上聞，總兵唐通又嘗面奏，於是朝野内外萬口同聲，無不欲食其肉，民間至演爲賣國傳奇，遂傳徧天下。故數十年中，延儒受人唾駡，較他相爲尤甚。諸臣修史尚是延儒詬詈未息之時，自不得不列之奸臣，究之傳中所載，不過信用吴昌時，致其招權納賄，及與吴甡相軋而已。無論嚴嵩之險惡，温體仁之陰賊，非延儒所能及，即嗜進無恥之萬安，傾陷善類之張璁，尚覺罪浮於延儒，而延儒乃列入奸臣，此非以甚延儒之惡，轉爲延儒增其身分也。縱敵之説，本屬無稽。楊士(驄)〔聰〕之論曰，縱敵者，必我能爲敵所畏，方肯以賄免。當北兵深入，所過如破竹，雖禮拜求其去尚不可得。及其出塞也，大書邊牆曰，「文武官員免送」。當時兵力爲敵所侮笑如此，而反加以得賄縱敵之名，是何高視延儒，輕視敵兵也。此論載玉堂薈記，①可謂得當日情事，而縱敵之説可不辯自明矣。或云，延儒因邊警，先斂貲遣家人送歸，中途爲人耳目，家人姑大言以欺衆，謂北兵所貽，人以其出自家人之語，遂以爲實云，亦見玉堂薈記。②

按雷縯祚傳，延儒招權納賄，凡起廢、清獄、蠲租，皆自居爲功。攷選臺諫，盡收門下，求總兵、巡撫者，必先賄其幕客董廷獻。又吴甡傳，延儒再相，馮銓力爲多，延儒欲起之，懼衆議，乃引甡入閣，將共爲銓地。延儒又欲起奄黨張捷爲都御史，乃爲甡所扼。又傅朝(佐)〔佑〕劾延儒引用袁弘勛、張道濬爲腹心，擯錢象坤、劉宗周於草莽。傾陷正士，加之極刑，曰上意不測也。攘竊明旨，播諸朝右，曰吾意固然也。削言官以立威，挫直臣以怵衆，往時糾其惡者盡遭斥逐，而親知鄉曲徧列要津。此等事皆延儒之奸，既入奸臣傳，而傳中卻又不載。蓋王鴻緒傳稿本不列延儒於奸臣中，後來修史者始改編，然但列之奸臣卷，而傳仍未改，故傳中不見其奸邪之迹也。

476 劉基廖永忠等傳

太祖本紀，元至正二十一年八月，帝自率舟師征陳友諒。戊戌，克安慶。壬寅，次湖口，敗友諒於九江，克其城，友諒奔武昌。友諒傳亦云，友諒陷安慶，太祖自將征之。復安慶，長驅至江州，友諒戰敗，奔武昌。廖永忠傳亦云，從伐友諒，至安慶，破其水寨，遂克安慶。從攻江州，造橋於船尾，倒行其船，橋傅於城，遂克之。是皆敘明先克安慶，乘勝克江州，走友諒也。而劉基傳則云，基贊太祖出師攻安慶，自旦及暮不下，基請徑趨江州，擣友諒巢穴，遂悉軍西上。友諒出不意，帥妻子奔武昌。是又未克安慶，徑擣江州矣。與本紀及友諒諸傳不合。案趙德勝傳，從太祖西征，破安慶水寨，乘風泝小孤山，距九江五里，友諒始知，倉皇遁去，遂克江州。仇成傳云，廖永忠、張志雄破其水寨，成以陸兵乘之，遂克安慶。蓋戊戌但克安慶水寨，即徑趨九江，仍留成等攻安慶。迨克江州，而安慶亦已克復，作史者不便瑣屑分別，故以克安慶即係於戊戌耳。又張玉傳，靖難兵攻東昌，與盛庸遇，成祖被圍數重，力戰得出。玉不知成祖所在，突入陣中，力戰而死。是玉死時成祖已潰圍出也。而朱能傳云，盛庸圍成祖數重，張玉戰死，能帥周長等力戰，拔成祖出。則似玉死時，成祖尚在圍中，賴朱能救免矣。或玉戰死後，成祖又被圍，而能救出之，乃兩事耶？方孝儒傳，謂成祖起兵，姚廣孝以孝儒爲託，曰：「城下之日，彼必不降，幸勿殺之。」是廣孝未嘗從帝軍同至南都也。而卓敬傳則云，帝登極，敬被執下獄，帝欲活之。廣孝與敬有隙，謂建文若從敬言，豈有今日，遂殺之。則似帝入都時，廣孝已在側矣。按廣孝傳，靖難兵起，並未從行，及帝登極後，廣孝南來，出振長洲，爲其姊及友訢詈之事。當是帝既即位，廣孝後至，敬尚在獄中，而一言殺之也。又周忱傳，土木之變，議者欲焚通州糧，絕寇資，忱適議事在京，謂不如令京軍自往取，則立盡，何至遂付煨燼，是此議本創自忱也。而于謙傳又云，謙奏郕王，通州積糧，令官軍自詣關支，以贏米爲之直，毋棄以資敵，則又似出于謙之策。蓋忱先有此議，謙以爲然，故奏行之耳。又王驥傳，貴州苗蜂起，圍平越等城，時驥征麓川回，即命率師解圍。驥頓兵辰、沅不進，御史黄鎬困守平越半載，募人自間道奏於朝，命總督軍務侯璡大破賊，盡解諸城圍。是解圍者璡也。鎬傳則云，保定伯梁珤合川、湖兵救之，圍始解。則解圍又屬梁珤矣。璡傳則云，璡進討時，副總兵田禮已解平越圍。是解圍實田禮也。蓋是時璡總督軍務，珤爲將軍，皆統帥，驥、鎬等傳但敘解圍之功，則以總統爲主，璡傳實敘解圍之人，則不可没田禮，故於璡傳見之也。天啟中，汪文言初下錦衣獄，鎮撫劉僑止坐文言，不令牽引羣臣，故少株連。據魏大中傳，謂黄尊素語僑，勿因此起衣冠之禍，僑聽之，獄詞遂無所引。而魏忠賢傳則謂，僑受宰相葉向高教，止坐文言。蓋向高與尊素各有此議，使僑知之也。惟洪鍾傳，四川賊廖麻子與其黨曹甫掠營山、蓬州，鍾招撫之，曹甫聽命，麻子忿甫背己，乃殺之。是甫爲廖麻子所殺也。而林俊傳則云，擊瀘州賊曹甫，指揮李蔭以元日破其四營，遂擒甫。①則甫係李蔭擒獲，非廖麻子殺之也，此不免歧誤。又祖大壽一人凡兩次降於我朝。據孫承宗、何可綱等傳，崇禎四年，大壽築城大凌河，爲我朝兵所圍，糧盡力屈，大壽與諸將欲降，可綱不從，大壽殺可綱，遂出降。是大壽於是時已降矣。其後大壽仍爲明守錦州，至崇禎十四年，爲我朝兵所困，總督洪承疇率八大將救之，大壽尚傳語云，當逼以車營，勿輕戰。承疇進兵大敗，被圍於松山。明年二月，城破，承疇降。三月，大壽以錦州降。事見邱民仰、楊國柱、曹變蛟等傳。是大壽先於崇禎四年已降，後仍爲明守錦州，至十五年再降也。而其先降後仍復反正固守錦州之故，則無明文。惟邱禾嘉傳謂，四年大凌之役，大壽生降，請僞逃入錦，誘降其城。禾嘉在錦聞礮聲，謂大壽已潰圍出也，遣兵迎之。大壽入錦，未得閒。禾嘉尋知其納欵狀，乃密奏於朝，而帝於大壽欲羈縻之，弗罪也。只此一語，略見其仍守錦州之故，然究不明晰，他傳又不錯見其事。又張國維傳，崇禎十年，以安慶、池州、太平三府別設一巡撫，以史可法任之。而可法傳則巡撫安慶、廬州、太平、池州四府，及河南之光州、光山、固始、羅田，湖廣之蘄州、廣濟、黄梅，江西之德化、湖口諸縣，是安撫所轄較國維傳稍廣。蓋國維傳不過謂添設巡撫，原不必詳敘其地耳。惟陳奇瑜傳，先已敘明遣（劉）〔盧〕明善擊斬金翅鵬，及剿永寧之後，又云分兵擊斬金翅鵬，一傳中似重複。而楊嗣昌傳則又云，嗣昌出督師，金翅鵬等來降。案嗣昌督師在奇瑜之後，或賊中號金翅鵬者有數人，如高迎祥稱闖王，李自成亦稱闖王也。

477 喬允升劉之鳳二傳

喬允升傳，崇禎帝在位十七年，刑部易尚書十七人。薛貞以奄黨抵死。蘇茂相半載而罷。王在晉未任，改兵部去。允升坐逸囚遣戍。韓繼思坐議獄除名。胡應台獨得善去。馮英被劾遣戍。鄭三俊坐議獄逮繫。劉之鳳坐議獄論絞，瘐死獄中。甄淑坐納賄下詔獄，改繫刑部，瘐死。李覺斯坐議獄削籍。劉澤（源）〔深〕卒於位。鄭三俊再爲尚書，改吏部去。范景文未任，改工部。徐石麒坐議獄，落職閒住。胡應台再召，不赴。繼其後者張（炘）〔忻〕，賊陷京師，與其子庶吉士（士）端並降云。而劉之鳳傳末亦有此一段文字，並一字不改。此二傳一在第二百五十四卷，一在第二百五十六卷，相隔只兩卷，不及訂正，蓋卷帙繁多，纂修諸臣不暇彼此參訂故也。

第三十一卷校證

470 明史

①楊肇基及子御蕃，各有戰功，則御蕃可附肇基傳矣，而以其功在登、萊，則寧附於同事之徐從治傳，而不附肇基傳　按：李慈銘云：「此却非是，從來無此史法。即欲叙御蕃登、萊戰功於從治傳，則當於肇基傳後載御蕃始末，而將登、萊戰功叙入從治傳，於御蕃傳略之，但云事在徐從治傳。」本書於明史推崇過分，由此可見一斑。

②高倬傳附書南都殉難者　按：「傳」原刻本作「後」，西畲本已改正。

471 明史立傳多存大體

①龍興慈記，徐達病疽，帝賜以蒸鵝，疽最忌鵝，達流涕食之，遂卒　按：龍興慈記無此事。徐禎卿翦勝野聞云：「徐魏國公達病疽，疾篤，帝數往視之，大集醫徒治療且久，病少瘥，帝忽賜膳，魏公對使者流涕而食之，密令醫人逃去，未幾告薨。」是明代野史中確有此類記載，但本文引述者有誤。

②解縉疏有劉基、徐達見忌之語，（縉傳）　按：明史解縉傳（卷一四七）載其大庖西室上封事疏及文集所載太平十策等疏皆無此語，或爲出於陳汶輝一疏之分化，既誤爲李仕魯之事，又誤爲解縉之事。（參看下條）

③李仕魯疏亦謂，徐達、劉基之見猜，幾等於蕭何、韓信。（仕魯傳）　按：此爲陳汶輝之疏，而載於明史李仕魯傳（卷一三九）中。

④草木子載，宋訥以元臣降，爲國子祭酒，極意嚴刻，以稱上意，監生自縊者月不乏人，死必驗視乃斂，其酷甚於周興、來俊臣云　按：草木子無此事，而見於王圻稗史彙編卷八四人事門恩幸類浴賢池條。

⑤楊廷和之入閣，雙岐雜記謂由劉瑾之力　按：李慈銘云：「『雙岐』當作『雙溪』，明吏部尚書太原王瓊著雙溪雜記二卷。瓊素與彭澤相傾，而廷和右澤，故并惡之。雜記中深加詆斥，不足爲據。」今按李氏指出「岐」當作「溪」，甚是，但謂雜記之言「不足爲據」則非。稗史彙編（卷七五）云：「楊廷和由南京户部尚書，納賄劉瑾，不由推舉，取入内閣。自是遂以尚書爲入閣階梯，大壞祖宗官制，實劉瑾啓之。」此文可爲雜記之有力佐證。楊廷和於劉瑾勢焰正盛時入閣，出於特殊關係，原無足異，日後與劉瑾又生矛盾，亦爲事理之常，故李説未可取。

474　袁崇焕之死

①玉堂薈記云，……袁於大璫少所結好，毁言日至，竟罹極刑。乃京師小民亦群以爲奸臣賣國，至有啖其肉者，其蜚語皆出自内閹云　按：玉堂薈記無「啖其肉者」之文。

475　周延儒之入奸臣傳

①楊士（驄）〔聰〕之論曰，縱敵者，必我能爲敵所畏，方肯以賄免。當北兵深入，所過如破竹，雖禮拜求其去尚不可得。及其出塞也，大書邊牆曰，「文武官員免送」。……此論載玉堂薈記　按：玉堂薈記云，丙子之變，敵至雄

縣而返，偏蹂畿輔，破數十城。敵將出，乃斫大樹白而書曰，「各官免送」，所在有之。書中記事如此，而無縱敵之論。

②或云，延儒因邊警，先斂貲遣家人送歸，中途爲人耳目，家人姑大言以欺衆，謂北兵所貽，人以其出自家人之語，遂以爲實云，亦見玉堂薈記　按：玉堂薈記無此事。

476　劉基廖永忠等傳

①林俊傳則云，擊瀘州賊曹甫，指揮李蔭以元日破其四營，遂擒甫　按：明史林俊傳（卷一九四）惟言曹甫爲李蔭所敗，未言被擒，此文有誤。

廿二史劄記卷三十二

478 明祖行事多仿漢高

明祖以布衣起事，與漢高同，故幕下士多以漢高事陳説於前，明祖亦遂有一漢高在胸中，而行事多仿之。初起兵時，問李善長平天下之策，善長曰：「漢高起布衣，豁達大度，知人善任，五年遂成帝業。公濠産，距沛不遠，法漢高所爲，天下不足定也。」李善長傳孔克仁傳亦謂帝嘗以漢高自期，謂克仁曰：「秦政暴虐，漢高以寬大馭羣雄，遂有天下。今羣雄蜂起，皆不知修明法度，此其所以無成也。」是帝一起事即以漢高爲法。今觀其初定都金陵，方四出征伐，而已建都城，宫闕極壯麗，即蕭何造未央宫之例也。何治宫殿極壯麗，帝怒，以爲天下新定，何重勞吾民。何曰：「天下方未定，故可因以就宫室。」帝悦，乃徙居之。徙江南富人十四萬户於中都，即漢初徙齊、楚大族昭氏、屈氏、景氏、懷氏、田氏以實關中之例也。婁敬請徙齊、楚諸大族以實關中，漢高從之，徙者十餘萬户。分封子弟於各省以建屏藩，即漢初分王子弟，以弟交王楚，從弟賈王荆，從子濞王吴，子肥王齊，如意王趙，文帝王代之例也。詔天下富民年八十以上賜爵里士，九十以上賜爵社士，即漢初賜民爵七大夫以上之例也。甚至胡、藍之獄，誅戮功臣，亦仿葅醢韓、彭之例，此則學之而過甚者矣。

479 明祖文義

明祖以遊丐起事，目不知書，然其後文學明達，博通古今，所傳御製集，雖不無詞臣潤色，然英偉之氣自不可掩。至如鳳陽皇陵碑，粗枝大葉，通篇用韻，必非臣下代言也。此固其聰明天亶，然亦勤於學問所致。下金華後，聘劉基、宋濂在軍中，朝夕討論，固人所共知。而其初取滁州，范常謁見，即留置幕下，有疑輒問。至正十三年事渡江取太平，即召陶安參幕府。十五年克集慶，即辟夏煜、孫炎、楊憲等十餘人。取鎮江，聞秦從龍宿學，即令從子文正甥李文忠以金幣聘致，常書漆簡，問答甚密。又以從龍薦，聘陳遇侍帷幄，呼先生而不名也。十六年事取婺州，即辟范祖幹、葉儀、吴沈、許幹、葉瓚玉、胡翰、汪仲山、李公常、戴良等十(三)〔二〕人，會食省中，分直講經史。十七年事計其時距起兵纔數年，已留意文事如此，故文義已早通貫。其見於諸臣傳者。如范常在幕下，帝晏閒，輒命儒臣列坐賦詩，常每先成。帝笑曰：「老范詩質樸，似其爲人也。」見明史各本傳。初下徽州，朱允升請留御書，即親書「梅花初月樓」賜之。雙槐歲抄與陶安論學術，賜之門帖曰：「國朝謀略無雙士，翰苑文章第一家。」安傳征陳友諒，過長沙王吴芮祠，見胡閏所題詩，大愛之。閏傳鄱陽戰勝，與夏煜等草檄賦詩。煜傳宋濂不能飲，帝强醉之，御製楚詞以賜。①又以良馬賜濂，親製白馬歌。濂傳此皆未稱帝以前事也。其後親爲文賜臣下者，毛騏、安然、陶安之卒，皆親爲文祭之。桂彦良遷晉王傅，親爲文賜之。宋訥讀書，火燎其衣及脅，親爲文戒之。張九韶致仕，親爲文餞之。②俱見各本傳。帝嘗言，文章宜明白顯易，通道術，達時務。

詹同傳閱曾魯文大悅曰：「閱陶凱文已起人意，魯又如此，文運其昌乎。」魯傳以劉三吾主會試，疑其有弊，親撰策問覆試。三吾傳是帝之能爲散文也。帝嘗作詩，命三吾和韻，賜以朝鮮玳瑁筆。三吾傳李質振饑山東，帝親作詩餞之。質傳以舊韻出江左，命樂韶鳳參攷中原正音訂之，名洪武正韻。韶鳳傳解縉疏言：「韻府出自元末陰氏，本無足採，陛下以其便於檢閱，故好之。」縉傳帝嘗出御製詩，桂彥良朗誦，殿陛皆驚。彥良傳是帝之親風雅也。帝建大本堂，徵名儒教太子於其中。帝往講論，置酒歡宴，自作時雪賦。徐達初封信國公，帝親製誥文云：「從予起兵於濠上，先存捧日之心。來茲定鼎於江南，遂作擎天之柱。」末云：「太公韜略，當弘一統之規。鄧禹功名，特(立)〔列〕諸侯之上。」稗史彙編劉仲質改華蓋殿學士，帝親製誥文。仲質傳封十王時，帝親草册文，召唐之淳潤色之。翦勝野聞是帝之兼習駢體也。帝嘗問太子漢七國反事，太子曰，曲在七國。帝曰：「此講官偏說耳。景帝爲太子時，以博局殺吳王世子。及爲帝，又聽晁錯之說，黜削諸侯。此七國所由反也。」論内官則曰：「古之宦豎，不過司昏晨而已。自漢鄧太后以女主臨朝，以閹人爲常侍等官，自是權傾人主。」閱内藏則以漢靈帝西苑、唐德宗瓊林、大盈庫爲戒。諭翰林張信等以論思爲職，則引唐陸贄、崔羣、李絳等爲訓，諭戴德彝等亦然。教官吳從權不知民事，則諭以胡瑗教諸生皆兼時務。見本紀及各傳。命劉基子璟爲閤門使，諭之曰：「攷宋制，閤門使即儀禮司，欲汝以宣達爲職也。」基傳是帝之熟於史事也。宋濂侍左右，嘗召講春秋左氏傳。濂傳陳南賓進講洪範九疇，後御註洪範多採其說。南賓傳又嘗觀蔡氏書傳，象緯運行，與朱子詩傳相悖，③徵諸儒訂正之。錢宰傳則帝并留意經學矣。古來帝王深通文義者，代不數人，況帝自幼未嘗讀書，長於戎馬間，又未暇從事佔畢，乃勤於學業，遂能貫通如此，固命世雄才之一端哉。

480 明初文字之禍

明祖通文義，固屬天縱。然其初學問未深，往往以文字疑誤殺人，亦已不少。朝野異聞録，三司衞所進表箋，皆令教官爲之，當時以嫌疑見法者：浙江府學教授林元亮，爲海門衞作謝增俸表，以表内「作則垂憲」誅。北平府學訓導趙伯寧，爲都司作萬壽表，以「垂子孫而作則」誅。福州府學訓導林伯璟，爲按察使撰賀冬表，以「儀則天下」誅。桂林府學訓導蔣質，爲布、按作正旦賀表，以「建中作則」誅。常州府學訓導蔣鎮，爲本府作正旦賀表，以「睿性生知」誅。澧州學正孟清，爲本府作賀冬表，以「聖德作則」誅。陳州學訓導周冕，爲本州作萬壽表，以「壽域千秋」誅。懷慶府學訓導吕睿，爲本府作謝賜馬表，以「遥瞻帝扉」誅。祥符縣學教諭賈翥，爲本縣作正旦賀表，以「取法象魏」誅。亳州訓導林雲，爲本府作謝東宫賜宴箋，以「式君父以班爵禄」誅。尉氏縣教諭許元，爲本府作萬壽賀表，以「體乾法坤，藻飾太平」誅。德安府學訓導吴憲，爲本府作賀立太孫表，以「永紹億年，天下有道，望拜青門」誅。蓋「則」音嫌於「賊」也，「生知」嫌於「僧」也，「帝扉」嫌於「帝非」也，「法坤」嫌於「髮髠」也，「有道」嫌於「有盜」也，「藻飾太平」嫌於「早失太平」也。閒中今古録又載，杭州教授徐一夔賀表有「光天之下，天生聖人，爲世作則」等語，帝覽之大怒，曰：「生者僧也，以我嘗爲僧也。光則薙髮也，則字音近賊也。」遂斬之。禮臣大懼，因請降表式，帝乃自爲文播天下。又僧來復謝恩詩，有

「殊域」及「自慚無德頌陶唐」之句，帝曰：「汝用殊字，是謂我歹朱也。又言無德頌陶唐，是謂我無德，雖欲以陶唐頌我而不能也。」遂斬之。按是時文字之禍起於一言。時帝意右文，諸勳臣不平，上語之曰：「世亂用武，世治宜文，非偏也。」諸臣曰：「但文人善譏訕。如張九四厚禮文儒，及請撰名，則曰士誠。」上曰：「此名亦美。」曰：「孟子有『士誠小人也』之句，彼安知之。」上由此覽天下章奏，動生疑忌，而文字之禍起云。①

481 明初文人多不仕

明初文人多有不欲仕者。丁野鶴、戴良之不仕，①以不忘故國也。他如楊維禎，以纂禮樂書徵至京師，留百餘日，乞骸骨去，宋濂送之詩，所謂「白衣宣至白衣還」也。胡翰應修元史之聘，書成，受賚歸。趙壎、陳基亦修元史，不受官，賜金歸。張昱徵至，以老不仕。陶宗儀被薦不赴。王逢以文學徵，其子掖爲通事司，叩頭以父年高乞免，乃命吏部符止之。蓋是時明祖懲元季縱弛，一切用重典，故人多不樂仕進。解縉疏云：「陛下無幾時不變之法，無一日無過之人。出吏部者無賢否之分，入刑部者無枉直之判。」練子寧疏云：「陛下以區區小過，縱無窮之誅，何以爲治？」葉伯（臣）〔巨〕疏云：「取士之始，網羅無遺。一有蹉跌，苟免誅戮，則必在屯田、築城之科，不少顧惜。」此可見當時用法之嚴也。武臣被戮者固不具論，即文人學士，一授官職，亦罕有善終者。宋濂以儒者侍帷闥十餘年，重以皇太子師傅，尚不免茂州之行，何況疏逖素無恩眷者。如蘇伯衡兩被徵，皆辭疾，尋爲處州教授，坐表箋誤死。郭奎參朱文正軍事；張孟兼修史成，仕至僉事；傅恕修史畢，授博野令，後俱坐事死。高啟爲户部侍郎，已放歸，以魏觀上梁文腰斬。張羽爲太常丞，投江死。徐賁仕布政，下獄死。孫蕡仕經歷，王蒙知泰安州，皆坐黨死。其不死者，張宣修史成，受官，謫驛丞。楊基仕按察，謫輸作。烏斯道授石龍令，謫役定遠。此皆在文苑傳中。當時以文學授官，而卒不免於禍，宜維禎等之不敢受職也。

482 胡藍之獄

漢高誅戮功臣，固屬殘忍，然其所必去者，亦止韓、彭。至欒布，則因其反而誅之。盧綰、韓王信，亦以謀反有端而後征討。其餘蕭、曹、絳、灌等，方且倚爲心膂，欲以託孤寄命，未嘗概加猜忌也。獨至明祖，藉諸功臣以取天下，及天下既定，即盡舉取天下之人而盡殺之，其殘忍實千古所未有。蓋雄猜好殺本其天性。如胡大海方宣力浙東，其子在都犯酒禁，即手刃之，曰：「寧使大海叛我，不可使我法不行。」趙仲中守安慶，陳友諒陷其城，仲中走還，常遇春請原之，帝曰：「法不行，無以懲後。」遂誅之。①可見其剛決之性矣。又漢光武、唐太宗定天下時方年少，計身老則諸功臣已皆衰没，宋太祖年雖長，而恃有弟可以馭諸臣，故皆務保全。至明祖則起事雖早，而天下大定則年已六十餘，懿文太子又柔仁，懿文死，孫更孱弱，遂不得不爲身後之慮。是以兩興大獄，一網打盡，此可以推見其心迹也。胡惟庸之死在洪武十三年，同誅者不過陳寧、涂節數人。至胡黨之獄則在二十三年，距惟庸死時已十餘年，豈有逆首已死，同謀之人至十餘年始敗露者？此不過借惟庸爲題，使獄詞牽連諸人，爲草薙禽獮之計耳。胡黨既誅，猶以爲未盡，則二十六年又興藍黨之獄，於是諸功臣宿將始盡。惟庸死時，反狀猶未露。洪武十九年，林賢獄成，謂惟庸曾遣之入海通倭，其事始著。二十一年征沙漠，獲惟庸昔所遣往故元通書之封績，二十三年發訊，逆謀乃大著云，見李善長傳。藍玉恃功粗暴，二十六年錦衣衛蔣瓛告玉反，下吏訊，獄詞云，玉同曹震等謀變，將伺帝出耕藉時舉事，乃族誅，見藍玉傳。今按坐胡黨而死者，李善長、陸仲亨、唐勝宗、費聚、趙庸、鄭遇春、黄彬、陸聚、金朝興、葉昇、毛騏、②李伯昇、丁玉、鄧愈之子鎮及宋濂之孫慎。濂亦安置茂州。身已故而追坐爵除者，顧時、其子敬坐死。楊璟、吴禎、薛顯、郭興、陳德、王志、俞通源、梅思祖、朱亮祖、華雲龍。其子中坐死。坐藍黨而死者，傅友德、曹震、張翼、朱壽、何榮、詹徽、傅友文、察罕、納哈出之子。張温、陳桓、曹興、黄輅、湯泉、馬俊、王誠、聶緯、王銘、許亮、謝熊、汪信、蕭用、楊春、張政、祝哲、陶文、茹鼎等。③身已故而追坐爵除者，桑世傑、其子敬坐死。孫興祖、其子恪坐死。何真、其子榮、貴、宏皆坐死。④韓政、其子勳坐死。濮英、其子璵坐死。曹良臣。其子泰坐死。此皆見於列傳者。胡獄有昭示奸黨録，族誅至三萬餘人；藍獄有逆臣録，族誅至萬五千餘人。今二録不可攷，而胡、藍二傳備載其數。此外又有非二黨而别以事誅者。廖永忠功最大，以僭用龍鳳諸不法事賜死。汪廣洋雖不入胡黨，帝追念其在江西曲庇朱文正，在中書不發楊憲奸，遂賜死。周德興年最高，以其子亂宫，并德興賜死。王弼已還鄉，又召入賜死。胡美因女爲貴妃，偕子壻亂宫，并美賜死。李新、謝成别以事誅死。文臣以事誅者，又有茹太素，以抗直不屈死。李仕魯以諫帝惑僧言，命武士捽死於階下。王樸、張衡俱以言事死。孔克仁、陶凱、朱同俱坐事死。於是文臣亦多冤死，帝亦太忍矣哉！明史於諸臣傳，惟藍玉畧見其粗暴取禍之由，他如馮勝、傅友德等，但敘其戰功，而末即結之以賜死，明見其死之不以罪。李善長佐明祖起兵，位至上相封公，年七十有七，全家誅戮，傳中既附著其鍛鍊之爰書，又載王國用爲之辨雪一疏，以深著其冤。湯和亦被猜而竟得良死，則傳末謂當時公侯坐姦黨無得免者，和獨享壽考以功名終，而深爲之幸。皆以見明祖之猜忌好殺，可知立傳之用意也。

483
涂節汪廣洋之死

胡惟庸傳，惟庸與陳寧、涂節謀起事，洪武十三年正月，涂節上變告惟庸，帝大怒，命廷臣訊惟庸，詞連寧、節。廷臣言節本預謀，見事不成始上變，不可不誅，乃誅惟庸、寧，并及節。是節本與惟庸同謀逆者也。然汪廣洋傳，洪武十二年十二月。中丞涂節言劉基爲惟庸毒死，是節於未告變之前已劾惟庸，則非素與惟庸同謀者矣。蓋惟庸恨其告變，而反誣以陷之耳。又廣洋傳，帝問惟庸毒劉基事，廣洋對曰無有。帝怒其朋欺，貶廣南。又追怒其在江西曲庇朱文正，在中書不發楊憲奸，乃賜敕誅之。是廣洋之死，以朱文正、楊憲二事也。而惟庸傳則云，占城貢使至，惟庸、廣洋不以聞，中官出見之，入奏。帝怒，責惟庸、廣洋，未幾，賜廣洋死，是廣洋又因匿貢使而死矣。二傳殊不畫一。匿貢使之事，惟庸、廣洋同罪，不應獨罪廣洋，則廣洋之死究以文正、楊憲二案也。

484
明祖晚年去嚴刑

明祖懲元季縱弛，特用重典馭下，稍有觸犯，刀鋸隨之。時京官每旦入朝，必與妻子訣，及暮無事，則相慶以爲又活一日。見草木子①法令如此，故人皆重足而立，不敢縱肆，蓋亦整頓一代之作用也。然其令李善長、劉基等定律，則又斟酌輕重，務求至當。洪武十八年，詔天下罪囚，刑部、都察院詳議，大理寺覆讞，然後奏決。二十年，焚錦衣衛刑具，以繫囚付刑部。二十八年，又詔曰：「朕起兵懲創奸頑，或法外用刑，本非常典。後嗣止循律典，不許用黥、刺、剕、劓、閹割之刑。臣下敢以請者，寘重典。」又嘗與懿文太子出郊，親指道旁荆楚謂太子曰：「古人用此爲(樸)〔朴〕刑，以其能去風，雖傷不殺人。古人用心仁厚如此，兒當念之。」是帝未嘗不慎重刑獄。蓋初以重典爲整頓之術，繼以忠厚立久遠之規，固帝之深識遠慮也。

485 明祖多養異姓爲子

養異姓爲子，始於唐之宦官。其後朱全忠、李克用、李茂貞、王建等亦用以創國。蓋羣雄角立時，部下多易於去就，惟撫之爲家人父子，則有名分以相維，恩誼以相浹，久之亦遂成骨肉之親，以之守邊禦敵，較諸將帥尤可信也。明祖初起，以匹夫舉事，除一姪朱文正一甥李文忠外，更無期功强近之親，故亦多養異姓子，幼而撫之，長即命偕諸將分守，往往得其力。何文輝傳云，周舍守鎮江，道舍守寧國，馬兒守婺州，柴舍、真童守處州，金剛奴守衢州，皆義子也。案周舍即沐英，少孤，從母避兵，母又死，太祖與高后憐之，撫爲子，軍中亦呼沐舍，後以功復姓。道舍即何文輝，太祖初下滁州得之，年十四，撫爲子。馬兒即徐司馬，揚州人，年九歲，無所依，太祖養爲子，後立功，亦復姓。柴舍即朱文剛，與耿再成同守處州，苗帥之亂，文剛欲聚兵殺賊，不及而死。金剛奴無考。又有朱文遜，史不傳其小字，亦以養子死太平之難。又平安傳，安亦太祖養子，少驍勇，力舉數百斤。沐英傳又言，太祖養子凡二十餘人，今皆無攷。

486 明初徙民之令

明祖初定鼎，嘗遷蘇、松、杭、嘉、湖民之無田者往耕臨濠，官給牛種，免賦三年。成祖亦徙太原、平陽、澤、潞、遼、沁丁多田少及無田之家，以實北平。用閒民耕曠土，固善政也。然明祖又嘗徙江南富民十四萬户於中都，又命户部籍浙江等九省及應天十八府富民萬四千三百餘户，以次召見，徙其家於京師，謂之富户。成祖因之，亦徙直隸、浙江民二萬户於京師，充倉脚夫。又徙應天、浙江富民三千户充北京宛、大二縣廂長，附籍京師，仍應本籍徭役。日久貧乏逃亡，輒選其本籍殷户補之。俱見食貨志。謂明祖初意，本效漢時徙民實關中之制，其後遂爲厲階云。案黄潤玉以父在徙中，請以身代。官少之，對曰：「父去日益老，兒去日益壯。」乃使之。旋舉順天鄉試。

487 明分封宗藩之制

明祖初定天下，分封諸子於各省各府，蓋仿漢、晉、六朝及有元之制而參酌之，外以壯藩衛而實無事權。其有才者，如燕、晉諸王，或統兵以鎮邊塞，然不爲例。其分封内地者，不過設三護衛，不至有尾大不掉之患，其用意亦深遠也。然其後日久而弊日甚，一在以王府之尊而居於外郡，則勢力足以病民；一在支庶蕃衍，皆仰給縣官，不使之出仕及別營生理，以至宗藩既困，而國力亦不支。攷唐初亦封諸王於外，迨武后廢殺諸王後，開元以來諸王皆居京師，而支庶得自奮於功名。如宗室爲宰相者至有十餘人，其出仕於外，如嗣虢王巨、嗣吳王祇，當國家寇亂時，俱能守郡掌兵，爲國宣力，此法之最善者也。今觀明制，藩王之體統極尊，以極尊之體統處於外郡，則有如谷王橞，奪民田，侵公稅，殺無罪人，藏匿亡命，長史虞廷綱諫則誣以罪而磔之。又如伊王世子典楧，多持官吏短長，不如旨，必搆之使去。至御史行部，不敢入城，楧要而笞之。官吏往來，率紆道疾過，猶使人追入，責以不朝，朝者亦辱以非禮。宫牆壞，奏請修築，則奪附近民居以廣其宫。索郎中陳大壯屋，不肯，則使數十人從大壯卧起，奪其飲食，大壯遂餓死。閱河南府城女子，選七百餘人，留尤麗者九十餘人，勒其家以金贖。宸濠未反時，亦强奪民間田宅子女，養羣盜閔廿四、凌十一等，刼財江湖間，有司不敢問。甚至楚宗華越訐楚王華奎之案，以巡撫趙可懷庇華奎，楚宗人遂擊死可懷。此其恣横無忌，肆害官民，皆由以藩王之尊居於外郡，莫敢抗拒故也。而國家之所以防閑宗藩者，則又禁例太密。蓋自成祖以燕邸起兵得位，繼以高煦、寘鐇、宸濠先後謀不軌，遂設爲厲禁，所以箝制之者無不至。明史諸王傳贊謂，出城省墓亦須奏請，二王俱不得相見。今案襄王瞻墡，自長沙徙封，過安陸，見其弟梁王瞻垍，流連不忍去，臨别痛哭，謂此生不得復見矣。此二王不相見之制也。天順中，瞻墡奉旨入朝，英宗以其尊屬，特命歲時得與諸子出城遊獵。可見非特旨則不得出城也。弘治中，周太后思見其次子崇王見澤，特召之。倪岳奏，自宣德以來，除襄王一入朝外，無親王朝見之事，乃不果召。萬曆中，鄭貴妃不欲其子福王之國，以留過李太后壽節爲詞，太后曰：「吾潞王亦可以壽節來乎？」潞王，李太后次子，神宗親弟。此可見一受封即入朝亦不得也。甚至土木之變，韓王子冲烁勤王赴京，亦以敕止之。寇入河套，冲烁願率子壻擊賊，亦不許。崇禎中，京師戒嚴，唐王聿鍵倡義勤王，反被詔切責，削爲庶人，錮之鳳陽。是雖赴國家之急亦不得也。而法之尤不善者，在乎支庶日蕃，徒仰歲禄，而別無出仕及謀生之路，宗支既多窮迫，而國力亦以坐困。明史表序謂，親王或可自存，郡王至中尉空乏尤甚。蓋親王歲禄既多，洪武九年，初定親王歲五萬石，鈔二萬五千貫，絹布鹽茶馬草各有支給。二十八年，更定親王禄猶萬石，郡王只二千石，鎮國將軍以下以二百石、一百石遞減。其護衛軍及儀衛司人役并樂户之類，俸餉皆支於官，楚王孟烷請納還兩護衛，以省國力，是護衛餉給自官也。德王祐榕以儀衛司缺額，句餘丁補之，巡撫邵錫檄補充者勿給餉，是儀衛司本給餉也。郡王有事用鼓吹，與親王別城居者，假鼓吹於有司，與親王同城者，假樂户於長史司，是親王獨有樂户也。是親王之分例本屬豐厚。且初封時，歲禄外又有草場灘地之賜。如英宗子見潾就藩德州，請齊、漢二庶人所遺東昌、兖州閒田，及白雲、景陽、廣平三湖地，憲宗悉與之。神宗子潞王就封，請得景藩故籍田産，多至四萬頃。福王之國，亦援例以請，而版籍已定，尺寸皆奪之民間，不得已減半，中州田不足，則取山東、湖廣田益之。又奏乞張居正入官田，及江都至太平沿江荻州，四川鹽井、榷茶銀。又請淮鹽千三百引，設店洛陽售賣，至爲禁食河東鹽，以聽鬻賣。此親王富厚之大概也。蓋親王初封爵出藩皆帝王愛子，故歲禄外有此別給。其後嫡子孫襲親王爵者即世其産，是以富厚如此。至親王之支子孫封爲郡王，及鎭國、奉國將軍、中尉者，不能分此私産，惟恃歲禄爲衣食，而生齒日繁，國力不給。嘉靖中，御史林潤言，天下財賦，歲供京師米四百萬石，而各藩禄米至八百五十三萬石，即無災傷蠲免，亦不足供禄米之半。年復一年，將何以支？此可見國家養給各藩之竭蹶也。於是議者有減歲禄，限宮媵，限支子之請。明史諸王世表序謂，支屬承祧者親王無旁推之恩，羣從繼世者郡封絶再襲之例，以及名婚不時有明禁，本折互支無常期。嘉靖四十四年，乃定郡王、將軍七分折鈔，中尉以下六分折鈔，郡、縣主儀賓等八分折鈔，而宗藩之貧困極矣。此皆由宗藩支庶仰食於官，不使之出仕，又不許其別營生計，以致坐敝如此。靳學顏疏所謂，唐、宋宗親，或通名仕版，或散處民間，我朝分封列爵，不農不仕，吸民膏髓是也。程紹傳。宗室爲盜窟穴，紹列上其狀，則更入不肖。嘉靖中，宗室祐櫍請除宗人禄，聽其以四民業自爲生，賢者應科目試，不許。直至萬曆中，宗室戴𡊨請宗室皆得儒服就試，中式者，視其才器，中外職兼用，始允行之。按陳子壯傳，崇禎帝下詔，援祖訓郡王子孫文武堪任用者，得考驗授職，是祖訓原有宗藩出仕之例。其後崇禎中，中部知縣名新堞者，守城死流賊之難。雲南通判壽鉥，當孫可望兵至，知不免，乃張蓋往見之，行三揖禮，曰：「謝將軍不殺不掠之恩。」可望欲降之，不從，遂遇害。鞏昌通判廷璋，署秦州，城陷，爲賊所執。使之跪，叱曰：「我天朝宗姓也，今日惟求一死！」賊遂殺之。宗室諸王傳又寶豐知縣朱由棫，密縣知縣朱敏汀，亦皆以宗貢生出仕，死流賊之難。武大烈傳此皆萬曆以後，許宗人應試得官者也。向使早如唐制，宗人各有進身之路，則平時既無坐食廩禄之費，一旦有事，或亦有如吳王、虢王之爲國立功，未嘗不可收藩維之助。乃直至末造，始開入仕之途，而已無及矣，豈非立法之最不善者哉。何如寵傳，宗藩婚嫁命名，例請於朝，貧者爲部所稽，萬曆末至崇禎，積千數，有白首不能完家室，骨朽而尚未命名者。如寵爲禮部尚書，特爲奏請，貧宗得嫁娶者六百餘人。

488 明官俸最薄

明初百官之俸，皆取給於江南官田。其後令還田給禄。洪武十三年，已定文武官禄米俸鈔之數。二十五年，更定官禄，正一品月俸米八十七石，從一品至正三遞減十三石，從三品二十六石，正四品二十四石，從四品二十一石，正五品十六石，從五品十四石，正六品十石，從六品八石，正七品至從九遞減五斗，至五石而止，自後爲永制。洪武時，官全給米，間以錢鈔，兼給錢一千、鈔一貫抵一石。其時鈔尚貴。官高者支米十之四五，卑者支米十之七八，九品以下全支米。後折鈔者每米一石給鈔十貫。時鈔已賤，故十貫抵一石。又凡折色俸，上半年給鈔，下半年給蘇木胡椒。孔友諒傳疏言，大小官自折鈔外，月米不過二石，此宣德中事也。又李賢傳，正統以前，北京漕運少，各官月支米一石。李賢疏言，降人居京師者，實支十七石五斗，指揮使月俸三十五石者，實支僅一石，是一降人當京官十七員半矣。成化七年，户部鈔少，乃以布估，給布一匹當鈔二百貫。是時鈔一貫僅值錢二三文，而米一石折鈔十貫，是一石米僅值二三十錢也。布一匹亦僅值二三百錢，而折米二十石，是一石米僅值十四五錢也。明史食貨志謂，自古官俸之薄未有若此者。顧寧人謂，其弊在於以鈔折米，又以布折鈔，以致如此。其後又定有折銀之例。成祖遷都北京，以漕運不便，百官俸米皆令赴南京關支，惟英國公張輔，以功大，許北京支領。其百官俸米，領票後賣與商人赴領，每十石止值銀一二兩。周忱以江南正苦糧重，建議量折銀，每石銀四錢，以充百官俸，折銀之例始此。凡官俸有二，曰本色，曰折色。其本色又有三，曰月米，曰折絹米，曰折銀米。月米不問官大小皆一石。折絹者，絹一匹當銀六錢。折銀者，銀六錢五分當米一石。比從前以布折鈔之例稍優矣。其折色亦有二，曰本色鈔，曰絹布折鈔。本色鈔，二十貫折米一石。絹布折鈔，絹一匹折米二十石，布一匹折米十石。一品者本色僅十之三，遞增至從九品，本色乃十之七。此有明一代官俸之大略也。按李長庚傳，據會典，國初金花銀解南京供武俸，正統初始改解内庫，除武俸外皆御用，是武官俸早已給銀。

489 明宫殿凡數次被災

永樂五年，始建北京宫殿。八年，北征還，即受朝於奉天殿，是奉天殿先成。十八年，各宫殿皆落成，詔改京師爲南京，北京爲京師。十九年四月，奉天、華蓋、謹身三殿災。二十年，乾清宫亦燬。自後未嘗營葺，故仁宗即位，將還南京，詔改北京諸司悉稱行在。直至正統四年，始修建北京宫殿。六年十一月，乾清、坤寧二宫及三殿俱告成，乃定都北京。詔文武諸司，不得稱行在。正德九年正月，乾清宫災，遣使採木於湖廣，因工作大，加天下賦一百萬。十六年十一月，乾清宫始造成。嘉靖三十六年，三殿又災。四十一年九月，三殿告成，改奉天曰皇極，華蓋曰中極，謹身曰建極。萬曆二十四年，乾清、坤寧兩宫災。二十五年，皇極、中極、建極三殿災。三十年，重建乾清、坤寧二宫。三十二年三月，乾清宫成。天啟六年九月，皇極殿成。七年八月，中極、建極殿成。崇禎十七年四月二十九日，宫殿又爲流賊李自成所燬。統計明代北京三殿兩宮，各四次被災。本紀及楊廷和、喬宇、沈一貫、陳于陛、張位等傳。

490 明正后所生太子

明諸帝惟成祖、景帝、世宗、莊烈帝由藩邸入繼大統，未嘗身爲皇太子。世宗晚年以忌諱未立儲，光宗甫登極即病，亦未立儲，其餘則無有不立太子者。太祖立馬后長子爲皇太子，未即位薨，是爲懿文太子。又立太子妃呂氏所生子爲皇太孫，是爲建文帝，靖難兵至，崩於火。建文登極時，亦立查后長子文奎爲皇太子，兵至不知所終。此正后、正妃所生太子皆不吉也。仁宗母係仁孝徐后，宣宗母係誠孝張后，此則正后所生太子獲享國者，然二帝生時在藩邸，母尚未立后。英宗由太子即位，則本宮人子而孫后養爲己子者也。憲宗由太子即位，其母則周貴妃也。孝宗由太子即位，其母則李淑妃也。惟孝宗登極後，册妃張氏爲皇后，弘治四年生武宗，立爲皇太子，此乃既爲后後所生之太子，爲有明一代盛事。世宗以後，穆宗母則杜康妃也。神宗由太子即位，其母則李貴妃也。光宗由太子即位，其母則王恭妃也。熹宗母則王選侍也。莊烈帝母則劉賢妃也。至莊烈帝登極，册周妃爲后，明年生慈烺，立爲皇太子，此亦既爲后後所生之太子，武宗後僅此而已。統計有明一代，正位中宮後所生儲貳，惟武宗及慈烺二人，然武宗雖爲帝，而盤遊無度，幾亂天下，身後又無子；慈烺遇國變，不知所終，是正后所生太子更不吉也。他如景帝立子見濟爲皇太子，杭妃所生憲宗先立祐極爲皇太子，柏妃所生世宗先立載壑爲皇太子，王貴妃所生皆早薨。此則雖非正后所生，亦皆不吉矣。立嫡建儲，古今令典，乃時會遷流，有不可以常理論者。明代諸臣，岋岋以争國本爲第一大事，其亦未博觀於歷代繼述興亡之故也哉。

491 明宫人殉葬之制

明史后妃傳，太祖崩，宫人多從死者。建文、永樂時，相繼優卹，如張鳳、李衡、趙福、張璧、汪賓諸家，皆世襲錦衣衛千百户，人謂之太祖朝天女户。歷成祖、仁、宣二宗皆然。其見於后妃傳者，宣宗崩，嬪何氏、趙氏、吴氏、焦氏、曹氏、徐氏、袁氏、諸氏、李氏、何氏皆從死，正統元年皆追加贈謚，册文曰：「兹委身而蹈義，隨龍馭以上賓。宜薦徽稱，用彰節行。」此可見當時宫嬪殉葬之例也。景帝以郕王薨，猶用其制，至英宗遺詔始罷之。案周王有燉傳，有燉死，英宗賜有爋書曰，王在日，嘗奏身後務從儉約，妃、夫人以下不必從死，年少有父母者遣歸云云。帝之除殉葬，蓋本於有燉之奏也。然有燉死，妃鞏氏，夫人施氏、歐氏、陳氏、張氏、韓氏、李氏皆死殉，詔謚妃貞烈，夫人貞順，蓋帝賜書未到，已先死矣。又可見當時宫人殉葬，各王府皆然，不特朝廷也。否泰録載，英宗臨崩，召憲廟謂之曰：「用人殉葬，吾不忍也。此事宜自我止，後世勿復爲。」遂爲定制。①

492 明代選秀女之制

明史載明祖之制，凡天子親王之后、妃、宮嬪，慎選良家女爲之，進者弗受，故妃后多採之民間。國初惟成祖仁孝皇后爲徐中山女，其時法制未定也。明祖初爲懿文太子册常遇春女爲妃，未薨，又册吕本女爲太子妃。又初爲秦王樉納王保保妹爲妃，繼又以鄧愈女爲妃。皆前代故事所無。嗣後則多出民間，故每新君登極，有選秀女之謠。明稗類抄，成化中，命婦入朝，尚書施純妻甚端麗，皇太后諦視久之，顧左右曰：「曩選妃時，何不及此人。」①又湧幢小品，憲宗選妃，江南嘉興姚善女在選中，髮不盈尺，過吴江二十里，一夕髮頓長八尺，故其地遂名八尺。後入宮，生皇第九子壽王，册封端懿安妃。又四友齋叢説，武宗南巡，至揚州，知府蔣瑶力拒嬖倖江彬等。彬傳旨要選秀女，瑶曰，止知府有三女，民間並無，彬遂語塞。又趙爾沂劉大姑傳，大姑京師人，光廟在青宮時，詔選元妃，大姑與郭后及后女弟同入選，郭后選中，后女弟及大姑賜金幣還。凡落選女子，貴家爭聘致爲重，后女弟遂爲成山伯夫人。大姑獨不肯嫁，貴戚納聘悉卻之，謂母曰：「被選後，與今元妃同臥起三月，外間何等子，乃議婚耶！」遂守貞以殁。此皆前明選秀女故事也。于慎行筆塵云，此事祖宗自有深意。漢宣帝許后起微時，故爲后從官輿服甚儉。及霍后立，賞賜動以千萬計。且不特此也，來自民間，則習見閭閻生計，可以佐人君節儉之治。若必出於勳舊，則勳而兼戚，戚而兼勳，王氏禍漢，賈氏禍晉，可爲前鑒。本朝選駙馬亦然，非但不由勳舊，並不由仕宦，其意深遠矣云云。今按明代選秀女之制，亦非通行天下，大概多在京師附近之處。初兩京並重，故妃后尚有南人，如宣宗胡后，濟寧人；孫后，鄒平人；吴妃，丹徒人；郭嬪，鳳陽人；英宗錢后，海州人；憲宗王后，武宗夏后，皆上元人；世宗方后，江寧人是也。然地近則易採選，故英宗周妃，昌平人；景帝汪后及憲宗吴后，皆順天人；世宗杜妃，穆宗生母大興人；穆宗李后，昌平人；陳后，通州人；李妃，神宗生母漷縣人；神宗王后，餘姚人而生於京師；鄭貴妃，大興人；光宗郭后，順天人；王妃，熹宗生母順天人；劉妃，莊烈帝生母海州人而籍宛平；莊烈帝周后，蘇州人而家於大興。蓋有明中葉以後，選妃多在京師，不及遠方，恐滋擾也。陳子龍傳，福王立於南都，中使四出，凡有女之家，黄紙貼額，即持之去，閭里騷然，子龍上疏力諫，可見選秀女之騷擾也。

第三十二卷校證

479 明祖文義

①宋濂不能飲，帝强醉之，御製楚詞以賜　按：黄瑜雙槐歲鈔（卷一）詳載此事，今録其辭於此：「西風颯颯兮金張，特會儒臣兮舉觴。目蒼柳兮裊娜，閱澄江兮水洋洋。爲斯悦而再酌，弄清波兮永光，玉海盈而馨透，泛瓊斝兮銀漿。宋生微飲兮早醉，忽周旋兮步驟蹌蹌。美秋景兮共樂，但有益於彼兮何傷。洪武八年八月七日午時書。」

②張九韶致仕，親爲文餞之　按：張九韶即張美和，其事見明史宋訥傳（卷一三七）。

③嘗觀蔡氏書傳，象緯運行，與朱子書傳相悖　按：明史錢宰傳（卷一三七）「朱子書傳」作「朱子詩傳」，朱子未有書傳，應據改。

480　明初文字之禍

①按是時文字之禍起於一言。時帝意右文，諸勳臣不平，上語之曰：「世亂用武，世治宜文，非偏也。」諸臣曰：「但文人善議訕。如張九四厚禮文儒，及請撰名，則曰士誠。」上曰：「此名亦美。」曰：「孟子有『士誠小人也』之句，彼安知之。」上由此覽天下章奏，動生疑忌，而文字之禍起云　按：此文本於黄溥閑中今古録，略云，蔣景高，象山人，元末遺儒也，内附後，仕本路教諭，罹表箋禍，赴京師，斬於市。斯禍也，起於左右一言云云（即本文所引者）。又按，李賢古穰雜録云，高廟亦難受諫。翰林編修張姓者，能直言，至不能容，黜爲山西蒲州學正。例慶賀撰表，高廟閲之，識其名。見其表詞有曰「天下有道」，又曰「萬壽無疆」，發怒曰「此老還謗我」，以「疆」、「道」二字疑之，即差人逮來。引見，曰：「送法司問，汝更何説！」張曰：「臣有一言，就畢就死（按：原文如此，疑有誤）。陛下有旨，表文不許杜撰，務出經典。臣謂『天下有道』乃先聖孔子之格言。臣謂『萬壽無疆』乃詩經臣子祝君之至情。今謂臣誹謗，不過如此。」聞其説良久，曰：「此老還嘴强。」放去竟不問。左右相謂曰：「數年以來，纔見容此一人而已。」以上二事，可爲此篇之補充。

481　明初文人多不仕

①丁野鶴、戴良之不仕　按：丁野鶴爲丁耀亢之别號，明末清初人。此處應作丁鶴年，其行事與戴良相近，明史

文苑傳（卷二八五）戴良傳後附有丁鶴年傳。元末有錢唐人丁野鶴奉全真教，行止不同於文人，自非甌北所指者。

482 胡藍之獄

①趙仲中守安慶，陳友諒陷其城，仲中走還，常遇春請原之，帝曰：「法不行，無以懲後。」遂誅之　按：事見明史趙庸傳（卷一二九），仲中爲庸之兄，鴻猷録（卷三）及明史紀事本末（卷三）皆作趙伯仲。明太祖實録，安慶守將余元帥等戰敗，「奔還建康，上怒，俱斬之」。是趙非主將而同被斬。

②坐胡黨而死者，……金朝興……毛騏　按：金朝興死於胡黨案發之前，追論爲胡黨，明史傳在卷一三一。毛騏應爲其子毛驤，傳在卷一三五。

③坐藍黨而死者，傳友德……茹鼎等　按：傳友德於洪武二十七年賜死，非因藍黨案，明史傳在卷一二九。茹鼎應作茹鼎，見明史藍玉傳（卷一三二）。

④身已故而追坐爵除者，……何真（其子榮、貴、宏皆坐死）　按：原刻本「何真」作「何榮」，「宏」作「安」，西畲本均已改正。

484 明祖晚年去嚴刑

①時京官每旦入朝，必與妻子訣，及暮無事，則相慶以爲又活一日。（見草木子）　按：草木子未載此事，而見於稗史彙編卷七四國憲門刑法類皮場廟條。

491 明宫人殉葬之制

①否泰録載，英宗臨崩，召憲廟謂之曰：「用人殉葬，吾不忍也。此事宜自我止，後世勿復爲。」遂爲定制　按：否泰録無此事。稗史彙編卷一八人物門帝王類禁殉葬條云，高廟、文廟、仁廟、宣廟皆用人殉葬。至英宗臨朝時，召憲廟謂之曰：「用人殉葬，吾不忍也。此事宜自我止，後世子孫勿復爲。」至今遂爲定制。是爲此文出處所在，然朱彝尊日下舊聞（卷三四）已誤題爲否泰録，其誤不自趙氏始。又按，陸容菽園雜記（卷一〇）云：「憲宗皇帝受終日，英宗遺言，免用宫嬪殉葬，故憲宗賓天，亦有命不用，遵先訓也。」皇甫録皇明紀略亦有同類記載。是其事經英宗、憲宗一再以遺命禁止，方沿習成爲定制。

492 明代選秀女之制

①明稗類抄，成化中，命婦入朝，尚書施純妻甚端麗，皇太后諦視久之，顧左右曰：「曩選妃時，何不及此人。」　按：「明稗類抄」應作「稗史彙編」，事見彙編卷七六職官門省部類兩字尚書條。

廿二史劄記卷三十三

493 明初吏治

明史魏觀等傳贊云，太祖起閭右，稔墨吏爲民害，嘗以極刑處之。然每旌舉賢良以示勸，不專任法也。嘗遣行人齎敕賜平陽令張礎，建陽令郭伯泰，旌其治行。又或因士民之請留良吏，輒進秩留任。并有坐事被逮，部民列善狀上聞，亦復其官，且轉加超擢者。既擢矣，而其人改節易操，則又重法繩之，所以激勸者甚至。故一時吏治多可紀，今循吏傳可攷也。天下府、州、縣官來朝，帝諭之曰：「天下初定，百姓財力俱困，如初飛之鳥，不可拔其羽，新植之木，不可搖其根，在安養生息之而已。惟廉者能約己而利人，爾等當深念之。」又嘗諭户部，國家賦税已定，撙節用度，自有餘饒。使民得盡力農桑，自然家給人足，何事聚斂也。沿及成祖、仁、宣、英、景、憲、孝諸帝，亦皆加意吏治，其有政績卓著，往往特敕獎之，如成祖之於史誠祖，仁宗之於劉綱是也。諸良吏秩滿當遷，或罣誤罷黜，亦多因部民之請，俾進秩視事，往往至二三十年不易。其有因而作奸者，如永寧税課使劉迪，結耆老請留；漢中同知王聚，求屬吏保奏，則又斥譴隨之。皆宣宗時事。閱數年，輒遣大臣分往各直省，考察官吏，嚴其黜陟。而緊望之地，則特詔大臣，各舉所知以爲守令。如宣德中，先擇京官九人爲郡守，繼擇二十五人爲郡守；正統中，擇京官十一人爲郡守，後多爲良吏，爲名臣。蓋朝廷既以吏治爲重，中外大臣亦無不留意人才。仁宗詔各舉所知，郎中況鍾以張宗璉薦，帝問楊士奇，士奇曰：「宗璉實賢，臣與王直將舉之，不意爲鍾所先耳。」其後況鍾之出守，則蹇義、胡濙所薦也。翟溥〔福〕則魏源所薦也。李湘則胡濙所薦也。李信圭之知蘄州，則(張)〔章〕敞所薦，後守處州，則金濂所薦也。吉水令錢(一)本〔忠〕罷官，郡人胡廣在朝力保之，遂復職。楊榮當國時，其家人犯法，邑令魯穆嚴懲之，榮反以爲賢而薦於朝。其時朝臣之汲引如此，在外大吏亦多持心公正。如葉宗人爲錢塘令，人呼爲「一葉清」。其死也，按察使周新哭之。田鐸知蓬州，巡按御史過其境，無一訟者，知其下無冤民，遂薦之，擢廣東僉事。此又外省舉劾之大概也。且是時吏部考察之權最重，蹇義、王直、馬文升先後長部事，尤以獎廉黜貪爲要。史稱蹇義慎擇守令，考察明恕。而王直察舉天下廉吏，以范衷爲第一。翟溥〔福〕秩滿到部，以年老乞休，侍郎趙新舊嘗爲其上司，曰此江西第一賢守也，遂不聽其去。句容令徐九思爲巡撫所劾，吏部尚書熊浹知其賢，特留之。此又吏部之能擇人而任也。以上俱見各本傳。一時風氣如此，故爲守令者無不潔己愛民，恥干清議。循吏傳序云，洪武以來，吏治澄清者百餘年，當英宗、武宗之際，内外多故，而民心無土崩之虞，由吏鮮貪殘故也。嘉、隆以後，吏部考察之法徒爲具文，而人皆不自顧惜，撫按之權太重，舉劾惟賄是視，而人皆貪墨以奉上司，於是吏治日媮，民生日蹙，而國亦遂以亡矣。後人徒見中葉以來，官方隳裂，吏治窳敝，動謂衰朝秕政，而豈知其先崇尚循良，小廉大法，幾有兩漢之遺風，且駕唐、宋而上哉。今就明史各列傳及循良傳關於勸懲者，條摘於左。

494 因部民乞留而留任且加擢者

漢書循吏傳贊，宣帝以太守吏民之本，數變易則下不安。民知其將久，不可欺罔，乃服從其教化。故二千石有治理，輒以璽書勉勵，增秩賜金，或爵關内侯，公卿缺則選用之。故漢世良吏，於斯爲盛。是古來重吏治者，多以久任爲效。明太祖亦嘗仿之，興化丞周舟，已擢吏部主事，民乞留，乃遣還。丹徒令胡夢通，丞郭伯高，金壇丞李思進，歸安丞高彬，曹縣簿劉郁，衡山簿紀惟正，皆坐事當逮，民詣闕言多善政，帝並復其官，惟正并擢參議。永州守余彦誠，齊東令鄭敏等十人，坐事下獄，耆民列政績以聞，皆復官，并賜耆民道里費，縣令沈昌、周榮等四人，并擢郡守。此太祖時事也。洪、宣、正統間，秩滿奏留者，又有邵陽令孫浩，長清令薛慎，吴橋令吴原，博野令陳哲，泰安令暢宣，碭山令劉伯吉，會寧令郭完，貴溪令徐士宗，常熟令郭南，平山令張璟，藁城令徐榮，安福令何澄，桐鄉令田玉。以上皆循吏傳。況鍾守蘇州，丁母憂，郡民詣闕乞留，詔起復。秩滿當遷，部民二萬餘人乞留，巡按奏聞，詔進三品，仍視府事。陳本深守吉安，滿秩當遷，亦因部民請，進三品秩視事。後聞衙前民家嫁女鼓樂聲，笑曰：「此我來時乳下兒也，今且嫁，我尚留此乎。」乃請老去，凡在吉安十六年。羅以禮守西安，丁憂去，代者不稱職，部民追思，乞於朝，詔起復視事。歲滿，亦進秩留任。莫愚守常州，秩滿亦進秩留任。陳敏知茂州，累加秩至右參政，仍視州事，在州二十餘年，秩既高，諸監司郡守反在其下。項忠爲陝西按察使，九載滿，當入都，軍民乞留，詔還任。張瑄爲廣東左布政使，考滿，軍民乞留，巡撫陳濂奏聞，乃仍故任。于謙撫河南、山西，左遷大理寺少卿，兩省吏民千餘人乞留。英宗命仍撫兩省。以上見各本傳。陳復知杭州，遭喪，部民乞留，詔起復。見耿九疇傳。其後有乞留不允者，郭璡爲吏部尚書，慮其中有妄者，請覆實，從之，自是遂爲例。璡傳。郭登守衢州，坐累徵，耆老數百人伏闕乞留，不聽。吴訥巡按貴州，將代還，部民詣闕乞留，詔不許。亦見各本傳。宣宗因劉迪、王聚之邀吏民保留，自後部民乞留者，率下所司核實。蓋久則弊生，不得不隨時變法也。

495 特簡廷臣出守

唐玄宗開元十三年，帝自選諸司長官有聲望者十一人爲刺史，命宰相諸王餞之，御書十韻詩以賜。此特簡廷臣出守故事也。明宣德五年五月，擇廷臣九人爲知府，趙豫松江，况鍾蘇州，羅以禮西安，莫愚常州，邵旻武昌，馬儀杭州，陳本深吉安，陳鼎建昌，何文淵温州，皆賜敕乘傳行。皆見循吏傳及本傳。是年十一月，又擇廷臣二十五人爲知府；李驥河南，王瑩肇慶，徐鑑瓊州，許敬軒汀州，鄭恪寧波，①王昇撫州。英宗正統元年，亦擇廷臣十一人爲知府，王源潮州，李湘懷慶，翟溥〔福〕南康。皆見循吏傳，餘無攷。

496 遣大臣考察官史

明初以十五布政使分治天下。永樂初，遣給事中、御史分行天下，有司奸貪者逮治。其後又遣蹇義等二十六人巡行天下，按撫軍民，還朝不爲例。時未有巡撫官，此係特敕考察官吏。熊概傳贊尋又遣郭敦以禮部侍郎偕給事中陶衎，巡撫順天。吾紳傳正統初，又分遣大臣考察天下方面官，吾紳以刑部侍郎，奉敕考察兩廣、福建方面官，有故人官參政者，黜之。劉辰傳劉辰往四川、雲、貴，悉奏罷其不職者。徐琦傳徐琦奉命與工部侍郎鄭辰考察南畿官吏，黜不法者三十人。段民傳段民爲左參政，奉命與巡按考州、縣吏廉墨以聞。朱鑑傳景泰中，亦遣大臣行天下，黜陟有司。禮部侍郎鄒幹至山西，黜布政使以下五十餘人，巡撫朱鑑請召幹還，幹并劾鑑。時已設巡撫，又遣大臣考察，重吏治也。

按遣大臣考察官吏，本漢、唐故事。後漢書周舉傳，時以吏治多弊，詔遣八使巡行風俗，選素有威名者周舉、杜喬、周栩、馮羡、欒巴、張綱、郭遵、劉班，並守光禄大夫，分行天下。其刺史二千石有贓罪者，驛馬上之；墨綬以下，便即收舉；清忠宜表異者，以狀上。於是劾奏貪猾，表薦公清，天下號爲八俊。唐太宗亦遣大理孫伏伽等二十二人巡察四方，黜陟官吏，帝自臨決，牧守以賢能進擢者二十人，死罪七人，流以下及黜免者數百人。已又頻遣使考察。玄宗亦命尚書席豫等分道黜陟。金源亦有此制，熙宗時，遣使廉問吏治得失。世宗即位，凡數歲一遣使，故大定之間吏皆奉法，百姓滋殖，號爲小康。已見金史條內。劉球所謂考察久不舉行，故吏多貪虐，民不聊生。蓋承平日久，吏治玩弛，遣大臣嚴考核以黜陟之，固亦整飭吏治之一法也。然亦視乎所遣之人何如，如元順帝時亦嘗遣使巡行官吏，有罪者四品以（下）〔上〕停職申請，五品以下就處決，民間一切利害聽舉行。如成（導）〔遵〕奉使山東、淮北，擢廉吏九人，黜貪懦者二十一人。蘇天爵奉使京畿，糾劾者九百四十餘人，當時有包、韓之譽。見元史各本傳。固亦皆能奏劾。然據陶宗儀輟耕録，當時奉使者多挾勢取賄，民間謡曰：「官吏黑漆皮燈籠，奉使來時添一重。」又永樂中鄒緝上言，貪官污吏，徧布内外，朝廷每遣一人，即是其人養活之計，有司承奉惟恐不及。是以使者所至，有司公行賄賂。其後梁廷棟亦言，巡按御史之弊，盤查訪緝，餽遺謝薦，有司所出，多者二三萬金。國家多一巡方，天下加派百萬。是則察弊適以滋弊，又在乎簡用之得人矣。

497 重懲貪吏

洪武十八年，詔盡逮天下官吏之爲民害者，赴京師築城。孝義傳朱煦傳内。帝初即位，懲元政弛縱，用法太嚴，奉行者重足而立。周禎傳官吏有罪，笞以上悉謫鳳陽屯田，至萬餘人。韓宜可傳又案草木子記，明祖嚴於吏治，凡守令貪酷者，許民赴京陳訴。贓至六十兩以上者，梟首示衆，仍剥皮實草。府、州、縣、衛之左特立一廟，以祀土地，爲剥皮之場，名曰皮場廟。官府公座旁，各懸一剥皮實草之袋，使之觸目警心。①後海瑞疏亦舉太祖剥皮囊，及洪武中所定枉法贓八十貫論絞之律，以規切時政，見瑞傳。法令森嚴，百職釐舉，祖訓所謂革前元姑息之政，治舊俗污染之徒也。

按元世祖籍阿合馬家，有人皮一張，後誅阿合馬之子阿散，亦剥其皮，是元代已有此非法之刑。

498 明大臣久任者

永樂以後數十年中，大臣多有久於其位者。楊士奇在内閣四十三年，雖其始不過爲學士，然已預機務，後加至公、孤，始終在樞地，不出内閣一步，古來所未有也。同時直内閣者，金幼孜三十年，楊榮三十七年，楊溥二十二年。六卿中蹇義爲吏部尚書三十四年，夏原吉爲户部尚書二十九年，胡濙爲禮部尚書三十二年。耆艾滿朝，老成接迹，蓋劫運之後，必有一番太和元氣，周浹宇宙，諸臣適當其隆，故福履康强，身名俱泰。當時朝廷之上，優老養賢，固可想見，而諸臣龐眉白首，輝映朝列，中外翕然稱名臣無異詞，其必有以孚衆望者矣。若專寵利而竊威權，如萬安爲相十九年，劉吉爲相十八年，已叢物議。至嚴嵩爲相二十一年，遂入奸臣傳，爲千載唾罵。則三楊、蹇、夏諸人，宿德重望，始終無玷，固不可及也。

按三楊同時在内閣者，又有黄淮、胡廣，皆十六年。其後李東陽十八年，徐階十七年，而蹇、夏後又有吕震爲禮部尚書十九年，馬文升歷各部尚書二十二年，王直、王翱爲吏部尚書各十五年，亦皆久於其位，名實相稱。至明之末造，揆席如傳舍，臺省如踐更。崇禎帝十七年中，易相五十餘人，刑部尚書十七人，喬允升傳兵部尚書十四人，張鳳翼傳總督被誅者七人。鄭崇儉傳蓋國運將傾，時事孔棘，人材薄劣，動輒罹殃，固亦時勢之無可如何者矣。

499 大臣薦舉

吏治條内所載，况鍾、翟溥〔福〕等出守皆由大臣薦。然洪、宣、正統間，大臣所薦不特外吏也，如顧佐以楊士奇、楊榮薦，由通政司擢都御史。陳勉以士奇薦，由副使擢副都御史。高穀以士奇薦，由侍講進工部侍郎，入内閣。曹鼐亦以楊榮、楊士奇薦，由侍講入内閣。王來以士奇薦，由巡按擢左參政。彭勗以士奇薦，由教職擢御史，督學南畿。孫鼎以楊溥薦，亦由教職擢御史，督學南畿。金純以蹇義薦，由庶僚擢刑部侍郎。陳壽以夏原吉薦，由參政擢工部侍郎。郭敦以胡濙薦，由副使擢禮部侍郎。劉球以胡濙薦，由主事改翰林侍講。周瑄以王直薦，由郎中擢刑部侍郎。楊信民以王直薦，由刑科擢左參議；後又以于謙薦，巡撫廣東。羅綺以于謙、金濂薦，由謫戍復大理右寺丞。羅通以于謙、陳循薦，由河泊所官擢兵部員外郎。李賢謫官參政，以王翺奏賢可大用，遂留爲吏部侍郎，復尚書，入内閣如故。崔恭以李賢、王翺薦，由巡撫進吏部侍郎。李紹亦以賢、翺薦，由學士擢禮部侍郎。王越以李賢薦，由按察使擢巡撫大同。羅璟方謫官，以王恕薦，擢福建提學。秦紘以王恕薦，由布政使擢副都御史，總督漕運。余子俊以林聰薦，由知府擢陝西參政。韓雍被劾，方待吏議，會廣西傜肆亂，王竑曰，雍才氣無雙，平賊非雍不可，乃擢都御史，督兵兩廣。以上見各本傳。史又稱李賢爲相，所薦引年富、軒輗、耿九疇、王竑、李秉、程信、姚夔、崔恭、李紹等，皆爲名臣。蓋洪宣以來，大臣薦士之風如此。其時薦賢者，皆採人望，核才品而後上聞。蘇州一郡，逋糧八百萬石，孝宗思得才力重臣往釐之，楊榮薦周忱，遂以工部侍郎巡撫江南，果興利除弊，爲名臣。楊士奇初不識陳繼，夏原吉治水蘇、松，得其文，歸示士奇，士奇才之，即薦爲博士，改翰林。而于謙之爲河南、山西巡撫也，三楊在政府，皆重謙，所奏請無不允。謙每議事至京，空槖以入，諸權貴不能無望，及三楊卒，謙遂左遷大理少卿。可見三楊等之薦人，皆出於至公，非如後世市恩植黨之爲也。其時人主亦傾心信用，如永樂中，擇耆儒侍皇太孫，楊士奇、蹇義薦儀智，太子嫌其老，士奇謂智明理守正，帝聞即用之。虞謙降謫，楊士奇力白其誣，言謙歷事三朝，得大臣體，宣宗即令復職。宣宗嘗論朝士貪縱，士奇曰無踰劉觀，帝問誰可代者，士奇以顧佐對，即以爲左都御史。年富爲人所中傷，英宗知其先由楊溥薦，遂不聽。君臣之相信如此，宜乎正人端士布列中外，成當日大法小廉之治也。蓋一人之耳目有限，若慮大臣薦引易開黨援門户之漸，而必以己所識拔者用之，恐十不得一二，但能擇老成耆碩十數人，置之丞弼之任，使各舉所知，則合衆賢之耳目爲一人之耳目，自可各當其用，所謂明目達聰也。

500 明内閣首輔之權最重

明祖革丞相官，以翰林春坊詳看諸司章奏，兼司平駁，雖設有殿閣大學士，官僅五品，特以備顧問而已，於政事無與也。永樂中，始命解縉、胡廣等入文淵閣，預機務，然皆編檢講讀之官，不置官屬，不得專制諸司。終永樂之世，未嘗改秩。迨洪、宣間，三楊在内閣久，所兼官屢加至師、傅，於是官階益尊，雖無相之名，而已有鈞衡之重。然同在内閣中亦有差等，大事皆首輔主持，次揆以下不敢與較。宣德、正統間，天下建言章奏皆三楊主之。及陳循、曹鼐等入閣，士奇、榮相繼歿，禮部援故事請旨，帝以楊溥老，始命循等預議。循傳可見尋常入閣者，不得輒與裁決也。嗣後首輔之與次輔，雖同在禁地，而權勢迥然不侔。夏言爲首揆，嚴嵩至不敢與分席，欲置酒邀歡多不許。既許，至前一日又辭，則所徽紅羊棧鹿之類已付之烏有。一日，許赴其宴，薄暮始至，三勺一湯，賓主不交一言而去。玉堂叢語故嵩銜之次骨。及嵩爲首揆，徐階所以事之者，亦如嵩之事言。因吴中有倭寇，即佯爲避倭之計，買宅豫章，與嵩子世蕃結姻，并與江右士大夫講鄉曲之誼，凡可以結歡求免者，無不爲也。筆麈其後亦傾嵩而代之。至張居正當國，次輔吕調陽恂恂如屬吏。居正以母喪三日不出閣，吏封章奏就第票擬，調陽坐閣，候票至乃出。筆麈及居正歸葬，大事必馳驛江陵聽處分。明史本傳此更禮絶班行，幾與賈似道休沐葛嶺，吏抱文書就第呈署無異矣。韓爌爲首輔，魏廣微入閣，欲分其權，而故事閣中秉筆惟首輔一人，廣微乃囑魏忠賢，傳旨諭爌，同寅協恭，而責廣微毋伴食，由是廣微分票擬之權。此可見明代首輔次輔之别也。

按明代首輔權雖重，而司禮監之權又在首輔上。王振竊柄時，票擬尚在内閣，然涂棐疏言，英宗時，批答多參以中官，内閣或不與，則已有不盡出内閣者。至劉瑾則專攬益甚，劉健疏云，近者旨從中下，略不與聞，有所擬議，竟從改易，是正德初已有此弊。其後凡有章奏，瑾皆持歸私第，與妹婿孫聰、華亭大猾張文冕相參決，詞率鄙冗，焦芳爲潤色之，李東陽俯首而已。瑾傳瑾敗後，東陽疏言，内閣與瑾職掌相關，凡調旨撰敕，或被改再三，或徑自竄改，或持歸私室，假手他人。臣雖委曲匡持，而因循隱忍，所損已多。東陽傳此固東陽自爲掩飾之詞，然劉（茝）〔菃〕疏亦云，近日批答章奏，閣臣不得與聞，可見當時實事也。自瑾以後，司禮監遂專掌機密，凡進御章奏及降敕批疏，無有不經其出納者。神宗不豫，召閣臣沈一貫入，諭礦稅事可與江南織造、江西窰器並停，其内監皆撤回，建言諸臣繫獄者皆復官。一貫出，中使捧諭至，一如帝言。明日帝瘳，悔之，中使二十輩至閣，取前諭，仍繳進。一貫傳可見帝降旨，即有司禮監在旁寫出事目，然後付閣臣繕擬，故其地尤爲要近。至魏忠賢時，王體乾爲司禮，避忠賢，退處其下。凡章奏入，體乾與秉筆李永貞先摘竅要，以白忠賢議行。宦官傳許譽卿劾忠賢疏謂，內閣政本重地，而票擬大權拱手授之內廷。其後楊漣劾忠賢，忠賢矯旨敍己功百餘言，大學士葉向高駭曰：「此非奄人所能，必有代草者。」探之，則徐大化也。向高傳可見是時詔敕悉出司禮，并不藉內閣潤色矣。文震孟傳，大臣入閣，例當投刺司禮大奄，兼致儀狀。是司禮之尊久已習爲故事，雖首輔亦仰其鼻息也。究而論之，總由於人主不親政事，故事權下移，長君在御，尚以票擬歸內閣，至荒主童昏，則地近者權益專，而閣臣亦聽命矣。

501 明翰林中書舍人不由吏部

明大學士本無屬員，楊士奇等加官既尊，始設中書舍人，取能書者爲之，不由吏部銓選。霍韜疏謂，自三楊等植黨專權，籠翰林爲屬官，中書爲門吏。故翰林遷擢不由吏部，而中書內直既久，有進秩至尚書者。潘辰等或加太常卿，或加至翰林學士、禮部尚書。按明史選舉志，中書舍人原有兩途，由進士選者，得遷科道、部曹，其兩殿兩房舍人，則不必由部選，自甲科監生及儒士布衣能書者，皆得爲之。如呂原子嘗以蔭補國子生，選爲中書舍人。趙榮亦以能書，由布衣授中書舍人，後遷太常卿，仍供事內閣。葉向高爲首輔，用已革監生汪文言爲中書舍人，此則大學士自行選用之成例也。又我朝順治十一年，大學士范文程請以詹事翰林等官陞補俱歸吏部，又可見明制翰詹等官陞降亦由內閣。

502 明吏部權重

明初六部屬中書省，權輕，多仰丞相意旨，洪武十三年，中書省革，部權乃專，而銓部尤要。其後制度屢創，令入覲官各舉所知，自浮山李信始。朝覲官各造事蹟，圖畫土地民人，自崑山余熂始。倣唐六典，自王府以下諸司，各編集所職爲書曰諸司職掌，定吏役，考滿給由爲首領官；選監生爲州縣官，兼除教職，自泰興翟善始。三年一入朝，考核等第，自沂水杜澤始。此洪武中銓政大略也。（明史陳修傳）然雖有此等規制，而量能授職，核功過以定黜陟，則惟吏部主之。永樂中，郭璡爲吏部尚書，請自布政使至知府，聽京官三品以上薦舉。既又請御史、知縣皆聽京官五品以上薦舉。論者謂其畏怯不敢任事，轉啟賁緣之漸。（璡傳）是璡以前布政等官皆吏部選用也。宣德中，兩京六部官缺，帝命廷臣推方面官堪內任者，鄭辰以蹇義薦，得南京工部尚書。（辰傳）是未有此旨以前，六部堂官亦吏部推用也。天順中，罷廷臣薦舉方面大吏，專屬吏部。（李賢傳，故事，方面官敕三品京官保舉，賢患其營競，請令吏部每缺舉二人，請帝簡用，並推之例始此。）時王直爲尚書，委任郎曹，抑奔競，凡巡方御史歸，即令具所屬賢否以備選。（直傳）崔恭爲吏部侍郎，置勸懲簿，有所聞皆識之，尚書王翶甚倚之。（恭傳）成化中，選郎黃孔昭留心延訪人材，以册書之，除官以才高下配地繁簡，由是銓敘平允。尚書尹旻欲推其鄉人爲巡撫，孔昭不可，其人暮夜來屈膝，孔昭益鄙之。旻謂其人曰：「黃君不離銓選，汝不能得也。」（孔昭傳）可見巡撫等官皆吏部所用，公正則選用得人，否則可以高下在心，予奪任意。故嚴嵩當國，吏、兵二部選郎各持簿任嵩填發，時稱文選郎萬寀爲文管家，武選職方郎方祥爲武管家。（于慎行筆麈[1]）至萬曆中，孫丕揚長吏部，不得已用掣籤法，以謝諸賄囑者，一時稱爲至公。（丕揚傳）亦以吏部注授官職可以上下其手，故設此法以防弊也。趙南星長吏部，搜舉遺佚，布列庶位，高攀龍等皆其所推用。山西巡撫缺人，郭尚文求之，南星薄其人，獨推謝應祥。可見其時雖有會推之例，然亦皆吏部主之。周延儒謂，會推名雖公，主持者止一二人，餘皆不敢言。（溫體仁傳）熊開元疏亦云，督撫官缺，明日廷推，今日傳單，其人姓名不列，至期吏部出諸袖中，諸臣唯唯而已。（開元傳）合而觀之，可見有明一代，用人之權悉由吏部，吏部得人則所用皆正人，如王恕爲吏部尚書，所引薦耿裕、彭韶、何喬新、周(維)〔經〕、李敏、張悅、倪岳、劉大夏、戴珊、章懋等，皆一時耆碩，弘治二十年，衆正盈朝，職業修理，號爲極盛者，恕力也。其後天啟初年，周嘉謨、張問達、趙南星先後掌吏部，起廢籍諸正人，用高攀龍、楊漣、左光斗秉憲，李騰芳、陳于廷佐銓，魏大中、袁化中長科道，鄭三俊、李邦華、孫居相、饒伸、王之寀等，悉置卿貳，萬曆廢弛之後，賴此數年，稍支傾頽。未幾易以閹黨，而官方不可問矣。此有明一代吏部之大概也。

按王恕之能用正人，亦由司禮監懷恩以恕忠義，勸孝宗用之，故得行其志。天啟初，起用鄒元標、王德完諸賢，亦由司禮監王安聽汪文言之言，是以博采人望，布列庶位。是吏部亦恃宦官之力，其權在吏部上更可知矣。

503 揚州同時四知府

靖難師至揚州，江都令張本迎降。成祖以滁、泰二知州房吉、田（唐）〔慶〕成率先歸附，命與本並爲揚州知府，與現任知府譚友德同涖府事，揚州一時遂有四知府。

504 永樂中海外諸番來朝

明史外國傳，永樂三年，浡泥國王麻那惹加那①率其妃及弟妹子女泛海來朝。王卒於會同館，葬之安德門外。六年，馮嘉施蘭國酋玳瑁、里欲二人俱來朝。九年，滿剌加國王拜里迷蘇剌率妻子陪臣五百餘人來朝。十年，浡泥王子遐旺又偕其母來朝。十五年蘇禄國東王巴都葛八哈剌，西王麻哈剌叱葛剌麻丁，峒王妻叭都葛巴剌卜，俱率其家屬頭目三百四十餘人泛海來朝，東王回至德州卒。是年又有古麻剌郎國王幹剌義亦奔敦②率其妻子陪臣來朝，還至福建卒。十七年滿剌加王母幹撒于的兒沙來朝。二十二年，滿剌加王西里麻哈剌率妻子來朝。宣德六年，又來朝。蓋皆海外小國，貪利而來。是時内監鄭和奉命出海，訪建文蹤跡，以重利誘諸番，故相率而來。宣德以後，遂無復至者。當時稱三保太監下西洋，爲永樂朝盛事云。舊唐書順宗紀，日本國王并妻還番，可見海外番王入朝，與妻偕行，是其故俗。

第三十三卷校證

495 特簡廷臣出守

①鄭恪寧波　按：見明史卷二八一循吏傳李驥傳，前作「鄭恪」，後作「魏恪」，二名皆誤，應依宣宗實録宣德五年十一月己未及國榷卷二一、明紀卷一二，改作「鄭珞」。

497 重懲貪吏

①案草木子記，明祖嚴於吏治，凡守令貪酷者，許民赴京陳訴。贓至六十兩以上者，梟首示衆，仍剥皮實草。府、州、縣、衛之左特立一廟，以祀土地，爲剥皮之場，名曰皮場廟。官府公座旁，各懸一剥皮實草之袋，使之觸目警心　按：草木子無此事，而見於稗史彙編卷七四刑法類皮場廟條。

502 明吏部權重

①時稱文選郎萬寀爲文管家，武選職方郎方祥爲武管家。（于慎行筆塵）　按：穀山筆塵無此事，而見於明史董傳策傳（卷二一〇）。

504 永樂中海外諸番來朝

①浡呢國王麻那惹加那　按：原刻本脱「加」字，西畬本已補正。

②古麻剌朗國王幹剌義亦奔敦　按：原刻本脱「敦」字，西畬本已補正。

廿二史劄記卷三十四

505 明中葉南北用兵强弱不同

有明中葉，戰功固不足言，然南北更有迥異者。大率用兵於南則易於蕩掃，用兵於北則僅足支禦。如山雲討廣西蠻，斬首(二)萬〔二千〕二百六十。方瑛討貴州苗，俘斬四萬餘。陶魯破廣東賊，斬二萬一千四百餘。其他斬馘以千計者，指不勝屈也。至用兵於北，自宣德以後，瓦剌、俺答、小王子諸寇，先後擾邊，中國宿重兵以禦之，僅僅自保，間有戰勝，亦無可紀。如王越紅鹽池之捷，禽斬三百五十；威寧海之捷，斬首四百三十餘。石彪與楊信斬鬼力赤，生擒四十餘人，斬五百餘，論者俱以爲西北戰功第一。彪又擊斬把秃王，殺一百二十人，追至三山墩，又斬七十二人，以是封定遠伯。劉聚等擊阿羅出，斬首一百六十；朱永開荒(山)〔川〕敗敵，斬一百六級，邊人亦以爲數十年所未有。此皆當時所謂大捷者，越、彪至以之封侯伯。他如郭登栲栳山之戰，則二百餘級也。姜奭苦水墩之戰，①則百餘級也。姜應熊破套寇，則百四十級也。安國偏頭關之戰，則八十餘級也。甚至仇鉞擊寇于萬全，斬三級。朱暉搗河套。亦斬三級；追寇慶陽，斬十二級。以上俱見各本傳。較之黔、粤用兵，何啻千伯之十一，而乃以之入功册，遷官秩。可知北强南弱，風土使然，固非南剿者皆良將，北拒者盡庸將也。

506 明邊省攻勦兵數最多

明邊省凡有攻勦，兵數最多，蓋皆就近調用民兵、土兵，故餉省而兵易集，非悉用官兵也。考永樂中征安南，用兵八十萬。張輔傳正統中征麓川，用兵十五萬。王驥傳景泰中討都勻苗乜富架，用兵八萬。顧溥傳①成化中韓雍討大藤峽，先以兵十六萬破修仁、荔浦賊巢。韓雍傳王越奏起兵搜套，須兵十五萬。王越傳弘治中閔珪討永安瑶，用兵六萬。閔珪傳②正德中思恩府岑濬與田州岑猛相讐殺，總督潘蕃討之，用兵十萬。潘蕃傳嘉靖中岑猛謀亂，總督姚鏌討之，用兵八萬。姚鏌傳是時欲征安南，議用兵十(三)〔二〕萬(二)〔五〕千餘人。毛伯温傳元江土舍那鑑亂，巡撫鮑象賢討之，用兵七萬。鮑象賢傳吴桂芳令俞大猷討翁源賊李亞元，用兵十萬。殷正茂令大猷討韋銀豹，用兵十四萬。俞大猷傳曾省吾令劉顯討都掌蠻，用兵十四萬。劉顯傳李錫討府江瑶，用兵六萬。討古田瑶，用兵十萬。李錫傳殷正茂討藍一清，用兵四萬。張元勳傳張嶍討新寧恩平賊，以三萬人破賊巢二百餘，斬一萬四千餘，史稱嶺南用兵，從未有以少勝多如此者。張嶍傳可見邊地用兵，動以十數萬計。若必一一皆官兵，安得如許兵數？且費亦不貲。則調用民兵、土兵之法，不可廢也。元末已調苗帥楊完者入内地勦寇。明洪鍾之勦川賊，調永順土兵。陳金之勦江西賊，調田州土兵。王守仁之勦大藤峽，張經之禦倭，殷正茂之征古田瑶，李化龍之平播州，朱燮元之平奢氏、安氏，無一不兼用土兵。甚至石柱等土兵且調往朝鮮、遼東，萬里攻戰。當時徵調既慣，土兵皆習見以爲當然，無敢有後期者。而守仁之勦浰頭、桶岡及擒宸濠，則并不用土兵，而專用民兵。承平日久，無復有征調民兵、土兵之事，一旦欲用之，且將駭怪而莫肯應命。是又當於無事時加惠土司，使之勤操練，以備調遣。而前明民壯之例，僉其丁者免其糧，見兵志按季肄習，以防不虞。其法亦當講求於平素也。

507 用兵有御史核奏

明内地用兵，多有巡按御史及監軍紀功御史等官從旁核奏，此亦防欺蔽之一法也。如趙輔從韓雍討大藤峽賊，封武靖伯，留鎮廣西。已而蠻又入潯州，巡按端弘劾其妄言賊盡，不罪輔無以示戒。輔傳左督劉聚鎮陝西，孛羅、滿都魯、乩加思蘭等入寇，殺掠數千里，聚與王越反以捷聞，紀功員外郎張謹劾之，謂其報首功百五十級，實止十九級。聚傳許寧鎮大同，小王子入寇，寧等戰敗，反以捷聞，巡按程壽震發之。寧傳廣寧失事，巡撫陳瑶反以捷聞，巡按耿明等劾其欺罔。明傳洪鐘討川東賊，不能擊，鐵良民爲功，巡按王綸、紀功御史汪景芳共劾之。綸又奏鐘縱欲縱遊，致賊自合州渡江陷州縣。鐘傳陳金討王浩八，聽其僞降，得逸去，紀功給事中黎奭劾之。金傳亦不剌等入寇甘肅，掠陷堡砦五十三處，巡撫張翼、鎮守太監朱彬反冒奏首功，巡按成文發其奸。文傳①此皆見於各列傳者。用兵固當責成領兵官，勿使人從旁掣其手足，然徒聽領兵者奏報，其誰肯自言畏懦，自言敗衄，勢必粉飾遷就，以掩罪冒功，有巡按等官從旁奏報，則諸將稍知儆畏，不敢避賊玩寇，此不特防欺蔽，亦隱寓伺察催督之法也。

508 將帥家丁

兩軍相接，全恃將勇，將勇則兵亦作氣隨之。然將亦非恃一人之勇也，必有左右心膂之驍悍者，協心并力，始氣壯而敢進。將既進，則兵亦鼓勇争先，此將帥所貴有家丁親兵也。前代如韓、岳之背嵬軍之類，固有明效。即明史所載，如景泰中，楊洪家蒼頭得官者十六人。成化中，王越多蓄跳士爲腹心，與寇搏戰數有功。嘉靖中，倭寇海上，詔故將何卿、沈希儀率家衆赴蘇、松軍。卿傳 馬永爲將，蓄家丁百餘，皆西北健兒，驍勇敢戰。帝問將於李時，時以永對，且曰：「其家衆可用也。」永傳 馬芳蓄健兒，嘗令三十人出塞四百里，多所斬獲。芳傳 梁震蓄健兒五百人，鎮大同。大同卒驕，連殺巡撫總兵，及震至，衆憚其家衆，皆帖然不敢動。震歿後，健兒無所歸，詔編之軍伍，後將猶得其力。震傳 萬曆中，李成梁帥遼東，收四方健兒，給以厚餼，用爲軍鋒，所至有功。健兒中如李平胡、李寧等，後皆至將帥。成梁傳 遼事急，詔廢將蓄家丁者赴軍前立功。趙率教傳 寧遠軍變，圍袁崇煥署，時滿桂亦在城中，諸叛卒憚桂家卒勇猛，不敢肆，結隊而去。桂傳 天啟末，寧遠告警，詔廢將侯世禄率家丁赴關聽〔調〕。世禄傳 都司張神武用袁應泰薦，率親丁二百四十餘人，馳至廣寧。神武傳 副總兵祁秉忠亦以應泰薦，率私丁守蒲河。秉忠傳 趙率教收復前屯，亦率家丁三十八人以往。率教傳 寧遠之戰，總兵金國鳳憤將士恇怯，率親丁數十出，據北山力戰。國鳳傳 崇禎中，總兵侯良柱戰死，其子天錫疏請率父舊人自當一隊，詔赴楊嗣昌軍立功。嗣昌奏天錫所將親丁二百六十人皆敢戰。良柱傳 此將帥親丁之成效也。承平之世，將領皆雍容裘帶，豈復招練壯勇，以爲家丁。即其所選用親兵，亦多取韶美便捷者，以給使令。一日臨戎，將無左右可倚之士，即縮朒而不敢前，兵無統率向前之將，自畏怯而不敢進，毋怪乎不能立功也。然古名將如韓、岳等既蓄養壯丁豈易有此貲力，惟有選拔兵丁，練以技勇，結以恩信，庶緩急尚有可恃。初官浙江參將，有背嵬軍，吴璘亦以迭陣法教士伍。戚繼光謂兵不練必不可用，故所至以練兵爲急。又因地形制陣法，一見衛所軍不習戰，乃請募金華、義烏人三千，教以擊刺，短長互用，由是軍獨精。初至，陣於城外，天切戰船、火器、兵械，精求而更置之。平倭後，移鎮薊門，又徵浙兵三千來訓薊兵。初至，陣於城外，天大雨，自朝至日昃，植立不動，邊軍大駭，自是始知軍令。繼光傳譚綸在浙，亦重練兵，立束伍法，裨將以下節節相制，分數既明，進止齊一，未久皆成精鋭。綸傳南京初設振武營，兵部尚書張鏊請以劉顯爲指揮僉事，專訓練。顯傳顯亦爲當時名將，所至有功。故知訓練有素，則一兵得一兵之用，即不能蓄家丁，尚可藉此爲爪牙也。譚綸言，三萬兵歲需餉五十四萬兩，則是時每兵歲餉十六兩。

509 景泰帝欲仍立沂王

景泰帝初惑黄(竑)〔玹〕之言，廢英宗太子見深爲沂王，立己子見濟爲太子。後太子薨，未嘗不欲仍立沂王也。六年七月，有給事中徐正請間，言沂王當遷於所封地，以絶人望，别選王子育之宫中。上皇所居南城，宜增高牆垣，伐去高樹，宫門之鎖亦宜灌鐵，以備非常。帝大駭，叱出之，欲正其罪，慮駭衆，遂謫之鐵嶺衛。是帝固未肯聽小人之言也。迨英宗復辟，徐有貞輩誣王文、于謙謀立外藩，帝心事遂不白云。事見廖莊傳，世罕有論及者，故特表出之。

510 成化嘉靖中方技授官之濫

憲宗好方技，初即位，即以道士孫道玉爲真人。其後李孜省以符籙進，官至禮部侍郎，鄧常恩、趙玉芝、凌中、顧玒亦皆以方術得幸，官至太常卿，其他雜流加侍郎、通政、太常、太僕、尚寶者，不可勝計。每令中官傳旨，一傳至百十人，時謂之傳奉官，王瑞疏所謂，一日而數十人得官，一堂而數百人寄俸也。是時孜省尤寵倖，朝臣毀譽多出其口，士大夫遂多附之。又有僧繼曉，以祕術進，賜號通元翊教廣善國師。其後西番僧劄巴堅參封萬行莊嚴功德最勝智慧圓明（端）〔能〕仁感應顯國光教弘妙大悟法王、西天至善金剛普濟大智慧佛，其徒劄實巴、鎖南堅參、（巴）〔端〕竹也失皆爲國師。已而劄實巴進封法王，班卓兒藏卜封國師，又封領占竹爲萬行清修真如自在廣善普慧弘度妙應掌教翊國正覺大濟法王、西天圓智大慈悲佛，又封西天佛子劄失藏卜、劄失堅參、乳奴班丹、鎖南堅參、法領占五人爲法王，其他授西天佛子、大國師、國師、禪師者，亦不可勝計。服食器用僭擬王者，出則金吾仗呵導，錦衣玉食者幾千人。羽流加號真人、高士者亦盈都下。大國師以上金印，真人玉冠、玉帶、玉珪、銀章。而繼曉尤奸黠竊權，所奏請無不允。迨孝宗即位，始盡汰傳奉官千百人，又詔禮官議汰諸寺法王至禪師四百三十七人，剌麻僧七百八十九人，華人爲禪師及善世、覺義諸僧官（千）一百二十人，道士自真人、高士及正一、演法諸道官一百二十三人。可見成化中授官之濫也。孜省下獄死，常恩等遣戍，繼曉棄市。

其後嘉靖中，又有方技濫官之秕政。道士邵元節，以禱祠有驗，封爲清微妙濟守靜修真凝元演範志默秉誠致一真人，統轄朝天、顯靈、靈濟三宫，總領道教，賜金、玉、（印）〔銀〕、象牙印各一，班二品，紫衣玉帶，以校尉四十人供洒掃。尋又賜闡教輔國玉印，進禮部尚書，給一品服。廕其孫啟南爲太常丞，進少卿；曾孫時雍爲太常博士。其徒陳善道亦封清微闡教崇真衛道高士。又有陶仲文，以符水治鬼，封神霄保國弘烈宣教振法通真忠孝秉一真人，累進禮部尚書、少保、少傅、少師，明代一人兼三孤者，惟仲文一人而已。尋又封恭誠伯，歲禄千二百石。廕其子世同爲太常丞，世恩爲尚寶丞，壻吴濬、從孫良輔爲太常博士。其他段朝用、龔可佩、藍道行、王金、胡大順、藍田玉、羅萬象之屬，亦皆以符呪燒鍊扶鸞之術，競致榮顯。甚至顧可學官浙江參議，亦以煉秋石得幸，超拜工、禮二部尚書。盛端明官副都御史，亦以通曉藥術，拜工、禮二部尚書。朱隆禧官順天府丞，亦以長生祕術，加禮部侍郎。以上諸官，皆食俸而不治事。則不惟方士藉以干進，即士大夫亦以之希榮邀寵矣。皆佞倖傳是嘉靖時之優待方技，較成化更甚。其故何也？蓋憲宗徒侈心好異，兼留意房中祕術，故所昵多而尚非誠心崇奉。世宗則專求長生，是以信之篤而護之深，與漢武之寵文成、欒大遂同一轍，臣下有諫者必坐以重罪，後遂從風而靡，獻白兔、白鹿、白雁、五色龜、靈芝、仙桃者，幾遍天下。貽譏有識，取笑後世，皆貪生之一念中之也。

511 成化嘉靖中百官伏闕争禮凡兩次

成化中，慈懿錢太后崩，憲宗以生母周太后意，不欲慈懿祔葬英宗陵，乃議別葬。羣臣咸疏諫，帝重違太后意，皆不允。給事中魏元偕同官三十九人疏争，御史康永韶亦偕同官四十一人疏争，未得俞旨。給事中毛弘倡言，大小臣工當伏闕争，衆許諾。有退者，給事中張賓呼曰：「君輩獨不受國恩乎！」乃共伏哭文華門。周太后亦心動，竟得如禮。魏元、毛弘等傳世宗由藩邸入繼大統，廷臣欲帝以孝宗爲父，本生父興獻王爲皇叔父，帝不許。駁詰再三，舉朝争之，疏不下，皆洶洶。會朝罷，何孟春倡言於衆曰：「憲宗朝百官哭文華門，争慈懿皇太后葬禮，憲宗從之，此故事也。」修撰楊慎曰：「仗節死義，正在今日！」編修王元正、給事中張翀等遂遮羣臣於金水橋，謂今日有不争者共擊之。孟春等又相號召，於是九卿則尚書金獻民等，侍郎孟春等，都御史王時中等，寺卿汪舉等，凡二十三人。翰林則賈詠等二十二人，給事中則張翀等二十一人，御史則王時柯等三十（二）人，諸郎官吏部則余寬等十二人，户部則黄待顯等三十六人，禮部則余才等十二人，兵部則陶（鎡）〔滋〕等二十人，刑部則相世芳等二十七人，工部則趙儒等十五人，大理之屬則毋德純等十一人，俱跪伏左順門。帝命中官諭退，衆曰：「必得俞旨乃敢退。」自辰至午，凡再傳諭猶不起。帝大怒，遣錦衣官先執爲首者豐熙等八人繫獄。楊慎、王元正乃撼門大哭，衆皆哭，聲震闕廷。帝益怒，命收四品以下官。明日，編修王相等十八人杖死，熙、慎、元正俱謫戍。何孟春傳而帝本生父興獻帝卒稱皇考。同一伏闕，而從違各異，固由憲宗仁厚，世宗剛決，性各不同，然亦以所争典禮有當有不當也。慈懿本英宗正后，禮宜祔葬，憲宗特以生母故欲別葬，其事本不順於理，故羣臣争而周太后亦心折，遂得如禮。世宗生於孝宗崩後二年，孝宗初未立爲子，而欲使之考孝宗，而抹其本生之親，情理皆不協，故愈争而愈激成事變也。說見大禮之議條内。

512 正德中諫南巡受杖百官

成化、嘉靖兩次伏闕，固屬大案，而正德中百官諫南巡被杖之多，亦不減此二案也。武宗南巡詔下，員外郎夏良勝、主事萬潮、博士陳九川連疏諫，而舒芬、黄鞏、陸震疏已先入，吏部郎中張衍瑞等十(二)〔四〕人，刑部郎中陸俸等五十三人疏繼之，禮部郎中姜龍等十六人，兵部郎中孫鳳等十六人疏又繼之。帝與諸倖臣大怒，遂令良勝等百有七人罰跪午門外五日。而大理寺正周叙等十人、行人司余廷瓚等二十人、工部主事林大輅等疏又上。帝益怒，並下詔獄。跪午門者，晚亦繫獄，晨出暮入，纍纍若重囚。僉事張英且肉袒戟刃於胸，囊土數升，當蹕道跪哭，即自刺血流出。衛士奪其刃，送獄，問囊土何爲，曰恐污帝廷耳。詔杖八十，死。舒芬等百七人跪既畢，各杖三十。良勝等六人及叙、廷瓚、大輅，各杖五十。餘三十人，各杖四十。有死者。良勝傳　然是時南巡之行究因羣臣之諫而止，其後南巡，則又自宸濠之變借爲詞耳。

513 明代文人不必皆翰林

唐、宋以來，翰林尚多書畫醫卜雜流，其清華者，惟學士耳。至前明則專以處文學之臣，宜乎一代文人盡出於是。乃今歷數翰林中以詩文著者，惟程敏政、李東陽、吴寬、王鏊、康海、王九思、陸深、楊慎、焦竑、陳仁錫、董其昌、錢福、錢謙益、張溥、金聲、吴偉業耳。其次則夏㫤、張泰、羅玘、王維禎、王淮、晏鐸、王廷陳、王韋、陳沂、袁袠、黄輝、袁宗道，雖列文苑傳中，姓氏已不甚著。而一代中赫然以詩文名者，乃皆非詞館。如李夢陽、何景明、王世貞、李攀龍，世所稱四大家，皆部郎及中書舍人也。其次如徐禎卿、邊貢、楊循吉、柯維騏、王慎中、唐順之、田汝成、皇甫涍兄弟、王世懋、袁中道、曹學佺、鍾惺、李日華、陳際泰，亦皆部曹及行人博士也。其名稱稍次，而亦列文苑傳者，儲瓘、鄭善夫、陸師道、高叔嗣、蔡汝楠、陳束、梁有譽、宗臣、徐中行、吴國倫、王志堅，亦皆部曹及中書行人也。顧璘、王圻、李濂、茅坤、歸有光、胡友信、屠隆、袁宏道、王惟儉，則并非部曹而皆知縣矣，然此猶進士出身也，若祝允明、唐寅、黄省曾、瞿九思、李流芳、譚元春、艾南英、章世純、羅萬藻，則并非進士而舉人矣。并有不由科目而才名傾一時者，王紱、沈度、沈粲、劉溥、文徵明、蔡羽、王寵、陳淳、周天球、錢穀、謝榛、盧枏、徐渭、沈明臣、余寅、王穉登、俞允文、王叔承、沈周、陳繼儒、婁堅、程嘉燧，或諸生，或布衣山人，各以詩文書畫表見於時，并傳及後世。迴視詞館諸公，或轉不及焉，其有愧於翰林之官多矣。

514 明中葉才士傲誕之習

明史文苑傳，吴中自祝允明、唐寅輩，才情輕豔，傾動流輩，放誕不羈，每出名教外。今按諸書所載，寅慕華虹山學士家婢，詭身爲僕得娶之，①後事露，學士反具資奩，締爲姻好。朝野異聞録文徵明書畫冠一時，周、徽諸王争以重寶爲贈。玉堂叢語寧王宸濠慕寅及徵明，厚幣延致，徵明不赴，寅佯狂脱歸。明史文苑傳又桑悦爲訓導，學使者召之，吏屢促，悦怒曰：「天下乃有無耳者！」期以三日始見，僅長揖而已。王廷陳知裕州，有分巡過其地，稍淩挫之，廷陳怒，即散遣吏卒，禁不得祗應，分巡者窘而去，於是監司相戒勿入裕州。康德涵六十生日，召名妓百人爲百年會，各書小令付之，使送諸王府，皆厚獲。謝榛爲趙穆王所禮，王命賈姬獨奏琵琶，歌其所作竹枝詞，歌罷，即飾姬送於榛。大河南北無不稱謝榛先生者。俱見稗史彙編②此等恃才傲物，跅弛不羈，宜足以取禍，乃聲光所及，到處逢迎，不特達官貴人傾接恐後，即諸王亦以得交爲幸，若惟恐失之。可見世運昇平，物力豐裕，故文人學士得以跌蕩於詞場酒海間，亦一時盛事也。

515 明仕宦僭越之甚

鄢懋卿恃嚴嵩之勢，總理兩浙、兩淮、長蘆、河東鹽政，其按部嘗與妻偕行，製五彩輿，令十二女子舁之。見嚴嵩傳張居正奉旨歸葬，藩臬以上皆跪迎，巡方御史爲之前驅。真定守錢普創爲坐輿，前軒後室，旁有兩廡，各立一童子給使令，凡用舁夫三十二人。所過牙盤上食，味逾百品，猶以爲無下箸處。普，無錫人，能爲吴饌，居正甘之，曰：「吾至此始得一飽。」於是吴人之能庖者，召募殆盡。居正傳①

516 擅撻品官

唐時大吏有擅杖官吏之弊，明制已革除，然權勢在手，亦竟有違例肆威者。①王來爲參政，以公事杖死縣令不職者十餘人。來傳陳懷鎮四川，笞僉事柴震。懷傳雍泰爲山西按察使，太原府尹珍不避道，泰責之，不服，泰竟笞之。珍訴於朝，下泰獄，釋之。泰巡撫宣府，參將李稽坐事畏劾，乞受杖，泰以大杖決之，稽奏泰凌虐。泰傳黄澤爲浙江布政使，鹽運使丁鎡不避道，澤撻之，爲所奏下獄。澤傳副都御史周銓以私撼撻御史，諸御史共劾之，遂下銓獄。銓傳巡鹽御史祝徽，巡按御史畢佐周，皆擅撻指揮使。崇禎帝以指揮秩崇，非御史可撻，下部稽典制，御史無撻指揮例，都御史陳于廷引巡撫提問四品武職敕書對，帝以比擬不倫斥之。于廷傳是故事本無擅撻品官之例，而威柄在手，輒肆行之，亦可見是時仕宦之横也。

517 明鄉官虐民之害

前明一代風氣，不特地方有司私派横征，民不堪命。而縉紳居鄉者，亦多倚勢恃强，視細民爲弱肉，上下相護，民無所控訴也。今按楊士奇傳，士奇子稷居鄉，嘗侵暴殺人，言官交劾，朝廷不加法，以其章示士奇。士奇以老病在告，天子不忍傷其意，降詔慰〔勉〕(免)，士奇感泣，遂不起。是時士奇方爲首相，而其子至爲言官所劾，平民所控，則其肆虐已極可知也。又梁儲傳，儲子次攄爲錦衣百户，居家，與富人楊端争民田，端殺田主，次攄遂滅端家二百餘人。武宗以儲故，僅發邊衛立功。朝野異聞録又載，次攄最好束人臂股或陰莖，使急迫而以針刺之，血縷高數尺，則大叫稱快。此尤可見其恣虐之大概矣。焦芳傳，芳治第宏麗，治作勞數郡，是數郡之民皆爲所役。又姬文允傳，文允宰滕縣，白蓮賊反，民皆從亂，文允問故，咸曰禍由董二。董二者，故延綏巡撫董國光子，居鄉暴横，民不聊生，故被虐者至甘心從賊，則其肆毒更可知也。又琅琊漫抄載，松江錢尚書治第，多役鄉人，磚甓亦取給於役者。有老傭後至，錢責之，對曰：「某擔自黄瀚墳，路遠，故遲耳。」①錢益怒，答曰：「黄家墳亦吾所築，其磚亦取自舊冢，勿怪也。」此又鄉官役民故事也。其後崑山顧秉謙附魏忠賢，得入閣，忠賢敗，秉謙家居，崑民焚掠其家，秉謙竄漁舟以免。秉謙傳時秉謙已失勢，其受侮或不足爲異。至如宜興周延儒方爲相，陳于泰方爲翰林，二家子弟暴邑中，宜興民至發延儒祖墓，又焚于泰、于鼎廬。祁彪佳傳王應熊方爲相，其弟應熙横於鄉，鄉人詣闕擊登聞鼓，列狀至四百八十餘條，贓一百七十餘萬，其肆毒積怨於民可知矣。温體仁當國，唐世濟爲都御史，皆烏程人，其鄉人盜太湖者以兩家爲奥主，兵備馮元颺捕得其魁，則世濟族子也。元颺傳是鄉官之族且庇盜矣。又有投獻田産之例，有田産者，爲奸民籍而獻諸勢要，則悉爲勢家所有。天順中，曾翬爲山東布政使，民墾田無賦者，奸民指爲閒田，獻諸戚畹，翬斷還民。見李棠傳河南瀕黄河淤地，民就墾，奸民指爲周王府屯場，獻王邀賞，王輒據而有之。原傑請罪獻者，并罪受者。原傑傳又戒庵漫筆，萬曆中，嘉定、青浦間有周星卿，素豪俠。一寡婦薄有貲産，子方幼，有姪陰獻其産於勢家，勢家方坐樓船鼓吹至閱莊，星卿不平，糾强有力者突至索鬬，乃懼而去。訴於官，會新令韓某頗以扶抑爲己任，遂直其事。此亦可見當時獻産惡習，此一家因周星卿及韓令得直，②其他小民被豪佔而不得直者，正不知凡幾矣。由斯以觀，民之生於我朝者，何其幸也。

按鄧茂七之亂，其俗佃人送租至田主家，茂七倡其儕毋送，令田主自往受租。田主訴於縣官，官遣巡檢往攝，茂七殺弓兵數人，遂反，陷二十餘州縣。後大舉勦之，始滅。事具丁瑄傳此亦可見激變之由。然惡佃恃强，輒敢拒官倡亂，此風亦不可開。是在長民者禁勢家之欺凌，又懲奸民之凶悍，則兩得其平，不至滋事矣。

518 吏役至大官

梁璟傳，（天順）〔弘治〕八年，修隆善寺。工竣，授工匠三十人官，尚寶〔少〕卿任道遜等，以書碑亦進秩。王詔上疏切諫。工匠授官，已濫觴於此。正德初，劉健等疏中，有畫史工匠濫授官職，多至數百人，豈可不罷。健傳劉瑾擅權，通鑑纂要成，誣諸翰林纂修官謄寫不謹，皆被譴，而命文華殿書辦張駿等改謄。駿擢至禮部尚書，他授京卿者又數人，裝潢匠役亦授官秩。見謹傳世宗時，匠役徐杲以營造擢官工部尚書，其屬冒太僕少卿、苑馬卿以下職銜者以百數。李芳傳又工匠趙奎等五十四人，亦以中官請，悉授職。胡世寧傳

519 海外諸番多内地人爲通事

明史外國傳，洪熙時，黄巖民周來保，龍巖民鍾普福，逃入日本，爲之鄉導，犯樂清。成化四年，日

本貢使至，其通事三人，自言本寧波人，爲賊所掠，賣與日本，今請便道省祭，許之。五年，琉球貢使蔡璟，言祖父本福建南安人，爲琉球通事，擢長史，乞封贈其父母，不許。十四年，禮部奏言，琉球所遣使多閩中逋逃罪人，專貿中國之貨，以擅外番之利。時有閩人（胡）〔謝〕文彬，入暹羅國，仕至坤岳，猶天朝學士也，充貢使來朝，下之吏。正德三年，滿剌加入貢，其通事亞劉，本江西人蕭明舉，負罪逃入其國，隨貢使來，尋伏誅。五年，日本使臣宋素卿，本鄞縣朱氏子，名縞，幼習歌唱，倭使悦之，縞叔澄因鬻焉，至是充使至蘇州，與澄相見。又琉球王左長史朱輔，本江西饒州人，仕其國多年，年八十餘，彼國貢使偕來，奏明許其致仕還鄉。又佛郎機貢使內有火者亞三，夤緣江彬，得侍帝側，自言本華人，爲番所使，後伏誅。萬曆中，有漳州人王姓者，爲浡呢國那督，華言尊官也。又有海澄人李錦，及奸商潘秀、郭震，勾荷蘭人，賄稅使高寀，求借澎湖爲互市之地。此皆內地民闌入外番之明據，然猶未至結隊聚黨也。三佛齊國爲爪哇所占，改名舊港，閩、粤人多據之，至數千家，有廣東人陳祖義爲頭目，羣奉之。又嘉靖末，廣東大盜張璉，爲官軍所逐，後商人至舊港，見璉爲市舶長，漳、泉人多附之，猶中國市舶官云。又呂宋地近閩，閩人商販其國者至數萬人，往往久居不返，至長子孫。後佛郎機奪其國，多逐歸，留者悉被侵辱。以上俱見明史外國傳是內地民人且有千百爲羣，家於外番者矣。及嘉靖中，倭寇之亂，先有閩人林汝美、李七、許二誘日本倭劫海上，七修類稿繼有汪直、葉碧川、王清溪、謝和等據五島，煽諸倭入寇，又有徐海、陳東、麻葉等偕倭人巢柘林、乍浦等處劫掠，胡宗憲傳內地亡命者附之，如蕭顯、（池）〔沈〕南山、葉明等，實繁有徒，凡十年而亂始定。七修類稿是奸民不惟向外番滋事，且引外番爲內地害矣。鄭曉傳謂，倭寇中國，奸民利倭賄爲之鄉道，以故倭人所據營砦，皆得要害，盡知官兵虛實。倭恃漢人爲耳目，漢人以倭爲牙爪。

520 嘉靖中倭寇之亂

明祖定制，片板不許入海。承平日久，奸民勾倭人及佛郎機諸國，私來互市。閩人李光頭，歙人許棟，踞寧波之雙嶼，爲之主，勢家又護持之。或負其直，棟等即誘之攻剽。負直者脅將吏捕之，故泄師期令去。期他日償，他日負如初，倭大怨，益剽掠。朱紈爲浙撫，訪知其弊，乃革渡船，嚴保甲，一切禁絶私市。閩人驟失重利，雖士大夫亦不便也，騰謗於朝，嗾御史劾紈落職。時紈已遣盧鏜擊擒光頭、棟等，築寨雙嶼，以絶倭屯泊之路，他海口亦設備矣。會被劾，遂自經死。紈死而沿海備盡弛，棟之黨汪直遂勾倭肆毒。明史朱紈傳按鄭曉今言謂，國初設官市舶，正以通華夷之情，行者獲倍蓰之利，居者得牙儈之息，故常相安。後因禁絶海市，遂使勢豪得專其利，始則欺官府而通海賊，繼又藉官府以欺海賊，并其貨價乾没之，以至於亂。郎瑛七修類稿亦謂，汪直私通番舶，往來寧波有日矣。自朱紈嚴海禁，直不得逞，招日本倭叩關索負，突入定海劫掠云。鄭曉、郎瑛皆嘉靖時人，其所記勢家私與市易，負直不償，致啟寇亂，實屬釀禍之由。然明祖初制，片板不許入海，而曉謂國初設官市舶，相安已久，迨禁絶海市，而勢豪得射利致變。瑛并謂紈嚴海禁，汪直遂始入寇，是竟謂倭亂由海禁所致矣。此猶是閩、浙人騰謗之語，曉等亦隨而附和，衆口一詞，不復加察也。海番互市固不必禁絶，然當定一貿易之所，若閩、浙各海口俱聽其交易，則沿海州縣處處爲所熟悉，一旦有事，豈能盡防耶。

521 外番借地互市

海外諸番與中國市易，必欲得一屯駐之所，以便收泊。明初暹羅、占城、爪哇、琉球、浡泥諸國，皆在廣州互市。正德中，移於高州電白縣。嘉靖中，始移香山之壕鏡，歲輸課二萬金，即今澳門也。佛郎機人因得混入其中。後佛郎機併呂宋、滿剌加二國，勢力獨强，諸國人之在壕鏡者皆畏之，遂爲其所專據，築城建寺焉。大西洋人來，亦樂居此，故市易益廣。今番人皆立家室，長子孫，不下數千家，從無不軌之謀，蓋其志在市易取利，無別意也。然海外諸番不一，壕鏡所居，大約只數國之人，而他國不與焉，故往往各欲乞地以爲永業。如嘉靖中，林道乾遁於臺灣，後去，而荷蘭人即據之。萬曆中，荷蘭人又賄稅使高寀，求築城於澎湖，都司沈有容往諭之，始去。其在臺灣者，亦爲鄭芝龍所逐。芝龍降後，荷蘭又據之，鄭成功又奪其地。本朝取臺灣後，始不復爲外番所佔。可見諸番互市，必欲得一屯泊之所也。近日英吉利國遣使入貢，乞於寧波之珠山及天津等處，僦地築室，永爲互市之地。皇上以廣東既有澳門聽諸番屯泊，不得更設市於他處，所以防微銷萌者至深遠矣。

按珠山即舟山也，四面皆海，昔勾踐欲棲夫差於甬東，即此地。宋爲昌國城，明屬寧波之定海縣。倭亂時據爲巢穴，汪直約降於胡宗憲，曾遣其子滶破倭於舟山。徐海死，餘黨亦竄舟山，爲俞大猷所殪。及汪直既降被誅，滶又柵於舟山，入寇。見胡宗憲傳。明末總兵黄斌卿據之，魯王以海監國紹興，兵敗來投，斌卿不納。先是舟山田皆屬内地大户，至是斌卿盡籍爲官田，使民佃田納租，蓋欲佔爲世業也。順治六年，斌卿爲張名振等所殺，魯王復來駐。順治八年，大兵攻之三閲月，始遁去。我朝使巴臣興鎮守。十二年，鄭成功遣洪旭來寇，臣興降之。明年我兵復其地，始入版籍。可見此山乃浙海中要地，番人得之，即可據爲巢穴，固不可輕授也。明史張可大傳，舟山，宋昌國城，居海中，有七十二墺，爲浙東要害，可大爲參將，條八議籌戰守，皆碩畫。

522 天主教

意大理亞國在大西洋中。萬曆中，其國人利瑪竇至京師，爲萬國全圖，言天下有大洲五：第一曰亞細亞洲，凡百餘國，而中國居其一；第二曰歐羅巴洲，凡七十餘國，而意大理亞居其一；第三曰利未亞洲，亦百餘國；第四曰亞墨利加洲；第五曰墨瓦蠟泥加洲，①而域中大地盡矣。大抵歐羅巴諸國悉奉天主教。天主耶（酥）〔穌〕生於（女）〔如〕德亞，即古大秦國也，其國在亞細亞洲之中，西行教於歐羅巴。其始生在漢哀帝元壽二年庚申，閲一千五百八十一年，至萬曆九年，利瑪竇始泛海九萬里，抵廣州之香山澳，其教漸行。二十九年，入京師，以方物獻，並貢天主及天主母圖。禮部以會典不載大西洋名目，駮之。帝嘉其遠來，假館授餐。公卿以下重其人，咸與交接。利瑪竇安之，遂留居不去。三十八年，卒。其年以曆官推算日食多謬，五官正周子愚言，大西洋人龐迪我、熊三拔等，深明曆法，其書有中國所不及者，當令採擇，遂令迪我等同測驗。自利瑪竇來後，其徒來者益衆，有王豐肅、陽瑪諸等，居南京，以其教倡行，官民多從之。禮部郎中徐如珂惡之，奏請逐回。四十六年，迪我等奏：「臣與利瑪竇等泛海九萬里，觀光上國。臣等焚修行道，尊奉天主，豈有邪謀，敢墮惡業，乞賜寬假。」帝亦不報，而其居中國如故。崇禎時，曆法益舛，禮部尚書徐光啟請令其徒羅雅谷、②湯若望等，以其國新法相參較。書成，即以崇禎元年戊辰(曆)爲曆元，其法視大統曆爲密焉。其人東來者，大都聰明特達之士，意專行教，不求祿利，所著書多華人所未道，故一時好異者咸尚之。其徒又有龍華民、畢方濟、艾如畧、鄧玉函諸人，皆歐羅巴國之人也。統而論之，天下大教四：孔教，佛教，回回教，天主教也。皆生于亞細亞洲，而佛教最廣。亞細亞洲内，如前、後藏，準噶爾，喀爾喀蒙古等部，悉奉佛教，中國亦佛教盛行。亞細亞洲外，如西洋之古里國，錫蘭國，榜葛剌國，沼納朴兒國，南洋之白葛達國，占城國，賓童龍國，暹羅國，真臘國，東洋之日本國，琉球國，皆奉佛教。俱見明史外國傳。又(增)〔僧〕迦剌國，馬八兒國，俱有佛鉢舍利。見元史亦黑迷失傳。其餘海外諸番，則皆奉天主教矣。回回教，亞細亞洲内惟烏什、葉爾羌、喀什噶爾、和闐、郭酣、巴達克山、控噶爾、克食米爾、退木爾沙等國奉之。見椿園氏異域瑣談。外洋則祖法兒國，阿丹國，忽魯謨斯諸國奉之。亦見明史外國傳。孔教僅中國之地，南至交趾，東至琉球、日本、朝鮮而已。是佛教所及最廣，天主教次之，孔教、回回教又次之。孔子集大成，立人極，凡三綱五常之道無不該備，乃其教反不如佛教、天主教所及之廣。蓋精者惟中州清淑之區始能行習，粗者則殊俗異性皆得而範圍之，故教之所被尤遠也。試觀古帝王所制禮樂刑政，亦只就倫常大端導之禁之，至於儒者所言身心性命之學，原不以概責之庸衆。然則天道之包舉無遺，固在人人共見之粗迹，而不必深求也哉。

第三十四卷校證

505 明中葉南北用兵强弱不同

①姜奭苦水墩之戰　按：「苦水墩」原刻本作「昔水舖」，西畲本據明史卷一七四姜奭傳改正。

506 明邊省攻勦兵數最多

①景泰中討都勻苗乜富架，用兵八萬。（顧溥傳）　按：事在弘治五年，「景泰中」應作「弘治中」。顧溥傳附於明史顧成傳（卷一四四）後。

②弘治中閔珪討永安瑤，用兵六萬。（閔珪傳）　按：事見明史歐磐傳（卷一六六），非閔珪傳（卷一八三）。

507 用兵有御史核奏

①亦不剌等入寇甘肅，掠陷堡砦五十三處，巡撫張翼、鎮守太監朱彬反冒奏首功，巡按成文發其奸。（文傳）　按：「文傳」應作「張文明傳附成文傳」（明史卷一八八）。

514 明中葉才士傲誕之習

①寅慕華虹山學士家婢，詭身爲僕得娶之　按：此事出於傳説附會，非事實，柴萼梵天廬叢録（卷一〇）唐伯虎傭書娶秋香一文辨之甚詳，文長不摘録，可參看。

②桑悦爲訓導，……王廷陳知裕州，……康德涵六十生日，……謝榛爲趙穆王所禮，……（俱見稗史彙編）　按：稗史彙編無四人之事，而桑、王、謝三人事皆見於明史文苑傳（卷二八六、二八七）。

515 明仕官僭越之甚

①居正傳　按：所記張居正奉旨歸葬，途中官吏趨奉之狀，皆本於玉堂叢語卷八汰侈篇，而未見於明史張居正傳。「居正傳」三字爲信手所注，因以致誤。

516 擅撻品官

①唐時大吏有擅杖官吏之弊，明制已革除，然權勢在手，亦竟有違例肆威者　按：解縉疏云：「今内外百司，捶楚屬官，甚於奴隸。」可知所謂「明制已革除」之説，不過爲虚文。李慈銘云：「案明史海瑞傳，瑞爲南京右都御史，有御史偶陳戲樂，欲遵太祖法予之杖，是明初固有杖屬官之制也。又蕭鳴鳳傳，鳴鳳督廣東學政，憤撻肇慶知府鄭璋。俞大猷傳，大猷爲金門千户，上書監司，監司怒曰，小校安得上書，杖之，奪其職。」以上數例，可爲本篇之補充。

517 明鄉官虐民之害

①瑯琊漫抄載，松江錢尚書治第，多役鄉人，磚甓亦取給於役者。有老傭後至，錢責之，對曰：「某擔自黄瀚墳，路遠，故遲耳。」　按：湧幢小品（卷二二）王翰士稱，王翰松江人，凶暴淫虐以死，豬其宫久矣。後鄉人錢溥學士還里修宅第，用丁夫築基，有老人趨事甚勤，慰之曰：「負且勤，土甚美，何自來耶？」老人釋負對曰：「箇便是王翰土。」錢且愧且駭，遣老人使去。按松江府志有黄翰傳，稱其爲永樂十年進士，宣德間巡撫江西、廣東，又爲山東按察使，爲人雄桀，人皆畏之。鄉里口傳其事，遂轉爲黄瀚、王翰；治第者或稱錢尚書，或稱錢學士；或言取磚於故墳，或言取土於故宅，皆爲一事之分化。其傳説至晚明而猶盛也。

②戒菴漫筆，萬曆中，嘉定、青浦間有周星卿，素豪俠。……此一家因周星卿及韓令得直　按：下句中周星卿之「周」字，原刻本作「胡」，廣雅本據上文改正。又戒菴漫筆中無此事。

522 天主教

①第五曰墨瓦蠟泥加洲　按：原刻本脱「加」字，西畲本已補正。

②其徒羅雅谷　按：「谷」原刻本誤作「名」，西畲本已改正。

廿二史劄記卷三十五

523 萬曆中礦税之害

萬曆中，有房山民史錦、易州民周言等言，阜平、房山各有礦砂，請遣官開採，以大學士申時行言而止。後言礦者争走闕下，帝即命中官與其人偕往，蓋自二十四年始。其後又於通都大邑增設税監，故礦、税兩監遍天下。兩淮又有鹽監，廣東又有珠監。或專或兼，大璫小監，縱横繹騷，吸髓飲血，天下咸被害矣。其最横者，有陳增、馬堂、陳奉、高淮、梁永、楊榮等。增開採山東，兼徵東昌税。縱其黨程守訓等大作奸弊，稱奉密旨搜金寶，募人告密，誣大商巨室藏違禁物，所破滅什伯家，殺人莫敢問。又誣劾知縣韋國賢、吴宗堯等，皆下詔獄。凡肆惡山東者十年。堂天津税監，兼轄臨清。始至，諸亡命從者數百人，白晝手鋃鐺奪人財，抗者以違禁罪之。僮告主者，畀以十之三，破家者大半。遠近罷市，州民萬餘縱火焚堂署，斃其黨三十七人，皆黥臂諸偷也。事聞，詔捕首惡，株連甚衆。有王朝佐者，以身任之，臨刑，神色不變，州民立祠祀之。陳奉徵荆州店税，兼採興國州礦砂。鞭笞官吏，剽劫行旅，商民恨刺骨，伺其出，數千人競擲瓦石擊之。至武昌，其黨直入民家，奸淫婦女，或掠入税監署中。士民公憤，萬餘人甘與奉同死，撫按三司護之始免，已而漢口、黄州、襄陽、寶慶、德安、湘潭等處民變者凡十起。奉又誣劾兵備僉事馮應京等數十員，帝皆爲降革逮問。武昌民恨切齒，誓必殺奉，奉逃匿楚王府，衆乃投奉黨耿文登等十六人於江，以巡撫支可大護奉，焚其轅門，而奉倖免。高淮採礦徵税遼東，搜括士民財數十萬，招納亡命，縱委官廖國泰虐民激變，誣繫諸生數十人，打死指揮張汝立，又誣劾總兵馬林等，皆謫戍。率家丁三百人，張飛虎旗，金鼓震天，聲言欲入大内，遂潛住廣渠門外。御史袁九皋等劾之，帝不問。淮益募死士出塞，發黄票龍旗，走朝鮮，索冠珠貂馬。又扣除軍士月糧，前屯衛軍甲而譟，誓食其肉，錦州、松山軍相繼變，淮始内奔。梁永徵税陝西，盡發歷代陵寢，搜摸金玉。縱諸亡命，旁行劫掠，所至邑令皆逃，杖死指揮縣丞等官，私宫良家子數十人。税額外增耗數倍，索咸陽冰片五十斤，麝香二十斤。秦民憤，共圖殺永，乃撤回。楊榮爲雲南税監，肆行威虐，誣劾知府熊鐸等，皆下獄。百姓恨榮入骨，焚税廠，殺委官張安民。榮益怒，杖斃數千人，又怒指揮樊高明，榜掠絶觔以示衆。於是指揮賀世勛等率冤民萬人，焚榮第殺之，投火中，並殺其黨二百餘人。帝爲不食者累日。此數人其最著者也。他如江西礦監潘相，激浮梁景德鎮民變，焚燒廠房。相往勘上饒礦，知縣李鴻戒邑人，敢以食物市者死，相竟日饑憊而歸，乃劾鴻罷其官。蘇杭織造太監孫隆激民變，遍焚諸委官家，隆走杭州以免。福建税監高寀，在閩肆毒十餘年，萬衆洶洶欲殺寀，寀率甲士二百人，突入巡撫袁一驥署，劫之令諭衆，始退。此外如江西李道，山西孫朝、張忠，廣東李鳳、李敬，山東張曄，河南魯坤，四川邱乘雲輩，皆爲民害，猶其次焉者也。是時廷臣章疏悉不省，而諸税監有所奏，朝上夕報可，所劾無不曲護之，以故諸税監益驕，所至肆虐，民不聊生，隨地激變。迨帝崩，始用遺詔罷之，而毒痛已遍天下矣。論者謂明之亡不亡於崇禎，而亡於萬曆云。

524 萬曆中缺官不補

萬曆末年，怠荒日甚，官缺多不補。舊制，給事中五十餘員，御史百餘員，至是六科止四人，而五科印無所屬，十三道祗五人，一人領數職，在外巡按，率不得代。六部堂官僅四五人，都御史數年空署，督、撫、監、司，亦屢缺不補。文武大選急選官及四方教職，積數千人，以吏、兵二科缺掌印不畫憑，久滯都下，時攀執政輿哀訴。詔獄諸囚，以理刑無人不決遣，家屬聚號長安門。職業盡弛，上下解體。內閣亦只方從哲一人，從哲請增閣員，帝以一人足辦，不增置。從哲堅卧四十餘日，閣中虛無人，帝慰留再三，又起視事。帝惡言者擾聒，以海宇昇平，官不必備，有意損之。及遼左軍興，又不欲矯前失，行之如舊。方從哲傳　今案葉向高疏言，自閣臣至九卿，臺省曹署皆空。南都九卿，亦止二人。天下方面大吏，去秋至今，未嘗用一人。又言今六卿止趙煥一人，都御史十年不補。向高傳　又孫瑋爲户部尚書，時大僚多缺，瑋兼署戎政及兵部。又都御史自温純去後，八年不置代，至外計期近，始命瑋以兵部尚書掌左都御史事。瑋傳　御史孫居相一人兼攝七差，署諸道印。居相傳　觀此可見是時廢弛之大概也。

525 三案

萬曆中，鄭貴妃專寵，光宗雖爲皇長子，而儲位未定，朝臣多疑貴妃欲立己子福王，故請建儲及争三王並封之議者，無慮數十百疏。迨光宗既立爲太子，猶孤危無依，故朝臣請福王之國者，又數十百疏。福王已之國矣，四十三年五月四日，忽有人持棗木梃入慈慶宮，光宗爲太子時所居。擊傷門者，至前殿，爲内侍所執。皇太子奏聞。巡城御史劉廷元訊其人，名張差，語無倫次，狀似瘋癲。移刑部，郎中胡士相等遂欲以瘋癲具獄。提牢主事王之寀密訊其人，名張五兒，有馬三舅、李外父令隨一老公至一大宅，亦係老公家，教以遇人輒打死，之寀録其語。明日，刑部又覆訊，馬三舅名三道，李外父名守才，引路老公係龐保，大宅老公係劉成，保、成皆鄭貴妃宫内奄人也。中外籍籍，皆疑貴妃弟鄭國泰主謀，欲弑太子，爲福王地。帝亦心動。貴妃窘，自乞哀於皇太子。帝御慈寧宫，皇太子及三皇孫侍，召閣臣方從哲、吴道南及朝臣入，極言我父子慈愛，以釋羣疑，命磔差、保、成三人，無他及。羣臣出，帝意中變，命先戮差。及九卿三法司會同司禮監訊保、成於文華門，保、成以無左證，遂輾轉不承。刑部尚書張問達請移入法司刑訊，帝以事連貴妃，恐付外益滋口實，乃斃保、成於内，三道、守才遠流，其事遂止。張問達、王之寀等傳此梃擊一案也。光宗即位，甫數日即病痢，中官崔文昇進利劑，益劇。有鴻臚寺官李可灼進藥，稱仙丹。帝召閣臣方從哲、韓爌等入受顧命，因問李可灼有藥，即傳入診視，言病源甚悉。帝命速進藥，諸臣皆不敢決。可灼遂進一丸，帝稍覺舒暢。諸臣退，帝又命進一丸。明日天未明，帝崩。韓爌傳此紅丸一案也。光宗初即位時，鄭貴妃尚在乾清宫，李選侍爲貴妃請封皇太后，帝已允太后之封，諭司禮監矣。時外廷傳言，貴妃以美女進帝以致病，御史楊漣劾崔文昇用藥無狀，並請帝慎起居，因及鄭貴妃不宜封太后。越三日，帝召大臣，並及漣，數目視漣，毋聽外間流言，遂逐文昇，且停太后命。漣自以小臣受顧命，誓以死報。帝崩，漣急催閣部大臣同入臨，畢。閣臣劉一燝問羣奄，皇長子何在，東宮伴讀王安曰：「爲李選侍所匿耳。」一燝大呼：「誰敢匿新天子者！」安入白，選侍乃令皇長子出。一燝等即呼萬歲，掖升輦，至文華殿，先正太子位。時選侍在乾清宮，一燝謂太子不可與同居，乃奉太子暫居慈慶宮。明日，周嘉謨、左光斗等疏請令選侍移宮，光斗疏中有武氏語，選侍怒，欲召太子，加光斗重譴。漣正色謂諸奄：「太子今已爲天子，選侍何得召。」明日又合疏上，選侍不得已，即日移噦鸞宮，帝乃還乾清。一燝、漣、光斗傳此移宮一案也。梃擊自龐保、劉成死後，浮議已息。明年，之寀爲徐紹吉劾去。天啟中，之寀復官，乃追理前事，上復讐疏，謂梃擊一事何等大變，乃劉廷元以瘋癲蔽獄，胡士相亦朦朧具詞，實緣外戚鄭國泰私結廷元，謀爲大逆耳。此又梃擊一案争端之始也。光宗崩，閣臣方從哲票擬賞李可灼銀幣，御史王舜等劾可灼，乃改令可灼引疾歸。已而孫慎行入朝，追劾從哲，謂可灼非太醫，紅丸是何藥，從哲乃敢使進御，從哲應坐弒逆之罪。王紀、楊東明、鍾羽正、蕭近高、鄒元標等疏繼之。黄克纘等則爲從哲辨。此又紅丸一案争端之始也。李選侍移宮時，内豎李進忠、劉朝、田詔等盜金寶，過乾清門而仆，帝下法司案治。諸奄懼，則揚言帝薄待先朝妃嬪，致選侍移宮日，跣足投井，以摇惑外廷。御史賈繼春遂上安選侍書，黄克纘入其言，亦附和之。帝怒，削繼春籍。已而帝漸忘前事，王安又爲魏忠賢排死，劉朝、田詔等乃賄忠賢而上疏辨冤，於是繼春等起用，倚奄勢與楊漣等爲難。此又移宮一案争端之始也。此三案者，本各有其是。梃擊雖不能不致疑於鄭氏，然安知非龐保、劉成等之行險倖功？故當時孫承宗已謂，事關太子，不可不問；事連貴妃，不可深問。龐保、劉成而下可問，龐保、劉成而上不可問。此亦善爲調停之説也。紅丸之案，據韓爌具述進藥始末，謂可灼進藥時，諸大臣皆在，皆未阻止，而慎行獨責從哲以弑逆，本屬深文，故疏出舉朝共覺其過，當時以其援引春秋許世子不嘗藥之例，其論自不可没。至移宫一事，光宗在位日淺，李選侍素無權勢，不比鄭貴妃之在萬曆中數十年薰灼也，即暫居乾清，亦豈遂能垂簾稱制？特熹宗年尚幼，不可不慮其久而挾制，此楊漣等趣移宫之深意也。既移宫後，自當待以恩禮，乃忽有薄待先朝嬪御之流言，則賈繼春之請安選侍，亦未爲過。故倪元璐之論此三案，謂主梃擊者力護東宫，爭梃擊者計安神祖。主紅丸者仗義之詞，爭紅丸者原情之論。主移宫者弭變於幾先，爭移宫者持平於事後。各有其是，不可偏非。此説最得情理之平。乃此三案遂啟日後無窮之攻擊者，緣萬曆中，無錫顧憲成、高攀龍等講學東林書院，爲一時儒者之宗，海内士大夫慕之。其後鄒元標、馮從吾等又在京師建首善書院，亦以講學爲事。趙南星由考功郎罷歸，名益高，與元標、憲成，海内擬之三君，其名行聲氣足以奔走天下，天下清流之士羣相應和，遂總目爲東林。凡忤東林者，即共指爲奸邪，而主梃擊、紅丸、移宫者，皆東林也。萬曆末，東林已爲齊、楚、浙三黨斥盡。葉向高傳光、熹之際，葉向高再相，與劉一燝等同心輔政，復起用東林，及趙南星長吏部，又盡斥攻東林者。於是被斥者謀報復，盡附魏奄，借其力以求勝。向高等相繼去國，漣、光斗等又被誣害，凡南星所斥者無不拔擢，所推者無不遭禍。迭勝迭負，三案遂爲戰場。倪元璐所謂，三案在逆奄未用之先，雖甚水火，不害塤篪。逆奄得志後，逆奄殺人則借三案，羣小求進則借三案，經此二借，而三案全非矣。

526 三案俱有故事

光宗在東宫時，有梃擊之變，固出非常，然此亦有故事。萬曆元年正月，有王大臣者，爲内侍服，入乾清宫，被獲，下東廠訊。中官馮保欲緣此害高拱，令家人辛儒教以爲高拱所使行刺者，錦衣都督朱希孝等會鞫，大臣疾呼曰：「許我富貴，乃掠治我耶！我何處識高閣老？」希孝懼，不敢訊。廷臣楊博、葛守禮等力言於張居正，居正諷馮保，保乃以生漆酒瘖大臣，移送法司處斬。（高拱傳①）是宫禁之變，先已有之。但李希孔疏謂，王大臣徒手闖宫門，則非張差之持梃肆擊者可比，究不知有主使否也。紅丸亦有故事，孝宗崩時，中官張瑜等以誤用藥下獄，楊守隨會訊杖之。（守隨傳）御史任惠又請明正張瑜及劉文泰用藥失宜之罪。（惠傳②）世宗晚年，服方士藥，及崩，法官坐方士王金等子弒父律。（高拱傳）是用藥致殞，亦有故事。然高拱謂世宗臨御四十五年，抱病經歲，壽考令終，乃謂爲王金等所害，誣以不得正終，天下後世視帝爲何如主，此又一説也。蓋世宗之服方士藥，誤在平日，故無跡可尋。孝宗、光宗之服藥遽崩，誤在臨時，其迹易見。使崔文昇、李可灼之案，閣臣或仿楊守隨杖責之例，則諸臣當亦無異言矣，而反賚以銀幣，所以招物議也。至移宫之例，即光宗初登極時，鄭貴妃亦尚在乾清宫，爲李選侍請封皇后，選侍亦爲貴妃請封皇太后。尚書周嘉謨等共詰責鄭養性，令貴妃移宫，貴妃即日移慈寧去。是移宫亦已有故事也。第光宗係長君，故鄭貴妃不能不移，熹宗則冲主，選侍或以保護爲詞，同處日久，易啟挾制之漸，故漣等早慮之耳。然選侍去而客氏入，卒至與魏奄亂政。蓋國運將傾，固非人所能預料也。

527 張居正久病百官齋禱之多

明天啟中，魏閹生祠遍天下，人皆知之。而萬曆中，張居正臥病，京朝官建醮禱祀，延及外省，靡然從風，則已開其端。蓋明中葉以後，士大夫趨權附勢，久已相習成風，黠者獻媚，次亦迫於避禍，而不敢獨立崖岸，此亦可以觀風會也。按明史，居正病，四閱月不愈，百官並齋醮爲祈禱，南都、秦、晉、楚、豫諸大吏無不建醮，而明朝小史所載更詳。萬曆十年，居正病久，帝大出金帛爲醫藥資，六部大臣、九卿、五府、公、侯、伯俱爲設醮，已而翰林科道繼之，部屬中行又繼之，諸雜職又繼之，仲夏赤日中，舍職業而奔走焉。其同鄉門生故吏有再舉三舉者。司香大僚執爐日中，當拜表章則長跪弗起，至有賄道士數更端以息膝力者。所拜章必書副本，賂其家人，達之相公，或見而頷之，取筆點其一二麗語，自是爭募詞客爲之，冀其一啟顏。不旬日而南京仿之，山、陝、楚、閩、淮漕、撫、按、藩、臬，無不醮者。于愼行筆麈又記，建醮時，有朱御史於馬上首頂香盒詣醮所，已而奉使出都，畿輔官例致牢餼，則大駡曰：「爾不知吾爲相公齋耶？奈何以肉食餽我！」此等情狀，其去魏閹之生祠亦豈有異耶。

528 明言路習氣先後不同

明制，凡百官布衣皆得上書言事。鄒緝等傳贊謂，太祖開基，廣闢言路，中外臣僚建言，不拘職掌，草野微賤亦得上書。沿及宣、英，流風未替，雖升平日久，堂陛深嚴，而縫掖布衣，刀筆掾史，朝陳封事，夕達帝閽，所以廣聰明防壅蔽也。各列傳，如練綱以監生言事，范濟以謫戍人言事，聊讓以儀衞司餘丁言事，張昭以前衞史言事，賀煬以布衣老人言事。其有職官員如侍講劉球諫征麓川，譏切王振，郎中章綸、大理卿廖莊請復沂王儲位，翰林羅倫劾李賢奪情，修撰舒芬等諫南巡，楊慎等爭大禮，員外郎楊繼盛、經歷沈錬等劾嚴嵩，皆非言官。明史列傳不可數計。而科道之以言爲職者，其責尤專，其權尤重。職官志序謂，御史，天子之耳目，凡大臣姦邪，小人搆黨者劾；凡百官猥茸貪冒者劾；凡上書亂成憲者劾；遇考察，則同吏部司黜陟；大獄重囚會鞫於外朝，則同刑部、大理平讞之。政事得失，軍民利病，皆得直言無隱。又有六科給事中，凡制敕有失則封駁，至廷議大事，廷推大臣，廷鞫大獄，皆得預。此可見言官之職掌也。然統觀有明一代建言者，先後風氣亦不同。自洪武以至成化、弘治間，朝廷風氣淳實，建言者多出好惡之公，辨是非之正，不盡以矯激相尚也。如劉球、章綸等所奏固關國計民生之大，他如天順中十三道御史張鵬等共劾石亨、曹吉祥，成化中給事中李俊等劾佞幸李孜省，僧繼曉，御史姜洪、曹鼐等劾大學士萬安、劉吉，而薦王恕、王竑、李秉等可大用，御史毛弘以錢太后將別葬，邀百官伏哭文華門，卒得祔葬英宗陵之類。張倫等傳贊謂，是時門户未開，名節自勵，未嘗有承意旨於政府，效搏噬於權璫，如末造所爲者，故其言雖有當否，而其心則公，上者愛國，次亦愛民。正德、嘉靖之間，漸多以意氣用事。如正德中諫南巡，罰跪午門，被杖者百餘人；嘉靖中議大禮，伏哭左順門者亦百餘人；李福達之獄，劾郭勛被罪者四十餘人之類，已多叫譟之習。張璁所謂言官徒結黨求勝，內則奴隸公卿，外則草芥司屬，任情恣橫。此固臺諫惡習，然亦有未可概論者。如劉瑾亂政，御史蔣欽疏劾之，廷杖三十，再劾又杖三十。越三日又草疏，燈下聞鬼聲，欽知是先靈勸阻，奮筆曰：「業已委身，不得復顧。死即死，此疏不可易也！」遂上之，又杖三十而死。許天錫欲劾瑾，知必得禍，乃以尸諫，夜擊登聞鼓縊死，而以疏預囑家人，於身後上之。見各本傳。世宗時，楊最等既以諫齋醮杖死，嚴嵩當國，又殺楊繼盛、沈鍊等，而御史桑（僑）〔喬〕、謝瑜、何維柏、喻時、童漢臣、陳紹、葉經、鄒應龍、林潤等，給事中王韜孟、陳塏、沈良才、厲汝（選）〔進〕等，猶先後疏劾，廷杖謫戍，至死而不悔。俱見各本傳。且帝深疾言官，以杖戍未足遏其言，乃長繫以困之。如沈東在獄凡十八年，傳贊謂主威愈震，而士氣不衰。可見諸臣雖不免過激，而出死力以爭朝廷之得失，究不可及也。萬曆中，張居正攬權久，操下如束溼，異己者輒斥去之，科道皆望風而靡。奪情一事，疏劾者轉出於翰林、部曹，翰林吳中行、趙用賢，員外郎艾穆，主事沈思孝，進士鄒元標等。而科道曾士楚、陳三謨等且交章請留。及居正歸葬，又請趣其還朝。迨居正病，科道並爲之建醮祈禱。此言路之一變也。繼以申時行、許國、王錫爵先後入相，務反居正所爲，以和厚接物，於是言路之勢又張。張文（興）〔熙〕、丁此呂等即抗章劾閣臣，而閣臣與言路遂成水火。萬曆末年，帝怠於政事，章奏一概不省，廷臣益務爲危言激論，以自標異。於是部黨角立，另成一門户攻擊之局，葉向高傳，帝不省章奏，諸臣既無所見得失，益樹黨相攻。未幾争李三才之案，黨勢遂成。此言路之又一變也。如熊廷弼、王化貞一案，朝臣各有所袒。江秉謙謂，今日之事非經撫不和，乃好惡經撫者不和也；非戰守之議不合，乃左右經撫者之議者不合也。滿朝薦傳亦謂，是時遼左盡失，國事方殷，而廷臣方植黨逞浮議，全不以國事爲急。高攀龍、顧憲成講學東林書院，士大夫多附之，既而梃擊、紅丸、移宮三案，紛如聚訟，與東林忤者，衆共指爲邪黨。天啟初，趙南星等柄政，廢斥殆盡。及魏忠賢勢盛，被斥者咸欲倚之以傾東林，於是如蛾赴火，如蟻集羶，而科道轉爲其鷹犬。魏忠賢傳周（忠）〔宗〕建謂，汪直、劉瑾時，言路清明，故不久即敗。今則權璫反藉言官爲報復，言官又借權璫爲聲勢，此言路之又一變而風斯下矣。諸附者在閹黨條內。崇禎帝登極，閹黨雖盡除，而各立門户，互攻争勝之習，則已牢不可破，是非蜂起，叫呶蹲沓，以至于亡。袁繼咸疏云，三十年來，徒以三案葛藤，血戰不已。呂大器等傳論謂，自萬曆以後，國是紛呶，朝端水火，寧坐視社稷之淪胥，而不能破除門户之角立。故至桂林播越，旦夕不支，而吴、楚之樹黨相傾，猶仍南京翻案之故態也。熊廷弼疏言，朝堂議論全不知兵，敵緩則閧然催戰，及敗始愀然不敢言，及臣收拾甫定，則愀然者又閧然矣。又疏言，臣以東西南北所欲殺之人，諸臣能爲封疆容則容之，不能爲門户容則去之。盧象昇亦疏云，臺諫諸臣，不問難易，不顧死生，專以求全責備，雖有長材，從何展布。觀此數疏，可見明末言路之惡習也。

529 明末書生誤國

書生徒講文理，不揣時勢，未有不誤人家國者。宋之南渡，秦檜主和議，以成偏安之局，當時議者無不以反顔事仇爲檜罪，而後之力主恢復者，張德遠一出而輒敗，韓侂胄再出而又敗，卒之仍以和議保疆。迨賈似道始求和而旋諱之，孟浪用兵，遂至亡國。謝疊山所以痛惜於兵交數年，無一介之使也。有明末造亦然，外有我朝之兵，內有流賊之擾，南討則慮北，北拒則慮南，使早與我朝通和，得以全力辦賊，尚可掃除。且是時我太宗文皇帝未嘗必欲取中原，崇禎帝亦未嘗不欲與我朝通好。大凌河之役，祖大壽降於我朝，後雖反正，而其子姪已仕於我朝，是宜案以通敵之罪，而帝仍用之，是固欲藉大壽爲講和地矣。見邱禾嘉傳。迨大兵入牆子嶺，盧象昇入援，楊嗣昌陰主互市策，象昇見帝曰：「臣主戰。」帝色變，良久曰：「欵乃外廷議耳，其出與嗣昌議。」見盧象昇傳。是和議之策，帝已與嗣昌謀之。何楷傳，嗣昌方主欵議，厯引建武欵塞故事，楷與御史林蘭友①駮之。及陳新甲爲兵部尚書，以南北交困，遣使與我朝議和。傅宗龍奏之，大學士謝陞在帝前曰：「倘肯議和，和亦可恃。」帝遂以和事諭新甲密圖之，而戒其勿洩，是帝更明知時勢之不可不和矣。言官方士亮、倪仁禎、朱徽等謁陞，陞告以上在奉先殿祈籤，和意已決，諸君幸勿多言，士亮等輒羣起劾陞去。見謝陞及二臣傳②新甲所遣求和之馬紹愉，以密語報新甲，新甲家人誤發抄。二臣傳如此，明史則云，帝手詔爲其家人誤發抄。③於是言者大譁，交章劾奏，帝迫於羣議，且惡新甲之彰主過，遂棄新甲於市。新甲傳自是帝不復敢言和，且亦無人能辨和事者，而束手待亡矣。統當日事勢觀之，我太宗既有許和意，崇禎帝亦未嘗不願議和，徒以朝論紛呶，是非蜂起，遂不敢定和，以致國力困極，宗社淪亡。豈非書生紙上空談，誤人家國之明驗哉。

按明季書生誤國，不獨議和一事也。如萬元吉疏言，孫傳庭守關中，議者謂不宜輕出，而已有議其逗撓者矣。賊既渡河，諸臣請撤關寧吳三桂兵迎擊，而已有議其蹙地者矣。及賊勢燎原，羣臣或請南幸，或請皇儲監國南京，皆權宜善策，而已有議其邪妄者矣。即此一疏觀之，可見諸臣不度時勢，徒逞臆見，誤人家國而不顧也。

530 明代宦官

有明一代宦官之禍，視唐雖稍輕，然至劉瑾、魏忠賢，亦不減東漢末造矣。初，明祖著令，内官不得與政事，秩不得過四品。永樂中，遣鄭和下西洋，侯顯使西番，馬騏鎮交阯，且以西北諸將多洪武舊人，不能無疑慮，乃設鎮守之官，以中人參之，京師内又設東廠偵事，宦官始進用。宣宗時，中使四出，取花鳥及諸珍異亦多，然袁琦、裴可烈等有犯輒誅，故不敢肆。正統以後，則邊方鎮守，京營掌兵，經理倉場，提督營造，珠池銀礦，市舶織造，無處無之。何元朗云，嘉靖中有内官語朱象元云，昔日張先生（璁）進朝，我們要打恭。後夏先生（言），我們平眼看他。今嚴先生（嵩），與我們拱手始進去。按世宗馭内侍最嚴，四十餘年間未嘗任以事，故嘉靖中内官最斂戢，然已先後不同如此，何況正德、天啟等朝乎。稗史載，永樂中，差内官到五府、六部，俱離府部官一丈作揖。途遇公侯駙馬，皆下馬旁立。今則呼喚府部官如屬吏，公侯駙馬途遇内官，反迴避之，且稱以翁父，至大臣則並叩頭跪拜矣。此可見有明一代宦官權勢之大概也。總而論之，明代宦官擅權，自王振始。然其時廷臣附之者，惟王驥、王祐等數人，其他尚不肯俯首，故薛瑄、李時勉皆被誣害。及汪直擅權，附之者漸多，奉使出，巡按御史等迎拜馬首，巡撫亦戎裝謁路，王越、陳鉞等結爲奥援。然閣臣商輅、劉（翊）〔珝〕，尚連章劾奏，尚書項忠、馬文升等亦薄之而爲所陷，則士大夫之氣猶不盡屈也。至劉瑾，則焦芳、劉宇、張綵等爲之腹心，戕賊善類，徵責賄賂，流毒幾遍天下。然瑾惡翰林不屈，而以通鑑纂要謄寫不謹，譴謫諸纂修官，可見是時廷臣尚未靡然從風。且王振、汪直好延攬名士，振慕薛瑄、陳（繼忠）〔敬宗〕之名，特物色之。①直慕楊繼（忠）〔宗〕之名，親往弔之。瑾慕康海之名，因其救李夢陽，一言而立出之獄。是亦尚不敢奴隸朝臣也。迨魏忠賢竊權，而三案被劾、察典被謫諸人，欲借其力以傾正人，遂羣起附之。文臣則崔呈秀、田吉、吴淳夫、李〔夔〕龍、倪文焕，號五虎；武臣則田爾耕、許顯純、孫雲鶴、楊寰、崔應元，號五彪；又尚書周應秋，卿寺曹欽程等，號十狗；又有十孩兒、四十孫之號，自内閣六部至四方督撫，無非逆黨，駸駸乎可成篡弑之禍矣。明史載，太祖制，内官不許讀書識字。宣宗始設内書堂，選小内侍令大學士陳山教之，遂爲定制，用是多通文義。四友齋叢説則謂，永樂中已令吏部聽選教職，入内教書。王振始以教職入内，遂自宫以進，至司禮監。② 數傳之後，勢成積重云。然考其致禍之由，亦不盡由於通文義也。王振、汪直、劉瑾固稍知文墨，魏忠賢則目不識丁，而禍更烈。大概總由於人主童昏，漫不省事，故若輩得以愚弄而竊威權。如憲宗稍能自主，則汪直始雖肆恣，後終一斥不用。武宗之於瑾，亦能擒而戮之。惟英、熹二朝，皆以冲齡嗣位，故振、忠賢得肆行無忌。然正統之初，三楊當國，振尚心憚之未敢逞。迨三楊相繼殁，而後跋扈不可制。天啟之初，衆正盈朝，忠賢亦未大横。四年以後，葉向高、趙南星、高攀龍、楊漣、左光斗等相繼去，而後肆其毒痛。計振、忠賢之擅權，多不過六七年，少僅三四年，而禍敗已如是，設令正統、天啟之初，二豎即大權在握，其禍更有不可勝言者。然則廣樹正人，以端政本而防亂源，固有天下者之要務哉。

按明代宦官擅權，其富亦駭人聽聞。今見於記載者，王振時，每朝覲官來見者，以百金爲率，千金者始得醉飽而出。稗史類編③是時賄賂初開，千金已爲厚禮。然振籍没時，金銀六十餘庫，玉盤百，珊瑚高六七尺者二十餘株，明史振傳則其富已不訾矣。李廣殁後，孝宗得其賂籍，文武大臣餽黄、白米各千百石，帝曰：「廣食幾何，乃受米如許？」左右曰：「隱語耳，黄者金，白者銀也。」廣傳則視振已更甚。劉瑾時天下三司官入覲，例索千金，甚至有四五千金者。蔣欽傳科道出使歸，例有重賄。給事中周鑰勘事歸，淮安知府趙俊許貸千金，既而不與，鑰計無所出，至桃源自刎死。許天錫傳偶一出使，即需重賂，其他可知也。稗史又記布政使須納二萬金，則更不止四五千金矣。瑾敗後籍没之數，據王鏊筆記，大玉帶八十束，黄金二百五十萬兩，銀五千萬餘兩，他珍寶無算。計瑾竊柄不過六七年，而所積已如此。其後錢寧籍殁時，黄金十餘萬，而白金三千箱，玉帶二千五百束，寧傳亦幾及瑾之半。至魏忠賢竊柄，史雖不載其籍殁之數，然其權勝於瑾，則其富更勝於瑾可知也。顧納賄亦不必奄寺，凡勢之所在，利即隨之。如錢寧敗後，江彬以武臣得幸，籍殁時黄金七十櫃，白金二千三百櫃，彬傳非宦官也。世宗時，宦官無擅權者，而嚴嵩爲相二十年，明史所記籍没之數，黄金三萬餘兩，白金二百萬餘兩，他珍寶不可數計。此已屬可駭，而稗史所載，嚴世蕃與其妻窖金於地，每百萬爲一窖，凡十數窖，曰不可不使老人見之。及嵩至，亦大駭，以多藏厚亡爲慮。則史傳所載，尚非實數。今按沈鍊劾嵩，謂其攬御史之權，雖州縣小吏亦以貨取，索撫按之歲例，致有司遞相承奉，而民財日削。楊繼盛劾嵩疏謂，文武遷擢，不論可否，但問賄之多寡。將弁賄嵩，不得不朘削士卒；有司賄嵩，不得不掊克百姓。徐學詩劾嵩疏謂，都城有警，嵩密運財南還，大車數十乘，樓船十餘艘。王宗茂劾嵩謂，文吏以賂而出其門，則必剥民之財。武將以賂而出其門，則必剋軍之餉。陛下帑藏不足支諸邊一年之費，而嵩所積可支數年，與其開賣官爵之令，何如籍其家以紓患。周冕劾嵩④謂，邊臣失事，納賕於嵩，無功可受賞，有罪可不誅。文武大臣之贈謚，遲速予奪，一視賂之厚薄。張翀劾嵩謂，文武將吏，率由賄進。户部發邊餉，朝出度支之門，暮入奸嵩之府，輸邊者四，餽嵩者六。董傳策劾嵩謂，邊鎮使人伺嵩門下，未饋其父，先饋其子；未饋其子，先饋家人，家人嚴年已踰數十萬。吏、兵二部持簿就嵩填註，文選郎萬寀，職方郎方祥，人稱爲文、武管家。嵩貲多水陸舟車載還其鄉，月無虚日。鄒應龍劾嵩謂，嵩籍本袁州，乃廣置良田美宅於南京、揚州，無慮數十所。合諸疏觀之，可見嵩之納賄，實自古權奸所未有。其後陳演罷相，以貲多不能行，國變後爲闖賊所得。亦皆非宦官也。是可知賄隨權集，權在宦官則賄亦在宦官，權在大臣則賄亦在大臣，此權門賄賂之往鑒也。

531 魏閹生祠

魏忠賢生祠之建，始於浙撫潘汝禎。汝禎因機户之請，建祠西湖，疏聞於朝，詔賜名普德，此天啟六年六月事也。自是諸方效尤，遂遍天下。其年十月，孝陵衛指揮李之才建之南京。七年正月，宣大總督張樸，宣府巡撫秦士文，宣大巡按張素養，建之宣府、大同。應天巡撫毛一鷺，巡按王珙，建之虎邱。二月，薊遼總督閻鳴泰，順天巡撫劉詔，巡按倪文煥，建之景忠山。宣大總督樸，大同巡撫王點，巡按養素，①又建之大同。三月，鳴泰與文煥、巡按御史梁夢環，又建之西協密雲丫髻山，又建之昌平、通州。太僕寺卿何宗聖建之房山。四月，鳴泰與巡撫袁崇焕又建之寧前。鳴泰共建七所。宣大總督樸，山西巡撫曹爾禎，巡按劉弘光，又建之五臺山。庶吉士李若琳建之蕃育署。工部郎中曾國禎建之盧溝橋。五月，通政司經歷孫如洌，順天府尹李春茂，建之宣武門外。巡撫朱童蒙建之延綏。巡城御史黄憲卿、王大年、汪若極、張樞、智鋌等，建之順天。户部主事張化愚建之崇文門。武清侯李誠銘建之藥王廟。保定侯梁世勳建之五軍營大教場。登萊巡撫李嵩，山東巡撫李精白，建之蓬萊閣、寧海（縣）〔院〕。督餉尚書黄運泰，保定巡撫張鳳翼，提督學政李蕃，順天巡按文焕，建之河間、天津。河南巡撫郭增光，巡按鮑奇謨，建之開封。上林監丞張永祚建之良牧、嘉蔬、林衡三署。博平侯郭振明等建之都督府錦衣衛。六月，總漕尚書郭尚友建之淮安。是月，順天巡按盧承欽，山東巡按黄憲卿，順天巡按卓邁；七月，長蘆巡鹽龔萃肅，淮揚巡按許其孝，應天巡按宋禎漢，陝西巡按莊謙，各建之所部。八月，總河李從心，總漕尚友，東撫精白，巡按憲卿，巡漕何可及，又建之濟寧。湖撫姚宗文，鄖陽撫治梁應澤，湖廣巡按温臯謨，建之武昌、承天、均州。三邊總督史永安，陝撫胡廷晏，巡按莊謙、袁鯨，建之固原太白山。楚王華奎建之高觀山。山西巡撫弁志夔，巡按李燦然、劉弘光，建之河東。每一祠之費，多者數十萬，少者數萬，剥民財，侵公帑，伐樹木無算。開封之建祠，毁民舍二千餘間，創宫殿九楹，儀如帝者。參政周鏘，祥符縣季寓庸恣爲之，巡撫俯首而已。鏘與魏良卿善，祠成，熹宗已崩，猶致書良卿，爲忠賢設滲金像。而都城數十里間，祠宇相望。有建之内城東街者，工部郎葉憲祖竊嘆，忠賢聞之，立削其籍。上林一苑至建四祠。童蒙建祠延綏，用琉璃瓦。詔建祠薊州，金像用冕旒。凡疏詞一如頌聖，稱以「堯天舜德，至聖至神」，而閣臣輒以駢語褒答。運泰迎忠賢像，五拜三稽首，率文武將吏列班階下，拜如初。已又詣像前，祝稱某事賴九千歲扶植，稽首謝，還就班，復稽首如初禮。運泰請以遊擊一人守祠，後建祠者必有官守。其孝等方建祠上梁，而熹宗哀詔至，既哭臨，釋服，易吉拜。監生陸萬齡至謂，孔子作春秋，忠賢作要典，孔子誅少正卯，忠賢誅東林黨人，宜建祠國學，與先聖並尊，並以忠賢父配啟聖公祠。司業朱之俊輒爲舉行，最後巡撫楊邦憲建祠南昌，毀周、程、朱三賢祠益其地，鬻澹臺滅明祠，曳其像碎之。比疏至，莊烈帝已即位，且閱且笑。後建祠者，皆入逆案云。閻鳴泰傳

532 閹黨

崇禎時定逆案，凡附魏忠賢者，分五六等。首逆凌遲者二人，忠賢及客氏也。首逆同謀，決不待時者六人，崔呈秀、魏良卿、客氏子都督侯國興、太監李（文）〔永〕貞、李朝欽、劉若愚也。交結近侍，秋後處決者十九人，劉志選、梁夢環、倪文煥、田吉、劉詔、薛貞、吳淳夫、李夔龍、曹欽程、許志吉、孫如洌、陸萬齡、李承祚、田爾耕、許顯純、崔應元、楊寰、孫雲鶴、張體乾也。結交近侍，次等充軍者十一人，魏廣微、周應秋、閻鳴泰、霍維華、徐大化、潘汝禎、李魯生、楊維垣、張訥、郭欽、李之才也。又次等論徒三年，贖爲民者，大學士顧秉謙、馮銓、張瑞圖、來宗道，尚書王紹徽、郭允寬、張我續、曹爾禎、孟紹虞、馮嘉會、李春曄、邵輔忠、呂純如、徐兆魁、薛鳳翔、孫杰、楊夢袞、李養德、劉廷元、曹思誠，南京尚書范濟世、張樸，總督尚書黃運泰、郭尚友、李從心，巡撫尚書李精白等一百二十九人也。減等革職閒住者，大學士黃立極等四十四人。忠賢本族及內官黨附者又五十餘人。案既定，其黨日夜謀翻，賴

帝持之堅，不能動。福王時，阮大鋮起用，其案始翻云。崔呈秀傳福王時，楊維垣翻逆案，追賜䘏典者，霍維華、劉廷元、吕純如、楊所修、徐紹吉、徐景濂六人，贈、廕、祭、葬、謚俱全也。贈、蔭、祭、葬不予謚者，徐大化、范濟世二人。贈官祭葬者，徐揚先、劉廷宣、岳駿聲三人。復官不賜䘏者，王紹徽、徐兆魁、喬應甲三人。他若王德完、黄克纘、王永光、章光岳、徐鼎臣、徐卿伯、陸澄源，雖不入逆案，而爲清議所抑者，亦賜䘏有差。霍維華傳

第三十五卷校證

526

三案俱有故事

①保乃以生漆酒瘖大臣，移送法司處斬（高拱傳）　按：孫文泱云，高拱傳應作馮保傳。

②御史任惠又請明正張瑜及劉文泰用藥失宜之罪（惠傳）　按：孫文泱云，「任惠」乃「徐暹」之誤，「惠傳」應作「戴銑傳附徐暹傳」，任惠傳與之同卷而在前，因以致誤。

529

明末書生誤國

①林蘭友　按：「蘭」原刻本誤作「蔄」，西畲本已改正。

②見謝陞及二臣傳　按：應作「見二臣傳（卷七）謝陞傳」。

③二臣傳如此，明史則云，帝手詔爲其家人誤發抄　按：明史陳新甲傳（卷二五七）云：「帝既以和議委新甲，手詔往返者數十，皆戒以勿洩。……一日，所遣職方郎馬紹愉以密語報，新甲視之，置几上。其家僮誤以爲塘報也，付以抄傳，於是言路譁然。」是即此文所依據者，原注反以爲出二臣傳，甚誤。

530　明代宦官

①振慕薛瑄、陳（繼忠）〔敬宗〕之名，特物色之　按：上文言「明代宦官擅權，自王振始。……故薛瑄、李時勉皆被誣害。」自相矛盾。薛瑄被王振誣害，下獄論死，振一老僕力言薛瑄爲善人，振從之，得免死，非慕其名而物色之。

②四友齋叢説則謂，……王振始以教職入内，遂自宫以進，至司禮監　按：四友齋叢説無此事，而見於戒菴漫筆卷二。王世貞弇山堂別集卷二三謂間中今古録亦記此事，而據實録辨明爲出於虛構。

③王振時，每朝覲官來見者，以百金爲率，千金者始得醉飽而出。（稗史類編）　按：「類編」應作「彙編」，在卷八一，職官門内侍類。

④周冕劾嵩　按：應作「趙錦劾嵩」，周冕、趙錦二人之傳同在明史卷二一〇，而周傳在前，因以致誤。

531　魏閹生祠

①巡按養素　按：「養素」即上文之宣大巡按張素養，其誤承自明史閹鳴泰傳（卷三〇六），國榷卷八八天啓七年正月、二月均作宣大巡按張素養，應據以改正。

廿二史劄記卷三十六

533 汪文言之獄

歙人汪文言，有智術，負俠氣，入京輸貲爲監生，用計破齊、楚、浙三黨。察東宫伴讀王安賢，傾心結納，與談當世流品。光、熹之際，外廷依劉一燝，而安居中，以次行諸善政，文言交關力爲多。魏忠賢既殺安，府丞邵輔忠遂劾文言，革其監生。既出都，復逮下吏，得末減。益游公卿間，輿馬常填溢户外。大學士葉向高用爲内閣中書，韓爌、趙南星、楊漣、左光斗、魏大中皆與往來。會給事中阮大鋮與左光斗、魏大中有隙，遂與給事中章允儒定計，囑同官傅櫆劾文言，並劾大中通文言爲奸利。魏忠賢大喜，立下文言詔獄。御史黄尊素語鎮撫劉僑曰：「文言不足惜，不可使縉紳禍由此起。」僑是之。獄詞無所連，文言廷杖褫職，牽及者獲免。已而魏忠賢勢益張，盡逐諸正人趙南星等，梁夢環遂再劾文言，下詔獄。鎮撫許顯純自削牘以上，趙南星、楊漣、左光斗、魏大中、李若星、毛士龍、袁化中、繆昌期、鄒維璉、夏之令、王之寀、顧大章、周朝瑞、李三才、惠世揚等，無不牽引，而以漣、光斗、大中、化中、朝瑞、大章爲受楊鎬、熊廷弼賄。時顯純逼令文言牽引諸人，文言五毒備至，終不承。顯純乃手作文言供狀，文言垂死大呼曰：「爾莫妄書，異時吾當與爾面質！」顯純遂即日斃之於獄。魏大中傳

時坐受贓者，大中三千金，周朝瑞萬金，袁化中六千，顧大章四萬，周起元懸坐十萬，繆昌期三

千，周順昌三千，周宗建萬三千，黄尊素二千八百，李應昇三千，熊明遇千二百，而趙南星亦以汪文言獄詞懸坐贓萬五千，楊漣二萬，左光斗二萬。光斗等之被誣受賄也，初不肯承，而恐爲酷刑所斃，冀下法司得少緩，遂俱自誣服。忠賢乃矯旨五日一比，不下法司，諸人始悔失計。見各本傳。

534 明末遼餉勦餉練餉

嘉靖中，以俺答入寇，户部侍郎孫應奎已議加派，自北方諸府及廣西、貴州外，增銀一百十五萬。劉訒傳① 萬曆末年，遼左用兵，又加賦五百二十萬。楊嗣昌傳 崇禎〔二〕〔三〕年，又以兵餉不足，兵部尚書梁廷棟請增天下田賦，於是户部尚書畢自嚴議於每畝加九釐之外，此即萬曆中所加。再增三釐。梁廷棟、畢自嚴傳 十年，楊嗣昌又請增二百八十萬，舊額之糧每畝加六合，計石折銀八錢。帝乃下詔：「不集兵無以平賊，不增賦無以餉兵，其累吾民一年。」當時謂之勦餉。勦餉期一年而止，十二年餉盡而賊未平，於是又從嗣昌及督餉侍郎張伯鯨議，勦餉外又增練餉七百三十萬。先後共增千六百七十餘萬。嗣昌傳 十〔五〕〔七〕年，蔣德璟對帝曰：「既有舊餉五百餘萬，新餉九百餘萬，又增練餉七百三十萬，臣部實難辭咎，今兵馬仍未練，徒爲民累耳。」德璟傳 未幾，遂罷練餉。德璟傳 蓋帝亦知民窮財盡，困於催科，益起而爲盜賊，故罷之也。

535 明末督撫之多

明中葉以後，陝西已有三巡撫，陝西一也，延綏二也，甘肅三也。山西亦有二巡撫，山西一也，大同二也。直隸之宣化亦另設一撫。至崇禎十四年，山海關内外設二督，昌平、保定又設二督，於是千里之内有四督。又有寧遠、永平、順天、密雲、天津、保定六巡撫，寧遠、山海、中協、西協、昌平、通州、天津、保定八總兵，星羅碁布，無地不防。見范志完傳時事孔急，固勢之不得不然也。

536 明末巡撫多由邊道擢用

宣德中，于謙由御史超拜兵部右侍郎，巡撫河南、山西，此尚沿國初用人不拘資格之例。迨資格既定，則巡撫或用僉都御史，或由布政使陞用。至末季兵事急，凡邊道以才見者，輒擢爲巡撫。熊汝霖疏云，有司察處者，不得濫舉邊才。監司察處者，不得遽躐巡撫。曹于汴疏亦云，邊道超擢，當於秩滿時，閲實其績，毋濫取建牙開府。熊開元疏亦云，四方督撫率自監司。明日廷推，今日傳單，吏部出諸袖中，諸臣唯唯而已。此三疏各見本傳内，可見是時巡撫多由監司擢用也。①今按洪承疇由督糧參政擢延綏巡撫，范志完由關内僉事擢山西巡撫，楊嗣昌由山海兵備擢永平巡撫，梁廷棟由口北道擢遼東巡撫，薛國用由遼海道擢遼東巡撫，邱民仰由寧前兵備擢遼東巡撫，宋一鶴由副使擢湖廣巡撫，馮師孔由副使擢陝西巡撫，朱之馮由副使擢宣府巡撫，龍文光由參政擢四川巡撫，李化熙由兵備擢四川巡撫，邱祖德由副使擢保定巡撫，史可法由副使擢安慶巡撫。甚至余應桂由巡按擢湖廣巡撫，高名衡由巡按擢河南巡撫，王漢由知縣行取御史，即擢河南巡撫，楊繩武亦由御史擢順天巡撫。迨嗣昌爲兵部尚書，建四正六隅之策，奏巡撫不用命者立解其兵柄，以一監司代之，可見是時用巡撫之大概也。蓋兵事孔亟，倉猝用人，固有難拘以資格者矣。

537 明季遼左陣亡諸將之多

明史羅一貫傳，自遼左軍興，總兵官陣亡者十四人。撫順則張承廕，四路出師則杜松、劉綎、王宣、趙夢麟，開原則馬林，瀋陽則賀世賢、①尤世功，渾河則童仲揆、陳策，遼陽則楊宗業、梁仲善，西平則劉渠、祁秉忠，而副總兵以下戰殁如一貫者，更不可數計云。然此尚是萬曆、天啟閒事也。崇禎中，遵化則趙率教，波羅灣則官維賢，永定門則滿桂、孫祖壽，皆崇禎二年旅順則黄龍，六年事皮島則沈世魁、七年事金日觀，十年事寧遠則金國鳳，十二年事松山則楊國柱、十四年事曹變蛟，十五年事寧遠則李輔明，螺山則張登科、和應薦。十六年事其他副將以下，亦不可數計。且不特此也，如盧象昇、洪承疇勦流賊最有功，而一遇大清兵，非死即被執。蓋興朝之運，所向如摧枯拉朽，彼亡國之帥，自必當之立碎。明史所謂天命有歸，莫之爲而爲者矣。

538 明末督撫誅戮之多

鄭崇儉傳，崇禎中，凡誅總督七人，崇儉及袁崇煥，劉策、楊一鵬、熊文燦、范志完、趙光忭也。崇禎二年，王元雅以大清兵入口，懼罪自盡，是年先誅萬曆中四路喪師之經略楊鎬，五年誅天啟中廣寧喪師之巡撫王化貞，九年總督梁廷棟以失事懼誅，先服毒死，四人尚不在七人數内。顏繼祖傳，崇禎中巡撫被戮者十一人，薊鎮王應豸，山西耿如杞，宣府李養沖，登萊孫元化，大同張翼明，順天陳祖苞，保定張其（中）〔平〕，山東顏繼祖，四川邵捷春，永平馬成名，順天潘永圖，而河南李仙風被逮自縊不與焉。又崇禎十七年中，兵部尚書凡十四人，亦罕有善全者。二年，王洽下獄死。九年，張鳳翼服毒死。十三年，楊嗣昌自縊死。十四年，陳新甲棄市。其餘如王在晉削籍歸，高第被劾去。其得致仕者，惟張鶴鳴、熊明遇、馮元飈等數人而已。時事周章，人材脆薄，刑章又顛覆，固國運使然矣。

539 四正六隅

韓雍征兩廣叛瑤，或請以番騎趨廣東，而大軍趨廣西，分路撲滅。雍曰：「賊已蔓延數千里，而所至與戰，是自敝也。不如直擣大籐峽，傾其巢穴，餘自迎刃而解。」後果以此成功。及崇禎中，流賊充斥，楊嗣昌則建四正六隅之説，以陝西、河南、湖廣、江北爲四正，四巡撫分勦而專防；延綏、山西、山東、江南、江西、四川爲六隅，六巡撫分防而協勦，是謂十面之網。而總督、總理二臣，隨賊所向，專征討。其後竟不能滅賊。或咎其備多力分，不如雍之扼要。不知瑶、僮雖四出流劫，而終戀巢穴，故雍專攻其腹心，即可制之。流賊則朝秦暮楚，本無定居，若不四圍堵截，而聽其東西奔突，官軍從後追之，此適以自耗其力，而賊終不得滅。嗣昌之策固未爲失也。其先崇禎七年，陳奇瑜以賊在蜀中，亦先檄四巡撫會勦，陝西練國事駐商南，遏其西北；鄖陽盧象昇駐房、竹，遏其西；河南元默駐盧氏，遏其東北；湖廣唐暉駐南漳，遏其東南；而己與象昇入山勦之。崇禎九年，賊盡趨永寧、盧氏、内鄉、淅川大山中，兵部尚書張鳳翼亦請敕河南、鄖陽、陝西三巡撫各扼防，毋使軼出；四川、湖廣兩巡撫移兵近界聽援；而督理二臣以大軍入山蹙之。是嗣昌之前已有此策，亦非刱自嗣昌。蓋必外有重兵以防其軼出，而内以重兵蹙之，庶可盡殄，此固時勢之不得不然者也。自奇瑜及熊文燦兩誤於撫，而流寇遂不可制。然徒勦而不撫，則數十萬匪徒亦豈能盡殺？是又當痛加殲戮，使畏死悔禍，而後以一赦散其脅從，歸農者不復窮治，則黨與自離，賊勢孤而易滅矣。赦與撫不同，撫者撫其頭目而不散其部伍，赦者赦其黨與而不復屬凶酋也。顧非先加痛勦，亦豈易言赦哉。

540 明末僭號者多疎屬

明末自福王失國後，諸僭號者多係疎屬。魯王以海，則太祖子魯王檀之裔孫也。崇禎末，轉徙台州，張國維等奉之監國于紹興。後遁入海，泊舟山。又竄閩之金門，爲鄭成功所沈。唐王聿鍵，亦太祖子定王（桱）〔桱〕之裔孫也。崇禎末，以擅舉兵勤王，廢錮高墻。福王立，赦出。南都不守，蘇觀生、鄭鴻逵奉之入閩，監國，年號隆武，爲我朝兵所執。其弟聿鐭，復立於廣州，年號紹武，亦爲我朝兵所執。又唐王監國時，先有靖江王亨嘉，自立於廣西，則太祖從孫守謙朱文正之子之裔孫也，爲巡撫瞿式耜所誅。又有朱容藩，自稱楚世子、天下兵馬副元帥，據夔州；呂大器傳范文光、劉道貞等奉鎮國將軍朱平梀爲蜀王，樊一蘅傳未幾皆敗没。統計此數人，於崇禎帝已極疏遠，本不宜僭號，而妄冀非分，宜其速敗也。至永明王由榔，則神宗第七子桂王常瀛之子，與福王同爲崇禎帝從兄弟，崇禎帝曾封爲永明王。唐王被俘後，僭號永曆，流轉於廣西、湖南、貴州、雲南者十餘年，後遁入緬甸。我朝兵入緬，緬人執以獻，死於雲南。

541 流賊僞官號

明史流賊傳，李自成既據襄陽，剏官爵名號，有上相、左輔、右弼，六政府侍郎、郎中、從事等官。要地設防禦使，府曰尹，州曰牧，縣曰令，武官則有權將軍、制將軍、威武將軍、果毅將軍等名。及至陝西，稱僞號，又設天佑殿大學士，六政府尚書，（鴻）〔弘〕文館、文諭院、諫議、直指使、從政、統會、尚契司、驗馬寺、書寫房等官，復五等封爵。後破京師，又益改官制，六部曰六政府，司官曰從事，六科曰諫議，十三道曰直指使，翰林曰弘文館，太僕曰驗馬寺，巡撫曰節度使，兵備曰防禦使。今按路振飛傳，有闖賊節度使吕弼周，防禦使武愫，皆爲振飛所擒。又曾亨應傳，亨應先爲御史張懋爵所劾，後亨應死難，而懋爵降賊爲直指使。此僞官名號見於各列傳者也。張獻忠僭號武昌，亦設尚書、都督、巡撫等官。既得成都，又設左、右丞相及六部、五軍都督府。亦見流賊傳。後孫可望據黔中，凡諸軍悉曰行營，設護衛曰駕前官。可望欲設六部等官，恐人議其僭，乃以范鑛、馬兆義、任僎、萬年策爲吏、户、禮、兵尚書，並加以行營之號。後遂自設內閣六部等官，欲以文安之爲東閣大學士，安之不肯，事見安之傳。李定國出師桂林，①有西勝營張勝，鐵騎右營郭有名，前軍都督高存恩，鐵騎前營王會，武安營陳國能，天威營高文貴，坐營靳統武，右統軍都督王之邦，金吾營劉之謀，武英營廖魚，驃騎營卜寧等。見黄宗羲所著永曆紀年。鄭成功之横海上也，分所部爲七十二鎮，有中軍提督甘輝，左都督文興，鐵騎鎮王起鳳，衝鋒鎮柯朋，禮武鎮陳鳳，前衝鎮黄梧，角宿鎮康澄，援勦左鎮施顯之，理餉鎮王愷。又有金武、木武、土武等鎮，又設六官，分理庶事。舉人潘賡昌爲吏、户官，陳寶鑰爲禮官，世職張光啟爲兵官，浙人程應璠爲刑官，舉人馮澄世爲工官，後以洪旭爲兵官，鄭泰爲户官。其寇瓜州、鎮江時，中提督甘輝外，又有左提督翁天佑，右提督（禹）〔馬〕信，後提督萬禮，總督水師黄安，前鋒鎮余新，正兵鎮韓英，援勦左鎮劉猷，援勦右鎮（楊）〔姚〕國泰，援勦後鎮黄昭，前衝鋒鎮藍衍，右衝鋒鎮萬禄，後勁鎮楊正，右虎衛陳鵬，左虎衛林勝，監紀推官何平等。鄭經時，尚有二十八鎮，如征北將軍吴淑，平北將軍何祐，侍衛馮錫範，左武衛劉國軒，右武衛薛進思，左虎衛許耀，左都督趙得勝，宣毅前鎮江勝，宣毅後鎮陳諒，建威後鎮朱友，援勦左鎮金漢臣，樓船中鎮蕭琛，樓船左鎮朱天貴，吏官洪磊，禮官柯平，兵官陳繩武等。見野史鄭成功傳。②草竊奸宄，横行一時，嵎負自雄，設官建職，適以自速其斃也。永明王奔安龍，孫可望使一知府給其糧，册開皇帝一名，皇后一口。李自成死，其兄子錦奉自成妻高氏降於唐王，猶稱自成爲先帝，高氏爲太后。

542 明從賊官六等定罪

解學龍傳，福王時定從賊官罪，倣唐六等。其一等應磔者，吏部員外宋企郊，舉人牛金星，平陽知府張嶙然，太僕少卿曹欽程，御史李振聲、喻上猷，山西提學參議黎志陞，陝西左布政使陸之祺，兵科給事高翔漢，潼關道僉事楊王休，翰林院檢討劉世芳，十一人也。二等應斬緩決者，刑科給事光時亨，河南提學鞏焴，庶吉士周鍾，兵部主事方允昌，四人也。三等應絞擬贖者，翰林修撰兼給事中陳名夏，户科給事楊枝起、廖國遴，襄陽知府王承曾，天津兵備副使原毓宗，庶吉士何孕光，少詹事項煜，七人也。四等應戍擬贖者，主事王孫蕙，檢討梁兆陽，大理寺正錢位坤，總督侯恂，副使王秉鑑，御史陳羽白、裴希度、張懋爵，郎中劉大鞏，員外郭萬象，給事中申芝芳、金汝礪，舉人吴達，修撰楊廷鑑及黄繼祖，十五人也。五等應徒擬贖者，通政司參議宋學顯，諭德方拱乾，主事繆沅，給事中吕兆龍、傅振鐸，進士吴剛思，檢討方以智、傅鼎銓，庶吉士張家玉、沈元龍，十人也。六等應杖贖者，員外潘同春、吴泰來，主事張琦，行人王于曜，知縣周壽明，進士徐家麟、向列星、李㭿，八人也。其留北俟再定者，少詹事何瑞徵、楊觀光，①少卿張若麒，副使方大猷，侍郎黨崇雅、熊文舉，太僕卿葉初春，給事中龔鼎孶、戴明説、孫承澤、劉昌，御史涂必泓、張鳴駿，司業薛所蘊，通政參議趙京仕，編修高爾儼，郎中衛周祚、黄紀、孫襄，十九人也。其另存再議者，給事中翁元益、郭充，庶吉士魯㮚、吴爾壎、後同史可法同死揚州。史可程、即可法之弟，後居宜興四十年而卒。王自超、白孕謙、梁清標、楊棲鶚②、張元琳、吕崇烈、李化麟、朱積、趙熲、劉廷琮，郎中侯佐、吴之琦，員外郎左懋泰、鄒明魁，行人許作梅，進士胡顯，太常博士龔懋熙、王之牧、王皐、梅鶚、姬琨、朱國壽、吴嵩孕，二十八人也。其已奉旨録用者，尚書張縉彦，給事中時敏，諭德衛允文、韓四維，御史蘇京，知縣黄國琦、施鳳儀，郎中張振聲，中書顧大成、姜荃林，十人也。有旨周鍾等不當緩決，陳名夏等未蔽厥辜，侯恂、宋學顯、吴剛思、方以智、潘同春擬罪未合，新榜進士盡污僞命，不當復玷班聯，令再議。後又議周鍾、光時亨等各加一等。時馬、阮專柄，殺鍾、時亨，即傳旨二等罪斬者謫充雲南金齒軍，三等者充廣西邊衛軍，四等以下俱爲民，永不敍用。然案内諸犯多漏網，一等者皆隨賊西行，實未嘗正法也。

按福王時所定六等，蓋就一時聞見，草率成案，其實尚多遺漏者。李自成入京時，閣臣魏藻德等率百官表賀，坐殿前俟命，爲羣賊所戲侮，事見明史列傳，而六等中無之。他如大學士李建泰，尚書張（炘）〔忻〕，侍郎劉餘祐，光禄卿李元鼎，庶吉士張端明，③以及御史傅景星，爲賊兵政府侍郎；陝西監軍道陳之龍，爲賊寧夏節度使；御史柳寅東、張懋爵，俱爲賊直指使。此皆文臣之降賊者。錦衣衛左都督駱養性降賊，仍原官；宣化總兵姜瓖，密雲總兵唐通，皆降賊於居庸；盪寇將軍白廣恩降賊，封桃源伯；副將南一魁，董學禮降賊，爲總兵。此武臣之降賊者。事見我朝二臣傳，而六等中亦皆無之，可見所定之案之疎略也。就所定中一等者固隨賊西去，二等中亦祇周鍾、光時亨二人正法，其他仍漏網。三等中如陳名夏，入我朝，官至大學士兼吏部尚書。可見六等之案，固不過懸擬罪名，實未嘗能行法。其留北俟再定者，入本朝，轉多有至大官，梁清標、党崇雅、衛周祚、高爾儼，皆至大學士；劉昌、龔鼎孳，皆至尚書；孫承澤至左都御史；薛所藴、熊文舉、葉初春，皆至侍郎；戴明説、張若麒，皆至京卿；方大猷至巡撫。諸人在福王時，既以傳聞未確，得免麗名於六等之内，入本朝，官位通顯，又莫有記其曾污僞命者。皇上命詞臣，以明臣之仕於我朝者，編作二臣傳，其中有降賊者，據事直書，然後失節之處，昭然莫掩。此真彰癉之大公，可以立萬世之大閑矣。

時蘇州諸生檄討其鄉官從賊者，奸民和之，少詹事項煜，大理寺正錢位坤，通政司參議宋學顯，員外湯有慶之家，皆被焚劫。常熟又焚給事中時敏家，燬其三代四棺。祁彪佳傳

543 明代先後流賊

盜賊蜂起，至覆國家，漢則張角等，魏則葛榮等，隋則翟讓等，正史皆未有專傳。唐書則立黄巢傳，而入於逆臣中，然巢初未爲臣也。明史以李自成、張獻忠另立流賊傳，最爲允當。然祇傳此二人，而永樂以後，伺閒竊發者不備載，但附見於諸臣列傳中。今特摘出，以便觀覽。其他土司之叛服不常，及苗、瑶之據巢穴爲梗者，不贅及。

544 唐賽兒

永樂十九年，蒲臺林三妻唐賽兒作亂。①自言得石函中寶書神劍，役鬼神，剪紙作人馬，相戰鬭。徒衆數千，襲據益都卸石寨。指揮高鳳捕之，敗歿，勢遂熾。其黨董彦昇等攻下莒、即墨，圍安邱。總

兵官柳升率劉忠圍賽兒，賽兒夜劫官軍，驚潰，忠戰死，賽兒逃去。攻安邱益急，知縣張旟等死守不能下，合莒、即墨萬餘賊來攻。都指揮衛青，備倭海上，聞之，率千騎馳至，大破賊。城中亦鼓噪出，殺賊二千，擒四千餘，悉斬之，餘賊奔散。時城中旦夕不支，青救稍遲，城必陷矣。賽兒竟不獲。青傳

545 劉千斤

成化中，荆襄賊劉千斤作亂。千斤名通，河南西華人，縣門石狻猊重千斤，通隻手舉之，因以爲號。時流民聚荆襄者，通以妖言煽之，謀作亂。石龍者，號石和尚，聚衆剽掠，與通共起兵，僞稱漢王，建元德勝。朝命尚書白圭提督軍務，率朱永、喜信、鮑政等討之。至南漳，敗賊，乘勝逼其巢。通奔壽陽，又退保大市，官軍又敗之，斬其子聰。賊退據後巖，諸軍四面攻之，遂擒通，及其衆三千五百人，獲子女萬一千有奇。石龍與劉長子逸去，擾四川。圭分兵躡之，劉長子縛龍以降，餘寇悉平。白圭傳

546 李鬍子

圭既平劉通，荆襄閒流民仍屯結。通黨李鬍子，名原，僞稱平王，與小王洪、王彪等掠南漳、房縣、内鄉，流民附之至百萬。總督項忠討之，先遣人入山招諭流民，歸者四十萬，彪亦就擒。賊仍伏山砦出擊。忠又遣李振等擊之，擒李原、小王洪等，又招流民五十餘萬，安插著籍。項忠傳

547 葉宗留等

正統中，慶元人葉宗留與麗水陳鑑胡聚衆，盜福建寶豐縣銀礦，羣盜自相殺，遂作亂。福建參議竺淵往捕，被執死。宗留僭稱王。福建鄧茂七亦聚衆反，宗留、鑑胡附之，剽浙江、江西、福建境。參議耿定，僉事王晟及都督陳榮、劉真、吴剛等，前後敗没。遂昌賊蘇牙、俞伯通又與相應。朝命張驥爲浙江巡撫討之，驥遣官擊斬牙等。而鑑胡方以忿争殺宗留，自稱大王，國號太平，建元泰定，分掠浙東。未幾茂七死，鑑胡勢孤，驥招之遂降。别賊蘇記養等，亦爲官軍所獲。張驥傳

548 鄧茂七

福建沙縣人鄧茂七，爲甲長，以氣役屬鄉民。其俗佃人輸租外例餽田主，茂七倡其黨無餽，而要田主自往受粟。田主訴於縣，縣下巡檢捕之，茂七殺弓兵數人。上官聞，遣官軍三百人往捕，盡被殺，巡檢亦死。茂七遂大掠，自稱剗平王，設官屬，聚黨數萬人，陷二十餘州縣，指揮范真、彭璽等先後被殺。會左布政使安南人（阮勤）〔宋新〕貪濁漁民，民益從亂。巡按汪澄檄浙江、江西會討，尋以賊議降，檄止其兵，賊益熾。茂七圍延平，朝命御史丁瑄往招討，都督劉聚、僉都張楷大軍繼其後。瑄誘賊再攻延平，督衆擊敗之，遂斬茂七。丁瑄傳

549 李添保

天順中，麻城人李添保，以逋賦逃入苗中，僞稱唐太宗後，聚衆萬餘，僭稱王，建元武烈，掠遠近。總兵官李震大破之，添保逃入貴州。復誘羣苗出掠，震擒之。震傳

550 黄蕭養

天順末，廣東賊黄蕭養作亂，圍廣州。楊信民先官廣東，有惠政，至是以巡撫至，使人持諭入賊營招之，蕭養素服信民，克日請見。信民單車莅之，賊望見曰：「果楊公也。」争羅拜願降，而信民尋即病卒。會朝命都督董興來討，蕭養等懼，遂不降。興調江西、兩廣兵，侍郎孟鑑贊理軍務，興用天文生(馮)〔馬〕軾隨行。景泰元年春，至廣州，賊舟千餘艘，勢甚熾，而徵兵未盡集，諸將請濟師，軾曰：「廣州被圍久矣，即以現兵往擊，猶拉朽耳。」興從之。進至大洲，擊賊，殺溺死者無算，餘多就撫。蕭養中流矢死，俘其父及黨與，皆伏誅。信民及興傳

551 劉六劉七齊彦名趙瘋子

正德中，文安人劉六，名寵，其弟七，名宸，並驍悍。有司患盗，召寵、宸及其黨楊虎、齊彦名等捕盗，有功。劉瑾家人索賄不得，遂誣爲盗，遣寧杲、柳尚捕之，寵等乃投大盗張茂家。茂與宦官張忠爲

隣，茂結之。時河間參將袁彪捕茂，茂窘，求救於忠。忠置酒招茂、彪宴，以茂囑彪，彪遂不敢捕。寵等自首，尋復叛去，陷城殺將。朝命馬中錫提督軍務，與張偉等討之，諸將懦，或反與賊結。參將桑玉遇賊村中，寵、宸窘，匿民家，而玉受賂，故緩之。有頃，齊彦名持大刀至，殺傷數十人，大呼入，寵、宸知救至，出殺數人，遂復熾。自畿輔犯山東、河南，下湖廣，抵江西。又自南而北，直窺霸州。楊虎等由河北入山西，復至文安，與寵等合。縱横數千里，所過如無人。中錫、偉不能禦，乃下招降令，中錫肩輿入其營，寵請降，宸曰：「今奄臣柄國，馬都堂能自主乎？」遂罷去，焚掠如故。朝議乃遣侍郎陸完出督師，調邊將郤永、許泰等率邊兵入勦，敗賊於霸州，於信安、阜城。劉六、七乃南陷山東二十州縣，楊虎又北殘威縣、新河。劉六等縱横沂、莒間，連陷宿遷、虹、永城等處。邊兵追及，至小黄河渡口，虎溺死。餘賊奔河南，推劉惠爲首，敗總兵白玉軍，殺指揮王保，勢大熾。有陳翰者，奉惠爲奉天征討大元帥，趙燧副之，翰自爲侍謀軍國重務元帥府長史，與寧龍立東、西二廠治事。分其軍爲二十八營，以應二十八宿，營各置都督。趙燧者，文安諸生，號趙風子。①挈家避賊，賊得之，欲淫其妻女。燧怒，手擊殺數人，賊以其勇，遂奉之。燧戒毋淫掠，毋妄殺，移檄府縣，官吏師儒毋走避，迎者安堵。由是横行中原，勢出劉六等上，連陷鹿邑、上蔡、西平、遂平、舞陽、葉縣，縱掠南頓、新蔡、商水、襄城。至鈞州，以馬文升家在，捨之去。攻泌陽，燬焦芳家，束草爲芳像，斬之。副總兵馮禎、時源擊敗賊，賊奔入西平城。官軍塞其門，焚死千餘人，餘賊潰而西。巡撫鄧璋等朝崇王，宴飲三日，賊得招散亡，勢復振。陷鄢陵、滎陽、汜水，圍河南府三日，官軍始集。賊覘官軍饑疲，乃來犯，禎戰死。此燧等之亂河南也。劉六、七及彦名則擾山東、畿輔，亦陷數十州縣。官兵追及，賊輒驅良民在前，官兵所殺皆良民，故雖屢奏捷而賊勢不衰。於是朝命又以彭澤提督軍務，與仇鉞辦河南賊，其山東、畿輔賊則專委陸完。澤等至河南，燧等走汝州、寶豐、舞陽、固始、潁州、光山，鉞追及之，賊大敗。湖廣軍又破其別部賈勉兒於羅田。賊流六安、舒城，趨廬州、定遠，屢敗，而道遇楊虎餘黨數千人，又振。陷鳳陽、泗、宿、睢寧，諸將連敗之。追至應山，賊略盡。餘黨邢本怨、劉資、楊寡婦等皆就擒。燧薙髮逃至江夏，被執伏誅。惠走土地嶺，爲指揮王謹射中目，自縊死。勉兒亦獲於項城。而陸完之辦山東賊也，賊入登萊海套，又北走，沿途嘯聚益衆，巡撫寧杲兵爲所敗。賊又南走湖廣，奪舟至夏口，爲滿弼等追及，劉六與其子仲淮赴水死。劉七、齊彦名乘舟抵鎮江，時河南賊已平，帝命彭澤等會勦。賊猶乘潮上下，操江伯趙弘(靖)〔澤〕遇之，敗績。完至鎮江，分舟師備江陰、福山港等處。賊懼，至通州，颶風大作，走保狼山。完等攻之，彦名中槍死，七中矢，亦赴水死，餘賊盡平。陸完、彭澤、仇鉞、馬文升、馮禎等傳

552 江西盜

正德中，流賊不獨劉六、七等也，江西亦有劇盜。撫州則王鈺五、徐仰三、傅傑一、揭端三等，南昌則姚源賊汪澄二、王浩八、殷勇十、洪瑞七等，瑞州則華林賊羅光權、陳福一等，贛州則大帽山賊何積欽等。朝命陳金總制軍務討之。金調廣西土官岑鎏、岑猛土兵，與官兵合擊賊於熟塘，於東岸禽仰三，馘鈺五等。移師姚源，分命參政董朴等扼餘干等縣，防其逸出，親統大軍搗巢，勇十、瑞七等皆就

誅。乘勝斬光權，華林賊盡平。又擊大帽山賊，擒積欽。半年間，勦賊略盡。金置酒高會，餘賊覘諸隘無守兵，乃賂土目，乘閒逸出。時賊已絕爨三日，自分必死，至貴溪始得一飽，遂掠徽、衢間。金招降王浩八，僞降以緩師，而攻剽如故。陳金傳東鄉賊亦乞降於副使胡世寧，號新兵，亦剽掠，懼罪又叛。朝命以俞諫來代金。浩八據貴溪之裴源山，衆又集，連營十餘里。諫令世寧等分兵斷其去路，賊憑山發矢石，官兵幾不支。諫與副總兵李鋐殊死戰，賊乃走。追數十里，擒浩八。其黨胡浩三，既撫又叛。參政吴廷舉往諭，爲所執，居三月，盡得其要領，誘浩三殺其兄浩二，官兵乘亂攻之，遂擒浩三，以次平劉昌三等。而東鄉賊王垂七、胡念二等又殺官吏，焚廨舍，諫又發兵擒之，亂乃定。俞諫、李鋐、吴廷舉等傳

553 四川盜

是時流賊之在四川者，保寧有藍廷瑞，稱順天王；鄢本恕稱刮地王；其黨廖惠稱掃地王，衆十萬，置四十八總管，蔓延陝西、湖廣之境。廷瑞、惠謀據保寧，本恕謀據漢中，取鄖陽東下。巡撫林俊調羅、回兵及石柱土兵，至龍灘河，乘賊半渡擊之，獲惠，餘賊奔陝。總制洪鐘下令招撫，降者萬餘人。賊又掠蓬、劍二州，鐘檄陝、豫、楚兵分道進，廷瑞走漢中，官兵圍之。廷瑞遣人乞降於陝撫藍章，章以賊本川人，遣官護之出境。賊既入川，乞降而多所要求，欲以營山縣或臨江市處其衆。鐘遣通判羅賢入其營，被殺。鐘乃分兵爲七壘守之，賊不得逸。廷瑞以所掠女子詐爲己女，結婚於鐘所調來之永順土舍彭世麟，冀得閒逃去。世麟密白鐘，鐘使以計圖之。及期，廷瑞、本恕及其黨二十八人咸來會，伏

發，盡擒之。惟廖麻子得脱，偕其黨曹甫掠營山、蓬州。鐘又議撫，甫聽命，廖麻子忿甫背己，襲殺之，并其衆。轉掠川東，自合州渡江，陷州縣。鐘傳甫黨方四亡命思南，巡撫林俊發兵擊走之。俊傳朝命彭澤來代鐘，澤偕總兵時源數敗之，擒麻子於劍州。其黨喻思俸竄巴、通閒，澤又擒之。澤傳時鐘所調永順土兵恣爲暴，民間謡曰：「賊兵梳，官兵篦，土兵薙。」①陳金所調廣西土兵亦恣横，民閒謡曰：「土賊猶可，土兵殺我。」

554 曾一本

嘉靖中，海寇曾一本，本蜑户，糾衆横行閩、廣閒。俞大猷將赴廣西，總督劉燾令大猷會閩師夾擊。一本至閩，總兵李錫出海禦之，與大猷遇賊柘林澳，三戰皆捷。賊遁馬耳澳，復戰，廣東總兵劉顯及郭成率參將王詔，以師會次萊蕪澳，分三哨進。一本駕大舟力戰，諸將連破之，燬其舟，詔生擒一本及其妻子，斬首七百餘，死水火者萬計。一本之黨梁本豪，亦蜑户。一本既誅，本豪竄海中，習水戰，遠通西洋，且結倭兵爲助，殺千户、通判以去。總督陳瑞與參將黄應甲謀，分水軍二，南駐老萬山備倭，東駐虎門備蜑，别以兩軍備外海，兩軍扼要害。乃率水軍進，沈蜑舟二十，生擒本豪。餘賊奔潭洲，聚舟二百，及倭舟十。諸將合追，先後俘斬千六百，沈其舟二百餘，撫降者二千五百，海賊盡平。李錫、劉顯傳

555 徐鴻儒

天啟二年，山東妖賊徐鴻儒反，連陷鄆、鉅野、鄒、滕、嶧，衆至數萬。巡撫趙彦任都司楊國棟、廖棟，檄所部練民兵，守要地，起家居總兵楊肇基，使統兵往討。而棟、國棟等攻鄒兵潰，遊擊張榜戰死。彦方視師兖州，遇賊，肇基至，急迎戰，令棟、國棟夾擊，大敗之横河。賊精鋭聚鄒、滕中道，肇基令遊兵綴賊鄒城，①而以大軍擊賊紀王城，大敗賊，殪之嶧山，遂圍鄒。國棟等亦先後收復鄆、鉅野、嶧、滕諸縣。乃築長圍攻鄒，三月賊食盡，其黨出降，遂擒鴻儒。楊肇基傳

556 劉香

崇禎初，福建有紅夷之患，海盜劉香乘之，連犯閩、廣沿海邑。總督熊文燦議招撫，遣參政洪雲蒸副使康成祖參將夏之本、張一傑等宣諭，俱被執。乃令降盜鄭芝龍擊香於田尾洋。香勢蹙，令雲蒸止兵，雲蒸大呼，急擊賊，勿顧我，遂遇害。香勢窮，自焚溺死，承祖等脱歸。文燦傳

557 明祖本紀

明史太祖本紀，大概多本之實録，及御製皇陵碑、世德碑、紀夢文、西征記、平西蜀文、周顛仙人傳，此外則皇明祖訓、皇朝本記、天潢玉牒、國朝禮賢録，及陸深之平胡録、北平録、平漢録、平吴録、平

蜀記，①黄標之平夏記，張紞之雲南機務抄黄，高岱之鴻猷録，唐樞之國琛集，王世貞之名卿績記，顧璘之國寶新編，徐禎卿之翦勝野聞，王文禄之龍興慈記等書，無慮數十百種，類皆資其採掇。然使決擇不精，如南、北史徒搜異聞，以炫人耳目，往往轉至失實。明史則博攬群書，而必求確核。蓋取之博而擇之審，洵稱良史。不參觀於各家記述，不知修史者訂正之苦心也。

558 皇陵碑

敍明祖側微時，當以御製皇陵碑爲據。蓋明祖自述其少日流離艱苦之況，甚至躶葬父母，髡髮沙門，乞食江淮，皆所不諱，則其事之確核可知也。天潢玉牒，明祖母陳太后在麥場，有一道士，修髯簪冠，紅服象簡，來坐，撥一白丸曰大丹，付太后吞之，已而有娠。據此則道士授丹乃實事也。皇朝本紀則云，太后夜夢黄冠來麥場中，取白藥一丸，使吞之，覺語仁祖，即明祖之父而口尚有香。是夢中事也。高岱鴻猷録亦云是夢，明史本紀從之。玉牒又謂明祖兄南(陽)〔昌〕王及子山陽王先死，貧無葬地，同里劉繼祖以地與之。時仁祖先夢於彼處築室，今葬長子，後果夫妻亦同葬此地，即鳳陽陵云。是長子先葬，數年後父母隨葬也。然皇陵碑云，皇考終於六十有四，皇妣五十有九而亡。孟兄先死，合家守喪，田主德不我顧，呼叱昂昂，忽伊兄之慷慨，惠此黄壤。則是父母兄相繼死於旬日之内，故劉繼祖憫其鞠凶，而捨地與之。且繼祖弟方不許，若已葬兄有地，又何煩繼祖之贈耶？又徐禎卿翦勝野聞，帝父母兄相繼死，貧不能具棺，與仲兄謀草葬山中。途次綆斷，仲返計，留帝視屍。忽風雨，天大晦，比明視之，則土裂屍陷，已成墳，田伯劉大秀即與地而棄責焉。按皇陵碑云，殯無棺槨，蔽體惡裳，是草葬自是實事。至天葬之神異，事本不經，碑中並無一語，或其後因棵葬而附會爲此説耶？玉牒謂劉繼祖，野聞謂劉大秀，名亦不同。①

559 明祖以不嗜殺得天下

明祖以布衣成帝業，其得力處，總在不嗜殺人一語。初遇李善長，即以漢高豁達大度，不嗜殺人爲勸。及取和州，諸將頗不戢，范常規以得一城而使人肝腦塗地，何以成大事，即責諸將，搜軍中所掠婦女，遣送其家。既渡江，將取太平，令李善長預書禁約榜文，入城即懸諸通衢，兵皆肅然毋敢犯。故陶安謂明公神武不殺，天下不足平也。及將取鎮江，先坐諸將以重罪，令善長再三求釋，乃下令，廬舍不焚，民無酷掠，方許免罪。於是克城之日，民不知有兵。池州之役，徐達、常遇春敗陳友諒兵，生獲三千人，遇春欲盡誅之，徐達不可，乃以聞，而遇春已坑其兵過半，帝急命釋之，由是命達盡護諸將。遇春圍熊天瑞於贛州，固守不下，帝慮其多殺，先戒曰：「得地無民亦何益。」乃築長圍，半年始克之。於是諸將皆承順風旨，咸以殺掠爲戒。徐達圍張士誠於平江，亦幾一年，城將破，先約遇春曰：「兵入，我營其左，公營其右，禁殺掠。」故城破而民亦晏然。潘元明以杭州降於李文忠，文忠身宿譙樓，兵有借民釜者，立斬以徇。建寧守將達里麻、翟也先不花送降欵於何文輝，主將胡美怒其不先詣己，欲屠其城。文輝曰：「兵至爲百姓耳，何可以私意殺人。」美遂止。張彬攻靖江南關，爲守城者所詬，怒欲屠其民，楊璟諭之亦止。鄧愈之徇安福也，部下有擄掠者，判官潘樞入責之，愈急下令禁止，搜軍中所得子女悉還之。徐達克元都，市不易肆，尤見威令之肅。蓋是時羣雄並起，惟事子女玉帛，荼毒生靈，獨明祖以救世安天下爲心，故仁聲義聞，所至降附，省攻戰之力大半。其後胡、藍二黨誅戮至四五萬人，則天下已定，故得肆其雄猜。又平定滇、黔，殺苗、蠻亦不下六七萬，則以番夷之性但知畏威，非此不足以懲創。蓋明祖一人，聖賢、豪傑、盜賊之性，實兼而有之者也。

560 明祖用法最嚴

明祖親見元末貪黷懈弛，生民受害，故其馭下常以嚴厲爲主，雖不無矯枉過正，然以挽頽俗而立紀綱，固不可無此振作也。當其用兵之始，命禁釀酒，胡大海方攻越，其子首犯之，王愷請勿誅以安大海心。帝曰：「寧使大海叛我，不可使我法不行。」遂手刃之。趙仲中守安慶，陳友諒來攻，仲中棄城走，常遇春請原之，帝不許，曰：「法不行，無以懲後。」遂誅之。①馮勝攻高郵，城中詐降，使康泰等先入，敵閉門盡殺之。帝召勝還，決大杖十，令步行至高郵。勝愧憤，竟攻克之。可見其威令之嚴，不可搖動。獨鄧愈守洪州，祝宗、康泰反，愈不及備，逃出撫州門，帝竟不殺，仍令往守。豈以事出不意而恕之耶？抑以其功大而不忍執法耶？

561 明祖重儒

明祖初不知書，而好親近儒生，商略千古。徐達往取鎮江，令訪秦從龍，致願見之意，即令姪文正、甥李文忠以幣聘至應天，朝夕過從，以筆書漆簡，問荅甚密。從龍又薦陳遇，遇不受官，而尊寵之逾於勳戚。後置江南行中書省，省中自李善長、陶安外，又有宋思顏、①李夢庚、郭景祥、侯元善、楊元杲、阮弘道、孔克仁、王愷、欒鳳、夏煜、毛騏、王濂、汪河等，皆燕見無時，敷陳治道。又聘劉基、宋濂、章溢、葉琛至，曰：「我爲天下屈四先生。」下婺州後，又召吴沈、許元、葉瓚玉、胡翰、汪仲山、李公常、金信、徐孳、童冀、戴良、吴履、張起敬等。會食省中，日令三人進講經史。其後定國家禮制，大祀用陶安，祫禘用詹同，時享用朱升，釋奠耕籍用錢用壬，五祀用崔亮，朝會用劉基，祝祭用魏觀，軍禮用陶凱，一代典禮，皆所裁定。尋以胡惟庸謀反，廢丞相，又設四輔官，以王本、杜佑、龔斅、杜斅、趙民望、吴源等爲之，隆以坐論之禮。諫院疑讞，四輔官得封駁。又有安然、李幹、何顯周等，相繼爲之。帝嘗謂聽儒生議論，可以開發神智。蓋帝本不知書，而睿哲性成，驟聞經書奥旨，但覺聞所未聞，而以施之實政，遂成百餘年清晏之治。正德以前，猶其遺烈也。

562 郭子興之被執

至正十二年二月，郭子興、孫德崖等陷濠州。未幾，有徐州盜魁彭大、趙均用，爲元兵所敗，亦奔於濠。彭僭稱魯淮王，趙僭稱永義王，部衆恣横，子興等反爲所制。高岱鴻猷録云，彭、趙一日執郭下獄，帝力爲營救，彭、趙聞而釋之。天潢玉牒亦云，彭、趙執郭於獄，明日彭帥釋之。是執子興者彭、趙共之也。然皇朝本紀則云，子興奉彭而輕趙，德崖等恃趙威，執子興，囚於德崖家。帝以子興次夫人往訴彭，彭曰：「孰敢若是！」呼左右點兵，帝亦披堅執鋭，圍孫宅，共掀椽揭瓦，見子興鉗足繫項，令人負歸，脱去鉗鎖，是趙執子興，而彭脱之也。其後帝總兵和陽，德崖求寄居，子興至，其兵與德崖兵鬭，子興執德崖，德崖兵亦執帝，猶以此宿憾也。明史郭子興傳不從鴻猷録，而專用皇朝本紀，較爲確核。

563 劉繼祖汪文

玉牒又云，帝父母死，無食，時年十七，入皇覺寺爲僧，鄰人汪文助爲之禮，事高彬爲師。此即碑所云，汪氏老母，爲余籌量，遣子相送，備禮馨香，空門禮佛，出入僧房。汪文蓋即汪媪之子。鴻猷録亦謂，帝從汪媪議，託身皇覺寺，汪媪爲少具儀物，師事僧高彬。鄭曉今言云，鳳陽皇陵有奉祀二人劉氏、汪氏。徐禎卿翦勝野聞云，帝念劉大秀施地之惠，封爲義惠侯。又感汪媪之意，敕授世官，令衛皇陵。明史作劉繼祖，又云，帝平淮安後至濠，賜故人汪文、劉英粟帛。

564 張士德之擒

按陸深平吴録①云，徐達攻常州，張士誠遣其弟士德來援。士德敗走，遇坎墜馬被擒。皇朝本記則云，徐達破張士誠兵於宜興湖橋，擒其弟張九六。即士德。今明史徐達傳則云，擒士德於常熟。

565　劉福通被殺

陸深平胡録，至正十九年，劉福通以宋主韓林兒走安豐。二十三年，張士誠遣吕珍破其城，殺劉福通。而平吴録則云，帝率常遇春等救安豐，珍敗走，福通奉韓林兒退居滁州。按二録皆陸深所著，①而一則云福通被殺，一則云福通奉其主居滁，何舛錯如此？高岱鴻猷録則云，珍攻安豐急，劉福通遣使求救於建康，上親率諸將救之。至則珍已破安豐，殺福通，上遂以林兒還金陵云。按是時羣雄多奉林兒龍鳳年號，明祖亦用之，令下則云「皇帝聖旨，吴王令旨」，已居然天下共主矣。福通其宰相也，權位并在明祖之右。吕珍已爲明兵所敗，并獲元將忻都，走左君弼，使福通不死，必仍奉林兒據大位，以號召天下，其肯退居於滁，寄人籬下耶？是珍之殺福通，自是實事。福通既死，明祖奉林兒居滁，則已在掌握中，不逾年林兒死，遂改年爲吴元年。廖永忠傳并謂，永忠迎林兒還應天，至瓜步，覆其舟死，則鴻猷録所云奉林兒還金陵者亦誤也。

566　明祖之取江州

明史趙德勝傳，至正癸卯，太祖西征陳友諒，破安慶水寨，乘風泝小孤山，距九江五里，友諒始知，倉皇遁去，是友諒不及戰即往武昌也。劉基傳亦云，明祖攻安慶，自旦及暮不下，基請徑趨江州，遂悉軍西上。友諒出不意，帥妻子奔武昌。亦見國初禮賢録。然御製西征記，抵皖城，寇舟不戰，水陸固守。我師遂宵晝弗停，次日午後，直抵潯陽。與彼交戰，再衝再折，若此者三，彼負而我勝，友諒逃遁，遣將伏降。是明兵到時，友諒亦曾拒戰，既敗而逃，當以西征記爲準。按明史廖永忠傳，是時永忠從攻江州，州城臨江，守備甚固。永忠度城高下，造橋於船尾，名曰天橋，以船乘風倒行，橋附於城，遂克之。是不惟交戰，抑且攻城，使友諒不待戰即倉皇遁去，又何用造橋於船尾方攻破城耶。

567 徐達縱元君之悞

陸深玉堂漫筆，徐達之蹙元順帝於開平也，開一角使逸去。常遇春怒無大功，達曰：「是嘗君天下，將裂地封之乎，抑遂甘心也。既皆不可，則縱之固便。」徐禎卿翦勝野聞亦謂，達追順帝，忽傳令班師，遇春大怒，馳歸告達反。達料遇春歸必有譖言，乃亦引軍歸，別白此事，謂若執以歸，將焉用之云云。按洪武元年，達、遇春至通州，以八月庚午克元都，順帝已於七月丙寅開建德門北走，固未有故縱之事。二年春，達方在陝西戡定鞏昌、臨洮、慶陽等處。遇春以通州有元丞相也速來窺伺，乃與李文忠還師北平。既敗元兵，遂追入開平，順帝已北走沙漠。遇春歸，亦卒於柳河途次。是開平之役，達未在行，遇春亦無歸朝面奏之事。且達小心恭謹，當平江攻張士誠時，遣使請事，帝嘉其忠，而以「將在外，君不御」勉之。胡德濟從征擴廓，違令致敗，當斬，達以功臣胡大海之子，械送京，帝曰：「將軍效衛青不斬蘇建耳，繼自今毋姑息。」是達之不敢自專可知。況滅國大事，敢故縱其君乎。明史謂上幸汴梁時，達密請於帝，謂元主若北走，將窮追之乎。帝曰：「元運衰矣，行自澌滅。出塞之後，慎固封守可也。」此事較爲得實，然達并未追順帝也。陸、徐著述頗可觀，此事乃謬誤如此，蓋徒得之傳聞，而未嘗見實録也。

568 新月詩

黄溥閒中今古録，明祖嘗試諸子新月詩。懿文太子云①：「雖然未到團圞夜，也有清光照九州。」成祖云：「誰將玉指甲，掐破青天痕。影落江湖裏，蛟龍不敢吞。」鄭曉今言則以影落江湖爲建文君所作。蓋世所傳從亡録，建文竄跡西南，終免於禍難，似其詩讖也。

569 通州糧運京二傳所載不同

土木之變，英宗既北狩，也先將入寇，朝議欲焚通州倉，以絶寇資。後令京軍自運到京，不數日京師頓足。明史周忱傳以爲此議本出自忱，于謙傳則又以爲出自謙。蓋忱傳本之何良俊四友齋叢説，謂忱適以事至京，令軍士預支半年糧，俾自往取，何至付爲煨燼。謙傳則本之陳沂畜德録，謂國之命脈在此，傳示城中，有力者盡取之。高岱鴻猷録亦謂，謙令軍士預支月糧，以羸米爲之直。此各記所記者也。蓋本忱建此議，而謙奏行之耳。

570 于謙王文之死

黄溥閒中今古録，英宗復辟時，石亨等誣王文、于謙謀迎立外藩，坐以大逆，將肆之市。謙連呼皇天后土，文但云，今已到此，伸起頭來就砍，連呼何爲，久自明白。是文之臨危不懼，視死如歸，過於謙遠矣。然明史文、謙二傳，謙並無皇天后土之呼，文則力辨召親王須用金牌信符，遣人必有馬牌，内府、兵部可驗也。謙笑曰：「亨等意耳，辨之何益。」是從容就死者謙，而自辨冤枉者乃文也。蓋又各就其平日之人品而繫以蓋棺定論耳。

571 喜寧之擒

明史于謙傳，英宗陷虜時，有叛閹喜寧降也先，爲之謀主。嘗導之入寇，邀大臣出迎駕，索金帛以萬萬計。後隨出塞，又嗾擾寧夏等邊。謙密令大同守將禽而戮之。是謙授計之功也。楊俊傳，中朝患喜寧，購禽斬寧者銀二萬兩，爵封侯。爲都指揮江福所獲，宣府參將楊俊冒其功，景泰帝以邊將職所當爲，僅加左都督，賜金幣。後事白，奪俊冒陞官，别賞江福。是江福擒叛之功也。然閲正統北狩事蹟、尹直北征事蹟、高岱鴻猷録等書，則不惟楊俊冒功，即江福亦非功首，其始謀乃英宗也。①英宗在北，以寧數嗾也先擾邊，則和議不可成，和不成則已無還期。會欲遣使至宣府索春衣，囑也先以寧往，而使軍士高磐隨行。密以手諭書木片，縛磐髀股間，使以示俊。俊與寧飲城下，磐即抱寧大呼，遂縛送京師，伏誅。蓋福是磐抱寧時手縛之者。則俊與福之功皆屬倖得，而又係之於謙，蓋以其忠誠爲國，凡有善事皆歸美焉耳。高磐，北狩事蹟作高斌，北征事蹟作高旺。②

572 曹吉祥江彬

太監曹吉祥從征雲南、福建，朝命以諸降夷之安插畿甸者隨行，既還京，吉祥皆結以恩爲爪牙。其姪欽，官錦衣衛指揮使，封昭武伯。欽弟鉉、鐊、鐸，皆至大官。英宗復辟時，欽曾以此輩奪門，冒功得官，至數千人。石亨敗，冒功者皆革，此輩又爲吉祥所庇得免。吉祥招權納賄，肆無忌，上寖疎之。欽亦以恣横失上意，别以衛事委任逯杲。於是吉祥、欽謀爲亂。天順五年七月初二夜，將以明日五鼓，禁門開，率諸番將一擁而入，吉祥於内應之，可以得志。會有馬亮者，告變於恭順侯吴瑾，瑾與懷寧伯孫鏜，二鼓從門隙中密本奏入，遂執吉祥於内廷，欽等不知也。及期，百官方至待漏院入朝，而門不啟。欽知事洩，乃與諸弟率番將伯顔普華等，①先至杲家殺杲，并殺瑾及都御史寇深於朝房，又刃傷大學士李賢。鏜等聞變，率兵來，大戰於長安街，吉祥、欽、鉉、鐊、鐸、伯顔等皆伏誅。使非鏜、瑾等刺閳告變，禍幾不測矣。然亦有不可解者，吉祥方密應於内，鏜、瑾等雖奏入，豈不能攔截，弗使上聞，何以能直達御前，遂至被執？及觀李賢天順（實）〔日〕録，乃知吉祥不通文墨，未嘗掌司禮監，故章奏不經其手也。明史吉祥傳卻稱其掌司禮監，然李賢係同時人，自當以賢説爲準。武宗嬖江彬爲義子，自通州回京，彬將邊兵扈行，而帝已病，彬矯旨改團營爲威武團練營。及帝崩，大學士楊廷和雖令中官密啟皇太后謀誅之，然近在肘腋間，何以能束手就縛？及觀箬陂繼世紀聞及唐樞國琛集、何良俊四友齋叢説，是時廷和方懼其爲變，謀之於王翺，翺請於遺詔内敍邊兵扈從南巡之勞，而離家日久，俱令至通州給賞，散歸。② 於是彬左右無人，遂不能脱。此一説也。高岱鴻猷録則云，武宗崩，廷和等祕不發喪，以武宗命召彬入，遂就擒。此又一説也。按彬日侍豹房不離左右，豈有帝崩而猶不知者。明史楊廷和傳，是時彬擁重兵在肘腋，知天下惡之，心不自安。其黨李琮勸以家衆反，不勝則走塞外，彬猶豫未決。廷和謀以皇太后命捕誅彬，因題大行銘旌，乃與中官温祥等謀，脅司禮魏彬入奏皇太后，良久未報，頃之報曰，彬已擒矣。又明史佞倖傳，帝崩，江彬稱疾不出，衷甲觀變。會坤寧宫安獸吻，皇太后傳命江彬與工部尚書李鐩祭神，以禮服入，家人不得從。祭畢，中官張永留飯，皇太后詔至收彬，彬遂不能出。此蓋當日實事，誅彬在武宗晏駕數日後，初非祕不發喪，即日誘誅彬而後成服也。蓋彬雖有不軌謀，而素無布置，是以廷和等得乘間除害耳。

573 明代宦官先後權勢

明内監故事，永樂中，差内官至五府、六部稟事，内官離府部官一丈作揖。途遇公侯駙馬，則下馬旁立。今則呼府部官如屬吏，公侯駙馬途遇内官，轉迴避矣。陸容菽園雜記張吏侍廷祥云。① 内閣待中官之禮凡幾變，天順間，李賢爲首相，司禮監巨璫至者，以便服接見之，事畢，揖之而退。彭文憲繼之，門者來報，必衣冠見之，與之分列而坐，太監第一人對閣老第三位，常虚其二位。後陳閣老文則送之出閣，商閣老輅又送之下階，萬閣老安則送至内閣門矣。今凡調旨等事，司禮者開出，或使少監等傳命而已。陸深金臺記聞太監至，閣臣迎之於花臺，送之止中門。李西涯告王鏊云，此定例也。陸深玉堂漫筆，又見王鏊震澤長語。②朱象元云，有一順門上内官云，我輩在順門上久，見時事凡幾變，昔日張先生孚敬進朝，我輩俱要打恭。後來夏先生言，我們只平眼看著。今嚴先生嵩，與我們恭恭手纔進。何良俊四友齋叢説此閣部大臣與内官交接先後不同之大概也。至王振、汪直、劉瑾、魏忠賢，則有長跪叩頭呼九千歲者矣。

574 權奸黷賄

震澤長語，正德中劉瑾籍没時，金二十四萬錠，又五萬七千八百兩，元寶五百萬錠，銀八百萬，又一百五十八萬三千六百兩。以上金共一千二百五萬七千八百兩，銀共二萬五千九百五十八萬三千六百兩。箬陂繼世纪聞，劉瑾時，凡有賄賂，一千曰一千，一萬曰一万，後漸增至幾千幾万矣。①留青日札，嘉靖初，籍没錢寧金七十扛，共十五萬五千兩，銀二千四百九十扛，共四百九十八萬兩。鴻猷録，江彬籍没時，入公帑者黄金七十櫃，櫃一千五百兩，銀二千二百櫃，櫃二千兩。繼世餘聞，嚴嵩籍没時，金銀、珠寶、書畫、器物、田房，共估銀二百三十五萬九千二百四十七兩餘。②又直隸巡按御史孫丕揚所抄嵩京中家産，亦不減此數，而所估價又不過十之一，即如裘衣共一萬七千四十一件，僅估銀六千二百五兩零，帳幔被褥二萬二千四百二十七件，僅估銀二千二百四十八兩零，則其他可知也。計其值不下數十倍。此外又行賂於權要者十二三，寄頓於親戚者十三四云。明史嚴嵩傳，嵩籍没時黄金三萬餘兩，白金百餘萬兩，他珍寶不可數計，蓋猶少言之也。

575 明代科場之弊

唐寅舉鄉試第一，與江陰富人徐經同舉，遂同入京會試。寅故有才，梁儲爲延譽於程敏政。適敏政與李東陽同主會試，策題以四子造詣爲問，乃是許魯齋一段文字，見劉靜修退齋記，通場士子皆不知。敏政得二卷，獨條對甚悉，將以爲魁；而寅出場後，亦疎狂自炫，給事中華昶遂劾敏政鬻題。時榜未發，詔敏政毋閱卷，其所録令東陽覆閱，二人卷皆不在所取中，東陽以聞。言者猶論不已，敏政、昶、寅、經俱下獄，坐經嘗謁見敏政，寅嘗乞敏政作序文，俱黜爲吏，敏政亦勒致仕，見明史敏政、寅傳，并何良俊叢説，箬陂治世餘聞，王世貞明詩評。昶亦以言事不實，調南太僕主簿。蓋定讞時未嘗實其關節之罪也。歸安人韓敬嘗受業於湯賓尹，賓尹分校會試，敬卷爲他校官所棄，賓尹越房搜得之，并取中五人。他考官皆效尤，競相搜取，共十七卷。賓尹又以敬卷强總裁蕭雲舉、王圖録爲第一。榜發，士論大譁。及廷對，賓尹又爲敬夤緣第一。賓尹旋以考察奪官，敬亦告病，事已隔三年矣。會進士鄒之麟分校順天鄉試，所取童學賢有私，御史孫居相并賓尹事發之，下禮官及都察院議，而不及賓尹。給事中孫振基請并議，禮部侍郎翁正春議，黜學賢，謫之麟，亦不及賓尹。振基再疏劾，乃下廷臣更議，時賓尹已去官，敬謫行人司副。明史孫振基傳

按賓尹在浙黨中本爲巨魁，嘗把持京察，以麻禧依附東林，即出之爲按察司知事。即其在闈中越房搜卷，並强總裁拔敬第一，廷試又爲敬夤緣大魁。居相、振基連劾之，而廷臣皆不敢議。既罷

官後，猶能使霍維華疏言，賓尹宜雪，敬宜復官。可見其權力聲勢足以奔走一時。故孫丕揚以賓尹召號黨與，又將圖柄用，乃并其門生王紹徽亦出之於外。真所謂奸人之雄也。王紹徽傳

576 明人説部

徐禎卿翦勝野聞，明祖擒張士誠後，斥江浙行省參政周伯琦曰：「元君寄汝以腹心，乃資賊爲亂耶！」先迎之，三日大醉以酬其勞而戮之。按元史，平江破後，伯琦歸故鄉，以良死，初未嘗被戮也。野聞又云，士誠司徒李伯昇，先以國情輸我師，帝亦以爲姦臣而誅之。然湖州之破，滿城皆降於明，獨伯昇不肯，曰：「張太尉待我厚，何忍爲此。」不得已亦降。及平江將陷，伯昇又使人説士誠，以保身全家爲上策。則其惓惓於故主，尚非恝然，是以既降後，命仍故官，洪武七年，尚命伯昇掌屯田山東、北平等處，後又兼懿文太子同知詹事院事，又命將兵討平湖廣慈利蠻。吴良傳，伯昇又隨鄧愈討廣西叛蠻。則伯昇初未被誅也。而野聞以爲被戮，果何所據耶？又王錡寓圃雜記，元有全某者，乃宋淵聖皇帝之母舅，在元學佛於土番，號合尊大師，有子亦從其教。後元主坐以説法聚衆，皆殺之。按淵聖乃欽宗追尊之號，至元朝已百六十餘年，何得尚存？合尊大師乃德祐帝也，蓋全某係德祐帝母全太后之兄弟耳，而僞爲淵聖，可謂屯毛不辨。又德祐帝有子曰完普，亦出家爲僧，然未有殺害之事。此明人小説中最陋者也。①

577 長隨

長隨本中官之次等，受役於大璫者。明史宦官何鼎傳，鼎在弘治中爲長隨。又王振傳，英宗陷於土木，郕王監國，羣臣既擊殺振黨馬順，又乞出王、毛二長隨，亦擊殺之。下又云，王、毛二中官，是長隨即中官也。鄭曉今言，司禮璫王岳爲劉瑾所惡，謫充南京浄軍，瑾黨長隨王成等追至臨清小沙灘，縊殺之。今俗所謂長隨，則官場中雇用之僕人，前明謂之參隨。明史宦官傳，高淮監税遼東，有參隨楊永恩，婪賄事發，幾激軍變。又税監陳奉在武昌肆毒，衆欲殺奉，逃而免，乃投其參隨十六人於江。又何景明傳，太監廖鑾鎮關中，横甚，其參隨遇三司不下馬，景明執而撻之。

578 明朝米價貴賤

明史周忱傳，時京師百官月俸，皆持俸帖赴南京領米，米賤時，俸帖七八石易銀一兩。忱請重額官田極貧下户準納銀，每兩當米四石，解京代俸。民出甚少，而官俸常足。王文傳，蘇、松、常、鎮四府，每糧四石折銀一兩，民甚便之。後户部復令征米輸徐、淮，率三石致一石，文用便宜停之。張瑄傳，榆林水災，瑄請移王府禄米於他處，留應輸榆林者濟荒，每石取值八錢輸榆林，民皆稱便。馬文昇傳，輸邊者，糧一石費銀一兩以上，豐年用糧八九石方易銀一兩。李敏傳，請令山、陝州縣歲輸糧於各邊者，每糧一石徵銀一兩，以十九輸邊，依時值折軍餉，有餘則糴以備軍興。由是北方二税皆折銀，自敏始也。楊守隨傳，王府祿米，每石征銀一兩，後增十之五，守隨入告於王，得如舊。何喬新勘處播州事情疏云，四川布政使發銀三百兩，照依時價，每銀一兩買米二石五斗，給築城夫口糧。是明中葉以前，米價不過如此，及崇禎中始大貴。李繼貞傳，崇禎四年，斗米值銀四錢，民多從賊。左懋第傳，崇禎時，山東兵荒，米石二十四兩，河南乃每石一百五十兩。

第三十六卷校證

534　明末遼餉剿餉練餉

①劉訒傳　按：應作孫應奎傳，劉、孫二人之傳同在明史卷二〇二，而劉傳在前，因以致誤。

536　明末巡撫多由邊道擢用

①可見是時巡撫多由監司擢用也　按：李慈銘云：「案邱禾嘉由兵部司務擢山永巡撫，以九品司屬驟躋節鉞，尤從來未有之事。」

537　明季遼左陣亡諸將之多

①瀋陽則賀世賢　按：「賢」原刻本誤作「延」，西畬本已改正。

541 **流賊僞官號**

①李定國出師桂林　按：李慈銘云：「李定國出師桂林時，非流賊矣，其曰某營某營者，乃軍伍之號，非官號也。」

②見野史鄭成功傳　按：此言野史，則未知作者爲何人。清末薛鳳昌編之梨洲遺著彙刊收入此篇，則定爲黄宗羲所作，未知何據。

542 **明從賊官六等定罪**

①楊觀光　按：「觀」原刻本誤作「現」，西畲本已改正。

②楊棲鶚　按：「鶚」原刻本誤作「鶴」，西畲本已改正。

③張端明　按：「明」字爲衍文，張端爲張忻之子，見二臣傳卷一二。

544 **唐賽兒**

①永樂十九年，蒲臺林三妻唐賽兒作亂　按：孫文泱云，據明史衛青傳與成祖紀下，事在永樂十八年二月，劄記作十九年，誤。

551 **劉六劉七齊彦名趙瘋子**

①趙燧者，文安諸生，號趙風子　按：「燧」字，國榷（卷四八）作「燧」，明實録（武宗卷八九正德七年六月）、明史

（卷一八七陸完傳）及鴻猷録（卷一二）等皆作「鐩」，而明史卷一七五仇鉞傳又作「燧」，守溪長語又作「璲」，只取其音，原無定字。趙燧爲河北農民軍中較有頭腦者，守溪長語及國榷均載其在河南答官方招降書云：「羣姦在朝，侮弄縉紳，濁亂海内，誅殺諫臣，屏斥元老。乞皇上獨斷，梟羣姦之首以謝天下，斬臣首以謝羣姦。」又戒菴漫筆（卷一）載其失敗後題驛詩：「魏國英雄今已休，一場心事付東流。秦廷無劒誅高鹿，漢室何人問丙牛。野鳥空啼千古恨，長江難洗百年羞。西風吹散窮途客，一夜遊魂反故丘。」於此可略見其思想志趣與階級局限性。

553　四川盗

①民間謡曰：「賊兵梳，官兵篦，土兵薙。」　按：明史洪鐘傳（卷一八七）載此謡作：「賊如梳，軍如篦，土兵如鬀。」西畬本據此改末句爲「土兵鬀」。劄記中多略取大意而不用原文者，此處似不必改。

555　徐鴻儒

①肇基令遊兵綴賊鄒城　按：「賊」原刻本誤作「敗」，西畬本已改正。

557　明祖本紀

①陸深之平胡録、北平録、平漢録、平吴録、平蜀記　按：陸深所著者惟平胡録一種，與北平録等均收於紀録彙編，其作者，平漢録署宋濂（明史藝文志作童承敘平漢録），平吴録署吴寬，北平録與平蜀記皆未署名。今獻彙言收平吴、北平、平胡三録，署名同紀録彙編。應據以改正。

558 皇陵碑

①玉牒謂劉繼祖，野聞謂劉大秀，名亦不同　按：「繼祖」爲其本名，「大秀」爲時人之尊稱，原無矛盾。

560 明祖用法最嚴

①趙仲中守安慶，陳友諒來攻，仲中棄城走，常遇春請原之，帝不許，曰：「法不行，無以懲後。」遂誅之　按：事見明史趙庸傳（卷一二九）。參看第三十二卷胡藍之獄篇校證①。

561 明祖重儒

①宋思顔　按：「宋」原刻本誤作「安」，西畲本已改正。

564 張士德之擒

①陸深平吴録　按：平吴録爲吴寬所作，非陸深作，參看本卷明祖本紀篇校證①。

565 劉福通被殺

①二録皆陸深所著　按：二録謂平胡録與平吴録，其説有誤，參看本卷明祖本紀篇校證①。

568　新月詩

①明祖嘗試諸子新月詩。懿文太子云　按：弇山堂別集（卷二〇）謂草木子載賦詩者爲皇太子（按：見談藪篇），乃元順帝之子愛猷識理達臘，明代野史附會爲懿文太子之事。

571　喜寧之擒

①然閱正統北狩事蹟、尹直北征事蹟、高岱鴻猷録等書，則不惟楊俊冒功，即江福亦非功首，其始謀乃英宗也　按：此節主要以劉定之否泰録爲依據，而獨未提其名。

②高磐，北狩事蹟作高斌，北征事蹟作高旺　按：作高旺者爲北狩事蹟，北征事蹟則作高贇。

572　曹吉祥江彬

①番將伯顏普華等　按：鴻猷録卷一一，國榷卷三三，明史紀事本末卷三六，皆作伯顏也先。

②是時廷和方懼其爲變，謀之於王翱，翱請於遺詔内敍邊兵扈從南巡之勞，而離家日久，俱令至通州給賞，散歸　按：王翱卒於成化三年，而此爲正德末年之事，絶不能相及。繼世紀聞與國琛集皆作謀之於張永，四友齋叢説則作王瓊。趙氏似取何良俊之説，而誤王瓊爲王翱。

573　明代宦官先後權勢

①張吏侍延祥云　按：「延」應作「廷」。張元禎，字廷祥，明史卷一八四有傳。

②太監至，閣臣迎之於花臺，送之止中門。李西涯告王鏊云，此定例也。（陸深玉堂漫筆，又見王鏊震澤長語） 按：此爲王鏊自記其直接聞自李東陽者，玉堂漫筆無此記載。

574 權奸黷賄

①箬陂繼世紀聞，劉瑾時，凡有賄賂，一千曰一干，一萬曰一万，後漸增至幾干幾万矣 按：「紀」原刻本作「記」，西畬本已改正。「万」，紀聞原作「方」，「干」、「方」皆取其與「千」、「万」字形相近，用爲隱語。原刻本「干」字不誤，「万」字似脱上面一點。廣雅本、西畬本皆改作「千」與「萬」，失之遠矣。

②繼世餘聞，嚴嵩籍没时，金銀、珠寶、書畫、器物、田房，共估銀二百三十五萬九千二百四十七兩餘 按：陳洪謨號箬陂，有治世餘聞與繼世紀聞二書，雜記明朝前期正德以前之事，無名爲繼世餘聞者，其二書亦未記嚴嵩籍没之事。所記籍没財物之數見田藝蘅留青日札。

576 明人説部

①此明人小説中最陋者也 按：翦勝野聞與寓圃雜記多記傳聞之事，雖有謬誤而瑕不掩瑜，古人雜記之書多類此。刺取一二事即加以「最陋」之評語，亦失之於偏。

廿二史劄記補遺

御批歷代通鑑輯覽總裁諸臣欽奉上論：金源肇起東方，與本朝滿洲之地同一疆域。如完顏爲金國族，至今隸我旗籍，而今之富察氏即金蒲察轉音，此其明證也。間攷史册所載金語，與今國語類多脗合，第音譯傳譌，遂至歧舛。而元人所著金語一篇又多臆度失真，如「勃極烈」即今「貝勒」，爲管理衆人之稱，乃解爲猶漢云冢宰，附會無當。至「猛安」音近今「明安」，明安千也，與千夫長相協。「謀克」之爲百夫長，義實難通，或即今語「穆昆」，爲族長之稱，猶可比合。若以「按出虎」爲金，與國語「愛新」迥不相同。而金國語解又有金曰「按春」之文，則又與今耳墜語相同，亦與金無涉，不知何以踳謬若此。蓋金朝所製女真大小字，未經流傳中外，而又未經譯以漢字，其後裔式微，遂無從攷證，不及我朝審音辨字之精詳，足爲同文準的耳。夫各國各有其語，各有其字。我滿洲與蒙古，一字一音，即盡其一字一音之義，從無一音而有兩字以至數字，惟漢字則一音有多至數字者。於是以漢字譯清字者，得以意爲愛憎，每取惡字以示見貶，不但於異國異字用之，即於同一漢文，頗有用是爲抑揚者矣。此倉頡造字所以有鬼夜哭之語也。然漢自漢，清自清，以漢譯清，原非本文，庸何傷乎。若求其音之正，則必當用三合音字，庶不失本來，而三合音字非人所能盡曉。兹因批閱通鑑輯覽，思金史成於漢人之手，於音譯既未諳習，且復任情毀譽，動以醜字肆其詆訾。如「兀朮」之必書「兀术」之類，不可枚舉。而「貝勒」或譌爲「勃極烈」，或譌爲「孛堇」，實可鄙笑。我國家中外一統，治洽同文，不忍金朝之官族人名爲庸陋者流傳所誤，因命廷臣悉按國語改正，其舊名仍註於下，以資參攷，使讀史者心目豁然，不爲前人謬妄所惑。特於初見處發其大凡如此。欽此！臣纂輯廿二史劄記時，第就坊刻遼、宋、金、元、明舊史爲據。今蒙高宗純皇帝御批歷代通鑑輯覽，所有人名、官名、地名，一一繙譯改正，始知數百年以來皆承譌襲謬，今日方得本音，誠千古不刊之書，讀史者宜奉爲準的。第恐外間坊刻舊本正多，不能家喻户曉。臣謹逐一録出，轉以舊名在前，今名在後，使人知舊本如此，今本如此，讀史者可不迷於檢閲焉。

遼

邪律奴哥今改訥格　習泥烈今改蕭錫甲　胡土白山今改瑚里巴山　余覩今改伊都　夷列今改伊呼　白斯不今改博碩布　**耶律大石今改耶律達什　師姑今改錫衮　撻曷里今改達哈拉　遐買今改蕭錫默　余覩姑楚今改余覩姑　敖盧斡今改阿婼罕　撻魯今改塔魯　謨葛失今改瑪克錫　得里底今改達爾丹　紇鄰今改吉林　詆沙勒今改并索勒　述烈今改珠爾　朴古只沙里今改布固濟蘇沙喇　**普速完今改普蘇完　可敦今改哈吞　回王畢勒哥今改伯勒格　忽兒珊將軍名號，今改呼爾察　斡里剌今改鄂羅濟　**移剌窩斡今改伊喇鄂斡　*蕭翰本名迪里，遼太宗入汴，賜后族小漢曰蕭翰，自後后族皆以蕭爲氏　敵烈今改迪里①　寒真今改罕扎　*敵魯今改達魯　阿鉢今改阿巴　郎五今改郎烏②　兀欲今改鄂約　麻荅今改滿達勒，德光從弟　白麻荅白再榮貪虐，滿達勒所取之財又取之，恒州人稱爲白麻荅，今改白滿達勒③　津撚今改伊納克④　述軋今改舒斡⑤　察割今改察罕　撻列今改塔魯　涅魯衮今改尼嚕衮　裹古直今改努古濟　兀

律今改烏里小哥今改肖格⑥　化哥今改化格　辛古今改錫古　燕燕今改葉葉　寅古今改英格　忽没里今
改華默哩耶律禪珠喇今改耶律琮⑦　克沙骨慎思今改格什古星什　昌朮今改禪珠喇　撻馬扈從官號，今改
達噶拉美⑧　巴速菫今改巴爾斯濟斯　耶律斜軫今改耶律色珍　*于越官號，今改裕悦　*曷魯今改赫嚕
*耶律休哥今改耶律休格　**夷离菫今改額勒金　縮思今改烏蘇　奚底今改希達　乙辛隱今改伊遜伊爾
咄李今改綽里特　勃古哲今改博郭濟　蒲奴隱今改布尼雅　蒲古只今改布格齊　*詳穩今改詳衮　達
列哥今改特爾格　打里今改達哩　勒浪黨項別種，今改埒克拉木⑨　合利今改浩里　潘羅支吐蕃族，今改巴
喇濟⑩　耶律奴瓜今改耶律諾郭⑪　迷般囑今改密班珠爾　逋古今改日巴勒戬　者龙今改扎巴⑫　斯鋒
督今改斯榜多

金

散覩今改索都　胡突衮今改呼塔噶　**闍母今改多昂摩　特母哥今改特默格　撒鸞今改雅里　阿古哲今
改阿固齊　*斡布後改名宗幹，今改斡本①　**斡离不今改斡喇布　蒲盧虎今改博勒郭　**撻懶今改達賚
撒离揥今改色勒默　黄掴敵古本今改洪郭達呼布②　*星顯今改錫馨③　三寶奴今改三寶努　朮虎珠赫呼
七斤今改齊勤，即布薩端④　火魯虎必喇地名，今改和爾和必喇　*畏吾兒國名，今改輝和爾　**別失八里地
名，今改巴什伯里⑤　慶山奴今改慶善努　納合買住今改納哈塔邁珠　粘合打今改鈕祜祿哈達　獨吉千
家奴今改通吉遷嘉努　胡沙今改和碩　萬奴今改鄂諾勒　烏古孫兀屯今改烏克遜鄂吞　唐括合打今改唐古
哈達　留哥今改留格　醜奴今改綽諾　烏古論奪剌今改烏庫里道喇　**石古乃今改錫固納　斜烈今改
色埒默　紇兒今改和爾　抹撚彖多今改穆延摶多，即盡忠⑥　搜温今改索衮　扎達今改卓達　筆什爾今

改必什呼勒　查拉爾今改扎拉喇　*素蘭今改蘇呼　銀青今改伊木沁　花道戍名，今改和託　昔烈今改錫喇　寅荅虎今改音達輝　阿海又名阿哈，今改布薩安貞　夾谷石里哥今改瓜爾佳錫爾格　蒲刺都今改富拉塔，即富珠哩德裕⑦　必蘭阿魯帶今改必嚕阿魯岱　徒單百家今改圖克坦拜札　僕散掃吾出今改布薩薩固珠　佗滿胡土門今改圖們和搏　烏古論德什今改烏庫哩德升，即埒爾錦⑧　訛出虎今改恩徹痕　巴土魯今改巴圖魯安　**訛可今改鄂和　**牙吾荅今改要赫德　移剌八狗今改伊喇巴噶⑨　訛魯古必喇今改額爾袞必剌⑩　移剌衆家奴今改伊喇重嘉努　伯開今改布木凱　卜吉今改博濟　胡里今改呼爾噶　斡不荅今改鄂博台　*合達今改哈達　納合六哥今改納哈塔禄格　**移剌蒲阿今改伊喇豐阿拉　陳和尚一名彝，⑪彝字良佐，今改禪華善　連不台、兀良合皆地名，今改蘇布特、烏梁海⑫　兩訛可一名草火訛可，一名板子訛可，今俱改鄂和　六兒今改禄爾　斡烈今改沃哩　**兀林荅今改烏林噶　按得木今改阿達茂　定住今改鼎珠　口温不花今改琨布哈　別里古台今改伯勒格特依　徒單兀典今改圖克坦烏登⑬　阿里合今改阿里哈　納合合閏今改納哈塔赫伸　石盞女魯歡今改什嘉紐勒緷⑭　*白撒今改博索⑮　撒合輦今改薩哈廉　阿虎帶今改阿固岱　赤盞合喜今改遲嘉喀齊喀　徒單益都今改圖克坦伊都　豐新今改封仙　阿朮魯今改鄂卓羅　衆僧奴今改重僧努　珠顆今改珠赫　合周今改哈準　完顏久住今改完顏玖珠⑯　**斜卯愛實今改錫瑪喇愛錫　把奴今改博諾　**奴申今改訥蘇肯　習揑阿不今改薩尼雅布　都喜今改德希　朮甲塔失不今改珠喜塔克錫布　蒲察官奴今改富察固納⑰　乞奴今改齊諾　烏古論忽古今改烏庫哩瑚魯　野驢今改郭葉魯　女奚烈完出今改鈕祜禄温綽　烏古孫愛實今改烏可遜愛錫　**栲栳今改喀喇，即烏古哩鎬⑱　孛

术魯〔今改富珠哩〕　兀沙惹〔今改烏色〕　兀林荅胡土〔今改烏凌噶瑚圖克〕　玉山兒〔今改裕色爾〕　夾谷久住〔今
改瓜爾佳玖珠〕

蒙古

斡難河〔今改鄂諾河〕　孛端叉兒〔今改勃端察不〕　阿蘭果火〔今改阿掄郭斡〕　脱奔咩哩犍〔今改托本默爾根〕
畏羅〔今改衛拉特〕　也速該〔今改伊蘇克依〕　跌甲温盤陀山〔今改特里衮布達拉山〕　泰赤烏〔今改泰楚特〕　月
倫〔今改鄂楞〕　察兀禿魯〔官名，今改察衮圖爾〕　帖麦該〔地名，今改特默格〕　太陽罕〔今改迪延汗〕　蔑里乞〔今改默
爾奇斯〕　**成吉斯汗〔今改青吉斯汗〕　**朮赤〔今改卓齊特〕　*察合台〔今改察罕台〕　**窩闊台〔今改諤格德依〕
*木華黎〔今改穆呼哩〕　札剌爾〔今改扎拉爾〕　孔温窟哇〔今改崆根郭斡〕　怯台〔今改奇爾台〕　哈台〔今改哈斯台〕
薄察〔今改布扎爾〕　*拖雷〔今改圖類〕　肅也先〔今改蕭額森〕　吾也兒〔今改烏葉爾〕　珊竹〔今改薩勒珠特〕　察噶
察華〔今改察克察衮〕　三哥拔都〔今改僧格巴圖〕　*弘吉剌〔今改鴻吉哩〕①　塔忽〔今改達呼〕　唆魯忽禿〔今改蘇
呼呼圖哩〕　撒爾塔〔今改薩里里台〕　兀胡乃太不花〔今改烏呼鼐爾台布哈〕②　安赤〔今改阿齊台〕　默德那〔今改
默迪納〕　派噶木巴爾〔今改排哈木巴爾〕　密里〔今改密爾〕　扎拉丁〔今改扎拉迪音〕③　密里汗〔今改瑪里克汗〕
斡脱羅兒〔地名，今改鄂托落爾〕　迭里密〔地名，今改達爾瑪〕④　班勒訖〔地名，今改巴喇勒哈〕⑤　塔里寒〔今改塔
里哈〕　*達嚕噶齊〔謂掌印官〕⑥　撒馬兒罕〔今改賽馬爾堪〕　侯小叔〔今改侯孝順〕　斡可〔今改翁科〕　阿魯帶
〔今改阿魯岱〕　**博爾术〔今改博果濟〕　納忽阿兒蘭〔今改納固爾敖拉〕　博兒忽〔今改博勒呼〕　許兀慎〔今改厚新〕
赤老温〔今改齊拉衮〕　撥里班曲律〔今改都爾本庫魯克，即木華黎、博爾术、博爾忽、赤老温等四人，猶華言四傑也。
子孫皆領宿衛，號四集賽，舊作四怯薛〕　亦臘喇翔昆〔今改齊拉克和雙琨〕　霍博〔地名，今改和博〕　庫鐵烏阿剌

里地名，今改奎騰阿嚕⑦　黑馬今改劉哈瑪爾　斡骨欒今改翁郭羅　速不罕今改綽布干　著古今改珠古
*蒙哥今改莽賚扣　木兒哥今改默爾根　忽覩都今改瑚圖克圖⑧　*忽必烈今改呼必賚　旭烈今改轄魯
**阿里不哥今改阿里克布克　回古乃今改輝爾古納　*塔察爾今改塔齊爾　併盞今改布展　*闊端今改
庫騰　唐兀烏密今改瑭古特烏密　曲也怯律今改綽依辰類　欽察國名，今改奇卜察克　寬佃地名，今改庫
勒騰　木思海亦地名，今改濟蘇哈雅⑨　玉里吉今改伊勒吉　*拔都今改巴圖⑩　*斡羅思今改俄羅斯
也烈贊城名，今改額里齊　**乃馬真今改鼐馬錦氏　脱烈哥今改托里格訥　訛鐵鍏湖蘭地名，今改烏特古
呼蘭　奧都剌合蠻今改諤多拉哈瑪爾　**失列門今改錫里瑪勒　曲出今改庫春　月里麻思今改依拉瑪斯
也可那顔今改伊克那顔　牙剌瓦赤今改伊勒噶克齊　汪吉宿滅禿里地名，今改昂吉蘇默托里⑪　**斡兀
立海迷失今改烏拉海額錫　橫相乙兒地名，今改杭錫雅爾　**兀良合台今改烏特哩哈達　闊帖兀阿蘭
地名，今改奎騰敖拉　忙哥今改莽噶　那摩西僧名，今改納摩　没脱赤地名，今改摩多齊　*乞里吉忽帖尼
今改克勒奇庫塔納　唆大脱今改蘇固圖　*孫哥今改伊遜克⑫　也速兒今改約索爾　孛里叉今改布爾察克
賽典赤今改賽音鄂德齊　珊竹帶地名，今改沙卜珠岱　紐璘今改耨呼　阿荅胡今改阿都固　乞石迷地名，
今改克什密爾　抄馬那顔今改綽勒們諾延　密里霍者今改密剌伯和卓　李忽蘭吉今改李呼哩雅濟　阿术今改
阿珠　苦徹拔都兒今改哲辰巴圖嚕　脱忽斯今改托郭斯　**真金今改精吉木　邁鐵赤今改默德齊　合魯
氏今改赫嚕氏　渾都海今改渾塔噶　乞台不花今改奇塔特布哈　八春今改巴崇　**八思巴僧名，今改帕
克巴　薩斯迦今改薩斯嘉　族欸今改尼克衮　朵栗赤今改多爾濟　*阿合馬今改阿哈瑪特　不魯花今改

布拉噶　玉龍荅失今改玉龍哈什　*安童今改安圖　和禮霍孫今改和爾郭斯　匿贊馬丁今改鼐智密迪音

蒙古　改國號曰元宋度宗咸淳七年，元世祖至元八年。　賽典赤瞻思丁今改賽音謂德齊展斯迪音　烏馬兒今改烏馬喇　*阿里海涯今改阿爾哈雅　合剌今改哈喇　*伯顔今改巴延　博羅懽今改博羅干　忙兀今改莽郭　畏答兒今改鄂約達勒①　遜都思今改安塔海　塔出今改達春　阿剌罕今改阿棲罕　那木罕今改諾摩罕　合式大王今改和碩王　宋都䚟今改蘇都爾岱　奥魯赤今改鄂羅齊　忙兀台今改蒙古岱　昂吉兒今改昂吉爾　野蒲今改葉普爾努　闊里吉思今改哈丹克呼濟蘇　楊璉真伽僧名，今改嘉木揚喇勒智　昔里吉今改錫喇勒濟　阿麻里地名，今改阿爾穆爾　斡魯懽今改鄂爾坤　也的迷失今改葉特密什　也速䚟兒今改伊遜岱爾　抹速忽今改瑪蘇庫　*四集賽分番宿衛之官，博勒呼、博爾濟、穆呼哩、齊拉袞四族子孫爲之②　火敦腦兒河源，又名鄂敦塔拉，今改鄂端諾爾　也孫斡論今改也孫鄂洛木　騰乞里塔蒙古謂天爲騰格哩，謂山峰爲哈達，今改騰吉哩哈達　阿里伯今改阿勒巴　*燕鐵木兒今改雅克特穆爾　完者都今改烏哲勒圖　相荅吾兒今改桑阿克達爾　納剌速丁今改納剌蘇爾丹　太卜今改台布③　也罕的斤今改伊克特濟　匣剌魯今改錫喇婁　嚢古剌帶今改昂吉爾岱④　索羅今改博羅　亦麻都丁今改尼馬多卜丹　阿魯渾薩里今改謂爾根薩里　不魯迷失海牙今改博羅哈思哈雅　撒的迷失今改撒題勒密什　桑哥今改僧格　瞻巴今改丹巴　功嘉葛剌今改恭噶剌實　突甘思旦麻今改思圖克達木　*哈剌哈孫今改哈喇哈斯　斡剌納兒今改鄂羅納爾⑤　徹里今改徹里克　燕只台吉今改延濟克台　太赤今改塔喇齊　要束木今改納蘇穆爾　脱脱忽今改托克托呼　阿必失合今改阿必錫合　麥术督丁今改莽珠迪音　乃顔今改納延　阿沙不花今改阿實克布

哈　納牙今改納恰　金家奴今改錦嘉努　鐵哥今改特格　玉昔鐵木兒今改約蘇特穆爾　阿八赤今改阿巴齊
昔都兒今改薩都爾　月里迷失又名博羅哈思哈雅，今改雲丹密實　火魯哈孫又名火魯火孫，今改和洛霍斯　土
土哈班都察今改圖圖爾哈⑥　撒的迷失今改薩題勒迷失　不魯迷失海牙今改博羅哈思哈雅　怯伯今改奇卜
*甘麻拉今改噶瑪拉　合剌帶今改哈喇台　亦怯烈今改伊奇哩　扎忽帶今改扎呼岱　完澤土別燕今改
旺扎勒　亦黑迷失今改伊克穆蘇⑦　百查兒今改布扎爾　明里鐵木兒今改穆爾特穆爾　阿徹忽突地名，
今改哈斯圖嶺　月赤察爾今改伊徹察喇　亦里吉觪今改伊勒吉台　*色辰今改薛禪　禿魯麻謂釋罪囚作
佛事，今改多爾瑪　三不剌地名，今改賽音布拉克　伯括吾氏今改巴約特氏　托里斯今改托里實克　*小薛
今改錫錫　蠻子台今改曼濟岱　阿老瓦丁今改阿拉威迪音　萬僧今改烏遜⑧　牀兀兒今改綽和爾　俺荅
今改諳達　孛伯今改博拜　特靈台今改特爾特　也不干今改額布根　也速荅兒今改伊遜岱爾　**海山
今改海桑　*荅剌麻八剌今改達爾麻巴拉　立智理威今改勒芝剌斡　薛超兀兒今改薛綽爾　忽憐今改阿
什　楊漢英賜名賽音布哈　迷兒火者今改密喇卜和卓　八都馬辛今改巴特瑪琳沁　馬兀合剌今改馬烏
赫哩　阿忽台今改阿呼岱　*愛育黎拔力八達即仁宗，今改阿裕爾巴里巴特喇⑨　押忽大珠名，今改雅郭
**完者篤今改額勒哲依圖　禿剌今改圖喇　闊闊今改庫庫　牙忽都今改雅呼圖　馬諸沙今改茂穆蘇⑩
沙的今改錫迪　闊闊出今改庫克楚　博達今改撥綽　和世㻋即明宗，武宗長子，今改和錫拉⑪　荅斯不花
今改塔斯布哈　乞台普濟今改奇塔特伯奇　教瓦班西僧名，今改置勒斡巴勒　三布瓦丁今改三布斡鼎　款
徹今改庫齊　三布瓦今改三布斡⑫　脱虎脱今改托克托　保八今改保巴　忙哥鐵穆爾今改蒙格特穆爾

不里牙敦今改布琳尼敦　脱憐今改托琳　迸不剌今改班巴爾　阿剌納失里今改喇特納錫里⑬　鐵里西僧，今改德勒克　阿兒思蘭今改阿爾薩蘭　**旺光察都今改翁郭察圖　*曲律今改庫魯克　旺畢今改旺布烏馬兒今改烏瑪喇　木兒火赤今改瑪拉噶齊　鐵木迭兒今改特們德爾　只孫衣今改積蘇衣　雍古今改永固特　咬住今改約爾珠　禿忽魯今改圖固勒　護都沓兒今改呼都克托里　昵匝馬丁今改鼐智密迪音　滅里吉歹今改默爾格特　碩德八剌即英宗，今改碩迪巴拉　鼇日今改哩日　教化今改嘉輝　阿思罕今改阿斯罕　脱里伯今改圖魯卜　察阿台今改察克台　伯荅沙今改博迪蘇　買住今改邁珠　阿木哥今改阿穆噶　脱不台今改圖布台　月魯帖木兒今改伊嚕特木爾　卜領勤多禮伯臺改布凌錦都爾伯特⑭　*普固　塔失海牙今改塔斯哈雅　黑驢今改赫魯　脱忒哈今改托多爾海　亦列失八今改伊呼薩巴　帖赤今改塔齊爾　顏篤改布延圖　乞失監改齊克慎堅　禿禿哈今改圖圖爾哈　八爾吉思今改巴爾積蘇　乃剌忽今改鼐拉改塔齊爾　胥益兒哈呼今改索約爾哈瑚　鎖咬兒哈的迷失今改索約勒哈達穆蘇　鐵里威失今改德呼威蘇　奴兒干今改尼嚕罕　圖帖睦爾即文宗，今改圖卜特穆爾⑮　亦啟烈今改伊奇哩　益里海涯今改伊勒噶雅　鐵治今改特克錫　赤斤鐵木兒今改徹辰特穆爾　也先鐵木兒今改額森特穆爾　按梯不花今改阿爾古布哈　探忒今改塔坦　斡羅斯今改烏魯斯　失禿兒今改錫達爾　旭邁傑今改舒馬爾節　別烈迷失今改巴勒密拉錫　焉速忽今改延斯固　買奴今改滿努　禿滿今改圖們　紐澤今改寧珠　馬剌今改馬剌勒　曲呂不花今改奇爾布哈　兀魯思不花今改烏魯斯布哈　鎖禿今改寧珠蘇圖　八八罕今改巴巴罕　**阿速吉八今改阿蘇奇布　左塔不台今改左塔布台　塔失帖木兒今改塔什特穆爾　也先捏今改額森鼐　阿剌忒納失里今改喇特納錫哩⑯　鐵木哥今改特默格　朵朵今改多木達　**明理董阿今改莽賚托噶　別不花今改拜布哈　王不憐吉台今改旺布凌吉特　乃馬台今改鼐馬岱　蔑理吉觧今改默爾吉濟特　脱別台今改托博台　曲烈今改奇拉爾　別鐵木兒今改拜特穆爾　王禪今改旺辰　松山今改蘇克纖⑰　闊闊台今改庫庫特音⑱　鐵木兒補化今改特穆爾布哈　*撒敦今改薩敦　唐其勢今改騰吉爾斯⑲　闊不花今改庫庫布哈　忽剌台今改呼喇台　探馬赤今改特默齊　馬扎兒今改穆齊爾台　自當今改則丹　不花帖木兒今改布哈特穆爾⑳　囊加台今改囊嘉岱㉑　寬徹今改庫齊　瑚阿不剌今改多阿克巴勒　奴兀倫今改努掄　**唐兀氏今改瑭古特氏㉒　護都篤今改胡土克圖　欽察台今改奇徹台　阿兒思蘭海牙今改阿爾薩蘭哈雅　阿榮今改鄂允　鐵木兒脱今改特穆爾圖　輦真乞剌思西僧名，今改年扎克喇錫　懿璘質班明宗子，今改額琳沁巴勒　禿堅今改圖沁　伯忽今改布固　阿禾今改阿瑚　乞住今改克楚　帖木爾不花今改特穆爾布哈㉘　小雲失今改碩裕實　**八不沙今改必巴什　雲都思帖木兒今改温都素特穆爾　脱脱木兒今改托克托穆爾　只兒哈郎今改濟爾噶朗　也的迷失脱迷今改伊德爾實特默　觀音奴今改觀音努　野里牙又作野里海牙，今改阿里雅㉔　馬兒今改瑪爾　阿剌忒納荅剌今改喇特納達喇㉕　香山今改希沙　搠思班今改綽斯巴勒　也速也不干今改伊蘇伊伯根　古納荅剌今改古嚕喇特納　阿魯渾撒里今改鄂爾根薩里　**燕帖古思今改雅克特古思　怯烈今改克哷　必剌都古象失今改必喇圖庫圖齊　玉珍達八的剌板的今改木津達巴迪爾班第　必剌忒納失里沙津愛護持今改布哩訥實喇音沙津阿固齊　僧家奴今改僧嘉努　扎牙篤今改濟雅圖　*妥懽帖睦爾即順帝，今改托歡特穆爾　**邁來的今改瑪里達　阿魯渾帖木兒今改阿里袞

特穆爾　*真哥今改珍格㉖　普化今改布哈　*泰不花今改台哈布哈　伯牙吾台今改巴約特　丑的今改
綽台　黨兀班今改丹巴㉗　佛家閭今改佛嘉律㉘　搠斯監今改綽斯戩　汪家奴今改旺嘉努　沙剌班今
改錫哩巴勒　燕者不化今改楊珠布哈　世傑班今改沙克罝巴勒　月可察兒今改依克徹爾　只兒瓦歹今
改珠爾噶岱　**月魯不花今改阿嚕布哈　**也里牙今改阿里雅　不荅失里今改布特達錫里　月闊察兒
今改伊克徹爾　巙巙今改庫庫　吾者野人今改烏哲勒額森　鐵木兒達識今改特穆爾達什㉙　別兒怯不
花今改博爾克布哈　燕只吉䚟今改延濟克台　忽都不花今改瑚圖克布哈　朵爾直班今改多爾濟巴勒　**亦
憐真班今改額琳沁巴勒　*朵兒只班今改多爾濟巴勒　斡勒海壽今改烏蘭海蘇　*哈麻今改哈瑪爾㉚　雪
雪今改蘇蘇　**脱忽思今改托郭斯㉛　拔實今改巴克什　伯帖木兒今改拜特穆爾　偰哲篤今改奇齊葉圖
禿魯今改圖魯　禿赤今改圖齊　達識帖木爾今改達什特穆爾　寬徹哥今改琨徹格爾　**丑閭今改超爾
禿堅不花今改圖沁布哈　徹里不花今改齊里克布哈　兀忽失今改烏格什　徹徹帖木兒今改徹辰特穆爾
密兒麻今改瑪爾默　和謨今改和謨克　阿思蘭今改阿斯蘭㉜　察罕帖木兒今改察罕特穆爾　晃火帖木兒
今改鴻和特穆爾　完者帖木兒今改旺扎勒特穆爾　和尚今改華善　阿里渾察今改阿里袞徹爾　慶童今改慶
同㉝　完者不花今改旺扎勒布哈　寬徹普化今改庫沁布哈　**愛猷識理達臘今改阿裕錫哩達喇，即順帝太子
汝中柏今改儒克忠巴勒　悟良哈台今改烏蘭哈達　褚不花今改褚布哈　班格今改伴哥　不蘭奚今改布喇奇
紐的該今改努都爾岱　完者都今改旺扎爾圖　**荅理麻失里今改達爾瑪錫哩　胡伯顏今改胡巴延　帖
木補花今改特穆爾布哈　兀都蠻今改烏德美　達國珍今改達克津　**普顏不花今改布延布哈㉞　竹貞

今改珠占　壽童今改碩通　哈剌魯今改哈喇魯特　燕赤不花今改伊齊布哈　朵列今改都呼　崔完者帖木兒今改崔吐扎勒特穆爾㉟　**石抹宜孫今改舒穆爾伊遜　迪烈今改德里紇　厚孫今改和遜　朴不花今改布木布哈　**伯顏不花的斤今改巴延布哈德克津　大聖奴今改達勝努　也先忽都今改額森呼圖克　*擴廓帖木兒今改庫庫特穆爾㊱　木兒古徹兀地名，今改穆爾固楚　塔思帖木兒今改塔斯特穆爾　馬合謀今改瑪哈穆特　貊高今改摩該　伯撒里今改巴咱爾　老的沙今改羅達錫　*也速今改伊蘇　荅蘭帖木兒今改達蘭特穆爾　真保今改珍布　上都馬今改瑪勒　那海今改金諾海㊲　伯達兒今改畢德爾　八思兒今改巴咱爾　脱烈伯今改圖魯卜　虎林赤今改和爾齊　滿尚賓今改瑪實貝爾　掩篤刺哈今改溫都爾罕　脱因帖木兒今改托音特穆爾　俣伯顏達世今改俣巴延達什　沙藍荅兒今改錫喇岱爾㊳　神保今改紳寶　朵耳麻今改多爾瑪　迭里彌實今改德爾密什　阿里衮察罕帖木兒之父　也兒結尼今改額爾吉訥　黑厮今改赫色　迭兒必失今改德爾畢什　朴賽因不花今改富森賽音布哈　滿川今改穆辰　阿兒温沙今改阿爾烏遜　卜顏帖木兒今改布延特穆爾　牙罕沙今改揚沙　伽璘真西僧名，今改結琳沁　秃魯帖木兒今改圖嚕特穆爾　演揲兒言淫褻之處也，今改延徹爾㊴　倚納言淫褻夥伴，今改伊納克㊵　皆即兀該言事事無礙也，今改濟齊烏格衣　哈喇荅今改哈喇台　加巴刺般樂器，今改噶巴拉薩巴　報恩奴今改報恩努　*大斡耳朵謂大家産也，今改大鄂爾多　洪丑驢今改洪超爾　哈刺章今改哈喇章　桑哥失里今改桑圖錫里　荅失八都魯今改達什巴圖魯　火赤温今改和實衮　絆住馬今改珠爾馬克　陳也先今改陳額森　蠻子海牙今改曼濟哈雅　*劉哈刺不花今改劉哈喇布哈　慶生今改齊克慎㊶　蓋里伯今改噶爾布　韓扎兒今改哈

扎噶爾　沙不丁今改沙布迪里　上都罕今改沙達哈　阿魯渾河今改鄂爾坤河　土喇河今改圖拉河，皆黃河源㊷　別篤山今改畢道山　長加奴今改昌嘉努　何瑣南普今改何索諾穆溫布　卜納剌今改伯納呼　喃加巴藏卜今改納木扎勒巴勒藏布　南哥思丹八亦監藏今改納木喀薩丹巴嘉木燦　脱古思帖木兒元順帝之孫，今改特古斯特穆爾　俄力思今改額呼蘇　巴者今改拜哲　伯顏子中今改巴延資中　脱火赤今改托和齊　愛足今改按珠　忽都帖木兒今改瑚圖克特穆爾　亦憐真今改額淋沁　達里麻今改達爾瑪　達的今改托迪　乃剌吾今改鼐喇固　劉探馬赤今改劉特默齊㊸　一禿河今改伊圖河　地保奴今改迪保努，即元順帝之曾孫㊹　天保奴今改添保努　也速迭兒今改伊遜岱爾　咬住今改耀珠　坤帖木兒今改琨特穆爾　鬼力赤今改郭勒齊　兀良哈今改烏梁海　迤都山今改伊都山　徹徹兒山今改察察爾山　索林帖木兒今改布琳特穆爾　買的里八剌今改密迪，元順帝孫，順帝嗣君阿裕錫哩達喇之子㊺　哈禿兀今改哈拉固　火真蒙古人，永樂中番將　安克帖木兒哈密王，今改恩克特穆爾　脱烈干韃靼人，今改圖嚕根㊻　阿魯台今改阿嚕台　察罕道魯花今改察罕達爾噶　瓦剌灰迤北降人，今改鄂爾和　哈里麻西僧名，封爲大寶法王，今改哈里瑪㊼　瓦剌蒙古部落，今改衛拉特　馬哈木今改馬哈木特　把禿孛羅今改巴圖博囉　煖荅失今改諾袞達什　本雅失里今改布尼雅錫里，本元裔　兔力帖木兒哈密王，今改推勒特穆爾㊽　老的沙涼州番酋，今改婁達袞㊾　荅里巴衛拉特汗，今改塔爾巴　忽蘭忽失溫衛拉特地名，今改和拉和錫袞　康哈里孩地名，今改剛哈拉海　屈律兒河在朵顏境内，今改啟拉爾河　也先土于蒙古人，今改額森托于㊿　荅蘭訥木兒地名，今改達蘭納穆爾河　闊闊納浯兒今改庫庫諾爾　母納山今改穆納山　阿卜只俺今改鄂博爾濟延　托都不花元後，今改托克托布哈[51]　也先今改額森　喃哥今改訥格　困即來今改琨濟楞　完者脱歡今改旺扎勒托歡　皮兒馬今改丕勒馬尼　黑麻今改哈瑪爾　乞兒蠻今改奇里瑪　革干帖木兒今改格根特穆爾[52]　孛來韃靼部人，今改保喇　麻兒可兒今改穆爾格爾，號小王子　毛里孩今改瑪拉噶　孛汗今改博汗　烏林台巴靼今改烏林台巴丹，是爲準噶爾之始　荅實巴番僧，今改扎實巴勒　劄巴堅參亦番僧，今改托把罝勒木燦[53]　卜列革今改布拉噶　把塔木兒今改巴圖穆爾　罕慎今改哈商　阿力今改阿里　速檀今改蘇勒坦[54]　牙蘭今改伊蘭　也克力今改默克埒[55]　脱羅干今改陀羅陔[56]　亦思馬因今改伊斯瑪音　辛愛諳達子，今改錫林阿　桃松泰韃女，錫林阿之妾，今改托斯齊　吉能即濟農也，濟農本蒙古王號，舊分作吉囊、吉能，今仍改「濟農」。隆慶初，濟農據河套，爲西陲諸部長，屢入寇，乃以王崇古總督三邊。[57]　老把都今改婁把圖爾[58]　土蠻今改土默特，即韃靼小王子後　把都兒今改巴圖爾　通罕今改托干[59]　把漢那吉諳達孫，今改巴噶奈濟　一克哈屯諳達妻，今改伊克哈敦　襖兒都司今改鄂爾多斯，蓋即今鄂爾多斯地　昆都力今改昆都埒，即老把噶，本諳達弟[60]　朵顏長禿今改朵顏察克圖　董狐狸今改董呼哩　長昂今改長安　張其哈剌今改章齊喀喇　切盡台吉今改徹辰台吉　把速黑石灰今改哈斯坦　委今改韋微　煖土今改諸木圖　拱土今改恭圖　卜言台周今改布延台珠爾亥今改蘇巴爾噶　炒花今改綽哈

補遺校證

按：此篇所録遼、金、元三史新舊譯名，以清乾隆帝之御批歷代通鑑輯覽爲依據，多未見於劄記，錯誤之處

亦甚多，西畬本已予校正。今以西畬本爲主，摘列原刻本之明顯錯誤於下，如西畬本誤而原刻本不誤者，則仍從原刻本，不作校證。諸名號只取對音，故人名、地名等均不加專名號，如爲説明之文，則仍加標號。名號右上方有*號者，表示新舊譯名同見於劄記正文；有**號者，表示改譯之名與劄記正文有不同處。

（一）遼

①敵烈　原刻本「敵」誤作「敞」。

②朗五今改郎烏　原刻本「五」誤作「丑」，「烏」誤作「馬」。

③白麻荅白再榮貪虐，滿達勒所取之財又取之，恒州人稱爲白麻荅，今改白滿達勒　原刻本無大書「白麻荅」三字，而以「白再榮貪虐」五字大書，其下之文爲小字注文。

④津撚今改伊納克　原刻本「納」誤作「約」。

⑤述軋　原刻本「軋」誤作「乾」。

⑥小哥今改肖格　原刻本作「肖肖格」，西畬本作「肖哥」，二本各有所誤，應作「肖格」。

⑦耶律禪珠喇今改耶律琮　按：應作「耶律琮，今改耶律禪珠喇」。二本皆誤。

⑧撻馬扈從官號，今改達噶拉美　原刻本脱「美」字。

⑨勒浪黨項别種，今改埒克拉木　原刻本以「黨項」二字大書，注文爲「勒浪，今改埒克拉木」。

⑩潘羅支吐蕃族，今改巴喇濟　原刻本以「吐蕃」二字大書，注文爲「潘羅支，今改巴喇濟」。

⑪耶律奴瓜　原刻本無「耶律」二字。

⑫者龙　原刻本「龙」誤作「龍」。

（二）金

①斡布後改名宗幹，今改斡本　按：「宗幹」、「斡本」均爲金史舊名，「斡布」方爲清代所改者。此條二本皆誤。

②黄摑敵古本今改洪郭達呼布　原刻本分作二條，上大書「洪郭達呼布」，注文「今改達呼布」，下大書「黄摑」，注文「今改洪郭」，甚誤。

③星顯　按：應作「石顯」，其傳在金史卷六七。二本皆誤。

④七斤今改齊勤，即布薩端　原刻本大書「齊勤」二字，注文「又作七斤，今改布薩端」。

⑤别失八里地名，今改巴什伯里　原刻本「伯」誤作「八」。

⑥抹撚象多今改穆延摶多，即盡忠　原刻本大書「抹撚摶多」，注文「今改穆延盡忠」。

⑦蒲剌都今改富拉塔，即富珠哩德裕　原刻本分作二條，上大書「孛术」，注文「今改富珠哩」，下大書「蒲剌都」，注文「一名富拉塔，今改德裕」，甚誤。

⑧烏古論德什今改烏庫哩德升，即埒爾錦　原刻本大書「埒爾錦」三字，下注「今改烏庫哩德升」。

⑨移剌八狗今改伊喇巴噶　原刻本分作二條，上大書「移喇」，注文「今改伊噸」，下大書「八狗」，注文「今改巴噶」，甚誤。

⑩訛魯古必喇今改額爾衮必剌　原刻本「爾」誤作「不」。又「必剌」應爲原譯名，「必喇」爲改譯名，二本皆誤。

⑪陳和尚一名彝　原刻本「名」下衍「右」字。

⑫連不台、兀良合皆地名，今改蘇布特、烏梁海　按：「連」字應爲「速」字之誤，故改譯名用「蘇」字。二本皆誤。

⑬徒單兀典　原刻本無「徒單」二字。

⑭石篾女魯歡　按：應作「石盞女魯歡」，其傳在金史卷一一六。二本皆誤。

⑮白撒今改博索　原刻本「索」誤作「宗」。

⑯完顏久住今改完顏玖珠　原刻本無二處「完顏」二字。

⑰蒲察官奴　原刻本無「蒲察」二字。

⑱栲栳今改喀喇，即烏古哩鎬　原刻本無「喀喇即」三字。又按「烏古哩鎬」之名有誤，原譯名作「烏古論鎬」，改譯名作「烏庫哩鎬」，此處爲合新舊譯名而自成一新名。

(三) 蒙古

①弘吉剌　原刻本「剌」誤作「利」。

②兀胡乃太不花今改烏呼鼐爾台布哈　原刻本「台」誤作「合」。

③扎拉丁今改扎拉迪音　原刻本「音」誤作「青」。

④迭里密地名，今改達爾瑪　原刻本誤重「爾」字。

⑤班勒訖地名，今改巴喇勒哈　原刻本「勒哈」作「爾哈」。

⑥達嚕噶齊謂掌印官　按：此條應大書「達魯花赤」，下注「謂掌印官，今改達嚕噶齊」。二本皆誤。

⑦庫鐵烏阿剌里地名，今改奎騰阿嚕　原刻本「奎」誤作「本」。

⑧忽覩都今改瑚圖克圖　原刻本「瑚」誤作「珊」。

⑨寬佃地名，今改庫勒騰　木思海亦地名，今改濟蘇哈雅　按：此二條應爲「寬田吉思海」即今裏海，一名誤分爲二，又誤「吉」字爲「木」字。二本皆誤。

⑩拔都今改巴圖　原刻本「圖」作「都」。

⑪汪吉宿滅禿里地名，今改昂吉蘇默托里　原刻本「托」誤作「北」。

⑫孫哥今改伊遜克　按：大書應作「亦孫哥」，二本皆誤。

（四）蒙古改國號曰元

①畏答兒　原刻本脱「兒」字。

②四集賽　按：應大書「四怯薜」，下注「今改四集賽」云云。二本皆誤。

③太卜　原刻本「卜」誤作「上」。

④甕古剌帶今改昂吉爾岱　按：「吉」字似爲「古」字之誤。

⑤哈剌哈孫今改哈喇哈斯　斡剌納兒今改鄂羅納爾　原刻本大書「哈剌哈孫斡剌納兒」，下注「今改哈剌哈斯」，誤合二條爲一條，又失去後者改譯之名。

⑥土土哈班都察　按：「班都察」三字爲衍文。二本皆誤。

⑦亦黑迷失　原刻本「黑」誤作「里」。

⑧萬僧今改烏遜　原刻本「遜」誤作「孫」。

⑨愛育黎拔力八達即仁宗，今改阿裕爾巴里巴特喇　原刻本無「即仁宗」三字，又「力」誤作「丈」，「里」誤作「黑」。

⑩馬諸沙　按：「諸」應作「謀」。二本皆誤。

⑪和世球　原刻本「球」誤作「竦」。

⑫三布瓦今改三布斡　原刻本「斡」誤作「瓦」。

⑬阿剌納失里　原刻本作「剌失里阿納」。

⑭卜領勤多禮伯臺　原刻本「勤」誤作「勒」。

⑮圖帖睦爾即文宗，今改圖卜特穆爾　原刻本無「即文宗」三字，「今改」下多「托克特穆爾」五字。

⑯阿剌忒納失里　原刻本脱「里」字。

⑰松山今改蘇克繖　原刻本「繖」誤作「徹」。又此條下有「懷王圖卜特穆爾即文宗」一條，西畲本删去。

⑱闊闊台今改庫庫特音　原刻本「音」誤作「旨」。

⑲唐其勢今改騰吉爾斯　原刻本脱「斯」字。

⑳不花帖木兒今改布哈特穆爾　原刻本「布」誤作「在」。

㉑囊加台今改囊嘉岱　原刻本「嘉」作「加」。

㉒唐兀氏今改瑭古特氏　原刻本「瑭」作「塘」。

㉓帖木兒不花　原刻本脱「花」字。

㉔野里牙又作野里海牙，今改阿里雅　原刻本「又作野里海牙」六字大書。

㉕阿剌忒納荅剌今改喇特納達喇　原刻本注文作「今改喇納」，脱「特納達」三字。

㉖真哥　原刻本此條上有「伯牙吾今改巴約特」一條，西畬本删去。

㉗黨兀班　原刻本「黨」誤作「壹」。

㉘佛家閭今改佛嘉律　原刻本「閭」誤作「閣」，「嘉律」作「家閭」。

㉙鐵木兒達識　原刻本「識」誤作「什」。

㉚哈麻今改哈瑪爾　原刻本注文作「今改巴克什」。

㉛脱忽思今改托郭斯　原刻本「斯」作「思」。

㉜阿思蘭今改阿斯蘭　原刻本「斯」作「思」。

㉝慶童　原刻本此條上有四條，「普化今改布哈」，「泰不華今改台哈布哈」，「伯牙吾台今改巴約特」，「丑的今改綽台」；下有二條，「黨兀班今改丹巴」，「佛家閭今改佛嘉律」，西畬本均以重複而删去。

㉞普顔不花今改布延布哈　原刻本作「布延哈」脱一「布」字。又此條之上原有「伯顔今改布延」一條，與前重複，西畬本亦未删，今予删去。

㉟崔完者帖木兒今改崔旺札勒特穆爾　原刻本脱注文「崔」字。

㊱擴廓帖木兒　原刻本「廓」誤作「廊」。

㊲那海　按：應作「金那海」。二本皆誤。

㊳沙藍荅兒今改錫喇岱爾　原刻本重「爾」字。

㊴演撲兒言淫褻之處也，今改延徹爾　原刻本作「今改延徹爾，淫褻之處」。

㊵倚納言淫褻夥伴，今改依納克　原刻本無「言」字。

㊶慶生　原刻本此條上有「雪雪今改蘇蘇」一條，西畬本删去。

㊷阿魯渾河今改鄂爾坤河　土喇河今改圖拉河。皆黄河源　原刻本「土」誤作「哈」。按鄂爾坤河與圖拉河皆爲色楞格河支流，在今蒙古人民共和國境内，流入西伯利亞貝加爾湖，此言皆黄河源，大誤。

㊸劉探馬赤　原刻本「馬」誤作「烏」。

㊹地保奴　原刻本「奴」誤作「努」。

㊺買的里八剌今改密迪，元順帝孫，順帝嗣君阿裕錫哩達喇之子　原刻本「喇」誤作「賴」，又脱「之子」二字。

㊻脱列干韃靼人，今改圖嚕根　原刻本「嚕」誤作「唤」。

㊼哈里麻西僧名，封爲大寶法王，今改哈里瑪　原刻本無「今改哈里瑪」五字。

㊽兔力帖木兒　原刻本此條上有「别失八里地名，今改巴什伯里」一條，西畬本删去。

㊾老的沙涼州番酋，今改婁達衮　原刻本大书「婁達衮」三字，注文作「涼州番酋，今改老的沙」，新舊譯名顛倒。

㊿也先土于蒙古人，今改額森托于　原刻本「托于」誤作「托子」。

51托都不花元後，今改托克托布哈　原刻本注文之後有「阿爾台所屬」五字，西畬本删去。

52革干帖木兒　原刻本「干」誤作「于」。

53劄巴堅參亦番僧，今改托把置勒木燦　原刻本「劄」誤作「苔」，脱「托」字，重「勒」字。

54速檀　原刻本「檀」誤作「禮」。

55乜克力　原刻本脱「克」字。

56脱羅干今改陀羅陔　原刻本脱「陀」字。

⑰吉能即濟農也，濟農本蒙古王號，舊分作吉囊、吉能，今仍改「濟農」。隆慶初，濟農據河套，爲西陲諸部長，屢入寇，乃以王崇古總督三邊　原刻本以「隆慶初……總督三邊」之文大書，别爲一行，列於「把漢那吉」條之上，甚誤。

⑱老把都今改婁把圖爾　原刻本脱「婁」字。

⑲通罕今改托干　原刻本「干」誤作「于」。

⑳昆都力今改昆都埒，即老把噶，本諳達弟　原刻本大書「昆都力吟」，注文無「今改昆都埒」五字。

附録一　清代改譯遼金元三史人名官名地名與原譯名對照表

遼、金、元三史所用之人名、官名、地名，除漢族固有者外，皆爲漢字譯者，沿習已久，與他書記載亦相一致，原無更改必要。清乾隆晚年，忽命一律重譯，又經一再改定，因此在學術上引起一場紛擾，可知重譯之名實無重要價值可言。廿二史劄記正文内二種譯名雜用，或用原譯名，其下注明今作某某，或用改譯之名，注明原作某某，實際上爲徒增不便。書末附有補遺一篇，就御批歷代通鑒輯覽一書中所見之名號，以原譯名與改譯名號並列。但劄記所用之譯名多未見於補遺中，今附列此表，以便讀者。凡已見於補遺者（即譯名前有*號者），及止用原譯名未注改譯之名者，如金代之盆買必剌（猛安）等，概不收録。其改譯之名有不同者（即譯名前有**號者），仍予照録，並注明異文。以原譯名爲主，附注改譯之名於括號内，按照遼史、金史、元史三部分列，各以首次所見者爲序，譯名前之號碼爲本書所用之篇目編號，不另著篇名。

（一）遼史

卷二四

320 耶律撻不也（耶律托卜嘉）　蕭韓家奴（蕭罕嘉努）　蕭塔剌葛（蕭塔喇噶）

卷二七

364 奇首可汗（奇善可汗） 耶律阿思（耶律阿蘇） 耶律屋質（耶律烏哲） 耶律谷欲（耶律古裕） 遥輦氏（約尼氏） 移剌因（伊喇因） 移剌子敬（伊喇子敬） 移剌履（伊喇履） 移剌益（伊喇益）

365 雅里（聶埒） 阻午（蘇爾威） 毗牒（必塔） 頦領（海蘭） 耨里思（努爾蘇） 薩剌德（薩喇德） 勻德實（伊德實） 撒剌的（色勒迪） 阿保機（安巴堅） 夷离菫（額爾奇木，補遺作額勒金） 痕德菫可汗（哈陶津汁） 習爾之（錫里濟） 欽德（沁丹）

367 胡輦（胡紐） 夷懶（伊蘭） 烏古（烏爾古） 蕭撻凜（蕭達林）

368 耶律大石（耶律達實，補遺作耶律達什） 塔不烟（塔布布延） 普速完（布沙堪，補遺作普蘇完）

369 乙室拔里氏（伊蘇巴里氏） 述律后（舒魯后） 二審密氏（二舒敏氏） 拔里（巴里） 乙室已（伊蘇濟勒）

370 倍（貝，又作背——卷三〇第四五四篇）

371 蕭護斯（蕭和斯） 耶律乙辛（耶律伊遜） 耶律諧理（耶律轄哩）

372 耶律蒲魯（耶律富魯） 耶律陳家奴（耶律辰嘉努） 耶律褭履（耶律紐斡哩）

381 奚回离保（奚和勒博）

卷三〇

454 李胡（魯胡）

（二）金史

卷二四

320 彀英（古雲）　婁室（卷二七第三八四篇又作婁宿，均改作羅索）　訛可（額爾克，補遺作鄂和）

323 粘罕（卷二七第三八〇篇又作粘没喝，均改作尼瑪哈，第三八四篇又作粘罕改尼堪）

卷二七

377 桓赧（和諾克）　散達（薩克達）　臘醅（拉必）　歡都（罕都）　冶訶（伊克）　出河店（珠赫店）　撒离喝（薩里罕，又作薩爾罕——卷二八第四〇一篇）　僕散忠義（布薩忠義）　紇石烈志寧（嚇舍哩志寧）　僕散揆（布薩揆）　牙吾塔（約赫德，補遺作要赫德）　移剌蒲阿（伊喇布哈，卷二九第四二二篇又作伊喇富阿，補遺作伊喇豐阿拉）　奴申（納申，補遺作訥蘇肯）　斜卯愛實（錫默愛實，補遺作錫瑪喇愛錫）

378 朮虎高琪（珠赫高琪，又作珠格高琪——第三八〇篇）

379 阿骨打（阿固達）　吴乞買（烏奇邁）　撒改（薩哈）

380 紇石烈呼沙虎（赫舍哩呼沙呼）　徒單鎰（圖克坦鎰）

383 撒合輦（薩哈連）　紇石烈執中（赫舍哩執中）

384 撻辣、撻懶（達蘭，補遺作達賚）　兀术（烏珠）　斡离不（斡里雅布，補遺作斡喇布）　徒單合喜（圖克坦喀濟哈）　完顔鄭家奴（鄭家努）　烏古論慶壽（烏庫哩慶壽）　完顔賽不（完顔薩布）　移剌瑗（伊喇瑗）

387 拔離速（巴離速）　栲栳即烏古論鎬（烏庫哩鎬，補遺作烏古哩鎬）

卷二八

389 吐渾（托歡）　阻卜（準布）　忽汗（輝罕）　盃乃（博諾）　拏懶氏（納喇氏，又作納嚩氏——卷三〇第四五四篇）　頗剌淑（頗拉淑）　盈歌（英格）　烏雅束（烏雅舒）

390 綏可（綏赫）　按出虎水（阿勒喀水）　石魯（舒嚕）　惕隱（特里衮）　烏古迺（烏古鼐）　劾里鉢（和里布）　烏魯（烏嚕）　跋海（巴哈）

391 唐括氏（唐古氏）　劾者（和卓）　劾孫（噶順）　諳班勃極烈（安班貝勒）　查剌（扎拉）　斜也（舍音）

393 合剌（哈喇）　迪古乃（都古嚕訥）　麻達葛（瑪達格）　吾睹（烏達布）　寧甲速（寧嘉蘇）　烏也
（烏頁）　訛魯觀（額爾袞）　訛里朵（鄂爾多）　謀良虎（摩羅歡）　阿魯補（阿里布）　塔不也（托
卜嘉）　紇石烈良弼（赫舍哩良弼）　移剌慥（伊喇慥）　蒲察世傑（富察世傑）
395 外失剌（愛實喇）　合住（和卓）　納合七斤（納哈塔齊錫）　蒲速椀（布沙堪）　老忽（羅和）
396 徒單恭（圖克坦恭）　移剌道（伊喇道）
397 蒲察通（富察通）　謀克（穆昆）　猛安（明安）　蒲里衍（富勒渾）　徒單克寧（圖克坦克寧）
401 習室（實實）　閤母（楝摩，補遺作多昂摩）　銀术可（尼楚赫）　阿离合懣（鄂蘭哈瑪爾）　蒲家奴
（普嘉努）　斡魯古（烏楞古）　歡都（罕都）　石土門（實圖美）　渾黜（琿楚）　謾都訶（們圖琿）
石古乃（實古訥，補遺作錫固納）　蒲查（芬徹）　斜卯阿里（錫默阿里）　巴离速（巴爾斯）　蒲察
石家奴（富察實嘉努）　蒙适（蒙古）　活女（和尼）　突舍速（托克索）　婆盧火（博勒和）　蒲盧渾
（烏雅富勒渾）　阿离補（阿里布）　烏林答泰欲（烏凌阿托雲）　馬五（馬武）
407 烏古論氏（烏庫哩氏）　覩令孤（多隆烏）　禾速嘉氏（哈薩喇氏）　必蘭氏（必喇氏）　夾谷氏（瓜
爾佳氏）　烏林荅氏（烏凌阿氏，補遺作烏林噶）
409 阿虎迭（阿固岱）　阿里虎（阿里庫）　阿懶（阿蘭）　莎魯剌（薩爾拉）　胡里剌（呼喇勒）　胡失來
（和色哩）　乣里（嘉里）　什古（實庫）　蒲剌（布拉）　習撚（錫納）　師姑兒（實古爾）　莎里古

真（蘇呼和卓）　餘都（伊都）　奈剌忽（鼐喇古）　蒲魯胡只（富爾和卓）　稍喝（素赫）　撒速（蘇色）　高師姑（高實古）　烏古帶（烏達）　定哥（定格）　石哥（實格）　擇特懶（色特爾）　彌勒（密呼）　蕭堂古帶（蕭唐古特）　察八（札八）　闢懶（闢拉）

410 移剌窩斡（伊喇斡罕，補遺作伊喇鄂斡）

411 國論勃極烈（固倫貝勒）

413 訛古乃（額爾古訥）

（三）元史

卷二三

310 脱脱（托克托）

卷二七

368 成吉思皇帝（成吉斯皇帝，補遺作原名成吉斯汗，改譯青吉斯汗）　完澤篤皇帝（鄂勒哲圖皇帝，補遺作鄂勒哲依圖）　格堅皇帝（格根皇帝）

371 阿魯圖（阿嚕）　博爾朮（博爾濟，補遺作博果濟）

卷二九

420 阿塔海（按塔海）　懷都（輝圖）　忽刺出（呼喇珠）　脱歡（托歡）

422 不忽木（博果密）　王察爾（翁果察圖，補遺原名作旺光察都，改譯爲翁郭察圖）　月魯不花（伊魯布哈，補遺作阿嚕布哈）　也里牙（阿哩雅，補遺作阿里雅）　明里董阿（呼棟阿，補遺作莽賚托噶）

石抹宜孫（舒穆魯宜孫，補遺作舒穆爾伊遜）

430 乃馬真氏（尼瑪察氏，補遺作鼐馬錦）　貴由（庫裕克）　兀良哈台（烏蘭哈達，補遺作烏特哩哈達）　木哥（穆格）　失烈門（實勒們，補遺作錫里瑪勒）　忙哥撒兒（孟克薩喇）　真金（珍戩，補遺作精吉木）　鐵木耳（特穆爾）　玉昔帖木兒（伊實特穆爾）　阿難答（阿南達）　鐵失（特克實）　倒刺沙（都爾蘇）　阿速吉八（喇實晉巴，補遺作阿蘇奇布）　阿里不哥（額呼布格，補遺作阿里克布克）

431 孛兒台旭真（布爾特格勒津）　忽魯渾（和拉衮）　闊里桀担（果勒濟雅坦）　脱忽思（托果斯，補遺作托郭斯）　帖木倫（特默倫）　亦憐真八刺（額琳沁巴勒，補遺原名作亦憐真班，改譯名同）　不顏渾禿（巴延呼圖克）　忽蘭（呼蘭）　哈兒巴真（哈勒巴津）　亦乞刺真（伊實琳沁）　脱忽茶兒（托歡徹爾）　忽魯哈刺（和拉哈刺）　阿失倫（阿齊蘭）　禿兒哈刺（圖勒古爾）　察兒（徹爾）　阿昔迷失（阿實克默色）　完者忽都（鄂勒哲呼圖克）　也速干（伊蘇肯）　忽答罕（琿塔噶）　哈答（哈達）　斡者忽思（鄂勒哲和斯）　燕里（雅爾）　孛刺合真（巴喇噶沁）　昂灰（昂輝）　禿納奇納（塔

納奇納） 斡兀立海迷失（烏拉海額實，補遺作烏拉海額錫） 火里察（呼爾察） 忽台（呼圖克）
出卑（楚巴） 明里忽都魯（莽賚呼圖克） 帖古倫（圖古哩克） 察必（徹伯爾） 南必（諾爾布）
塔剌海（塔喇海） 奴罕（諾木歡） 伯要兀真（巴延烏真） 闊闊倫（庫庫倫） 速哥答思（蘇哈達
實） 卜魯罕（布爾罕） 失憐答里（實里達賴） 速哥失里（蘇喀實哩） 完者歹（鄂勒哲） 亦乞
烈氏（伊奇哩氏） 唐兀氏（唐古氏，補遺作瑭古特氏） 阿納失舍里（阿南達實哩） 答里麻失里
（達爾瑪實哩，補遺作達爾瑪錫哩） 速哥八剌（蘇喀巴拉） 牙八忽都魯（雅本呼圖克魯） 八不
罕（巴拜哈斯） 忽剌（呼喇） 撒答八剌（薩都巴拉） 卜顔怯里迷失（布延庫哩頁額實） 失里帖
木兒（實喇特穆爾） 鐵你（塔納） 必罕（巴罕） 速哥答里（蘇喀達喇） 按出罕（温綽歡） 月魯
沙（伊埒實克） 不顔忽都（布延呼圖） 八不沙（班布爾實，補遺作巴什） 野蘇（伊蘇） 卜答失
里（布達實哩） 答里也忒迷失（塔哩雅圖默色） 納答失里（喇特納實里） 伯顔忽都（巴延呼圖
克）

432 术赤（卓沁，補遺作卓齊特） 兀魯赤（烏拉齊） 闊列堅（科爾戩） 脳忽（諾果） 阿里吉八（阿爾
濟雅巴） 允丹藏卜（允丹藏布） 燕帖古思（雅克特古斯，補遺作雅克特古思） 艾貌（艾穆） 高
闊兒（高諾爾） 速哥（蘇克）

434 別爾哥（伯爾克） 脱哈帖木兒（托噶特穆爾） 也古（伊克） 脱忽（托歡） 按只帶（阿齊台） 別
里古帶（伯勒格台） 合丹（格丹） 別石八里（巴實伯里，補遺在金史内，原名作別失八里，改譯爲

巴什伯里）　蔑里（默埒）　葉兒的實河（雅爾達實河）　海押立（哈里雅爾）　曲兒只（庫爾哲）

密立（額密埒）

卷三〇

440 拜住（拜珠）

442 忙古台（蒙古台）

445 桑哥失里（僧格失里）

448 塔里赤（塔喇齊）　徹里（徹爾）　脱烈海牙（脱里海牙）　乃蠻（奈曼）　伯顏不花的斤（巴延布哈德濟，補遺作巴延布哈德克津）

449 賈塔剌渾（賈塔爾琿）　張拔都（張巴圖）　楊朵兒只（楊朵爾濟）　賈昔剌（賈實喇）　楊賽音不花（楊賽音布哈）　王昔剌（王實喇）　昔剌拔都（實喇巴圖）　賽音囊加帶（賽音囊加特）　劉哈剌八都魯（劉哈喇巴圖爾）　八思巴（帕克斯巴，補遺作帕克巴）

453 丑閭（綽羅，補遺作超爾）　邁里古思（穆爾古蘇）

454 海山（哈尚，補遺作海桑）　窩闊台（烏格台，補遺作諤格德依）　也孫鐵木兒（伊蘇特穆爾）　邁來的（瑪勒岱，補遺作瑪里達）

455 愛猷識理達臘（愛裕實哩達喇，補遺作阿裕錫哩達喇）
458 月里麻思（伊勒默色）
462 秃魯（圖嚕）
464 奕赫抵雅爾丁（伊克台伊爾丹）
465 布智兒（布札爾）
466 趙匣剌（趙實喇）

附録二　舊序與題跋

（一）錢大昕序

甌北先生早登舘閣，出入承明，碩學淹貫，通達古今，當時咸以公輔期之。既而出守粵徼，分臬黔南，從軍瘴癘之鄉，布化苗、瑶之域，盤根錯節，游刃有餘。中年以後，循陔歸養，引疾辭榮，優游山水間，以著書自樂。所撰甌北詩集、陔餘叢考，久已傳播士林，紙貴都市矣。今春訪予吴門，復出近刻廿二史劄記三十有六卷見示。讀之竊歎其記誦之博，義例之精，論議之和平，識見之宏遠，洵儒者有體有用之學，可坐而言，可起而行者也。乃讀其自序，有質鈍不能研經，唯諸史事顯而義淺，爰取爲日課之語，其撝謙自下如此。雖然，經與史豈有二學哉。昔宣尼贊修六經，而尚書、春秋實爲史家之權輿。漢世劉向父子校理祕文爲六略，而世本、楚漢春秋、太史公書、漢著紀列於春秋家，高祖傳、孝文傳列於儒家，初無經史之别。厥後蘭臺、東觀，作者益繁，李允、荀勖等刱立四部，而經史始分，然不聞陋史而榮經也。自王安石以猖狂詭誕之學要君竊位，自造三經新義，驅海内而誦習之，甚至詆春秋爲斷爛朝報。章、蔡用事，祖述荆舒，屏棄通鑑爲元祐學術，而十七史皆束之高閣矣。嗣是道學諸儒，講求心性，懼門弟子之汎濫無所歸也，則有訶讀史爲玩物喪志者，又有謂讀史令人心粗者。此特有爲言之，而空疏淺薄者託以藉口，由是説經者日多，治史者日少。彼之言曰，經精而史粗也，經正而史雜也。

予謂經以明倫，虚靈玄妙之論，似精實非精也。經以致用，迂闊刻深之談，似正實非正也。太史公尊孔子爲世家，謂：「載籍極博，必攷信於六藝。」班氏古今人表尊孔、孟而降老、莊。皆卓然有功於聖學，故其文與六經並傳而不媿。若元、明言經者，非勦襲稗販，則師心妄作，即幸而厠名甲部，亦徒供後人覆瓿而已，奚足尚哉。先生上下數千年，安危治忽之幾，燭照數計，而持論斟酌時勢，不蹈襲前人，亦不有心立異，於諸史審訂曲直，不揜其失，而亦樂道其長，視鄭漁仲、胡明仲專以詬罵炫世者，心地且遠過之。又謂稗乘脞説間與正史歧互者，本史官棄而不采，今或據以駁正史，恐爲有識所譏，此論古特識，顏師古以後未有能見及此者矣。予生平嗜好與先生同，又少於先生二歲，而衰病久輟鉛槧，索然意盡，讀先生書，或冀涊然汗出而霍然病已也乎。

嘉慶五年歲次庚申六月十日嘉定錢大昕序

（二）李保泰序

經者治之理，史者治之跡。三代以上明於理而經立，三代以下詳於跡而史興。世愈積，事愈多，其於天下之情變，古今之得失，蓋有不可枚舉者矣。立乎今日以溯古人，遼闊數千年，世盡狃於目前之近，沿流既遠，前後迥判，不特封建井田之制爲敻乎其不可返也。昔三代忠、質、文之運，遞相救也，亦遞相因，往往有此一代之所趨而前代已啟其端，有彼一代之所開而後代遂衍其緒。世第紛然交眩於成敗廢興之跡，回惶變易，而卒不得其所以致之者。後之讀史者，排比事類，商榷倫物，不過取一人一事而予奪之毁譽之，蓋皆未離乎經生之見也。陽湖趙甌北先生以經世之才，具冠古之識，自太史出守，擢觀察，甫中歲即乞養歸，優游林下者將三十年，無日不以著書爲事，輯廿二史劄記三十六卷。方先生屬稿時，每得與聞緒論，及今始潰於成，竊獲從編校之役，反覆卒讀之。嗟夫！自士大夫沈湎於舉業，局促於簿書，依違於格令，遇國家有大措置，民生有大興建，茫然不識其沿革之由，利病之故，與夫維持補救之方。雖使能辨黄初之僞年，收蘭臺之墜簡，於以稱博雅，備故實足矣，烏足以當經世之大業哉。然則使先生翺翔木天，徑篋青雲，以備經筵之啟沃，必能援古證今，指陳貫串，否則敭歷外臺，建牙仗節，斟酌時宜，折衷往昔，其所裨於斯世者不少，而惜乎其僅記之此書以傳也。昔趙中令自謂以論語一部理天下，夫中令則何能，然讀是書而有會焉，洵乎其得史學之大且重者，舉而措之，天下無難也。世嘗謂宰相須用讀書人，豈不諒哉。爰承先生之督序，而謹述之如此。

嘉慶五年五月寶山後學李保泰拜書

（三）李慈銘題記與跋語

（甲）題記

此書貫串全史，參互考訂，不特闕文誤義多所辨明，而各朝之史，皆綜其要義，銓其異聞，使首尾井然，一覽可悉。即不讀全史者，寢饋於此，凡歷代之制度大略，時政得失，風會盛衰，及作史者之體要各殊，褒貶所在，皆可曉然，誠儉歲之粱稷也。其書以議論爲主，又專取各史本書，相爲援證，不旁及他書，蓋不以考核見長，與同時嘉定錢氏廿二史攷異、王氏十七史商搉不同。所記兼及舊唐書、舊五代史，實爲廿四史，而曰廿二史者，合新舊爲一耳。咸豐辛酉三月，會稽李慈銘書於京邸。

（越縵堂批注廿二史劄記手稿，寫於原書小引之後）

（乙）跋語

雲崧以詩名乾隆間，淺率蕪俗，實不足存。所著自甌北詩鈔外，尚有甌北詩話、簷曝雜記、皇朝武功紀盛、陔餘叢考諸書。詩話議論尚可節取，所摘録陸務觀、吴梅村、查初白三家近體詩亦選擇精當，雜記殊疏略不足觀，武功紀盛敍事頗簡潔有法，顧遠不及近時魏源聖武記之詳贍，惟此書及陔餘叢考俱周密詳慎，卓然可傳，最爲生平傑作。予購是書以咸豐丙辰，家居時閲一過，己未攜之京師，庚申後閲一過，及今凡三過矣。其中尚有漏略，擬爲補之，卒卒未暇也。

辛酉三月，寓都城宣武門外大街，病中閲訖，越縵堂學人並識。

（越縵堂批注廿二史劄記手稿，寫於原書第三十五卷後空頁上）

（四）陳垣題記

趙甌北劄記廿二史，每史先考史法，次論史事。其自序云：「此編多就正史紀、傳、表、志中參互勘校，其有牴牾處自見，輒摘出」，所謂史法也。又云：「古今風會之遞變，政事之屢更，有關於治亂興衰之故者，亦隨所見附著之」，所謂史事也。今將原本史法之屬隸於前，史事之屬隸於後，各自分卷，以便檢閱焉。（光緒）癸卯六月十一日記。

（據陳垣史源學雜文）

中國史學基本典籍叢刊　書目

穆天子傳匯校集釋
國語集解
吴越春秋輯校彙考
越絶書校釋
西漢年紀
兩漢紀
漢官六種
東觀漢記校注
校補襄陽耆舊記（附南雍州記）
十六國春秋輯補
洛陽伽藍記校箋
建康實録
荆楚歲時記
大唐創業起居注箋證（附壺關録）
貞觀政要集校（修訂本）
唐六典
蠻書校注
十國春秋
皇朝編年綱目備要
皇宋十朝綱要校正
隆平集校證
宋史全文
宋太宗皇帝實録校注
金石録校證
靖康稗史箋證
中興遺史輯校
鄂國金佗稡編續編校注
皇宋中興兩朝聖政輯校
續宋中興編年資治通鑑
續編兩朝綱目備要
宋季三朝政要箋證
宋代官箴書五種

契丹國志
西夏書校補
大金弔伐録校補
大金國志校證
聖武親征録（新校本）
元朝名臣事略
明本紀校注
皇明通紀
明季北略
明季南略
國初群雄事略
小腆紀年附考
小腆紀傳
廿二史劄記校證